工业和信息化部“十四五”规划教材

“十二五”普通高等教育本科国家级规划教材

“十三五”江苏省高等学校重点教材

信息组织

（第3版）

◆ 叶继元　编著

電子工業出版社
Publishing House of Electronics Industry
北京 · BEIJING

内 容 简 介

本书为工业和信息化部“十四五”规划教材和“十二五”普通高等教育本科国家级规划教材。

本书系统讲述了信息组织的基本知识、经典理论，详细介绍了信息的描述、著录、标引和排序等方法，注重引入与信息组织有关的最新研究成果，如信息构建理论、本体论、搜索引擎、本体描述语言、SKOS 语言、学科信息门户等。

本书共 9 章，内容包括：信息组织概述、信息组织的理论与方法基础、信息描述语言、信息著录法、信息标引法、信息排检法、信息组织成果与工具、语义网环境下的信息组织、非网络环境下的信息组织。每章正文之前有内容概述、本章重点和要掌握的要点，每章后附有本章小结和习题，以满足教学和自学的需要。

图书在版编目（CIP）数据

信息组织 / 叶继元编著. —3 版. —北京：电子工业出版社，2023.6

ISBN 978-7-121-46051-7

Ⅰ. ① 信…　Ⅱ. ① 叶…　Ⅲ. ① 信息组织—高等学校—教材　Ⅳ. ① G254

中国国家版本馆 CIP 数据核字（2023）第 136690 号

责任编辑：章海涛　　　　特约编辑：李松明
印　　刷：三河市华成印务有限公司
装　　订：三河市华成印务有限公司
出版发行：电子工业出版社
　　　　　北京市海淀区万寿路 173 信箱　　邮编：100036
开　　本：787×1092　1/16　　印张：30　　字数：760 千字
版　　次：2010 年 2 月第 1 版
　　　　　2023 年 6 月第 3 版
印　　次：2023 年 6 月第 1 次印刷
定　　价：74.00 元

凡所购买电子工业出版社图书有缺损问题，请向购买书店调换。若书店售缺，请与本社发行部联系，联系及邮购电话：（010）88254888，88258888。

质量投诉请发邮件至 zlts@phei.com.cn，盗版侵权举报请发邮件至 dbqq@phei.com.cn。

本书咨询联系方式：192910558（QQ 群）。

前　言

时间过得很快，一晃 8 年的时间就过去了。本书第 2 版修订完成时间是 2014 年 5 月，正式出版时间是 2015 年 3 月。第 3 版的修订工作始于 2019 年 2 月，至今又是将近 4 年时间。现将修订情况简要说明如下。

第一，对第 2 版教材中出现的疏漏之处进行了勘误，对前后重复交叉之处做了结构性调整。例如，将第 1 章中有关信息描述与揭示、信息序化与存储的定义同后续章节中的定义进行了对照，从而确保表述一致性；结合新进展、新标准、新规范、新状态等对定义、实例、案例等做了修改，如在 3.3.2 节中增加了最新的《中国分类主题词表》（第 3 版）的内容。

《中国分类主题词表》（第 3 版）共 2 卷 8 分册，更新重点在于增改主题词、与《中图法》（第 5 版）类目对应，起到《汉语主题词表》第 3 次修订的作用；根据文献保障原则，新增了大量主题词，删除了一些错误或无文献保障的主题词；为满足自然语言检索需要，增加大量的非优选主题词（入口词、入口短语），并为大多优选词建立语义关系，增强了优选词及主题词组配式的检索效率，以及文献主题族性检索的作用。《中国分类主题词表》（第 3 版）的电子版、Web 版为实现机助标引提供了知识库和应用接口。在 6.2 节中以《中图法》（第 5 版）为例，对学科体系分类排检法中的分类号（排检标识）排序进行了说明；对涉及《现代汉语词典》等新版本、语义网规范的版本更新内容，均进行了重新编写。

第二，新增了一些信息组织领域的新进展，对某些概念进行重新定义和解释，如对 RDF 数据存储、SPARQL 查询语言、关联数据应用实例、知识图谱信息组织方法等新进展的介绍。又如，7.1.1 节“目录的类型”中对评论性书目的概念进行了重新定义。评论性书目（Critical Bibliography）是对著者、成书年代及版本插图、构成材料进行考证的书目。这类带有编者评述的书目，有的从内容上对文献进行分析、评论，有的从文献形式上进行考订、比较，都是为了指导阅读和帮助选阅文献。7.1.2 节“目录举要”中结合新近发展对 Ulrich（国际期刊指南）进行了重新描述。Ulrich 是全球范围内的期刊名录数据库，其印刷版创刊于 1932 年，早年也是美国鲍克公司的目录产品，目前以网络数据库的形式提供服务。Ulrich 提供了世界范围内超过 30 万种正式出版的期刊和非正式的连续出版物，既包括学术性的、商业性的期刊，又收录开放存取的出版物；既有经同行评议而选出的刊物，又有大众化普及性的杂志；既有收费刊物，又有免费刊物，还有一定数量的报纸、快报。Ulrich 多用于查找与期刊出版有关的各类问题，如期刊刊名的变更情况、期刊被文摘索引及数据库收录的情况等，近年来还链接了 Web of

Science 系统的期刊引用报告（JCR）提供的期刊影响因子的数据；反过来，JCR 也链接了 Ulrich 数据库关于某刊的具体信息。

第三，增加了新数据库和大量应用实践相关内容，如 7.2.3 节中增加了 CSSCI 最新来源期刊、扩展版期刊的种数，以及有关 Scopus 的介绍。Scopus 是著名学术出版社爱思唯尔（Elsevier）继其全文期刊数据库 Science Direct 之后推出的以期刊文献为主的大型文摘索引数据库。Scopus 覆盖了来自 150 多个国家、超过 40 多种语言、5000 多家国际出版商的约 21900 种来源期刊，其中大多数为同行评议期刊，还包括一定数量的图书、丛书、会议论文、专利文献等，且每日更新。Scopus 大量应用实践相关内容反映在 8.2.4 节（RDF 数据的存储）、8.2.5 节（RDF 查询语言 SPARQL）、8.5.5 节（关联数据应用实例）、8.6 节（基于知识图谱的信息组织方法）等中。

第四，修改了某些内容。结合本科生的学习特点，删除了难度较大的部分，如术语注册的内容（比较深，属于研究层面）等。原书第 2 版中有些内容直接翻译自英文资料，文字拗口，不易理解，故重新写过，力求深入浅出。又如，本书修改了所有 RDF 代码并进行了验证，以保证所有代码运行正确，新增了一些实例代码，以便于理解。

本书第 3 版的修订组织和统稿由叶继元负责。感谢以下人员为本书自第 1 版以来付出的工作，包括：刘磊、冯英华、陈文娟、刘丹、王晓艳、薛春香、谭华军、岳泉、罗琳、徐美凤、郭春侠、储节旺、华薇娜、欧石燕、王军、黄如花、徐青梅、刘凤仪、陶蕊、戎迎盈、杨鑫淼、孙毓、廖林望、高蕴梅、马梦恬、解荣、杨斐、成永娟、周星宇、郝建华、王雅戈等。

本书在 2016 年被评为“十二五”普通高等教育本科国家级规划教材，2017 年被评为“十三五”江苏省高等学校重点教材，2021 年被评为工业和信息化部“十四五”规划教材。特向各位评审专家表示衷心的谢意。南京大学教务处/本科生院和电子工业出版社的相关人员在本书出版中给予了大力帮助，在此表示衷心感谢。对本书引用论著的作者、编者、教材使用者、提出修改建议者也表示衷心的谢意。

信息资源丰富，信息技术发展迅速，信息组织内容面广，变化亦多。由于时间、水平限制，书中难免存在不当之处，敬请读者指正。

本书为教师提供相关教学资料，有需要者，请登录 http://www.hxedu.com.cn，注册之后进行下载。

作 者
2023 年 4 月

目　录

第 1 章

信息组织概述

人类自古就在信息的海洋中生活。例如，原始人在森林中搜寻野果和野兽的信息，探悉各种猎物的信息。人类很早就懂得利用信息的一些性质来达到特定的目的。例如，结绳记事就利用了信息的可存储性。

在当代信息社会中，信息已成为人们熟知的流行词，日益受到人们的重视，同能源和物质一起，被称为人类社会生产与生活必不可少的三大资源。随着现代科学技术特别是信息技术的迅猛发展，社会已经逐渐从信息社会向知识社会迈进，信息资源的开发和利用日益受到人们的广泛关注。

目前，信息资源的特点是海量、类多、源广，特别是计算机网络的逐步普及、数字文本复制的便利和自由发表的实现，使得信息资源数量急剧增加，但是社会信息量的增长并不意味着用户获取的信息量的增长，恰恰相反，无序的信息资源不仅无助于信息资源的使用，反而会加剧信息增长与使用的矛盾。人们生动地称这种情况是“信息超载、知识缺乏”。越来越多的人认识到“原始信息本身并不能产生价值”，只有将其有效组织，按特定的需要集中和揭示，才能产生价值。要有效开发利用信息资源，必须采用相应的方法加以控制和处理，信息组织是关键措施之一。

通过本章学习，读者可以了解（或掌握）：

- **信息组织的概念**
- **信息组织的原理**
- **信息组织的类型**
- **信息组织的作用**
- **信息组织的发展**

1.1 信息组织的界定

某种意义上，信息是推动人类社会发展的直接动力，这种动力在人类认识和改变的世界过程中起到至关重要的作用，已成为现代社会生产力的基本要素。为了更好地发挥信息的积极作用，高效的信息管理势在必行。在技术层面，信息管理的主要目的是通过手工、机械、智能（特别是计算机）方式，对信息进行收集、甄别、加工、处理、存储，使之序化，便于快速检索并提交至有特定需求的用户。对信息的加工、处理等序化工作则是信息组织的核心内容。因此，信息组织是信息管理的有机构成和重要环节。

现代社会信息的两个重要特征是庞杂性和分散性，人们的信息需求则呈现领域的高度选择性、内容的优质性、格式的易用性和时间的紧迫性等特点。两者之间的联系和矛盾的调解依赖于信息组织。信息组织是一个信息重构和增值的过程。在这个过程中，杂乱无章的原始信息变成一个有序的、优质的信息集成系统，一个相对“粗放”型的信息贫集将转化为一个“集约”型的信息富集，并为信息的进一步增值（如信息的分析研究）奠定基础。

1.1.1 信息组织的概念

“信息组织”（Information Organization）是随着社会信息化而出现的一个专业术语。人类的生存和发展离不开信息，早期的信息获取主要靠人与人之间的直接交往。有了文字后，人类在社会生产和生活中越来越多地依赖于文献信息。随着文献的大量出现和急剧增长，便有了文献的整理加工工作，被称为文献组织或情报组织，为人们便捷获取特定文献信息提供了可能。

随着现代科学技术的发展，人类社会逐渐从信息社会向知识社会迈进，信息资源的开发和利用日益受到广泛重视。目前，信息资源的特点是数量大、种类多、来源广、格式杂，特别是计算机网络的全球普及、数字信息复制的便利和自由发表的实现进一步显化这些特点。但是，社会信息量的增长与用户获取和使用的信息量的增长并不具备同步性，恰恰相反，无序的信息资源不仅无助于信息资源的使用，反而会为用户获取相关信息设置障碍，加剧信息增长与使用的矛盾。人们生动地称这种现象是“信息超载、知识缺乏”。越来越多的人认识到“原始信息本身并不能产生价值”，只有将其有效组织和整合，按特定的需要集中和揭示才能产生价值。从用户需求角度，多角度、多层次的信息组织将有利于满足用户多元化的信息需求。因此，要有效开发和利用信息资源，必须采用相应的方法对社会信息加以控制和处理，信息组织是其中的关键措施之一。

什么是信息组织？要正确了解信息组织的概念，首先必须了解数据、信息、信息体和知识的含义及其区别。所谓数据，是数字、字母和符号的集合，系客观事物与主观思维的具体表达，也可以说，数据是对声音、语言、体态、信息、符号、文字的一种表现形式的认识。所谓信息，广义是指客观事物存在、运动和变化的方式、特征规律及其表现形式，狭义是指用来消除随机不确定性的东西。需要明确的是，本书讨论的信息组织对象并不涵盖所有的信息，不包括本体论信息和认识论信息，而是指可以组织的记录形式的信息、数据和知识，即信息体。在大数据时代，信息体包括的不仅是文本的数据、信息和知识，也包括非文本的数据、信息和知识（如音频、视频、图像、图形和网页）。尽管在现实生活中，数据和信息两个词经常替换使用，但严格地说，数据和信息是两个不同的概念。数据是按照一定规则排列组合记录信息的物理符号，是狭义信息和知识的基础。狭义信息是数据载荷的内容，同一信息的数据表现形式可以多种多样。信息与经验（知识准备）相结合则可转化为知识。知识是信息接收者通过对信息的提炼和推理而获得的正确结论。在一定语境下，信息与知识可以互换。在这个意义上，我们日常所说的许多信息系统和知识系统从本质上都是数据系统。

另外，信息组织与知识组织是既有联系又有区别的两个概念。信息组织是由文献组织发展而来的关于信息的组织与检索系统。文献是指以硬载体（如纸张等）为依托的知识或信息。但由于现代信息数量急剧膨胀，信息类型日趋复杂化（如脱离纸张的计算机数字信息），传统的文献组织工作已经无法对信息加以有效的控制和管理。随着信息技术的飞速发展、计算机和网络的广泛普及，一方面，人们开始将原始文献信息集合转化为有序、优质的计算机信息系统的数据库或文献信息资源的索引；另一方面，人们面临着如何对直接产生于计算机或来自网络的数字信息进行组织的问题。因此，以印刷型信息为主要对象的文献组织必然发展为以各种类型信息为对象的信息组织。知识组织是在文献分类法的基础上发展起来的，是关于知识组织和检索系统在现代网络信息环境下获取和利用知识的所有手段、技术和能力的总和，与文献组织和信息组织关系密切。信息组织对信息的有序排列是知识组织的原料基础，知识组织是信息组织发展到一定阶段的必然产物，比信息组织的内涵更深刻、丰富和明确，更能反映用户需求的实质，但其任务更艰巨。

目前，国内学者对于信息组织定义的表述各不相同，比较有代表性的有以下几种。

马张华认为，“信息组织，亦称为信息资源组织，是根据信息检索的需要，以文本及各种类型的信息源为对象，通过对其内容特征等的分析、选择、标引、处理，使其成为有序化集合的活动。”

马费成认为，“信息组织也称为信息整序，是利用一定的规则、方法和技术对信息的外部特征和内容特征进行揭示和描述，并按给定的参数和序列公式排列，使信息从无序集合转换为有序集合的过程。信息组织通过人工和机器干预，使信息有序增值，进而提供有效利用。”

柯平等认为，“信息组织是根据信息的内容特征和外部特征，采用一定的原则和方法，对信息进行加工处理，使之有序的过程。”

周宁认为，“信息组织是对信息资源对象进行收集、加工、整合、存储，使之有序化、系统化的过程。”

戴维民认为，“信息组织是为了方便人们检索、获取信息而将庞杂、无序的信息进行系统化和有序化的过程。广义上，信息组织的内容包括信息搜集与选择、信息分析与揭示、信息描述与加工、信息整理与存储。”

储节旺认为，“信息组织就是人们根据信息本身特点，运用适宜的工具和方法，依据一定的标准或规则，对其进行加工整理，排序组合，使之有序化、系统化、规律化、高级化，增强信息对象的表现效能和运用效能，以满足人们信息需求的过程。”

以上定义虽然表述不太一样，但实质上是一致的。在社会网络环境下，考虑到用户已经参与到信息组织中，我们认为，信息组织是以用户需求为导向，依据信息体自身的属性特征，信息工作者或用户按照一定的原则、方法和技术，将杂乱无章的信息整理成为有序的信息集合的活动和过程。信息组织的结果是形成各种方便用户利用的有序化的信息检索系统，从而达到信息增值的目的。信息组织是信息管理活动的核心和基本环节。

社会信息作为一种公共交流的知识，是通过不同的形式进行传播的，包括口头方式、纸质方式、数字方式等。各种信息载体都是信息存在的形式，也是交流的主要形式。以记录形式进行信息交流能够克服面对面直接交流的时空局限，使得人类社会可以在继承已有经验的基础上向前发展，对人类社会的发展意义重大，是人类社会进步的重要条件。各种类型的信息资源既是产生公共知识的基础，又是社会发展的智力资源，是信息组织的主要处理对象。

需要说明的是，作为信息组织的处理对象，信息、信息资源或信息体在本书中与文献或资料的含义接近，通常是指一切以记录形式存在的信息载体，只是更侧重于对新型媒体形式的强调。信息范围广泛、种类多样，就信息的基本类型而言，可以是图书、期刊、报纸、会议文献、标准文献和档案等类型；就存在的形式而言，可以是各种传统的印刷型信息资源，也可以是缩微型、机读型资源、实体/非实体信息资源——如网络信息资源（或称数字信息资源）等。信息组织就是以各种信息媒体形式为对象进行的组织。就其处理的单元而言，信息组织存在着不同的层次：可以直接以信息资源的存在单元为处理对象。例如，可以以某图书、期刊、网站等为处理单元；也可以以期刊、报刊、网站中的个体，如论文、新闻、网站中的构成部分等为处理单元；还可以直接以其中的信息成分为处理单元，进行组织和揭示。本书主要讲述记录型信息，包括网络信息组织（数字信息组织）。

需要强调的是，信息组织是信息检索与利用的基础。没有信息组织，就不会有信息检索系统，也不会有信息检索，从而也就谈不上对信息的有效利用。信息组织为人们获取信息提供了方法和工具。信息组织的目的是建立起信息资源收藏系统和检索工具，方便信息资源的开发和利用。信息组织是一种为了信息检索的需要对信息资源进行有序化组织的活动，是与信息检索活动密切联系的。

信息组织是信息管理活动的必然要求，起源于信息本身的自然无序状态。序是事物的一种结构形态，是指事物或系统的各结构要素之间的相互关系及这种关系在时间和空间中的表现，即事物发展中的时间序列及排列组合、聚类状态、结构层次等空间序列。当事物结构要素具有某种约束性且在时间序列和空间序列呈现某种规律性时，这一事物就处于有序状态，反之则处于无序状态。

信息的无序状态有两种类型：一是信息内容无序，即组成信息的各语言要素，如字、词、句、段落或章节等处于一种杂乱无章的状态，或是组成信息的各内容要素，如命题、观点、认识、推理等处于一种分散无序的状态，或是组成信息的各载体要素处于一种零散错位的状态，这种信息无序无法准确、科学地表述信息内涵、形成信息实体，也就无法被信息用户理解和应用；二是信息体及其相互之间的组织无序，即不同信息个体处于彼此毫无关联的自然状态，缺乏科学稳定的框架体系，没有信息的深层次加工，无法融合成一个可以科学地把握其信息内容、有效地查检其信息内容、完善地维护其信息形态、良好地排列其信息形态、充分地实现其信息价值的有序的信息集合体。

显然，本书中的信息组织要解决的主要是第二种信息无序问题，第一种信息无序问题主要通过信息生产和信息搜集工作来解决。也就是说，信息组织是在信息搜集基础上进行的信息系统的信息整理和序化工作。一般，信息处于有序状态或无序状态是就一定参考系而言的。

信息组织是由来已久的一种人类社会实践活动。其在发展过程中，不断从相关学科的理论和方法中汲取营养，使自身逐渐得到完善。

1.1.2　信息组织的原理

信息组织全称“信息资源组织”(信息资源是可供人们直接或间接开发与利用的信息集合的总称)，是使信息有序化和优质化的过程，即利用一定的科学规则和方法，通过对信息外在特征和内容特征进行揭示和描述，实现无序信息流向有序信息流转换，从而使信息集合达到科学组合，实现有效流动，促进用户对信息的有效获取和利用。本质上，信息组织是基于信息属性的一种整序方法。按照信息属性特征排列信息的工作称为信息整序。信息整序既是理论问题，又是方法问题。整序是信息组织工作的基本手段和直接目的。众多的、杂乱分布的信息只有经过整序，才能得以方便地、有效地利用，最大化地发挥信息效能。

信息组织的基本原理是：针对若干自然状态的无序信息资料（如若干图书或学位论文)，将这些信息资料按照其某种属性特征（如著者、题名、类属、主题）排列成一个序列，并且需要使用信息资料的用户能将自己的信息需求转换成相应的信息资料属性特征，在排列后的信息资料序列中找到自己所需的信息资料。

信息整序通常是对信息记录的载体进行的，然而为了信息组织和检索的方便，信息组织的直接对象往往是信息载体的替代记录 (亦称元数据)。替代记录反映了原信息载体的主要外部属性特征和内部属性特征，但在形式上比原始信息载体更简洁。如图 1-1 所示，《国家数字图书馆服务框架研究》一书的在版编目数据就是该书的替代记录和元数据；又如，图 1-2 是利用百度搜索该书的网页快照，也是该书的替代记录。

国家数字图书馆服务框架研究/张炜主编.—北京：国家图书馆出版社，2012.5

ISBN 978-7-5013-4708

Ⅰ.①国…　Ⅱ.①张…　Ⅲ.①中国国家图书馆—数字图书馆—图书馆服务—研究　Ⅳ.①G259.251

图 1-1　替代记录之一：图书在版编目数据

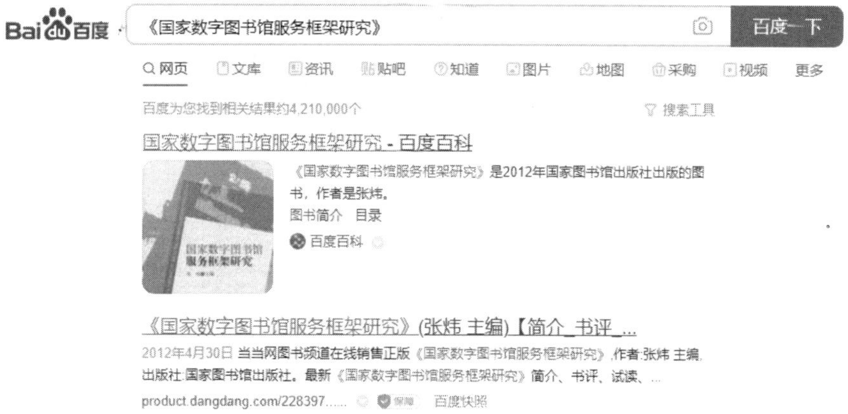

图 1-2　替代记录之二：百度搜索网页快照

替代记录和原始信息存在密切的关系。替代记录在信息组织和检索中的作用可以通过图1-3来说明。

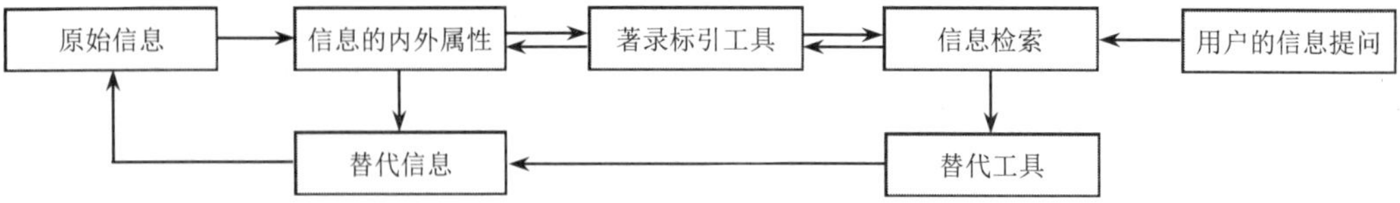

图 1-3 替代记录及其作用

信息组织与检索的实际过程是：信息工作者（含部分用户）在拿到原始信息后，根据信息组织工具对其加工，形成替代记录，并将替代记录存储在检索系统中。检索时，用户（或检索操作员）根据信息组织与检索工具对用户的信息提问进行加工，形成替代问题。检索的核心过程是通过替代问题和替代记录的匹配比较进行的。在找到与替代问题相关的替代记录后，再根据替代记录与原始信息的对应关系，查找到原始信息，以解决用户的原始问题。在网络信息组织中，这种替代机制同样存在。例如，可以通过搜索引擎概要结构了解搜索引擎内部的信息组织和替代机制，如图1-4所示。

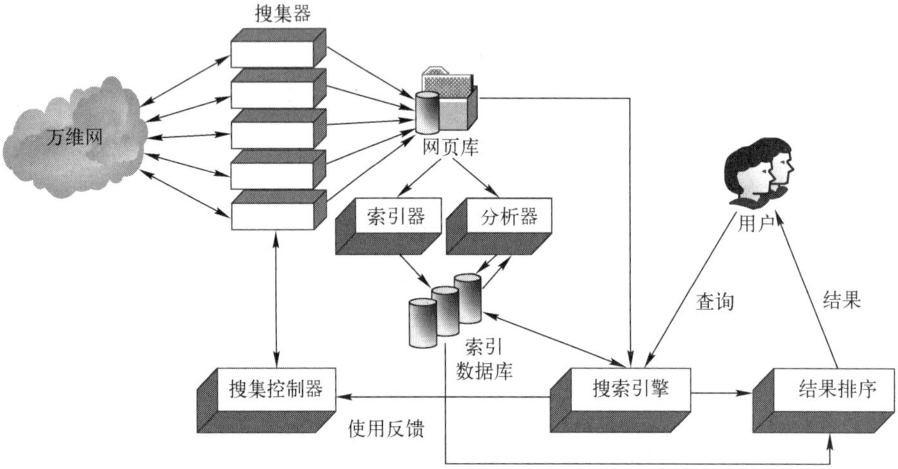

图 1-4 搜索引擎概要结构

1.1.3 信息组织的内容

信息组织一般包括信息筛选、信息分析、信息描述和信息揭示、信息序化和信息存储等内容。其中，信息筛选和信息分析是信息组织的基础准备工作，信息描述和信息揭示是信息组织的核心，信息序化和信息存储是前几个环节形成的有序信息集合的空间组织。信息组织通过对信息资源的序化和质化，最终实现向用户提供优质信息资源服务的目的，因此广义上，信息组织也可以归入信息服务的范畴。事实上，在社会网络环境下，信息组织与信息服务已经逐渐融为一体。

1. 信息筛选

信息筛选是按照一定的判别标准从搜集到的、处于无序或部分无序状态的信息流中甄别出有用信息并剔除无用信息的信息活动，是整个信息组织过程的第一步。

2. 信息分析

信息分析是在信息筛选的基础上，按照特定的逻辑关系，从语义、语用和语法上对信息资源的内外部信息特征进行细化、挖掘、加工、整理并归类的信息活动。信息分析是信息描述和信息揭示的前提和基础，直接影响着信息组织的质量。

3. 信息描述和信息揭示

信息描述是根据一定的描述规则和技术标准，对信息资源的部分主题内容、形式特征及物质形态等描述维度进行分析、选择、记录的过程；信息揭示是对信息资源的内容特征进行深层揭示并转换成主题标识系统的过程。信息描述和信息揭示分为两种：一是著录，主要是对文献信息的外部属性特征（题名、著者、出处等）和部分内部属性特征（类属、主题、摘要等）进行描述的过程；二是标引，主要是对信息的内容特征给出信息内容标识（如分类号、主题词等）的揭示过程。信息描述和信息揭示是信息组织的重要内容，在信息组织中起着至关重要的作用。

4. 信息序化和信息存储

信息序化是在信息描述与揭示的基础上，按照一定的规则和方法，将信息资源描述和信息揭示记录（款目）进行有规律的组织排列，从而构成某种序列（亦称某种目录或索引，如著者目录或索引）的过程。信息存储是将经过加工整序后的信息资源按照一定的格式和顺序存储在特定的载体中的信息活动。信息存储是为了信息管理者和信息消费者快速、准确地识别、定位和检索有用信息。各种文献信息检索工具、光盘检索系统、网络信息检索工具等都是信息存储的重要方式。

1.2 信息组织的类型

信息源是人们生产生活、科学研究和其他一切活动中所产生的成果和各种原始记录，以及对这些成果和原始记录加工整理得到的成品。信息源是信息组织的对象，因此信息组织的类型基于信息或信息源进行分类。本文按照信息的表现形式、信息的加工程度、信息的传播载体、信息的认识层次和信息的存在环境对信息组织的类型进行划分。

1.2.1 按信息的表现形式划分

按信息的表现形式划分，信息组织可以分为文字信息组织、图像信息组织、音频信息组织、视频信息组织。

1. 文字信息组织

文字是人们为了记录事物、实现信息交流与通信联系所创造和约定的一种形象符号系统。广义的文字还包括各种编码，如 ASCII、国际电报与单元代码及计算机中的二进制数字编码等。这些文字、符号、代码均是信息的表述形式，其内容再现于它们的结构属性中。例如，基本笔画的不同组合、字和字母的不同组合、二进制码“0”和“1”的不同排列等，分别代表不同的信息内容。这些文字信息是通过文字表达的信息内容的语义、语用和语法来组织的。

2. 图像信息组织

图像是客观对象的一种相似性的、生动性的描述或写真，是人类社会活动中最常用的信息载体，也是人们最主要的信息源。图像作为一种视觉信息，比文本信息更直观。图像本身有分辨率、形状、大小、颜色、深度、饱和度、亮度及存储格式的属性特征。在通常情况下，通过表现图像的各种属性，可以按照视觉的需要来组织图像信息，也可以按照对图像的存储格式的需要来组织。

例如，为了提高传输效率，Web 网页上的图像一般使用图形文件交换格式（Graphics Interchange Format，GIF）定义的 GIF 格式文件和联合图像专家组（Joint Photographic Experts Group，JPEG）定义的 JPG 格式文件，有时使用可移植的网络图像文件格式（Portable Network Graphics，PNG）定义的 PNG 格式文件。GIF 格式文件存储的图像是无损压缩的图像；PNG 格式文件是作为 GIF 的无专利替代品开发的，在 Web 上无损压缩和显示图像；JPG 格式的图像是有损压缩的图像，不过某些 Web 浏览器不支持 PNG 图像，而大多数 Web 浏览器不需要调用其他图像处理程序就能直接显示 GIF 和 JPG 图像。通常情况下，连续色调图像（如照片）应压缩为 JPG 格式，具有单调颜色或锐化边缘及清晰细节的插图（如文字）应压缩为 GIF 或 PNG 格式。

3. 音频信息组织

声音和语言是人类交流中最普遍使用的方式。声音的基本参数包括基音周期、共振峰、语音谱、声强等，这些参数由声源、声道和放射机构（嘴唇和鼻孔）导出。声音可以进行编码和压缩，可以通过 A/D 转换进行数字化并输入计算机处理，再通过 D/A 转换输出。我们一般按照听觉的需要或声音的记录方式来组织音频信息。

4. 视频信息组织

一般意义上，视频信息可分解为一系列静态图像信息和声音信息，可以看成无数张图像帧按照一定的流向（顺序）排列并外加音频组配而成，对视频信息的组织实际上是对图像和音频信息的组织。视频信息由于具有时空冗余性，压缩效果受到较大限制，最常用的视频信息压缩技术为 DVD、MPEG-2（卫星直播电视用）和 MPEG-4（因特网传输用）。从单个视频整合的角度，视频信息组织主要通过视频编辑软件（如 Adobe Premiere、iMovie 和 Cyberlink 等）实现对视频信息非线性的分割、合并、转换、输入、输出，集合图片、音频、视频、文字等信息。一般意义上，对视频信息进行信息组织主要是从视频信息数据中抽取各种标识性辅助信息，如视频所有者、主题标签、时间长短、容量大小、画面清晰度等属性信息，达到特定目的的视频信息有序化。目前，基于内容的视频信息组织已被广泛应用。

1.2.2 按信息的加工程度划分

按信息的加工程度划分，信息组织可以分为一次信息组织、二次信息组织、三次信息组织。

1. 一次信息组织

一次信息是人们研究或创造性活动成果的直接记录，一般指公开出版的图书、论文、研究报告、会议文献、学位论文、专利文献和计算机网络上未经过再加工的数字化信息等。一次信息组织是采用一定的逻辑结构和语言规则，将大量零散的信息单元组织成能够反映信息所有者对事物和概念认识的一次信息（如图书、论文等）的信息组织方式。当前数字格式的一次信息大量存在，如计算机中的文本文件、图形文件、音频/视频文件、互联网的网页等。一次信息一般具有面广、量大、分散无序和良莠不齐等特点，有时很难获取，即使在网络上搜索，其查准率也非常低，逻辑相关性非常差。因此一次信息一般需要进行信息整序才能方便用户使用。

2. 二次信息组织

二次信息是对一次信息加工后产生的信息，如目录、题录、简介、文摘、索引和书目数据库等。二次信息组织是在一次信息的基础上加工整序的信息组织方法，主要采用选择、提炼和浓缩等方法，编撰和建立各种形式的目录、文摘、索引等检索工具与存取系统，其主要功能是规范和控制信息的流向，组织序化文本与数字化信息。二次信息组织的目的是建立各类信息检索系统，通过对一次信息的内容属性和外部特征进行有效揭示、描述、排序和存储来实现。信息的外部特征主要指信息记录的载体直接反映出来的特征，如题名、著者、信息类型、语言、时间和地点等；信息的内部属性主要指信息记录所载知识内容的学科类属性和主题属性。二次信息的形成是信息从分散、无序到集中、有序的控制过程。它的重要作用不仅在于报道，更在于为查找一次信息提供线索。

二次信息组织的产品很多，它们是人类分享信息的主要工具，可以以印刷型文献的形式出现，如传统的书目、索引、文摘等；也可以以数字化的方式出现，如各类书目型数据库（包括题录型和文摘型），互联网上的搜索目录和搜索引擎都是提供一次信息线索（包括网址和网页）的二次信息检索工具。

3. 三次信息组织

三次信息是根据特定的需求，对一次信息和二次信息进行加工、分析、改编、重组和综合概括生成的信息。根据其编制目的和方式，三次信息产品可以分为综合（或专题）研究型和参考工具型两大类，前者如专题述评、总结报告、动态综述、信息预测等，后者如手册、百科全书、年鉴、指南等。三次信息组织是在一次信息组织、二次信息组织的基础上，根据某学科、专业、主题或人物（类型）等需求，鉴别收集相关一次信息和二次信息，同时结合相关的数据统计与分析、数据挖掘方法和工具，以整序筛选、浓缩和综合概括，形成信息综述、信息汇编、信息述评或专题报告等的高层次信息组织方法。经过三次信息组织得到的信息产品在科技研发、企业竞争和政府决策等领域中发挥着重大作用。

1.2.3 按信息的传播载体划分

按信息的传播载体划分，信息组织可以分为文本信息组织、多媒体信息组织、富媒体信息组织。

1. 文本信息组织

一般，对文本的解释包括三方面：在语言文学领域，文本是一系列语句串联而成的连贯序列，通常是具有完整、系统含义的一个句子或多个句子的组合，一个文本可以是一个句子、一个段落或者一个篇章；印刷型文献也是文本信息，包括图书、期刊、会议资料、专门报告、专利资料、政府出版物、学位论文、产品样本、档案、标准和报纸等；在计算机领域，文本主要指文本文档，用于记载和存储文字信息，常见文本文档的扩展名有 .txt、.doc、.docx 和.wps 等。显然，本书涉及的文本信息组织的对象是后两者。

印刷型文本信息组织以分类组织法和主题组织法为主要形式。分类组织法是语法信息组织和语义信息组织的综合，从学科角度集约信息，便于族性检索。主题组织法是建立在自然语言基础之上的语义信息与语法信息组织的综合，其词族索引和范畴索引展现了主题词之间的等级关系和学科关系，属于语义信息组织，而附表和英汉对照索引体现了语法信息的关系，主题组织法从事物角度集中信息，便于特性检索。计算机文本文档的信息组织则以计算机编码系统为准，主要通过对文本文档题名、作者、时间、格式、大小和存储地址等属性来进行标识。

2. 多媒体信息组织

多媒体信息组织是指利用多媒体工具、多媒体语言工具等手段以及各种信息组织方法，对文本、图形、图像、音频、视频等多媒体信息进行集中处理，以增强信息的表现力，提高信息的使用价值。多媒体信息组织广泛存在于电子出版物、多媒体教学软件等的设计和制作以及网络信息管理中。多媒体著作工具是能够集成处理和统一管理多媒体信息，使之能够根据用户的需要生成多媒体应用系统的工具软件，也被称为多媒体创作工具或多媒体写作工具等。多媒体著作工具提供了组织和编辑多媒体应用系统各媒体元素所需的框架，可以设计交互性用户界面，可以将各种多媒体信息组合成一个连贯的节目。

3. 富媒体信息组织

富媒体（Rich Media）是指具有动画、音频、视频和交互性的信息传播方法，包含下列常见的形式之一或者几种的组合：流媒体、音频、Flash 和 Java、JavaScript、DHTML 等程序设计语言。富媒体信息广泛应用于各种网络服务中，如网站设计、电子邮件、弹出式广告和插播式广告等。富媒体信息组织基于网络信息资源和网络信息技术，按照特定原则和方法收集、选择、描述、标引和存储富媒体信息资源，以更好地序化和优化富媒体信息资源。富媒体信息组织方法主要包括以下几种。

（1）超文本法

超文本是一种新型的信息组织方法，一大特征是信息的非线性排列，以节点为基本单位，节点间以链相连，将信息组织为某种网状结构。用户可以从任一节点开始，根据网络中信息间的链接，从不同角度浏览和查询信息。超文本法提供的非顺序性的浏览功能比传统的信息组织方式更加灵活、方便，且符合人们的联想思维方式。超文本的另一大特征是信息表达形式的多样性。超文本信息可以是文字、图形、图像、音频和动画等多种媒体形式，因此可称为“超媒体”。

（2）自由文本法

自由文本法主要用于全文数据库的组织，是对非结构化的文本信息进行组织和处理的一种方式。自由文本法无须前控，不必用规范化语言对信息进行复杂的前处理，不是对富媒体信息特征的格式化描述，而是用自然语言深入揭示其知识单元，根据富媒体的自然状况直接设置检索点。自由文本法能够完整地反映出富媒体的全貌，通过计算机自动进行文献处理和组织。基于全文数据库的全文检索可以将任意字符作为检索标识，用户用自然语言即可直接检索未经标引的原始信息。

（3）搜索引擎法

搜索引擎是网络上专门提供查询服务的一类工具，利用被称为 Robot、Spider 或 Worm 等名称的自动化处理软件，定期或不定期地在网络上爬行，通过访问网络中公开区域的每个站点，对富媒体信息资源进行收集，然后利用索引软件对信息进行自动标引，创建一个详尽的、可供用户按照关键词查询的 Web 页面索引数据库。这种数据库的内容一般有标题、摘要或简短描述、关键词和 URL、文件大小、语种及词出现的频率和位置等。搜索引擎法是目前网络上对富媒体信息进行组织的主要方式之一，著名搜索引擎有 Google、Baidu、AltaVista、Excite、WebCrawler 和 Lycos 等。搜索引擎法收集的信息虽然丰富广博，但良莠不齐，因而查准率低。

（4）主题树法

主题树法是将富媒体信息按照某种事先确定的概念体系分门别类地逐层加以组织，先通过浏览的方式层层遍历，找到所需的信息线索，再通过信息线索连接到相应的信息资源。许多著名的网络检索工具如雅虎、搜狐等采用这种方式组织信息资源。主题树法提供了一个基于树浏览的简单、易用的网络信息检索与利用界面。信息检索由用户按照规定的范畴分类体系，逐级查看，按图索骥，目的性强，查准率高。采用树形目录结构组织信息资源具有严密的系统性和良好的可扩充性。当然，该方法也存在缺点，最突出的就是必须事先建立一套完整的范畴体系，由于富媒体信息资源的庞杂性及信息用户对体系了解的影响，无疑增加了用户的智力负担。另外，为了保证主题树的可用性和结构的清晰性，范畴体系的类目及每个类目下的信息索引条目都不宜过多，这大大限制了一个主题树体系能容纳的信息资源的数量。

（5）学科信息门户组织法

学科信息门户（Subject Information Gateway，SIG）是针对特定学科或主题领域，按照一定的信息选择和评价标准及规范整合的资源描述和组织体系，对具有一定学术价值的网络信息资源进行搜集、描述和组织，并提供浏览、检索和导航等基本功能。学科门户组织法是由专业人员搜集富媒体信息，对信息源进行质量鉴别，使用受控语言和关键词进行必要的内容描述，从学科属性、研究方向和资源类型多重角度揭示。学科信息门户组织法融合了学科链接导航、搜索引擎法、主题树法、语义信息组织法和 Web 2.0 信息组织等技术和方法，是具有较高学术价值的综合性数据服务平台。

1.2.4 按信息的认识层次划分

从人类对信息的认识层次上，由于人类具有感受力，能够感知事物运动状态及其变化方式，由此获得的信息为语法信息；由于人类具有理解力，能够领悟事物运动状态及其变化方式的逻辑含义，由此获得的信息为语义信息；又由于人类具有明确的目的性，能够判断事物运动状态及其变化方式的效用，由此获得的信息为语用信息。对这三种信息进行组织就是信息组织的基本方法。

1. 语法信息组织

语言学中的语法学是研究语言符号之间的结构规则的，主要包括词典构成和变化、词组和句子的组织，研究的语言内容属于形式范畴。信息组织借用了“语法”二字，是指按照形式特征组织信息。最常见的语法信息组织有如下 4 种。

（1）字顺法

字顺法是历史最悠久、使用最广泛的一种信息组织方法。它的意义在于从字、词角度集中排列有关信息，可满足用户检索的一般要求。字顺法的具体操作有音序法、形序法和两法并用三种形式。从字顺法的发展史来看，目前音序法逐渐占据了主导地位。

（2）代码法

信息用代码集中排列，人们易于接受又便于管理，所以随着信息量的激增和信息多样化，代码法也从无到有，日益显示出其重要性。代码一般使用拉丁字母和阿拉伯数字，如专利代码和商品代码。

（3）地序法

获取有关地域方面的信息是用户需求的一个重要方面，因为地域本身就代表了某方面的特殊信息。同时，跨地域的比较研究日益增多也促使地域信息需求的增多。地序法一般有文字法和图文法两种形式。

（4）时序法

获得历史信息和从历史角度获取信息历来是大众的普遍需求。时序法有广泛的应用范围，如编纂工具书、著书立说，甚至写一篇文章等。

2. 语义信息组织

语义学（Semantics）中，语义具有研究语言符号与它代表的对象之间的结构关系之义。语义信息组织是专门研究信息的内容特性的信息组织方法，常见的语义信息组织有如下 2 种。

（1）分类法

人们的分类对象可概括为三种：一是实物，如商品；二是概念，如知识；三是概念与实物的结合体，如文献。于是有三种分类方法，在信息组织的实践中，可以结合使用。知识分类法是人类认识客观世界的科学方法，对其他两种分类法有着指导意义。文献分类法以知识分类为基础，结合了文献实体属性和信息利用的实际需求。实物分类法带有更多的专业（或行业）特性和效用原则。

（2）主题法

主题法是字顺法在语义信息中的特殊应用，既采纳了字顺法直截了当、便于检索的优点，又兼顾了相同内容聚集的特点，是人们从内容角度更直接获取信息的有效方法。最常见的主题法有标题法、单元词法、叙词法和关键词法等。

3. 语用信息组织

语用信息是借助语用学的特有含义来研究随环境与使用者的不同而不断变化的信息群。常见的语用信息组织法有如下 2 种。

（1）权重值信息组织法

权重值信息组织法是按照信息的重要性来组织信息。例如，报纸在版面安排上，总是把最重要的信息放在头版头条的位置；电视节目的安排，总是把重要节目放在黄金时间播出。城市规划、行业决策和质量评估等其他方面也常用到这种方法。

(2) 概率组织法

概率组织法是在未全知信息的情况下对信息进行组织的方法，根据事件发生的概率大小序化信息，可以在一定程度上规避风险，如预测文体活动胜负、期货交易等。

1.2.5 按信息的存在环境划分

在我国信息化建设过程中，建立和逐步完善一个能够使信息资源得以充分开发和有效利用的信息环境具有重要意义。信息环境是指与人类信息获得有关的一切自然、社会和心理因素的总和。信息环境主要包括与人类信息活动有关的人的要素、信息的要素、技术的要素和社会诸要素（社会、政治、经济及政策法律等）。可见，信息存在环境既包括技术环境，也包括社会环境。如从是否使用网络技术的角度，信息可以分为网络信息和非网络信息。从信息存在的社会环境的角度，信息组织类型可以有以下 4 种。

1. 政务信息组织

政务信息，也称为政府信息，是涉及国家政府各级部门和单位的一切制度及事务范畴的信息总和。政务信息为政府部门决策提供依据，在信息化和网络化高度发达的当今社会，政务信息组织对政府部门具有举足轻重的意义。政务信息组织应以有利于政务信息的“公开、公正、及时、透明”原则为准，做好政务信息的选择、分析、描述、揭示和存储等工作。目前，电子政务是政务信息组织的主要方式，是政府机构应用现代信息技术，将政府管理和服务通过信息技术进行集成，在互联网上实现政府组织结构和工作流程的优化重组，超越时间、空间与部门分隔的限制，全方位地提供优质、规范、透明和符合国际水准的管理和服务。

2. 经济信息组织

经济信息是反映经济活动实况和特征的各种消息、情报、资料和指令等的统称。在宏观经济、中观经济和微观经济活动中都存在大量经济信息，反映和沟通各方面经济情况的变化，从而帮助人们调控和管理生产，实现管理环节间的联系。经济信息又分为计划信息、控制信息、生产与经营信息、统计信息等。通常，经济信息组织形式多是从市场调研与竞争情报等活动中开始的，也有部分表现为经济类文献数据库（如国研网等）。经济信息组织以具体的经济利益为目标，对相应经济信息进行组织与处理，形成高经济价值的信息资源。

3. 科技信息组织

科技信息是记录科学技术发展的信息集合，集中反映各时代、各领域、各学科和各行业科学技术发展水平与方向。科技信息往往具有知识性、创新性、敏感性和机密性等特点。科技信息组织是以相应领域的科技信息数据库为主，包括中外文文献数据库，涉及电子图书、期刊、学位论文、会议文献、标准文献、专利文献、研究报告和技术说明书等形式，科技信息组织产品是目前信息组织最重要的实施对象。

4. 文化信息组织

随着我国对公共文化服务的重视及其政策的逐步出台，文化信息的组织与管理日益凸显其重要性。文化信息积淀在人类文化发展整个历程中，记录一个国家或民族的历史、地理、风土人情、传统习俗、生活方式、文学艺术、行为规范、思维方式和价值观念等内容。目前，系统性的文化信息组织工作在我国仍处于初级阶段，但随着国家、组织或个人对文化信息组织的日益重视和研究探索，文化信息组织在未来将为国家文明建设、公共文化服务提升带来巨大能量。

当然，以上 4 种信息组织方式依据信息所存在的社会环境来区分，仅具有相对意义。其他存在环境下的信息及其组织方式也是大量存在。需要说明的是，非网络环境和网络环境的信息及其组织方式在前面已有介绍，在此不再赘述。以上各种类型的信息组织往往是相互联系、相互交叉、相互渗透的，在一定条件下可以相互转化。

1.3 信息组织的作用

由于现代信息技术和互联网络的迅速发展，信息生产、再造、存储和传播空前便捷，导致信息量急剧增加，随之而来的是信息质量参差不齐、信息污染日益严重、信息垄断与不公，“信息爆炸”和“知识爆炸”成为现代社会的重要特征。这些现象造成了人类与信息之间的两种矛盾：一种是知识和信息的海量性、无限性与人的精力、时间的有限性的矛盾，另一种是知识和信息的无序性、污染性与人类使用的选择性的矛盾。

美国未来学家奈斯比特在《大趋势》一书中曾说过，“我们淹没在信息中，却渴求知识。”为什么当各类信息像洪水一样向我们涌来时，我们仍然缺乏所需的信息呢？这是因为在知识经济和信息化社会中，“失去控制和无组织的信息不再是一种资源。”

具体说来，信息组织对于信息交流与共享、重组与增值有如下作用。

1. 控制整序作用

随着人类文明的发展和人类对世界的探索，信息资源数量不断增加。尤其是 20 世纪 90 年代以来，在现代信息技术发展和互联网兴起的带动下，信息规模呈指数级增长，信息的混乱程度日益加剧，导致用户获取信息所需的成本越来越大。由于缺乏控制，信息集合不可能为用户提供高效快速的检索，信息数量越大，混乱程度越高，当这种混乱达到一定程度后，信息检索几乎无法进行。因此，手工检索和计算机检索都离不开信息组织对信息的控制和整序，网络环境下的信息组织的作用更为突出。当前，人们开发研制的各种网络信息组织和检索工具，对于网络信息的快速有效查询具有重要意义。

2. 提升品质作用

随着信息数量的急剧膨胀，信息质量日益恶化，大量的无用信息、虚假信息和垃圾信息充斥着各类信息交流渠道，极大地妨碍了人们对有用信息、正确信息的吸收和利用。事实上，没有组织或不加控制的信息不仅不能创造财富，还会对人们利用信息构成严重的危害。信息组织的作用之一就是通过对海量信息的选择、评价、整理、集成和重组等一系列工作，提升信息品质，把良莠不齐的信息加工成为精良有序和高度集成的信息检索系统，为信息增值（如信息的分析研究）打下基础。

3. 传播利用作用

信息组织克服了混乱的信息流带来的信息查询和利用上的困难，把分散的、无序的信息加工为系统的、有序的信息流集合，使其成为真正意义上的信息资源，一方面便于信息机构通过各种方式向用户提供信息服务，另一方面便于用户自主地、随时随地查找和利用信息，从而充分发挥信息的效用。信息的交流实质上是信息传播的一种方式，或者说是信息传播的结果。序化的信息有利于信息的传播，研究表明，按一定规律排列的信息更易于人们理解和记忆固化，因而传播效能会更大。例如，报纸上的广告经过分类处理后，由于查找方便，读者接触到它的可能性明显增加。

4. 节约成本作用

当前，信息获取与筛选的成本日益增大，用户的时间成本将大于信息管理和信息服务的价值。如果任其发展，将大大增加用户社会各项活动的总成本。信息组织将多余的和虚假的信息过滤掉，将有用的信息精选出来并加以序化，使得信息交流和存取等环节的效率不断提高，成本不断下降，从而节约了社会各项活动的总成本，使社会在同样的时间里能够创造出更多的财富。

1.4 信息组织的发展

作为信息活动的重要组成部分，信息组织是与人类社会同时产生并同步发展的。信息组织活动具有悠久的历史，在当今网络信息时代对信息组织需求的有力推动下，其理论研究方兴未艾，其实践工作不断丰富。

信息组织的发展过程是信息管理整体发展过程的组成部分。在发展阶段上，信息组织的发展与信息管理发展基本保持一致。由于在原始信息管理时期几乎谈不上任何形式的信息组织活动，信息的传播通常是不正规、自发性的。因此，在此仅把信息组织的发展区分为三个阶段，即古代信息组织时期、近代信息组织时期和现代信息组织时期。需要指出的是，信息组织发展阶段的演化并不是一个阶段对另一个阶段的全面否定，而是一种扬弃、一种理论与方法的完善和扩展。即使是最早的清册职能也并未在现代信息组织时期被彻底废止，而是被融进了一种更为综合的组织活动之中。

人类的信息组织活动源远流长。了解信息组织的历史渊源和发展沿革，可以使我们从更深远的角度认识今天的信息组织活动，集成和汲取先人在长期信息组织实践中积累的有益经验。同时可以使我们高瞻远瞩、明确方向，使信息组织的理论和实践在科学地解决现实问题的基础上具有前瞻性，适应不断发展的社会需要。

1.4.1 古代的信息组织

古代信息组织时期是指近代工业革命之前的漫长的历史时期。信息组织最早是在人类思维认识领域中进行的，从广泛的意义理解，可以说，自从有了人类思维活动，就有了最原始的信息组织。随着人类社会活动的日益复杂和多样化，人类大脑的思维、分析、推理、归纳、类比和聚类等功能得到不断加强，人们不但能够在纷纭的信息中选择，将同类的信息加以集中，不同的信息加以区分，而且能够由此及彼，发现事物间的内在联系。人类大脑在对信息的分析、综合、比较、抽象、概括、类比、判断和推理等活动中形成了最原始的信息组织方法。正如美国学者沃尔曼（R.S. Wurman）所比喻的："人完完全全是由存储器组成的，这种存储器需要具有一个组织框架，该组织框架来源于个人的洞察力——具有精密过滤镜的眼睛、拥有独特频率响应能力的耳朵，以及通过思考找到个人兴趣的内容间相互联系的大脑。"尽管后来许多信息组织的活动和研究远远超越了人的认识领域，而延伸至社会信息的生产、加工处理、存储、传播和检索的广阔空间，但一切信息组织方法都离不开人类思维活动这个基础，都是在此基础上发展起来的。

信息符号作为表达概念的标识、信息组织的工具，它的产生和广泛运用对信息组织的发展起到了关键作用。人们对信息的内容和形式的组织是通过对信息符号的组织完成的。人类最早用手势、体姿符号来表达和传递信息，后来出现了有声语言符号，它比体姿符号能表达更多的意义，不同的语言表达不同的意义，其中就包含了信息组织的过程。

为了克服体姿语言和有声语言不便保留、稍纵即逝的局限，我们的祖先很早就在寻求信息记录的形式，例如，曾采用"结绳"方法来记录事物的数量和特点："事大，大结其绳；事小，小结其绳。"这是人类以实物作为符号来记录、描述事物的早期应用。后来，人们又开始用图画来表达思想、记录知识，并在此基础上产生了最初的文字。文字的产生和运用使信息可以脱离人脑而被记录、存储于外界物质载体上，使信息变得容易识别、存储、组织、传播和交流，这是人类认识和处理信息能力的一大飞跃。

承载信息符号的各种载体是信息组织活动的物质基础，随着社会生产力的发展，信息记录的载体材料和信息记录方式不断改进。人们将代表某种意义的符号刻记在龟甲、金石上，书写在绵帛、竹木上，或者记录于泥版、羊皮上，进而书写在纸张上，刻录在光盘、磁带上，为信息组织的社会化创造了条件。

1. 中国古代信息组织的萌芽与发展

原始的信息组织是自发的、不规范的信息组织。当人类的信息记录积累到一定数量，并被有意识地汇集、排序时，就开始出现社会信息组织活动的萌芽。在我国的殷商时代，有大量记录事物的甲骨文文献。据殷商考古发掘发现，窖穴中的甲骨文排列有一定顺序，甲骨上除了有卜辞之类的记录，还刻有占卜者或经管卜官邸名字。这说明，殷代文献的管理就已经包含着目录工作的雏形，可以看作我国古代目录工作的起源。

我国古代正式的信息组织活动主要体现于对文献的整理，通过"部次甲乙"来满足人们即类求书、因书究学的需要。

最早的文献整理记录可以追溯到春秋时期孔子整理"六经"及以后各种图书目录的编制。孔子做学问时有感于大量文献的零散无序、不便使用，于是对鲁、周、宋等国的文献进行了收集、选择、校订和分类编排，将虽已成书但分散混乱的文献重新加以组织，使之成为结构合理的有序整体。如孔子对《诗经》305 篇的组织整理、对《尚书》按体裁的分类排序，开创了我国私人整理文献的先河。

汉代刘向、刘歆父子编制了我国第一部大型分类目录《七略》，解释了当时国家收藏的自先秦以来所有的图书，这是我国历史上第一次系统的、大规模的文献信息组织活动。刘氏父子将当时收集的所有藏书分门别类著录，按学科内容分为六艺略、诸子略、诗赋略、兵书略、数术略和方技略六大类，加上“辑略”部分共七类，形成了我国第一部综合性的国家书目。此后，各代又有多种有影响的目录出现，如魏晋南北朝、唐宋元明所编纂的官修目录、史志目录、佛经目录等。南朝王俭的《七志》、梁朝阮孝绪的《七录》采用了七分法，郑樵在《通志 · 艺文略》中创造了独具一格的十二大类三级类目的分类体系。在我国使用最久、影响最大、占主导地位的是四分法。西晋时，国家书目《中经新薄》最早提出四部分类方式，后逐步改易，至唐魏征所编的《隋书 • 经籍志》确立了经、史、子、集四部分类系统。自唐以来，各种官私书目大多采用了四部分类。清代《四库全书总目》收录了先秦至清初重要书籍 10254 种，著录书名、卷数、著者书籍来源并有内容提要，组织成经、史、子、集四部 44 类，代表了我国古代目录的最高成就。这些目录系统揭示了我国历史文化典籍及其所记录的知识，为存储、查找信息提供了方便。这时的信息组织活动已经从单纯的个人行为发展到既有个人又有国家组织的社会活动，其范围和影响力不断扩大。

在主要应用分类组织法的同时，字顺主题法和索引法也初露端倪。《四库全书总目提要》中将颜真卿看作采用声韵字顺的方法来排列事物主题的鼻祖，称“昔颜真卿编《韵海镜源》为以韵隶事之祖。”这说明，我国在唐代已出现了以事物或对象名称作标题的信息组织方法。

类书被视为我国主题法的滥觞。目录学家姚名达认为，类书可以视为主题目录的扩大，如果删其繁文，仅存书目，也就成为现代最先进的主题目录了。我国最大的类书《永乐大典》就是一部带有主题法性质的检索工具。全书共 22877 卷，采用了“用韵以统字，用字以统事”的组织编排方式，与主题法的字顺系统原则完全吻合。

中国古代索引是在字书、韵书和类书的基础上发展起来的，曾被称为“通检”“备检”或“串珠”等，形象地说明了它的作用和特征。魏代建安年间类书《皇览》就具索引功能，被认为是中国古代索引的起源之一。我国唐代林保的《元和姓纂》、宋代黄邦先的《群史姓纂韵谱》、陈思的《小字录》等即为早期的姓名索引，宋、明、清等时期还编纂了一些专书索引。特别是清代史学家、目录学家章学诚在其《校雠通义》等书中明确提出了一系列较为重要的索引理论和索引方法。

在实践的基础上，我国古代一些学者对信息组织的原理和方法进行了理论探讨和阐述。春秋末期，一些大思想家已经注意到事物分类的普遍性，从“类”的角度去认识事物和进行推理。如墨子不仅将“类”作为分析事物的依据，还把“类”与“故”（理由）联系起来，作为立辞和辩说的基本原则。宋代目录学家郑樵从理论上研究了文献的分类问题，提出了一系列类分图书的原则和方法。他在《通志 · 校雠略》中指出：“类书，犹持军也。若有条理，所多而治；若无条理，虽寡而纷”，“类例不明，图书失纪”，“类例既分，学术自明”，生动阐明了文献分类的意义。清代章学诚则进一步主张文献分类应随文献增长的变化和学术演变而改变，主张编制目录不仅要对文献分门别类地加以编排，还要“辨章学术，考镜源流”。他大力提倡采用“互著”“别裁”（相当于现在的参照法和分析著录法）的方法对文献进行著录，并阐述了索引的方法和功用，主张将各种文献中的人名、地名、官阶、书名等按韵编排，详著出处，以便分类时按韵查找。阐述这些思想的专著《校雠通义》成为我国古典目录学理论的集大成之作。

2. 国外古代信息组织的萌芽与发展

在国外，最原始的“目录”是以泥版的形式出现的。约公元前3000年，在两河流域巴比伦王朝的一座寺庙的附近，有大批泥版文献被集中在一起，并按主题排序。这说明，当时对这些记录有信息的甲骨和泥版的收集和储藏是有意识的、经过整理的，已有了简单的标识著录法和排列法。

在古希腊，一些哲学家很早就提出了知识分类思想，并构筑了自己的知识分类体系。例如，亚里士多德将知识区分为理论知识（逻辑学、物理学、数学、形而上学）、实践哲学（伦理学、经济学、政治学）、创造哲学（史学、修辞学、艺术）三大门类，对后世分类法中学科的划分产生了深远影响。中世纪的欧洲修道院图书馆和大学图书馆分别建立了以宗教观点和学科设置为基础的分类体系。印度的一些古老经文如《吠陀经》将人类全部知识分为四大门类，也包括许多朴素的分类思想。

古代国外的正式分类活动主要可以追溯到公元前6世纪。当时亚述巴尼拔皇宫收集了大量的泥版文献，上刻主题标记，并分为人间、天上两大类，其下再分子类。公元前250年左右，古希腊学者卡利马科斯（Callimachus）为当时规模最大的亚历山大图书馆编制了长达120卷的藏书目录《皮纳克斯》（Pinakes，又名《各科著名学者及其著作目录》），将藏书分为戏剧、诗歌、法律、哲学、历史、修辞学、医学和杂著等大类，其下再按字母或年代顺序排列，并附对每部著作的评价，成为古代最早的目录之一。

被称为“目录学之父”的德籍瑞士学者格斯纳（C. Gesner）将当时能搜集到的全部拉丁语、希腊语和希伯来语的各种著作1.5万种编织成大型书目——《世界书目》，全书四卷，包括著者字顺目录、分类目录和主题字顺索引，其中第二卷将知识分为21个大类、250个细目，较全面地反映了当时的科学发展水平，成为西方第一部检索系统较为完备、详尽著录的综合性大型书目。13～14世纪的《圣经》语词索引直接以自然语言中的字、词作为标目，按字顺次序查检，基本具备了主题法的要素。虽然当时主题和索引方法应用很少，但它成为近现代主题法和索引发展的渊源。

公元16世纪前后，随着罗马帝国的衰亡，欧洲社会逐步进入宗教统治时期，宗教文献及其记录与检索宗教文献的工具——目录、索引、文摘在西方国家有了迅速的发展。17世纪末，西方国家不仅出现了综合性与专题性的信息目录，英国和德国还诞生了具有现代意义的国家书目。1605年问世的《英国牛津大学图书馆目录》首次提出了基本款目的概念，为信息组织的理论探讨迈出了第一步。古代信息组织的主要活动是书目工作，这是一种对现有著述或文献特征进行识别、选择、著录与排序的信息整序工作。书目工作主要研究“已知”文献，对原始信息记录具有较强的依赖性。

总之，随着古代文明的发展，人类的文献生产、制作、积累与利用逐步形成规模，面对数量日益增长的文献，如果不加以组织与管理，人类将无法有效利用。基于此，早期的信息组织为适应人们管理与利用文献的需要而诞生。可以说，一定数量文献的生产与积累是信息组织产生的基础，而大量文献的产生与积累是信息组织发展的首要条件。没有一定数量文献的产生及文献资源的积累，就失去了信息组织产生、发展的物质基础。

3. 古代信息组织的特点

总体上，由于古代社会生产力低下，信息的数量和对信息的需求都非常有限，在此基础上进行的信息组织活动基本处于初始阶段，呈现出以下特征：

① 以手工编撰书目的信息组织形式为主流，包括一书目录和群书目录、国家书目等，同时出现了以数序、音韵、类名和语词为排列方式的类书及从文献正文中摘录片段的文摘方法。

② 信息组织活动以个体劳动为主，虽然偶尔存在着简单的协作关系，但并未形成一种长期固定的专门机构，如我国古代《七略》和《七志》的编撰。

③ 信息组织着眼于文献的收藏管理，主要是为了管理一定范围内的文献，并非着眼于文献检索和利用；其信息组织的主要方式限于记录与登载文献的基本特征，或者按照学科或事物范畴排序；其成果形式类似文献清册，即文献书目。

④ 信息组织的主要对象是图书和档案文献。

⑤ 信息排序多采用分门别类的方式，国外偶尔采用主题（catchword）方式揭示和排序等。总之，不管古代的信息组织其形式与成果如何简单，但其“辨章学术，考镜源流”的功能和分类揭示与排序的手段对后来的信息组织具有深刻的影响。

1.4.2 近代的信息组织

近代信息组织时期是指从近代工业革命和印刷工业机械化到第二次世界大战(20 世纪 40 年代中期）的一段时间，其特点是文献生产、积累与利用形成了较大的规模，信息组织的职能工作的主体由个体逐步趋向社会专门机构（如图书馆等）。

1. 国外近代信息组织的发展（17 世纪起）

近代工业革命极大地促进了社会信息活动的发展。以蒸汽机为核心的动力技术与活字印刷术的结合，进一步提高了文献生产的效率；交通运输工具的进步既密切了世界各国的联系，又为文献资料的传播提供了便利条件；以电力技术为基础的电信技术则为人类信息交流创造了新的手段。与此同时，近代科学的发展也为近代信息管理和信息组织活动开辟了广阔的舞台，提供了丰富的内容。科学研究活动从科学家个人的自发研究成长为有组织的社会事业，科学交流从自发组织的科学团体发展成为正规的学术管理机构，使科学劳动的成果成倍增加，文献信息的数量和需求也急剧增长。因此，图书馆作为社会上最早出现的信息管理和组织机构在这一时期获得了快速发展，文献组织的基本方法（如编目法、分类法和文摘索引法等）成为近代信息组织的主要方法。

近代以来，西方学术逐步进入发展时期，按研究对象划分的一门门自然科学开始从包罗万象的哲学中分离，人们的知识结构和思维结构发生了很大变化。新科学的产生和技术的发展在图书分类中得到了反映，出现了表达动力学、古生物学、细菌学、人类学、胚胎学、生态学和社会学等学科新概念的大类、小类和细目，出现了以学术发展为基础的知识分类体系。近代西方一些哲学家，如培根、康德、黑格尔、霍布斯和孔德等构造的不同知识分类体系对信息分类的思想产生了深远影响。其中较具代表性的是培根的分类思想和知识分类体系。他从心理特征出发，将知识分为三类：历史（记忆知识）、诗歌（想象知识）和哲学（理性知识），并在其下分出细类。这一分类体系后来被用于 18 世纪狄德罗编制的法国百科全书的组织，不少图书馆和藏书家也根据它来编制图书分类目录。恩格斯早在 1858 年就注意到了科学分类问题，他认为：“每门科学都是分析某一个别的运动形式或者一系列互相关联和互相转化的运动形式的，因此科学分类就是这些运动形式本身依据其内部所固有的次序的分类和排列。”

随着学科的不断变化、知识记录的不断增多、大型图书馆藏书量的剧增，专业图书馆也得到了发展。在这种情况下，原有的分类法已不适用。在旧分类法中没有包含的、由于科学和技术的发展而出现的新的知识门类的大量涌现，不仅需要确定新知识及新学科在图书分类表中的位置，还需要深入研究，使类表扩展到图书分类结构，以便对几十万、几百万册图书和藏书目录进行组织。

1876 年，美国图书馆学家、教育家杜威编制了《杜威十进分类法》（Dewey Decimal Classification，DDC），建立了结构完备、等级分明的分类体系和主题索引，体现了当时信息组织的最高水平。这一时期的分类法还对各种分类技术（如标记符号、类目索引）进行了探索，努力使类目体系具有“伸缩性”和“适应性”，类目符号具有简易性和助记性，出现了一批有影响力的综合性分类法，如克特的《展开式分类法》、奥特勒和拉封丹的《国际十进分类法》（Universal Decimal Classification，UDC）、《美国国会图书馆分类法》（Library of Congress Classification Schedules，LCCS）等。在杜威之后，编制统一的国际分类法的思想已经成了各国图书馆员关注的问题。

在对大量文献检索的过程中，人们愈来愈感到传统的分类法已不能完全满足需要。除了对分类的族性检索要求，读者还开始关注对具体主题的特性检索。于是一些专家对以满足特性检索为目的的主题法进行了探讨。18 世纪后期出现了主词索引和字顺分类目录。主词索引直接在书名中抽取自然语言形式的关键词作为文献主题标目，成为后来标题目录的先导。字顺分类目录将字顺方法与分类体系相结合，在每级类目下以字顺方式排列同位类，并逐步演变为将类目直接按主题字顺方式编排，也为主题目录的发展创造了条件。

主题法的真正形成和发展是在 19 世纪后半期，最早期的类型是传统的标题法。1856 年，英国克里斯塔多罗的《图书馆编目技术》提出应用文献题名中的“词”作为字顺标题系统中表达内容主题的标题，成为标题法的先导。在这部书中，他提出了“主词”（即关键词）这一概念，并介绍了用轮排方法编制的曼彻斯特公共图书馆目录书名语词索引的步骤。1876 年，美国图书馆学家克特发表了《字典式目录条例》，在传统主词款目和字顺分类目录的基础上，明确规定了标题的意义和处理方式，制定了标题选择和使用的一系列原则和方法，从而完成了字顺分类法向字顺主题法的转变，标志着现代主题法原则的确立。1895 年，美国出版了第一部标题表——《美国图书馆协会标题表》，并在其后出版《美国国会图书馆标题表》（Library of Congress Subject Heading，LCSH）。主题目录在美国公共图书馆获得了广泛应用，引起了许多欧洲分类理论专家的注意。

同时，更具信息报道和指引意义的文摘和索引在此时期发展起来。1830 年，世界上第一部科技文摘杂志《药学总览》在德国问世，并附有索引。各国相继出版了一系列文摘杂志和著者、题名、语词、分类索引，如 1848 年美国普尔的《普尔期刊文摘索引》、1851 年美国的《纽约时报索引》。为开展有关研究和交流，英国于 1856 年成立了世界上第一个索引学会。

2. 中国近代信息组织的发展（鸦片战争后）

在漫长的封建社会发展过程中，我国的信息组织活动一直以藏书楼的建设为主体，与其相适应，四部分类法具有稳固的主导地位。鸦片战争以后，由于西学输入、社会变革和教育的倡导，反映新学科、新技术、新思想、新文化的信息内容日益增多，我国旧有的四部分类法已不能适应。一些学者开始以新的思想和方法编制目录，打破了四部分类法一统天下的局面。一批反映西学、新学的书目问世。例如，梁启超的《西学书目表》摒弃了传统的四部分类法，而采用了自编的新分类法体系，所收入的西学翻译书籍分为学、政、杂三大类 23 小类，初步具备了现代分类法将知识划分为自然科学、社会科学、综合性图书三大部类的雏形。1904 年刊印的《古越藏书楼书目》完全打破了四部分类法的传统，将浙江绍兴古越藏书楼的所有藏书分为学、政两大部，容纳了反映新学科的书籍。

19 世纪末 20 世纪初，一些学者开始翻译、引进国外分类法。1909 年，孙毓修在《教育杂志》上连载《图书馆》，介绍《杜威十进分类法》，引起了广泛关注。一批留学国外学习图书馆学的学者归国后，不但积极从国外引进新的分类法及其理论，而且着手对我国旧有分类法进行改造，编制了一系列中西合璧的新型分类法，以寻求解决我国文献分类问题。至 20 世纪上半叶，我国引进的国外分类法有 23 种，包括著名的《杜威十进分类法》（DDC）、《美国国会图书馆分类法》（LCCS）、《国际十进分类法》（UDC）、《克特展开制分类法》（EC）等。这对我国的信息组织体系结构和方法有相当大的影响。在学习研究国外分类法的基础上，我国相继出现了仿杜、补杜及自编的各种分类法，达三四十种。比较有影响的如 1917 年沈祖荣、胡庆生编制的我国第一部以标记符号代表类目的《仿杜威书目十类法》、1929 年刘国钧自编的《中国图书馆分类法》、皮高品的以杜威法为基础改编的《中国十进分类法及索引》等。其间，虽然反映旧学的四部分类体系仍在继续起着作用，但总体上，我国文献分类法的发展过程是一个引进与继承、融合与创新的过程。

在信息分类的实践活动不断发展的同时，我国图书馆学家在理论上对分类标准、分类原则、分类方法等也进行了深入探讨。例如，1920 年之嘉在“科学分类之历史”中论述了科学分类史及一系列国外学者的分类思想和科学分类体系，杜定友、查修等系统研究了我国历代书目及图书分类体系，戴志骞率先提出了图书分类法的编制原则。1929 年 1 月，中华图书馆协会在第一次年会上通过了编制标准分类法的四项原则：“中西分类一致；以创造为原则；分类标记须易写易记，易识易明；须合中国图书情形。”这反映了当时的基本分类思想。

在主题法方面，虽然 20 世纪 30～40 年代我国已有少数标题表问世，如何多源 1939 年的《标题表》、吕绍虞 1935 年的《中文标题总录初稿》，但在当时没有得到实际使用。

20 世纪初，西方现代索引技术传入我国，30～40 年代中国兴起了一个编纂索引的高潮，如哈佛—燕京学社引得编纂处洪业等主持编制了一系列索引，叶圣陶的《十三经索引》、王重民等的《清代文集篇目索引》和开明书店编纂出版的《二十五史人名索引》等，并有钱亚新的《索引与索引法》和洪业的《引得说》等索引研究著作出版。

3. 近代信息组织的特点

① 信息产品进一步丰富，信息组织与管理作为一种相对独立的职业得以发展。这一时期，图书馆、档案馆和情报部门等文献机构普遍开展了文献信息组织活动，并开始面向社会公众提供信息服务。国内外出现了一批致力于研究信息组织的专家。

② 用户需求成为信息组织关注的问题，“用户中心论”在信息描述、揭示与检索点形成与排序过程中得到认同与贯彻。除了围绕着文献的保存开展，信息组织的活动开始注重根据社会需要提供信息服务，开始重视对信息外在特征和内容属性的全面描述、揭示，并为用户提供更多的信息检索点。

③ 文献分类法的建立和完善。1876 年，美国图书馆学家、教育家杜威编制的《杜威十进分类法》(DDC) 建立了结构完备、等级分明的分类体系和主题索引，体现了当时信息组织的最高水平。1933 年，印度图书馆学家阮冈纳赞编制了世界上第一部分面组配式分类法——《冒号分类法》，并系统提出了分面分类理论。对现代分类法和主题法的发展产生了巨大影响。在此过程中，我国的分类法在引进国外分类法的基础上推陈出新，实现了从四部分类法向以科学分类为基础的体系分类法的转变，并结合我国文献的特点，力求解决中外文献、古今文献的统一分类问题。

④ 信息组织技术与方法的逐步完善、信息组织的对象从载体单元逐渐转向知识单元，索引和文摘组织法的面世打破了书目形式长期一统天下的局面，对以满足特性检索为目的的主题法进行了进一步探讨。1830 年，世界上第一部附有索引的文摘杂志《药学总览》在德国问世。此后，各国相继出版了一系列文摘杂志和著者、题名、语词、分类索引，如 1848 年美国普尔的《普尔期刊文摘索引》、1851 年美国的《纽约时报索引》。

⑤ 主题组织法和机械化信息组织手段的发展。1895 年出版了第一部标题表——《美国国会图书馆协会标题表》(LCSH)，20 世纪 50 年代美国的陶伯 (M. Taube) 以字面上不能再分的词汇单元——元词作为标识，以字面组配表达文献主题，并结合比孔卡等设备的使用，开创了在检索阶段匹配检索的后组式检索方式。这标志着继标题法后，一种新的主题法——单元词法问世。这种方法的基本原理在美国海军兵器中心、美国专利局、杜邦公司等得到应用，为后来发展的计算机自动检索开辟了道路。

⑥ 信息描述与揭示的内容日臻完善，信息存取系统的检索途径增多。如美国《化学文摘》(CA)，除了有著者索引和主题索引，还增加了环系索引、分子式索引和专利号索引等。

近代信息组织的发展与变化为现代信息组织的发展与完善奠定了基础。

1.4.3 现代的信息组织

现代信息组织时期是指以电子计算机技术、通信技术和网络技术等一系列现代信息技术的诞生、发展及在信息组织中广泛应用为主要特征的时期，即从 20 世纪 50 年代至今。20 世纪中期以来，随着科学技术的飞速发展，人类生产信息、积累和利用信息的活动形成了空前的规模，出现了“知识爆炸”、新技术层出不穷的现象。以电子计算机、网络技术和多媒体技术为主的现代信息技术的发展不仅把信息组织推上了一个新的发展水平，也将信息组织的技术手段带入到一个新境界，信息组织不但成为现代科学技术与国际经济发展的重要组成部分，而且已成为人类社会文明程度的重要标志之一。

大体上以 20 世纪 90 年代初期互联网的商业化为分界线，现代信息组织可以分为基于计算机应用的信息组织和基于网络的数字信息组织两个阶段。

1. 基于计算机应用的信息组织阶段

这一阶段信息组织的发展的特点从宏观和微观两方面得以体现。

1）宏观上的主要特点是信息组织的技术化、社会化、产业化和标准化

（1）信息组织技术化

自 1946 年世界上第一台电子计算机在美国诞生后，计算机技术便被应用于信息组织工作。如 1954 年，美国海军兵器试验站首次建立了世界上第一个计算机书目存取系统。卢恩

(Luhn）首创了题内关键词索引，开创了计算机编制索引之先河。20 世纪 60 年代以后，书目工作自动化有了进一步发展，首先是机读目录（MAchine Readable Catalogue，MARC）研制成功。1966 年，美国国会图书馆成功地开发了机读目录 MARCⅠ，1968 年推出了 MARCⅡ，并正式向国内外发行。机读目录的研制成功极大地推进了信息组织现代化的进程。20 世纪 70 年代以来，信息组织的现代化领域不断扩展，从文献编目自动化走向文摘自动化、检索网络化、翻译自动化、索引自动化和自动抽词标引，其实现方案也层出不穷。例如，英国于 1974 年推出新型的索引系统——保持上下文索引系统，在世界上产生了很大反响。我国上海交通大学的王永成教授等人对自动文摘的研究已取得令人鼓舞的成绩。

另一方面，自 20 世纪 80 年代以来，除电子计算机以外的其他信息组织技术也发展很快。例如，1978 年第一个光盘问世，1979 年第一个实用光缆通信系统在美国芝加哥投入使用；20 世纪 70 年代末 80 年代初，可视数据存取系统在英、法等国家实际使用。所有这一切极大地促进了信息组织手段与技术的现代化。

（2）信息组织社会化

信息组织社会化起源于图书馆联机编目工作。早期的文献编目采用手抄、雕刻等手工方式，随后转换为打印模式。20 世纪 50～60 年代，计算机逐步应用于编目领域，美国国会图书馆先后研制成功 MARCⅠ和 MARCⅡ后，采用电子及光电技术进行编目成为 60 年代后期崭新的计算机编目形式。MARC 的优点是：可促进文献编目标准化；加速编目流程，加速书目信息的存储与传递速度；可一次输入，多次输出；可为编目社会化和网络化提供条件。60 年代中期，MARCⅡ试制成功，标志着联机编目社会化和网络化的开始。美国是世界上实现联机编目最早的国家，其中最著名、影响最广的是联机计算机图书馆中心（Online Computer Library Center，OCLC)。到 80 年代中期，全美已有 5000 多个图书馆，约 94%的资料利用这个联机系统进行编目，各图书馆同时向该系统输入各自的原始目录记录，供其他单位合作使用。美国是社会化联机编目的先驱，为世界各国编目工作网络化提供了宝贵经验。

（3）信息组织产业化

信息组织活动产业化孕育于 20 世纪 50 年代，至 70 年代中期进入稳步发展时期。由于信息组织产品可以转化为商品，大量文摘索引服务社和书目数据公司的产生与发展，使具有特殊社会经济价值的信息组织产品的生产和流通出现了产业化和商业化趋势，主要表现为两方面。一方面，信息组织的数据库产品逐步应用于各领域，包括企业、政府机构、金融行业、科研单位、商业领域等，这就为其产业化提供了市场。数据库研制与服务由早期分散的、小规模形式逐步发展成为集中的、多数据库的大规模服务，并在全世界形成了几十个大型的跨国数据库服务中心，建成了国际性的数据库销售体系。另一方面，商用信息存取系统自 70 年代起先后投入营运，如国际联机存取系统 DIALOG、STN 和 OCLC 等。与此同时，传统的印刷型文摘书目等检索刊物纷纷转为磁带型、网络型书目数据库，如《化学文摘》(CA)、《生物学文摘》(BA）和《科学文摘》(SA）等均同时出版印刷型、缩微胶片型、磁带型和网络版。书目数据库信息组织产品开发的产值逐年增加。

（4）信息组织标准化

标准化是此阶段的重要特点之一。信息描述与著录经过 100 多年的实践，从随意编目到一国和跨国统一编目，直到 20 世纪才迈开国际标准化的步伐。其中，文献著录标准 ISBD 计划自 1984 年基本完成后，很快成为世界各国编制文献著录标准的主要蓝本。此外，LCC 和

DDC 这两个分类法由西方国家如英国、美国、加拿大等英语使用国的文献分类组织统一使用，经过数十年的多次修订，已成为国际公认的较为成熟、质量较高、被世界各国广泛采用的文献分类体系。我国目前统一使用的《中国图书馆分类法》经过不断修订，其科学性和逻辑性也不断加强。不仅如此，文献主题标引工作标准化于 20 世纪 80 年代在西方国家普遍推广，除了 LCSH 被广泛采用，分类主题一体化的模式也备受信息组织理论研究与实践领域的关注。我国的一体化分类主题词表《中国分类主题词表》于 1994 年正式出版发行，加快了我国文献标引工作的标准化进程。在版编目（Cataloguing In Publication，CIP）则是我国于 20 世纪 90 年代启动的一项信息组织标准化的重要措施。

2）微观上的主要特点是对分类法的改造、主题法的发展、分类主题一体化、自然语言检索系统的兴起及对自动标引和分类的探讨

（1）分类法的改造

早期的分类法如杜威十进分类法、克特展开式分类法均属于列举式分类法。这种分类法的树型结构虽有结构明晰的特点，但不便揭示复杂、专指、细小的主题，也不便容纳新的学科主题。为此，分类学家们进行了多方面的改进。1933 年，印度的阮冈纳赞编制出世界上第一部分面组配式分类法——冒号分类法后，其中体现的分析 - 综合的分类理论引发了分类领域分面研究的热潮。在其影响下，一系列专业分面类表问世。例如，英国分类法研究小组在深入探讨分面分类理论的基础上，编制了十多种专业的分面分类法，该小组成员奥斯汀据此编制了保留上下文索引系统（PRE-Context Index System，PRE-CIS）。1955 年，该分类法研究小组向英国图协和联合国教科文组织提出“需要以分面分类作为一切情报检索方法的基础”的著名备忘录，在 1957 年的国际分类研究研讨会上受到一致肯定，从而奠定了分面组配理论的基础地位。

同时，传统分类法被不断增加分面组配成分，朝分面组配方向改造。如 DDC 的通用复分表从无到有，从 1 个增加到 7 个，专类复分和仿分也在增加，第 20 版则用分面分类的方法对音乐类进行了全面的改造。1976 年，英国分类法研究小组的成员米尔斯（L.J. Mills）对美国图书馆学家布利斯 20 世纪 40 年代初编的《书目分类法》(Bibliography Classification，即 BC1）进行了全面的分面改造，使其由原来的等级列举式分类法发展成一部大型的分面组配式分类法——《布利斯书目分类法》(Bliss Bibliography Classification，即 BC2)，成为列举式分类法彻底分面改造的典范。

我国现代分类法的发展经历了从 20 世纪 20～30 年代模仿杜威法、50～60 年代模仿苏联分类法，到全面探索我国适用分类法的理论和方法的过程，初步形成了具有中国特色的分类体系和分类理论。新中国成立以来，先后编制了多部大型综合性分类法和数十种专业分类表，如《中国人民大学图书馆图书分类法》《中国科学院图书馆图书分类法》（简称《科图法》）《中国图书馆分类法》（简称《中图法》）《中国档案分类法》《中国标准文献分类法》等。尤其是大型综合性分类表《中图法》广泛吸取了国内外各种分类法的优点，以科学分类为基础，同时在四次修订过程中不断扩大分面组配技术的使用范围，逐渐增加复分、仿分方法，引入并扩大冒号组配方法的应用，成为目前我国文献信息组织使用最广泛的标准化分类体系。

（2）主题法的发展

陶伯（M. Taube）开创的单元词法问世后，这种方法的基本原理在计算机检索系统中得到应用。几乎与单元词法同时，1947 年至 1950 年，美国的穆尔斯（C.N. Mooers）在研究组

配分类法的基础上，提出了一种新型主题法——叙词法，并创造了“叙词”“叙词法”“情报检索”“情报检索系统”等术语。他认为，叙词是表达概念的一种标识符号，是十分自由和独立的观念成分，应能以任何组合或次序来规定一次检索。20 世纪 60 年代，为适应计算机在图书馆及情报工作中的应用，叙词语言吸收了标题法、单元词法、关键词法和分类法等检索语言之长，逐步取代了元词法成为现代情报检索语言的主流。叙词以概念组配取代字面组配，并广泛揭示概念间关系，使文献信息的揭示更加准确。1959 年，美国杜邦公司编制了第一部叙词表。

在我国，1950 年程长源的《中文图书标题法》出版，填补了新中国中文标题语言的空白。20 世纪 70 年代，我国开始大规模编制和使用主题法。1971 年，航空部情报所编制的《航空科技资料主题表》第 2 版问世，成为我国的第一部叙词表。此后，《电子技术汉语主题词表》《常规武器专业主题词表》《国防科学技术主题词典》《原子能科技资料主题词典》《机械工程主题词表》《汉语主题词表》陆续出版。尤其是 1979 年出版的《汉语主题词表》，作为“748 工程”（汉字信息处理系统工程）配套项目，历时 5 年编成，不仅成为世界上最大规模的叙词表，还为后来我国叙词语言的大发展做了人才和理论准备。

（3）分类主题一体化

以往分类法、主题法作为信息组织的两种独立的方法各成体系，在使用过程中，标引和检索需要分别进行。计算机在信息组织中的应用进一步揭示了分类系统与主题系统的联系，促成了分类主题一体化的发展。1969 年，英国学者艾奇逊（J. Aitchison）研制成功世界上第一部分类主题一体化的《分面叙词表》，将一部分面分类表与一部字顺叙词表结合，通过严格规范，使每个词汇同时出现在分类表与叙词表中，实现了两种检索语言的兼容。在其影响下，英美等国陆续出版了一批分类主题一体化词表，如《伦敦教育分类法》（第 2 版）《建筑工业叙词表》《基础叙词表》等。此外，印度、日本、苏联、德国等许多国家（和地区）开展了分类主题一体化的研究和实践活动。

20 世纪 80 年代，我国先后用手工和计算机编成《常规武器分面叙词表》和《教育分面叙词表》。这是我国图书情报界编制一体化词表的最早尝试。此后，我国陆续编制、出版了十余部一体化词表，包括三部大型词表——《中国分类主题词表》《农业科学叙词表》《社会科学叙词表》和七部中型词表，使一体化语言理论与应用研究进一步深入。其中，《中国分类主题词表》作为国家哲学社会科学“七五”规划重点项目，对推进汉语分类主题一体化词表的发展起到了重大推动作用。

（4）自然语言检索系统的兴起

分类法和主题法采用规范化的人工语言系统控制文本信息，虽然规范严谨，但难以掌握，词表的稳定性强，无法适应新学科、新事物的变化。因此，它们的使用长期被局限于科研和专业领域，很难成为大众信息检索工具。在新形势下，人们希望有更方便、更具亲和力和大众性的语言系统，以满足日益丰富的、动态的信息检索需求。

20 世纪 50 年代，卢恩在前人探索的基础上，将计算机用于关键词索引的编制。其后，各种直接以自然语言为标识的检索系统相继出现。20 世纪 60 年代初，美国匹兹堡大学健康法律中心率先建立起第一个全文检索系统，以电子文本为处理对象，通过计算机以自然语言的语词或语词的组配进行检索，广泛探索了自由文本的检索方法，后来，图书馆界的书目检索系统吸纳了这一方法，将文本检索用于标题和文摘检索。

20 世纪 70 年代，一批采用句法—语义分析技术的自然语言理解系统脱颖而出，在语言分析的深度和难度方面都比早期的系统有了长足的进步。进入 20 世纪 80 年代后，为了适应知识管理的需要，智能信息检索系统开始应用于自然语言的处理。自然语言容易被普通检索者接受，但存在着表达概念过分自由、语义无关联、词汇无控制等问题，影响了检索效率。于是，一些专家提出了编制后控词表等方案以改进检索效果。

（5）对自动标引和分类的探讨

自动标引始于 20 世纪 50 年代后期。1957 年，卢恩在对自动标引和自动编写文摘研究的基础上，发表了关于文献自动标引的论文，提出了基于词频统计的抽词标引法，率先进行了自动标引的探索。从 60 年代后期到 70 年代末，自动标引研究取得了很大进展，提出了概率统计标引法、句法分析标引法及各种加权模型等，建立了一批应用与实验系统。1962 年，博科（H. Borko）等人利用因子分析法进行了文献的自动分类。此后，各国学者进行了大量有关文本词频统计分析、句法分析、语义分析等实验研究，并在主要的国际联机检索系统中实现了全关键词自动标引和检索。主关键词标引也建立了许多实用系统。20 世纪 70 年代美国国防部文献保障中心（Defense Documentation Center）采用的机助标引系统、90 年代美国 NASA 宇航信息中心使用的机助赋词标引系统等，都是结合自动标引研究成功建立的人机结合的实用系统。20 世纪 80 年代末，日本庆应义塾大学文学系的图书情报专业和日本 IBM 东京基础研究所合作开发了一个自动分类专家系统，采用国际十进分类法（UDC）实现了图书资料的自动分类。1987 年，《杜威十进分类法》（DDC）的联机编辑系统建成，并完成了对 DDC 第 20 版的自动编辑。至今，自动标引形成了抽词标引和赋词标引两大主要类型。几乎所有大型分类法都实现了计算机辅助编辑修订和管理。

我国自 20 世纪 80 年起开始从事汉语自动标引和分词实验研究，并逐步达到了科技文献自动分词的实用水平。20 世纪 80 年代中期起，我国在大量有关自动分类理论研究的基础上，相继开发出一批机辅分类标引系统、自动分类标引系统，如“计算机辅助分类主题标引系统”“文书类档案的计算机分类标引算法”“中文文本自动分类系统”“中文技术文档的自动分类系统”“图书分类专家系统”和“中文地质资料分类专家系统”等。

2. 基于网络的数字信息组织阶段

这一阶段，信息组织的主要特点是：在以计算机、现代通信技术为代表的信息技术的推动下，传统的信息组织方法不断创新和完善，向自动化方向发展；同时，在网络环境下，信息组织面对多元化的信息载体和多元化的信息需求，又需要不断拓展新的应用领域，探讨新的数字信息组织方法。这两者之间存在着密切的联系。

1）网络环境下传统信息组织方法的延伸和发展

（1）利用元数据对数字信息体进行描述

元数据（Metadata）是关于数据的结构化的数据，专门用来描述数据的特征和属性。一个元数据款目构成一个信息资源的基本数据，是检索系统的基本构成单元，可以代表信息资源用来组织目录、索引、数据库和搜索引擎等检索系统。信息描述的目的就是以元数据为中介，对信息资源进行各种操作。元数据的基本类型有：以详细记录为目的的元数据——机读目录（MARC），以发现为目的的元数据——都柏林核心（DC），以网络查询为目的的元数据——元搜索引擎。

MARC 即机读目录，是以代码形式和特定结构记录在计算机存储介质（磁带、磁盘、光盘）上的，用计算机识别和阅读的目录。MARC 作为一种以详细记录为目的的元数据，是电子化管理、发布类表、词表、人名、机构名等规范文档的标准方式。目前，美国国会标题词表（LCSH）、国会图书馆分类法（LCC）都提供 MARC 版本并可以在网上查询。用 MARC 格式表示的知识组织系统可以植入联机公共目录查询系统（OPAC），与书目数据统一管理。

都柏林核心（DC）元数据，是为了描述数字信息资源、支持数字信息资源检索而建立的元数据模式，是一种以资源发现为目的的元数据，旨在为数字信息的著录提供一种更简单、更有效的方式。DC 元数据通过电子资源提供者对数字资源属性信息的描述，粗略地对资源内容进行编目，来帮助人们尽快在网上发现所需的资源。DC 元数据避免了搜索引擎结构过于简单而 MARC 格式又过于复杂等问题，不需要进行专业化训练就能对数字信息进行恰当的著录，降低了编目成本，能迅速适应数字信息资源的巨量增长，在数字信息组织中得到了广泛的应用。

元搜索引擎是一种以网络查询为目的的元数据，使用自动索引软件来发现、收集并标引网页，建立数据库；以 Web 形式提供给用户统一检索界面，供用户输入关键词、词组或短语等检索项；代替用户在数据库中查找出与提问匹配的记录并返回结果且按相关度排序输出。其特点是：由自动索引软件生成数据库，收录信息广、加工速度快，能及时向用户提供新增信息。元搜索引擎由检索请求提交机制、检索接口代理机制和检索结果显示机制三部分组成。检索时，直接输入关键词或词组、短语，无须判断类目归属，使用比较方便。常用的搜索引擎有谷歌、百度等。但是，元搜索引擎依赖于数据库选择技术、文本选择技术、查询分派技术和结果总和技术，用户界面的改进、调用策略的完善、返回信息的整合和最终检索结果的排序是未来元搜索引擎研究的重点。

（2）虚拟图书馆（专题指引库）

虚拟图书馆就是根据特定的目标，选定信息资源的学科领域，对有关网站网页进行搜索和收集，加以鉴定核实，并对核实后的网址进行合理组织，使之能够提供检索、浏览和链接的信息集合。与搜索引擎的主要区别在于，虚拟图书馆属于专题性和学科专业性的，其系统性和易用性强。虚拟图书馆对网络资源的组织是优于搜索引擎的关键环节。该环节由专业图书馆员把关，在自动系统的协助下，利用某种分类法和主题词表，对收集来的原始资源进行描述和组织，改善了搜索引擎采用自然语言标引的根本缺点。这方面的实践和研究集中在重点学科导航库建设、专业网络资源导航库建设和热门站点链接或相关站点推荐方面。重点学科导航库以学科为单元，对互联网的相关学术资源进行搜集、评价、分类和组织的序化整理，并对其进行简要的内容揭示，建立分类目录式资源组织体系、动态链接学科资源数据库的检索平台并发布于网上，为用户提供网络学科信息检索线索的导航系统。例如，我国“高等教育文献保障系统”（CALIS）提出了构建重点学科导航库系统，建议其内容可分为 7 项，并规定各子项目必须有分类浏览功能，以主题树浏览方式组织信息。

（3）分类法在数字信息组织中的应用

国内外学者就图书馆分类法特性、具体分类法与搜索引擎分类体系比较（类目涵盖范围、揭示深度、类表结构和功能）进行研究，认为传统分类法的知识系统性、标识语言的通用性、族性检索能力和扩检、缩检功能是其他情报检索语言不具备的。它在网络中的应用主要如下。

其一，用于数字信息资源组织。以文献分类法为工具的网络资源检索服务系统，从学科的角度揭示网络信息，成为组织网上学术性知识内容的主要应用模式。例如，欧洲科研与教育信息服务发展计划于 1997 年 8 月在“互联网资源描述与发现”专题报告中介绍了这方面的应用——17 个网上服务系统使用 DDC 组织资源、5 个使用 UC、5 个使用 LCC。国外在这方面的实验还有：使用 DDC 的万维网杜威分类法（CYBERDEWEY）、使用国会图书馆（LC）的万维网虚拟图书馆（WWW.Virtual Library）。研究表明，分类法能够提供网络信息资源框架，并作为网络环境下的浏览工具。

其二，建立网络信息资源分类法。现有众多的中文搜索引擎均采用各自分类体系组织网络资源，用户必须熟悉不同的分类体系才能较快地检索信息，这给用户带来了极大不便。专家们提出，要建立网络信息分类法，提供网络资源的统一分类体系。有的专家提出，建立网上信息的知识分类系统的基本结构与编制方法；有的专家提出，以《中图法》为蓝本，综合国内外优秀分类法和搜索引擎的优点，编制我国的数字化分类法；有的专家提出，从最终用户检索需求出发改造《中国分类主题词表》。

其三，人工神经网络（Artificial Neural Network，ANN）。人工神经网络是根据人类的生物神经系统结构设计的计算机系统，在信息组织中可以用于自动分类。国外有些信息检索系统已经采用了使用人工神经网络的自动分类系统。目前，分类上应用最广泛的人工神经网络模型称为自组织映射（Self-Organizing Map，SOM），可以实现 Web 文档的自动聚类，在此基础上进一步，即利用 SOM 网络实现索引词聚类，就可以实现超文本链接的自动生成。

（4）主题法在数字信息组织中的应用

近年来，国内外学者及研究机构已认识到主题法在数字信息组织中的重要作用，主要集中在以下几方面。

其一，关键词法的应用。关键词法具备以下优点：在标引时不必查表，选词、标引速度快，成本低；不依赖专职标引人员，可由作者或机器自动标引；不存在人为性或滞后性，能及时应用最新的提法及最新的词汇等。因此，目前由搜索引擎软件自动建立的网络信息资源索引数据库支持的就是关键词检索。但是关键词检索的查准率低，所以人们提出使用后控词表（标引不控制+检索控制）的模式改进关键词法的检索性能。

其二，主题词表的应用。少数搜索引擎提供主题词检索方式，在用户界面上可直接浏览主题词表，从中选取主题词，作为搜索引擎的检索提问。用户可以在检索界面中修改检索提问，也可返回到主题词表界面重新选择主题词。其共同特征是词表内具有超文本导航。

其三，标题词表的应用。标题词表在网络信息组织中的应用可以分为两种情况：一是检索前使用，即通过标题词表规范用户的检索表达式，用户可以首先在网络信息组织工具提供的词表中检索到标准的标题词及相关联的词汇，以该词作为检索词，单击表中超链接即可得到检索结果；二是检索后使用，即在给出用户所用检索表达式，得出检索结果的同时，提供相关词作为用户进一步检索的线索，用户可自由进行扩检和缩检，从而提高检索效率。

（5）主题图的应用

主题图是一种新型的数字信息组织方法，可以提供最佳的信息资源导航。主题图利用了主题索引的概念及网站的特点，将主题、联系和范围三者紧密结合起来，用格式表单来控制信息的获取和浏览，并详细描述各种浏览层次，实现对复杂知识管理关系的模拟，以便帮助用户更有效地浏览数字信息资源。由于主题图吸收了各种知识组织方法的长处并采纳了本体论和语义网的部分思想，因此能对数字环境下的信息资源进行有效的组织和管理。主题图具有良好的信息检索功能，表现为：可支持现有的搜索引擎在资源层面实现检索；主题图概念可看成一个图或树，支持可视化人机交互式检索；主题图可看成本体，提供一定程度的概念之间的关系描述，利用概念间的关系，提供一定程度的智能化检索。

（6）本体的应用

本体（Ontology）的概念源于哲学，即对世界上客观存在物的系统描述，一般称为本体论。许多研究人员从不同的问题和研究角度出发，对于本体给出了不同的定义。Studer 等在对本体进行深入研究后，给出了一个被广为接受的定义，提出“本体是共享概念模型的明确的形式化规范说明”。这个定义有 4 层含义：“概念模型”是指识别反映某些现象的相关概念的抽象模型；“明确的”是指所使用的概念及它们之间的联系都被明确定义；“形式化”是指本体是计算机可读的；“共享”是指本体中反映的知识是其使用者共同认同的。

某种意义上，本体同叙词表一样是一种控制词表，是一种知识组织工具。虽然本体和叙词表同是知识组织工具，但在形式化水平、概念抽象和语义关系表达等方面存在着明显差异。本体的结构特性使其在理论上具有超越叙词表性能的可能性，并为它在一个更广阔的范围内获得有效应用奠定了基础。事实上，本体的应用范围比叙词表更广泛，信息组织与检索不过是它的一个适宜应用的领域而已。从实现虚拟组织信息共享出发，有学者提出了一种基于本体的两阶段视图映射关系构建方法，以使得所构建的视图映射关系既能保证较高的信息查询效率，又能保证具有良好的可扩展性。目前，学者们正在积极研究如何基于叙词表来构建本体的问题。

2）网络环境下新的数字信息组织方法与手段不断涌现

网络环境下新的数字信息组织方法与手段层出不穷，下面仅从三方面进行介绍。

（1）从总体规划层面，信息组织分为信息构建、信息网格、概念地图等

信息构建（Information Architecture）源于从建筑学视角来解决信息组织和利用的问题，通过合理地组织、标识信息并构建信息环境，以改善信息浏览和信息检索的过程与效果。信息构建的核心理念是关注用户、以人为本。信息构建是信息用户、信息内容与信息组织三者的交集。在对信息组织、导航、标识和检索环节的设计实施过程中，应当时刻关注用户需求、用户习惯和用户利益；可视性和可描述性也是信息构建关注的焦点，要求深刻理解信息环境，明确信息在哪里、这些信息属于谁、如何利用这些信息及组织信息的目标是什么等问题。信息构建的主要活动是组织信息内容、生成信息结构和设计信息界面，其直接目标是建立一个清晰的、易于理解的信息结构，最终目标是提供给信息用户一个良好的信息空间环境。

网格技术是近年来国际上兴起的一种信息技术，是互联网信息技术发展的新趋势，包括计算网格、知识网格和信息网格等。将网络引入信息管理领域，便产生了所谓的信息网格。信息网格就是利用现有的网络基础设施、协议规范、Web 和数据库技术，为用户提供一体化的智能信息平台，其目标是创建一种架构在操作系统和 Web 之上的基于网络的新一代信息平台和软件基础设施。在这个平台上，信息的处理是分布式、协作和智能化的，用户可以通过单一入口访问所有信息。信息网格追求的最终目标是能够做到服务点播（Service On Demand）和一步到位的服务（One Click Is Enough）。目前，对信息网格的研究主要集中在体系结构、信息表示和元数据、信息连通的一致性和安全性等方面。

概念地图是针对特定主题的个人结构化知识的一种图示方法，也是语义网的可视化表示方法。概念地图用节点表示概念，用连接线和连接词表示概念之间的关系。概念地图具有三

个特征：一是命题，由两个以上的概念及其关系构成表达意义的陈述；二是等级结构，按照宽泛概念在上、具体概念在下的顺序排列形成等级结构；三是交叉关系，不同分支中的概念之间形成的连接关系。概念地图的构建包括四个步骤：第一，概念选取，即列出关于某主题的所有重要概念；第二，概念分类；第三，定位中心概念；第四，连接交叉概念。概念地图的构建过程即是知识创新的过程，利用概念地图可以沉淀隐性知识。概念地图的构建过程也是学习的过程，可以将学习中涉及的资源链接到概念地图，实现知识结构与相关资源的整合；同时，概念地图表示的知识结构遵循人类的认知和学习过程，因此可以用于用户检索所需的显性知识。

（2）按信息服务方式，信息组织分为智能检索、个性化服务、信息可视化等

智能检索以文献和检索词的相关度为基础，综合考查文献的重要性等指标，对检索结果进行排序，以提供更高的检索效率。智能检索的结果排序同时考虑相关性和重要性。相关性采用各字段加权混合索引，分析更准确。重要性是指通过对文献来源的权威性分析和引用关系分析等实现对文献质量的评价，这样的结果排序更加准确，更能将与用户愿望最相关的文献排到最前面，提高检索效率。

个性化服务是指为了方便用户利用各种数字化资源，充分利用各种智能化技术对不同类型、不同特点的数字化资源进行整合，实现信息资源、信息技术、信息内容的集成，使目前信息资源组织系统的公共用户界面变得简单、友好，并且使用户利用同一检索表达式或检索词对各种数字化资源进行同步检索，实现同一主题信息资源的一步到位的检索与查询的信息组织方法。同时，个性化服务可以根据某些用户特定的信息需求定制具有个性化特点的用户界面，来提供符合其特定需求的具有个性化特点的信息和信息服务。个性化的信息服务是以信息资源整合和信息服务集成系统的建立为基础的，如果没有完备的资源整合体系作为后盾，无缝的、贴切的、高效的、主动的和一站式的信息服务模式就是无法实现的。

信息可视化利用计算机支撑的、交互的对抽象数据的可视表示来增强人们对这些抽象信息的认知。信息可视化的过程就是从信息维映射到可视维的过程。通用信息的可视化一般可分四个步骤：抽取、转换、映射（定义）、隐喻。当今信息时代，人们常用“信息爆炸”来形容信息量猛增的特征与趋势。要处理和应用这浩如烟海的信息，需要用先进的处理方法和有效的工具。信息可视化就是将信息转换成二维和三维图形、图像、动画形式的技术方法和有效工具。用户通过这些可视形式进行观察、交互。图 1-5 为《中图法》22 个基本大类展开的可视化检索界面。

（3）按语义组织方式，信息组织可分为语义网技术、网络知识组织系统等

语义网并非另一个独立的 Web，而是 Web 的延伸。其中，所有信息都有定义完好的含义，更利于人与机器之间的合作。语义网便于解决网络信息爆炸性增长所带来的巨大的处理和搜索问题。语义网的核心问题是如何有效地表达语义信息，能够被计算机有效处理。传统的数字信息组织以数据层面的组织和信息层面的组织为主。在语义网环境下，数字信息的组织以知识组织为主。语义网技术和本体技术的结合使信息组织进入更深的层次。语义网将改变传统互联网只是实现计算机硬件和网页的连接，而数据和信息资源分散在各网站，分别对信息进行解释、交换和处理的问题，更关注网络结构和语言的设计，使分布于全球的孤立的数据库融合，最终使用户独立运用网络上庞大的信息资源。本体使知识组织体系从传统的树型结构向网状结构进化，为各类不同知识体系的结构和结合方式提供理论基础，很可能极大

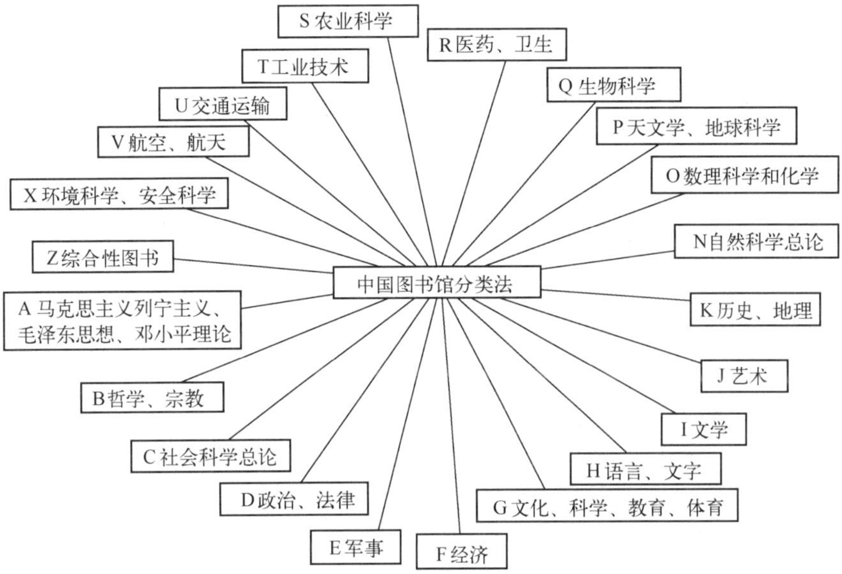

图 1-5 《中图法》可视化检索界面

促进信息/知识检索和导航功能的更新换代。

知识组织系统是各种对人类知识结构进行表达和有组织阐述的语义工具的统称，包括传统图书馆建立在文献单元基础上的分类法、标题表、叙词表及更泛指的情报检索语言、标引语言，也包括网络时代建立在概念单元或知识单元基础上的知识地图、语义网、概念本体等。从以文献单元、数据单元为基础的知识组织系统发展到以本体为基础的语义网络知识组织系统，反映了知识组织系统研究的方法和技术不断提高、应用范围不断扩展。网络知识组织系统的出现由两方面的共同作用所致：一是随着人类信息活动由纸质环境向数字环境迁移，传统知识组织系统的数字化、网络化势在必行；二是网络环境下信息量急剧增加，需要相应的语义工具实施对网络信息资源的组织，改进检索性能，实现对网络资源的深度挖掘和智能利用。网络知识组织系统代表了知识组织系统的发展趋势：数字化、网络化、语义化、协议化和自动化。网络知识组织系统的发展已经超越了“知识组织系统在网络环境中的应用”这一初级阶段，成为网络环境下新生的“语义工具”。网络知识组织系统将为图书馆知识组织带来生机。从关键词查找发展到内容检索，其作用十分关键。

1.4.4 信息组织的未来发展趋势

互联网及信息技术的发展使信息传播方式发生了巨大的变化，对信息组织理论和技术则是一个重大挑战。面对庞杂无序多样化的数字信息，未来的信息组织应该以用户为中心，遵循实用性和易用性的原则，在继承优秀传统的同时，充分利用新的理论、方法、手段和技术，朝着更符合用户需要的方向发展，具体方向如下。

1. 以需求为导向的信息组织方法和技术不断加强

1）基于个性化服务的信息组织

随着信息技术的发展和用户需求的变化，个性化信息服务的趋势愈来愈强劲。这是目前网络信息组织努力发展的重点之一。信息组织个性化的努力可以包括多个层面的努力，如专门搜索引擎的编制、综合性检索工具中特殊资源服务功能的建立、各种检索选择的提供（如大型搜索引擎中提供的对域名、语言、资源类型、检索网站的选择）、检索偏好设置的提供、检索优化的采用等，这都属于改进检索个性化的努力内容。但是，更深层次上的检索个性化则要利用网络搜索引擎的能力，发展检索个性化技术，通过对用户检索习惯和相关特点的分析，有针对性地提供相应的服务。

目前，基于网络的个性化信息组织与服务的思想在国外网站设计或信息服务系统中已经有一定的发展。许多门户网站和信息提供者推出了个性化定制服务系统，如 MyYahoo!、MyLibrary!等。又如，Google 等使用的结合检索地点的资源提供技术等在一定程度上反映了检索个性化的一种努力。国内许多网站为了满足国内不同地区中文用户和英文用户的不同需要，将其主页以多种版本（简体中文、繁体中文、英文）组织，体现了以用户为中心的思想。面向不同对象的信息组织也受到了图书馆界的重视，开发出了 MyGateway、MyLibrary 等个性化定制服务系统，如美国北卡罗来纳州立大学图书馆的 MyLibrary、麻省理工学院和中国科学院都建立了基于用户的数字图书馆。国内部分高校图书馆也引进或开发了个性化定制服务系统。

在科学界，对信息组织的要求则更为专深、复杂，随着信息管理相关技术在各学科的逐步应用，新知识发现可以通过信息管理相关技术得以实现，使得科学家们对信息组织有了浓厚的兴趣和更高的期待。以行业领域数据挖掘为主的大数据和云计算成为新时期信息组织的重要研究领域，它们以处理海量多类型数据、高密度经济和研究价值等优势在学术研究、电子商务、数字图书馆、天文科学、大气科学、生命科学、农业科学、医疗卫生科学等多重领域广泛应用。

随着 Web 数据库技术、信息推送技术和智能代理技术等个性化信息服务所需的支撑技术的逐步成熟，网络信息组织将发展成一种信息代理服务，即根据网络信息的属性和用户需求，对网络信息进行加工、整理、排列和组合，使之有序化，以满足用户对网络信息的需求。

2）信息检索工具的易用化

用户对各类信息、知识有日益增多的需求，但目前复杂的检索语言、词表结构和计算机技术却令许多人望而却步。以往的信息检索系统多是面向专业人员的，而普通用户要适应计算机系统的键盘和编码方式，还需要经过一个再学习的过程。尤其是对于中国用户来说，以西方使用方式和英语为基础设计的计算机给他们的使用增加了困难。为使更多的人能享受到信息化带来的好处，使更多的普通人也能不费力地从检索系统中查到所需信息，需要提供更简便易行的信息组织和检索工具。目前，已提出的解决信息组织工具易用化的方案如下。

① 自然语言的使用。用户不必事先掌握复杂的词表结构和检索规则，用自然语言标引检索，做到“所想即所得”，开发出便于中国人识别和检索的中文信息组织和检索系统。

② 用户界面可视化。通过用户易于理解的点线图、直方图、拼图、网状图及动画、三维技术和虚拟现实技术等表现复杂数据及其相互关系。例如，利用具有导航功能的信息地图，将复杂、抽象的语义以直观的方式呈现给用户，与搜索引擎相比，这样不仅可以更清楚地揭示信息方位，还可以体现信息间的联系，帮助用户从全局了解信息的分布情况。

③ 用文字识别、声音识别、触屏输入等更简单的人机界面代替目前的键盘输入等操作，清除用户学习的障碍。由于用户通过终端的屏幕获得网络信息资源，在进行信息组织时，还要考虑到对显示器屏幕的有效利用，使用户更方便地利用网络信息。随着计算机智能化和超

文本检索技术的完善，用于信息组织的智能软件会有很大发展。将来用户从信息组织到信息检索的过程有望像使用电视机、电话那样方便。

3）信息内容揭示的深入化

数字时代用户对信息检索的需求不再仅仅满足题名、作者、主题词等传统条件下有限的检索点，而更注重实际内容（如目次、提要、文摘、全文、知识点等）的检索。这就对信息组织提出了更深入的要求。

① 组织的对象深入化。迅速普及的网络技术和数字技术使任意层次的任意信息元素、信息单元和信息集合体系正在逐步以计算机可识别和可理解的方式被定义、描述、指向、链接、传递和动态组织。网络信息组织的对象不仅停留在对信息特征的描述上，也深入到知识单元，扩大标引广度，增加数据库的标引深度，通过多层次、多方位的描述和分析来揭示与组织网络信息资源，以促进网络信息资源的合理利用。

② 网络信息挖掘。目前，网络上有 90%的可用信息是非结构化信息，且数据往往是经常变动的和不规则的。网络信息挖掘在已知数据样本的基础上，通过归纳学习、机器学习、统计分析等方法得到数据对象间的内在特性，采用信息过滤技术，在网络中提取用户感兴趣的信息或更高层次的知识和规律。除了处理传统数据库中的数值型的结构化数据，网络检索处理更多的是文本、图形、图像、WWW 信息资源等半结构化、非结构化的数据。人工智能技术和信息推送技术促进了对网络信息的挖掘与深层次揭示，以更好满足不同用户的各种需求。

③ 向知识组织发展。未来的网络信息组织要更严格地控制信息的质量，对网络信息进行有效评价和筛选，为用户提供有价值的信息，而不是大量的无用信息，目的是向人们提供便于利用的、可以帮助解决问题的、序化的知识，实现从信息层次到知识层次的根本转变，组织的知识包括显性知识与隐性知识。目前的知识组织主要以文献单元和数据（各种事实、概念、数值的总和）单元为基础，但都是静态的、列举式的。未来的知识组织将以专家系统为基础，具有动态联系、判断、分析、比较、推理等新型知识处理与组织功能。

2. 信息组织工作的标准化和合作化

1）信息组织标准化

在信息组织数字化和网络化过程中，必然遇到数据库、联机系统、检索系统和检索语言的兼容化和标准化的问题。例如，许多数据库的类型不同所引起的主题内容、学科领域、数据来源、文档格式、文档记录方式、标引规则及检索语言、输出格式等的不同给用户的使用带来了众多麻烦，影响了信息资源的共享。网络信息组织中的文件、搜索引擎、编目、学科信息门户等都涉及标准化问题，因此，解决信息组织和检索系统的兼容和标准化问题成为信息组织发展的主要趋势。

（1）图书情报机构的参与

国际图联制定了《IFLA 书目记录的功能要求》。OCLC 一直注重研究、宣传与推行书目活动标准。国际知识组织协会（ISKO）制定了知识与信息组织的相关标准，并在其主页发布。美国国会图书馆于 2002 年 5 月提出了“元数据输入与传输标准”，并设立了 Z39.50 维护机构和 MARC 办公室。美国图书馆协会的兴趣与活动之一是标准化与指导，并有专门网页提供标准化信息。我国在文化和旅游部召集下，本着统一的规划、统一的技术标准及统一的运行规则等原则，组建了“中国数字图书馆工程建设联席会议”来协调工程的资源建设和标准规范。

（2）国际和各国标准机构的推动

SC9 是国际标准化组织（ISO）的 ISOTC46 的分委员会，负责发展和维护关于文献展示、识别与描述的国际标准，并经常在其网站公布关于电子文献（包括网络信息资源）书目控制等方面的 ISO 国际标准草案。ISO 还成立了元数据工作组，负责元数据的标准与规范工作。美国全国标准化协会下设全国信息技术标准委员会，从事有关元数据的命名、标识、定义、分类和注册等工作，还成立了信息基础设施标准座谈小组。欧盟和英国的相关机构有信息社会标准化系统（Information Society Standardization System，ISSS）和英国标准协会的向用户传递信息解决方法部。另外，互联网管理机构、不同学科领域的学（协）会、公司、民间自发组织甚至个人，都在为网络信息组织及其相关的信息交换、信息检索、通信协议等方面标准的制定与推行做出积极努力。万维网联盟（W3C）是万维网上最有影响的互联网标准的认定机构，在网络信息组织领域，该机构认可的网络资源描述语言为 XML，资源描述框架为 RDF，元数据标准为都柏林核心元数据（DC），日期和时间格式为 W3CDTF。

国内外在网络信息组织标准化方面已取得一些进展，但仍有必要形成一系列标准与准则，使网络信息组织活动有规则可依。

2）信息组织合作化

互联网是一个无主管的分散型互连结构，网络信息的通畅流动与有效利用要求各方面的整体配合。网络信息的组织是一项涉及面很广的持久性工作，需要全球性合作，以保证准确、及时地报道网上信息及其变动情况，提高信息的质量并实现规模效益。

图书情报界已经开展了网络信息组织合作化的有关活动。国际图联发起了“全球书目控制和国际机读目录核心活动”，并编辑出版了《国际编目与书目控制》杂志。2002 年 7 月，在西班牙召开的第 7 届国际知识组织大会的主题是“21 世纪知识表示与组织的挑战：跨越边界的知识一体化”。OCLC 一直在书目控制与资源共享的协作中扮演着国际中心的角色，国际图书馆协作体联盟则是将各种协作体组织起来的组织机构。例如，Renardus 是欧洲范围内开展的合作项目，由欧洲用户友好信息社会项目发展而来，得到了欧洲各国家图书馆、大学研究和技术中心、全欧洲主题信息网关的支持和合作。自 2000 年 1 月以来，这些合作者们正努力构建一个单一的基于 Web 的“中介服务”，目标是为遍布欧洲的分布式网络科学和文化信息资源提供跨库检索和跨库浏览。

网络信息组织的合作还将超出图书情报界，拓展到整个信息生产链的其他所有参与者，包括网站内容创作者、出版商和信息资源系统的合作和集成者等。美国的网络图书馆是世界上最大的全文电子图书的收藏者与服务提供者，也是出版商、发行商、图书馆与读者有效结合的典范。《出版机构与国家书目服务连接》是由英国、荷兰、挪威、法国、西班牙 5 个国家图书馆等 9 个机构合作的项目，解决了出版机构书目数据与 MARC 数据的双向转换，有利于实现将出版机构提供的数据作为电子出版物网络元数据的构想。

3. 信息系统的互操作和信息组织大众化

1）信息检索系统的互操作

在分布、异构、变化的网络环境下，数字信息资源数量巨大且高度分散，而信息源、数据格式、用户需求高度异质，对如此庞杂的信息进行格式化和结构化很困难，用户要找到真正符合需要的信息也很困难。如何将广泛分布的、自治的、异构的信息资源和信息检索系统联合起来，向用户提供统一、透明的服务并实现信息系统的互操作，成为当前和未来信息组织研究实践的热点，引起普遍关注。

系统互操作是指分布信息检索系统之间能无缝地交换、共享信息资源和信息服务，并能在不损害各分布系统自主性的同时构成一个虚拟的集成系统。在信息资源组织与服务的集成中，信息系统互操作的目标是向用户屏蔽分布的、异构的各信息系统间的差别，实现用户对多个信息系统的交叉浏览和交叉检索，提供统一入口的多个信息系统的检索和浏览服务，实现信息共享。

信息资源组织与集成服务要解决互操作的以下主要问题：屏蔽分布的各信息系统之间的差别，为用户提供一个一致的服务，在统一界面上进行的跨仓储的服务对于用户来说是透明的；为信息资源和信息系统提供一种灵活的集成机制，这种集成机制必须允许各相对独立的信息系统自由增加新的服务，或对以前的服务进行修改；信息资源整合和集成服务协议的制定，包括元数据协议、数字对象存储协议、信息搜索协议、付费协议、信息资源服务的运行管理协议等；开发信息资源整合与集成服务系统高层协议中间件，实现分布子系统间各项服务的互操作。

2）信息组织大众化

Web 2.0 及相关概念的引入改变了现有万维网信息提供的模式，使信息组织不再局限于专业人员的范畴，而是走向大众化。

目前，网络上的信息检索和传输系统大都采用 C/S 模式，服务器总是被动地等待客户机的信息需求做出相应的响应。在 Web 2.0 中，用户已经不再简单地只是信息的获取者，也是信息的提供者。Web 2.0 发展了一系列新的形式，包括博客、互动标签（Tag）、社会网络交往系统（Social Networking Services，SNS）和资源订阅系统（Resource Subscription System，RSS）等。除了使信息大量增加，这类新形式更加重视用户作用的发挥，极大地促进了信息的传输和交流，而且在信息资源表述和关系揭示上具有重要作用，表现在以下三方面。

其一，通过用户的参与，改进资源揭示。最典型的是标签中用户个性化标注的使用，使用户的检索表述得以反映。

其二，利用用户交流和使用揭示信息资源之间的联系。SNS、RSS 都具有这一作用。这些联系是用户根据需要自动建立的，融入了用户的智力判断。

其三，通过交互方式的应用实现整合，例如，标签中某特定用户个性化标注的使用有可能是不适用的，但通过在使用过程中用户的调整和整合，适用的表述会得到保留；RSS、SNS 中联系的建立等具有同样的情况。尽管个体的处理会出现错误，但作为整体、作为统计学意义上的多数的判断，必然有其合理性。

Web 2.0 为资源处理引入了新的因素，改变了资源的数据特点，实质是用户的参与和用户智力判断的加大，而这一变化是结合使用需要进行的，是以最为自然的、人为性最少的方式实现的。Web 2.0 的出现将对网络资源的组织方法、处理技术等产生深刻的影响，包括资源搜索软件中采集策略的设置、检索提供中排序因素的确定、相关性揭示中相关性权值的设置，并有可能衍生出新的检索系统，如基于互动标签的浏览系统、基于 RSS 或 SNS 的相关揭示系统等。因此，Web 2.0 的发展可能给上述各方面的发展带来不同程度的影响和促进。

Web 2.0 提供了信息自组织功能，其兴起和应用创造了一个全新的信息空间。Web 2.0 将复杂的技术移至后台，在简单规则的约束下，用户广泛参与。知识信息的生产、传播和利用在多元化、多样化、个性化和去中心化模式下实现了自组织和有序化。从博客信息交流社区的形成到维基百科的协同组织编辑及社会化书签产生的分众分类等，无不体现了 Web 2.0 的信息自组织功能和序化特征。

4. 信息组织的智能化和语义网格化

1）信息组织智能化

网络环境下，先进的信息技术将部分地代替人脑进行信息组织中的信息识别、信息分析综合和信息重组，进而实现智能程度更高的“知识组织”，即用高度模拟人脑思维机制与习惯的方法来组织知识。

人工智能技术将促进网络信息的深层次挖掘和揭示，更好地满足用户的不同需求，如系统自动运行、不断更新用户资料库、提供个性化的主动服务等。计算机将能理解人们用自然语言输入的信息并正确回答用户提出的有关问题，还能自动对输入的信息做摘要，能用不同词语复述输入的内容，还能把用某一种自然语言表示的信息自动翻译为另一种自然语言。其中，使用最广泛的智能化技术是超文本、专家系统、数据仓库、知识挖掘等。

目前，有关信息组织智能化的一些关键技术的研究如自然语言理解、知识的表示、知识的获取等已取得一定成果，出现了自动抽取、收集和产生元数据的软件。例如，利用智能化的书签软件可以从 URL 中解析出元数据，并自动进行分类标引，还可通过监测用户的信息搜索与浏览过程，自动获得用户的需求与兴趣信息，把合适的信息提交给用户，并允许用户订购感兴趣的新资源或更新已有的信息资源。随着网上自动分类、自动标引、自动编制分类表与词表、自动漫游技术、信息类别的自动判别技术和信息推拉技术的逐步发展完善，会有越来越多的网络信息资源被自动地追加、组织到相应的位置，方便用户及时准确地检索。同时，信息组织技术的智能化将使信息组织工作变得十分简便，它不再只是专家和技术人员的事情，更多的用户将成为信息组织活动的直接参与者。

2）信息组织语义网格化

近年来，网络结构管理中的一个新进展是语义网格（Semantic Grid）技术的发展。网格计算（Grid Computation）及其相关的语义网格技术是着重从计算机网络结构的角度来研究和开发计算资源及进行语义处理的。网格计算最初是针对复杂的科学计算伴随着互联网的发展提出来的，被看成一种新型计算模式。这种计算模式利用计算机网络，把分散在不同地理位置的计算机组织成一个“虚拟的超级计算机”，每台参与计算的计算机被看成一个“节点”。这样，整个计算就是由成千上万“节点”组成的“一张网格”，所以被称为“网格计算”。网格计算在较长的一段时间里都是独立于语义网而发展的。现在语义网格技术也采用了语义网的许多技术标准，如 RDF/PDFS 语言标准用于对应的网络资源描述。语义网格技术正在呈现出与语义网技术相结合的趋势，为网络资源的自动计算及其组织体系提供了一个值得关注的方向。

随着语义网格概念的提出，国内外一些学者试图将这种新技术应用于数字信息的组织研究中。英国 Ali Shiri 在 e-Science 项目报告中提出，利用本体，为数字资源构建基于网格的语义框架。斯洛维尼亚 Liubljana 大学的 Ziga Turk 指出，语义网格技术对于识别和标注概念和术语、本体描述、体系结构构建及用户需求分析起着至关重要的作用，并指出语义网格技术在互操作、数字资源和虚拟组织等方面扮演着重要的角色。

总之，未来的信息组织发展的趋势将会呈现跨学科、跨国界、跨地域和不同文明之间高度融合，技术应用高度智能化，在不同文化背景中深度兼容化，走向标准化，理论研究高度深入化，信息服务个性化和泛客户化，信息资源和背景高度复杂化，所涉及内容向纵深化方向发展。

本章小结

信息是社会发展的重要前提和主要资源，是人类的宝贵财富。信息资源是现代社会最重要的战略资源之一，它的开发利用水平是国家综合国力的体现。信息组织就是根据人类社会发展的需求，以各类信息源为对象，通过对其内容特征等的分析、选择、标引、处理，使其成为有序化集合的信息增值活动，是信息资源开发和利用的重要环节。

习 题 1

1. 信息组织的含义和特点是什么？
2. 信息组织包括哪些内容？
3. 按信息的运动状态和方式，信息组织可以分为哪几个层次？
4. 中外信息组织发展历史有哪些异同？
5. 信息组织研究前沿领域有哪些？

第 2 章

信息组织的理论与方法基础

作为一种社会实践活动，信息组织建立在一定的理论基础和方法基础之上。在长期的信息组织活动中，人们不断从相关学科的理论中汲取营养，典型的如有序化理论、信息建构理论、知识论、本体论、分形理论等，这些理论为信息组织活动奠定了理论基础。同时，语言学、逻辑学和知识分类学为信息组织提供了方法基础，无论是信息组织的理论基础还是方法基础，它们都对信息组织活动具有不可或缺的指导作用。

通过本章学习，读者可以了解（或掌握）：

- ❖ **有序化理论**
- ❖ **信息建构理论**
- ❖ **知识论、本体论和分形理论**
- ❖ **信息组织的语言学基础**
- ❖ **信息组织的逻辑学基础**
- ❖ **信息组织的知识分类学基础**

2.1 信息组织的理论基础

信息组织是将无序的特定信息，根据一定的原则和方法，使其成为有序状态的过程，以便有效地传递和利用信息。人们在长期的信息组织实践中，不断地从相关学科的理论尤其从近几十年来兴起的有序化理论（包括老三论和新三论）、信息构建理论、知识论、本体论、分形理论等中汲取营养，为信息组织活动奠定了理论基础。

2.1.1 有序化理论

序是事物的一种结构形式，是指事物或系统的各结构要素之间的相互关系及这种关系在时间和空间中的表现。所谓有序，是指事物内部的要素或事物之间有规则的联系和运动转化，当事物结构要素具有某种约束性且在时间序列和空间序列呈现某种规律性时，该事物就处于有序状态，反之则处于无序状态，即事物内部各种要素或事物之间混乱而无规则的组合和运动变化。有序与无序在一定的条件下统一形成事物的秩序。古人早就对世界的秩序进行过直观的猜测。中国古代和古希腊的思想家们都认为，世界是从毫无秩序的一片混沌中发展来的。近代以来，在自然科学研究的基础上，狄德罗、康德等学者持“世界从无序走向有序”的观点。在现代，学者们更加广泛地探索有序和无序的关系问题。目前，对于有序与无序的转化的研究已成了现代科学中的难点和热点问题，探讨这些问题有助于科学的进步和人类认识的深化。

一般认为，有序化理论包括“老三论”和“新三论”。“老三论”是指系统论（System Theory）、控制论（Cybernetics）和信息论（Information Theory），是 20 世纪 40 年代先后创立并获得迅猛发展的三门系统理论的分支学科。人们摘取了这三论的英文名字的第一个字母，把它们称为 SCI 论。虽然它们出现仅有几十年，但在系统科学领域中相对于“新三论”已是元老。“新三论”是指耗散结构论（Dissipative Structure Theory）、突变论（Catastrophe Theory）、协同论（Synergetics），是 20 世纪 70 年代以来陆续确立并获得极快进展的三门系统理论的分支学科，也称为 DSC 论或者自组织理论。自组织理论，又称为“新三论”，是 20 世纪 70 年代后建立并发展起来的一种系统理论。其研究对象主要是复杂自组织系统（如生命系统、社会系统）的形成和发展机制问题，即在一定条件下，非线性的系统是如何自动地由无序走向有序，由低级有序走向高级有序的。自组织理论主要由三部分组成：耗散结构理论、突变论和协同论。

德国理论物理学家赫尔曼·哈肯（H. Haken）认为，从进化形式，组织可以分为两类：他组织和自组织。如果一个系统靠外部指令形成组织，就是他组织；如果不存在外部指令，系统按照相互默契的某种规则，各尽其责而协调、自动地形成有序结构，就是自组织。自组织现象无论在自然界还是在人类社会中都是普遍存在的，一个系统的自组织功能愈强，其保持和产生新功能的能力也就愈强。近年来，随着信息数量指数级的增长和信息技术的飞速发展，信息系统已经开始逐渐具备自组织的条件，特别是一些网络信息，已经具备自组织的开放性、远离平衡和非线性相关等特征，因此将自组织理论作为信息组织的理论基础是十分必要的。

无论是“老三论”还是“新三论”，它们都是进行信息组织的理论基础来源，其中与信息组织关系最密切的是系统论、信息论、自组织理论中的耗散结构论和协同论等理论。

1. 系统论

“系统”一词来源于古希腊语，是指由部分构成整体。系统论是研究系统的一般模式、结构和规律的一门学问，研究各种系统的共同特征，用数学方法定量地描述其功能，寻求并确立适用于一切系统的原理、原则和数学模型，是具有逻辑和数学性质的一门新兴的科学。人们公认，系统论是由美籍奥地利人、理论生物学家贝塔朗菲（L.Von. Bertalanffy）创立的。他在 1952 年发表“抗体系统论”，提出了系统论的思想，在 1973 年提出了一般系统论原理，奠定了这门学科的理论基础。

系统论认为，整体性、关联性、等级结构性、动态平衡性、时序性等是所有系统共同的基本特征，也是系统具备的基本思想和系统方法的基本原则。系统论的核心思想是系统的整体观念，任何一个系统都是一个有机整体，而不是各组成要素的简单相加或机械组合，同时系统中的各要素不是孤立存在的，每个要素都处于特定的位置，发挥着一定的作用。系统是由相互作用和相互依赖的若干组成部分结合成的、具有特定功能的有机整体，而系统本身又是它所从属的一个更大系统的组成部分。复杂事物的功能远大于某组成因果链中各环节的简单总和，系统论认为，一切生命都处于积极运动状态，有机体作为一个系统能够保持动态稳定是系统向环境充分开放及获得物质、信息、能量交换的结果。系统论强调整体与局部、局部与局部、系统本身与外部环境之间相互依存、相互影响和制约的关系，具有目的性、动态性、有序性三大基本特征。系统论的基本思想方法是把所研究和处理的对象当作一个系统，分析系统的结构和功能，研究系统、要素、环境三者的相互关系和变动的规律性。

当今社会已经步入信息社会，信息成为世界三大资源之一。著名未来学家奈斯比特曾说，“失去控制和无组织的信息在信息社会里不再构成资源。”信息组织的主要研究内容之一就是如何将信息社会中的大量分散、无序的信息组织成一个有序的系统，并在它们之间建立起内在的相互联系。系统论的观点是，有组织的信息整体的功能大于各信息单位的功能之和，这样信息的效用才能够得到充分的发挥和使用。

系统论反映了现代科学发展的趋势，使人们的思维方式发生了深刻的变化。系统论不仅为现代科学的发展提供了理论和方法，也为解决现代社会中的政治、经济、军事、科学、文化等方面的各种复杂问题提供了理论和方法基础。作为现代科学的新潮流，系统观念正渗透到每个领域，促进着各门科学的发展。

2. 信息论

“熵”(Entropy)，是指混乱的程度，是由德国物理学家克劳修斯(Rudolf Clausius，1822—1888）在 1854 年创造的一个术语。熵最早是热力学上的一个符号，是一种测量在动力学方面不能做功的能量综述，表达的是某系统内部热量平均化的程度，亦被用于计算一个系统中的失序现象。熵在经典热力学中通常用符号 S 表示，可用增量定义为

$$\mathrm{d}S = \frac{\mathrm{d}Q}{T}$$

其中，T 为物质的热力学温度，$\mathrm{d}Q$ 为熵增过程中加入物质的热量。

“熵”的概念以后被许多其他学科所借用，引申出更多的概念。1865 年，玻耳兹曼

(Boltzmann）从统计力学的角度定义了“熵”：

$$S = k \ln \Omega$$

其中，k 是玻耳兹曼常数，Ω 是系统某宏观状态对应的微观状态的数目即热力学概率，它的微观意义是系统内分子热运动无序性或混乱程度的一种度量。

1948 年，克劳德·艾尔伍德·香农（Shannon）第一次将“熵”引入信息论。在信息论中，“熵”可用作某事件不确定度的量度。信息量越大，体系结构越规则，功能越完善，熵就越小。利用熵的概念，人们可以从理论上研究信息的计量、传递、变换、存储等活动。

熵在信息论中的定义如下：若某系统 S 存在多个事件，即 $S=\{E_1,\cdots,E_n\}$，每个事件的概率分布 $P=\{p_1,\cdots,p_n\}$，则每个事件本身的信息为：$I_e=-\log_2 p_i$（对数以 2 为底，单位是位元（bit））、$I_{\rm e}=-\ln p_i$（对数以 e 为底，单位是纳特（nat））。例如，英语有 26 个字母，假如每个字母在文章中出现的次数平均，那么每个字母的信息量为

$$I_{\rm e}=-\log_2\frac{1}{26}=4.7$$

常用的汉字有 2500 个，假如每个汉字在文章中出现的次数平均，那么每个汉字的信息量为

$$I_{\rm e}=-\log_2\frac{1}{2500}=11.3$$

整个系统的平均信息量为

$$H_{\rm s}=\sum_{i=1}^{n}P_i I_{\rm e}=-\sum_{i=1}^{n}P_i\log_2 P_i$$

这个平均信息量就是信息熵。

负熵是物质系统有序化、组织化、复杂化状态的一种量度。1944 年，著名的物理学家、量子力学的奠基人之一、诺贝尔奖获得者薛定锷（E. Schrodinger）出版了《生命是什么》一书，明确地论述了“负熵”的概念。他认为，“既然 Ω 是无序性的量度，那么它的倒数 $1/\Omega$ 可以作为有序性的一个直接量度”。因为 $1/\Omega$ 的对数正好是 Ω 的对数的负值，玻耳兹曼方程可写成 $-S=k\ln(1/\Omega)$。因此，负熵的表达式可以换成一种更好的说法：取负号的熵，它本身是有序的一个量度。

在信息论中，学术界目前普遍接受的观点是“信息即负熵”，有少量学者提出相反的观点：“信息即熵，非负熵”。从信息的基本定义出发，或者从信息的作用出发，信息是用来消除人们对事物的存在方式和运动状态的不确定性的，那么“信息即负熵”似乎更有道理、更具有实际意义；关于信息与“熵”“负熵”之间的关系、熵增与熵减定律是否为自然界和人类社会的普遍定律等问题，随着不同观点和看法的提出，有待于进一步研究和论证。

3. 控制论

控制论（Cybernetics）是研究生命体、机器和组织的内部或彼此之间的控制和通信的科学。控制论的建立是 20 世纪的伟大科学成就之一，现代社会的许多新概念和新技术几乎都与控制论有着密切关系。控制论的应用范围覆盖了工程、生物、经济、社会、人口等领域，成为研究各类系统中共同的控制规律的一门科学。

4. 耗散结构理论

20 世纪 60 年代末，著名比利时物理学家普利高津（I. Prigogine）提出了一种关于非平衡

系统自组织的理论——耗散结构理论。耗散结构的概念是相对于平衡结构的概念提出来的。长期以来，人们只研究平衡系统的有序稳定结构，并认为倘若系统原先是处于一种混乱无序的非平衡状态，是不能在非平衡状态下呈现出一种稳定有序结构的。

耗散结构理论指出：一个远离平衡态的非线性的开放系统（不管是物理的、化学的、生物的乃至社会的、经济的系统）通过不断地与外界交换物质和能量，在系统内部某参量的变化达到一定的阈值时，通过涨落，系统可能发生突变，即非平衡相变（质变），由原来的混沌无序状态转变为一种在时间上、空间上或功能上的有序状态。这种在远离平衡的非线性区形成的新的稳定的宏观有序结构，由于需要不断与外界交换物质或能量才能维持，因此被称为“耗散结构”。

典型的耗散结构的形成与维持至少需要具备三个基本条件：首先，系统必须是开放系统，孤立系统和封闭系统都不可能产生耗散结构；其次，系统必须处于远离平衡的非线性区，在平衡区或近平衡区都不可能从一种有序走向另一更高级的有序；第三，系统中必须有某些非线性动力学过程，如正负反馈机制等，正是这种非线性相互作用使得系统内各要素之间产生协同动作和相干效应，从而使得系统从杂乱无章变得井然有序。信息组织通过与外界交换物质、能量与信息，对信息加工整序，使信息系统成为远离平衡态的开放系统，并具有输入、输出、多次循环及反馈等基本特征，因此耗散结构理论可以作为信息组织的理论基础之一。

5. 突变论

突变论是研究自然界和人类社会中连续渐变如何引起突变或飞跃，并力求以统一的数学模型来描述，预测并控制这些突变或飞跃的一门科学。

6. 协同论

协同论，亦称协同学或协和学，由德国斯图加特大学教授、著名物理学家哈肯（H. Haken）创立。1971 年，他提出“协同”的概念；1976 年，他系统地论述了协同理论，发表了《协同学导论》《高等协同学》等著作。

协同论主要研究远离平衡态的开放系统在与外界有物质或能量交换的情况下，如何通过自己内部协同作用，自发地出现时间、空间和功能上的有序结构。协同论以现代科学的最新成果——系统论、信息论、控制论、突变论等为基础，吸取了结构耗散理论的大量营养，采用统计学和动力学相结合的方法，通过对不同领域的分析，提出了多维相空间理论，建立了一整套的数学模型和处理方案，在微观到宏观的过渡上，描述了各种系统和现象中从无序到有序转变的共同规律。

协同论是一门研究系统进化普遍规律的科学，研究由许多子系统构成的系统如何通过协作从无序到有序演化的规律。信息组织的目标就是使信息单元由无序集合转换成有序集合，如何建立各信息单元之间的协同作用机制关系到信息组织的成效。因此，协同论是信息组织的理论基础之一。

2.1.2 信息构建理论

1. 信息构建的含义（包括起源与发展）

信息构建（Information Architecture，IA）最早由美国建筑师沃尔曼（R.S. Wurman）于 1976

年提出。他将信息（Information）和建筑学（Architecture）相结合，创造了“信息构建”一词。他认为：“在满足使用者需求这一点上，构筑信息建筑物与构筑物理建筑物有相同之处，它们都可以看成一种服务于特定目标的建筑设计工作。”但当时由于各种信息条件和环境的制约，他关于信息构建的思想和认识并没有引起社会的广泛关注。直到20世纪90年代中后期，随着计算机技术和网络技术的迅速发展和普及，信息构建逐渐引起人们的广泛关注，具体表现为：信息构建知识成为网站设计和开发的必备知识，有关信息构建的学术专著、论文和报道大量出现，有关信息构建的协会和组织也纷纷成立，以培养信息建筑师为目标的高等教育和职业培训开始出现等。2000年，美国信息科学技术学会（ASIST）召开了第一届信息构建峰会（IA SUMMIT），此后每年一届，连续召开了20年。信息构建峰会的核心目标在于促进信息环境意向性设计的讨论和学习，无论是信息构建初学者还是专家，都能参与分享经验、讨论最佳实践，共同推进信息构建理论与实践的发展。

目前，关于信息构建的含义，沃尔曼认为：“信息构建是建设信息结构，让其他人理解。”他用建筑学的隐喻来描述自己作为信息建筑师的工作：“我将信息建筑师看成生成系统的、结构化的、有序的原则的人，他们让事物工作起来，让人造物品、思想和政策因其具有清晰性而能起到告知的作用。”信息构建研究会（Asilomar Institute For Information Architecture，AIFIA）将信息构建定义为，“信息构建是共享的信息环境结构的设计；是组织和标识网站、内联网、联机交流和软件以保证其可用性和可找到性的艺术和科学；是一个致力于对数字园区（Digital Landscape）设计和建设的、正在出现的实践领域。”美国信息科学技术学会在2000年信息构建峰会上提出了信息构建的定义：“信息构建是组织信息、帮助人们有效地实现其信息需求的艺术和科学。”

信息构建理论旨在满足用户信息需求的新的理论构想，从一个新的角度，重新构建和整合了信息组织的有关知识，通俗地解释了信息爆炸情况下信息的收集、标引、分类和利用等问题，并对网站门户、各种数据库的信息组织和利用的实践具有较强的指导作用。信息构建的五个规则对数据库的精选信息和精选期刊有指导意义。例如，规则四：确信哪些信息值得保留，你真正想要了解哪些信息；规则五：大多数信息是无用的，要勇于放弃无用信息。

国内学者将信息构建概括为“组织信息和设计信息环境、信息空间或信息体系结构，以满足需求者的信息需求，实现他们的目标的一门艺术和科学。”对于图书馆学、情报学的研究而言，信息构建重要的意义在于，给图书馆学、情报学研究提出了新的要求，而且这种要求完全是从一种新的角度提出的，即：

- ❖ 信息构建要求获得和掌握信息内容。
- ❖ 信息构建要求将信息组织好。
- ❖ 信息构建要求优化信息结构设计。
- ❖ 信息构建要求准确表达信息内容。
- ❖ 信息构建要求提供一个清晰的易于获得信息的界面。

有的学者分析了信息构建过程中信息状态的变化特征，概括和归纳了信息构建理论与实践所体现的四条基本原理。

- ❖ 信息片段：信息构建理论的重要概念。信息由组成信息的基本元素，如文字、符号、图形、视频、音频等形式构成了具有某种含义的信息片段。信息片段由信息元素组成，是已经有基本含义的信息模块，是构成信息集合的组成要素。

- ❖ 信息集合：各种信息自然地或人为地聚集在一起，聚集在某种信息容器中，就构成了信息集合。信息集合是信息构建的基本对象。
- ❖ 信息结构：对信息集合中的信息按照某种方式加以组织后所形成的有序的信息整体，是信息系统存储信息和信息系统内外部交流信息的方式和渠道。
- ❖ 信息空间：信息存在或发生的地点，可以指某相关领域的信息的总和。信息空间既可以指物理存在的信息空间，又可以指作为人们认识状态存在的信息空间。

在信息构建活动中，作为信息构建主体的信息构建师（Information Architect）需要在对信息内容、信息用户的信息需求及信息环境理解的基础上，对随机地、自然地或人为地聚集起来的信息片段生成信息集合；在对信息集合中信息片段之间的各种关系进行分析的基础上，建立信息结构；还需要进行信息界面设计，将信息结构及信息结构中包含的信息内容以科学的、艺术的方式，在特定的信息空间中，将信息展示给用户。

信息爆炸与信息焦虑、信息饥渴导致了信息构建理论的出现。信息构建的主要活动是组织信息内容、生成信息结构和设计信息界面，其直接目标是建立一个清晰的、易于理解的信息结构，信息构建的最终要求是提供一个良好的信息空间环境。根据信息构建活动中信息状态的特点，可以总结出信息构建的四条基本原理。

1）信息片段集成原理

信息片段集成原理指信息构建过程是从信息片段的采集开始的，对采集的信息进行内容和谐的、各种媒介和手段兼容的、综合的、多方面的集成过程。

集成过程最重要的问题有三个：一是和谐地集成信息资源；二是有效使用不同的交流媒介或工具，并使它们能够彼此兼容；三是实现小屏幕大集成的功能。

2）信息集合序化原理

信息集合序化原理是指，信息构建过程中，对信息集合中信息内容的组织和信息形式的表达，实质上是增强有效信息含量，自觉控制信息结构体系中的熵值，形成条理好、逻辑强、主题鲜明、主次关系清晰的信息结构体系。

3）信息结构展示原理

信息结构展示原理是指，信息建筑师为序化后的信息设计一个协调一致的、功能化的信息架构，实质上是通过信息界面表达它们，有效地展示自己的内容、风格和特色，让用户能感知信息结构中存在的信息，可以方便地、心情愉悦地从中获得信息，满足自己的信息需求和实现自己的目标。

4）信息空间优化原理

信息空间优化原理是指，信息构建过程中通过一系列手段和措施，面对复杂庞大的信息空间，帮助人们缓解信息环境造成的心理上的困惑或行动上的困境，减轻人们的认知负担，加强人们信息感知和信息捕捉的能力，促进信息接收和利用。信息空间优化原理有宏观和微观两方面的表现形式。

2. 信息构建的理论研究

信息构建正在逐步融入数字环境，成为人们处理数字环境中的信息所秉承的一种设计理念；通过跨界和拓展，不断演变和进化，正在为我们的数字信息处理提供策略和方案，以便提供给用户更好的信息体验。我国的信息构建研究目前大部分聚焦于信息构建评价、网站建设、知识构建和用户体验几大内容模块，还需要深入挖掘信息构建本质，信息构建的研究内容应随数字环境变化而动态更新。

国内学者通过对公开发表的信息构建相关研究文献进行分析，将信息构建研究主题趋势归纳为以下 6 方面。

① 信息构建评价指标：主要集中于信息构建网站评价，包括图书馆、档案馆、政府网站等，从信息构建视角设计评价维度，再结合其他分析方法设计评价指标，建立较为全面和系统的评价指标体系对目标网站进行评估。

② 信息构建与信息组织：主要集中于以信息构建为基础，讨论如何实现更加有效的信息组织。

③ 信息构建与网络信息：主要集中于将信息构建理论应用于网络信息规范化、标准化、清晰化等有效组织，以方便用户获取信息资源。

④ 知识构建：主要集中于与知识管理、信息组织关系探讨、知识构建模式的初步探索。

⑤ 信息构建与网站建设：包括电子商务网站的建设、电子政务或政府网站的建设、图书馆档案馆的网站建设。

⑥ 基于用户体验的信息构建：主要集中于分析用户体验与信息构建的关系，构建基于用户体验的网站信息构建流程。

3. 信息构建的应用

信息构建繁荣、发展于网络环境，所以很多学者认为，信息构建主要是针对网站而言的，也有学者认为，信息构建无处不在，即“哪里有信息，哪里就有信息构建”。信息构建起源于任意的信息集合，但由于网络环境的复杂性，发展囿于网络信息的构建问题，尽管它目前的主要应用领域是网络信息构建，但从来不是仅仅针对网络，也不可能局限于网络信息的构建，信息构建是针对所有信息集合的。

沃尔曼先生多次在著作中提到除网络之外的不同信息内容的信息设计和构建问题，对城市指南、烹调书内容设计、产品说明书、地图等不同的内容进行过内容结构的构建尝试；谢尔·凯门（Shel Kimen）在网络上发表的《关于信息构建的 10 个问题》中也指出：从最基本的要素看，信息构建就是建立一个结构或组织信息。在图书馆中，信息构建指编目系统和保存书本的建筑物的物理设计的结合体；在 Web 上，信息构建指将网站内容组织成一些范畴，并生成一个界面，来支持这些范畴的结合体。

国内学者将信息构建的应用领域概括为以下 4 方面：

① 信息构建是针对所有信息结合而言的。

② 信息构建出现在所有需要对信息集合中信息内容进行展示的信息空间中。

③ 尽管不同的信息集合形式对信息构建的依赖程度不同，但信息构建的原理和方法可以作为其信息组织和内容管理的指导思想和实用工具。

④ 在一般情况下，陌生的信息环境和复杂的信息空间更需要信息构建。

目前，除了应用于网站开发，人们已经将信息构建应用于企业、政府、学校等部门，信息构建已深入我们常见的信息集合，如图书、期刊、工具书、地图、图书馆、数据库、信息系统等。

4. 信息构建与信息组织

信息构建是关于如何组织信息，以帮助人们有效实现信息需求的艺术和科学，即信息构建最根本的对象是信息。信息组织是按照一定的目的、任务和形式，对信息加以序化的过程。

虽然我国关于信息组织的研究早于关于信息构建的研究，但是从研究对象、研究目的和本质上看，信息构建与信息组织之间具备一定的一致性。诚然，二者在其产生的社会背景、所采用的技术方法等方面也存在一些差别。

从研究对象上看，信息构建和信息组织都以信息为研究对象，信息是自然界、人类社会和人类思维活动中普遍存在的一切物质和事物的属性。与信息普遍存在相对应的现象即“信息构建无处不在”。其次，信息构建和信息组织的目的都是满足人们的信息需求。信息组织通过建立信息资源存储系统和检索工具，使用户能够方便、有效地获取所需的各种信息资源，它的最终目标是使信息有序化，从而方便人们的使用、满足人们的信息需求；信息构建则通过建立一整套的信息系统，使信息清晰化和易于人们所理解，来满足人们的信息需求。所以，本质上，信息构建和信息组织都是为了满足用户的信息需求而对信息进行处理的方式方法。

从产生的社会背景上看，在我国，最初的信息组织思想起源于图书文献整理的实践，伴随着信息社会的到来，信息规模呈现指数级增长，而信息组织正是伴随社会信息数量急剧增加、流速加快、分布散乱、优劣混杂等与使用矛盾现象日趋严重而发展起来的。进入 20 世纪 90 年代，互联网飞速发展，此时的信息环境与 20 世纪 70 年代的大不相同：一方面，信息环境恶化；另一方面，信息焦虑现象普遍存在。正是在此背景之下，信息构建理论应运而生，通过组织信息、创建信息结构或地图，从大量处于复杂状态的信息中抽取本质模式，帮助人们理解信息，找到知识路径，有效解决了由于信息环境恶化而带来的一系列不良影响。

从采用的技术方法上看，长期的信息组织实践已经创造出了多种多样的技术方法，已经形成了以分类法、主题法和元数据法在内的完整的信息组织的技术体系。而有关信息构建的研究开始得较晚，其有关技术、方法的研究也还在发展之中，但是信息构建是基于技术的，没有信息技术的发展就谈不上信息构建。可以说，信息组织是从微观上对信息进行处理，而信息构建更多地是从宏观上对信息和信息内容及其结构进行研究。

2.1.3 知识论

1. 传统哲学研究中的知识论

“知识论”（Epistemology）来源于希腊语“知识（Episteme）”和“词/演讲（Logos）”，探讨知识的本质、起源和范围的一个哲学分支。在西方哲学中，古代与近代的哲学家有关知识论的研究主要是从人的认识能力的角度进行考察的，把有关认识的研究建立在人的感性和理性的基础上，这种认识理论是发生学意义上的。因此国内哲学界有些学者将“Epistemology”译为“认识论”。作为哲学的一个主要分支，知识论的理论是与哲学的理论密切结合的。

2. 蒯因（又译奎因）的知识整体论（也称整体知识论）

蒯因的知识整体论的提出具有十分重大的意义，他通过“语义上溯”，在“观察句”和“观察陈述”层面上建立外部刺激与科学理论之间的证据联系来解决知识论问题。“语义上溯”是西方哲学发生“语言转向”后哲学研究的一个基本策略，把原有认识论中关于外部对象的实在性及其真理性的哲学问题归结为对语言、对我们所说的句子的意义的理解，这样我们关于外部世界的探讨就转化为关于语言的探讨了。

蒯因的整体知识论可以概括为两方面："① 我们不可能举出任何一个可避免经验反驳的句子（拒斥先验认识）；② 在理论和预言矛盾的情况下，我们绝不能指出某些引起这些矛盾的句子（拒斥孤立主义的单个假说检验）；相反，始终是作为整体的系统要么受到怀疑，要么又被调整好。"蒯因整体知识论的第一个结论是取消传统逻辑中综合命题和分析命题的区别；第二个结论是认为不存在传统的知识论，而只存在科学知识系统和对它的解释。蒯因整体的知识论是从迪昂的"不可能对一个孤立的假说进行检验"的思想发展而来的，但是真正导致蒯因整体主义知识论产生并走向自然化的知识论的是纽拉特的整体主义知识观。因此，我们一般把知识整体论称为"迪昂－纽拉特－蒯因"论题。

3. 钟义信的知识论：全信息即信息－知识－智能的统一理论

我国学者钟义信在定义一组关于知识理论的基本概念即信息、知识和智能的基础上，揭示了这三者之间的相互联系，提出了"信息－知识－智能的统一理论"。他认为，知识论的核心问题是揭示知识与信息、知识与智能之间的关系，并阐明"如何把信息提炼成知识，如何把知识激活成智能"。

可以从本体论层次和认识论层次来定义信息。所谓本体论信息，是指事物的运动状态及其变化方式的自我表述。"事物"泛指一切可能的研究对象，包括外部世界的物质客体，也包括主观世界的精神现象。"运动"泛指一切意义上的变化，包括机械运动、物理运动、化学运动、生物运动、思维运动和社会运动等。"运动状态"是指事物运动在空间上所展示的性状、态势和形态。"运动状态的变化方式"是指事物运动状态随时间而变化的过程样式。所谓认识论信息，是指主体所感知（或所表述）的关于该事物的运动状态及其变化方式，包括这种状态/方式的形式、含义和效用。信息是物质的一种属性，不同于消息，也不同于信号、数据、情报和知识。信号是信息的载体，数据是记录信息的一种形式，情报通常是秘密的、专门的、新颖的信息，知识是认识主体所表述的有序化的信息。信息的外在形式、内在含义和价值效用三个因素应有机地进行统一处理，否则就不可能理解信息的本质。香农的贡献在于用概率熵（负熵原理）描述通信信号波形的复制，建立相应的信息的度量，进而建立信息论的第一、第二和第三编码定理，揭示了信息在通信系统中有效和可靠传输的基本规律。但其局限性也在于此，只研究信息信号波形的复制，舍去了信息内容和信息价值，而信息内容和信息价值是远比通信更复杂的信息活动（如推理、思维和决策）中最重要的因素。在通信以外的许多场合，信息不一定符合概率统计规律。概率熵必须推广到非概率的情形，以便能够有效而统一地描述和度量信息的形式、内容和价值。综合地考虑信息的形式因素（语法信息）、含义因素（语义信息）和效用因素（语用信息），即"全信息"。研究全信息的本质、全信息的度量方法及全信息的运动（变换）规律的理论被称为"全信息理论"。该理论引入主观因素、非形式化的因素和模糊、混沌因素，重视主观与客观相互作用、非形式化和形式化有效结合，强调用新的科学观、新的方法论和新的数学工具研究信息的本质。

关于知识与信息、知识与智能之间的关系问题，他指出，"知识是对信息进行加工提炼所获得的抽象化产物，对问题和环境信息进行处理而生成知识，知识被目的激活而生成智能。"那么，如何把信息提炼成为知识呢？由于信息表达的是事物的状态及状态变化的方式，知识表达的是事物运动的状态及状态变化的规律，因此由信息生成知识的归纳过程本质上就是一个由个别事物运动状态的具体变化"方式"升华为一类事物运动状态的普遍变化"规律"的抽象化过程，即飞跃过程。而知识与智能之间的转化是通过形成求解问题的策略来实现的，求解问题的策略又是在求解问题的目标的引导下由相关知识生成（称为“再生”）的。

钟义信从定性和定量两方面为研究知识论建立起必要的基础，进而阐明了知识论的核心命题，即：第一，如何通过归纳机制把信息提炼成为“知识”；第二，如何通过目标导引把“知识”激活成为“智能”。这样两个核心命题的初步阐明，在一定程度上揭示了信息、知识、智能三者之间内在的本质联系。

4. 图书情报界的知识论研究

图书情报理论基础中的知识论研究始于 20 世纪 80 年代，主要包括知识基础论、知识交流论、知识组织论、知识集合论和知识管理论五方面。

知识基础论是图书情报知识论研究的基础，为后来图书情报知识论的研究打下坚实的理论基础，并提供了广阔的思维空间。知识基础论的产生首先来自英国哲学家波普尔（Karl Popper）的“世界 3”理论。他认为，世界 1 是物质世界，世界 2 是精神世界，世界 3 是知识世界。知识世界包括理论、问题和论据，具有真实性（与物质对象一样真实地存在，并作用于物质）、部分自主性（世界 3 本身可自主产生一个理论）和永恒性（由人心世界 2 创造，并反作用于人心）等特征。“世界 3”理论对图书情报学的研究也产生了重大影响。尤其是他的“客观知识论”的思想为图书馆学、情报学的研究开阔了视野，许多学者甚至把它作为图书馆学、情报学的理论基础。近年来，中国学者对波普尔的“世界 3”理论进行了较深入的探讨，并结合近年来信息化、网络化、计算机化的实际，对“世界 3”理论进行了修正，用“编码”和“文本”的概念限定“世界 3”的有关表述，以计算机能够做出一些人脑做不出的发现为依据提出，赛博空间和虚拟现实既不是单纯的“世界 1”，也不是单纯的“世界 3”，它们是一个动态过程的体现，是这两个世界相互作用的体现。近些年，信息哲学对信息本质、信息与精神、与客观知识世界的关系也有不少研究。对“世界 3”理论的深入研究，对于找出理解信息时代的理论平台，对于建立和完善知识理论体系，具有积极意义。

知识交流论诞生于 20 世纪 80 年代，并很快被图书情报学研究工作者普遍接受，成为贯穿这一时期图书情报学研究的主流。知识交流论主要研究交流中的知识、交流过程、知识交流与图书馆及图书馆的知识交流机制。

“知识组织”的观念最早由美国著名分类法专家布利斯（H.E. Bliss）于 1929 年提出，并一直受到图书馆学界的关注。1993 年，国际性学术期刊《国际分类（International Classification)》改名为《知识组织（Knowledge Organization)》，这更加证明图书馆与知识组织的相关性。关于知识组织的定义目前尚未统一。布鲁克斯（B.C. Brookes）认为：“知识组织是对文献中所含内容进行分析，找到人们创造与思考的相互影响及联系的节点，像地图一样把它们标示出来（知识地图），以展示知识的有机结构，为人们直接提供创造时所需要的知识。”而 A. Sigel 的解释是，“知识组织是将含有知识的集合物加入信息价值的一种跨学科领域的文化活动。” J.D. Anderson 则认为，“知识组织是有关文献的描述、内涵、特色、目的及将前述这些活动予以组织，以利于使用者的寻找。知识组织包含了索引、摘要、编目、分类、记录管理、书目及相关文献信息的产生或检索用的书目资料库。”虽然知识有显性知识与隐性知识之分，但在组织时还是以显性知识为主。除了文献的分类、标引、编目、文摘等，知识整序的方式还需进一步针对更细微的内容部分——知识单元——给予揭示和分析。实际上，知识组织比信息组织的内容分析更具深度，兼顾知识相关性的活动。有学者曾比较过人工智能、认知心理学、语言学、图书馆学、情报学对知识组织的方法，认为“文献组织有别于知识组织；知识关联性是知识组织的重要特性；知识单元具有分合特性”，进而提出，今后有关知识组织的研究要结合人工语言与自然语言，以知识单元为基础、重视层面分类理论的应用等建议。

周文俊的文献交流论、宓浩和黄纯元的知识交流学说、王子舟的知识集合论都是有关研究成果。有的学者认为，知识组织理论可以成为图书馆学的理论基础。在微观上，知识组织理论揭示了图书馆文献组织的实质是知识组织的原理，给图书馆内部活动以知识组织为目标的恰当说明；在宏观上，知识组织理论又对图书馆的产生、组织原理、基本职能、社会定位及图书馆学的研究范围、基本原理、学科定位等问题，也能做出合乎实际、合乎逻辑的说明。

知识集合论认为，图书馆的实质就是知识集合，图书馆学的研究对象应转移至知识集合的命题上。所谓知识集合，即用科学方法把客观知识元素有序地组织起来，形成专门提供知识服务的人工集合。当然，具有知识集合实质的不仅是图书馆，还有其他集合现象具有知识集合的实质，如百科全书、知识数据库等。确定知识集合为图书馆学的研究对象，有助于厘清图书馆学的研究范畴，拓宽图书馆学的研究领域，提高图书馆学的学术地位，纯化图书馆学内容体系，并摒除图书馆学中的空疏学风。总而言之，知识集合论将对图书馆学的发展起到巨大的推动作用。

20 世纪 90 年代以来，随着起源于企业管理的“知识管理”概念的兴起，知识管理论在图书情报界的研究日益增多，有的学者在对相关研究现状进行调研的基础上提出：知识管理论是图书情报学知识论中的集大成者。由于知识交流、知识组织和知识集合在某种意义上均属于知识管理的范畴，因此可以说，知识管理论是图书情报学知识论的核心部分。有学者对我国近 20 年来知识管理的相关文献进行梳理，将知识管理的研究热点归纳为知识的共享、转移与创新、图书馆知识服务、企业知识管理、个人知识管理和知识管理系统五方面。

2.1.4 本体论

1. 哲学意义上的本体论

“本体论”（Ontology）这个词出现于 17 世纪，最早见于德意志哲学家郭兰克纽 1613 年出版的《哲学词汇》一书。Ontology 由 ont 和 ology 组成。“ont”源自希腊文，是“on”（óv）的变式，相当于英文的“being”，即“存在”；“ology”为“学问”或“学说”。这两个词缀合在一起表示“有关存在的学问”。人们一般把本体论当作从柏拉图到黑格尔的西方传统哲学的主干或“第一哲学”。这意味着，本体论是各哲学分支的理论基础，是理论中的理论、哲学中的哲学，其他哲学问题都是围绕着建设、运用或怀疑、反对本体论而展开的。

虽然本体论可以追溯到柏拉图，但是直到 18 世纪才出现它的定义。第一个为本体论下定义的是德国哲学家沃尔夫（Christian Wolf，1679—1754），他指出，“本体论，论述各种抽象的、完全普遍的哲学范畴，在这个抽象的形而上学中进一步产生出偶性、实体、因果、现象等范畴。”这个定义表达了本体论作为西方哲学特有的一种哲学形态，其中包含中国传统哲学中所没有的思想方法。我国《辞海》中关于“本体论”的描述是“哲学中研究世界的本原或本性的问题的部分。”《中国大百科全书·哲学卷》中指出“本体论在西方哲学史和中国哲学史中分别具有各自的含义。在古希腊罗马哲学中，本体论的研究主要是探究世界的本原或基质；在中国古代哲学中，本体论指关于世界的本源、本体或本根的学说。”对此“本原”的研究即成为本体论的先声，而且逐步逼近于对“being”（是、存在）的探讨。

在我国，有学者从本体论的定义出发，探讨了本体论具备的特征，认为本体论具有三个基本特征：从实质上讲，本体论是与经验世界相分离或先于经验而独立存在的原理系统，这种哲学当然应归入客观唯心主义之列；从方法论上讲，本体论采用的是逻辑的方法，主要是形式逻辑的方法，发展为辩证逻辑的方法（黑格尔）；从形式上讲，本体论是关于“是（存在）”的哲学，“是”是经过哲学家改造以后而成为的一个具有最高、最普遍的逻辑规定性的概念，包容其余种种作为“所是”的逻辑规定性。因而得以命名，即本体论是一门关于“是”的学问，其较适当的译名应为“是论”。

2. 本体论在网络信息组织中的应用

本体论是哲学的概念，是研究存在的本质的哲学问题。本体论在哲学意义上的主要特点在于本体论是关于世界某方面的一个特定分类体系，这个体系是不依赖于任何特定的语言的。20世纪90年代以来，随着现代科技和信息科学的飞速发展，本体论渗透到知识工程、人工智能、信息系统、计算机科学、电子商务、数字图书馆等领域，并逐渐成为这些研究领域广泛关注的一个重要概念。例如，在知识工程界与信息科学领域，1993年美国斯坦福大学知识系统实验室的Gruber给出了被广泛认可的定义，“本体论是共享概念模型的明确的形式化规范说明”，“是对概念化的精确描述”。在人工智能领域，Neches等人将本体定义为“构成相关领域词汇的基本术语和关系，以及由这些术语和关系构成的解释这些词汇外延的规则。”

简言之，本体论就是描述概念及概念之间关系的模型或详细说明，通过概念之间的关系来描述概念的语义。一个本体往往就是一个正式的词汇表，其核心作用在于定义某领域或领域内专业词汇及它们之间的关系。这一系列的基本概念如同一座大厦的基石，为交流各方提供了一个统一的认识。在这一系列概念的支持下，为计算机理解文本含义提供背景知识，使人与计算机之间的交流方便、快捷。

本体可以分为四种：领域、通用、应用和表示。领域本体包含着特定类型领域（如电子、机械、医药、教学）等的相关知识，或者是某个学科、某门课程中的相关知识；通用本体则覆盖了若干领域，通常被称为核心本体；应用本体包含特定领域建模所需的全部知识；表示本体不只局限于某特定领域，还提供了用于描述事物的实体，如“框架本体”，其中定义了框架、槽的概念。

在实际的应用中，本体论学者、知识管理、人工智能、图书情报学甚至任何一个具有大量需要归类和划分信息的部门及领域都可以成为本体论的应用对象。本体论的基本元素是词汇（Term）/概念（Concept），转而构成同质化的类（Class）和子类（Sub-class），各类和概念之间加入适合的关系（Relation）后，形成一个简单的本体。概念和类皆用来表达词汇本身，而关系为词汇提供映射（Mapping）并加入限制条件（Constraint），使之与现实情况相符合。

构建本体的简单步骤如下。

① 列出研究课题所涉及的词条（Term）。

② 按照词条的固有属性和专属特征进行归纳和修改，对词条建立类（Class）和层级化的分类模型（Taxonomy）。

③ 加入关系（Relation），连接词条和分类模型。

④ 按照需要，添加实例（Instance），作为概念的具象。

关于本体论在信息组织领域的应用，很多学者从不同的角度进行了分析和概括，代表性的观点认为，从信息组织的角度出发，本体及其方法和技术为信息组织特别是网络信息组织带来了新的变革，这些变革主要表现在直接体现语义的网络信息组织、分布式共享，以及多维、网状的信息组织方式及对推理的支持上。

首先，传统的网络信息组织所表达的语义都是隐含的，不能直接表达为机器（计算机）所理解的形式化语义，而基于本体的网络信息组织不仅方便计算机的"理解和处理"，还可以在此基础上提供进一步的智能服务。此外，由于本体在表达信息内容的概念时是在一定的语义环境或限制规则下完成的，因此在表达概念及其含义时更加清晰和准确，在进行信息组织时也更加规范。

其次，在分布式共享方面，对于领域知识的共同理解和描述并不一定通过一个集中管理的本体来完成，可以由分散在网络上的多个本体来实现，即本体为实现分布式共享提供了相应的引入机制。这种分布式共享的信息组织方式不仅可以降低信息组织建立、维护与管理的成本，还可以大大促进网络知识的共享与交流。

最后，本体采用了容易为计算机所接收和处理的体现描述逻辑的知识表现和信息组织方式，概念及其之间的关系形成了一个多维的语义网络，这种多维、网状的信息组织方式不但有利于网络上不同类型、不同结构的信息资源的集合与整合，而且有利于它们之间关系的描述和揭示。本体及其具备的推理能力代表了现代信息组织特别是网络信息组织的发展趋势，不但有利于信息的形式化描述，而且依据本体这种信息组织方法而建立的检索系统，更能满足用户进行语义检索，特别是智能检索。

不同的本体有不同的结构。"有些本体是某一狭窄主题领域词汇的分类体系（如分类表或等级体系表）。有些是概念特征集合说明，如元数据方案就是规定使用所用的元素、元素含义及元素属性的类型和属性值的主体。有些本体看起来像分类控制词表，如 WordNet，对词汇进行语义分析，将其分别归入名词、形容词和副词类。这类本体与只给出专业词汇的名词形式（当然还有一些修饰词对名词进行限制）的标题词表和叙词表形成了鲜明对比。"总之，本体论为信息组织领域引入了许多新的思想和方法，特别是为网络信息组织带来了新的机遇。

有关本体具体的应用见本书 8.3 节"语义网信息组织模式"。

2.1.5 分形理论

"分形"的概念是数学家曼德布罗特（B.B. Mandelbort）首先提出的。1967 年，他在美国权威的《科学》杂志上发表了题为《英国的海岸线有多长》的著名论文。海岸线作为曲线，其特征是极不规则、极不光滑的，呈现极其蜿蜒复杂的变化。我们不能从形状和结构上区分这部分海岸与那部分海岸有什么本质的不同，这种几乎同样程度的不规则性和复杂性，说明海岸线在形貌上是自相似的，也就是局部形态和整体形态的相似。在没有建筑物或其他东西作为参照物时，拍摄的 100km 长的海岸线与放大了的 10km 长的海岸线的两张照片看上去会十分相似。事实上，具有自相似性的形态广泛存在于自然界中，如连绵的山川、飘浮的云朵、岩石的断裂口、布朗粒子运动的轨迹、树冠、花菜、大脑皮层等，曼德布罗特把这些部分与整体以某种方式相似的形体称为分形（Fractal）。1975 年，他创立了分形几何学（Fractal

Geometry)，形成了研究分形性质及其应用的科学，称为分形理论（Fractal Theory）。

自相似原则和迭代生成原则是分形理论的重要原则，表征分形在通常的几何变换下具有不变性，即标度无关性。自相似性是从不同尺度的对称出发，也就意味着递归。分形形体中的自相似性可以是完全相同，也可以是统计意义上的相似。标准的自相似分形是数学上的抽象，迭代生成无限精细的结构，如科契（Koch）雪花曲线、谢尔宾斯基（Sierpinski）地毯曲线等。这种有规分形只是少数，绝大部分分形是统计意义上的无规分形。

分维，作为分形的定量表征和基本参数，是分形理论的又一重要原则。分维，又称分形维或分数维，通常用分数或带小数点的数表示。长期以来，人们习惯于将点定义为零维、直线为一维、平面为二维、空间为三维，爱因斯坦在相对论中引入时间维，就形成四维时空。对某问题给予多方面的考虑，可建立高维空间，但都是整数维。在数学上，把欧氏空间的几何对象连续地拉伸、压缩、扭曲，维数也不变，这就是拓扑维数。然而，这种传统的维数观受到了挑战。曼德布罗特曾描述过一个绳球的维数：从很远的距离观察这个绳球，可看作一点（零维）；从较近的距离观察，它充满了一个球形空间（三维）；再近一些，就看到了绳子（一维）；再向微观深入，绳子又变成了三维的柱，三维的柱又可分解成一维的纤维。

显然，并没有绳球从三维对象变成一维对象的确切界限。数学家豪斯道夫（Hausdoff）于1919年提出了“连续空间”的概念，也就是空间维数是可以连续变化的，它可以是整数也可以是分数，称为豪斯道夫维数。曼德布罗特也把分形定义为豪斯道夫维数大于或等于拓扑维数的集合。英国的海岸线为什么测不准？因为欧氏一维测度与海岸线的维数不一致。根据曼德布罗特的计算，英国海岸线的维数为1.26。有了分维，海岸线的长度就确定了。

分形理论既是非线性科学的前沿和重要分支，又是一门新兴的横断学科。作为一种方法论和认识论，其启示是多方面的：一是分形整体与局部形态的相似，启发人们通过认识部分来认识整体，从有限中认识无限；二是分形揭示了介于整体与部分、有序与无序、复杂与简单之间的新形态、新秩序；三是分形从一特定层面揭示了世界普遍联系和统一的图景。显然，分形理论对信息组织亦有很大的启迪作用。

2.2 信息组织的方法基础

2.2.1 语言学

1. 语言学原理概述

语言学（Linguistic）是指研究语言现象及其本质、特点、结构、功能、起源和发展规律的科学，一般包括句法学、构词学、音系学、语法学、语用学、语义学等。语言又可分为自然语言和人工语言。自然语言是人们日常生活中彼此交流的主要工具，也是人类表达思考方式的工具。人工语言又称为人造语言、国际辅助语言等，是为了特定的需要、目的、用途而人为创造的语言。不论是自然语言还是人工语言，都是表达信息、组织信息的最基本的工具。因此，语言学的知识是信息组织的重要基础知识之一。

2. 语言学原理在信息组织中的应用（检索语言等）

一般情况下，信息组织必须借助某种检索语言或信息检索规则。检索语言是指人们根据信息检索的需要，依据一定的规则对自然语言进行事先规范和控制而编制的一种语言，是信息的描述、存储、分类和信息组织的工具。从“规范”和“控制”的角度看，检索语言属于一种人工语言。

1）检索语言的类型

人们通常把一部分类法或一部主题词表称为一种检索语言，目前全世界的检索语言至少有几千种，对检索语言类型的划分方法也有许多种，最常见的是按结构原理来划分，检索语言可分为分类语言、主题语言和代码语言三大类。

（1）分类语言

分类语言习惯上称为分类法，用分类号来表示概念及其在系统中的位置，将各种概念按其所属的学科性质进行分类和排列，是一种按照学科范畴划分而构成的语言体系。分类语言成为反映科学知识分类体系的逻辑系统。世界上著名的分类法有《杜威十进分类法》《国际十进分类法》《美国国会图书馆分类法》《国际专利分类法》《中国图书馆分类法》等，这些分类法在文献信息的加工、组织和检索中发挥着不可或缺的作用，尤其在传统图书馆环境中对于文献信息资料的排架整理功不可没。

分类语言包括等级体系式分类语言、分面组配式分类语言和等级－组配式分类语言。

体系分类法是一种直接体现知识分类的等级制概念标识系统，主要特点是按学科、专业集中信息，并从知识分类角度揭示各类信息在内容上的区别和联系，提供一种检索的途径。体系分类法的主要优点是分类结构直观，易于掌握使用，具有较好的族性检索功能，最大缺点是不能适应按专指概念进行检索，无法根据现代科学的发展及时自动生成新类，难以与科学的发展保持同步。

组配分类法是在体系分类法基础上发展起来的，克服了体系分类法列举式类目不能容纳主题概念发展的局限性，对科学发展的适应性强，但不如体系分类法直观，标记复杂，不易掌握。

等级－组配式分类法是上述两种分类法的融合，是一种在详尽类表的基础上，广泛采用各种组配方式的分类法，兼有两种分类法的优点，但标记复杂，类目之间的组配往往需要多种辅助符号。

（2）主题语言

主题语言是用词语来表达各种概念，将各种概念按字顺排列的检索语言。主题语言主要包括标题词语言（标题法）、单元词语言（单元词法）、叙词语言（叙词法）和关键词语言（关键词法）。

标题词语言是一种先组式的、按标题字顺排列的检索语言。由于先组式语言的局限性，标题词语言逐渐被后组式的主题词语言取代。

单元词语言是一种后组式的检索语言。单元词语言曾经流行一时，后因表达主题时语义不定性而被叙词语言所取代。

叙词语言综合了分类语言、标题词语言、单元词语言的优点，发展迅速。叙词语言以概念组配为基础，能更好地适应计算机检索系统。

关键词语言是直接以文献信息中能够表达信息主题概念的语词作为标识的一种信息描述语言，是非规范化的主题语言。

(3) 代码语言

代码语言是一般只就事物的某一方面特征，用某种代码系统来加以标引和排列事物概念，从而提供检索的信息描述。这种检索语言比较适用于某一专业的检索，如化合物的分子式索引系统、档案号等。

2）语言学原理在检索语言中的作用

现代语言学经历了历史比较语言学、结构主义语言学和转换生成语言学三个阶段，已发展成一个庞大的学科体系，包括普通语言学、计算语言学、数理语言学、应用语言学等。这些学科分支和信息组织中的检索语言有着或多或少的联系。下面主要介绍普通语言学和计算语言学的应用。

(1) 普通语言学的应用

检索语言的发展和应用与普通语言学有着密切的关系。从20世纪中叶开始，西方学者开始把语言学的一些原理运用到检索语言中。被称为信息检索“第二次革命”的陶布单元词语言根据美国描写语言学的“分布理论”制定了单元词的“同现关系”。赛格尔将“信息检索语言”和“文献工作语言”这些概念代之以“信息语言”（Information Language），也是希望对其加深语言学的阐释。斯巴克·琼斯和马丁·凯的《语言学与情报学》（*Linguistics and Information Science*）、哈钦斯的《标引和分类语言——结构和功能的语言学研究》（*Languages of Indexing and Classification—a Linguistic Study of Structures and Functions*）则是我们现今能读到的关于情报检索语言最全面的语言学研究著作。我国学者对语言学在检索语言研究中的应用也已有了基本认识。张琪玉的《情报检索语言语法体系初探》是我国第一篇用语言学研究体系来探讨检索语言体系结构的论文[1]。

(2) 计算语言学的应用

计算语言学指的是这样一门学科，通过建立形式化的数学模型来分析、处理自然语言，并在计算机上用程序来实现分析和处理的过程，从而达到以机器来模拟人的部分乃至全部语言能力的目的。

国际计算语言学学会（Association for Computational Linguistics，ACL）是计算语言学领域影响力较大的国际学术组织之一，于1962年成立，致力于推进计算语言学及相关研究的交流与发展[2]。从近年ACL会议的主题看，计算语言学的研究主题包括文本挖掘、信息提取、机器学习、机器翻译、语料库、对话和交互系统等。计算语言学的应用领域涵盖医疗、农业、教育等，如联合国粮食和农业组织以自然语言形式，为农民提供决策信息支撑；机器通过终端仪器获取的患者生理数据，并参考系统中已存的以往医疗数据，为患者提供治疗方案等。

计算语言学在信息组织中的应用，如运用词频统计分析方法进行标引和检索词汇的选择。在语言学中，运用词频统计分析是定量研究的传统内容。这些统计分析对检索语言的词汇选择有重要意义。例如，在编表时，先收集原始文献中的全部术语，统计其词频，研究其分布特征，排除没有检索意义的高频词和低频词，最后确定适当频率的词编入词表。此外，可对

---

[1] 戴维民. 信息组织[M]. 北京：高等教育出版社，2004:18-19.

[2] ACL Home. Association for Computational Linguistics[EB/OL]. [2021-04-20].

文献中词汇频率进行计算，以此进行抽词标引或自动分类。例如，逆文献加权标引就通过统计某词在文献中出现的次数（词出现频率）和包含某词的文献数（词文献频率）来选择标引词，即选择那些词出现频率较高、词文献频率较低的词，并根据词出现频率设计权值。

2.2.2 逻辑学

1. 逻辑学原理概述

逻辑学是一门具有悠久历史、关于科学认识和思维方法的科学，包括形式逻辑、数理逻辑、辩证逻辑等一系列逻辑分支。其中，形式逻辑研究思维的逻辑形式和基本规律，是逻辑科学体系中最基础的知识。思维主要包括形象思维和抽象思维两种：感觉、知觉和表象是形象思维形式，属于感性认识的阶段；概念、判断和推理是抽象思维形式，属于理性认识的阶段。信息组织是一种智力活动，离不开人的逻辑思维，也就是说，进行信息组织加工必然用到形式逻辑的一些方法，信息组织的行为只有符合逻辑思维规律，才能保证信息组织的序化质量。因此，信息组织遵循科学的思维方法，是在各种概念的基础上进行的。实践表明，信息组织者的逻辑思维能力越强，其信息组织工作也越好。事实上，信息组织是对各信息对象经过从事物到概念再到语言的层层递进的分析后，运用科学思维使之序化的一个过程。

2. 逻辑学原理在信息组织中的应用

1）概念的内涵和外延

按照形式逻辑，一个概念一般都包括内涵和外延两方面。内涵是指所有组成该概念的事物的本质属性，外延是指具有这种本质属性的所有事物的总和。例如，“图书分类法”这一概念的内涵是指一切用于图书分类的分类法的总称，其外延是所有符合这一含义的分类法，如“中国图书馆分类法”“杜威十进制分类法”“美国国会图书馆分类法”等。概念的内涵和外延之间是此消彼长的关系，内涵扩大，则外延缩小；内涵缩小，则外延扩大。例如，图书馆、公共图书馆、县级公共图书馆，这三个概念的内涵是不断扩大的，但其外延是不断缩小的，如图 2-1 所示。

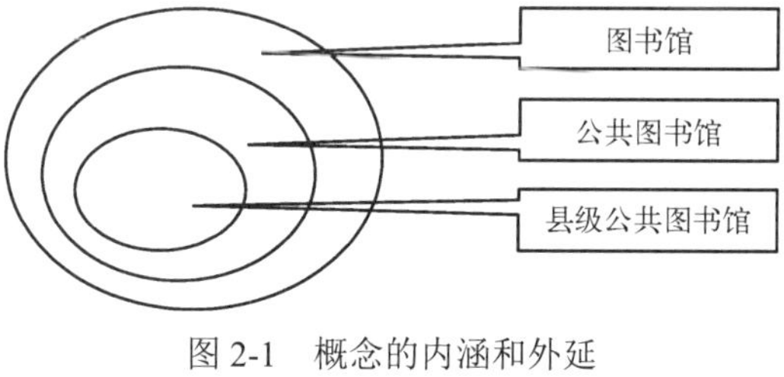

图 2-1　概念的内涵和外延

在信息组织中，利用概念的内涵和外延对各种信息进行标引和检索，依据概念的限制和概括及概念之间的关系，通过概念的划分、概念的分析和综合开展信息组织工作。概念的划分、分析和综合是信息组织中普遍使用的方法，对概念的划分可以建立等级性的概念体系，对概念的分析和综合则可以将复合主题概念分解成若干子概念，并通过对子概念的组配表达复合主题概念，进行概念逻辑运算，如图 2-2 所示。

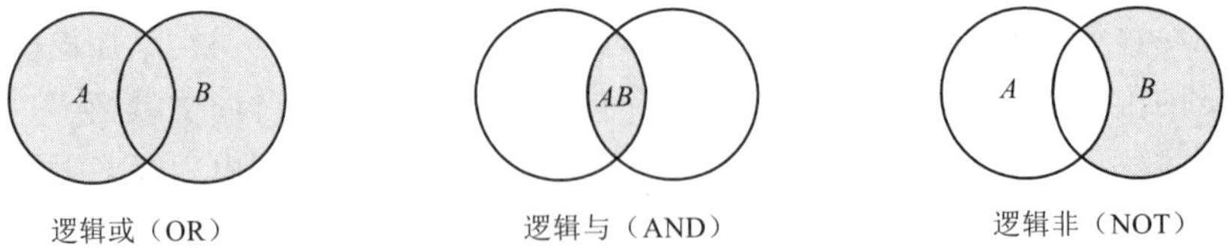

图 2-2　逻辑运算

2）概念之间的关系

概念之间按照是否存在共有的外延，概念关系可以分为相容关系和不相容关系两种，如图 2-3 所示。

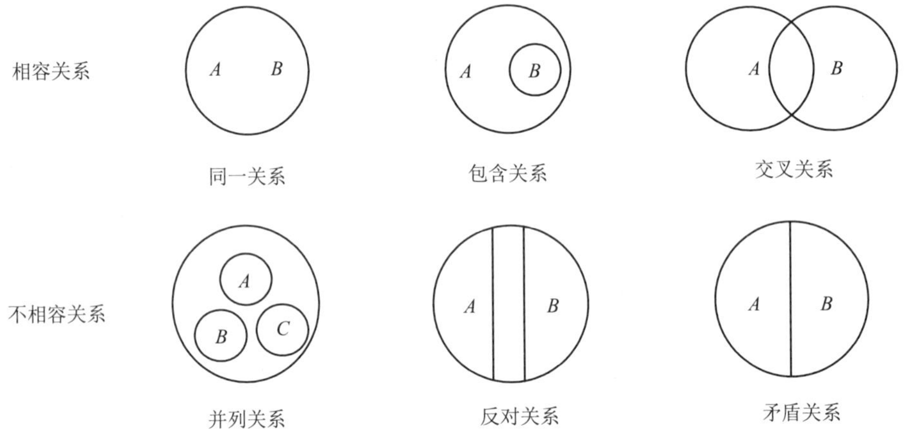

图 2-3　概念之间的关系类型

（1）相容关系

相容关系是指至少有一部分外延相同的概念之间的关系，包括同一关系、包含关系、交叉关系等。

① 同一关系：指具有相同外延的概念之间的关系，如自行车和脚踏车、西红柿和番茄等。同一关系的概念的外延完全相同，可以在标引和检索时相互代替，其逻辑关系可以表示为 $A \Leftrightarrow B$ 。

② 包含关系：又称为属种关系，指一个概念在另一个概念的外延之中，并且是另一个概念的组成部分，如经济和农业经济、图书馆和高校图书馆。在包含关系概念中，包含的概念称为上位概念或属概念，被包含的概念称为下位概念或种概念。包含关系的特点是上位概念的属性一般存在于下位概念之中，因此二者在外延和内涵上存在密切关系，其逻辑关系可以表示为 $A \supset B$ 。与包含关系类似的还有整部关系和方面关系：整部关系是指整体和部分的关系，如人和手；方面关系为整体概念与方面概念之间的关系，如人和体重。二者都不属于包含关系，其概念属性之间的联系不如包含关系密切。

③ 交叉关系：指部分外延重合的概念之间的关系，如妇女和医生、中国人和工程师。交叉关系只是部分外延重合，其重合部分构成一个新的概念，具有二者的属性，如女医生、中国工程师。其逻辑关系可以表示为 $A \cap B \neq \varnothing$ 。

（2）不相容关系

不相容关系是指不存在共有外延的概念之间的关系，可以分为不同论域之间的不相容关系和同一论域的不相容关系。前者对于信息组织而言无实际意义，信息组织关注的是同一论域的不相容关系，可以分为并列关系、反对关系和矛盾关系。

① 并列关系：指一个上位概念下几个不存在共有外延的并列下位概念之间的关系。所有并列概念之和等于上位概念，并列概念之间是相互排斥的。其逻辑关系可以表示为 $A \cap B \cap C \cap \cdots = \varnothing$ 且 $A \cup B \cup C \cup \cdots = I$，$I$ 为其并列概念的上位概念。例如，“亚洲国家”可以分出“中国”“韩国”“日本”等。

② 反对关系：指外延之和小于上位概念外延的两个不相容概念之间的关系，而二者不具有共有的外延。其逻辑关系可以表示为 $A \cap B = \varnothing$ 且 $A \cup B \subset I$，I 为其二者的上位概念。例如，“公共图书馆”和“高校图书馆”，二者之和小于“图书馆”，但它们不存在共有的外延。

③ 矛盾关系：指外延之和等于上位概念外延的两个不相容概念之间的关系，其特点是二者之和等于上位概念，而二者又不存在共有的外延。其逻辑关系可以表示为 $A \cap B = \varnothing$ 且 $A \cup B = I$，I 为二者的上位概念。例如，“核国家”和“非核国家”，二者之和等于上位概念“国家”的全部外延，但二者本身不存在共有的外延。

3）概念的划分

概念的划分是指以对象一定属性为标准，将一个属概念的外延分成若干概念，以明确其外延的逻辑方法。一类事物有的由一个或几个事物组成，有的则由许多甚至是无法计数的事物组成，不可能也没必要把它们一一列举。例如，我们不可能列举宇宙中的每颗星星，但可以用星星自身是否发光作为标准，可以把星星分为恒星和行星两大类。这里应引起注意的是划分与分解的区别：划分是把一个属概念分为若干种概念，分解是把一个具体的事物肢解成许多构成部分。

划分由母项、子项和划分根据三部分构成。划分的母项就是被划分的概念，也是属概念；划分的子项就是划分概念，也是种概念；划分依据就是划分时采用的某一标准。因此，划分就是把属概念分为若干种概念的逻辑方法。例如，依照人的性别，把人分为男人和女人，那么人就是划分的母项，男人和女人就是划分的子项，性别就是划分根据。

（1）划分的方法

根据划分的层次，划分可以分为一次划分（一层）和连续划分（多层）。还有一种特殊的划分为二分法。

① 一次划分：就是只对母项进行一次划分，后面不再划分。例如，把人划分为男人和女人，以下不再进行划分。

② 连续划分：就是经过一次划分后，再把子项当成母项继续进行划分，直到满足需求为止。例如，把人分为男人和女人后，又把男人分为 50 岁以上的男人和 50 岁以下的男人等。

③ 二分法：根据一个概念中的矛盾关系进行划分，把属概念划分成两个互相矛盾的种概念。二分法可以是一次划分，也可以是连续划分。

（2）划分的规则

① 划分必须是相应相称的

划分的子项和划分的母项应该是对应的，各子项外延之和必须与母项的外延一致，不能多出子项，也不能少了子项。违反这条规则所犯的逻辑错误，或是“划分不全”，或是“多出子项”。例如，对于群众的思想状况，应当划分为先进、中间、落后三种，多了没有必要，少了不符合实际。有时，当划分暂时不需要或还无法列举所有的子项时，可以列出主要项目，其余的用“其他”来概括。

② 划分出的子项必须是互相排斥的

划分的子项必须是不相容的并列关系，不能是包含关系或交叉关系，否则会犯“子项相容”的逻辑错误，不能起到划分的作用。例如，如果把人划分成男人、女人、中国人和外国人，男人和女人这两个种概念与中国人和外国人这两个种概念就是交叉的，而不是互相排斥的，这样的划分就达不到划分的目的。

③ 每次划分必须按同一标准进行

对同一概念的划分，可以根据不同的需要，选择事物的不同属性作为划分依据，进行多种不同的划分。连续划分时，每次划分的标准也可以不同。但是同一次划分，只能选择同一个划分标准，违反这条规则会犯“标准不一”的逻辑错误。例如，我们可以按照性别把人划分为男人和女人，可以按照国籍把人划分为中国人和外国人，但是不可以同时按照性别和国籍两个标准，把人划分成男人、女人、中国人和外国人，这和前面的标准“划分出的子项必须互相排斥”中所举的例子是一样的道理。

划分的三条原则既有区别，又密切相关。一个划分如果违反了一条规则，往往也违反了其他两条规则。当然，除了掌握划分方法和划分规则，对划分对象具体知识的了解也是必需的。对化学知识一点不懂的人即使掌握了划分方法和规则，也不能对化学概念做出正确划分。

显然，按形式逻辑将学科划分成线形的上下位类或同位类关系，在管理、研究上有其方便之处，在许多情况下是合理和必要的，但应清醒看到，在一定的条件下，其局限性十分明显：因为它有可能把本来相互有密切联系的类型割裂了。尤其当人们进入复杂的研究领域时就更是如此。因此，在某些情况下，一定不能拘泥于形式逻辑的分类，不能一味地“非此即彼”，而应该根据客观的情况，要“亦此亦彼”，即要尽可能反映事物的本来面目。当已有的概念、类目名称不能反映实际情况时，应大胆地根据实际情况概括出新概念和类名；当根据研究工作的需要，以问题或主题为中心、为导向时，就需要打破学科界限，利用辩证思维，构建更接近客观世界的学科体系。这里的关键是一定注意形式逻辑和辩证逻辑的适用范围和一定的研究目的，既不能不顾条件盲目地使用，又不能将两者对立起来。

由于网络资源的发展，近年来出现了要根据不同的目的和需求构建新的学科体系，需要引进新的思维方式，将形式逻辑与辩证逻辑有机结合起来的问题。多数分类体系是线性的、层层隶属的展示方式，有的则是非线性的树状方式，有的则是将线性与非线性有机结合在一起的方式。目前，文献分类已出现将学科分类与主题结合的分类体系——《中国分类主题词表》，该表是在《中国图书馆分类法》和《汉语主题词表》的基础上编制的、两者兼容的一体化信息检索语言，是一部大型综合性的信息文献标引工具。目前的网络综合性分类搜索引擎多数采用以主题对象为中心的组织方式，即按事物对象和学科分别设置类目，可以集中一个主题对象的有关信息资源，必要时以事物为中心建立两者之间的联系。这种不同于传统分类法的组织方式是按照主题为中心展开的体系，在类目体系纵向展开上，使用了多维划分和多元展开的形式。对事物对象的揭示形式直观、直接性好，比较符合普通用户按对象和问题检索的习惯，目前已经成为一种在网络上占主导地位的实用组织模式。这种以主题为中心的分类结构可以引起思维方式上的思考。在面对学科分类一般问题时，形式逻辑的思维方式和各项规则无疑还是有效的。但面对复杂的问题和实践中出现的新问题，当应用形式逻辑的方法不能解决时，可以大胆地采用辩证思维方法（辩证逻辑），突破传统的规则，只要分类能够合理地解释问题和解决问题即可。

2.2.3 知识分类学

1. 哲学家的知识分类

科学分类体系提出对科学整体关系的了解，涉及对世界的看法，是一个哲学问题，古今中外许多哲学家都对知识进行过分类。亚里士多德、培根、以狄德罗为首的法国百科全书派、牛顿与林耐学派、圣西门和黑格尔都曾经投身于这项工作。19 世纪 50 至 70 年代，马克思曾预言，今后自然科学与社会科学将逐步融合成一门科学，并认为数学化程度是衡量一门学科成熟与否的标志。恩格斯在《自然辩证法》一书中，将科学分类问题与物质运动形式联系起来考察，批判了以往科学分类中的机械唯物主义与唯心主义观点，确立了辩证唯物主义的科学分类原则与发展原则。20 世纪中叶，毛泽东根据科学对象所具有的特殊的矛盾性，将所有知识区分为自然科学、社会科学两大类，哲学则是两大类知识的概括与总结。20 世纪 60 年代以来，科学发展突飞猛进，人们发现了许多新的物质形态和运动形式，一方面现代科学高度分化，产生一系列新的学科；另一方面高度综合，各学科相互渗透，不断产生新的边缘学科、横断学科（研究对象不是客观世界的某种物质结构及其运动形式的某个共同方面，其概念和方法在各门科学中都具有普遍的适用性和方法论意义）和综合性学科。同时，科学的数学化、致用化等趋势为科学分类提出了新的课题。一些哲学家、科学家也提出过一些新见解。

1）亚里士多德的知识分类

亚里士多德（公元前 384—公元前 322）是古代希腊哲学家。他从人类活动出发，根据当时社会上业已存在的某种知识分工，将人类的知识分为三大类：第一类为纯属认识活动的学问，称为理论哲学，包括逻辑学、物理学、数学、形而上学等；第二类为研究人的行为的哲学，称为实践哲学，包括伦理学、经济学、政治学等；第三类为关于创作、艺术的学问，称为创造哲学，包括诗歌、艺术等。

2）培根的知识分类

培根（1561—1620 年）是英国有名的哲学家，是名副其实的近代科学思想的先驱，他首先对近代早期发展的自然科学做了系统的描述。按照培根的观点，人的学术起源于理解力的三种官能——记忆（Memory）、想象（Imagination）和理性（Reason）。他以此为基础开始了他对知识的分析和分类。记忆对应历史，而历史包括自然史和文明史，二者之下进而各有细分。想象对应诗歌，诗歌分为叙事诗、戏剧诗和寓言诗。理性对应哲学或科学，哲学划分为三种：人类哲学、自然哲学和神学。培根的分类大纲如下。

历史（History）
- 自然史（Natural History）
- 文明史（Civil History）

诗歌（Poetry）
- 叙事诗（Narrative）
- 戏剧诗（Dramatic）
- 寓言诗（Parabolical）

哲学（Philosophy）
- 人类哲学（Human Philosophy）
- 文化哲学（Civil Philosophy）

神学（Theology）

培根的分类没有在现象的世界和非实在的形而上学思维的产物之间划出明确的区分，而且学科用语中有中世纪神学的残迹和经院哲学的弊病，因而从近代科学的立场来看是有缺陷的。但是，培根指出，“知识的划分不像以一个角度相交的几条线，更像在一个树干上交叉的树枝。”这个观念明显区别于以神学为首位的知识体系，比较客观地解释了人类知识现象，在当时具有积极的作用。1870 年，英国哲学家和教育家哈利斯首次提出倒转培根知识体系来编制图书分类法，即“倒转培根分类法”，倒转后的分类变成哲学、诗歌、历史。1876 年，杜威在哈利斯分类法的基础上编制了杜威十进制分类法。

3）恩格斯的知识分类

恩格斯（1820—1895 年）是马克思主义的创始人之一。19 世纪 70 年代，恩格斯在《自然辩证法》一书中批判了以往科学分类中的机械唯物主义与唯心主义观点，确立了辩证唯物主义的科学分类原则。恩格斯认为，不同的物质运动形式是科学研究的主要对象，每门科学所研究的或者是个别的运动形式，或者是相互关联、相互转化的运动形式。因此，科学的划分必须依据运动形式的划分。各科学之间的相互联系也取决于各种不同的物质运动形式的关系，各科学在历史上的发展顺序是物质运动形式演化的反映。恩格斯依据当时的科学材料，把多种多样的物质运动形式概括为机械的、物理的、化学的、生物的和社会的五种基本运动形式。他第一次提出了科学分类的两条原则，即客观原则和发展原则，创立了按物质运动形式进行科学分类的正确理论。根据这些原则，恩格斯把科学分为数学、力学、天文学、地质学、物理学、化学、生物学、社会科学和关于人类思维规律的科学。恩格斯还特别注意研究与各种运动形式之间的转化相联系的各邻近学科之间的转化问题，并预言在这些被忽略的边缘领域可望取得最大的成果，而生长出新的学科。

4）毛泽东的知识分类

毛泽东在《整顿党的作风》一文中说道：“什么是知识？自从有阶级的社会存在以来，世界上的知识只有两门，一门叫做生产斗争知识，一门叫做阶级斗争知识。自然科学、社会科学就是这两门知识的结晶，哲学则是自然知识和社会知识的概括和总结。”以《中国图书馆分类法》为代表的我国新型综合型分类法等采用了毛泽东关于知识的概括和分类，建立了五大部类的分类体系[1]。

5）钱学森的知识分类

20 世纪 80 至 90 年代，钱学森先生根据研究问题或看问题的角度不同（不是各学科研究对象之不同），将所有知识分成十一大科学技术部门：自然科学、社会科学、数学科学、系统科学、思维科学、人体科学、军事科学、行为科学、地理科学、建筑科学及文艺理论。这十一大类为第一层次，第二层次是“桥梁”，即自然辩证法、历史唯物主义、数学哲学、系统论、认识论、人天观、美学、军事哲学、社会论、地理哲学，建筑科学的建筑哲学。这个“桥梁”分别概括了十一大科学技术部门中带有普遍性、原则性、规律性的东西，即各科学技术的哲学。第三个层次是马克思主义哲学，其核心是辩证唯物主义。从每个科学技术部门是直接还是间接改造客观世界上划分，所有学科又可以分为基础科学、技术科学和工程技术三个层次（文艺理论目前看来只有一个基础理论层次）。按照钱学森的观点，在现代科学技术十一大部

[1] 毛泽东．整顿党的作风．毛泽东选集（第三卷）．北京：人民出版社，2003．

门之外，尚有未形成科学体系的实践经验的知识库，以及广泛的、大量成文或不成文的实际感受，如局部的经验、专家的判断、行家的手艺、文艺人的艺术、中医医药学等，也都是人类对世界认识的珍宝，与科学技术体系和马克思主义哲学密切相关，不可忽视，亦应逐步纳入体系[1]。

钱学森先生的科学分类思想和方法引起了学界兴趣和深入探讨。2008 年 5 月 27 至 29 日，香山科学会议在北京香山饭店召开了主题为“现代科学技术体系总体框架探索”的第 324 次学术讨论会，来自全国相关单位系统科学、地理科学、思维科学、军事科学、建筑科学、自然科学和社会科学等领域的 40 多位专家学者应邀参加了会议。与会专家在探讨钱学森现代科学技术体系思想的产生、形成、发展及其科学意义的基础上，重点对系统科学、地理科学和思维科学等领域的研究进展进行了交流，并就存在的主要问题和进一步推进我国现代科学技术体系建设的总体思路、方法和运行管理机制等方面提出了建议[2]。显然，尽管有许多问题有待深入讨论，但钱学森先生力图继承和发扬了中国古代哲学的精华——整体观，汲取现代科学技术特别是系统科学最新成果，构建新的学科体系总体框架的努力是非常有价值的。

2. 学科的知识分类

学科分类一般根据学科发展的现状，依据各学科研究的方法和对象之间的关系建立。

《联合国教科文组织分类法》是联合国教科文组织建立的分类法，按大学学科分类，其学科体系如图 2-4 所示。

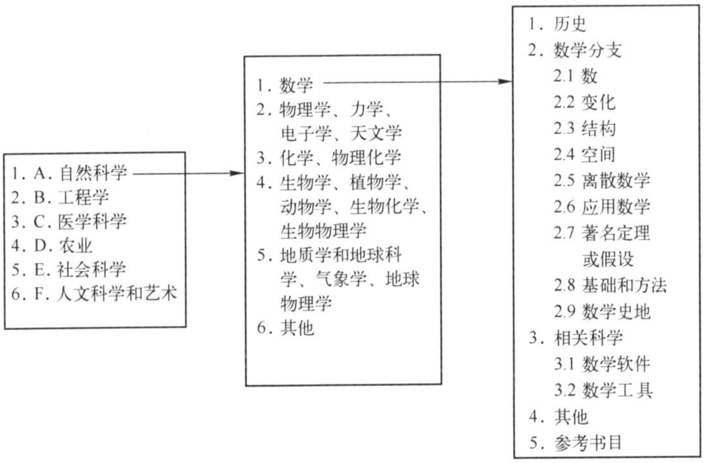

图 2-4 《联合国教科文组织分类法》学科体系

《中华人民共和国学科分类与代码国家标准》(GB/T13745—2009)，由原国家质量监督检验检疫总局、中国国家标准化管理委员会于 2009 年 5 月 6 日发布，2009 年 11 月 1 日实施，代替《学科分类与代码》(GB/T13745—1992)。本标准所列学科应具备：其理论体系和专门方法的形成，有关科学家群体的出现，有关研究机构和教学单位和学术团体的建立并开展有效的活动，有关专著和出版物的问世等条件。本标准仅将学科分类定义到一、二、三级，共设 62 个一级学科或学科群、676 个二级学科或学科群、2382 个三级学科。一级学科之上可归属

[1] 逸馥．钱学森的科学思想与科学成就[N]．科学时报，2006-12-11．

[2] 现代科学技术体系总体框架探索——香山科学会议第 324 次学术讨论会综述[EB/OL]．[2021-04-20]．

到科技统计使用的门类，门类不在标准中出现。门类排列顺序：A 自然科学，代码为 110～190；B 农业科学，代码为 210～240；C 医药科学，代码为 310～360；D 工程与技术科学，代码为 410～630；E 人文与社会科学，代码为 710～910，如图 2-5 所示。

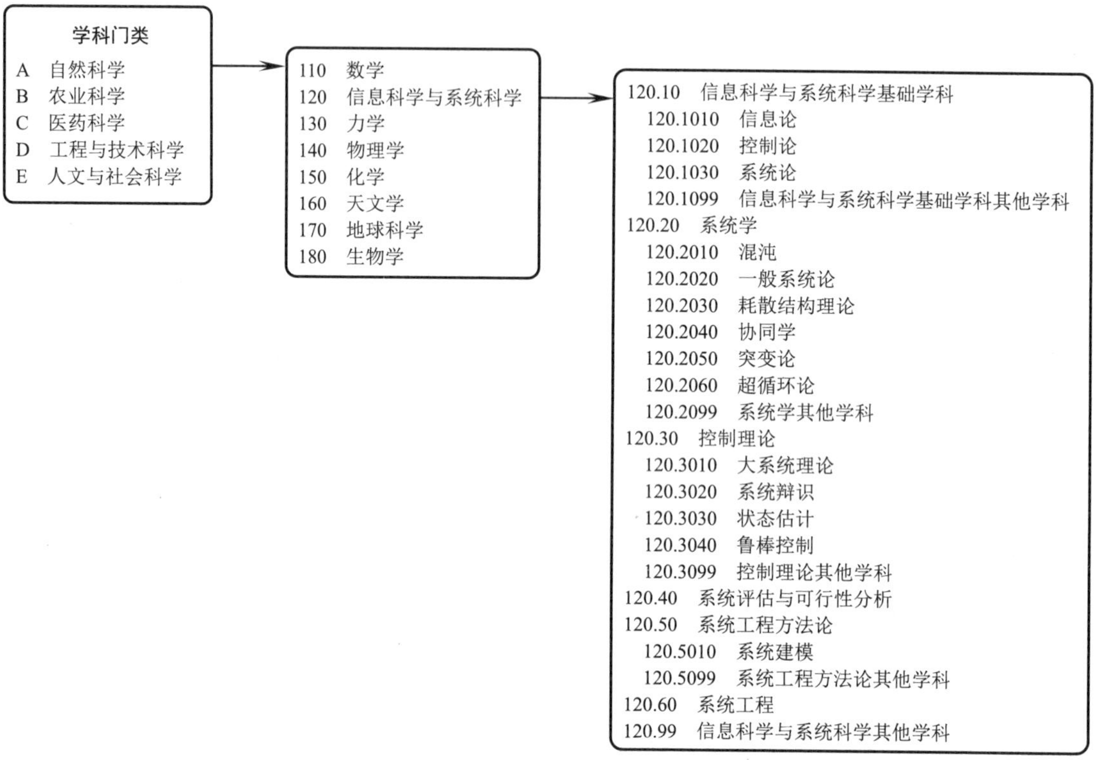

图 2-5 《中华人民共和国学科分类与代码国家标准》学科体系（示例）

学科分类体系的目的是直接为科技政策和科技发展规划以及科研项目、科研成果统计和管理服务的，因此主要收录已经形成的学科，而对于成熟度不够或者尚在酝酿发展的学科雏形则暂不收录。

《普通高等学校本科专业目录（2021 年）》分设哲学、经济学、法学、教育学、文学、历史学、理学、工学、农学、医学、管理学、艺术学 12 个学科门类（不含军事学），下设 92 个专业类、600 多种专业，如图 2-6 所示。按照教育部规定，《普通高等学校本科专业目录》十年修订一次，基本专业五年调整一次，特设专业每年动态调整。

3. 检索语言下的知识分类

对于检索语言的含义、类型划分、作用等在前文已介绍过，下面主要介绍《中国图书馆分类法》和《杜威十进分类法》这两种检索语言的体系结构。

1）《中国图书馆分类法》

图书分类法是以科学分类为基础，结合图书资料的内容和特点，对图书进行系统分类。《中国图书馆分类法》（以下简称《中图法》）历经多次修订，于 2010 年 9 月出版第五版，是我国图书分类法的基础，把一切知识门类分为五大部类，即：马克思列宁主义、毛泽东思想、邓小平理论，哲学，社会科学，自然科学，综合性图书；在此基础上，建成由 22 个大类组成的体系系列，如图 2-7 所示。

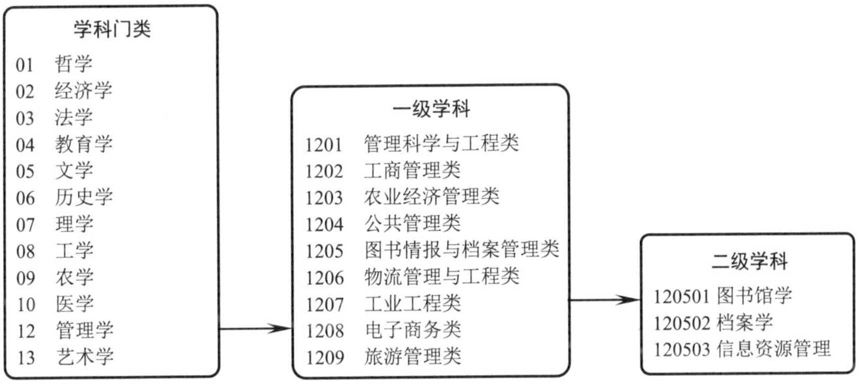

图 2-6 《普通高等学校本科专业目录（2021 年）》学科体系（示例）

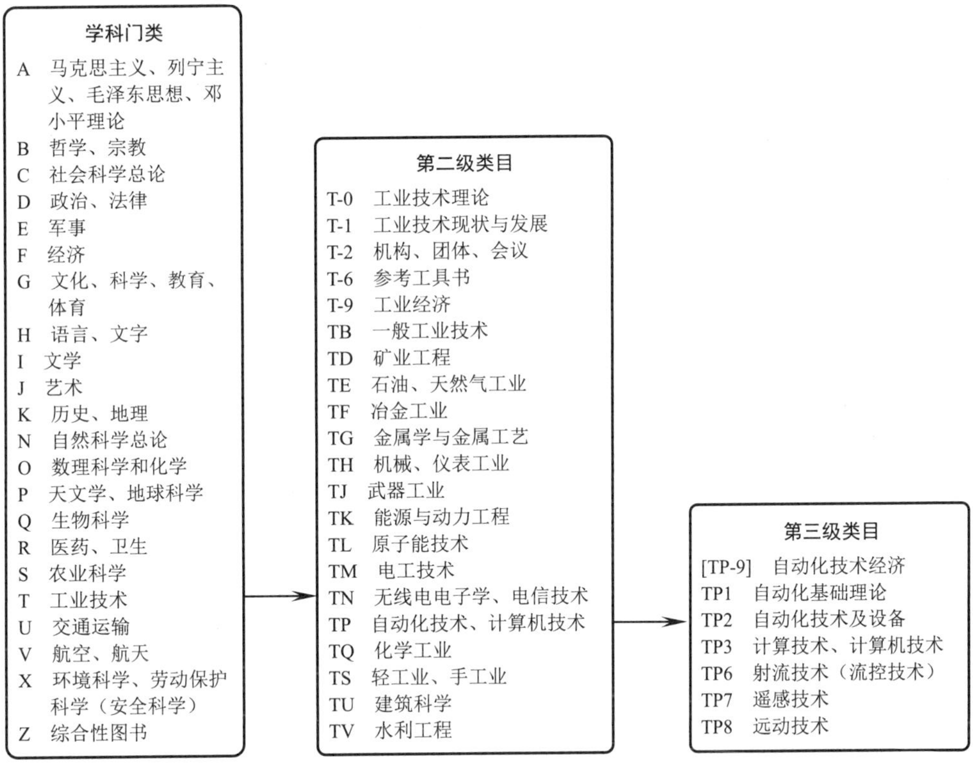

图 2-7 《中国图书馆分类法》体系（示例）

2）《杜威十进分类法》

《杜威十进分类法》是由美国图书馆专家麦尔威·杜威编制的，对世界图书馆分类学有相当大的影响，已翻译成多种文字，并被许多英语国家的大多数图书馆及使用其他相应译文的国家的部分图书馆采用。在美国，几乎所有公共图书馆和学校图书馆都采用这种分类法。

《杜威十进分类法》于 1876 年首次发表，历经很多次的大改版后，内容已有相当程度的修改与扩充。该分类法以三位数字代表分类码，可分为 10 个大分类、100 个中分类和 1000 个小分类，如图 2-8 所示。除了三位数分类，一般还会有两位数字的附加码，以代表不同的地区、时间、材料或其他特性的论述，分类码与附加码之间以“.”隔开。例如，330 表示经济学，+.9 表示地区，+.04 表示欧洲，即 330.94 表示欧洲经济学。

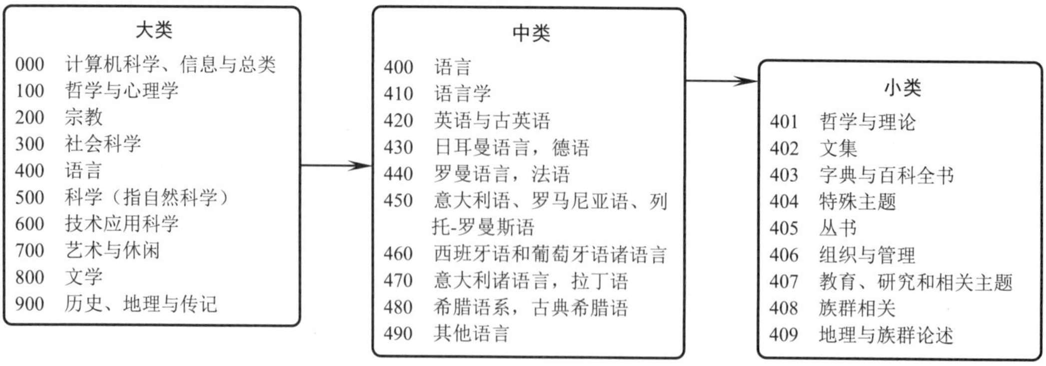

图 2-8 《杜威十进制分类法》体系

4. 现存国内各知识分类的体系比较

目前，中国具有实用性、可操作性、最具影响的学科体系应是国家技术监督局发布的《中华人民共和国学科分类与代码国家标准》（GB/T 13745—2009，简称《学科分类与代码》），因为它是“国家标准”，所以对各种需求和目的的学科体系、目录都有指导和参考作用。例如，用于学位教育的教育部和国务院学位委员会颁布《授予博士、硕士学位和培养研究生的学科、专业目录》，以及用于社科研究项目申报的国家社会科学基金委的学科分类表，即国家社会科学基金项目申报数据代码表和用于图书资料分类的《中国图书馆分类法》都是以该标准为基础、结合各自的特点制定的。

《学科分类与代码》的分类对象是学科，其主要目的是便于国家对科研进行宏观管理和统计。下面对几个分类表中有关人文社会科学的类目进行比较。在《学科分类与代码》中，人文社会科学门类下有 19 个一级学科（630-管理学被纳入工程与技术科学门类，如将管理学纳入人文社会科学，则一级学科为 20 个）、242 个二级学科。

《学科分类与代码》与其他三个分类体系的对照如表 2-1 所示。

表 2-1 国家标准学科分类与其他三个分类体系的对照

《学科分类与代码》	基金委学科分类	研究生学位学科分类	中国图书馆图书分类法
710-马克思主义	1 马列 • 科社	8 马克思主义理论	A 马克思主义、列宁主义、毛泽东思想、邓小平理论
720-哲学	3 哲学	1 哲学	B 哲学
730-宗教学	16 宗教学		
740-语言学	19 语言学		H 语言、文字
750-文学	17 中国文学 18 外国文学	12 中国语言文学 13 外国语言文学	I 文学
760-艺术学	艺术学（暂未列）	15 艺术学	J 艺术
770-历史学	13 中国历史 14 世界历史	16 历史学	K 历史、地理
780-考古学	15 考古学		
790-经济学	4 理论经济 5 应用经济	24 理论经济 3 应用经济	F 经济
810-政治学	7 政治学	5 政治学	D 政治、法律
820-法学	8 法学	4 法学	

（续）

《学科分类与代码》	基金委学科分类	研究生学位学科分类	中国图书馆图书分类法
830-军事学	军事学（暂未列）	17 军事学	E 军事
840-社会学	9 社会学	6 社会学	
850-民族学与文化学	11 民族问题研究	7 民族学	
860-新闻学与传播学	20 新闻学	14 新闻传播学	G 文化、科学、教育、体育
870-图书馆、情报与文献学	21 图书馆、情报与文献学	18 图书馆、情报与档案管理（在管理学下）	G 文化、科学、教育、体育
880-教育学	教育学（暂未列）	9 教育学	G 文化、科学、教育、体育
890-体育科学	22 体育学	11 体育学	
910-统计学	6 统计学		
630-管理学	部分入政治类等	17 管理科学与工程	
	2 党史・党建	10 心理学	C 社会科学总论
	10 人口学		X 环境科学、劳动保护科学（安全科学）
	12 国际问题研究		Z 综合性图书

从表 2-1 可以看出，《学科分类与代码》与其他三个分类表在一级学科的类目上、名称上等有许多相同之处，但在一级学科的数量和类名上亦有不同。

1）一级学科的数量不同

《学科分类与代码》有关人文社科的一级学科是 20 个类（含管理学）。国家社会科学基金委的学科分类是 22 个（出于评审等管理上的需要，艺术学、教育学、军事学未纳入体系）。研究生学科、专业目录则有 29 个一级学科，分为哲学、经济学、法学、教育学、文学、历史学、理学、工学、农学、医学、军事学、管理学 12 个门类，以及 89 个一级学科、386 个二级学科。其中，人文社会科学 6 个门类，加上属于综合门类的军事学、管理学，则为 8 个门类，29 个一级学科（其中管理学 5 个），二级学科 142（其中管理学 14 个）。具体学科是：哲学，1 个一级学科，8 个二级学科；经济学，2 个一级学科（理论经济学，应用经济学），16 个二级学科；法学，4 个一级学科（政治学，社会学，民族学，马克思主义理论），31 个二级学科；教育学，3 个一级学科（教育学，心理学，体育学），17 个二级学科；文学，4 个一级学科（中国语言文学，外国语言文学，新闻传播学，艺术学），29 个二级学科；历史学，1 个一级学科，8 个二级学科；军事学，8 个一级学科，19 个二级学科；管理学，5 个一级学科（管理科学与工程，工商管理，农林经济管理，公共管理，图书馆、情报与档案管理），14 个二级学科。被一个或两个分类表提到的学科有宗教学、考古学、民族学、人口学、心理学、统计学、管理学、党史 · 党建、国际问题研究、社会科学总论、环境科学、人文地理。

2）有的一级学科的名称不同

例如，马克思主义类有四种名称：马克思主义、马列・科社、马克思主义理论、马克思主义、列宁主义、毛泽东思想、邓小平理论。另外，民族学，有的称为民族问题研究；新闻学与传播学，有的称为新闻传播学；图书馆、情报与文献学，有的称为图书馆、情报与档案管理学；管理学，有的称为管理科学与工程学。

3）有的一级学科排列的次序不同

如马克思主义类，在国标和基金目录中位列第 1 类，在研究生学位学科分类中排在法学门类下列第 8 类；政治类、法学、历史学等的位次都不同。

4）有的一级学科分合不同

例如，语言学，有的合为语言、文字；文学，有的分为中国文学、外国文学，或中国语言文学、外国语言文学；经济学，有的分为理论经济、应用经济；政治学，有的与法律合并为政治、法律；历史学，有的分为中国历史、世界历史，有的合为历史、地理。

从各种学科体系的相同点可以看出，我国人文社会科学学科体系已初步形成，文史哲政经法等主要的学科已得到认同。例如，中国当代权威的工具书《中国大百科全书》涉及人文社科的类目有《哲学》《宗教》《中国历史》《外国历史》《政治学》《法学》《军事》《经济学》《财政 · 税收 · 金融 · 价格》《社会学》《民族》《考古学》《文物 · 博物馆》《中国文学》《外国文学》《美术》《音乐 · 舞蹈》《戏剧》《戏曲 · 曲艺》《电影》《语言文字》《图书馆学 · 情报学 · 档案学》《教育》《体育》《新闻出版》《中国地理》《世界地理》等。分析各种学科体系的不同点，可以看出现存的学科体系还存在学科名称、术语不够规范、学科数量不够齐全、学科之间的逻辑性需要加强等问题。随着科学技术的发展，新学科和交叉学科不断涌现和高度综合，而人文社会科学又具有民族性、历史性、区域性等特点，如何将这些新情况和特点反映出来，进一步优化我国人文社科学科体系结构，促进科学的繁荣发展，是目前亟待解决的问题。要解决这些问题，深入考察国外主要国家的学科体系，无疑是必要的。

5. 国外主要国家人文社会科学学科体系分析

根据国务院学位委员会 21 次会议提出进行学科专业目录调整和调研国外主要国家教育学科体系情况，上海交通大学、浙江大学、同济大学、哈尔滨工业大学、西安交通大学、延边大学等分别调研了美国、英国、德国、俄罗斯、韩国、日本的学科情况。根据网上资料，经过笔者分析、增删、核查，这些国家和联合国教科文组织“国际教育标准分类”（International Standard Classification of Education，ISCED）文科及交叉学科设置情况的比较如表 2-2 所示。

表 2-2　文科及交叉学科设置情况的比较

学科门类	美国	英国	德国	俄罗斯	韩国	日本	ISCED
人文学科和艺术	英语语言文学	语言学、名著及相近科目	语言和文化科学（民族学、民俗学）	语文学、语言学、文化学	言语科学	文学语言、语言文化	外国语言与文化、语言学
		欧洲语言、文学及相近科目	跨学科研究（以语言和文化科学为主）				语言及文学
	外国语言文学	东方、亚洲、非洲、美洲、澳洲语言、文学等	文学				比较文学
	艺术学	创造艺术和设计	艺术、艺术学	艺术学、艺术	艺术、体能	艺术	艺术学
	哲学与宗教	历史和哲学研究	哲学	哲学/宗教学	哲学	哲学	哲学、伦理学
	历史学	历史学	历史学	历史学	历史学	历史学	历史学
	神学	神学和宗教研究	基督、天主教神学	神学	宗教学、神学	宗教学科	宗教与神学
教育	教育学	教育	教育学/体育	教育学/体育	教育/体育	教育/体育	教育学
社会科学	社会科学（综合）	社会科学（综合）	法学、经济学和社会科学			社会	社会科学（综合）
	社会科学（其他）		社会科学				

（续）

学科门类	美国	英国	德国	俄罗斯	韩国	日本	ISCED
社会科学	经济学	经济学	经济科学	经济学	经济学	经济学	经济学
	社会学	社会学	社会学	社会学	社会学	社会学	社会学
	政治学与政体	政治学	政治科学	政治学	政治、外交学	政治学	政治学/未来学
	考古学	考古学					考古学
	犯罪学						
	人口统计学与人口研究						人口学
	国际关系与国际事务				国际学科、国际关系		和平与冲突研究、人权
	人类学	人类学			人类学		人类学、民族学
	地理学与地图学	人文地理			地理学科		
	城市问题研究						
	工商管理学	商务和管理研究		管理学/商业	经营学科（MBA）		商业及管理学
	公共管理与社会服务		行政管理科学		行政学科		
	法学与法律职业	法律	法学	法学	法学	法学	法学
	传播与新闻学	大众传媒和文献学		新闻学			新闻学和信息
	区域、种族、文化与性别研究		地区学	区域学、东方学、非洲学			区域研究
	心理学	心理学（在生物学类下）	心理学	心理学	心理学		心理学
服务行业	家庭科学		营养科学和家政学	服务	食品营养学/衣类学科	家政、生活科学（家政、食物、被服、居住）	家政学
	公园、娱乐、休闲、健身						
	个人与烹饪服务						
	安全与防护服务						
	交叉学科	综合学科		跨学科	学科间协同学科		
	文理综合						
其他学科	图书馆学	图书馆学	图书馆学、文献学与大众传播学	图书事业			图书馆学、博物馆、文献技术、档案科学
			社会福利事业	统计学	统计学		
				建筑学			

注：有的资料在译名、类目理解上有误，如英国的 L Social studies 被译为“社会学”，而 L Social studies 类下又有“L300 Sociology”（社会学）和“L100 Economics、L200 Politics、L300 Sociology、L400 Social Policy、L500 Social Work、L600 Anthropology、L700 Human and Social Geography、L900 Others in Social studies”，显然“L Social studies”应译为“社会科学”或“社会研究的各学科”，因 studies 是复数。又如，P Mass Communications and Documentation 中的“Documentation”被译为“文件”，从其下位类的类目可判断此处应译为“文献”。

从表 2-2 可以看出，联合国及美、英、俄、德、日、韩设置的学科有以下特点。

① 基本都有人文科学和社会科学。各国基本都有人文社会科学的主要学科：文、史、哲政、经、法等。教育学、体育、新闻学、图书馆学、文献学大多数都有。

② 设置交叉学科或跨学科或综合学科。美国、俄国集中设置交叉学科，而德国则在各大类下设置交叉学科或跨学科，例如，语言和文化科学类下设“跨学科研究（以语言和文化科学为主）”；法学、经济科学和社会科学类下设“跨学科研究（以法学、经济科学和社会科学为主）”。表 2-3 是美国 C2P-2000 学科专业交叉学科和综合学科类目表。

表 2-3　美国 CIP-2000 学科专业交叉学科和类目表

学科门类	序　号	下位学科
交叉学科	1	生物与自然科学
	2	和平与对抗研究
	3	系统科学与理论
	4	数学与计算机科学
	5	生物心理学
	6	老年医学
	7	历史建筑、名胜保护
	8	中世纪与文艺复兴研究
	9	博物馆学
	10	科学、技术与社会
	11	会计学与计算机科学
	12	行为科学
	13	自然科学与生命科学
	14	营养科学
	15	国际/全球研究
	16	重大灾难与相关研究
	17	古老、古典、东方研究
	18	多文化与多元化研究
	19	神经科学
	20	认知科学
	21	交叉学科（其他）
文理综合	22	文理综合

在这些交叉学科中，有的是文理学科交叉，如会计学与计算机科学、系统科学与理论等；侧重于人文社科的交叉学科大多是专题的研究，如和平与对抗研究，国际/全球研究，重大灾难与相关研究，古老、古典、东方研究，多文化与多元化研究，等等。

③ 设置服务、家政等应用性学科。如美国的家庭科学、德国的营养科学和家政学等。

④ 文化学/文化科学、区域研究/区域学、人文地理、心理学、人类学、人口学、管理学/管理研究等学科被纳入人文社科门类下，而这些学科是否被纳入在我国还没有共识。

2020 年 11 月，国家自然科学基金委正式成立交叉学科部。国家自然科学基金委明确，交叉科学部要以探索新的科学研究范式、解决重大交叉科学问题为资助定位，突出问题导向和推动科研范式改革，探索支持交叉研究的新机制，特别聚焦知识体系中不同知识范畴中的复杂性共性原理和重大复杂科学问题，培育新兴交叉领域的重大原创突破。2020 年 12 月，国务院学位委员会、教育部发布《关于设置“交叉学科”门类、“集成电路科学与工程”和“国家安全学”一级学科的通知》，指出经专家论证，国务院学位委员会批准，决定设置“交叉学科”门类（门类代码为“14”）[1]。2021 年 11 月，国务院学位委员会引发《交叉学科设置与管理办法（试行)》，其中第二条指出，交叉学科是多个学科相互渗透、融合形成的新学科，具有不同于现有一级学科范畴的概念、理论和方法体系，已成为学科、知识发展的新领域[2]。

6. 构建中国人文社会科学学科体系框架的设想

建立既能与国际学科体系接轨又能反映我国传统和现实的人文社会科学特点的学科体系是个复杂的系统工程，下面主要根据对国内外学科体系调研的情况，对我国现存的学科体系存在学科名称、术语不够规范、学科数量不够齐全、学科之间的逻辑性需要加强等问题提出改进建议，为构建我国人文社会科学学科体系的总体框架，即基本部类和大类提出设想。

1）规范有关术语

作为与自然科学相对应的一个术语，目前在我国有几个术语：人文社会科学、哲学社会科学、社会科学（广义)、文科等，这些术语经常混用，带来许多不便。尽管目前对人文社会科学这一术语的定义和所属学科没有完全统一，但基本的共识已经存在。根据我国国标学科分类中使用“人文社会科学”，国外也大多使用这一术语的情况，说明“人文社会科学”这一术语已经约定俗成，可以作为规范词使用，即在学术界均用这一术语，其他术语在不同场合也可以继续使用或逐渐废止。人文社会科学是以人类社会和人的精神为研究对象，探讨社会发展规律和人的生命本质的科学，由人文科学和社会科学组成。人文科学是以人类精神为研究对象，研究人的本质、价值的科学，包括哲学、文学、史学、语言学等。社会科学是以社会现象为研究对象，研究与阐述各种社会现象及其发展规律的科学，包括政治学、经济学、社会学等。其他大类的尚未规范的术语，如马克思主义，马列 · 科社，马克思主义理论，马克思主义、列宁主义、毛泽东思想、邓小平理论；民族学，民族问题研究；新闻学与传播学，新闻传播学；图书馆、情报与文献学，图书馆、情报与档案管理；管理学，管理科学与工程等。在同行专家、学者充分讨论后，选择几个术语中的一个或自选一个术语为规范术语，并对概念的内涵和外延给出明确的界定。

2）调整类目结构

目前，人文社会科学有人文科学、社会科学、交叉学科三个部类，根据国外学科分类和学科发展情况，建议调整部类结构，由三个增加到五个，即综合学科（人文与社科的综合)、人文科学、社会科学、交叉学科（人文与社科下属各类的交叉)、应用学科。如联合国分成人文科学、社会科学、服务行业、其他四部类；美国分交叉学科、人文科学、社会科学、应用专业四部；日本则分为五大领域：人文科学、社会科学、家政与生活学、教育学、艺术学。我国经过近 30 年的改革开放，社会的经济、文化及有关学科都有很大发展，实用性社会科学发展也很快，并有很大潜力。应用学科可由从社会科学中剥离出的一些学科如教育学、新闻学等和我国正在新兴的一些实用、职业性专业或领域如家政学、服务学等组成。五大部类的排列可以从总体到具体，并反映出类与类之间的过渡性质，以增加学科体系的逻辑性。

---

[1] 见文末参考文献之 310 和 311.

[2] 见文末参考文献之 310 和 311.

3）增设特色学科

中国有着深厚的文化底蕴，悠久的历史、睿智的思想、丰富多彩的社会实践，为人文社会科学学科建设提供了丰富的资源，也已产生了一些独特的学科。例如，中国古代的人文社会科学讲究整体化，文史哲不分，甚至经济学、政治学等社会科学的内容也糅在一起，这就是所谓的国学。目前，国学再次兴起，一些高校已设置专门的学院，甚至到海外合办有关学院，因此“新国学”作为综合学科可以增设到学科体系中来。又如，中国近几十年来发生了天翻地覆的变化，这与中国人研究、应用一门新的学科——马克思主义有密切关系，目前本土化的马克思主义已成为一门独特学科，也应在学科体系中反映。其他一些学科，如文化学/文化科学、区域研究/区域学、人文地理、环境科学、心理学、人类学、人口学、管理学/管理研究等，在我国人文社科体系中不明确，有的有，有的没有，但在国外体系中大多都有，因此建议这些学科也应被纳入。

对增设到学科体系中的学科要有一定的条件，包括要具有相当多的高校设有此学科/专业、有一批专业人员、有相应的学术组织、有专业期刊和研究成果等。只要具备这些条件，按照一定的审查程序就可以增设，这样可以将学科体系建设成一个动态的、开放的系统。

4）完善学科体系框架

尽管《学科分类与代码》还有不完善之处，但毕竟有了一个学科体系的基础，在此基础上加以修订，形成体系框架还是可行的。该标准自 1993 年颁布和执行以来，在全国已有相当大的影响，学位学科分类目录、社科基金目录、图书分类目录等都深受其影响。而且，该体系相对简明扼要、结构清晰，其主要学科大类已包括在内。建议新的学科体系框架可再概括一些，只列出基本部类和基本大类（一级学科）即可，最多分析到二级学科。学术共同体认可的新学科体系可以作为一个“总纲”，“总纲”相对稳定，根据学科发展变化情况定期修改。

5）根据不同的目的与需求，构建不同的学科体系表

没有大体上共同认可的学科体系框架，各行其是，易造成混乱，但仅指望一个学科体系就能满足不同需求亦不现实和不必要。“和而不同”，各种学科分类在基本部类或大类设置基本一致，而后针对不同的目的与需求，安排不同的类目。如学位学科目录主要体现培育人才的特点，文献学科分类则要反映文献组织和检索的需要，而科研学科分类目录则既要反映研究问题的学科性，又要反映以问题为导向的特点。目前，国家社会科学基金委的学科分类表在这方面就有尝试：一级类中，除了按学科类列出哲学、政治学等大类，还列出了“党史 · 党建”“民族问题研究”“国际问题研究”等主题或问题类目。这些主题或问题类目的设置主要考虑到了研究的需要。

本章小结

本章主要讨论了信息组织的理论基础和方法基础。其中，信息组织的理论基础包括有序化理论（包括老三论和新三论）、信息构建理论、知识组织理论、知识论、本体论等；信息组织的方法基础主要包括语言学、逻辑学和知识分类学。在信息组织的知识分类学方法基础部分，本章在分析现存国内各知识分类体系和国外人文社会科学学科体系的基础上，提出了构

建中国人文社会科学学科体系框架的五点设想。

习 题 2

1．有序化理论中与信息组织的关系最密切的有哪些理论？

2．什么是信息构建？请简述信息构建与信息组织之间的关系。

3．本体论在网络信息组织中有哪些应用？

4．概念之间存在着哪几种关系？概念的划分方法和规则是什么？

5．亚里士多德、培根、恩格斯、毛泽东及钱学森的知识分类各有什么特点？

6．形式逻辑与辩证逻辑在信息组织中各有何作用？

第3章 信息描述语言

信息描述（Information Description, Information Representation）是网络时代学术界对传统“文献编目”概念的一种继承和发展，是依据一定的规则和标准，对存储于一定物理载体或网络上的信息的外部特征和内容特征进行选择、描述并予以记录的过程或活动。信息资源描述的结果是获得描述记录，即元数据（结构化数据，MARC也是一种元数据）。信息描述语言是对信息外部特征和内容特征进行揭示和描述的语言工具，是有效进行信息组织的语言工具。

按照所使用的语词标识是否经过人工规范，传统信息描述语言可以分为规范语言（Controlled Languages）和自然语言（Natural Language）两种。分类法是一种按照类目之间关系组织起来并配有一定标记符号的分类信息资源的工具，主题法则是以表达主题内容的语词为检索标识，以字序为主要检索途径，以参照系统等方法揭示词间关系的标引和检索信息资源的方法。两者各有所长，相辅相成。

通过本章学习，读者可以了解（或掌握）：

- ❖ **规范语言的词汇控制方法**
- ❖ **规范语言的类型与结构原理**
- ❖ **自然语言标引的方式**
- ❖ **分类法原理**
- ❖ **分类法的标记系统**
- ❖ **主题法的概念、原理及类型**

3.1 信息描述语言概述

信息描述的目的是满足信息检索的需要，因此传统的信息描述语言也称为检索语言或标引语言。信息描述包括对信息外部特征的描述和对信息内容特征的标引，从而形成不同的检索标识以提供多途径的信息检索服务。

信息特征是信息所固有的、可借由确认某一信息或某些信息并将其从信息资源集合中识别出来的特征，包括信息外部特征和信息内容特征。信息外部特征的描述主要是著录信息实体的题名、著者、出版者、出版时间、出处、报告号、专利号、网址等，并将不同的信息按照题名、著者、出版者的字序进行排列，或按照出版时间、发布时间等时序进行排列，或按照报告号、专利号的数序进行排列，提供以题名、责任者及号码等为检索标识的检索途径。信息内容特征标引是对信息所论述的主题、观点、见解、结论等进行揭示，并用专门的语词或符号表示，以提供内容检索途径。

在信息检索中，不管从何种途径入手进行检索，最终目的都是查找到具有特定内容的信息。为了解决信息内容标引工作的规范化、一致性问题，在图书情报工作实践中创制出了情报检索语言。情报检索语言是根据信息检索的需要而创制的人工语言，专门用于各种手工和计算机化的信息检索系统，表达信息的主题概念和用户检索需求的主题概念。情报检索语言是对信息内容进行描述的语言工具，是经过人工规范的，所以也称为规范的信息描述语言。

3.1.1 规范语言

1. 规范语言的定义及相关概念

规范语言是从自然语言出发，根据信息描述和信息检索的需要，从自然语言中筛选出特定的词汇来网罗和指示概念，并依据一定的规则对自然语言进行事先规范而形成的人工语言，是符号化的概念表示系统。因为规范语言经过人为的规范和控制，所以也被称为受控语言（Controlled Language）、人工语言（Artificial Language）。

这些规范化的标识能较好地对表示概念的词汇或符号进行规范和控制。在信息管理领域，规范语言作为描述文献特征和表达用户信息检索需求的一种专门的人工语言，主要用来表示信息或需求的主题概念，为信息加工者和信息检索者之间提供一种共同语言，以便两者之间的交流和表示的一致，使用规范化的标识能相对有效地提高信息检索的效率。

例如，“飞机”的概念，在英文检索时，可用 plane、airplane、aero plane、aircraft 等同义词来表示，但在规范语言系统中，只能根据特定规则选定其中最适合的一个词来表示，若选定“aircraft”一词，则其余词均为非规范词。当用户使用“aircraft”规范词检索时，其结果将包含所有有关“飞机”概念的文献，而不考虑这些文献中是否确切出现过“aircraft”这个词。这样，用户在检索时可省去对其概念的全部同义词或近义词的考虑，也避免了这些词在输入时的麻烦和出错，规范语言提供了一种比较高效、有效避免漏检、误检的检索途径。

规范语言因其主要用于对信息内容特征的揭示与标引，以建立主题索引系统，也被称为标引语言或索引语言，最终目的是满足信息检索之需，通常被称为检索语言或情报检索语言；在网络环境下，各种传统信息描述语言和新型知识组织工具被统称为知识组织系统（Knowledge Organization Systems，KOS）。

2. 规范语言的组成

规范语言在其产生和发展过程中，以语言学、逻辑学、知识分类理论为基础，广泛吸收和引进了其他相关学科的研究方法。与其他语言一样，规范语言也由词汇和语法两大部分组成。规范语言的词汇是指登录在分类表、叙词表、代码表中的全部标识，一个标识如分类号、检索词、代码就是它的一个语词，而分类表、叙词表、代码表是它的词典。规范语言的语法是指如何创造和运用这些标识来正确表达信息内容和信息需求，以有效地实现信息检索的一整套规则，分为词法和句法两部分。规范语言的词法主要用于分类表、叙词表、代码表编制过程，是创造和改革语词所使用的方法之和；句法主要用于信息标引和信息检索过程，是使用规范语言词表中的语词构成索引标识或检索标识的方法和手段的总和。

与自然语言不同，规范语言根据信息检索的特定需求制定和设计语法，再构成词汇的集合，即：规范语言通过制定词法规则来创造词汇或从自然语言中择取出可用的自然语言语词组成词汇集合，并建立词间的语义关系，再通过一定的句法规则来规定这些词汇在信息描述和信息检索过程中的使用。

规范语言是人工控制的语言系统，词汇控制和句法控制是其核心所在。

1）规范语言的词汇控制

规范语言由语词标识构成，由于表述信息内容的词汇非常庞杂，日常使用的自然语言语词存在着一词多义、一义多词、词汇表达概念模糊和不确定、词汇量庞大、词间关系不明晰等多种问题。因此，必须通过规范化处理来实现对语词的控制，即词汇控制。所谓词汇控制，是根据信息描述和检索的需要，对自然语言中的词汇进行选择、规范并揭示其相关性的过程。通常的词汇控制包括词汇的选择、词形的控制、词义的控制和词间关系的控制。

（1）词汇的选择

鉴于规范语言词表容量有限，必须根据信息描述与检索的需求，对海量的自然语言语词进行精选和压缩，保留具有检索意义的词汇，以尽可能控制词汇规模。规范语言词汇选择应遵循以下原则：

- ❖ 根据信息描述和信息检索的实际需要选词，尽可能选择检索中使用频率高并能汇集一定量文献的名词或名词性词组；同时，选词时应考虑学科或专业领域的现状及发展，对有关新兴学科或技术的词汇应考虑选用。
- ❖ 选用的语词应概念明确，一词一义，符合科学性、通用性的特点。
- ❖ 词汇选择应考虑其组配性能，尽量收录核心词和具有构词功能的词，如选用“经济”而不用“经济学”；同时注意适度原则，要求既能发挥组配的优越性，又能兼顾词汇的专指性，适当选用先组词，如“工业橡胶”用“工业”和“橡胶”组配会有“工业橡胶”和“橡胶工业”两层意思，故应考虑收录“工业橡胶”这一先组词。

（2）词形的控制

词形的控制主要是对词汇不同书面表达形式的控制，以实现词表中每个语词的词义和词形的唯一性。

词汇不同书面表达方式的控制体现在以下几方面：

❖ 规定词语形体，当一个语词存在几种形体时，一律以通行的形体为标准。例如，采用“存储”，而不采用“贮存”。

❖ 规定外来语译名的选择问题，一般采用通用译名而不用外来语的缩略语或音译词。

❖ 规定数字和标点符号的用法。例如，采用“九・一八事变”，而不采用“九一八事变”或“918 事变”。

❖ 规定词序，收录词表的复合词一般采用自然语序，不使用倒置形式。例如，采用“工程物理学”，而不采用“物理学，工程”。

❖ 规定外文的词形、外文的单复数、名词形式等，一般可数名词采用复数、不可数名词采用单数形式。

❖ 规定词长，一般汉字词语控制在 14 个汉字以内。

（3）词义的控制

为了能把论述同一主题概念的信息集中起来，需对同义词和准同义词实施控制。同义词的控制主要体现在学名与俗名、新名与旧名、全称与简称及不同译名上。而准同义词的控制主要体现为部分近义词、反义词或宽泛词与专指词之间。规范语言要求每个词汇只能表示一个概念，即词汇与概念一一对应，这就必须对多义词、同形异义词和词义含糊的词汇进行规范化处理，如采用加限定词或加注释的方法。

❖ 加限定词，一般用于自然语言中的同形异义词和多义词，通过从词汇使用范围的角度加以限定，明确词汇含义，使其具有单义性。例如，“病毒（医学）”和“病毒（计算机）”，通过加限定词来明确“病毒”的含义。

❖ 加注释，对语词进行注释说明，包括含义注释、用法注释、历史注释等。

（4）词间关系的控制

在整个规范语言词典中，无关联的语词只占极少数，大多数语词都是有关联的，可以纳入特定的范畴体系或族系，建立与其他词汇之间的关系，形成一个语义关系网络。在规范语言中，通常会采用分类性质的索引、图示系统或参照系统来揭示词典中语词之间的关系。

规范语言的词汇控制体现在其编制过程中，根据控制程度的不同，形成了不同的规范语言系统。图 3-1 是不同受控程度的 13 种主要的规范语言，横坐标展现了规范语言受控的程度和受控的内容；纵坐标标识了规范的结构化程度，受控越强，结构化程度越高。

2）规范语言的句法控制

句法是一整套组词造句的规则，信息描述语言中的句法特指用规范语词或符号来描述信息内容或检索需求主题时所使用的排序方式和规则。

在规范语言中引入句法控制，有助于不同人对同一信息内容的主题标引保持一致性，有助于用户掌握信息描述的规则以提高规范语言在信息内容表示上的适用性，有助于消除歧义，准确表达信息内容的主题。句法控制的手段主要体现在引用次序、控制符号和句式变换上。

（1）引用次序

引用次序（Citation Order），也称为组配次序（Combination Order），是指用规范语言对复合主题进行标引或检索时，各主题因素的组合或排列次序。目前，主要的引用次序方案有显著性引用次序、范畴职能引用次序和上下文从属引用次序。

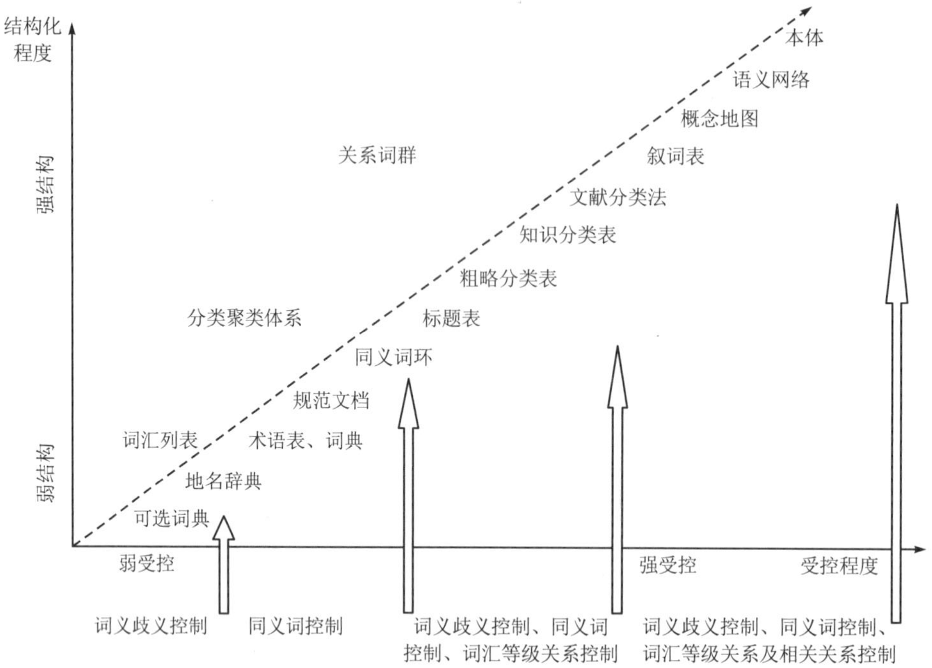

图 3-1 不同类型规范语言受控程度与结构

显著性引用次序是按照各主题成分的重要性或具体性递减确定的次序。美国学者克特（Charles A. Cutter）最早涉及显著性引用次序，在其 1876 年出版的《字典式目录规则》中有集中体现。克特之后，英国学者凯塞（J. Kaiser）对显著性引用次序做了进一步探讨，提出了更为具体的显著性次序。凯塞的思想被英国图书馆学家科茨（E.J. Coates）继承和发扬，建立了“事物－行为”的第一级显著性引用次序、“事物－材料－行为”的第二级显著性引用次序和“事物－部件－材料－行为－施动者”的第三级引用次序。显著性引用次序在主题标引中具有实用意义。

范畴职能引用次序是用范畴这一思维形式认识主题，把各种主题概念划分为一系列的范畴，并根据范畴职能的具体性递减原则构成范畴职能引用次序。印度图书馆学家阮冈纳赞（S. R. Ranganathan）的范畴分面公式和英国的分类研究专家维克利（B.C. Vickery）的标准引用次序最具代表性。阮冈纳赞依据各学科领域的主题特征，将主题因素按性质概括为本体（Personality）、物质（Matter）、动力（Energy）、空间（Space）和时间（Time）五大基本范畴，并按照具体性递减原则来确定引用次序，形成 PMEST 分面公式。维克利在阮冈纳赞分面公式的基础上提出了更具体的范畴划分，根据学科特点的不同划分不同的学科范畴，并设计了“物质（产品）－结构－成分－性质－材料－过程－空间－施动者或工具”的引用次序。

上下文从属引用次序是伴随着索引编制自动化的发展而逐步建立起来的一种接近自然语言句法和语序的引用次序。以英国学者奥斯汀（D. Austin）研制的保留上下文索引（PREserved Context Indexing System，PRECIS）最具代表性。PRECIS 放弃了将最显著的语词置于款目首位的传统做法，而是根据上下文从属原则拟定标引语句。上下文从属原则是根据复合主题各个主题因素的关系，按照从宽到窄的次序予以排列，即在整个标引语句中，前一个术语将后一个术语置于比较广阔的语境中，使其按易于理解的次序加以组织。

我国著名情报语言学家张琪玉对文献主题的构成因素和层次结构进行了研究，分类学家刘湘生则提出了中文文献的主题分面公式：

A 主体因素（A1 研究对象、A2 材料、A3 方法、A4 过程、A5 条件）－B 通用因素－C 空间因素－D 时间因素－E 文献类型因素

该主题分面公式已作为中文信息主题标引引用次序的国家标准，指导中文信息主题标引中的句法控制。

（2）控制符号

在自然语言的语句中，人们常用一些功能词如介词或连词对句法结构起控制作用。而在信息描述规范语言中，句法控制不是靠这样一些功能词，而是采用人工规范的一套控制符号。控制符号主要有联系符号、职能符号、关系符号和加权等。

① 联系符号

联系符号，又称为联号，是解决虚假组合的控制符号，即：在标引某一信息，论及多个主题或某一主题被赋予多个标引语词时，应用联号来标识标引语词之间的组合关系。

例如，对于“电脑组装与电视维修”这一并列主题，如果简单地用“电脑”“电视”“组装”“维修”标引，就有可能产生虚假组合“电脑－维修”和“电视－组装”，而使用联号可以避免上述错误组配。以数字 1、2 为联号，那么“电脑组装与电视维修”（文献号为 0001）可标引为如表 3-1 所示的形式。

表 3-1 联号在信息主题标引中的使用示例

主题标识	联 号	文 献 号	主题标识	联 号	文 献 号
电脑	1	0001	电视	2	0001
组装	1	0001	维修	2	0001

联号最初广泛使用在单元词检索系统中，美国杜邦公司的单元词卡片系统就是用一个较简单的联号进行句法控制的。

② 职能符号

职能符号，简称职号，是一种表示主题标识在组配中的句法职能的辅助符号，用来显示组合过程中每一个主题标识在句法结构中的句法意义，以便精确组配。例如，某文献论述“气候影响森林”，另一篇文献论述“森林影响气候”，这两篇文献都可以用“气候”“森林”和“影响”三个语词标引，但在这两篇文献中，这三个语词的关系意义是不一样的，须用职号来区分。根据句法结构需要，设定职号：a 代表受动者，b 代表操作过程，c 代表施动者，则

气候影响森林，标引为：**气候－c；影响－b；森林－a**

森林影响气候，标引为：**森林－c；影响－b；气候－a**

③ 关系符号

关系符号是用来揭示信息主题标引语词两两间存在的关系的符号。例如，在《国际十进分类法》中，并列符号“+”揭示了两个主题的联合关系，如用“54+56”表示“化学和化工”，用“537+621.3”表示“电学与电工”。

④ 加权

加权是对表示信息内容的语词赋予加权符号或权值来控制其句法意义和功能的控制方法。加权可用于标引也可用于检索，加权标引是为每个标引词的重要性赋予不同的加权符号

或权值；加权检索是要求检索出的信息其词权之和能达到一定的阈值，否则不予命中。

(3) 句式变换

在手工检索时期，检索表达式中句首词起着引导检索者的作用，而句中其他词因为不在句首而不能起到这个作用，因此需要用到句式变换，对其他有检索意义的词进行轮排，将其作为入口词放到句首，以充当检索入口。由于机检支持全文检索，因此这种句法控制手段的意义就变得无足轻重了。

3. 规范语言的功能

规范语言产生于手工检索阶段，在机检时代得以发扬，在目前的网络检索中仍占有一席之地。规范语言在信息检索中起着极其重要的作用，是沟通信息描述与信息检索的桥梁。在信息描述过程中，规范语言用来表示信息的内容特征和部分外部特征，从而形成检索标识；在信息检索过程中，规范语言用来描述和表达检索提问，从而形成提问标识；当检索标识与提问标识匹配时，结果即为命中。规范语言作用于信息的描述、组织和检索的整个过程，起着揭示信息内容和组织信息检索系统的重要作用。

1）标引功能

对信息内容特征和部分外部特征的描述和标引是规范语言最基本的功能。规范语言采用规范标识，如分类号、主题词来表达文献主题概念，使文献主题概念的表达规范化，能保证不同标引人员描述信息的一致性。

2）揭示功能

规范语言的揭示功能体现在聚类功能上，通过一定形式揭示规范语言所表达的文献主题之间的相同性、相似性和相关性，以构成一个文献主题概念网络，把知识和信息纳入这个概念网络，达到“物以类聚”“鸟瞰全貌”和“触类旁通”的作用，有助于文献标引人员准确选择标引用语，从而提高标引质量；也有助于信息检索人员准确选择检索用语进行族性检索，并能根据检索的具体情况进行扩检、缩检，从而提高检索效率。

3）整序功能

规范语言的系统性将文献信息的款目按照检索标识进行集中化、系统化和组织化，便于检索者按照一定的排列顺序进行有序检索，从而提高检索速度。

4）比较功能

规范语言的语词标识和句法控制既能保证不同加工人员描述信息的一致性，又能保证检索者与加工者对相同文献内容表述的一致性。

4. 规范语言的类型

1）按结构原理分

按照结构原理，规范语言可分为分类语言、主题语言和代码语言三种。

(1) 分类语言

分类语言用分类号来表达各种概念，将各种概念按学科属性进行分类和系统排列，是一种按照学科范畴划分而构成的语言体系。分类语言集中反映了学科的系统性，反映了概念的相关、从属、派生等关系，按照从总到分、逐层分面展开，形成层级式分类体系。文献分类法、商品分类表、专利分类表等都是常用的分类语言。分类语言包括等级体系式分类语言

（Hierarchal and Enumerative Classification; Systematic Classification）、分面组配式分类语言（Facet Classification）和等级－组配式分类语言（Semi-Faceted Classification）。

（2）主题语言

主题语言用语词来表达各种概念，并揭示语词或概念之间的等同、等级、相关关系。主题语言包括标题型主题语言（标题法）、单元词型主题语言（单元词法）、叙词型主题语言（叙词法）和关键词型主题语言（关键词法）等。其中，关键词主题语言属于非规范化的主题描述语言，即自然语言。

（3）代码语言

代码语言是指对事物的某方面特征，用某种代码系统来表示和排列，从而提供检索的信息描述语言，如化合物分子式、档案号、专利号等。根据化合物的分子式，代码语言可以构成分子式索引系统，允许用户从分子式出发，检索相应的化合物及相关的文献信息。

引证关系追溯法是为了显示科学文献之间相互引证而形成的一种网状关系，通过文献信息之间的引用与被引用关系来揭示文献信息之间的主题关联。随着《科学引文索引》（Science Citation Index，SCI）和 Google 的 PageRank 算法的推广，人们也把这种引证关系追溯法看做一种信息描述语言的特殊类型。

2）按其标识的组合使用法分

规范语言按其标识的组合使用方法，可分为先组式语言和后组式语言。

（1）先组式（Pre-coordination）语言

先组式语言是指语词标识在编表时就固定组配好，用户只能用这种已固定好的语词词组形式去描述信息内容或信息需求的一种规范语言。它有较好的直接性和专指性，但灵活度差，如标题词语言。

（2）后组式（Post-coordination）语言

后组式语言是指在检索实施前未事先组配好的一种检索语言，在检索时将它们临时组配起来，表达一定的概念来完成检索。这种后组方式提供了灵活的组配方式，在计算机检索中得到了广泛应用。

3）按学科、专业范围分

按其所覆盖的学科或专业范围，规范语言可分为综合性语言和专业性语言；按适用范围，可划分为国际通用的语言、各类图书馆和情报机构通用的语言、某类型图书馆和情报机构专用的语言、某类型信息资源专用的语言、某检索系统适用的专用语言。

4）按其他标准划分

除了上述划分方式，按其标识的语言文字类型，规范语言可以分为单语种语言和多语种语言；按其适用的环境，可以分为传统环境下的信息描述语言和网络环境下的信息描述语言。

规范语言是为了克服自然语言的不足而产生的，在手工检索和机械检索环境下，对提高信息检索的查全率和查准率发挥了重要作用。但随着信息数量的激增，传统的规范语言标引难度大、速度慢、词汇更新滞后、对标引和检索人员要求过高等弊端日渐明显。随着计算机检索的发展，广大的网络终端用户对检索系统易用性、便捷性的要求，决定了自然语言能在广大潜在用户和网络用户中受到欢迎，在网络世界中拥有广阔的发展前景。

3.1.2 自然语言

1. 自然语言概述

无论是哪种规范语言，为了达到简明、专指地进行标引及准确、便捷地实现检索的目的，都会对人们日常使用的自然语言进行种种转换及限制处理，以达到控制的目的。如分类语言是建立在代表主题概念的一系列类目基础上的号码体系，而主题语言是有选择并加以规范化的自然语言的一个子集。这些规范语言在克服自然语言的两大不足——概念与语词非一一对应和概念关系的隐含性的同时，也不可避免地导致了规范语言自身的局限，即表达概念的受限、词汇转换的失真、标引与检索前处理量大且难以达到统一等。

20 世纪 70 至 80 年代，由于计算机软件、硬件条件的支持，国外在联机检索的基础上进一步向网络化发展。20 世纪 90 年代以来，各国信息高速公路建设更是方兴未艾，如火如荼，国内机检水平也在迅速提高，并与全球大趋势相合拍。在这种形势下，因其固有的人工性、受控性，规范语言越来越难以满足大量、迅捷、自由、多样的检索要求，其得不偿失的内在不足更趋明显化，这时人们对自然语言的重视开始回温。信息的海量增长、用户的非专业化和计算机的高效处理最终导致了自然语言的回归。

1）自然语言的概念

“自然语言”（Natural Language）是人类在社会生活中发展起来的用来交流的声音符号系统。从信息检索的角度来理解，自然语言是在信息描述和信息检索中可直接使用的、人们在科学交流中采用的书面语言或口头语言。自然语言包括关键词、自由词和出现在文章题名、摘要、正文或参考文献中的具有实质意义的词语。自然语言是非规范语言，直接采用未经人工控制的词语或符号作为标识。

自然语言语词具有较大的灵活性、专指性，能及时地反映最新出现的词汇，反映规范词难以表达的特定概念或新概念。在计算机全文检索中自然语言独领风骚，大容量、高速、高性能的计算机检索系统的自动标引，使得基于关键词的全文检索（Full-text Search）占计算机信息检索的比例越来越高。

2）自然语言的复兴

自然语言作为日常使用的语言，在“以用户为中心”的网络时代无疑最符合人们信息检索习惯和要求。随着机检的高度发展、应用条件的日益完善，自然语言有可能扬长避短，重新发挥其固有的优势。

在信息描述计算机化和信息检索用户非专业化的信息环境下，规范语言之于信息处理、信息系统和信息用户都存在诸多弊端。

由于计算机容量大、运行速度快、检索功能强等特点，在信息急速增长的今天，特别是大量涌现的网上信息，再也无法按部就班地使用规范语言进行信息处理，传统的规范语言受到了严峻的挑战；对数量巨大而复杂的网上动态信息，用规范语言进行信息处理显然是困难的，只能依赖于自然语言并借助计算机进行信息处理。

基于规范语言的信息检索系统，其信息描述和信息检索都依赖于特定的分类表或词表，首先对于使用者存在一个熟悉规范语言使用的认知负担问题，其次对于基于不同规范语言描述的系统还存在一个跨库检索的兼容性问题。

在互联网环境下，用户信息需求往往不再诉求给专业的信息工作人员，而多半由用户自己来完成检索工作，易用、快捷成为人们对于信息检索系统最主要的要求。规范语言的严格规范性引起普通用户对于这种检索的排斥，尽管它的效率或许优于自然语言检索，但仍难以为普通用户尤其是互联网用户所接受。

基于这样的因素，自然语言的直观性与专指性好、检索途径多、便于计算机自动抽词、标引速度快、容易掌握、检索方便、查准率高，以及适应科学技术发展等优点得到了信息用户的认可，自然语言开始在信息组织与信息检索领域复兴。

因此，自 20 世纪 50 至 60 年代进行的二次加菲尔德（Eugene Garfield）实验得出最少实施控制的系统较其他系统优越的结果后，自然语言检索系统得到了迅速发展，联机检索已从只能利用规范语言进行布尔逻辑检索的第一代发展成能利用自然语言进行语境逻辑检索的第二代，而网络检索中的自然语言已无可争议地成为主流。

3）自然语言区别于规范语言的特点

自然语言在计算机检索和网络检索环境下开始复兴，促使自然语言复兴的原因除了计算机应用和网络的普及，还归根于其自身的一些突出优点。

① 直接采用文献信息作者使用的自然语言，信息标引工作可以摆脱规范语言繁复的分析转换过程，降低标引负担和成本，提高标引速度。

② 采用自然语言标引与检索，可达到足够的专指度且不存在类目或词汇更新滞后的问题。

③ 直接以日常使用的自然语言进行信息检索，符合检索者的习惯，简便易行，对于日益增大的普通用户群而言更是如此。

④ 自然语言具有通用性，不存在规范语言的统一兼容问题，在使用自然语言的各数据库间可实现标引、检索成果的共享。

⑤ 自然语言标引为计算机的自动处理创造了条件，其发展将可能替代费时、费力的人工标引。

当然，自然语言也非十全十美的信息描述语言，在信息描述与信息检索的应用中面临着两大难题：一是如何从自然语言文本中抽取最能准确、充分地表达文献有价值内容的词，以及这些词与检索需求有效匹配的问题；二是如何克服自然语言由于不规范和缺乏语义关联性而对检索不利的问题。针对这两大难题，一方面，要依靠计算机技术和自然语言处理技术的突破；另一方面，不论计算机技术和自然语言系统如何发展，受控语言的基本原理——词汇控制是永远不会消失的，变化的只是词汇控制的方式、方法和手段。

2. 自然语言的应用

1）自然语言处理

自然语言处理（Natural Language Processing，NLP）是自然语言得以应用所要解决的首要问题。自然语言处理是人工智能领域的一个重要分支，主要研究能实现人与计算机之间用自然语言进行有效通信的各种理论和方法，是一门融语言学、计算机科学、数学于一体的科学。

自然语言处理要实现人机间自然语言通信，关键是让计算机“理解”自然语言，所以自然语言处理也被称为自然语言理解。一般认为，自然语言处理主要有以下四个主要应用领域：机器翻译、信息检索、人机交互和篇章理解。这构成了自然语言处理研究内容的应用技术部分。本节将重点介绍自然语言在信息组织和信息检索中的应用，主要表现在自然语言标引和自然语言检索上。

2）自然语言标引

如前所述，自然语言较之规范语言更适于当前的信息状况及机检条件，并且数十年来在信息组织与信息检索实践中得到了相当的应用和发展。按照美国图书馆学家兰开斯特的划分，自然语言标引可分为自由标引、自动标引、不标引或全标引三种。

（1）自由标引

自由标引即人工关键词标引，由标引人员在对信息内容进行主题分析的基础上，按照一定的规则自拟标引词来表达信息主题。标引人员自拟的标引词属于自然语言，是一种不依据词表的主题标引方法。

自由标引克服了人工受控标引速度慢、周期长的缺点，降低了标引成本；自由标引不使用词表，所以可采用与信息主题专指度一致的词进行标引，能保证较高的查准率；自由标引由人工完成，如果标引人员具有一定的业务水平，那么标引质量将大大高于自动标引。

“自由标引主要适用于报纸、期刊文献篇名数据库的标引，因为这类文献内容庞杂、新主题多、数量巨大，很难编制适用的词表，而且使用词表标引负担重、速度慢，建库单位实际条件往往不许可。”需要指出的是，自由标引虽然是一种自然语言标引方式，但在整个标引过程中并未涉及自然语言处理技术。

（2）自动标引

自动标引是指利用计算机从各种文献中自动抽取相关标识的过程。自动标引包括主题自动标引和分类自动标引两种，如图 3-2 所示。主题自动标引按标引词来源的不同，分为自动抽词标引和自动赋词标引；分类自动标引按照分类方式的不同，分为自动赋号标引和自动聚类。

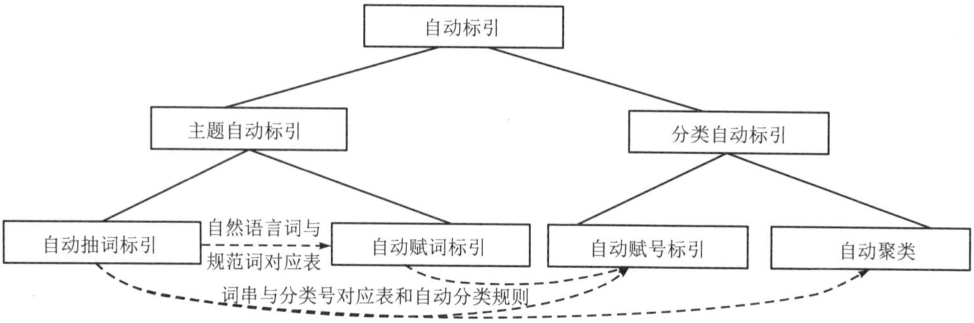

图 3-2　自动标引方式

① 自动抽词标引：指用计算机自动抽取信息资源中表达信息主题的语词作为检索标识，是最早出现的一种自动标引方案，由美国 IBM 公司的卢恩（H.P. Luhn）等人率先提出。自动抽词标引主要是通过与禁用词表的比对，从文献中自动抽取能表征文献主题的关键性语词作为标引词。汉语信息的自动抽词标引主要问题是汉语分词问题。

② 自动赋词标引：在自动抽词标引的基础上，引入预先编制好的规范词表来规范从文献中自动抽取的语词，利用计算机的自动转换功能，将关键词转换为规范词，并赋予文献主题。赋词标引中的语词来自受控词表，所以本质上，自动赋词标引是自然语言与规范语言相结合的一种标引方式。

③ 自动赋号标引：即自动归类，是在自动抽词的基础上，根据自然语言语词与分类号的概念映射关系和相应的分类规则，利用计算机的自动转换功能，将关键词转换成分类号。因

其最终检索标识来自分类表，所以实质上，自动赋号标引也是自然语言与规范语言的结合。

④ 自动聚类：自动分类的另一种形式，是指由计算机考察待分类文献信息的内部或者外部特征，按照一定要求将这些特征进行计算比较，将相近、相似或者相同特征的信息对象聚合在一起的过程。与自动赋号标引的不同之处在于，自动聚类的类目体系不是预先编制好的，而是根据信息集合的内容聚合出来的。自动聚类建立在自动抽词的基础上，引入了自然语言处理技术，是自然语言在信息组织中的一个应用。

（3）不标引或全标引

所谓不标引方式，即对信息不进行任何标引，在检索时，借助计算机的自动匹配功能直接以关键字、关键词或词组作为检索用语，在文献标题、文摘或全文中进行匹配查找。如果数据库中存储的是全文信息，并且在全文中进行查找，就特称全文检索。这是自然语言检索最常用的方式。

与这种不标引方式相对应的另一种典型的自然语言标引方式称为“全标引”，是为了解决汉语分词问题而提出的单汉字索引。单汉字索引以单个汉字作为标引或检索单元，对文本中的每个汉字都建立倒排索引，检索时用单汉字组配法查找。因为单个汉字在绝大多数情况下是不能独立表达文献主题内容的，所以“全标引”实际上等同于不标引。这种方式比较完全地实现了自动化，标引深度大、检索方便灵活，解决了汉语分词难题；但由于以字为处理对象，容易产生虚假组配，检索噪声大，筛选负担重，检索效率不高的问题。这种单汉字索引方式不是真正意义上的标引，只是一种索引方式，在搜索引擎的全文索引中应用较为普遍。

基于上述的自然语言标引，相应的自然语言信息检索系统应提供自然语言检索接口，供用户输入自然语言进行检索。

3）自然语言检索

自然语言检索是用户用自然语言作为提问输入到基于自然语言处理技术的信息检索系统的一种检索方式。

根据用户输入检索词的形式，自然语言检索可以分为关键词检索和自然语言语句提问式检索。关键词检索是用户提交其认为能表达其信息需求的关键性语词，由计算机在经过自然语言标引或全文索引的系统中进行匹配并返回相应的结果。而自然语言语句提问式检索允许用户直接以日常用语的自然语句形式向系统提问，由带有一定人工智能的自然语言接口对这种提问式进行分析，然后返回相应结果。关键词检索是目前最常用的自然语言检索方式，尤其是在搜索引擎的检索中；而自然语言语句提问式检索是自然语言检索系统所追求的目标，是真正实现自然语言理解的信息检索。

从检索的内容来看，自然语言检索分为基于自然语言标引词的检索和全文检索。基于自然语言标引词的检索是对以自然语言标引的内容进行检索，如文献篇名、作者、关键词等，是对自然语言标引结果的检索，返回的结果可能是文献题录，也可能是全文；全文检索是对文本全文的检索，是一种建立在全文索引基础上的检索技术，无须对文献进行标引，面向全文进行查找匹配，返回结果也是全文信息。

自然语言检索已成为网络信息检索的主流技术，现在越来越多的信息检索系统支持自然语言检索，但自然语言固有的弊端仍是影响检索系统效率的主要因素，建立真正基于自然语言理解的智能信息系统仍有许多需要解决的技术难题。目前，自然语言检索存在的不足主要表现在以下三方面。

① 由于自然语言语词与概念不是一一对应的关系，无法排除同义词、近义词、多义词等对信息描述和检索的影响，在自然语言标引中缺乏有效控制，会导致同一主题信息的分散标引，难以实现将内容相同或相近的信息加以集中并揭示其相关性的作用，影响查全率。

② 由于自然语言语词缺乏对词间关系的揭示与描述，自然语言检索时容易造成不相关结果的大量输出，检索噪声大，检索效率低下，影响查准率。

③ 自然语言检索系统的检索效率直接与用户的认知水平相关，为了提高检索效率，用户认知负担加重，影响了系统的易用性。

所以，在这种情况下，有必要引入一种机制来弥补自然语言的不足，即后控制。

3. 后控制词表对自然语言不足的弥补

在计算机检索越来越普及的情况下，自然语言具有不可阻挡的发展态势，特别是在网络检索环境中，它是一种必然的优先选择；另一方面，自然语言与规范语言并不是绝对对立，各有长处和短处，可以互相结合，互为补充。这对我们正确认识自然语言检索存在的不足、探寻有效的改进方法有很大的启发。

以往的规范语言在文献或信息描述时就对标引词先行加以控制，因此这种规范语言也被称为前控制词表（Pre-controlled Vocabulary）。这种控制带有一定的粗泛性、滞后性，有时甚至失控，因而人们开始尝试使用自然语言进行检索，但造成了与规范语言的脱节。于是，在标引时使用自然语言，在检索时使用自然语言并实施一些不严格的控制，这就成了后控制词表（Post-controlled Vocabulary）的最初思路。

1）后控制与后控制词表的概念

从整个信息检索的发展来看，控制是必要的。若要达到较高的检索效率，必须实施控制。

信息检索中的控制体现在信息标引和信息检索两个阶段。按照控制与否及控制所处阶段，信息检索的控制可分为四种模式。

① “标引控制＋检索控制”模式：在信息描述和信息检索阶段，都要采用规范语言来进行标引和检索，是一种纯人工语言模式。

② “标引不控制＋检索不控制”模式：在信息描述阶段和检索阶段，都使用自然语言，不使用任何词表，是一种纯自然语言模式。

③ “标引控制＋检索不控制”模式：在信息描述时采用规范的检索语言，检索时既可以使用规范语言也可以使用自然语言，在系统内部存储有一部自然语言→规范语言的转换词典，把检索用户的自然语言转化为受控语言，相当于在检索端增加了一个自然语言接口。

④ “标引不控制＋检索后控制”模式：在标引阶段使用自然语言，检索时则既可以使用自然语言也可以使用存放在机内只供检索用的词表，即后控制词表来加以控制。

上述第一种和第三种模式属于先控制模式，第二种是非控模式，第四种模式就是“后控制”模式，属于自然语言检索法，所使用的词表称为后控制词表，是为了弥补自然语言不足而提出的一种控制方法。所以，后控制是一种在标引阶段使用自然语言，不对标引进行严格控制，而在检索阶段才对检索词进行控制的自然语言检索优化技术。

具有后控制词表意义的概念最早出现在 20 世纪 50 年代初的美国，后控制词表只用于检索而不用于标引，当时也称为“只检索用词表”（Only-search Vocabulary）。后控制词表是利用规范语言的基本原理和方法编制的自然语言检索用词表，主要对自然语言中大量存在的等同关系、等级关系和大部分的相关关系进行控制或揭示，可以根据检索需要将新概念和新术语及时地加入词表，是一个不断增长的“自然语言叙词表”。

2）后控制词表的控制机理

后控制词表利用规范语言的受控原理来弥补自然语言检索的不足，是提高自然语言检索效率的有效措施。后控制词表在自然语言检索系统中的应用主要有三种方式：其一，用户检索前通过浏览后控制词表选择合适的检索词构造检索式，检索负担相对较重；其二，由系统自动执行调整检索式，既能减轻用户负担又能提高检索效率，但受限于目前的自然语言处理技术，效果不甚明显；其三，是前两种方式的融合，系统根据用户输入的自然语言检索式从后控制词表中给出相关词，供用户选择来调整检索式，通过这种交互式的相关反馈提高系统检索效率，是目前最常用的一种后控制方式。

后控制词表具有自然语言和规范语言的双重性质，实际上是一种转换工具，在自然语言检索过程中对用户的自然语言检索要求加以分析、综合、归纳，转化为系统可接受的语言。后控制词表由控制词和被控制词组成，控制词是规范语言，但不是用来标引或检索的，而是用来对自然语言检索标识进行控制的；被控制词是自然语言，是用户在标引和检索中给出的自然语言标识，这与一般规范语言中的情形正好相反。控制词与被控制词的关系包括等同、等级、相关三种，其中等同关系的词（包括可视为等同关系的词）占大部分，这也表明后控制词表主要是为了解决自然语言语义含糊、同义、多义等问题。在使用后控制词表的检索过程中，用户或系统可以从任何一个词出发，在词表中查到该词的一批同义词、等级词、相关词。例如，用户想要查找有关儿童方面的文献，只要输入“儿童”一词，词表自动列出“少年”“幼儿”“男孩”“女孩”等词汇，并用这些词语去辅助检索，这样用户就不必自己去设想所要查的主题到底有哪些同义词、等级词和相关词了，并且词表所提供的词的数量往往比较多，检索结果较好。图 3-3 揭示了后控制词表在自然语言检索系统中的应用。

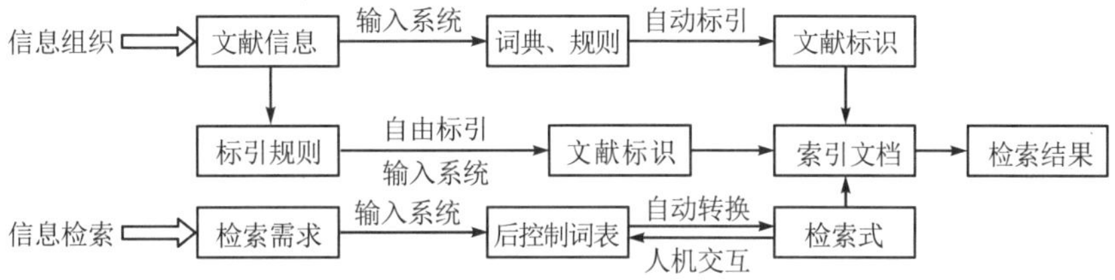

图 3-3　后控制词表在自然语言检索系统中的应用

后控制词表不仅具有自然语言系统的全部优点，还具备许多先控规范语言的特性，是“自然语言检索和人工受控语言相结合的最佳范例”。

3）后控制词表的编制

后控制词表中的控制词并不直接用于标引，而是对作为文献检索标识的自然语言语词进行控制。因此，后控制词表必须在检索系统中实用的自然语言检索标识的基础上进行编制，即必须以作为检索标识的自然语言原词为基础，否则会大大降低其控制功能。这是后控制词表编制的关键所在。

20 世纪 80 年代初，我国出现了一批实验性或实用性后控制词表系统，如基于用户提问和用户建议的自学后控制系统、基于字面相似原理的后控制词表辅助编制系统、基于词对相似和词对共现原理的后控制词表系统及基于分面分析的机辅后控制词表系统等。从这些研究不难看出，机辅或自动编表是后控制词表编制研究的主要方向，手工编表已不可行。

后控制词表的机器编制方式归纳起来主要有词典实现模式、积累提问式模式、词形实现模式、聚类控制实现模式、词频统计模式和人工智能模式等。

① 词典实现模式：利用某种现成的词表或分类表作为框架，把自然语言检索标识作为参照系统的“用”项纳入其中。

② 积累提问式模式：利用计算机自动收集检索表达式中的用词，并加以积累，然后由人工判别整理成词表。这种方式的后控制词表覆盖率很低，要积累很长时间才能达到较高的覆盖率。

③ 词形实现模式：利用词汇的字面成族原理，将词形相似的词语集中，这在搜索引擎的相关反馈中应用得比较多，是一种利用计算机较易实现的后控制方式，但效果不佳，对于那种词形不同的同义词无法控制。如“番茄”和“西红柿”，词形完全不同，词义却是一样的，利用这种基于词形相似的方式无法实现对两者的控制。

④ 聚类控制实现模式：为自然语言检索系统中的词汇建立词间关系，形成语义网，以类别来引导一部分相同、相近或相关的词。

⑤ 词频统计模式：基于词汇在文献或检索需求中的共现统计来建立词汇间的关联，通过统计某词对在文献中的共现频率，计算其关联度，然后进行阈值判断，将关联度高的词对提取出来进行分析，对词对之间可能隐含的关系进行合理的解释和预测。

总之，后控制词表是面向信息用户设计的，其编制应建立在检索系统中用户输入的实际自然语言检索标识的基础上，以达到最大覆盖率，这是一个动态的累积过程。后控制词表被认为是目前所知的受控语言和自然语言结合的典范，兼有传统的受控语言和自然语言的长处，是一种有发展前途的语言系统。

3.2 分类语言

分类语言，又称为分类检索语言，是将表示各种知识领域的类目，按照知识分类原理进行系统排列，并以代表类目的数字或字母符号作为文献主题标识的一类检索语言。

3.2.1 分类法的原理

1. 信息资源分类

信息资源分类是指根据信息资源的内容属性和其他特征，将其分门别类地、系统地组织和揭示的方法。一般说来，信息资源分类是以知识分类或学科分类为基础，结合信息资源各种载体的实际编制的类目体系，与知识分类既有相同点又有所不同。

要有效地对信息资源进行分类，就需要了解信息资源的本质属性与非本质属性。信息资源的本质属性是指载体上所记录的科学知识内容，它从根本上体现信息资源的价值、使用价值；信息资源的非本质属性是指与本质属性相对应的属性，一般体现在信息资源的形式特征上，如载体、语种等。

信息资源分类是一种从主题内容角度组织和揭示信息资源的方法，是分类方法在信息资源组织中的应用，具有以下特征。

1）按照内容特征的相互关系对信息资源进行组织

分类是指以事物的本质属性或其他显著特征为根据，把各种事物集合成类的过程。信息资源分类是分类方法在信息组织中的应用，是按照分类对象关系进行揭示的，不仅根据信息资源的内容属性进行区分和类聚，还将各种门类的信息资源按照类目之间的关系组织成一个具有等级性、次第性的系统。在该系统中，各种类目根据等级次第进行排列，反映信息资源的远近亲疏关系。用户可以根据特定的检索需求，按照知识之间的内在关系，有针对性地查找具有特定内容属性特征的信息资源；还可以依据类目之间的联系，灵活地扩大或缩小查找范围，并且实现对相关资料进行系统检索的目标。

2）从一定角度出发组织和揭示信息资源

信息资源主题内容之间的联系往往不是单一的，而是多方面的、多维的。分类法是从内容角度揭示信息资源的方法，通常是有选择地揭示主题内容之间的主要联系。为了适合用户从学科的角度查找文献的习惯，目前的学术性文献分类体系一般将知识领域划分成传统学科，在其下层层展开，建立以学科、专业为中心的分类体系。因此，在这种分类体系中，某特定事物对象的有关信息资源往往是被分散的。为了适当解决这个问题，满足普通用户的使用需要，有些通用性的分类体系往往以事物对象为中心或事物对象与学科结合来展开类目体系，这种方法在网络分类体系中有较为普遍的应用。

3）采用一定的标记符号作为排序工具

标记符号是现代文献分类法必不可少的组成部分，以表示类目的相对位置或相互关系。标记符号通常由一种或两种有序的标记系统中的符号（如数字或字母）组成，简短明了，排序性好，将其用来作为信息资源的排检依据，可以充分发挥分类法进行资源组织和建立分类检索工具的作用。为了方便用户使用，网络分类检索工具在检索界面上一般并不显示其标记符号。

4）通过类目索引提供从字顺角度查找类目的途径

为了克服因类目体系自身的特点而带来的检索困难，类目索引应运而生。类目索引提供了从语词字顺查找类目的便利方式。当然，通过这种方式查找到的不是一般的信息单元，而是同语词相对应的类目的分类号。也就是说，类目索引可以确定特定主题在分类体系中的位置，进而方便、有效地使用类目体系。

信息资源分类的作用如下。

1）进行资源组织

信息资源分类是将分类法用于信息资源的组织。最常见的是用于信息资源的分类排架，分类排架是目前国际上大多数信息资源管理单位采用的方式。分类排架主要依据学科内容来组织信息资源，其显著优点是：可以按照个体信息资源内容之间的关系，将信息资源整体组织成一个有机系统。信息资源单位通常利用分类方法，以开架的方式组织部分信息资源，为读者提供按照知识关系由此及彼地浏览、借阅的途径。对读者来说，这种开架方式更加方便、直观，利用率很高。分类法不仅适用于传统文献，也适用于其他形式的信息资源组织，如可以直接用来组织数字资源，可以作为网络检索时分类收藏的依据等。

2）建立分类检索工具

建立分类检索工具即将分类法用于信息资源的揭示。分类检索工具主要包括分类目录、分类索引等，既可以是传统的卡片式、书本式等手工方式，也可以是现代的计算机检索系统。分类法是一种按照内容之间关系系统揭示信息资源的检索途径。进行资源组织和建立分类检索工具，虽然都以分类法为依据，但是两者对分类法的要求有所区别，具体表现在三方面。

① 广度上：资源组织要求一种资源只能有一个排架号，而检索工具要求多角度地揭示资源内容，因此一种资源可以有多个分类号。

② 深度上：资源组织要求号码简短，便于查阅，分类相对要求粗略，而检索工具要求类分详细，以加强专指度，提高检准率。

③ 组织方式上：资源组织要求类目间采取单线排列方式，不能随意更换，而检索工具排列较灵活，类目间位置可以适当变动。

3）分类统计

分类统计是进行信息资源管理和利用的基本手段。信息资源管理部门可以通过分类统计，及时、准确地掌握本单位各学科门类信息资源的配置和流通状况，发现各知识门类信息资源存在的问题，进而深入了解用户对不同领域信息资源的需求，以便在逐类进行科学分析的基础上有针对性地解决问题，有效地开展信息资源服务工作。

4）兼容工具

一般来说，比较有影响的大型综合性文献分类法往往会在若干检索系统中同时使用，成为理想的跨库检索的工具；作为系统揭示的工具，分类具有按照一定的知识结构组织信息资源的独特作用，利用分类语言可以对网络数据库的相关文献进行整合，或以分类语言作为媒介，实现不同检索工具之间进行转换的目的。

2. 分类法的类型

要从分类的角度准确、一致、有效地组织和揭示信息资源，规范、权威的工具是必不可少的，这个工具就是信息资源归类时需要遵循的类目体系，即信息资源分类法。

信息资源分类法是按照类目之间关系组织起来的并配有一定标记符号的分类信息资源的工具。信息资源分类法是聚类的结果，是根据分类需要预先建立的整体类目体系，是进行分类工作的依据和规范，是对数量巨大的信息资源进行分类组织的极其关键的因素。

从编制方式的角度，信息资源分类法通常分为三种：等级列举式、分面组配式、列举－组配式。

1）等级列举式分类法

等级列举式分类法是一种传统的分类法类型，是将所有的类目组织成一个等级系统，并且采用尽量列举的方式编制的分类法。等级列举式分类法通常将类目体系组织成一个树结构，按照划分的层次逐级列出详尽的专指类目，并在以线性形式显示时，以缩格表示类目的等级关系。由于这种分类法通常是依据传统的知识分类体系编制的，因此也被称为体系分类法。从理论上，这种分类体系可以不断递分下去至无穷，也被称为穷举式分类法或枚举式分类法。

等级列举式分类法的优点为：

❖ 类目体系结构显示直观，符合大众思维习惯，容易掌握和使用。

❖ 类目体系展开比较系统，并具有一定的伸缩性，使用过程中可以根据具体需要适当调整类目等级。

❖ 标记系统简单明了，既适用于进行资源组织，又适用于建立分类检索工具。

等级列举式分类法的不足为：

❖ 类目展开方式相对单一，类目数量相对有限，类间组配能力较弱，无法完全满足确切分类的需要，无法充分揭示信息资源中大量存在的细小专深主题。

❖ 类目体系结构相对固定，不便于根据需要随时改变、调整检索途径，不能进行多角度检索，也无法随时增加新类目以与科学发展保持同步。

❖ 尽量列举类目的方式使得类表篇幅较大，增加了类表管理工作的难度。

等级列举式分类法是目前国内外使用得最普遍的分类法形式，比较著名的等级列举式分类法有《杜威十进分类法》(Dewey Decimal Classification，DDC，简称《杜威法》)、《美国国会图书馆分类法》(Library of Congress Classification Schedules，LCCS，简称《国会法》) 和《中国图书馆分类法》(简称《中图法》) 等。

2) 分面组配式分类法

分面组配式分类法是依据概念的分析与综合原理，将概括信息资源内容与事物的主题概念组成“分面－亚面－类目”的结构体系，通过各分面内类目之间的组配来表达信息资源主题的一种信息资源分类法，也称为组配分类法或分析－综合分类法。分面组配式分类法的最典型的代表是印度著名图书馆学家阮冈纳赞 (S.R. Ranganathan，1892—1972) 创制的《冒号分类法》(Colon Classification)。

与等级列举式分类法相比，分面组配式分类法放弃了详细列举类目体系的做法，采用以简单概念组成复合类目的方式。

分面组配式分类法的核心是分面。分面又称为组面，简称面，就是按某种分类标准 (分类特征) 产生的一组类目。

一个主题往往可以按照多个标准进行划分，形成多个分面。分面的依据主要是主题的范畴体系。进行分面分类，不仅需要确定事物的主题，还需要明确该主题所指向的范畴。在主题指向范畴的理解问题上，当前还存在着不尽相同的观点。最著名的、最有代表性的观点是印度图书馆学家阮冈纳赞的范畴理论，主要包括如下五方面。

① 本体 (Personality)：最主要的范畴，是主题的整体，表示的是一种属性。

② 物质 (Matter)：主要包括材料、载体等。

③ 动力或动因 (Energy)：涉及的方面比较多，如形态、功能、问题、方法、操作、处理及技术等。

④ 空间 (Space)：指事物存在或发生的地点。

⑤ 时间 (Time)：指事物存在或发生的时期。

在分面分析的过程中，多数情况下人们所遵循的就是上述五个范畴。

由于在对信息资源进行分类的过程中，信息资源涉及的主题往往不止一个，在多主题的情况下，就包括多个组面。为了明确区分不同的组面，分面组配式分类法采用不同的组面区分符号。例如，《冒号分类法》中使用的分面符号如表 3-2 所示。

在明确了分面符号后，还要注意分面组配式分类法的组配公式。组配公式是依据分面标记时所遵循的分面固定次序对各分面进行依次排列，并赋予相应的分面组配符号而形成的。

表 3-2 《冒号分类法》中使用的分面符号

基本范畴	组配符号	分面符号
本体（Personality）	,（逗号）	（P）
物质（Matter）	;（分号）	（M）
动力（Energy）	:（冒号）	（E）
空间（Space）	.（圆点）	（S）
时间（Time）	‘（反向逗号）	（T）

由于知识门类的差异，表现在相应的类目上的分面公式有所不同，因此分面组配式分类法往往都对各类目规定了相应的分面组配公式。

在分面组配式分类法中还有一个重要概念，即分面分析。分面分析实际上是主题分析的一种方法，一般是指将一个主题分析为若干分面。通常，编制组配分类法时的分面分析被称为类目分面分析，是为建立分面结构的分类体系，将特定领域的主题概念分析、归纳为一个个分面的过程。

分面组配式分类法的优点为：

❖ 类表组配能力强，标引结果专指性高，可以通过基本概念的组配，充分揭示信息资源中的复合主题。
❖ 标记表达性强，便于根据不同需要来调整组配次序，实行轮排，从不同角度提供检索途径。
❖ 较强的组配能力可以满足不断产生的新主题和复杂主题的标引需要，与科学的发展保持同步。
❖ 与体系分类法相比，类表的篇幅较小，为分类的管理、增补、修订等工作的开展提供了便利。

分面组配式分类法的不足为：

❖ 分面类表的类目体系是隐含的，与体系分类法相比直观性不强。
❖ 分类检索工具中的类目是根据组配方式建立的，导致各个学科门类的类目数量的分布往往缺乏均衡性。
❖ 组配方式及规则较复杂，标引难度较大，对分类标引人员的专业素养有较高的要求。
❖ 分面标记的构成相对比较复杂，号码冗长，在分类实践中，不适用于组织信息资源排架，主要应用于组织分类检索工具。

3）列举－组配式分类法

列举－组配式分类法又称为半分面分类法，是在等级列举式的详尽类表的基础上，广泛采用各种组配方式的分类法。

列举－组配式分类法兼有前面两种分类法的特点。

列举－组配式分类法的优点是：以列举式类表为基础，具有一定的直观性，同时广泛采用组配方法，基本上可以达到与分面组配式类表同等的标引水平。

列举－组配式分类法的不足是：在相关类目的修订或改进方面需要投入大量的资源和精力，而且实现类目之间的组配时，需要使用分面组配式分类法的多种辅助符号或号码进行标记，最终导致分类标引方面的标记程序比较复杂，标记符号也显得冗长。

3.2.2 分类法的编制

1. 分类法的结构体系

分类法的结构体系一般由类目体系、标记符号、说明与注释、类目索引四部分组成。

1）类目体系

类目体系是根据类目内在关系和一定原则建立起来的类目集合，是分类法的主体，是分类语言进行词汇控制的主要依据。

类目体系一般是以知识分类为基础，按照信息资源分类的实际需要而建立的。类目体系由主表和复分表构成。

主表一般在基本部类的基础上，由基本大类、简表和详表等构成。

基本部类是为分类法的合理展开，对知识范畴所做的最概括、最本质的划分，是信息资源分类法的纲目，所以，有的分类法将基本部类称为大纲。基本部类贯穿于主表之中。

基本部类的排列次序称为基本序列。对基本部类的划分及其序列的确定，是分类法展开的基础，通常应根据分类法的性质和使用需要，依据一定的知识分类体系确定。

我国文献分类法的基本部类，一般是依据对知识领域整体关系的了解，先将知识门类划分为哲学、社会科学、自然科学三大部类，再根据马列主义、毛泽东思想的指导作用和文献分类本身的需要，增设马列主义、毛泽东思想和综合性图书两大部类，构成五大部类。

国外文献分类法的基本部类通常是在对学科领域及其关系了解的基础上确定的。例如，《杜威十进分类法》的基本大类是在理性知识、想象知识和记忆知识三大部类的基础上展开的，《冒号分类法》各主题领域的类表是在自然科学、人文科学、社会科学的基础上设置的。

由于基本部类的划分涉及分类体系的整体展开方式，因此受到分类界的广泛关注。但是，分类表中一般不单独列出基本部类，也并不是所有的分类法都明确确定了基本部类。

基本大类是分类法的基本大纲，是分类体系展开的起点，就是通常所说的第一级类目，也是分类法整体框架的体现。

基本大类一般是在基本部类的基础上，根据知识门类发展情况和信息资源标引需要确定的。基本大类主要涉及类目设置和排列次序两方面的问题。

（1）基本大类的设置

基本大类的设置通常是与检索工具的性质、学科发展状况及信息资源数量等密切联系的。

传统的文献分类法一般均以学科为中心设置基本大类，构成从学科角度展开的大类体系。早期的文献分类法，由于受当时学科发展状况的局限，基本大类的设置比较概括。例如，《杜威十进分类法》只设置了 10 个基本大类。其后编制的分类法逐步增加了大类数量，一般均将基本大类保持在 20 个左右，如《国会法》21 个、《布利斯书目分类法》22 个、《中图法》22 个、《科图法》25 个等。《冒号分类法》的基本大类曾多达 42 个，不利于对类表的整体把握和标记分配，因此其第 7 版将基本大类减少为 26 个。而且，在同一部分类法中，各基本大类的规模也比较均衡。

与传统分类法不同，指南型网络分类工具的大类设置放弃了以学科为中心确定类目结构的传统，采用以主题为中心或主题与学科结合两种设类方式，形成与传统分类法不同的直接性、通用性结合的展开基础。基本大类的数量一般为 14～20。

(2）基本大类的排列次序

无论是国内还是国外的文献分类法，都比较重视对各门类之间关系的揭示。

国外文献分类法一般根据从总到分的次序来序列类目，通常将综合性大类放在各大类之首，再依次序列其他大类。早期的《杜威十进分类法》因为没有在大类序列中合理揭示诸如文学、语言学等大类之间的联系，受到了广泛的批评；《美国国会图书馆分类法》和《布利斯书目分类法》等在大类排列上大多比较重视对大类之间联系的揭示，一般将内容相关的门类集中设置，尤其以《布利斯书目分类法》的大类序列最为典型。

当然，国外不同分类法之间的基本大类也存在着明显的差异。例如，《杜威十进分类法》有 10 个基本大类，其基本序列为：综合性图书，哲学与相关学科，宗教，社会科学，语言，纯科学，技术（应用科学），艺术，文学，普通地理与历史及辅助。可以发现，该分类法将综合性图书列在所有基本大类的首位，而将文学等类目列在纯科学后。这与我国的几部主要分类法的基本大类的序列存在很大的差异，究其原因在于：《杜威十进分类法》吸收了英国哲学家培根的知识分类的原则与思想，并将其进行倒转，建立了“倒转培根法”的分类思想，这从基本大类中的哲学、艺术、文学等类目的位置顺序中可以清楚看出。

再如，《美国国会图书馆分类法》（LCCS）的基本大类的序列与其他分类法相比，存在一些特殊的地方。在 LCCS 的基本大类体系中，历史类目占有 3 个位置；军事科学类目后紧跟的是海军科学，但在海军科学后并没有顺理成章地列出陆军科学和空军科学类目，因此很难判断该分类法的基本大类的分类思想和原则。但事实上，LCCS 的分类体系并不是通常意义上的知识分类，因此并不注重追求系统本身的严谨性，而是根据文献的收藏情况来建立分类法的类目体系。同样，在基本大类中的历史类，E～F 也主要是美洲史，这再次证明了文献情况是制约基本大类建立的主要条件。这个原则就是英国著名的文献分类学家赫尔姆（E.W. Hulme）所概括的“文献保证”原则。

我国文献分类法大类的序列，除了将马克思主义、列宁主义、毛泽东思想、邓小平理论设置为第一个大类等比较特殊的情况，在大类的排列上，一般按照从总到分的原则，根据各大类之间的学科关系来确定排列次序。例如，《中图法》在其大类序列中，将自然科学部门的大类按照从简单到复杂、低级到高级、理论到应用的次序排列；在社会科学门类中，将政治、法律、军事等上层建筑的类目，语言、文学、艺术等内容密切联系的类目，以接近的方式设类，以便使其可以较好地反映相关门类之间的联系，即：马克思主义、列宁主义、毛泽东思想、邓小平理论，哲学、宗教，社会科学总论，政治、法律，军事，经济，文化、科学、教育、体育，语言、文字，文学，艺术，历史、地理，自然科学总论，数理科学和化学，天文学、地球科学，生物科学，医药、卫生，农业科学，工业技术，交通运输，航空、航天，环境科学、劳动保护科学（安全科学），综合性图书。

与传统分类法不同，网络分类工具的大类多数未按照类目之间关系序列。英文网络分类体系大都以字顺方式排列基本大类，我国的网络分类工具则多数依据检索频率等因素来序列类目。这类方式方便类目的调整和增补，具有一定的实用性，但不符合分类法相关揭示的基本要求，逻辑性和系统性相对较弱。

简表也称为基本类目表或主要类目表，在分类法的使用中担负着承上启下的作用，是由分类表的基本大类的进一步区分而形成的简单类目体系，一般由二级类目或三级类目构成。

分面分类法通常在基本大类下列出基本类和分面公式，以帮助用户了解各基本类下涉及的类目范畴，其作用类似等级列举式分类法的简表。

简表主要有三个作用：

- ❖ 帮助用户迅速了解整个分类法的概况，引导进一步使用详表。
- ❖ 在不需要使用详表的情况下，进行概略分类。如中小型文献单位可以直接使用简表，专业文献单位可以用简表标引非专业信息资源。
- ❖ 便于用户进行较大范围信息资源的检索。

详表是由在简表的基础上进一步展开的不同级别的类目组成的类目表，是分类法的主体和正文，是类分信息资源的真正依据。

在等级列举式分类法中，详表由逐一列举的子目构成，并通过并列或缩格等方式显示其并列或等级关系。

在组配式分类法中，详表是由按范畴设置的基本概念表组成的，可以依据标引规则，以组配方式标引信息资源的主题内容。

复分表就是将主表中按相同标准划分某些类所产生的一系列相同子目抽取出来，配以特定号码，单独编制成表，供主表有关类目进一步复分用的类目表。

复分表也称为附表、辅助表、副表、共性区分表，是分类法的重要组成部分。

类目表展开时，主表中有不少类目在进一步区分的过程中往往采用同一区分标准，区分出来的各个子目又大致相同。

例如，“文学”“法律”“体育”等大类和各专门学科总论性类目都可以进一步区分出以下的子目：

理论与方法论
现状及发展
机构、团体、会议

又如，“世界历史”与“文学史”，既可以按地域区分为下列类目：

世界历史	文学史
中国历史	中国文学史
朝鲜历史	朝鲜文学史
日本历史	日本文学史
英国历史	英国文学史
……	……

又可以按时代区分出下列类目：

世界历史	文学史
古代史	古代文学史
中世纪史	中世纪文学史
近代史	近代文学史
现代史	现代文学史
……	……

事实上，不仅“世界历史”和“文学史”需要按地域和时代进一步区分，许多文献都有可能或有必要按地域、时代、民族、语种、著作类型、体裁、学科、专业、事物的总论性问题等标准加以细分。

复分表的作用如下。

① 缩小类表的篇幅

因为对于带有共性的问题，在任何一部分类法中往往涉及的类目很多，如果在这些类目下都设置相同的细分类目，势必造成主表的篇幅过于膨胀，因此将这些共性问题制作成单独的表，采用同一个标准，会节省许多篇幅。附表可以使类表在较小篇幅的情况下达到较大的细分程度。对于已经编制附表的共性类目，在需要进一步揭示时，不必在类表中重复设置子目，只要规定使用附表即可。

② 加强类表的灵活性

灵活性包括两方面：一方面，对于不同的单位，可以根据自身的具体情况来灵活掌握复分原则；另一方面，就分类法本身来说，灵活性主要体现在类目的伸缩性方面，可以根据实际使用的需要，通过在分类体系展开中增加或减少附表的使用，调整细分程度，增强类表的灵活性。

③ 增强类表的规律性

采用统一方式编列共性子目、配置号码，有助于使类目体系的列举更加一致，使分类号的结构具有一定的规律性，有利于揭示文献中复合主题的各主题因素，增加类目的助记性。

按使用范围，复分表可以分为通用复分表和专类复分表两种。此外，对部分共性子目采用的仿分形式也具有与复分表相似的作用。

通用复分表，又称为共同区分表，是一种供主表各大类有关类目共同使用的表，通常在类表的前部或后部集中编列。

综合性的文献分类法中常用的通用复分表有：标准复分表、地区复分表、时代复分表等。

标准复分表国内亦称总论复分表，是一种通用主题和信息资源类型的复分表，通常收入适用于整个分类体系的通用性主题，如原理、方法、历史、现状、机关、团体、会议等，以及常用文献形式，包括媒体类型、文献类型等各种有关类目。

地区复分表收录自然地理、各国政区等类目。

时代复分表收入时间、历史、时代等的有关类目。

此外，一些分类法还设有语种复分表、语言形式复分表、世界种族与民族复分表、人物表、材料复分表、环境复分表等多种类型。

以《中图法》为例，主表后设置了 8 个通用复分表：总论复分表，世界地区表，中国地区表，国际时代表，中国时代表，世界种族与民族表，中国民族表，通用时间、地点表。

专类复分表是一种只限于在某一基本大类或专门领域使用的复分表，一般设置于相应类目之下。

等级列举式分类法为缩小类表的篇幅，往往根据各类的需要设置多种专类复分表。相对于通用复分表而言，专类复分表的使用范围比较狭窄，只供某大类中的有关类目复分时使用，其他类不能依此表复分。例如，《杜威十进分类法》的文学复分表是供文学大类中有关类目复分用的。又如，《中图法》（第四版）设有 58 个专类复分表。分面分类法由于分面序列本身具有复分表的同等作用，因此通常不再设置专类复分表。

以《中图法》为例，在“J62/628 各种器乐理论及演奏法”下设置了一个可供从“J62”到“J628”区间的各级类目使用的专类复分表。

仿分也是一种以统一的方式处理共性子目的方法。在类表中，一组性质相近的类目出现相同的子目时，为了简化类表的编制，增加类目设置的规律性，通常在总论性类目或在前类目下详列子目，指明供有关类目仿照复分。这种利用某类的子目作为进一步区分依据的类目处理方法即称为仿分。

仿分有类似专类复分表的作用。各种分类法，包括分面组配式分类法，常采用这一形式。有些分类法，如《杜威十进分类法》，还规定某些类目可以仿基本大类等进行区分。

以《中国图书馆分类法》为例，在“F593/597 各国旅游事业”下注释：依世界地区表分，再仿 F592 分。意思是，“F593”到“F597”区间包括的所有国家的旅游事业的类目都可以仿照“F592 中国旅游事业”下面已经详细展开的类目体系进一步展开。

复分表是一种辅助区分的手段，使用时一般应注意：

❖ 除有明确规定的之外，一般不得单独使用，必须结合主表类目使用。

❖ 是否使用复分表，应按表中有关的规定进行，通常可根据复分表中的说明及类目下的注释确定。

❖ 各文献单位可以根据需要对复分表的使用加以调整或限定，但一旦确定，就应严格遵守，不得随意变动，以保持复分表使用的一致性。

❖ 复分表使用意味着新的分类成分的插入，一般应注意标记配置方面的有关规定。

2）标记符号

标记符号将在本章的有关内容中介绍，在此不赘述。

3）说明与注释

说明与注释是分类法中帮助用户了解和使用分类体系的重要组成部分，一般用来说明类表的编制原则、类目体系的特点及使用方法等。说明与注释通常包括编制说明、大类说明和类目注释等三种形式。

编制说明也称为序论，是对分类法分类体系整体情况的纲要性说明。编制说明的内容一般应包括该分类法所依据的编制原则、分类体系的特点、号码制度及基本使用方法等。

例如，《中图法》第一版的“编制说明”的主要内容包括编制原则、体系结构、关于分类体系的几点说明、标记符号，第四版的“编制说明”的主要内容包括指导思想、修订原则、修订工作进程、修订重点及特色。

通过阅读编制说明，用户可以从整体上了解分类法类目体系的特点。

大类说明是对分类法各基本大类结构特点和标引规则的纲要性说明。大类说明一般由该分类法中特定基本大类的内容范围、类目体系或分面结构的特点及该基本大类的主要标引规则等内容组成。通过阅读大类说明，用户可以了解各基本大类的结构、范围、与相关知识门类的关系及分类标引的要点等。所以，大类说明是掌握各基本大类分类方法的重要依据。

类目注释是对分类法中类目名称的补充说明。类目注释主要用来对具体类目的含义、范围、与其他类目的关系及具体的使用方法等做进一步的说明，有利于对类目的使用进行规范性控制，保证分类标引具有准确性和一致性。

下面以《中图法》为例，简单概括其类目注释的主要类型。

第一，规定了类目的含义和内容范围。例如，Q813.2　细胞融合工程，用自然或人工的方法，使两个或几个不同的细胞融合成一个细胞的过程；杂交流技术、原生质体融合、单克隆抗体等入此。再如，I210.96　鲁迅思想的学习和研究，学习鲁迅精神的著作入此。

第二，揭示了某类与相关类的关系，如指明交替类目、类目参照及参考有关类的标引方法等。例如，[O341]　材料力学，宜入 TB301。又如，TH744.5　激光仪器，参见 TN248。再如，A849.18　语录，见 A18 注。

第三，指明了具体的分类标引方法如类目复分、仿分，说明了特殊分类规则和配号方法等。例如，C97　劳动科学，依总论复分表分，−0 理论与方法论所属类目入 C970。又如，F593/597　各国旅游事业，依世界地区表分，再仿 F592 分。再如，U448　各种桥梁，如果遇多主题因素文献，就入前面编列的类，如《铁路钢筋混凝土斜拉桥》入 U448.13。

第四，规定了同类文献的排列方法。例如，G812.17　地方体育运动组织，体育俱乐部入此，依中国地区表分，按名称字顺排。再如，P416.3　高空观测记录，依世界地区表分，再按年代排。

第五，说明了具体类目的修订情况。例如，{P413.1}　计算单位，<停用；4 版改入 P413>。再如，J211.22　经济、文化，科学、教育、体育、卫生等入此，<3 版类名：生产建设>。

此外，《中图法》（第四版）以突出的方式，通过注释对一些特殊分类规定加以说明。

作为分类法必不可少的重要组成部分，说明与注释对于增强分类法的易用性和标引的一致性、提高分类标引的质量具有关键意义。所以，随着现代分类法的发展和各种分类技术的应用，说明与注释在分类法中的运用越来越得到重视，如《中图法》和《杜威法》等都加强了对说明与注释的编制。

由于分类体系涉及的知识门类多、范围广，类目之间关系错综复杂，对于一些细小专深主题的查找往往比较困难，既需要具有相关门类的专业知识，又必须对分类体系展开的规律和类目设置的特点有比较深入的了解。即便如此，对于一些同时涉及若干门类的复合主题，需要几经周折才能找到最确切的类目，进而达到正确标引的目的。

4）类目索引

类目索引，也称分类表索引，是从类目名称字顺途径查找相应分类号的工具，为分类法的有效使用提供了便利。

类目索引主要有两个作用：

- ❖ 通过将分类体系的系统排列转变成字顺排列，可以从表达主题的词语出发找到相应的分类号，克服了类目查找的困难。
- ❖ 便于用户查找分类表中被分散在各学科门类的有关同一事物的类目及分类表中未列出的有关新概念。

类目索引主要包括直接索引、相关索引和主题词索引三种。

直接索引是一种直接通过类名或同义词查找对应类目的索引。直接索引通常将分类表中所有类目及其注释中的有关主题概念，按照名称的字顺排列，每个类目一般只按照分类表中的措辞在索引中出现一次，在每条索引款目后注明相应的分类号，达到从类目名称查找对应分类号的目的。

直接索引的编制比较简单，功能相对单一，索引款目缺少字面成族的机会，只能从一个主题的语词出发查找对应类号，不能揭示与一个主题对象相关的类目之间的联系，难以反映复杂的专指主题，其效能不如相关索引。

相关索引是一种不仅可以从主题名称出发查找对应的类目，还可以将被分类体系分散的该主题各方面的类目加以集中的工具。

除了把分类表中的全部类目及其注释中具有检索意义的主题概念按其字顺排列，相关索引还采用一些综合材料的方法，将一个主题的各方面及被这一主题所规定的词，都集中在一个主题标目下。

相关索引为美国图书馆学家杜威首创，最先用于《杜威法》索引的编制，因为可以揭示分类法中的相关材料而得名，受到文献分类界的重视。为了将一个主题各方面的类目集中在一起，除了采用直接索引的方法，相关索引还采用倒置、按学科集中等形式。

相关索引的编制比直接索引复杂，特别是在对其中字面不同的相关类目进行集中时，有较大难度。相关索引的突出优点是：可以集中与一主题对象有关但在类目体系中被分散了的类目，有助于在标引和检索中扩大查找范围，对相关类进行揭示，其性能远远超过直接索引。

主题词索引是一种将分类法与主题法结合的索引类型。主题词索引是在分类主题一体化的背景下产生的。20 世纪 70 年代后，分类主题一体化类表编制并广泛使用，一些分类法与主题法的有效结合，发展了标题索引、叙词索引等索引形式，提供了从主题词出发查找和使用类目的途径。

随着计算机在分类法编制中的应用，编制有详尽索引的机读分类表将成为主要分类工具。机读分类表的类目索引一般可以利用文本检索的各种方式对类目进行匹配查找，揭示充分，形式灵活。此外，这类索引收入的数据通常也远比书本式索引充分。

当然，类目索引虽然是分类法的重要组成部分，但只是辅助工具，不能直接以此作为分类的依据。在需要使用类目索引时，必须是在查核类表、明确某类在类目体系中的位置及其与相关类目的关系、了解该类的确切含义的基础上，才能最终归类。

2. 分类法类目体系的建立

类目体系建立的过程就是类目分析的过程。

类目分析是指在编制分类法时，对于要建立的类目体系中的类目进行严格分析的过程。

建立类目体系的方法有如下两种。

① 归纳方法：即从个别到一般，根据个体属性的相同点集合成类，并逐步将小类聚合成大类，建立起类目体系。

② 划分方法：即从总到分，将若干概略性类目作为一级类目，按照特定的分类标准逐级划分、层层展开，建立类目体系。

一般来说，在编制分类法的过程中，上述两种方法是结合使用的，往往在按照层层划分的方法展开类目体系的同时，有不少类目也采用了类聚的方法进行设置。考虑到国内多数分类法的类目体系属于逐级划分的等级列举式类型，而且长期以来拥有极其广泛的用户基础，所以下面主要介绍采用从总到分的划分方法来建立类目体系的问题。

1）类目划分问题

类目划分是指依据一定的属性或特征对类目的外延进行区分，生成一组子目的过程。

在对事物进行划分的过程中，用来作为划分依据的事物属性称为分类标准。分类标准有主要标准和辅助标准两种。

一般来说，以信息资源的本质属性即信息资源所体现的学科知识内容作为分类的主要标准，以信息资源的其他属性特征作为分类的辅助标准。

分类的实践证明，以本质属性即学科知识内容作为主要分类标准，具有科学认识上的意义与检索利用价值；而以其他显著属性特征作为辅助分类标准，也能满足用户的某些检索、利用要求。

2）引用次序问题

引用次序，也称为组配次序，是指复合主题标引和检索时各主题因素的组合次序。

在分类法中，引用次序是指类目划分标准使用的次序或不同分面的概念在组配时被引用的先后次序。在先组式检索工具中，引用次序具有决定复合主题类聚方式和排检位置的作用，是进行句法控制的重要手段。

采用明确的引用次序的作用如下：

❖ 以用户使用需要作为组织检索系统的依据，提高检索系统的通用性。

❖ 保证复合主题处理的一致性，不因组配次序的不一致而影响相同主题信息资源的集中程度。

❖ 保证分类标引结果含义明确、容易理解，避免出现错误的、无价值的组配结果，增强分类标引的准确性。

❖ 使分类标引具有一定的规律性，提高分类检索系统的一致性和可预见性。

在不同情况下，引用次序往往会表现为不同的形式。

在列举式分类法中，引用次序是指分类体系展开过程中划分标准使用的先后顺序；在分面组配式分类法中，引用次序则表现为复合主题中不同组面被引用的先后次序。

例如，在列举式分类法中，将“中国小说”主题按照“中国文学—小说作品”的次序组配，就是指分类体系把有关各国文学作品的信息资源按照“各国文学—作品”的次序加以引用。按照这一引用次序，分类体系先按文学的国别对信息资源进行处理，将各种有关中国文学的信息资源集中在一起，不同国别的小说信息资源则被分散在各国文学下。相反，如果按“小说作品—中国文学”的次序加以组织，就可以将不同国别的小说作品信息资源集中在一起，但关于中国各种体裁的文学作品的信息资源被分散在各种不同体裁的文学作品下。

在分类体系建立的过程中，选择什么属性作为分类标准、采用什么引用次序，都决定着类目体系展开的方式，会对分类体系的性能产生直接的影响。引用次序决定着类目体系以何种方式集中信息资源及提供何种检索途径，与分类体系的适用性密切相关。

在多数情况下，建立类目体系时，先采用主要标准后利用辅助标准，但不是绝对的，主要标准并不严格地意味着必须要首先采用，关键是根据用户的检索需求、结合主题领域的特点，确定适用的引用次序。为了兼顾各种不同引用次序的特点，满足从不同角度检索的需要，各种网络分类体系往往同时采用几种引用次序来揭示各类信息资源。

3. 分类法的标记系统

1）标记符号

标记符号，亦称分类号，是分类法中用于标识类目的代号。

标记符号是现代分类法的重要组成部分，在一部分类法中，特定的标记符号与具体的类目之间存在着对应的关系。现代文献分类法正是以标记符号为中介，将分类体系有效地用于组织文献收藏和建立检索工具的。

分类体系是按照类目之间的关系确定的，而分类表中的类目数量众多、关系复杂，人们无法凭记忆来确定特定类目在整个分类体系中的相对位置。因此，要使一部分类法成为一个实用工具，必须用相应的符号系统来表示分类体系中众多类目的次序和关系。分类法的标记符号就是为了满足这一需要而设置的。

信息资源分类法的标记符号的作用有两个：固定类目次序、显示类目之间的关系。这是标记符号的积极作用。

当然，标记符号也给分类体系带来限制：

❖ 分类体系中的具体类目一旦配置了特定的标记符号，整个分类体系就要受到标记符号的约束，任何标记符号的变动都必须考虑与其他已配置标记符号的关系。

❖ 如果标记符号的配置方法不妥当，分类体系的扩充或调整就有可能受到标记符号系统的限制，从而影响分类体系的发展。

因此，标记符号的配置应当根据分类体系的特点和需要进行，并应力求将标记符号对分类体系的限制降到最低的限度。

按照号码组成成分，标记符号通常可分为单纯号码和混合号码两种。

单纯号码是指由一种具有固定次序的符号系统构成的号码，常用的有数字和字母两种。单纯数字号码顺序性强，易于排检，具有国际通用性，但基数较小，在采用表达性标记的情况下，当下位类的数量超过 10 时，通常必须使用两位数字表示一次划分，从而使号码变长。

字母标记基数大，在使用层累标记制的情况下，大多可以用一位字母表示一次划分，号码相对较为简短。字母标记制的不足是：其排检不如数字迅捷，使用也不如数字普遍。

目前流行的分类法中，使用单纯数字号码的较多，如《科图法》和《杜威法》等均为单纯数字标记；采用单纯字母标记的多为专业分类法，如《伦敦教育分类法》等。

混合号码是指由两种或两种以上具有固定次序的符号系统构成的号码，通常由数字、字母结合使用，目的是取长补短，同时汲取两种符号的长处。

混合号码一般以字母标记基本大类或二级类，用以减少标记的位数，其余以数字为标记，必要时可再在标记末端适当采用字母标识。

《中图法》和《国会法》等大型文献分类法均采用混合号码。

单纯号码和混合号码一般根据需要使用各种任意符号，如“:”“=”“( )”等作为辅助符号，以增加标记的表达性。

概括地说，信息资源分类法的标记符号具有如下 4 种性能。

（1）容纳性

容纳性，又称为扩充性，是指标记系统应具有根据类目体系的增补变动及时配予相应号码的能力。也就是说，标记符号不束缚类目体系的发展，能适应任何类系和类列的必要细分和增补，能为新出现的学科或主题配上符合类目体系要求的恰当的标记符号。

标记符号的容纳性是由类目体系的动态性所决定的。因为信息资源分类法往往与信息管理单位的服务工作密切相关，所以类目体系应保持相对的稳定性，但这种相对的稳定性是同科学知识分类体系相比较而言的。

事实上，分类法的类目体系并不是一个绝对的、静止的封闭系统。其原因，一是科学技术的迅速发展，反映新学科、新事物、新问题的信息资源大量增长；二是人们对信息资源组织包括信息资源分类规律的认识逐渐深化。这两个因素使得信息资源分类法不断需要补充新类目，甚至局部地改变原有的类目体系，处于不断完善的动态之中。

而标记符号与类目体系具有密不可分的对应关系，因此，要使分类体系能满足信息组织的要求，必须不断对原有类目体系进行各种修订、增补和调整，使标记系统能根据类目体系发展的需要，在相应位置上以适用的方式对任何形式的增补、插入和细分加以标示。

增强标记符号容纳性的主要方法有：使用小数制，采用非等级性标记，在应用等级标记的情况下结合使用各种灵活标记形式及增设辅助符号等。

（2）表达性

表达性主要包括两层含义：一是标记符号能够体现类目体系的结构特点，二是标记符号能够显示信息资源中各学科主题之间或某学科主题中各主题因素之间的相互关系。

信息资源分类法标记符号的表达性主要是通过采用分面标记制、层累标记制等来实现的。具体来说，目前分类法中使用的表达性标记主要有两种：一种仅能显示类目划分的等级，反映类目的从属或并列关系；另一种能进一步显示复合主题的组配结构，表达主题间的各种联系。前者常在等级列举式分类法中使用，后者一般结合分面组配式分类法予以配置。

实现标记符号表达性的方法包括：以号码的位数表示类目划分的等级，以一定的辅助符号或配号方式揭示类目所属的组面等。

在机检系统中，具有表达性的标记符号有助于对类目体系进行等级显示及组配检索等，因此供机检使用的类表多采用等级标记。但是，标记符号的表达性也会带来负面的作用，如增加标记符号的长度，使标记符号的成分复杂，影响标记符号的简明性和容纳性。

《冒号分类法》采用了分面标记制，其标记符号不仅具有较强的容纳性，还具有显著的表达性。例如，用《冒号分类法》对主题“1950 年印度经济状况”进行标引的结果是：X. 44‘N5。其中，“X”表示经济，“. 44”表示印度，“‘N5”表示 1950 年。显而易见，从分类号的分段形式上可以识别出构成该复杂主题概念的各主题因素。

同样，《国际十进分类法》属于体系－组配分类法，它的分类号也具有较强的表达性。其中，有些复分号既能连接于主类号后，又能置于主类号之前或插入主类号中的适当位置，使信息管理单位在进行信息组织时，能够根据本单位的性质和用户的需要，局部地改变原有的分类体系，集中某些信息资源。例如，用《国际十进分类法》标引的三个结果：

629. 13(41)	航空工程中的英国概况
(41)629. 13	英国航空工程
629. 1(41)3	运输工程中的英国航空工程

分解后可知，“629. 1”表示“运输工程”，“3”表示“航空工程”，“(41)”表示“英国”。

层累标记制以标记符号的长度显示类目等级层次，可明确反映类目之间的隶属和并列关系，其表达性更是显而易见的。

（3）简明性

简明性是指标记符号要简短明了、顺序性强、易读易记、便于排检，适合实际使用的需要。作为文献排架、分类检索依据的标记符号必须避免号码冗长、成分复杂，否则会影响使用的效率。

在设计与配置标记符号时，应在保证标记符号具有较强的容纳性和一定的表达性的前提下，充分注意标记符号的简明性。常用的方法有：只使用一种有固定次序的符号系统，不用或少用辅助符号；选择基数比较大的符号系统，如字母的基数就比数字大；均衡地配置号码；适当降低类目揭示深度；采用非表达性标记或局部放弃表达性的标记等，如后面将介绍的“几种特殊的标记方法”。

（4）助记性

助记性通常是指对类表中同一含义的主题概念使用相同的号码进行配置。助记性要求配备的标记符号具有规律性及可理解性，有利于提高分类检索的速度与效果，也有利于信息资源实体的排架。助记性往往是与复分表、分面组配等形式相联系的。例如，《国际十进分类法》中，“(4)”总是表示欧洲，“(51)”总是表示中国。《中图法》通常在号码配置时对一些重复出现的概念以统一的方式配号，如“0”表示理论，“2”表示中国，“9”表示历史等。号码配置中的规律性可以提高标记符号的助记性。

一般来说，增强标记符号助记性的措施主要有如下几种：

第一，基本大类采用字母制，某些二级类目采用双字母制。例如，《中图法》采用汉语拼音字母标记 22 个基本大类，用双位字母标记工业技术所属的 16 个二级类目，其助记性比采用单纯阿拉伯数字标记基本大类与某些特定二级类目要强得多。

第二，将分类表各类中的有关地域、民族、时代及学科、专业与事物的总论性问题等具有共性的子目集中起来，单独编列复分表，配以固定的号码，使同性质类目的细分规范化，使分类号的结构具有一定的规律性。

第三，对具有相同区分标准的类目，在采用对应列类法的同时也采用对应编号法。

上面介绍的标记符号四个性能并不是孤立存在的，它们彼此之间具有相互联系、相互制约的关系。如果在编制和使用标记符号时单纯、片面地追求某一方面的性能，就有可能降低其他方面的性能。比较科学的做法是：依据信息资源分类法的主要功能，适当地对标记符号四个性能加以协调。一般应在保证标记符号具有较强的容纳性的前提下，增强表达性、助记性与简短性，并尽量使四者协调起来。

2）标记制度

标记制度是指分类号码的编制方法，即为类目编配号码的方式。

按照号码的组成方式，分类标记一般可以分为层累标记制、顺序标记制、顺序－层累标记制、分面标记制等基本类型。

层累标记制亦称等级标记制，是一种能够显示类目之间的等级关系和结构的标记制度。类目结构与类目关系的显示主要是通过号码与类目的对应性来体现的，一般是一级类目用一位号码、二级类目用两位号码，同位类再顺序配予号码。这种标记体系与分类法层层划分的类目体系相对应，不仅可以反映类目次序，还可以体现分类法中的层次结构，可以根据标记的位数判断出类目的等级。网络分类法中为了便于扩展号码，往往使用两位甚至三位号码表示一次划分。

层累标记制的优点是：可以揭示类目的等级结构，能够在机检系统中通过标记逐级显示分类体系。其不足是：如果类目划分等级较深，会造成号码过长；如果同位类数量较多，超过号码的基数，就无法严格按等级编号；在顺序配号的两个同位类之间出现新类时，号码的扩充也会出现问题。

《中图法》基本采用层累标记制。例如：

G	文化、科学、教育、体育	（一级类目）
G8	体育	（二级类目）
G86	水上、冰上与雪上运动	（三级类目）
G861	水上运动	（四级类目）
G861. 1	游泳	（五级类目）
G861. 11	自由泳	（六级类目）
……	……	

顺序标记制是一种只反映类目的先后顺序而不反映类目的层次结构的标记制度，仅从类号无法判断类目体系中类目之间的内在关系，能够依据类目的数量较为平衡地进行号码分配，标记结果简短，容纳性强，适合文献排架。但其最大的不足是不能揭示类目体系的结构，无法在机检系统中通过标记按等级显示机读文档。

顺序标记制通常分为字母顺序标记制和数字顺序标记制。数字顺序标记制一般可以分为整数顺序标记制和小数顺序标记制。还有字母与数字混合顺序标记制度，如《美国国会图书馆分类法》。由于《美国国会图书馆分类法》的编制主要遵循的是“文献保证”原则，不重视类目体系中各类目之间的逻辑性，因此在标记制度方面，一般只能采用顺序标记制度。例如：

L	教育
LB	教育理论和实践
LB2300—2330	总论
LB2331	专论的总类
LB2332	学术自由
LB2333	效率、评价，工资、津贴
LB2334	综合著作和美国的著作
LB2335	其他国家 A～Z
LB2335. 3	供给和要求．周转率
LB2335. 35	工作负担
LB2335. 4	教育辅助
……	……

顺序－层累标记制是一种顺序制与层累制相结合的标记制度，目的是试图汲取顺序制与层累制的优点，使分类标记在性能方面既具有较强的简明性和容纳性，又保持一定的表达性。《科图法》的标记系统采用的就是顺序－层累标记制，例如：

71	工程技术
75	金属学、物理冶金
75. 6	铁碳合金
75. 63	合金钢
75. 633	工具合金钢
76	冶金学
78	机械工程、机械制造
79	各部门专用机械

又如：

65	农业科学
66	农作物
66. 1	谷类作物（粮食作物）
66. 11	小麦
66. 13	大麦、稞麦（元麦）
……	……
69	畜牧、兽医、蚕蜂、水产
……	……
71	工程技术
72	能源学、动力工程
72. 1	电能学

72.11　　　　电的产生
72.111　　　　直流电
72.112　　　　交流电
……　　　　……

可以看出，《科图法》分类标记的前两位数字以顺序方式配号，用于标示基本大类、二级类甚至三级类；两位数字后，用“.”隔开，其后基本使用层累标记制。

分面标记制是能够反映类目组配结构的标记制度，通常采用一定的标记符号和特有的组配方式来表示一个复杂主题的各要素所属的分面。分面标记制既能反映类目的等级和先后顺序，更能揭示类目的分面结构。常见的分面标记采用分段组合方式，即通过分面符号的使用，使标记成为一种由若干具有独立性的节段构成的组合号码，用来进行轮排或以组配方式检索。

例如，用《冒号分类法》对主题“日本70年代水稻疾病防治”进行标引，结果为：

J,381;421:5.42‘N7

其中，“J”表示基本类农业，“,381”表示水稻，“;421”表示疾病，“:5”表示防治，“.42”表示日本，“‘N7”表示20世纪70年代，辅助符号“,”“;”“:”“.”“‘”为分面指示符，分别表示本体、材料、动力、空间、时间五个分面。

又如，同样用《冒号分类法》对主题“20世纪90年代中国儿童图书馆图书分类工作”进行标引，结果为：

2,61;43:51.41‘N9

其中，“2”表示基本类图书馆学，“,61”表示儿童图书馆，“;43”表示图书，“:51”表示分类，“.41”表示中国，“‘N9”表示20世纪90年代，辅助符号“,”“;”“:”“.”“‘”为分面指示符，分别表示本体、材料、动力、空间、时间五个分面。

分面标记制的优点是，具有较强的表达性和可组配性，不仅可以充分揭示信息资源主题，还可以进行轮排和组配检索。其不足是号码成分比较复杂，标记结果冗长，排序性能差，不适合用来组织信息资源排架。

3）几种特殊的标记方法

为了使标记系统具有较好的性能，在具有容纳性的同时保持一定的表达性和简明性，分类标记一般还采用以下标记技术，以更好地适应类目体系及其发展的需要。

（1）八分法

八分法，又称“扩九法”，是在采用层累数字标记的情况下，当同位类超过10个又不足18个时，前9位以0～8表示，8后的标记用两位数字表示一次划分。这种标记技术用于解决同位类的号码配置问题。下面是《中图法》中运用八分法的例子。

Q429　　　　末梢神经系统的生理
Q429.1　　　　嗅神经
Q429.2　　　　视神经
Q429.3　　　　动眼神经
Q429.4　　　　滑车神经
Q429.5　　　　外展神经
Q429.6　　　　三叉神经
Q429.7　　　　面神经
Q429.8　　　　听神经

Q429. 91	舌咽神经
Q429. 92	迷走神经
Q429. 93	副神经
Q429. 94	舌下神经

在“Q429　末梢神经系统的生理”下展开的一组同位类中，从“Q429.8　听神经”到“Q429.94　舌下神经”的类号就采用了八分法。

八分法虽然在数字的位数上不能体现所有同位类之间的并列关系，但由于它用“9”作为空位号来扩展同位类的号码，因此仍能有规律地表示各同位类。

八分法从理论上说可以不断地用空位号“9”无限地扩展号码，但会使号码越来越长，影响了标记符号的简短性、表达性及助记性三个性能的发挥。因此，在使用八分法时，一般最多只采用两次“八分”，如果同位类数量过多，通常适宜采用双位制标记技术。

（2）双位制

双位制，又称为百分法，是在采用层累数字标记的情况下，当同位类超过 18 个时，直接以两位数字表示一次划分，以解决号码的扩充问题。双位制是为了增强类列的容纳性而采用的一种标记技术。下面是《中图法》的例子，虽然不是严格的双位制，但基本上属于该类型。

I236	地方剧
I236. 21	天津市地方剧
I236. 22	河北省地方剧
I236. 25	山西省地方剧
I236. 26	内蒙古自治区地方剧
I236. 3	东北地区地方剧
I236. 41	陕西省地方剧
I236. 42	甘肃省地方剧
I236. 43	宁夏回族自治区地方剧
I236. 44	青海省地方剧
I236. 45	新疆维吾尔自治区地方剧
I236. 51	上海市地方剧
I236. 52	山东省地方剧
I236. 53	江苏省地方剧
I236. 54	安徽省地方剧
I236. 55	浙江省地方剧
I236. 56	江西省地方剧
I236. 57	福建省地方剧
I236. 58	台湾省地方剧
I236. 61	河南省地方剧
I236. 63	湖北省地方剧
I236. 64	湖南省地方剧
I236. 65	广东省地方剧
I236. 658	香港地方剧
I236. 659	澳门地方剧
I236. 66	海南省地方剧
I236. 67	广西壮族自治区地方剧

I236.71　　四川省地方剧
I236.719　　重庆市地方剧
I236.73　　贵州省地方剧
I236.74　　云南省地方剧
I236.75　　西藏自治区地方剧

双位制从理论上说可以编 100 个号码，但通常不使用带“0”的双位数字，因此从号码11～99，可以容纳 81 个同位类。

双位制的容纳性很强，但简明性、表达性及助记性都较弱。

(3) 借号法

借号法是在采用层累标记制的情况下，为了增强类列的容纳性而采用的借用上位类或下位类类号的一种标记技术。通常在上一级号码较宽裕时，用上级号码标示下级类目，或在下级类目超过 10 个但超过不多时，根据情况，借用“9”以外的下级号码进行扩充，使号码配置更加灵活。下面是《中图法》中借上位类类号的例子。

K235　　三国、晋、南北朝（220—589 年）
K236　　　三国（220—280 年）
……
K237　　　晋（265—420 年）
……
K238　　　十六国（304—439 年）
K239　　　南北朝（386—589 年）
……

其中，“K236　三国”“K237　晋”“K238　十六国”“K239　南北朝”四个类的类号借用了其上位类“K235　三国、晋、南北朝”的类号。

(4) 预留空号法

预留空号法是指根据学科发展情况和类目设置的可能，在配号时预先留下一些空号，供类目增补时使用的一种标记技术。空号法在分类法中运用得很普遍。下面是《中图法》中预留空号法的例子。

E07　　军事管理学
E071　　　军制学
E072　　　军队指挥学
E073　　　军事教育学
E075　　　后勤学

(5) 双位加点法

双位加点法是一种通过在两位号码后加点表示一次划分的扩号方法，如《中国人民大学图书馆图书分类法》(简称《人大法》)。下面是《人大法》(第 6 版) 的基本大类。

1　　马克思主义、列宁主义、毛泽东思想
2　　哲学
3　　社会科学、政治
4　　经济
5　　军事
6　　法律
7　　文化、教育、科学、体育

8	艺术
9	语言、文字
10.	文学
11.	历史
12.	地理
13.	自然科学
14.	医药、卫生
15.	工程技术
16.	农业科学技术
17.	综合性科学、综合性图书

其中，从“10.”到“17.”为双位加点法，其代表的类目级次与“1”～“9”相同，均为一级类目。

（6）字母标记法

字母标记法是在使用数字标记的情况下，直接以类名的首字母为标记，标示下一级类目的一种标记技术。字母标记法一般只用来标示类表的最后一级类目，如《国会法》，《中图法》也部分使用了这种方法。下面是《中图法》中字母标记法的例子。

TP312　　程序语言、算法语言

依语言名称的前两位英文字母区分，并按字母序列排，若程序语言名称的前两位字母相同，则取第三位字母，以此类推。例如，ALGOL 语言为 TP312AL，Java 语言为 TP312JA，TP312 排在 TP312JA 之前。

（7）对应编号法

对应编号法是按照类目设置的规律统一配置对应号码，使标记具有规律性、一致性，方便用户使用的一种标记技术。换句话说，对应编号法是针对具有相同区分标准的类目，使其相应部分的号码趋于一致，以增强标记符号易记性的一种编号方法。下面是《中图法》中对应编号法的例子。

H1	汉语
H11	语音
H12	文字学
H13	语义、词汇、词义（训诂学）
H14	语法
H15	写作、修辞
H159	翻译
H16	字书、字典、词典
H17	方言
H19	汉语教学
H31	英语
H311	语音
H312	文字
H313	语义、词汇、词义
H314	语法
H315	写作、修辞
H315.9	翻译

H316　　　　　　　词典
H317　　　　　　　方言
H319　　　　　　　语文教学

其中，“H1　汉语”类下从“H11　语音”到“H19　汉语教学”与“H31　英语”类下从“H311　语音”到“H319　语文教学”两组类号就存在对应关系。

显然，对应编号法突出了标记符号的表达性和助记性两种性能。

3.2.3　国内外常用分类法介绍

下面概要介绍《中国图书馆分类法》和《杜威十进分类法》(DDC)、《国际十进分类法》(UDC)、《美国国会图书馆分类法》(LCC)、《冒号分类法》(CC)。其中，DDC、UDC 和 LCC 是目前在国外使用得最广泛的文献分类法，被西方称为世界三大分类法；CC 虽然实际使用单位并不多，但作为典型的分面分类法，具有较大的理论意义和研究价值。

1.《中国图书馆分类法》

1）编制

《中国图书馆分类法》(Chinese Library Classification，CLC，即《中图法》)前 3 版的名称均为《中国图书馆图书分类法》，由于分类法使用的范围不断扩大，第 4 版改为现在的名称。

《中图法》是在我国文物事业管理局的支持下，由原北京图书馆倡议，集中全国 36 个大型文献单位的力量共同编制的一部大型综合性文献分类法。《中图法》的编制广泛汲取了新中国成立后文献分类法的成功经验，其中尤与《中小型图书馆图书分类法草案》(简称《中小型表》)和第一次编制的《中国图书馆分类法》(简称《大型法》)有着深厚的渊源。

1973 年，《中图法》试用本发行，在全国范围的图书馆中广泛征求意见后，进行了认真的修订。1975 年，《中国图书馆图书分类法》第一版正式出版，并陆续为全国图书馆和文献单位所使用。其后，除了根据本身使用的需要定期修订，还进行了不同版本和配套产品的编制，逐步形成了以《中图法》为中心的版本系列。1999 年第 4 版出版，改名为《中国图书馆分类法》。2010 年 9 月出版第 5 版。

2）类目体系

《中图法》根据毛泽东关于知识分类的思想，将人类全部知识划分为哲学、社会科学、自然科学三部分，并以此作为确定分类法基本结构的理论依据。除此以外，认为马克思主义、列宁主义、毛泽东思想是分类法编制的指导思想，故将其作为特殊部类列于首位。而由于有些图书内容庞杂，类无专属，无法按某学科内容性质分类，所以被概括为“综合性图书”，也作为一个部类，置于最后。

这样，《中图法》便确定了五个基本部类：马克思主义、列宁主义、毛泽东思想，哲学，社会科学，自然科学，综合性图书。

除了第一个和第五个基本部类，其他三个基本部类因为是对知识的科学划分，所以它们的序列反映了知识的内在联系。

五大基本部类只对人类全部知识进行了粗略的划分。《中图法》在照顾各学科领域平衡的基础上，以国际上通用的基本学科划分和专业划分为依据，同时考虑习惯的知识领域划分，在五大基本部类的基础上，进一步将社会科学部类扩充为 9 个基本大类，将自然科学部类扩充为 10 个大类，共设置了 22 个基本大类。

《中图法》第 1 版与第 5 版基本部类和基本大类对照如表 3-3 所示。

表 3-3 《中图法》第 1 版与第 5 版基本部类和基本大类对照

《中图法》第 1 版	《中图法》第 5 版
A 马克思主义、列宁主义、毛泽东思想	A 马克思主义、列宁主义、毛泽东思想、邓小平理论
B 哲学	B 哲学、宗教
C 社会科学总论	
D 政治、法律	
E 军事	
F 经济	
G 文化、科学、教育、体育	
H 语言、文字	
I 文学	
J 艺术	
K 历史、地理	
N 自然科学总论	
O 数理科学和化学	
P 天文学、地球科学	
Q 生物科学	
R 医药、卫生	
S 农业科学	
T 工业技术	
U 交通运输	
V 航天、航空	
X 环境科学	X 环境科学、安全科学
Z 综合性图书	

对于 22 个基本大类的设置及其序列，《中图法》在“第 1 版编制说明”中进行了详细阐述，重点强调了所包含各学科之间的内在联系。

在社会科学部分中，按照政治、经济、文化的次序，在社会科学总论后，首先列出政治、法律大类及与政治有密切联系的军事大类，然后序列经济类，再排列有关文化事业的类目，以及语言、文学、艺术等，最后为系统研究和阐述人类社会过程的历史科学及其密切相关的人文地理。在自然科学部分中，类表按照基础科学和应用科学分别设类。基础科学遵循从简单到复杂、从低级到高级的次序排列。应用科学首先列出与生物科学有密切联系的医药、卫生和农业科学，再序列工业技术门类，其中交通运输、航空航天根据学科发展分别设为基本大类，列于工业技术后；并将环境科学、安全科学作为保护人类生态环境、维护人体安全的综合性科学设为一个独立大类。

在基本大类的基础上，《中图法》根据各类文献的特点，遵循从总到分、从一般到具体、从理论到实践的方式逐级展开。根据哲学、社会科学内容及其发展与国家、时代具有密切联系的特点，哲学、社会科学领域各类在多数学科的理论方法后，对涉及各国情况的类目一般先按国家序列，再按其他标准分类，时代的区分则通常在国家后根据需要进行。在自然科学各类中，基础科学一般按研究对象的性质，依据从总到分、从简单到复杂的次序序列；技术科学和应用科学类目的编列通常先列出基本理论或技术科学，再按对象列出各具体部门，并按先总后分的次序设类。对自然科学各类中国家与时代的区分仅限于学科史、现状等有关的少数类目。

为了使文献分类法适应现代文献分类的特点及我国文献分类的实际需要，《中图法》还在类目设置中采用了多种处理方法。

① 在自然科学的学科门类中，对科学技术的新成果、新技术，根据需要予以充分反映，在不影响科学性的前提下适当突出它的级位。例如，“地球科学”中的“地质力学”“海洋学”，“生物科学”中的“分子生物学”等，都被编列在较为显著的位置，以适应新学科的发展。

② 为了满足特定学科专业文献组织的需要，在部分特定的学科知识门类下集中设类。例如，部分放弃了严格按照学科列类的方式，将工业技术中的“制药化学工业”下的有些类目设置在“医药、卫生”大类中，使“医药、卫生”大类的类目相对集中，能够比较充分地满足医学文献单位的实际需要。

③ 在处理交叉关系类目时，突出其规律性、灵活性和适用性。对于多重相关、多重隶属关系的类目，除了按照研究对象所属的学科归类，一般还揭示其相关联系，为用户提供各种选择的可能，具体做法包括：编制交替类目，编制类目参照，规定互见分类方法，通过注释指明集中和分散的方法等。

④ 根据文献处理的需要多重列类。例如，对于“TN949.1/.299　各种电视”类，类表同时采用“按体制分”和“按功能、用途分”两种标准进一步区分类列，并在类下明确规定处理办法：“涉及多重列类标准的著作入最后编列的类”，使类表具有多角度处理文献的能力，并具有分面组配的潜在能力。

⑤ 双表列类。《中图法》在“D9　法律”类采用了双表列类的方法，即为法律类编制了两个分类体系，以满足不同文献单位对法律文献组织的不同需要。具体来说，第一个类表采用先国家后法律部门的顺序展开类目体系，可满足一般文献单位的使用需要；第二个类表采用先法律部门后国家的顺序展开类目体系，可满足法律专业文献单位的使用需要。这样，增强了类表的灵活性和适用性。

《中图法》的复分表包括两种类型：通用复分表和专类复分表。

《中图法》有 8 个通用复分表，列于主表后，依次为：总论复分表；世界地区表；中国地区表；世界时代表；中国时代表；世界种族与民族表；中国民族表；通用时间、地点表。

在编制手检工具时，通用复分表只对主表类目起复分作用，不能单独使用。

在用于机读数据标引时，利用各通用复分表的子目号都有特定的前置符号区分的特点，可以将它们均作为一个独立的检索标识从主类号中剥离，成为机读数据中能参与组配检索的标识。换言之，凡是一个类目没有按照其他标准复分、仿分的注释时，文献主题中的地区、时代、民族、种族、通用时间地点要素，都可以把相关的通用复分子目号单独著录于一个 690 字段。在机读数据 690 字段标引时，按照规定，总论复分号在某些情况下也可以单独著录于一个 690 字段，而且可以重复使用。

除了 8 个通用复分表，《中图法》在主表的有关类目下还编有 58 个专类复分表，供相关类目细分时组配使用。

仿分及使用关联符号进行类间组配等方法，在《中图法》中也得到了广泛的应用。

各类复分表及各种复分方法的应用，对于《中图法》的编制和使用所起到的最突出的作用是：大大缩短了类表的篇幅，加强了类表对主题的揭示能力，增强了类表标引和检索的灵活性和规律性。

3）标记符号和配号制度

《中图法》采用汉语拼音与阿拉伯数字相结合的混合号码，一般以一个大写字母标志一个大类。在工业技术大类中，为了适应工业部门分类的需要，采用双字母方式标记二级类目。其余类目均采用数字标记，所有数字按小数对待。为了使号码醒目，规定每三位数字加一“.”间隔，“.”不包含任何意义。

《中图法》的配号制度基本上遵循层累标记制的原则。数字部分使用小数制编号，即首先顺序字母后的第一位数字，然后顺序第二位，以此类推。分类号的排列严格按照小数制的排列方法。

数字设置时，尽可能地使号码的级数与类目的级数相符。

但是，为了满足标记对类目容纳性、简短性的要求，在号码配置上通常采用各种灵活的标记方法，包括八分法、双位制、借号法、预留空号法、字母标记法、对应编号法等。

另外，《中图法》采用如下辅助符号。

① “a”：推荐号，供马克思主义、列宁主义经典作家的著作在各相关类目中重复反映时使用，排列于相同号码前。

② “—”：总论复分号，为总论复分表号码的组成部分，带总论复分号的标记排列于相同的主类号后、下一个分类号前。

③ “:”：关联符号，用于两个类目之间的组配，通常依据主表中有关类目下的注释，在按照某类目下相对集中的资料进一步排序时使用。

④ “( )”：国家区分号，通常在分类法未要求区分国家的情况下，供收藏文献较多的单位扩大地区复分表的应用范围时使用。

⑤ “=”：时代区分号，通常在分类法未要求区分时代的情况下，供收藏文献较多的单位扩大时代复分表的应用范围时使用。

⑥ ““””：民族、种族区分号，在分类法未要求区分民族的情况下，供收藏文献较多的单位扩大民族区分表的应用范围时使用。

⑦ “<>”：通用时间、地点区分号，用于区分国家、地区、时代以外的空间和时间概念。

⑧ “+”：联合符号，用于联结并列关系的主题。

《中图法》规定，在同一个类目下，以上各种辅助符号的排列次序是：—，( )，“”，=，< >，:，+。

4）修订和管理

（1）修订

① 第一次修订

由于《中图法》是在特殊时期编制成的，当时受“左”倾思潮的影响很深，类表中有不少不科学、不合理的类目，随着科学技术的发展，人们思想观念的改变，亟须对其进行必要的修改和补充。根据 1979 年长沙会议确定的《中图法》修订方针和原则，《中图法》第 1 版的修订工作开始。1980 年修订工作完成，正式出版《中图法》第 2 版。

《中图法》第 2 版重点对第 1 版中的“左”倾思潮产生的影响加以清除，如改变了按政治观点列类的方法，改变了教育类中先按国家划分的类目体系，合理地安排了中华人民共和国成立前与中国有关的类目。另外，自第 1 版出版以来，科学技术迅速发展，与此相关的文献内容、数量、种类也都发生了巨大的变化，显然，已有的类目体系不利于对当时的知识整体、文献整体的全面揭示，为此，《中图法》第 2 版增补了管理学、系统学、遥感技术、遗传工程等重要学科类目。

《中图法》第 2 版修订增加了 1173 个新类目，删除了 870 个类目，改动了 577 个类目，也对有些类目注释、复分表进行了一定的修订。

② 第二次修订

总体来看，1990 年出版的《中图法》第 3 版对第 2 版的各级类目及标记系统进行了全面的检查、调整和扩充，进一步清除了“左”倾思潮对分类法的影响，把“安全科学”与“环境科学”合并为一个类组，使用双表列类法建立了法律类第二分类体系，扩大冒号组配的使用范围，等等。

《中图法》第 3 版修订的指导思想是，“分类法是按照学科系统编制的，其体系结构和类目设置，必然要受一定时间条件的局限。为此，随着科学技术的发展而不断加以充实、修订是必然的。但它毕竟是类分文献的工具，它的编制和使用具有连续性和稳定性，应尽量避免大的更动。”

在此思想的指导下，《中图法》第 3 版解决了第 2 版的一些遗留问题；无论是体系结构还是类目设置，均比第 2 版更为科学；采用了新的编制技术，比第 2 版有改进和提高。

《中图法》第 3 版由于类目的增补、删除、改动而使图书必须随之进行改编的地方多达 2190 多处。

③ 第三次修订

1999 年出版的《中图法》第 4 版在修订方针上坚持基本部类和基本大类的设置和序列基本保持不变；强调编制使用的连续性、稳定性，对标记的变动持谨慎态度，字母与数字混合的标记符号与层累小数制的标记制度基本保持不变。在这个前提下，实现个别大类类目体系结构的调整与完善，增加与补充新学科、新事物主题概念。同时，规定各版本之间保持基本体系结构一致，将其区别限制在类目划分深度、组配方法的使用上；充分利用并不断完善已经采用的分类方法和技术，如多重列类法，交替类目法，参见类目法，类目复分、仿分法，主类号直接组配法等。

在这个修订原则的指导下，《中图法》第 4 版明确了类目体系调整的范围和重点。

第 4 版重点修订了“F　经济”“TN　无线电电子学、电信技术”和“TP　自动化技术、计算机技术”三个大类，主要采取增补、扩充类目的方法。

除了将上述三大类作为重点修订，《中图法》第 4 版还全方位地对整个分类法的类目体系进行了调整，扩充或加细了许多类目，增加或改动了大量类目注释，对复分表也做了大幅度的增补和扩充。

此外，通过增设指示性类目、增加沿革注释、修改或规范类目名称、规范注释用语和注释引用次序及扩大采用编列交替分类体系的列类法等方法，尽可能地使类目体系与知识体系、文献体系之间建立比较密切的关系，使分类法能够准确、合理地类分文献。

④ 第四次修订

《中国图书馆分类法》第 5 版在第 4 版的基础上对类表进行了较大幅度的增、删、改：对 D、G、TS 大类进行了局部调整；增补了大量新主题类目；合并使用频率过低的类目；删除重复或列类不当的类目；修改类名，增强类目的容纳性；增改注释，控制划分深度；增加了复分标记和“一般性问题”的禁用标记；完善了类目参见注释；修改补充了类目反向参照注释；增补了“通用时间、地点和环境、人员”附表的复分类型。此次修订新增类目 1630 多个，停用和删除类目约 2500 多个，修改类目约 5200 多个。例如，合并 G25、G35 图书馆学情报学体系；修改 G25 类名为“图书馆事业、信息事业”，G350/359 的全部类目体系合并到 G25/259 类目体系中，同时增设同位类“G254.9　信息检索”。

（2）管理

在管理机构上，《中图法》目前采用二级管理方式。

第一级，《中图法》编委会。其成员由参加编制分类法单位的代表组成，负责确定类表发展方针和全面修订，并在北京图书馆设置分类词表组，其职能是集中用户意见，负责类表日常修订工作。

第二级，专业分类委员会，负责该学科类表的修订组织工作和以《中图法》为基础的专业分类法的编制工作。

在管理方式上，由北京图书馆词表组负责对类表的日常维护，通过定期出版《〈中图法〉与文献标引信息简报》公布修订信息，与用户沟通，以便使类表能够适应实践发展的需要；全面修订则由编委会组织各科专家定期进行，一般是 6～8 年修订一次。

1981 年，国家标准总局转发了“关于《中图法》作为国家试行标准草案的建议”。目前，《中图法》已经被国内各类型图书馆与其他文献信息机构广泛应用。据统计，大约有 90%以上的图书情报单位使用《中图法》，我国集中编目部门均将《中图法》作为主要分类标引依据。

1985 年，《中图法》获得国家科学技术进步一等奖，成为我国图书情报界唯一获得最高奖项的研究成果。

2001 年，《中图法》电子版正式出版，设置有专用网站。目前，《中图法》的版权归国家图书馆所有。

5）主要优点和不足

概括地说，《中图法》具有以下优点。

① 基本大类设置比较合理。全表以学科为中心建立分类体系，大类设置数量合理，基本反映了现代科学发展的现状和文献状况。在类目排列上，基本以类目内容之间的联系作为类目设置的依据，符合现代文献分类的特点。

② 类目体系的展开比较系统、适用。整个类表按照从总到分、从一般到个别、从低级到高级、从理论到实践的顺序展开，体现出较强的规律性。为了兼顾文献组织与文献检索的双重功能，类目展开的级次一般控制在 6 级左右。

③ 重视类表的灵活性。类表在保持类目体系展开的规律性的同时，广泛采用各种技术手段，为交叉学科、边缘学科等提供了各种选择的可能，如设置交替类目、类目参照、双表列类等，使用户在使用类表时有一定的选择余地。

④ 追求编号技术的最佳结合。类表采用字母、数字结合的混合号码，以层累标记制方式配号，类号简明，同时使用一些特殊标记技术如八分法、双位制等，增强类目体系的容纳性。

为了加强类号的助记性，设置了多种辅助符号供组配时使用。

⑤ 发展了适合各种规模和对象的文献标引与检索的配套产品。包括根据不同文献规模、对象而编制的分类表、专业类表及《中国分类主题词表》等，为我国文献标引和检索的一致和规范提供了必要条件。

⑥ 管理健全、规范。建立常设机构负责类表的修订和管理，并且有明确的管理形式和修订方针，保证了分类法能与知识发展同步，不断满足用户的分类标引需要。

同时应当指出，《中图法》目前存在如下主要问题。

① 部分类目体系需要进一步完善，如“G 文化、科学、教育、体育”类，显得缺乏学术性、系统性。

② 通用复分表还不够充分、集中。例如，与国外一些著名分类法相比，《中图法》至今还没有编制语种、人物等复分表，影响了对一些主题进行充分的分类标引；地区表分为《中国地区表》和《世界地区表》，时代表分为《中国时代表》和《国际时代表》，使类目设置分散等。

③ 分类法系列中不同类表之间需要加强协调。例如，从实际应用的情况来看，迫切需要对《中国图书资料分类法》（简称《资料法》，是《中图法》的详编本）进行适当的分面改造，以增强其对文献主题的组配标引能力；对于综合性分类法与专业分类法之间的关系如何处理，需要做出哪些相对具体、明确的规定等问题，都必须在实践的基础上逐渐解决。

2.《杜威十进分类法》

1）发展概况

《杜威十进分类法》（Dewey Decimal Classification，DDC，简称《杜威法》）由美国著名的图书馆学家杜威（1851—1931）创立，首次出版于1876年，取名为《图书馆图书、小册子排架和编目用分类法及主题索引》，是一本仅有40多页的小册子，收入近1000个类目，用3位阿拉伯数字作为号码。篇幅虽小，但因为它率先提出以相关排列法代替当时美国图书馆普遍采用的固定排列法，并首次为类目表编制相关索引，而且标记简明，所以受到了普遍欢迎。

1885年的第2版改名为《十进分类法与相关索引》，加深了类目的细分程度，首次为分类法的主表配置了标准复分表，并明确规定了在保持已有类目稳定的基础上进行修订的方针，为该分类法的进一步发展奠定了基础。

自1951年出版的第15版起改称《杜威十进分类法》，一直沿用至今。

从1891年第4版起，《杜威法》的编者就不是杜威本人了。1922年，杜威委托普拉西湖俱乐部教育基金会组织一个常设委员会永远负责《杜威法》的修订和出版工作。1958年第16版，其修订工作实际移交给了美国国会图书馆继续进行。1975年成立了十进分类法编辑政策委员会。目前，《杜威法》的出版工作由OCLC联机计算机图书馆中心的分支机构森林出版社负责。

为了适应世界知识体系的不断演变，DDC在诞生的100多年里一直积极地进行着更新和完善。

《杜威法》早在20世纪80年代就完成了计算机管理系统的研制，于1993年1月正式推出电子杜威（Electronic Dewey，ED）第1版，这是世界上第一个自动化的交互式分类法系统。1996年7月，森林出版社在电子杜威的基础上，提出了基于DDC 20的视窗杜威（Dewey for Windows，DFW）。同年，DDC 21 的视窗版问世。视窗杜威（DFW）对电子杜威（ED）有所改进，操作平台由 DOS 改为 Windows，使用户界面有了根本性的变化。视窗杜威有单机版和网络版两种。用户可以通过类号、类名、术语等多种途径获取类目体系、索引及与类目有关的完整资料，并可同时调用多种不同功能的窗口进行查找、显示和处理。2000 年，在线杜威 WebDewey 发布，其后不断更新。

2011 年，DDC 23 的印刷版正式出版，内容有四卷。2017 年，编辑人员宣布不再印刷《杜威法》的英文版，转而使用每季度更新一次的 WebDewey。

《杜威法》是当今世界上影响最大、用户最多的图书馆分类法，目前有 35 种语言版本，适用于 140 多个国家/地区的约 20 多万个图书馆，不仅用来组织图书馆藏书，也广泛用于书目和文摘数据库及网络信息资源的组织和检索。美国国会图书馆和英国不列颠图书馆发行的书目记录中均有 DDC 类号。

2）体系结构

杜威编制《杜威法》的指导思想是实用主义。他强调，实用就是一切，实用、方便是杜威编制《杜威法》最重要的标准。

在类目安排上，杜威接受了美国哈利斯编制的图书分类法，只进行了少量调整。英国哲学家培根依据人的心理活动的功能区分知识，他认为人类的心理活动从低级到高级有三种功能，即记忆、想象和理性，依次产生出历史、文艺和哲学三大类知识。哈利斯分类法采用培根的知识划分原则，但对原有的次序进行了倒装，改为哲学、文艺和历史，将全部图书按照当时美国高等学校设置的课程学科分为 100 类，按照这个倒转培根体系加以排列，就构成了哈利斯分类法的类目体系。

杜威则把哈利斯分类法的 100 类归纳为 10 个大类，并基本保持了原有的序列，作为一级类目；二级类目则与哈利斯法的 100 类基本相同。这样，《杜威法》间接地与培根的知识分类体系建立了密切的联系，因此《杜威法》的分类体系被形象地称为倒转培根法。

在《杜威法》中，基本大类是按学科或研究领域组织的。《杜威法》最基本的原理是：分类法按学科而不是按主题组织，这也是等级列举式分类法的共同特征。DDC 的类目体系按照学科之间的一定联系与关系归纳组织，但并非一门学科为一类，不少相关学科成为类组。每一学科门类逐级按内容层层展开，形成等级体系，但并非机械地按 10 个类划分。类目体系采取对已知主题进行详细列举的方法，在表内尽量为每个已知的主题准备一个具体的位置。

《杜威法》的主表是对已知主题的详细列举，基本上是以学科为中心展开的。第一级类目先将所有的学科门类分为 9 个大类，再为不能归入任何一类的图书设一总类，共 10 个基本大类。基本大类以后再设置 9 个二级类加一个总类。以此类推，形成一个层层展开的十进分类体系。下面是《杜威法》第 21 版的 10 个大类（Classes）。

000　计算机、信息及总论（Computers, Information & General Reference）
100　哲学和心理学（Philosophy & Psychology）
200　宗教（Religion）
300　社会科学（Social Sciences）
400　语言（Language）
500　自然科学（Science）
600　技术（Technology）
700　艺术和娱乐（Arts & Recreation）

800　　文学（Literature）

900　　历史和地理（History & Geography）

每个大类下又展开为 9 个类和 1 个“总论”类，合成 10 个类，称为门（Divisions）。每个门下，通常分为 9 个小类及 1 个“总论”性类目，被称为纲（Sections）。

纲以下的类目也可按上述原则逐级细分，细分的类目统称为子目。一般来说，每个类也划分出 9 个小类和 1 个“总论”性类目。不足 9 类的留出空号，多于 9 类的一般用扩九法，即用其中一位数字配做“其他”类后，再用其下一位小数展开。这样逐级细分，形成一个详细列举的分类主表。子目以下可以进一步划分，有的分到十几级，直到保证不再有文献为止。

《杜威法》平均每 6 年修订一次，它的修订原则有两条：一是保持分类号连续性和完整性原则；二是与知识发展保持同步原则。由于遵循这两条修订原则，虽然历经 100 多年的发展，《杜威法》的体系结构变化不大。

3）标记符号和标记制度

DDC 采用的标记符号是通俗易懂的阿拉伯数字（也有少数类目可采用拉丁字母或其他符号作为标记符号的一部分）。全部数字符号按小数来理解，按小数值的顺序来排列。为了醒目和便于阅读，第三位与第四位小数之间用小圆点隔开。

DDC 利用小数的特点来标记其等级列举式类目体系，分类号码按小数值的大小排列。

DDC 基本上采用小数层累标记制度，用第一位小数标记第一级类目，第二位小数标记第二级类目，以此类推，层层隶属，层层包含。例如：

600　　技术

620　　　工程学

621　　　机械工程

621.3　　　　电力工程

621.38　　　　　电子与电力通信工程

621.384　　　　　　无线电通信工程

当然，也有不少情况是小数的级位与类目所展开的层次不完全一一对应，小数的级位不能用来判断类目之间的上下位类和同位类关系，而只用来表明类目之间的前后顺序位置，采用的是小数顺序制。有时适当使用灵活的标记方法，用来扩充下位类。同时，重视号码的助记性，往往使用同一个数字表示相同概念。例如，在《杜威法》标记中，理论总是 1、历史总是 9、欧洲总是 4、亚洲总是 5、中国总是 51 等，给分类工作者和用户使用类表带来了一定的便利。

4）类目注释系统、复分表和类目索引

《杜威法》的类目注释系统丰富、详细，主要包括描述类目内容的注释、包括注释、涉及其他类目的注释、修订注释和标引方法注释。

由于《杜威法》的历史沿革比较悠久，它的复分表是不断建立和发展起来的。在 17 版以前只有一个标准复分表，17 版增设了地区复分表，18 版以后又增设了 5 个通用复分表。目前，《杜威法》共有 9 个复分表，依次为：标准复分表，地理区域、历史时期、人物复分表，艺术、一般文学、特殊文学复分表，单个作者文学作品复分表，多作者文学作品复分表，T3B 表中相关类的注释，单个语种和语种家族体系复分表，民族复分表，语种复分表。

《杜威法》复分表的主要作用是精简类表篇幅，避免类目的重复列举，与此同时，增强了分类法的组配因素，使分类法的体系向列举与组配相结合的方向发展。

《杜威法》有一个详细的相关索引，它是杜威首创的一种分类法索引。该索引不仅收入类表中类名和注释中所有的术语及其同义词，还将一个主题的各方面及被一主题所规定的词或倒装的词集中在同一标目下，从而可以将分散在各学科中同一主题对象的不同类目集中在一起，不理解学科之间关系的用户可以通过主题字顺索引查找相关主题。

相关索引在《杜威法》体系中是一个重要的部分，包括类表和复分表中的大多数术语，以及类表和复分表所代表的概念中有文献保证的术语。

为了充分揭示词间关系，《杜威法》在索引款目之间使用参照的方法，用于指向上位词；同时，第 21 版和第 22 版引入了处理多学科著作的新的机制。

在电子杜威中，号码不仅与类名联系，还输入了《美国国会图书馆标题表》（简称《国会标题表》）中对应的标题，用户可以通过类表、关键词和大类类号结合，查找对应的分类号、相关的分类号及对应的《国会标题表》中的标题，联机使用。在索引编制手段上，《杜威法》还利用 OCLC 联机目录中分类号与主题词的同现率作为编制依据，改进了索引的编制。

5）主要贡献与不足

《杜威法》是当今世界上流传最广、影响最大的一部文献分类法，是现代文献分类法发展史上的一个里程碑。通过持续的修订和科学的管理，《杜威法》尽可能地与科学技术的发展保持同步，使类目体系能够不断容纳新主题、反映新观点，有意识地消除或淡化宗教及政治倾向性，使它有了更加广阔的发展空间，被越来越多的国家和地区用于藏书组织。目前，《杜威法》已被翻译成几十种文字，其中包括全译本、节译本、增补本和改编本。

总之，《杜威法》对世界分类法的主要贡献也是最值得其他分类法学习和借鉴的成就是：

① 在文献排架和目录组织中首次使用了相关排列法。

② 在标记制度方面首次采用了小数层累标记制。

③ 创建了等级分明的类目体系。

④ 首次配置了详细的相关索引。

⑤ 建立了对 DDC 进行定期修订的稳定的管理机构。

所有这些贡献和成就让《杜威法》建立分类检索系统和组织分类排架的实践职能有了可靠的技术支持，为进一步完善和发展提供了强有力的组织保障。

当然，《杜威法》也存在一些明显的不足，例如：

① 由基本大类构成的类目体系对不同学科门类之间所具有的内在联系反映得不够充分，影响了整个类目体系的学科系统性。

② 大类的设置不能适应现代科学的发展，不少已经过时的类目结构与现实文献的学科内容相脱离。

③ 过于突出美国中心的特征，在使用和发展方面具有一定的局限性。

④ 小数层累标记制度使类号冗长，不利于文献排架。

3.《国际十进分类法》

1）发展概况

《国际十进分类法》（Universal Decimal Classification，UDC），也称为通用十进分类法，是由比利时学者奥特勒和拉芳丹共同编制的一部著名的列举－组配式分类法。《国际十进分类法》也被称为世界上第一部半分面分类法。所谓半分面分类法，是因为体系结构主要是列举式，而在同位类展开时需要进行相关的组配。《国际十进分类法》既不同于《杜威法》，又有别于阮冈纳赞的《冒号分类法》。

1895 年，奥特勒和拉芳丹主持召开第一次国际目录学会议，会上成立了国际目录学会，决定编制世界书目，需要有一个分类法作为世界书目的工具。当时《杜威法》正出到第 5 版。奥特勒等决定以该分类法为基础进行改造。在获得杜威同意后，1895 年开始对类表进行改造，将类目加细，并增设各种辅助符号供组配使用。第 1 版为法文版，名为《世界图书总目手册》，由国际目录学会于 1905 至 1907 年期间分 35 个分册出版，包括约 3.3 万个类目和一个字顺索引，远比同期的 DDC 类表详细。该分类法得到了欧洲许多图书馆和文献单位的使用。第二版出版于 1927 至 1933 年，仍为法文版，类目增加到 7 万个，改为目前使用的名称。为了强调分类法的国际性，UDC 的第 3 版改为德文版，始于 1934 年，其间因第二次世界大战而中断，直到 1953 年才最后完成，约 14 万个类目。此后的各语种版本均是在法、德两个版本的基础上发展起来的。

目前，UDC 有 23 个语种版本，并有详本、中型本和简本的区别。一般情况下，详本列表详尽，大致在 20 万个类目左右；中型本为详本的三分之一，约 5～6 万个类目；简本约为详本的十分之一，即 2 万左右。其中，详本往往按分册出版，无严格的出版计划。为便于整个分类法的管理和发展，1993 年建立了 UDC 的英文主文档，将类目限定在 6 万个左右，明确将其作为 UDC 各种语种不同类型版本修订和发展的基础。

UDC 是一种文献分类法，其分类对象为各种类型文献，包括小册子、科技报告和期刊论文等，主要不是作为文献排架的工具编制的。目前，UDC 主要用于欧洲各国的专业图书馆、文献中心和情报机构，不少文摘和索引工具也采用 UDC，是国外使用较广的三大分类法之一。

2）体系结构

UDC 突出实用这一编制思想，自称是一种实用的分类法。奥特勒明确提出：不应该将 UDC 看成一种知识的哲学分类，类目的次序也不是最重要的。UDC 的目的在于：只要经过正确的标号和排序，就可以迅速地从任何角度查找到任何一篇文献。

UDC 是一个在详尽列举式类表的基础上大量采用组配方式建立的文献分类体系，由主表和辅助表及索引组成。

UDC 的主表是在 DDC 基本结构的基础上发展起来的一个层层展开的十进系统，也将人类知识分为 10 个大类（据 1989 年英文中型版）。

0　总类、科学和知识
4　（语言）
5　数学和自然科学
6　应用科学、医学、技术
7　艺术、娱乐、体育
8　语言、语言学、文学
9　地理、传记、历史

1964 年，第四大类的“语言”被并入第八大类“文学”，空出来的第四大类的号码拟作为扩充科技类目之用，为分类法的进一步发展预留了空间，进一步揭示了“语言”和“文学”在内容上的密切联系。

UDC 的大类序列与《杜威法》基本相同，但大类标记变为 1 位数字。

UDC 类目区分程度比《杜威法》详细，按照从一般到特殊的原则，逐级进行区分，形成层层展开、详细列举的等级类目体系。例如：

6	应用科学、医学、技术
62	工程、技术（总论）
621	机械工程总论、核技术、电气工程、机械制造
621.3	电工程、电技术、电气工程
621.39	电信技术
621.396	无线电通信设备和方法
621.396.9	雷达
……	……

值得一提的是，UDC 的类目体系虽然是在《杜威法》的大类体系的基础上展开的，但并没有完全照搬，而是组织了不同学科领域的主题专家对各个大类进行了独立的设置和展开，并且广泛应用了组配方式来表达复合主题，大量采用了分面结构，是名副其实的列举－组配式分类法。

3）标记符号和标记制度

UDC 最突出的特点是：在详尽类表的基础上，结合辅助表和一系列复分标记的使用，广泛采用了组配的方式。

UDC 的标记由主表类号和各种辅助符号组成。

UDC 的主类号与 DDC 比较接近，采用单纯阿拉伯数字，以层累制方式配置号码，用个位数（0～9）标记一级类，十位数（00～99）标记二级类，百位数（000～999）标记三级类，以下每扩展（细分）一级，就加一位数。为便于识别，每三位数字后加“.”。

UDC 基本上采用小数层累制作为标记制度，分类号码的级位体现类目的等级。每细分一次，就在原号码后加一位号码。当展开的同位类超过 9 个或需要预留空位时，采用八分法或百分法进行标记。

为了缩短号码和扩充类目，采用借号法（包括借上级号码、下级号码和同级号码）标记类目先后次序。

4）辅助符号

UDC 不仅编有多种通用复分表与专类复分表，还根据组配的需要设置了多种辅助符号。主表类号与各种辅助符号的组配，使复合主题得到了多方面的揭示，从而使分类法具有更大的灵活性。比较灵活的组配和复分是 UDC 的重要特点。正是因为复分表和各种辅助符号的广泛使用，才使得 UDC 成为一种等级体系－分面组配式的分类法。

概括地说，UDC 共设有两种辅助符号：一是独立使用的通用辅助符号，二是结合辅助表使用的辅助符号。第二种辅助符号又可以细分为两种：结合通用辅助表使用的辅助符号、结合专门辅助表使用的辅助符号。

5）修订和管理

20 世纪 80 年代前，UDC 的修订由国际文献联合会（FID）负责，由 FID 分类法中心委员会进行日常管理工作，FID 的成员国也建立相应国家的委员会，负责该语种版本的管理。为了保持类表的稳定性，UDC 采用保留空类的方针，规定一个原有类号被修改放弃后，10 年内不得使用。由于修订过程缓慢，而且涉及不同语言和不同详略程度版本的差异，整个类表缺乏有效的整体控制，很难与知识发展保持同步，无法满足用户的实际使用需要。

为了有效进行类表的修订，20 世纪 80 年代后，UDC 的修订和管理方式发生了很大变化，成立了 UDC 管理委员会，负责 UDC 的修订和管理。1992 年初，UDC 的管理权改为由 UDC 集团负责。UDC 集团的参加者，除了 FID，还包括比利时、日本、荷兰、西班牙、英国的 UDC 出版者，下设秘书处。同时，建立了以英文中型版为基础的核心主文档，该文档包括将近 6 万个类目，作为整个 UDC 类表进一步发展的基础。

目前，UDC 的管理由专家组成的编辑小组实际负责，放弃了原有的修订方式，包括号码改变后 10 年内不得使用的方针，使修订工作更加迅速有效。同《杜威法》一样，UDC 的修订分为两个层次，即常规修订和彻底修订，而且努力促进类表逐步向分面发展，建立组配结构。

6）主要优点与不足

UDC 比较突出的优点是：

① 在世界分类法发展史上首次将概念分析原理应用于文献分类标引实践，是组配分类的先驱。

② 类表列举详尽，组配灵活，既利用复分表进行组配，也大量使用各种辅助符号进行类目之间的组织，达到了充分揭示文献主题的目的。

③ 标记符号表达性强，运用各种辅助符号表达文献的主题成分，可以轮排，以适应计算机检索的需要。

UDC 存在的一些不足是：

① 基本大类的设置缺乏均衡性。

② 组配规则过于灵活，影响了标引的一致性。

③ 分类号码冗长，辅助符号繁多复杂，给手工排检带来了不便。

④ 缺乏稳定而强有力的机构负责管理和修订工作，没有统一的修订方针。

4.《美国国会图书馆分类法》

1）发展概况

《美国国会图书馆分类法》（LCC）是为了适应美国国会图书馆图书分类和排架的要求而编制的大型综合性分类法。

LCC 是由各主题领域的专家，依据图书馆文献的特点，按照大类独立编制，分册陆续出版的。从 1902 年的“Z　目录学”大类首先出版，直到 20 世纪 80 年代，整个分类法的各分册才陆续出齐。整个分类法缺乏整体性，没有统一的合订本和统一的索引，有人称它是专业分类法的集合。

虽然 LCC 的编制初衷是为了美国国会图书馆藏书的排架和检索，但随着它的影响的扩大，使用范围越来越广，逐渐为许多大型学术性图书馆、研究图书馆及部分公共图书馆所使用。目前，LCC 已经完成了机读文档的建设。

2）体系结构

LCC 的分类体系基本上是以学科为中心而建立的。21 个基本大类的设置参考了克特展开式分类法的体系，并以美国国会图书馆的收藏特点为依据。整个大类次序按照总类、哲学、历史和地理、社会科学、艺术和文学、科学技术的顺序组织。

A	总类
B	哲学、心理学、宗教

C	历史：辅助科学
D	历史：世界史
E—F	历史：美洲史
G	地理、人类学
H	社会科学
J	政治
K	法律
L	教育
M	音乐
N	美术
P	语言、文学
Q	科学
R	医学
S	农业
T	技术
U	军事科学
V	海军
Z	书目及图书馆学

大类以下，由各类专家根据学科领域的特点展开类目体系，一般先划分出基本学科或分支，再按主题、形式、地区、时代进一步划分，按照从总到分的次序逐级进行等级显示。

LCC 的详表是根据文献保证原则建立的，所以各基本大类的馆藏资源情况不同，就导致了各大类之间类目展开的详略程度缺乏平衡性。

LCC 是典型的等级列举式分类法，对复合主题列举详尽。为了控制分类法的篇幅，LCC 也注意使用了为数不多的复分表，但与前面介绍的多数分类法中的复分表有所不同，主要表现在两方面：一是没有通用复分表，只有专类复分表；二是复分表号码不是单独配置的，而是根据主表顺序号码中预先留下的空号确定的，也就是说，同一复分类目往往有多个号码，不具有助记性。LCC 采用的复分表类型主要包括：形式复分表、地区复分表、年代复分表、主题复分表、汇编复分表、著者复分表等。

3）标记符号和标记制度

LCC 采用字母加阿拉伯数字的混合号码来标记类目，类号通常由三部分组成：一是大写字母，通常以 1 位字母表示基本大类，2 位或 3 位字母表示其下位类；二是阿拉伯数字 1～9999 表示其子类，必要时可以用小数进行扩充；三是在许多类下进一步用字母和数字组成克特号（书号），再加上出版年代号。例如：

Z668	（分类号，表示图书馆学目录学教学）
. w54	（克特著者号，作者为 White）
1976	（出版年）

LCC 采用的是顺序标记制，标记符号不能反映类目之间的等级关系，缺乏表达性，而且不利于在电子形式中通过标记符号对类表的等级加以显示。但是，其容纳性强，也比较简短。另外，LCC 的复分表的类号不具有助记性。

4）修订和管理

美国国会图书馆编目方针和支持办公室主要负责 LCC 的修订工作，LCC 的编目人员起协助作用。

LCC 的各类表没有统一的出版计划，各表的新版或修订一般根据需要分别准备，独立出版，情况很不一致。

LCC 只有分册索引，有的分册还没有索引。目前，可供 LCC 使用的、以整个分类法为对象的书本式索引只有《国会图书馆分类法索引》和《国会图书馆分类法索引汇编》。这两本索引都是各个分册索引的汇编，只能满足从主题字顺角度查找类目的基本需要。但是，值得一提的是，1995 年，LCC 整个类表已经被输入计算机，可以说，事实上已经建立起了 LCC 的完整的机读索引，而且这个重要的结果必然给整个类表的修订、管理和使用带来极大的便利。

5）主要优点与不足

LCC 的优点主要是：

① 因为是一部依据文献保证原则编制的分类体系，所以能较好地适应文献标引的需要。

② 类目体系由各学科专家编制，适合研究性图书馆的分类特点。

③ 标记简短，容纳性强，使用组配少，便于号码配置。

④ 以日常编目工作为修订依据，增补和变动比较及时。

⑤ 类表结构稳定，类目体系变动较少，有利于实际编目工作。

LCC 存在的不足主要是：

① 分类法的编制及修订工作均缺乏明确的理论指导，降低了类表应有的系统性和规律性。

② 因受组织和检索美国国会图书馆藏书的制约，削弱了整个分类法的通用性，并且以西方为中心的倾向也比较明显。

③ 类表从一开始就按照分册编制、修订，缺乏整体性。

④ 详尽列举方式使类表篇幅巨大，增加了类表管理和更新的费用。

⑤ 采用的顺序标记制虽然适用于藏书排架，但表达性差，尤其是在计算机系统中不利于通过标记对类表进行等级显示。

5.《冒号分类法》

1）发展概况

《冒号分类法》（Colon Classification，CC）是印度著名图书馆学家阮冈纳赞所创制的分面分类法。阮冈纳赞最初编制的分类法受到了一种名为“梅卡洛”（Meccano）的机械组合玩具的启发。这种玩具的全部材料只有槽条、齿轮、螺钉、螺帽等 12 个小型零件，通过进行适当的变换和组合，就可以装配成各种不同样式的玩具。阮冈纳赞由此联想到了图书分类表，设想只用少而短的分类表，随时根据类表中各种成分适当加以变换，组配成任意主题的类号。阮冈纳赞随即投入了全部的热情和努力，开始了具有非凡意义的《冒号分类法》的编制工作。1925 年，在从英国返回印度的旅途中，阮冈纳赞终于完成了《冒号分类法》的初稿。随后，经过了几年的实践，《冒号分类法》的第 1 版于 1933 年正式面世。

阮冈纳赞提出，为了随时反映和处理不断产生的新主题，文献分类表必须具有随时扩充的能力，具体来说，文献分类表必须具有这四方面的无限容纳性：对于从属类目，要能够实现无限地细分；对于同位类目，要能够实现无限地增加；在同一类目的各个属项之间，要能够实现无限地相互组配，进而产生新的类目；在不同类目之间，要能够实现无限地相互联系，进而形成新的类目。

阮冈纳赞认为，要实现上述功能，文献分类法最关键的问题就是标记制度。

以往分类法的各种标记都有一个不可克服的缺点，即特定主题的分类号是固定的，这种先组式的类号必然使类目体系受到了很大的限制。

正是为了克服分类法的这个缺点，阮冈纳赞提出了面的分析法和分面标记法。面的分析法是分析概念内容的方法，也就是主题分析的一种方法。这种灵活的、不固定的、后组的、不先组的标记方法，基本具有阮冈纳赞所提出的四个方面的无限容纳性。

对于文献分类与知识体系的关系，阮冈纳赞的观点十分明确。他认为，文献分类应当以文献中包含的知识的类别为依据。人类的全部知识可以划分为若干大类和惯用类，大类和惯用类都是基本类，而文献中的主题总是由某基本类包含的概念构成的，因此将每个基本类划分成许许多多的概念，通过对这些概念的相互组配，就可以生成许许多多的主题，而文献就可以根据这些主题进行归类。

到目前为止，《冒号分类法》已经出了 7 版：1933 年正式出版第 1 版，1939 年出版第 2 版，1950 年出版第 3 版，1952 年出版第 4 版，1957 年出版第 5 版，1960 年将第 1 卷修订出版作为第 6 版，1972 年出版第 7 版。

《冒号分类法》与以往文献分类法最大的不同之处就在于：充分肯定了分类语言具有动态性的特征。阮冈纳赞认为，知识是“多维的”“动态的”和“无限领域的”。有了这种对知识问题的见解，便确定了《冒号分类法》适应知识领域动态发展的基调。为了能够使分类法最大限度地与知识发展同步，阮冈纳赞提出了具体的解决方法——分析与合成的方法，即通过对事物进行“基本范畴分析、相分析、面分析、巡分析、层分析”这种分析－合成程序，来完成对任何一种文献主题的描述。

阮冈纳赞以概念分析与综合原理编制的《冒号分类法》标志着分类语言的一个新发展，对当代分类法的理论与实践产生了广泛影响，目前，人们已经开始探讨将《冒号分类法》及其分面分析的原理运用于网上信息组织。

2）类表结构

《冒号分类法》的类表结构主要包括基本大类、惯用类、基本类、分面分析法等内容。

如前所述，分面分类法与体系分类法一样，也编列有基本大类。在基本大类的设置方面，阮冈纳赞认为，基本大类的数量不是固定不变的，可以随着新学科门类的出现而随时增加，大类的排列次序也并不十分重要。

《冒号分类法》基本大类的设置基本上是以传统学科门类为基础的，根据习惯上的传统学科门类划分出一定数量的基本大类，而且，每出一新的版本，基本大类的数量都有所改变。例如，第 6 版的基本大类如表 3-4 所示。

解说性大类列举：

(:g) 评论方法	(P) 信息论	(p) 会议方法
(X) 管理方法	(r) 行政报告方法	

以上基本大类共划分为 4 个分区：z 综合类为第一分区类目，以小写拉丁字母表示；以阿拉伯数字表示为其他学科所不能包括的新兴学科，作为第二分区类目；大写拉丁字母 A～Z、Δ、∑表示传统学科类目，作为第三分区类目；第四分区为新出现的各种方法学、带有工具性质的类目，以带有“( )”的大写或小写拉丁字母表示。

表 3-4 《冒号分类法》基本大类及其标记符号

标记符号	基本大类	标记符号	基本大类	标记符号	基本大类
z	综合类	H	地质学	O	文学
1	知识全体	HZ	采矿学	P	语言学
2	图书馆学	I	植物学	Q	宗教
3	图书学	J	农业	R	哲学
4	新闻学	K	动物学	S	心理学
A	自然科学	KZ	畜牧学	∑	社会科学
AZ	数理科学	L	医学	T	教育
B	数学	LZ	药学	U	地理
BZ	物理科学	M	实用技艺	V	历史
C	物理学	△	精神体验与神秘主义	W	政治学
D	工程学	MZ	人文科学与社会科学	X	经济学
E	化学	MZA	人文科学	Y	社会学
F	工业技术	N	美术	YZ	社会工作
G	生物学	NZ	文学与语言	Z	法律

所谓惯用类，就是根据传统习惯予以区分的一系列类目。大类和惯用类均称为基本类。基本类及其标记符号如表 3-5 所示。

表 3-5 基本类及其标记符号

标记符号	基 本 类	标记符号	基 本 类
H	地质学	R	哲学
H1	矿物学	R1	逻辑学
H2	岩石学	R2	认识论
H3	构造地质学	R3	形而上学
H4	动力地质学	R4	伦理学
H5	地层学	R5	美学
H6	古生物学	R6	优惠系统（1）
H7	经济地质学	在此展开印度哲学	……
H8	宇宙的假说		

基本类是图书分类的出发点，只有基本类才能附有分面公式。

阮冈纳赞把概括文献主题的分类特征归纳为 5 个基本范畴，即本体（Personality）、物质（Matter）、能量（Energy）、空间（Space）、时间（Time）。

本体，指事物本身的各种体现；物质，指构成事物的材料；能量，指事物的各种活动、影响、状态和问题；空间，指事物存在或发生的地点；时间，指事物存在或发生的时期。

5 个基本范畴就是 5 个基本分面。阮冈纳赞以 P、M、E、S、T 分别代表这 5 个基本范畴（基本分面），用“,”“;”“:”“.”和“‘”5 个分面符号依次表示这 5 个基本范畴（基本分面）。

分面公式（Facet Formula），即分面的组配次序与标记符号，也称为组面公式。各分面依据具体性递减的原则确定先后次序。

《冒号分类法》总的分面公式为：

,[P];[M]:[E]·[S]'[T]

以总的分面公式为依据，各类有具体的分面公式。例如，“S 心理学”类的分面公式为“S[P]:[E][2P]”。

巡（Round），是指在同一主题内数次出现的某种分面（能量、本体、物质分面等），如[2E]称为第二巡能量，[3E]称为第三巡能量。

层（Level），是指同一巡内同范畴数个分面，如[P2]、[P3]分别称为第一巡第二层本体、第一巡第三层本体。

巡表示同一主题的纵向深入，而层表示同时采用多种分类标准的横向联合。

3）主要优点与不足

《冒号分类法》是一部完全按照分面方式编制的分类法，突出的优点是：

① 类表十分简练，标记的表达性强，可以在确切揭示文献主题的同时充分揭示复杂主题的关系。

② 类表采用分面组配结构，对新出现的主题具有比较强的接纳能力和揭示能力，能较好地适应科学技术的变化发展，成为一种不同于传统分类法的全新的分类法类型。

《冒号分类法》对分类法理论和技术的发展具有革命性的贡献，提出的分析兼综合的原则，分面分析、分面标记的学说，极大地丰富了分类法的理论，对世界范围内分类法的编制和修订都产生了巨大影响，并且深刻地影响着整个知识组织理论，在计算机广泛应用的今天，具有巨大的理论价值和实用价值。

当然，《冒号分类法》也存在一些不足：

① 大类结构以神秘主义为中心展开，对整个分类体系依据的思想没有明确的说明。

② 标记结果虽然表达性强，但标记方法复杂、符号种类繁多，给类表的使用造成困难。

③ 类表的展开不够均衡，有的大类采用深度分类，有的大类只是概略分类。

④ 虽然在理论上代表着分类法发展的新的阶段，但是类表本身的编制水平尚有待于提高，编辑和印刷错误较多，影响使用质量。

3.3 主题语言

主题语言，又称为主题检索语言或主题法。主题法是指直接以表达主题内容的语词作为检索标识，以字顺为主要检索途径，以参照系统等方法揭示词间关系的标引和检索信息资源的方法。

3.3.1 主题法概述

1. 主题法的含义

“主题”一词，在不同的语境中有不同的解释。在信息组织中，主题主要指信息资源所论述的主要对象，包括事物、问题、现象等。那些经过选择、用来表达信息资源主题的语词被称为“主题词”。主题法实际上包含两个含义：第一，是指信息资源的主题整序方法，即用语词标识标引信息资源和组织检索系统的方法；第二，是指主题语言。也就是说，主题法包含主题标引和主题语言。主题标引是指对信息进行主题分析，用主题语言表达分析出的主题，赋予信息资源主题标识的过程；而主题语言是一种检索语言，标题词、元词、叙词等主题词就是主题语言的主体。

2. 主题法的原理

1）直接以语词作为主题标识。

主题法不像分类法那样，以一种抽象的号码系统作为分类标识，而是直接选用自然语言中的语词作为主题标识。例如，“土壤生态学”主题在《中图法》中的分类标识为 S154.1；但在主题法中，可直接用“土壤生态学”作为主题标识，比分类标识直观。

2）以字顺序列作为主要检索途径。

虽然主题法往往也采用范畴（分类）、词族（等级）等方式对主题词进行组织，但字顺方式始终是它的主要排检依据。我国的主题检索系统通常是根据汉语特点、按照拼音或笔画笔顺进行排检的，因此在使用主题法检索时，只要知道检索对象的名称，就可以按相应的字顺排检方式进行查找，方便快捷。在采用机检系统的情况下，一般可以直接输入语词，由计算机进行查找，不必像使用分类法那样必须预先了解主题所属的学科，因此通用性较好。

3）以主题为中心集中信息资源。

分类法由于受学科体系的限制，从不同学科角度研究同一对象的信息资源是被分散在各知识门类的，主题法则没有这一限制，而是直接从主题对象的角度揭示信息资源，这一特性是由主题标识和字顺排列决定的。以论述葡萄的文献为例，在分类法中，关于葡萄的栽植、葡萄的酿制、葡萄的贸易等主题，一般应按学科分别归入农业科学、工业技术、经济等不同学科门类，而在主题法中，通过语词标识和字顺排列，这些有关葡萄的各种信息资源可以直接在“葡萄”主题标识下集中予以揭示。

4）通过参照系统等方式揭示主题词之间的关系。

为了在采用字顺序列的同时有效揭示主题概念之间的关系，主题法发展了完备的参照系统，通过在主题词下设置用、代、属、分、参等多种参照项，建立起“隐蔽的分类体系”。此外，一些备有词族索引、范畴索引、轮排索引等这些辅助索引，从不同角度揭示主题之间的关系。通过上述各种形式的结合，在主题词之间建立起充分的语义联系。当然，各种主题系统中对词间关系的揭示状况是不平衡的，就整体而言，其主题之间关系的揭示不如分类法。

主题法通常用于建立各种检索工具，不仅用来编制各类手工检索的书目索引、主题索引，也广泛用于组织机检系统，供计算机检索使用。与分类法相比，主题法的特点是可以集中检索与一个主题有关的各个方面的信息资源，检索的直接性好，适合进行各种特性检索，在性能上具有与分类法相互补充的特点。所以，主题法是从主题内容着手对信息资源进行组织的方法，有其自身的规律和特点，是一种和分类法不同的信息组织和检索的方法。

3. 主题法的类型

主题法的类型可以有许多不同的划分，按照选词方法，可以分为标题法、元词法、叙词法、关键词法等；按照主题词使用时组配的先后，可以分为先组定组式主题法、后组式主题法和先组散组式主题法；按照使用时是否对主题词进行控制，可以分为受控主题法与非受控主题法。

1）按选词方法划分

（1）标题法

标题法是一种以标题词作为主题标识、以词表预先确定的组配方式标引和检索信息资源的主题法。所谓标题词，亦称标题，是指经过词汇控制，用来标引信息资源主题的词或词组，通常为比较定型的名词术语。例如，“电子计算机”“信息资源”“主题法”“教学理论”等都可以作为标题词。目前，世界上使用最广泛的标题词表是《美国国会图书馆标题表》。

除了直接选取自然语言中的单词和词组作为标题标识，标题法还采用其他一些标题形式。如复分标题（多级标题）：肿瘤—治疗；肿瘤—治疗—中药；水果—病虫害；等等。倒置标题：飞机，低速；贸易，多边；等等。带限义词的标题：运动（哲学）；运动（体育）；等等。复分标题可对一个主题的各方面及其特征进行专指标引，倒置标题可集中一个主题的相关信息资源，带限义词的标题可明确标题词的专业含义。

标题法主要通过设置参照的方式对标题词之间的联系进行揭示。标题词之间的关系主要有三种：等同关系、等级关系和相关关系。等同关系揭示标题词与非标题词之间的关系；等级关系和相关关系都揭示标题词之间的关系。

等同关系是指一标题词与其含义相同，可以互相代替的语词之间的关系。标题法对于等同关系的揭示采用的参照符号是“见”和“见自”（See and See from）。“见”参照符号后指出的是标题词，“见自”参照符号后指出的是非标题词。例如：

电脑
　　见　电子计算机

电子计算机
　　见自　电脑

形势几何学
　　见　拓扑学

拓扑学
　　见自　形势几何学

在标题法中，只能用标题词标引和检索信息资源，非标题词不能用来标引和检索信息资源，只能作为检索入口，但仍保留在标题表中。

等级关系是指广义词（泛指词）与狭义词（专指词）之间的关系，广义词是上位词即上级标题词，狭义词是下位词即下级标题词。揭示等级关系有助于扩大或缩小检索范围、提高族性检索能力。标题法对于等级关系的揭示采用的参照符号是“参见”和“参见自”（See also and See also from）。“参见”参照符号后指出的是下级标题词，“参见自”参照符号后指出的是上级标题词。例如：

电子计算机
　　参见　电子模拟计算机
　　　　　电子数字计算机

电子模拟计算机
　　参见自　电子计算机

电子数字计算机
　　参见自　电子计算机

相关关系是指标题词之间除等同关系、等级关系之外语义相关的一种关系，揭示相关关系有助于扩大检索范围，进行相关信息资源的查找。标题法对于相关关系的揭示采用的参照符号是“参见”和“参见自”（See also and See also from）。例如：

图书馆学
　　参见　　情报学
　　参见自　情报学

情报学
　　参见　　图书馆学
　　参见自　图书馆学

肿瘤
　　参见　　吸烟

吸烟
　　参见　　肿瘤

参见自　吸烟　　　　　　　　　　　　参见自　肿瘤

在标题法中，等级关系和相关关系的揭示都用“参见”和“参见自”作为参照符号，即对这两种关系没有明确区分，在使用中造成了不便。从 20 世纪 80 年代开始，一些标题表对其参照系统进行了改进，如广为使用的《美国国会图书馆标题表》自 1988 年开始改用与叙词法类似的参照符号，明确区分了等级关系和相关关系，使得主题词之间的关系更加清晰。

另外，标题法为了节省标题表的篇幅，标题表一般采用设置复分表的方式，以便对标题词进行细分，其作用与体系分类法的复分表相似。复分表一般包括通用复分表和专用复分表，通用复分表包括地区复分表、时代复分表、文献类型复分表等；专用复分表包括人物标题复分表、疾病标题复分表等。标题表中的复分实际上也是一种组配方法。所有的复分表一般都只能作为构成子标题使用，唯有地区复分表，也可作为主标题使用。下面是人物标题复分的例子，左边是复分表的一部分细目，右边是标引实例：

— 主义
— 评论
— 诞辰
— 传记
— 逝世
— 遗物
— 著述
　　—目录
　　—稿本
— 格言
— 学说

孙中山—诞辰
　　　—传记
　　　—著述—目录
　　　—学说

综上所述，可将标题法的特点归纳为：

❖ 按主题（文献论及或涉及的事物或对象）集中文献。
❖ 用经过规范化的语词直接标引文献主题。
❖ 用参照系统间接显示主题词之间的相互关系。
❖ 用字顺序列直接提供主题检索途径。
❖ 具有较高的专指度，标题语言的标识先组度高，标识含义比较明确，易于标引，易于检索。
❖ 有较强的适应能力，标题语言可以随着社会的进步、科学技术的发展自拟新的标题，来表达信息资源中所论及或涉及的新事物，因为标题表中的标题具有示范性，而且自拟或新增标题对标题表的结构没有太大影响。

但是，标题法也存在一些不足，主要表现为：

❖ 标题表采用列举方式，往往造成收词量巨大，修订量大的问题。
❖ 大量采用定组式标题，使用手工检索工具时只能从规定的组配顺序入手进行查找，无法从多个因素、多个角度进行检索，必然会影响检索效果。
❖ 存在集中与分散的矛盾，主要表现在两方面：一是由于标题法以事物为中心集中文献，从学科或专业角度看，造成了文献资料的严重分散；二是由于标题法用无等级性的词作为标识，标题按字顺排列，所以即使同族事物有时也难于集中。为了弥补文献资料被分散的缺陷，标题法虽然采用倒置标题、多级标题等措施进行弥补，但不能从根本上解决集中与分散的问题。

作为一种传统的主题法类型，标题法开创了主题法的最初形式，探索了标题法词汇控制的一系列方法，如制定了标题的选择和确定的准则、规定了标题的形式、标题之间关系的揭示、标题标引过程中组配方法的使用等，为主题法的发展奠定了坚实的基础。

（2）元词法

随着现代信息资源数量的剧增，标题法作为一种列举式主题法类型，已经无法满足信息资源标引和检索的需要。元词法就是为了克服标题法的不足而发展起来的一种主题法类型，它是以元词作为主题标识，通过字面组配的方式表达信息资源主题的主题法。

所谓元词，是指用来标引信息资源主题的、最基本的、字面上不能再分的语词。例如，“化学”“经济”“网络”“图书馆”属于元词，而“知识组织”“网络经济”就可分解为“知识”“组织”“网络”“经济”4 个元词。元词的特点是它们在概念上不能再分解，如果再分解便不能表达专业概念，失去检索意义。

元词法是后组式主题法，在使用元词法的情况下，对复合主题资源的标引和检索都是通过元词的组配进行的。例如，“生物信息检索”主题必须通过“生物”“信息”“检索”3 个元词的组配进行标引和检索。正是因为元词法是后组式的，所以它只适用于标识单元方式检索系统，如比号卡、比孔卡及书本式检索工具等。因此元词法检索系统必须由两部分组成：元词卡部分和文献题录卡或文摘卡部分。元词卡部分是在每个元词卡上标引含有该元词的所有文献的文献号，所有元词卡按元词标识的字顺排列，组成检索系统。文献题录卡或文摘卡上著录文献的详细信息，按文献号的顺序组织排列。例如，对于“生物信息检索”主题，信息组织时应同时在生物、信息、检索 3 张元词卡上记录该文献的文献号。同时，当需要检索有关“生物信息检索”的信息资源时，首先应将该检索课题的主题分解为生物、信息、检索 3 个元词，在检索系统中找到这 3 个元词卡，然后比对这 3 个元词卡上的文献号，凡是共同的号码即为符合检索要求的信息资源。

在元词法中，为了避免不同主题的元词之间可能产生的误组配，可使用关联符号加以解决。关联符号是用于揭示同一文献中不同主题概念之间联系强度的一种专用符号，是后组式检索系统中常用的句法手段之一，其方法是在主题词后加上数字或字母符号。元词法还使用职能符号以明确主题标识的关系意义，职能符号是一种表示主题标识在组配中的句法职能的辅助符号，也是后组式检索系统中常用的句法手段之一。如可以规定凡遇到同一篇文献中几个主题词的组配可能产生两种或两种以上含义时，可采用职能符号“A”表示动作对象，符号“C”表示施动者等语义符号，加在主题词后，以防止组配中的误检。

综上所述，可将元词法的特点归纳为：

❖ 标引专指度高，通过多个元词的组配可以表达较专指的概念。
❖ 便于从不同主题角度检索，每个组配的元词都是一个检索入口，可实现多途径检索。
❖ 检索灵活，利用对元词的增减或改变可以自由地扩大、缩小、改变检索范围。

但是，元词法也存在一些不足，主要表现为：

❖ 直接性差。
❖ 不适宜查找基本主题的信息资源。例如，不宜对论述政治、生物等基本主题的信息资源的检索，因为检索到的信息可能是专论政治、生物某方面的信息。
❖ 采用字面组配方式，在字面分解与语义分解不一致时，容易造成误解。例如，“蘑菇战术”按照元词法的原理应采用“蘑菇”和“战术”两个元词组配，“猎户星座”应采用“猎户”和“星座”两个元词组配，但单独理解“蘑菇”和“猎户”时可能产生误解，使得信息资源归入不相关的语词下。

❖ 早期的元词法不建立参照系统，不显示元词之间的关系，无法进行相关信息资源的查找。

因为这些问题，元词法目前已经基本上被叙词法所取代。但元词法在主题法发展中的主要贡献是率先探索了后组式检索方法，元词法使用的反记法是目前机械检索系统中倒排档的先声，后来为叙词法等主题法类型所采用。此外，元词法探索了后组式检索中的规律和问题，包括联号、职号等辅助符号的使用方法及对各种检索系统的适应性，为叙词法的发展和使用开辟了道路。

(3) 叙词法

叙词法是以从自然语言中精选的、经过严格控制的语词为信息资源的主题标识，通过概念组配方式表达信息资源主题的主题法类型。叙词，国内亦称主题词，是经过规范化处理的、以基本概念为基础的表达信息资源主题的词或词组。叙词语言是受控主题语言的主流，到目前为止，国外的叙词表不少于 1000 种，国内也超过 130 种，我国目前使用最广泛的叙词表是《汉语主题词表》。

叙词法集多种检索语言的优点于一身，是多种检索语言的原理和方法的综合，使其成为一种具备优异性能的现代检索语言。例如，词的组配，来自单元词法；概念组配，来自组配分类法；适当采用预先组配（词组），来自标题法；对语词进行严格的规范化处理，来自标题法、单元词法；用参照系统显示词间关系，来自标题法；编制范畴索引和词族索引，来自体系分类法；编制叙词轮排索引，来自关键词法；以语词作为标识和按字顺排列，来自标题法和元词法。

在叙词法的基本原理中，概念组配是叙词法最基本的原理，叙词法以概念组配代替元词法的字面组配，两者存在以下不同。

第一，语词单元不同。元词法严格采用字面上不能再分的语词为标识单元，有时会影响对其主题内容的确切表达，产生误检，而概念组配要求词汇单位既能组配表达概念，又能独立表达概念，而且在这两种情况下表达的概念应该一致，因此用于概念组配的词汇可以是元词，也可以是词组，对主题的表达更准确。如字面组配时，“隧道二极管”可以分拆为“隧道”和“二极管”，然后用于组配，但是在概念组配中，由于“隧道”作为组配因素所表达的概念和它独立表达的概念不一致而会造成误检，因此需直接使用“隧道二极管”做叙词，无须分解。再如，在标引“美术学校”主题时，元词法使用“美术”“学校”两词组配，会出现美术专科学校和学校的美术课两种含义，而叙词法直接以美术学校进行标引，就不会出现二义性。

第二，组配的原则方法不同。概念组配本质上是在概念分析的基础上进行概念综合，即概念组配结果所表达的概念与参与组配的各方所表达的概念应符合概念逻辑原理，一般表现为下位概念与上位概念的关系，字面组配则利用构词法进行分拆和组合，它符合构词规律，但是不一定符合概念逻辑。例如，对于“生物物理学”主题，按照字面组配，可采用“生物”“物理学”加以组配，但根据概念组配原理，应使用该主题构成的概念单元，以“生物学”和“物理学”进行组配。显然，后者比前者的表达更准确。所以，字面组配和概念组配有时在字面形式上一致，有时不一致。一致仅仅是因为字面组配的构词结果和概念组配结果的字面表达正好吻合，并不说明两者在本质上一致。

同标题法一样，叙词法也通过参照系统揭示词间关系，即通过在叙词下设置参照项的方法，在叙词之间建立起一种反映主题词之间联系的语义网络。叙词之间的关系主要有三种：等同关系、等级关系和相关关系。

等同关系是指正式叙词与非正式叙词之间的关系，亦即在词汇控制中被选作叙词的词与落选且保留在叙词表中作为非正式叙词的词之间的关系。在叙词法中显示等同关系使用的参照符号为：用（Y 或 USE）和代（D 或 UF）。参照符号“Y”后指出的是正式叙词，“D”后指出的是非正式叙词，正式叙词可用于信息资源的标引和检索，非正式叙词不能用于信息资源的标引和检索，只起检索入口作用，但需保留在叙词表中。例如：

原子能工业
　　D 核工业

核工业
　　Y 原子能工业

毕业实践
　　D 毕业设计

毕业设计
　　Y 毕业实践

除了用于揭示同义词、准同义词之间的关系，等同关系还用于揭示组代关系，即指示一专指的非叙词和相应的叙词组配形式之间的关系。例如：

国际货币制度危机
　　Y 国际货币制度 + 货币危机

等级关系是指上位概念主题词与下位概念主题词之间的一种关系，对等级关系的揭示有助于扩大或缩小查找范围。在叙词法中显示等级关系使用的参照符号为：

分项	F	NT
属项	S	BT
族项	Z	TT

参照符号“F”后指出的是下位概念主题词，“S”后指出的是上位概念主题词，“Z”后指出的是族首词，族首词是一族词中最泛指的上位词。例如：

农业政策
　　F 副业政策
　　　粮食政策
　　　渔业政策
　　S 经济政策
　　Z 政策

相关关系，又称为类缘关系，是叙词之间除等同关系、等级关系之外语义相关的一种关系。相关关系是用于揭示叙词之间的各种联系、扩大检索范围、进行相关资料查找的主要手段。在叙词法中显示相关关系使用的参照符号为：

参项	C	RT

例如：

教育思想
　　C 教育理论

必要劳动
　　C 剩余劳动

对外贸易
　　C 国际贸易

分类表
　　C 分类号

综上所述，叙词法的特点可归纳为：

- 词汇控制严格，可以根据检索系统的需要对词汇进行有效控制。
- 组配准确，标引能力强，能够准确、专指地标引和揭示各种主题内容。
- 检索效率高，可以通过灵活组配方式进行多途径检索。

❖ 对检索系统适应能力强，可以同时适用于标识单元检索方式和文献单元检索方式，既能较好地适应计算机检索系统的要求，又能适应手工检索系统的需要。

叙词语言的不足：

❖ 由于词汇控制要求严格，词表编制和管理的难度大。

❖ 文献标引须在概念分析的基础上进行，标引难度大，要求高。

(4) 分类主题一体化语言

分类法与主题法的有机结合就是分类主题一体化，分类主题一体化实际上有两层含义：其一是指检索系统或检索工具的分类主题一体化，其二是指检索语言的分类主题一体化。本书主要指后者。分类主题一体化语言是一种实现了分类语言和主题语言兼容互换的系统。即一个分类系统与一个主题系统实现了完全兼容，有机地融合为一个整体，既能充分发挥各自独特的功能，又能通过配合发挥最佳的整体效应。

分类法和主题法的发展说明了二者在相互渗透和相互融合，如分类表中编制字顺索引，主题词表中编制分类索引、词族索引等，但它们仍不能实现两种检索语言的有机结合，即分类主题一体化，它们都只具有单一的分类标引或主题标引的功能。20 世纪 60 年代中期以后，国外对分类表和主题词表进行了大量的抽样调查试验，并在此基础上开始了分类法主题一体化的研究，这些调查分析表明，分类法和主题法之间有着非常密切的对应关系，可以实现分类语言与主题语言之间的兼容和互换。分类法和主题法虽然有着种种差异，但是它们在原理上有着许多相同之处，正是这些相同之处成为它们结合的基础。而且随着电子计算机在图书馆和文献信息工作中的广泛应用和情报语言学研究的不断发展，分类主题一体化词表的产生成为可能。

分类主题一体化语言具体体现为分类主题一体化词表的编制，一体化词表的主要组成是分类表部分和主题词表部分，它们是统一系统中相互配合又相对独立的两个子系统。这两个子系统通过术语的统一、词间关系显示的互补及同一的标记作为连接件或转换器而有机地结合为一个整体。在一体化词表中，分类表部分的功能优于单一的分类表，主题词表部分的功能也优于单一的主题词表，而且它们通过内部协调，分类表和主题词表各自提高了自己的特性和功能，使得一体化词表的整体功能高于它的各部分（分类表、主题词表）功能的总和。

分类主题一体化词表的类型主要包括如下。

❖ 分面叙词表：最典型的分类主题一体化词表，是由一部分面或半分面的分类表和一部叙词表组成的，有的附有轮排索引及英汉对照索引，如《教育主题词表》《社会科学检索词表》等。

❖ 分类主题词表：又称为分类法－主题词表双向对照索引，如《中国分类主题词表》等。

❖ 集成词表：将特定领域的若干叙词表和分类表汇编而成的一种集成词表，用于联合分类标引和主题标引，实现分类语言与主题语言之间的兼容及互换。例如，中国医学科学院编制的《中图法 R 类与 MeSH、中医药学主题词表对照表》就是一部以分类表（《中图法》的医学类）为主干，与两部主题词表（国际医学界通用的《医学主题词表》和我国的《中医药学主题词表》）进行对应标引而形成的集成词表。

2）按语词标识的组配特点划分的类型

(1) 先组定组式主题法

先组定组式主题法是指复杂主题的标识，在词表中就已经组配好了，使用时可以直接从词表的标识中选取。标题法就属于这一类型。

（2）先组散组式主题法

先组散组式主题法是指复杂主题的标识，在词表中未组配好，而是在标引阶段根据信息资源的主题需要进行组配的。采用叙词表在标引阶段建立标题，就属于这一类型。

（3）后组式主题法

用户检索前，主题系统中的主题词是单立的，检索时才根据检索需要进行组配。例如，在检索“湖泊水污染”主题前，检索系统中只有“湖泊”“水污染”等单立的主题词，用户输入检索要求后，检索系统经过匹配，才形成“湖泊—水污染”的组配标识。元词法、叙词法就属于这一类型。

3）按是否对主题词进行控制划分的类型

（1）受控主题法

受控主题法指依据特定主题词表揭示信息资源的组织方法，如标题法、叙词法等。它们的共同特点是标引和检索均依据选定的主题词表对主题概念进行转换，从而可以通过词表对信息资源内容的规范表达和相互关系的揭示来改进检索效果。

（2）非受控主题法

非受控主题法即自然语言检索系统，是直接使用信息资源或用户检索使用的自然语言语词进行组织的方法，包括关键词法、自然语言文本检索等。这种方法的特点是不需要使用主题词表，但一般仍需要遵守一定的标引规则和检索措施，以改进使用效果。

3.3.2 国内外常用主题词表介绍

1.《美国国会图书馆标题表》

1）概况

《美国国会图书馆标题表》（Library of Congress Subject Headings，LCSH）是世界上最具影响的一部标题表，是美国国会图书馆在编目实践的基础上编制而成的，于 1909 至 1914 年以《美国国会图书馆字典目录用标题表》名称陆续出版了 7 版，1975 年的第 8 版改为现名，并在同年出版缩微版，1986 年以机读形式出现，称为主题规范档，同年出版第 10 版，自 1988 年第 11 版起，每年出一新版。2001 年出版网络版（Classification Web）。LCSH 是目前美国及全世界使用最广泛的标题表，美国国会图书馆发行的印刷卡片、机读目录及西文图书的在版编目数据都依据 LCSH 的标题进行编制，而且世界上其他许多国家图书馆在对英文图书编目时，也基本以 LCSH 或参考其编目数据进行主题标引。

LCSH 现有三种基本形式：印刷版、机读版、缩微平片版。它的管理工作由美国国会图书馆的主题编目部完成，每周更新，平均每年大约新增 5000～7000 个标题。为了及时规范和反映标题的动态，还有如下 4 种辅助工具。

① 《主题编目手册：标题表》（简称《手册》），1984 年首次出版，现用 1991 年的第 4 版，对标题表的建立和使用做了详细说明。

② 机读版的“名称规范档”，LCSH 不列举大多数专有名词，要求直接使用名称规范档的相应名称作为标题。

③《编目服务通报》，收录《手册》出版后标题的修改、更新、使用以及有关出版物的信息。

④《自由浮动复分标题字顺索引》，将《手册》中按范畴编排的全部自由浮动复分标题按字顺编排，提供字顺查找途径。

LCSH 由主表、副表和使用说明三部分组成。其中，主表是标题表的主体。目前，其印刷版分为 5 卷，包括导言和字顺表，其副表和使用说明收入《主题编目手册：标题表》中。

2）款目结构

LCSH 的主表是由众多标题款目和非标题款目按字顺排列而成的。

（1）标题款目的结构

标题款目包括以下几部分。

① 主标题：用黑体印刷，作为款目词决定该款目在标题表中的位置，是标题表进行主题标引和检索的依据。标题形式有单词标题、词组标题、倒置标题、多级标题、带限义词的标题等。

② 分类号：置于“[ ]”中，放在主标题下，这是与该标题对应的美国国会图书馆分类法的分类号。不是所有的标题下都有分类号。如果一个标题可分入一个以上的类，它会有多个分类号，有些分类号后还注明其学科属性，但该分类号不能用于分类标引。

③ 注释：放在标题或分类号后。许多标题有范围注释，用以说明该标题的适用范围或几种含义及与其他相关标题的界限。此外，有些标题后的“May Subd Geog”或“Not Subd Geog”可以算是地理复分注释。

④ 参照项：用于揭示标题之间的等同关系、等级关系和相关关系。1986 年前使用的参照符号有 See、X、SA、XX。揭示等同关系的参照符号是 See 和 X，揭示等级关系和相关关系的参照符号都是 SA 和 XX。从 1986 年 12 月的 LCSH 平片版和 1988 年的第 11 版开始，LCSH 改用与叙词法相似的参照项目及符号，并明确区分等级关系和相关关系，使词间关系更清楚，使用的参照符号有 UF、BT、RT、NT，同时保留原来使用的 SA（See also）作说明参照，用于揭示一组相关标题或指示查找相关标题的方法。

⑤ 复分标题：也用黑体印刷，前面用“—”表示。复分标题下可以再有复分标题，前面用两个短横表示，复分标题之下也可能有参照项。标题款目样例：

Agricultural machinery (May Subd Geog)
[S671-S760.5]
UF Agricultural —Equipment and supplies
Crops —Machinery
Farm machinery
BT Machinery
RT Farm — equipment
Farm modernization
Machine —Tractor stations
SA subdivision machinery under names of crops
e.g. Corn —Machinery
NT Agriculture engineering
Agricultural instruments

……

— Cost of operation

UF Agricultural—Operating cost

— Dynamics

BT Dynamics

— Electric equipment

BT Electricity in agriculture

（2）非标题款目的结构

非标题款目包括：非正式标题，不用黑体字，依据其字顺与正式标题混排；USE 参照项，必备项，可以指向一个、几个或一批正式标题。

非正式标题款目样例：

Cars（Automobiles）

USE Automobiles

3）LCSH 中复分的使用

西文书刊一般以 LCSH 作为主题标引的工具。主题标引除了将直接从 LCSH 中查到的单词标题或短语标题等作为主标题外，多数主题还要通过复分进行组配标引。复分有以下几种。

（1）论题复分

论题复分用在主标题或其他复分下，将标题所表达的概念限定在专门的子论题或子方面，在 USMARC 中记录在 6XX 主题字段的$x 子字段。例如：

650#0 $a Computer networks $x Security measures

（2）地理复分

地理复分用以指明主要论题的起源或地理位置，在 LCSH 的词表中凡标注“May Subd Geog”的标题均可进行地理复分，若在某个主标题及复分标题后均出现“May Subd Geog”，则地理复分应在相应的复分标题后出现。地理复分在 USMARC 中记录在 6XX 主题字段的$子字段。例如：

650#0 $a Cameo glass $z Ohio $z East Liverpool

（3）年代复分

年代复分用以限定主标题或复分标题所反映文献内容涉及的历史时代。年代复分在 USMARC 中记录在 6XX 主题字段的$y 子字段。年代复分一般不能自由浮动，而要严格按照主表中在不同标目下所设置的年代复分来标引。例如：

650#0 $a Costume $z France $x history $y17th century

（4）形式复分

形式复分用以指明文献资料主题的形式特征，在 USMARC 中记录在 6XX 主题字段的$v 子字段，一般位于主题标引的最后一级。常见的形式复分有 Abstracts、Bibliography、Catalogs、Congresses、Dictionaries、Handbooks、Periodicals 等。例如：

650#0 $a Calvinism $z Switzerland $v Bibliography

（5）衍生复分

在 LCSH 中的表示方法是：将复分中的某一词用方括号括起，指明该词在针对具体文献标引时可用其他同类词置换并取消括号。例如：

World War, 1939-1945--Personal narratives, American[French, German, etc.]

根据这个衍生复分模式，可以派生出以下标题：

650 #0 $a World War, 1939-1945 $x Personal narratives, Spanish

（6）自由浮动复分

为了便于在主题标引时对标题进行有效控制，LCSH 使用自由浮动复分的形式进行组配。自由浮动复分标题大多有一定的应用范围，在 LCSH 的手册（Subject Cataloging Manual: Subject Headings）中有具体说明，一定要按照规则使用。自由浮动复分包括单独列表和采用类型标题的形式。单独列表又包括通用自由浮动复分表和特定范围的自由浮动复分表。

通用自由浮动复分表由列举的形式子标题和论旨子标题构成，用于相关类目的复分，此表收入《手册》中，使用范围一般在各子标题下注明。例如：

高度（Altitudes）
  用于地区、国家、州等的地名下。
  见自　　海拔
历史（History）
  用于各类主题，包括地区、国家、城市　等名称之下。

特定范围的自由浮动复分表收入只适用于特定范畴的标题，包括人物、种族、团体、人名、家族名、地名、水体等，集中在《手册》中，供相应主题选用。例如，用于地名下的复分标题有

Abstracting and indexing
Abstracts
Air defenses
……

类型示范标题表，即为各类标题分别选定一两个示范标题，并在其下列出一整套标准化、规范化的适用于这类标题的复分词，供同类标题仿照使用，这种复分有如分类表中的仿分。LCSH 在 35 个类下共设置 43 个示范标题。例如：

Catalog（类别）	Pattern Heading（示范标题）
Animals（General）（动物）	Fishes（鱼）
Animals, Domestic（家畜）	Cattle（牛）
Chemicals（化学制品）	Copper（铜）
	Insulin（胰岛素）
Colonies（殖民地）	Great British-Colonies（英国-殖民地）
Educational institutions（教育机构）	
Individual（个体）	Harvard University（哈佛大学）
Types（类型）	Universities and Colleges（大学与学院）
Industries（行业）	Construction industry（建筑业）
	Retail trade
……	……

（7）复分的顺序

在组配涉及多种主题成分时，主题标目的各种复分顺序一般为：主标题—论旨子标题—地区子标题—编年子标题—形式子标题，但有时地区子标题也可置于论旨子标题前，通常由标题词后的地区复分指示规定。即凡是主表中在主标题词后注明采用间接法，复分的次序为：主标题—地区子标题—论旨子标题—编年子标题—形式子标题。如主表中在副标题后注明采

用间接法，复分的次序则为：主标题—论旨子标题—地区子标题—编年子标题—形式子标题。例如：

Construction industry (May Subd Geog)

— Finance

— Law and legislation (May Subd Geog)

— Government policy (May Subd Geog)

— Industry capacity

如用 Italy 复分，则可产生下列地名复分标题：

Construction industry—Italy

Construction industry—Italy—Finance

Construction industry—Finance—Law and legislation—Italy

Construction industry—Government policy—Italy

Construction industry—Italy—Industry capacity

4）LCSH 简评

LCSH 能在世界上许多国家广泛流行，是因为它具有以下特点：

① 美国国会图书馆在其发行的印刷卡片、机读目录和西文图书的在版编目数据上都标有 LCSH 的标题，扩大了影响，使其成为国外使用最广的主题词表。

② 较好地体现了克特关于标题法的理论，确立了主题法的一些基本原则，如标题的选词原则、标题词的形式，明确规定标题的复分方法，建立参照系统等，便于利用。

③ 以美国国会图书馆藏书的实际需要为基础而编制，学科面广，标题详细，所建立的标题有充分的文献保障，有很强的实用性。

④ 有专门的管理机构，由美国国会图书馆编目部负责定期修订，使其具有长久的生命力，并备有《手册》等配套工具书，保证其使用的一致和规范。

但是 LCSH 也有一些不足，主要表现在：

① 缺乏统一的理论指导，不同时期在标题方式和形式（如同类标题在使用正写与倒置、短语与加副标题、单数与复数等方面）的处理中存在不一致。

② 参照不严密，缺乏规律性和一致性，许多款目未做互逆参照，不少款目在从传统标题参照形式向叙词参照形式转换时未准确揭示关系类型。

③ 缺乏专指度，采用先组方式无法充分标引较专指的信息资源。

④ 社会科学领域的标题带有强烈的美国中心和政治、社会等方面意识形态的影响，对于有不良倾向的某些主题须做修改。例如，China—history—Taiping rebellion，1850—1864 应改为 China—history—Taiping Uprising，1850—1864；Li Tzu Cheng Rebellion，1628—1645 应改为 Li Zicheng Uprising，1628—1645。

2.《汉语主题词表》

1）概况

《汉语主题词表》（以下简称《汉表》）是“汉字信息处理工程”的配套项目，1975 年开始编制，由原中国科技情报研究所和原北京图书馆主持编制，1980 年出版。它是一部大型的综合性主题词表，全书共分 3 卷 10 册，第 1 卷是社会科学部分，包括 2 个分册（第 1 分册为主表，第 2 分册为索引）；第 2 卷是自然科学部分，有 7 个分册（第 1～4 分册为主表，第 5 分册是词族索引，第 6 分册是范畴索引，第 7 分册是英汉对照索引）；第 3 卷是附表，只有 1 个分册。整个词表共收主题词 108568 条，其中正式主题词 91158 条，非正式主题词 17410 条。

为了使《汉表》跟上时代发展的要求，1991 年原中国科学技术情报研究所对词表的自然科学部分进行了修订，出版了自然科学的增订版，并建立了词表管理系统。1996 年，根据增订版补充编制了自然科学部分的轮排索引，从而使词表结构更加完备。目前《汉表》有印刷版、机读磁带版两种形式。自 1985 年起，《汉表》的主题词已被北京图书馆用于统编卡片的主题标引，我国的综合性图书馆现在一般均以《汉表》作为信息资源主题标引的工具。

2）结构

《汉表》由主表、辅助索引、附表组成。主表是词表的主体，作为信息资源标引和检索的依据；附表主要收录专有名词；辅助索引是通过改变组织方式，提供从不同途径着手查找叙词的工具，包括范畴索引、词族索引、轮排索引和英汉对照索引 4 种。

（1）主表

主表，又称为字顺表，是由众多叙词和非叙词按字顺排列而成的，是信息资源标引、检索及组织文献数据库和目录索引的主要工具。《汉表》作为一部大型的综合性叙词表，收词范围包括社会科学、自然科学各学科领域的主要名词术语。按照词形结构，主表的叙词可分为后组词和先组词两种形式。为了使主题标引能够同时适合机械和手工标引检索的需要，词表在大量选用先组词的同时，适当放宽词组的选择范围和级别，增加了词组的数量。选词主要遵循以下原则：选定的主题词应是各学科领域信息资源中经常出现的、在信息检索中有使用价值和一定的使用频率、能作为主题汇集一定量信息资源或具有叙词组配功能的名词术语；选定的主题词必须词形简练、词义明确，严格遵守一词一义原则，并且通过概念组配应能表达信息资源或用户查询的特定主题；选定的主题词应符合我国科学发展的实际需要，尽量与国内外主要主题词表相兼容，并应注意主题词的科学性与思想性。

正式主题词（叙词）的款目结构由汉语拼音、款目主题词、范畴号、含义注释、英文译名和各种参照项组成，正式主题词款目内的主题词一律用黑体排印。非正式主题词款目内的非正式主题词一律用白体排印，但其参照项内所指引的正式主题词则一律用黑体排印。

正式主题词款目样例：

汉语拼音	Xian xiang guan	
款目主题词（黑体）	**显像管** [56E]	范畴号
英文译名	Picture tubes	
代项符号	D 电视显像管	非正式主题词
	监视管	
分项符号	F 彩色显像管	
	固体显像管	下位主题词
	黑白显像管	
属项符号	S 电子束管	上位主题词
族项符号	Z 电子管*	族首词
参项符号	C 显示管	相关词
	指示管	

非正式主题词（非叙词）款目样例：

汉语拼音	Nongye fangzhen zhengce	
非正式主题词	农业方针政策 [05A]	范畴号（白体）

英文译名　　　　　　　　Agricultural program and policy
用项符号　　　　　　　　　Y　农业政策　　　　　　正式主题词（黑体）

（2）附表

附表是从主表中析出的几种专用词汇表。它所收录的主题词包括世界各国政区、自然地理区划、组织机构和人物等 4 个范畴领域中比较重要的专有名词。这些主题词一般都具有单独概念的性质，以及较强的检索意义或组配作用。《汉表》的附表包括：

- ❖ 附表一，世界各国政区名称（1100 词），收入世界各国、地区及所属重要城市名称。
- ❖ 附表二，自然地理区划名称（361 词），收入世界重要自然地理区划名称，包括山、川、河、流、湖、海、洋、岛屿、平原、盆地等的名称。
- ❖ 附表三，组织机构名称（1900 词），收入各专业中具有研究价值和文献论述的重要机构团体名称，但关于政治派别、军队中外历史上的机构团体名称均收入主表。
- ❖ 附表四，人物（4765 词），古今中外具有研究价值和文献论述的人物对象。

附表主题词的款目结构和排列方式与主表基本相同，其款目均由汉语拼音、汉语名称和英译名构成，有的款目下还有注释和参照项，分别按汉语拼音字母顺序排列。这类主题词一般不收入范畴索引，因此其款目项中没有范畴号。

（3）辅助索引

《汉表》的辅助索引是通过改变组织方式，提供从不同途径着手查找叙词的工具，包括范畴索引、词族索引、轮排索引和英汉对照索引 4 种。

范畴索引是将主表的全部叙词按词义所属范畴划分成类，按类目关系编排的词汇分类体系。范畴索引共设 58 个大类，675 个二级类，1080 个三级类，其中社会科学 15 个大类，173 个二级类，311 个三级类；自然科学 43 个大类，502 个二级类，769 个三级类。用两位数字和两位字母作为类目标记。范畴索引允许某些词同时归入 2 个范畴甚至 3 个范畴。索引中，非叙词下一律以“Y”项指引与之对应的叙词。族首词后一律缀以“*”，作为联系查找词族索引的符号。范畴索引样例：

07　　　文化事业　　　　　　　　一级类目
　07A　　文化事业一般概念　　　　二级类目
　07B　　社会文化工作
　07C　　出版、发行
　　07CA　　出版、发行一般概念　　三级类目
　　07CB　　出版编辑
　　07CC　　出版物类型

词族索引是把主表中具有属分关系、某些整体与部分关系的正式主题词，按规定属分级别展开全显示的一种词族系统。这种索引在机检系统中是实现自动扩检、上位词登录及满足族性检索的重要手段，同时又是在标引和检索中提供系统性查词和选定标引词的辅助工具。族首词是指能概括一族主题词的最上位的广义概念词，列在一族之首，词后附有“*”以示区别。索引中以族首词作为排检款目词，按汉语拼音音序排列，族首词下的主题词按其概念广狭的等级阶梯式排列，其等级关系用“.”的数目表示。族首词为一级词，其下以前置“.”的为二级词、前置“..”的为三级词、前置“...”的为四级词，以此类推。全表共收词族 3707 个，其中社会科学 886 个，自然科学 2821 个。自然科学增订本新增词族 141 个，删除族首词 134 个，将词族调整为 2825 个。最大词族收词达 5270 个，最少词族收词只有 2 个。

词族索引样例：

Shige

诗歌

. 讽刺诗

. 格律诗

. 古典诗歌

. 古体诗

.. 七言古诗

.. 四言诗

.. 五言古诗

.. 杂言诗

. 近体诗

.. 绝句

... 七言绝句

目前，《汉表》的轮排索引只包括自然科学部分，收入《汉表》自然科学部分的全部词汇，包括正式主题词和非正式主题词。采用题内关键词索引的方式编制，检索入口位于索引款目的中部，保留位于检索入口左侧及右侧的上文及下文，索引地址为范畴号和页码位置号。正式主题词索引款目附设代项（D），非正式主题词款目附设用项（Y）。当正式主题词的词首词素作为检索入口时，加注了该词的英文。为了便于区分，正式主题词用黑体印刷，非正式主题词用白体印刷。每个正式主题词或非正式主题词根据其构成词素，即有检索价值的单元概念，确定轮排数量。条目的排序采用双向排列法，即先按检索入口右侧汉字的拼音排列，右侧相同的主题词，则按检索入口左侧的汉字从右向左排，以便将靠近入口词的汉字有层次地排列，方便用户选择使用。

轮排索引是将主表中全部正式主题词和非正式主题词按其词素予以轮排，将含有同一词素的正式主题词和非正式主题词聚集在一起，如果用户记不准某一主题词的确切词形，也可以从某一词素出发查得该词，并同时找到包含该词素的全部正式主题词及非正式主题词。例如，靶场安全、工厂安全、导弹安全、反应堆安全、激光安全、核安全、安全棒、反应堆安全保险装置等词，在主表中被分散在不同的字顺位置，但在轮排索引中，可通过相同的词素“安全”聚集在一起。只要按排检位置就可找到“安全”检索入口，即可查到包含这一词素的所有正式主题词和非正式主题词。轮排索引样例：

	检索入口	范畴号及其用代参照		主表页码及栏目
	安全*	83NA		14 右
	Safety			
靶场	安全	83NA		26 中
工厂	安全	83NA		912 右
行车	安全	83NA		2823 中
导弹	安全	83NA		417 右
反应堆	安全	52DG		689 左
激光	安全	56DA	83NA	1244 左
核	安全	52HB	Y 辐射防护	1069 右
	……	……		……
	安全棒	52DE	D 紧急停堆棒，事故棒	14 右

Safety rods

反应堆　安全保险装置 52DE　　　　　　689 中

……　　……　　……

英汉对照索引是《汉表》的辅助工具，供标引人员和检索人员从英文反查汉语主题词之用。一般将每个主题词，包括正式主题词和非正式主题词，都尽量译成英文，非正式主题词后以“Y”项列出相应的正式主题词。原则上，一个汉语主题词仅选择一条与之对应的英文译名。英汉对照索引样例：

Carcinoma

癌

Carcinoma in situ

原位癌

3）《汉语主题词表》评价

《汉表》是目前我国规模最大的一部叙词表，是我国情报检索语言发展史上的一个重要里程碑。其特点可归纳为以下几点。

- 结构完备。由主表、附表、索引多个部分组成，词汇控制严格，整体功能完备，是传统词表编制的一种典型模式。
- 词汇丰富。《汉表》的词汇丰富，选词遵循思想性、科学性、实用性、兼容性的原则，参考了当时国内外多种词表，并结合信息资源标引的需要，涉及范围广，专指度深，首次为我国文献信息单位提供了一个权威的词汇集合。
- 探索了词表编制方法。《汉表》不仅总结了国内外词表编制和词汇控制的技术方法，还结合实践进行了广泛探索，为汉语叙词表的发展积累了经验。
- 探索了叙词表的实际使用方法。结合《汉表》的特点和实际使用的需要，我国标引工作者探索了在手工检索系统中和计算机检索系统中的使用形式，推动了叙词法在我国的实际使用。
- 国家图书馆在发行的印刷卡片、机读目录及在版编目数据上都使用《汉表》的主题词，是国内文献单位通用的综合性主题标引工具。

但是《汉表》也存在一些不足：

- 结构上，印刷型词表因篇幅巨大，组成分散，编排不紧凑，整体性较差。
- 词汇上，存在个别专业收词过多，不同专业之间收词数量不均衡的问题，一些常用术语和反映学科动态的词没有收入，造成《汉表》词多而不精，面广而不匀的问题。而且《汉表》先组词偏多，词组占 60%以上，元词所占比例较少。
- 在词间关系处理上，等同率（即非叙词与叙词的比率。等同率越高，提供的非叙词多，检索入口越多，使用越方便）低于国内外同期专业词表的平均值，基本上不设与组代词的等同关系项，无关联词数量大，使词表易用性较差。
- 没有设置统一的管理机构，未确定修订方针，缺乏健全的管理机制。自从 1979 年《汉表》出版以来，仅在 1991 年对自然科学部分修订过一次，社会科学部分只在《中国分类主题词表》编制时对词汇进行了必要增补，由于修订周期过长，无法满足实际使用需要。

目前，仅自然科学部分的词表实现了机读化，整个词表还没有完整的机读版本，这是与《汉表》的地位和使用的需要不相称的。

《汉表》有如下几个发展方向：

① 《汉表》的国家标准化与专业词表的研制同时进行，处理好专业主题词表与《汉表》的兼容与统一问题，建立起一个主题词表统一和兼容的整体系统。

② 对《汉表》进行改造，如在词汇方面，缩减词汇，减少先组词的比例；在结构方面，简化词表宏观结构，细化词表微观结构，合并词族索引于主表中，使词族展开的形式与自动标引中广泛采用的最长匹配法的工作形式相吻合，从而有利于提高系统效率；在兼容方面，英汉对照索引中的英文词逐渐过渡为英文叙词，并在此基础上发展多语种对照索引；在协调性方面，保证社会科学部分与自然科学部分的同步发展。通过上述改造使其成为中文自动标引中通用的综合性切词词典。

③ 利用《汉表》的编制成果来构建领域本体，实现叙词表到本体的转换。叙词表和本体都在基于知识理解的基础上构建，都涉及知识的分类及语义关系的构建，二者有融合的前提。但二者构建目的不同，存在一定差异，叙词表作为规范化的术语词表，是为提高计算机的检索效率而制定的，本体以概念和概念之间关系的建立为核心，注重计算机的形式化描述，以计算机能够理解的语义内容为前提。若使叙词表较准确地转换为本体，需要考虑其特点，在进一步的数据整理及语义关系调整的基础上进行。这是一项非常有意义和价值的研究，如果将人工研究的转换规则转换成计算机处理形式，将会大大提高转换效率。未来的研究更应重视采用机器学习的方式构建人工智能系统，实现《汉表》到领域本体的自动转换。

3.《社会科学检索词表》

1）概况

《社会科学检索词表》是中国社会科学院文献信息中心编制的一部供社会科学文献资源标引和检索的词表，为分面叙词表，是一部分类主题一体化词表。词表的编制自 1987 年立项开始，到 1993 年 12 月结束，前后历时 7 年，经过试标引和反复修改、充实，全表共收词 23000 个，其中正式叙词 18874 个，非叙词 4126 个，由分类表、字顺表和英汉译名对照表三部分组成，是国内供社会科学领域文献单位进行标引和检索的多学科性的工具。

2）分类表

分类表是一部将传统分类法设置特点和分面分类方法相结合而编制的分面分类系统。即将整个社会科学领域区分为 17 个基本大类，27 个专业类目，列举如下：

A　马克思列宁主义
B　哲学
　BM　逻辑学
　BN　理学
　BP　美学
C　宗教学
D　语言学
E　文学
F　历史学
G　考古学
H　社会学
　HP　人口学
L　法学
M　军事学
N　新闻学、传播学
P　图书馆学、情报学、档案学
Q　教育学
Y　管理科学
　YB　统计学
　YL　科学学
　YM　未来学
　YP　管理学
　YQ　人才学
　YR　决策学

I　　民族学　　　　　　　　　　　d/y　通用概念

K　　政治学

在基本大类下，根据学科特点和需要进一步设置若干基本类，然后采用分面分析的方法设置类目。根据社会科学各门类的情况，分类表将各学科下可能出现的基本分面确定为 9 个，依次为：历史面、学派面、方法论面、学科面、理论面、结构面（事业、结构、组织机制等）、管理面、时间面、空间面等。每个基本类下的分面不一定完全相同。例如，社会学大类下分为 6 个面：

H	社会学	
H02	社会学史	历史面
H03	社会学学派与理论	学派面
H05	社会学研究方法	方法论面
H08	社会学学科	学科面
H12	社会心理学	
H2	社会	
H3	婚姻与家庭	理论面
H4	社会管理	
H5	社会服务	管理面
H6	社会问题	

在基本分面下，根据分面的处理对象和一定的标准进行区分，列出具体的类目。当一个分面下按几个标准展开时，一般通过分面标头的形式揭示其采用的分类标准，例如：

社会角色

（按职权分）

社会角色职责

社会角色期待

社会角色权利

……

（按行为分）

社会角色冲突

社会角色变化

……

这里，（按职权分）和（按行为分）为分面标头，放在括号中。

下面是一个三级类目分面样例：

H　　. 社会学

H08　　.. 社会学学科

（按研究方法分）

H081.2　　··· 应用社会学

H081.4　　··· 理论社会学

（按研究领域分）

H081.6　　··· 社会传播学

H081.8　　··· 教育社会学

（按研究范畴分）

……

其中，圆点的数目表示分类等级，一个圆点为一级类目，两个圆点为二级类目，三个圆点为三级类目……依此类推。分类标记采用汉语拼音字母和阿拉伯数字组成的混合号码，基本按照层累标记方式配置号码,类目等级关系的主要依据是类名前以小黑点表示的类目等级。

分类表的编制。首先把分类表中的每个类名叙词化（即主题词化），也就是对分类表的每个类名实行严格的词形、词义和词间关系控制，要求一个类名代表一个主题概念，一个主题词（即叙词）只用一个类名表示。例如，“文学”在传统的分类法中只是一个基本大类，但在本词表中，它既是分类表基本大类的一级类名，又是字顺表的一个叙词。然后按照叙词的分面要求将“文学”分为“文学史”“文艺理论”“文艺事业”“文学翻译”“文艺批评”“文学创作”“文艺作品”等 10 个组面，作为二级类名归入分类表的基本大类之下。这 10 个二级类名在字顺表中同时又是 10 个叙词……以此类推，有的类表最多可达到 8 级类名。这样，同一个主题概念同时分布在本词表的分类表和字顺表两个部分，并用同一个符号加以标识。通过软件控制，一次检索即可自动生成两种检索标识，并收到两种检索语言兼容互换的效果。

对分面类表中采用的类名按照叙词的要求进行词汇控制，即分类表在类名下直接使用主题法的参照符号。

【例 3-1】

	E021	… 世界文学史	
解释项		J 世界断代文学史用组配标引，如：	
		世界近代文学史	世界文学+近代

【例 3-2】

	N165	… 广告心理学	
属项符号		S 传播心理学	N108.1

【例 3-3】

	PQ65	… 文献复制	
代项符号		D 复制服务	
属项符号		S 情报服务	PR7
分项符号		F 档案复制	PS367
参项符号		C 文献复制服务	PQ446

此外，“d/y 通用概念”收入所有社会科学各类使用的通用概念，按文献、时间、地域、人员、团体与机构、会议、一般概念的次序排列，可以根据需要与各门类的主题类目进行组配标引。

通过上述方式，分类表将类目按照学科与分面的结合组织成一个系统，用户可以通过分类表进行查找和检索，也可以将其作为主题词表的索引（分类索引）使用。

3）字顺表

《社会科学检索词表》的字顺表收入的全部主题词包括正式叙词和非正式叙词。叙词款目通常由款目叙词、分类号、参照项组成，分类号用于揭示与分类体系的联系。非叙词款目由非叙词和用项参照组成，一般不列出分类号。另外，为了降低组配标引的难度，词表还对组代词予以揭示。以下为叙词款目、非叙词款目和组代词的样例。

叙词款目样例：

拜占庭帝国

F132

J　395—1453 年

D　大秦

　东罗马帝国

S　世界中世纪史

F　巴列奥洛王朝

　拜占庭灭亡汪达尔

　……

C　拜占庭军区制

　……

非叙词款目样例：

东罗马帝国

Y　拜占庭帝国

组代词样例：

档案标引+主题标引

D　档案主题标引

档案主题标引

Y　档案标引+主题标引

4）英汉译名对照表

英汉译名对照表是词表的辅助工具，主要供对外交流文献时英文译名对照参考使用。本部分共收录翻译名词 12000 条，全表不标注分类号和参照符号。英文译名以单词为单位，逐一按英文字母顺序排列。英文译名多用名词和形容词，少用介词、连词、副词和数词。

5）概要评价

《社会科学检索词表》作为我国社会科学领域的一部多学科词表，有如下主要特点。

① 采用了分面叙词表的模式，这是分类语言与主题语言的最佳结合，其分面类表与主题词表两部分的类目与主题词原则上一一对应，比一般的分类主题结合方式更加精确，两者既是对方的索引，本身又是标引和检索的工具，通过两者的结合，可提高标引和检索的效率。

② 分类表部分基本上采用了分面结构，在分类表的编制中重视传统分类与分面模式的结合，属于体系分类与分面分类相结合的半分面分类法，探索了适合我国文献标引使用的社会科学各领域的主题分面体系。

③ 重视类表编制中学术性、实用性的结合，如分类表部分对传统分类体系的吸取，叙词的选择较为详尽，有较强的学术性和使用价值。

《社会科学检索词表》也存在一些不足，主要表现在如下几方面。

① 主要分面的设置不够充分，不能涵盖所有的分面。各大类下的分面一般按照统一规定的分面次序排列，但也有一部分类目的分面与规定的统一次序不一致。

② 分面叙词表的大类设置上有欠缺，如把《中图法》文化类中的新闻学、传播学、图书馆学、档案学、教育学分别作为三个大学科，却没有文化大类。

③ 在选词上应增加一些比较关键的主题词，如中共党史类、人物研究类、儿童问题类等的类目和主题词。

④ 一些用代关系欠妥，如苏联史 Y 俄国史、科技 Y 科学等。

⑤ 虽然类表采用了分面结构，但是除了主表类目与通用类之间可以进行组配外，对主表类目之间的组配并没有规定，其标记符号也不适合组配，不能充分发挥其组配功能，在个别

分类号的使用上也欠严谨、规范。

4.《中国分类主题词表》

1）概况

《中国分类主题词表》是在《中图法》类目与《汉表》主题词对应的基础上，将分类法与主题法融为一体的一种信息资源标引和检索的工具。该表由国家图书馆为首的全国 40 余家图书情报单位共同编制，编制工作从 1986 年发起到 1994 年出版，历时 8 年，先后有 160 位专家学者、专业人员参加。全表包括《分类号—主题词对应表》和《主题词—分类号对应表》两部分，共分 2 卷 6 册，收录分类法类目 50317 个，主题词 101376 个，主题词串 102000 个，入口词 14690 个，它是我国进行分类标引和主题标引的主要工具。

从 2000 年开始，国家图书馆中图法编委会对《中国分类主题词表》进行了修订，《中国分类主题词表》第二版于 2005 年 9 月出版，同时电子版宣布研制成功。2010 年 3 月 17 日，《中国分类主题词表》Web 版（互联网服务版，含《中图法》第四版）在试运行 1 年左右正式发布。2017 年 4 月，《中分表》第三版印刷版出版，Web 版更新至 2.1 版。

2）结构

《中国分类主题词表》包括《分类号—主题词对应表》和《主题词—分类号对应表》两部分。

（1）《分类号—主题词对应表》的结构

《分类号—主题词对应表》以《中图法》和《资料法》的类目体系为基础，把《汉表》主题词及主题词组配形式对应于各级类目之下编制而成，是从分类角度进行分类主题一体化标引的工具。《分类号—主题词对应表》的款目包括：分类号、类名、类目注释及对应的主题词、主题词串、对应参见和注释。对应款目的编排格式分为左右两栏，中间用竖线隔开。左栏为《中图法》和《资料法》的分类号、类名与注释；右栏为相对应的主题词或主题词的组配标题形式。当一个类目有多个对应主题时，各主题词之间用“；”隔开。例如：

H08	应用语言学	应用语言学
H085	机器翻译 自动化翻译的理论著作入此，翻译机入 TP391.2	机器翻译 单语种翻译；翻译规则系统（机器翻译）机器语法（机器翻译）；机助翻译；机器翻译—理论；词对词翻译（机器翻译）；句对句翻译（机器翻译）；译语（机器翻译）；原语（机器翻译） 注：翻译机用 TP391.2 下对应的主题词标引
H085.2	原文的自动分析与综合	原语（机器翻译）—分析；原语（机器翻译）—综合；
H085.3	两种语言的翻译	一对一翻译（机器翻译）

从上述样例看出，《分类号—主题词对应表》是以分类体系为中心展开的，每个分类号后，对应相应的主题词或主题词的组配形式，从而可以从学科分类着手查找相应类目及对应的主题词和主题词的组配标题。

《分类号—主题词对应表》中分类号与主题词的对应方法如下。

第一，类目与主题词的对应，以《中图法》《资料法》的实有类目为基础，原有类目及其注释基本不做增删。

第二，类目对应的主题词中，首先列出与类名概念对应的主题词及主题词串，同时列出类目注释中概念对应的主题词和类目包括的主题词。例如：

P 125.11　日食　　　　　　　　　　日食

日环食；日偏食；日全食

第三，类目对应的主题词必须是主题词表中相对应的正式主题词。如果没有相应的专指主题词，则可采用最接近的主题词的组配标题形式。例如：

B844.5　妇女心理学　　　　应对应　妇女心理学

Q13　生物形态学　　　　应对应　生物学：形态学

第四，《汉表》中每个主题词均根据其学科属性分类，归入相应的知识门类下。在主题词无确切类目对应时，一般采用上位类标引或靠类标引的方法，对应于相应类目下。例如："战略学"一词可靠类对应在"C934 决策学"类目下。

可与多个类目对应的主题词，应选择一个主要类目对应，并可在另一个或两个类目下加方括号列出（作为次要类号）。例如，"自我刺激"可对应在两个类目下，其中一个为主要类目，B842.6 情绪与情感；另一个为次要类目，[B845] 生理心理学。

第五，在使用多个主题词对某类目组配对应时，其引用次序应依据通用分面公式（国家标准《文献主题标引规则》），按"主体因素—通用因素—位置因素—时间因素—文献类型因素"的次序确定。例如：

G526.6　教育统计资料　　　　　　教育统计—统计资料—中国

第六，对应款目中使用的符号。

《资料法》与《中图法》的类目体系一致，但详略程度不同，凡分类号中有"+"的号码，"+"前的部分是《中图法》和《资料法》共同的号码，"+"后的部分为《资料法》的类目延伸加细的号码，如 R122.1+1　化学分析，《中图法》的分类号是 R122.1；《资料法》的分类号是 R122.11。若"+"位于类号前，则单纯是《资料法》的类号，如+Q959.421 虎鲨目。若不带加号，则表示两者的分类号相同。

"："用于对应表的右栏，是主题词概念交叉组配的符号。交叉组配是指选用若干个具有交叉关系的主题词进行组配，表达一个复合的概念。例如，"环境微生物学"可标引为"环境科学：微生物学"。

"—"用于对应表的右栏，是主题词概念限定组配的符号。限定组配是以表示事物的主题词和表示事物特征、属性、方面的主题词进行组配，表示一个新的专指概念。例如，"汽车发动机"可标引为"汽车—发动机"。

"，"用于对应表的右栏，表示倒置词序中两个主题词间组配的符号，或者用于对前面的主题词起修饰作用的自然语言语词。例如：

轨道（铁路），重型；调味品，常用Δ

"[ ]"用于对应表的左右栏，左栏表示交替类号，右栏表示交替类号对应的主题词，以及对应于多个类目的主题词（仅对在非主要类目处的主题词加"[ ]"）。例如：

[R122.7]　大气污染及其防护　　　　[空气污染]；[空气污染—防污防治]

C19　创造发明、先进经验　　　　社会科学—创造发明；社会科学—先进经验

[创造心理学]；[创造学]

"Δ"用于对应表的右栏，表示对主题词起修饰作用的自然语言语词。例如：

乙醇，食用Δ—酿造

“；”用于对应表的右栏，作为多个主题词或主题词串之间的分隔符号。

(2)《主题词—分类号对应表》的结构

《主题词—分类号对应表》是以主题词的字顺排列为基础，把分类号对应于各主题词或主题词串之下编制而成的，是从主题词角度查找主题词和分类号，进行分类主题一体化标引的工具。

其款目构成要素包括：主题词及参照项、主题词串及对应的分类号、各种符号和对应注释等。款目格式为：主题词在上，其下依次列出分类号、注释等。每个主题词下揭示其 Y（用）、D（代）、Z（族）、C（参）等语义关系，族首词下则对等级关系实行全显示，主题词串下则不显示其语义参照关系。

【例 3-4】

辨识
N94
D 有认识能力的系统
. 残差辨识
. 离线辨识
. 区域辨识
. 系统辨识
. 相关辨识
. 在线辨识
C 识别
C 信号特征分析

【例 3-5】

辨识—生物模拟
Q811.212

《主题词—分类号对应表》的条目基本上是在《分类号—主题词对应表》的基础上反向对应而成的，其词汇以《汉表》原有的主题词为依据，并进行了大量增补、删除和修改，以更加适应文献标引实践的需要。结合不同的情况，词表编制时主要采用了以下方法。

第一，当某主题词或主题词组配形式对应多个分类号时，各分类号之间用“；”分隔。例如：

物理有机化学
O621; O621.16
物理性质试验—建筑声学
TU112.2; TU112.2+4

第二，单个主题词，包括新增词和非正式主题词，均应显示词间关系。非正式主题词后只采用 Y 项，正式主题词后取消 S、F 参照，只采用 D、Z、C 项。当主题词为族首词时，在族首词下将其等级关系加以全显示。

第三，主题词串即主题词组配标题，主要以《分类号—主题词对应表》列出的组配标题为基础，其下给出分类号，组配标题不需要显示词间关系，但应作选择性轮排。

第四，规定复分表、组配因素的圈码，加在主表分类号后部或附表分类号之前，指示分类号、主题词的组配标引。为便于标引，对应表规定 9 种圈码的含义如下：圈码①，按“总论复分表”分；圈码②，按“世界地区表”分；圈码③，按“中国地区表”分；圈码④，按

“国际时代表”分；圈码⑤，按“中国时代表”分；圈码⑥，按“中国民族表”分；圈码⑦，按“专用复分表”分；圈码⑧，该词为主题词串中的一个组配因素，不能独立使用，必须与其他主题词组配才能使用；圈码⑨，按《资料法》中的“通用时间、地点复分表”分。

【例 3-6】 对文献主题“中国四川人口调查”进行分类标引。

首先在《主题词—分类号对应表》中查得人口调查的分类号是 C924.25 ③，根据圈码③的提示，应利用“中国地区表”进行复分，因此该文献的分类号为 C924.257.1。

【例 3-7】 对文献主题“植物药的临床应用”进行分类标引。

首先在《主题词—分类号对应表》中查得植物药的分类号是 R282.71 ⑦，根据圈码⑦的提示，应利用“专用复分表”进行复分，因此该文献的分类号为 R282.710.7。

(3)《中国分类主题词表》第三版

为了保持与 1999 年修订后的《中图法》分类一致，适应近年来新学科、新技术和社会迅猛发展所带来的新词汇的大量增加，以及词汇间语义关系更加复杂等情况，提高文献标引和检索的质量，《中图法》编委会决定从 2000 年开始对《中国分类主题词表》进行修订，先后于 2005 年、2017 年进行了两次修订。最新版《中国分类主题词表》(第三版) 共 2 卷 8 个分册，第 1 卷为“分类号—主题词对应表”(共 2 册)，第 2 卷为“主题词—分类号对应表”(共 6 册)。《中国分类主题词表》第三版更新重点在于增改主题词、与《中图法》第五版类目对应，它起到了《汉语主题词表》第 3 次修订版的作用。根据文献保障原则，新增了大量主题词，删除了一些错误或无文献保障的主题词。为满足自然语言检索需要，增加大量的非优选主题词（入口词、入口短语），并为大多优选词建立语义关系，这提高了优选词及主题词组配式的检索效率，增强了文献主题族性检索的作用。

《中国分类主题词表》第三版目前仍然是我国规模最大的分类—主题一体化标引工具，共收录分类法类目 51873 条，优选主题词 120818 条、非优选主题词（入口词，指向单个优选主题词）46434 条，主题概念短语（入口短语，与《中图法》类目对应）66373 条（指向主题词组配式 61892 条)，包括哲学、社会科学、自然科学、工程技术等各领域的学科和主题概念。《中国分类主题词表》应用范围广泛，可对图书馆、档案馆、情报所、书店、网站等场景中的各种类型、各种载体得文献信息资源进行分类主题一体化标引和检索。《中国分类主题词表》不仅适用于综合性文献标引和检索的需要，也照顾到专业文献信息资源标引和检索的需要。同时，《中国分类主题词表》的电子版、Web 版为实现机助标引提供了知识库和应用接口。

(4)《中国分类主题词表》评价

通过将《中图法》类目与《汉表》主题词对应，建立起一个分类语言与主题语言结合的一体化工具——《中国分类主题词表》，可以同时进行分类主题的标引和检索，简化了操作程序，降低了标引难度，改进了标引和检索的质量。

其分类法部分将《中图法》与《资料法》的类目体系融为一体，可以同时供图书资料单位标引使用。

其主题法部分除收有原有的叙词外，还包括近年来中文图书标引中新增的叙词和对应表编制时的新增词，以及《分类号—主题词对应表》中出现的主题词组配形式，是《汉表》叙词比较完整的版本。

《中国分类主题词表》第二版推出了电子版，免除了用户在印刷版的六大分册之间来回翻检的烦恼，增强了词表的易用性，提高了标引和检索的效率。《中国分类主题词表》第二版的整体性能得到了提升，主要表现在：扩充了词表的规模；简化了词表中的各种专用符号；电子版和印刷版进行了必要的分工，使用更加便捷。

《中国分类主题词表》第二版虽然已经做了大量的修订，但仍然存在一些不足，主要表现在以下几方面：

- 类目对应标引深度较低，不能满足自动分类的需要。
- 词表修订周期过长，词汇更新滞后。
- 词表的性能和功能有待完善。
- 印刷版版面设计有待改进。

本章小结

无论是传统的代码语言、分类语言、主题语言，还是新出现的本体语言，它们都是对信息外部特征和内容特征进行描述和揭示的语言系统。随着信息检索技术、方式、手段的变革，信息描述语言也经历非控→先控→后控的不同发展阶段，但无论信息描述语言怎样发展，“词汇控制是永远不会消失的，变化的只是词汇控制的方式、方法和手段”。

习 题 3

1. 网络环境下，自然语言是否会取代规范语言？
2. 随着全文检索的普及，信息标引是消亡还是更加深化？
3. 规范语言与自然语言有何异同？

第4章 信息著录法

将信息实体的有关特征著录下来，就是信息著录。有关如何著录的具体规定和具体做法就是信息著录法。按照一定的著录法对某信息实体的内容和形式特征所做的描绘就形成一条款目或记录。一条款目或记录是一种信息实体的高度概括和浓缩。

有了款目或记录，才能对款目或记录进行分类、主题等各种标引，才能在标引的基础上对款目或记录进行编排，才能通过款目或记录对庞杂的信息资源进行有序的组织和控制。因此，著录出高质量的款目或记录是信息组织的基础性工作。

要做好著录工作，必须了解各种著录标准和规则。本章分别介绍了传统著录法、机读目录著录法和元数据著录法。

通过本章学习，读者可以了解（或掌握）：

- ❖ 著录的含义与特点
- ❖ 传统著录法的著录项目及标识符
- ❖《国际标准书目著录》(ISBD)
- ❖《英美编目条例》(第2版) (AACR2)
- ❖《文献著录总则》
- ❖ MARC 记录的发展沿革和基本格式
- ❖ 元数据的内涵及功能
- ❖ DC 元数据的发展和元素定义
- ❖ MODS 元素组成
- ❖ CDWA 和 FGDC 元数据标准

4.1　传统著录法

相对于 MARC（机读目录）著录法和元数据著录法，传统著录法是指按照《国际标准书目著录》（ISBD）等标准和规则的要求统一进行规范化的著录，但著录方式是手工操作或利用计算机进行分项著录，形成规范的卡片目录，然后由手工编排各款目的著录法。传统著录法的原理有助于理解 MARC 和元数据著录法。

4.1.1　传统著录法概述

1. 什么是著录

“著录”一词在我国具有悠久的历史。它的原意是指在簿籍上的记载，后来用以泛指在任何载体上的记载。在国外，著录的英文对应词为 Description、Descriptive 或 Bibliographical description（书目著录）。但长期以来，作为专业术语的“著录”的明确概念在我国一直没有形成。直到 1983 年《文献著录总则》（GB 3792.1—1983）正式颁布，才给著录下了一个明确的定义，即：著录是指在编制文献目录时，对文献内容和形式特征进行分析、选择和记录的过程。

《中国文献编目规则》中关于“著录”的定义与此大致相同，即：编制文献目录时，按照一定的规则，对文献的形式特征和内容特征进行分析、选择和记录的方法和过程。

从上述定义中，可以看出“著录”主要包括以下两层含义。

① 明确了著录的对象和内容。著录的对象是文献，著录的内容是文献的形式特征和内容特征。文献的内容特征是指文献的知识内容，如分类号、主题词等。文献的形式特征是指文献的实体形式，主要包括两部分：一是关于文献外表的文字记载，如题名、责任者、版本、出版社、出版年、丛编名、标准文献号、价格等；二是关于文献物质形式的文字记载，如装订、尺寸、数量、图表等。

② 明确了著录的基本方法与工作环节，即分析文献信息的特征、从中选择具有著录价值的内容、记录必要的文献目录信息。

著录首先要分析著录对象的特征，这是文献信息著录中的重要任务。在分析的基础上，再正确地选择著录内容，并客观、准确地记录下来，使目录能够揭示文献信息最本质的特征及其相互关系，满足用户的基本需求。

另外，该定义明确指出，“著录”必须遵循一定的规则。著录工作依据的规则比较多，一般包括文献信息著录规则、文献信息标引规则、规范记录著录规则等。

著录是揭示文献信息特征及有关信息的有效方法，也是编制文献目录的基本方法。著录的结果可以客观地反映文献信息的概况，为文献信息的管理、检索与利用创造条件。

文献信息编目工作主要可以分为两大步骤：第一步是文献信息著录，第二步是目录组织。前者为后者提供基础，后者以前者为前提。换句话说，著录是编目工作的基础，目录的质量在很大程度上由著录的质量决定。虽然编目工作实现计算机化后，目录组织的很多工作可以由计算机自动完成，但著录工作当前仍然基本上由人工进行，而且，为了更加客观、准确、完整地反映文献，著录变得更加复杂多样。从这个意义上，著录的重要性大大增加了。

2. 款目和记录

款目与记录是著录的结果，是目录编制的基本单元。

（1）款目

款目是指依据一定的规则和方法，对文献特征与编目业务信息所做的记录。其表现形式是反映文献内容特征和形式特征的著录项目的组合，包括描述项目、检索点著录（标目）、编目业务注记三部分信息。款目是组成传统目录的基本要素，其主要作用是：

- ❖ 揭示文献的检索点（著录标目），明确各条款目在目录中的排列位置，提供检索途径。
- ❖ 揭示文献的主要形式特征与内容特征，提供认识、选择文献的依据。
- ❖ 揭示编目业务注记，提供文献索取、管理及款目更新、管理的依据。

描述项目是指著录项目中用于揭示文献信息基本特征的事项，包括题名与责任说明项、版本项、文献特殊细节项、出版发行项、载体形态项、丛编项、附注项、文献标准编号与获得方式项。

描述项目的主要作用是：

- ❖ 客观描述文献信息特征。
- ❖ 概略反映文献全貌。
- ❖ 提供识别与选择文献的主要依据。

描述项目是各类型款目或记录的基础，也是著录内容的主体信息，其质量直接影响文献信息的识别与选择。

检索点是指用于目录记录或款目排序与检索标识的数据单元，包括标目与排检项或根查项的著录内容。标目通常位于款目的最上方，排检项或根查项则在款目的最后部位。检索点与标目是著录内容的重要信息，其质量直接影响目录的检索效果。

编目业务注记也称为图书馆业务注记，是指编目机构为了业务工作的需要而在款目或记录中所做的一些记载。这些记载通常是特定的符号或略语，不描述文献信息的特征，而是反映文献信息存储或编目等方面的信息。

编目业务注记一般由具体编目部门设计与著录。传统的编目业务注记主要包括索取号、财产登记号、储藏地点记载、根查、注销登记等内容。机读目录中的编目业务注记内容更丰富，如头标区中的记录状态、编目等级，以及数据区中的国际使用字段、国内使用字段等，主要用于机构内部索取文献和管理文献，或者作为更新、管理款目或记录的依据。不同的编目机构的具体情况不同，他们的编目业务注记在品种、数量及表现形式上存在较大的差别。

编目业务注记是文献著录信息的重要组成部分，既是目录管理与利用的重要依据，也是文献信息管理与利用的必要依据。随着该类型信息的不断增长，它的功能越来越强，在当代著录信息中具有重要的作用。

（2）记录

《中国文献编目规则》（第二版）给“记录”下的定义是：记录是指表述事物的特征，具有完整的含义，从内容和使用的角度能被作为一个整体来识别的一组相关数据项的组合。

在编目领域，通常将以机读形式存储于目录数据库中的目录数据称为“记录”。

一条记录相当于手工编目中的一条“款目”，但记录所“著录”的内容更为丰富、复杂，不仅极大地扩充了“款目”上的信息，还增加了代码信息及计算机识别与处理的符号。

3. 著录信息源

著录信息源（Source of Information）是指款目或记录中著录信息的来源。明确著录信息源是准确、一致地进行文献著录的保障。

著录信息源可以划分为主要信息源与参考信息源，还有更为具体的规定信息源。

1）主要信息源

主要信息源是指在著录中优先选作著录信息来源的文献信息组成部分。

著录信息的基本来源是文献信息本身，是被著录的整部文献信息。各类型文献信息的著录信息源，均为被著录的文献信息本身。例如，普通图书的有关形式特征的著录信息主要来源于题名页、版权页、封面、书脊、附录等处，有关内容特征的著录信息则主要来源于正文、书名、目次、序跋文字和内容提要等。当然，同一文献信息的不同组成部分所反映的同一文献特征也有不同的情况，如有的图书的封面或书脊上的题名与书名页上的题名不同。因此，为了保证著录的一致，就必须进一步明确著录信息在文献中的具体来源部分，还要确定不同著录信息源选用的优先顺序。而主要信息源就是著录规则中明确规定的，在著录中必须依次选用的文献信息组成部分。

各种类型文献信息均有其各自特定的主要信息源。

2）参考信息源

参考信息源是指在著录中参考使用的信息来源，如有关工具文献与参考文献等。

之所以使用参考信息源，是由于主要来自文献信息本身的著录信息源有时无法提供足够的著录信息，如文献残缺、特征不详或有误等。这时可以考虑使用文献信息本身之外的信息，即参考信息源，利用各种工具文献与参考文献来解决著录中的问题，弥补主要信息源的不足。

3）规定信息源

规定信息源是指各著录项目及其单元著录信息的特定来源。为确保著录信息选取的一致性，著录规则进一步规定了每个著录项目的著录信息源，通常为文献信息的某一个或某几个组成部分。著录各著录项目及其单元时，必须依据规定信息源规定的内容及其先后顺序来选择使用信息源。各类型文献信息著录中，规定信息源也不尽相同。

4. 著录项目及著录用标识符

1）著录项目

著录项目是指用以揭示文献信息形式特征与内容特征的记录事项，如题名与责任说明项、出版发行项等。著录项目可以包括著录单元。著录单元是指著录项目的组成部分，如题名与责任说明项中的题名、责任者名等。

著录项目是依据文献信息本身的形式特征与内容特征，结合读者检索利用的特点与规律确定的，主要包括题名与责任说明项、版本项、文献特殊细节项、出版发行项、载体形态项、丛编项、附注项、文献标准编号与获得方式项。按照著录项目的重要程度，著录项目又可以分为主要项目与选择项目。主要项目是著录中必不可少的，选择项目则可以根据具体情况决定是否选用。

著录规则对著录项目的选择使用的详略做了明确的规定，即规定了著录的详简级次。

所谓著录的详简级次，是指根据著录项目或著录单元的详简程度划分的等级区别。例如，在 AACR2 中，著录的详简级次分为简要级次、基本级次和详细级次。划分著录详简级次的目的是更好地适应不同类型文献信息工作部门的实际情况与需要，兼顾各类型文献信息著录的特殊性，使同一个目录系统能够兼容详简不同的著录款目。

著录项目的设置一般应该具有规定性、兼容性和灵活性。具体来说，规定性主要表现在对著录项目的名称、数量、各项目的排列顺序等方面有明确的规定，使其具有相对的稳定性；兼容性主要表现在著录项目基本概括了各类型文献的共性，反映了不同文献的特征；灵活性主要表现在著录项目的应用方面，各编目机构可以根据文献信息的特征与本机构的具体要求选择使用项目，进而编制详略程度不同的款目。

2）著录用标识符

著录用标识符是指著录中用以识别著录项目及其单元的特定符号。一般包括著录项目标识符号与著录单元标识符号。著录项目标识符统一置于著录项目之前，如“. --南京”中的符号“. --”。著录单元标识符则置于著录单元之前或外部，如“:江苏教育出版社”“(精装)”中的符号“:”和“( )”。

在文献信息著录中采用标准的著录用标识符的主要作用是能跨越不同的语言文字障碍，实现国际文献目录信息的交流与共享。

4.1.2　文献信息著录规则

文献信息著录规则是指根据文献信息本身的客观情况，结合读者检索要求而制定的一整套系统记录文献信息特征的原则和方法。

著录规则是编目工作发展到一定时期的产物，是人们从长期编目工作实践中总结出来的基本原则和规律，也是编目工作制度化、规范化的结果。文献信息著录规则的主要作用是：指导文献信息著录工作，处理文献信息著录中的一般性问题，使文献信息著录保持一致性，使各具特色的文献信息在目录中有相对统一的表现形式。

科学实用的文献信息著录规则是文献编目工作的前提。文献信息著录规则还要随着文献信息及读者检索要求的变化而逐渐更新，不断提高其标准化程度。

著录规则是编目工作者的操作规程，无论是手工编目还是计算机编目，都必须遵守著录规则，只有严格遵循规则才能确保目录的质量。因此，在编目前，必须明确所使用的有关著录规则。

文献信息著录规则经历了数百年不断改进、不断完善的发展历程。按照不同的标准，可将现有的规则划分为不同的类型：按照著录规则所涉及的编目内容范围，可以分为描述著录规则、包括描述与标目著录的规则、包括描述与标目著录及目录组织的规则；按照著录规则选择著录对象的范围，可以分为单一著录对象的著录规则、多种著录对象的著录规则；按照著录规则的表述形式，可以分为将总则与各分则分别编制的著录规则、将总则与各分则融于一体的著录规则。现行的著录规则，其结构与内容一般包括引言、描述著录、标目法、附录、名词术语等部分。

下面简单介绍几个主要的著录规则。

1.《国际标准书目著录》

《国际标准书目著录》(International Standard Bibliographic Description，ISBD) 由 ISBD 修订委员会推荐，IFLA 编目专业组常设委员会通过。自 1971 年以来，先后出版了 ISBD(G)与一系列著录各种不同类型文献的 ISBD 分则，而且从 1978 年开始，其版本不断修订更新。

1）ISBD 的发展

1969 年，国际编目专家会议建议成立“ISBD 工作组”。1971 年年底，由 IFLA 设立的 ISBD 工作组编制了《国际标准书目著录（专著)》(ISBD(M)）初稿，得到了英国、法国、加拿大、澳大利亚等国家的赞同和应用。1974 年，该条例的修订本——“第一标准版”在伦敦正式出版。

在 ISBD(M)的基础上，IFLA 相继成立了几个分则工作组，编制 ISBD(S)、ISBD(NBM)、ISBD(CM)等分则，但是出现了与 ISBD(M)的内容不尽一致的问题。1975 年 10 月，IFLA 在巴黎召开会议，讨论制定一个总的框架，作为各分则编制的指南，以达到协调各分则的目的。1976 年，ISBD(G)初稿完成，并提交 IFLA 编目专业组常设委员会组织讨论。1977 年，ISBD(G)第一标准版正式出版。

ISBD(G)出版后，新编制的分则都必须以此为编制依据，已经出版的分则也根据它进行了修订。这样，以 ISBD(G)为总原则、针对不同类型的文献而设计的一系列分则陆续出版，形成了一整套国际标准的著录规则。

从 1978 年开始，ISBD 已有的一系列分则广泛征求各方意见，不断进行必要的修订，使其在内容上更加符合编目工作的具体要求，在形式与结构上更加规范统一。2006 年，国际图联（IFLA）提出了 ISBD 统一版。2007 年，ISBD 初级统一版正式出版。2011 年，ISBD 统一版（正式版）出版。

2）ISBD 的编制体例

与以往的著录规则相比，ISBD 在编制体例上有所创新。ISBD 的总则与各分则分别制定、陆续出版，是一套既紧密联系，又相对独立、自成体系的著录规则。

具体来说，在一整套 ISBD 规则中，ISBD(G)为各种 ISBD 分则的制定提供了框架，起到了控制的作用，但不用来对任何具体类型文献进行信息著录。每种分则都既是总则编制原则具体化的产物，又各自独立，能系统地解决特定类型文献信息著录问题。整套规则中，总则与各分则、各分则之间互相联系、互相参见，构成一个有机的整体。

目前，由 IFLA 颁布的 ISBD 系列规则如下。

《国际标准书目著录（总则)》(General International Standard Bibliographic Description，ISBD(G))，1977 年第 1 标准版，1987 年第 2 版。

《国际标准书目著录（专著)》(International Standard Bibliographic Description for Monographic Publications，ISBD(M))，1971 年推荐本公布，1974 年第 1 标准版，1988 年第 2 版，2001 年修订版。

《国际标准书目著录（连续出版物)》(International Standard Bibliographic Description for Serials，ISBD(S))，1977 年第 1 标准版，1987 年第 2 版。

《国际标准书目著录（地图资料）》（International Standard Bibliographic Description for Cartographic Materials，ISBD(CM)），1977 年第 1 标准版，1987 年第 2 版。

《国际标准书目著录（非书资料）》(International Standard Bibliographic Description for Non-Book Materials，ISBD(NBM))，1977 年公布，1987 年第 2 版。

《国际标准书目著录（古籍）》（International Standard Bibliographic Description for Antiquarian Materials，ISBD(A))，用来著录 1801 年以前出版的专著，1980 年公布。

《国际标准书目著录（乐谱）》(International Standard Bibliographic Description for Printed Music，ISBD(PM))，1980 年出版，1987 年第 2 版。

《国际标准书目著录（计算机文件）》（International Standard Bibliographic Description for Computer Files，ISBD(CF))，1990 年出版。

《国际标准书目著录（电子资源）》（International Standard Bibliographic Description for Electronic Resources，ISBD(ER))，1997 年出版，由 ISBD(CF) 修订而成。ISBD(CF) 审订小组推荐，ISBD(ER) 将电子资源分成本地电子资源和远程检索电子资源（网络信息资源）。

《国际标准书目著录（分析著录）》（International Standard Bibliographic Description for Component Parts，ISBD(CP))，1982 年出版。

《国际标准书目著录（连续出版物与其他连续资源）》(International Standard Bibliographic Description for Serials and Other Continuing Resources，ISBD(CR))，2002 年出版。

3）ISBD 的编制结构与内容

ISBD 总则与各分则的编制结构和内容基本相同，都由以下三部分组成。

① 概述（Preliminary)：阐明本条例的编制范围、目的与应用，以及定义、信息源、著录与语言文字等有关内容。

② 著录单元说明（Specification of Elements)：内容最多，详细说明了每个著录项目及其著录单元的著录规则。

③ 附录（Appendices)：包括多层次著录、双向行文记录、具体的著录样例等。

从内容上，ISBD 主要是针对文献信息的描述规则所做的具体规定，目的是解决文献信息描述的标准化问题，但没有涉及标目的选取与著录等规则。

4）ISBD 的主要特点

ISBD 是一整套文献信息著录的国际标准，主要特点如下。

（1）编制目的明确

ISBD 编制的总体目的是：促进国际书目信息交流，实现文献信息资源共享。具体目的是：使各国的书目著录具有互换性，各国的书目记录易于识别，传统的手工目录易于转换为机读目录。

（2）措施具体有效

ISBD 具体规定了著录项目、著录项目的顺序及著录标识符，如表 4-1 所示。所采取的这些措施具体而有效。

可以看出，ISBD(G) 共规定了 8 个著录项目，而其中的 6 项进一步划分出若干著录单元。ISBD(G) 中没有标明著录项目与著录单元的重复或选择使用问题，这些是各具体的 ISBD 分则的内容。

表 4-1　ISBD(G)的著录项目及其标识符、著录单元

Area（著录项目）	Prescribed Preceding（or enclosing）punctuation for Element（标识符）	Element（著录单元）
Note：Each area，other than the first，is preceded by a point，space，dash，space（. —）		
1. Title and statement of respon-sibility area	 [ ] = : / ;	1. 1 Title proper 1. 2 General material designation 1. 3 Parallel title 1. 4 Other title information 1. 5 Statements of responsibility First statement Subsequent statement
2. Edition area	 = / ; , / ;	2. 1 Edition statement 2. 2 Parallel edition statement 2. 3 Statements of responsibility relating to the edition First statement Subsequent statement 2. 4 Addition edition statement 2. 5 Statements of responsibility following an addition edition statement First statement Subsequent statement
3. Material (or type of publication) specific area		
4. Publication, distribution, etc., area	 ; : [ ] , (: ,)	4. 1 Place of publication，distribution，etc. First place Subsequent place 4. 2 Name of publisher，distributor，etc. 4. 3 Statement of function of distributor 4. 4 Data of publication，distribution，etc. 4. 5 Place of manufacture 4. 6 Name of manufacture 4. 7 Data of manufacture
5. Physical description area	 : ; +	5. 1 Specific material designation and extent of item 5. 2 Other physical details 5. 3 Dimensions of item 5. 4 Accompanying material statement
6. Series area	 = : / ; , ;	6. 1 Title proper of series or sub-series 6. 2 Parallel title of series or sub-series 6. 3 Other title information of series or sub-series 6. 4 Statements of responsibility relating to the series or sub-series First statement Subsequent statement 6. 5 International Standard Serial Number of series of sub-series 6. 6 Numbering within series or sub-series
7. Note area		
8. Standard Number (or alter-native) and terms of availability	 = : ()	8. 1 Standard Number （or alternative） 8. 2 Key title 8. 3 Terms of availability and/or price 8. 4 Qualification（in varying positions）

（3）适用范围广

作为国际标准，ISBD 对于不同地区、不同语言、不同规模、不同类型的文献机构都有通

用性。ISBD 的制定和出版发行具有重大意义，影响极其深远，在统一各国（和地区）文献信息著录条例、实现目录著录国际标准化方面做出了重要贡献，在亚洲、非洲、欧洲、美洲的一些国家的书目中得到了广泛的应用，许多国家（和地区）还将其作为制定或修改各种编目条例的重要参考依据。

2.《英美编目条例》(第 2 版)

《英美编目条例》（第 2 版）（Anglo-American Cataloging Rules 2nd ed.，AACR2）由美国图书馆协会、英国图书馆协会、加拿大图书馆编目委员会、英国图书馆、美国国会图书馆联合提出，由戈尔曼（Michael Gorman）和温克勒（Paul W. Winkler）负责编辑，于 1978 年在芝加哥、伦敦与渥太华同时出版。1988 年，修订版 AACR2R 出版。1998 年，修订版 AACR2-1998 出版。2002 年，修订版 AACR2-2002 出版。

1）AACR2 的发展

ISBD 在解决目录描述著录规则标准化问题方面取得了很大的成功，这就更加迫切地需要编制出与其相匹配的、完整的著录规则。与此同时，计算机在编目领域的广泛应用及非书资料的大量涌现，使得原有的《英美编目条例》（AACR）日趋老化的客观事实变得越来越突出，因此条例的更新势在必行。

实际上，美、英、加三国从 1974 年就开始了合作修订 AACR 的工作。经过几年的努力，AACR2 于 1978 年出版。这次修订的主要成就是，将主要用于卡片式目录的传统条例发展为适应机读目录编制与多样化检索的条例，顺应了编目事业的发展趋势。因此，AACR2 被翻译成多种文字，为许多国家的图书馆所采用。

社会经济与科技的发展，网络技术的普遍应用，文献信息资源的变化，以及人们信息控制需求的加强，都要求 AACR2 不断发展和完善，因此 AACR2 只有不断修订才能满足编目事业的需要。

1983 年，修订 AACR 联合指导委员会（Joint Steering Committee for Revision of AACR，JSC）明确地提出了修订 AACR2 的方针和步骤。1986 年，在原有编制成员的基础上，将澳大利亚编目委员会增补为新成员。1988 年，AACR2R 正式出版。AACR2R 的主要特点是，吸收了过去十年的修订成果，对一些内容进行了适当的调整，增强了“计算机文档”的著录规则。1993 年和 1998 年，AACR2 相继进行了一些重要的修订，并出版了修订版。

2002 年，面对编目工作中出现的新问题，再次对 AACR2 进行修订，并出版 AACR2-2002。AACR2-2002 继承了此前各版本的精华，融合了 1999 年、2001 年修订本的内容，增加了 2002 年批准确定的新条款。AACR2-2002 修订突出重点，如主要修订了总则、测绘资料、电子资源、连续出版物和集成性资源（Integrating Resources）、选择检索点的著录规则。不仅如此，该版在对编目理论的发展方面也取得了一定的成果，如重新界定与划分了书目资源类型，更新了一些有关编目的基本概念等，使得编目条例与书目资源种类的发展相互适应。可以说，AACR2-2002 修订版的产生不仅对当时现实的编目工作具有较强的适应性，还对编目理论和实践在未来的发展和完善具有开创性的意义。

从某种意义上，AACR2 是国际编目界共同努力的成果。美国、英国、加拿大、澳大利亚等国家的许多编目专家不断为 AACR2 的修订提出建设性的方案，美国图书馆协会（ALA）及其下属机构、国际图联（IFLA）、OCLC 等机构更是定期组织会议，讨论 AACR2 现存的问题与未来的发展。尤其是 JSC，作为维护 AACR2 的专门机构，切实履行着其职责：支持有效的书目编目实践，维护与发展 AACR 已经确立的书目原则，及时修订编目规则以反映用户需求和信息环境的变化。可以说，在 AACR2 的修订过程中，JSC 一直起着核心作用，促进 AACR2 不断修订，与时俱进。

2）AACR2 的编制结构和内容

AACR2 是一部适用于多种类型、多种文字、多种载体的文献信息著录条例。以 2002 年修订版为例，它的结构如下：

Part I Description（第一部分　描述著录）

1　General Rules for Description（著录总则）

2　Books，Pamphlets，and Printed Sheets（图书、小册子、散页出版物）

3　Cartographic Materials（测绘制图资料）

4　Manuscripts（Including Manuscript Collections）（手稿）

5　Music（乐谱）

6　Sound Recordings（录音资料）

7　Motion Pictures and Video Recordings（影片与录像资料）

8　Graphic Materials（图示资料）

9　Electronic Resources（电子资源）

10　Three-Dimensional Artefacts and Realia（立体工艺品与实物）

11　Microforms（缩微品）

12　Continuing Resources（连续资源）

13　Analysis（分析）

Part II Headings，Uniform Titles，and References（第二部分　标目、统一题名与参照）

21　Choice of Access Point（检索点的选择）

22　Headings for Persons（个人著者标目）

23　Geographic Names（地理名称）

24　Headings for Corporate Bodies（团体名称标目）

25　Uniform Titles（统一题名）

26　References（参照）

Appendices（附录）

A　Capitalization（大写）

B　Abbreviations（缩写）

C　Numerals（数字）

D　Glossary（词汇）

E　Initial Articles（首冠词）

Index（索引）

从以上结构可以看出，AACR2 全书分为三大部分：描述著录，标目、统一题名与参照，以及附录。其中，正文分为两大部分，共 19 章。这两部分不分主次、互为补充，形成了一部完整的著录条例。

（1）描述著录部分

第一部分共 13 章。第 1 章为著录总则，阐明了著录的通用规则，是以后所有各章著录规则的基础；第 2～12 章是根据总则的基本原则，针对特定类型文献信息制定的著录规则；第 13 章是部分文献信息通用的分析著录规则。在对具体类型文献进行著录时，应该选择使用与其相对应的分则。如果被著录的文献的类型比较复杂，就可以考虑使用多种相关的分则。例如，被著录的文献是连续出版的录音资料时，就既要用到第 12 章“Continuing Resources”（连续资源）的内容，又要用到第 6 章“Sound Recordings”（录音资料）的内容。

第一部分的所有规则均以 ISBD 为依据。AACR2 完全采用了 ISBD 的 8 个著录项目及其顺序、著录标识符，并规定了著录用文字、著录信息源及各项目著录细则等，还首创了明确款目详简内容的条款，列出了三个推荐的著录级次。

（2）标目、统一题名与参照部分

第二部分共 6 章，其篇幅与描述著录部分非常接近。第 21 章规定了主要款目与附加款目检索点的选择条件；第 22～25 章规定了个人、地理、团体名称标目的形式与统一题名；第 26 章是编制个人与机构名称、地理名称和统一题名等参照的规则。各章将一般规则列在专门规则之前，当一个特定的问题没有特定的规则时，则可采用一般规则。该部分适用于著录各种文献信息的检索点，包括卡片式目录的主要款目标目与根查项的内容。

（3）附录部分

第三部分包括 5 种附录和一个综合索引。附录是 AACR2 的重要组成部分，规定了著录使用文字的规范条款，是著录中不可缺少的内容。

3）AACR2 的主要信息源

AACR2 中各类型文献信息的主要信息源如表 4-2 所示。

表 4-2　AACR2 中各类型文献信息的主要信息源

文献信息类型	主要信息源
图书、小册子与散页出版物	题名页
测绘制图资料	资料本身；容器或函套、球仪的支架与底座等
手稿	手稿本身、题名页、书尾题署、手稿头等
乐谱	题名页、封面、卷首
录音资料	资料本身、容器与标签
影片与录像资料	资料本身；容器
图示资料	资料本身、标签、容器、附带文字资料等
电子资源	资源本身、题名屏幕、主选择单、程序说明、首先显示的信息、主页等
立体工艺品与实物	文献本身、标签、附带文字资料和容器
缩微资料	题名帧
连续资源	题名页或封面；物理载体上的标签

4）AACR2 的主要特点

（1）贯彻了编目标准化的原则

AACR2 十分重视编目标准化问题，关注编目标准的国际化与书目共享的发展趋势，注意保持与其他相关书目控制标准的协调性，特别是与国际标准书目著录（ISBD）、国际标准连续出版物号（ISSN）和国际标准化组织（ISO）的标准保持一致。例如，在“描述著录”部分，AACR2 尽量与 ISBD 的发展保持一致，不仅保证了款目内容的统一著录，还实现了不同类型文献信息的统一著录；在“标目、统一题名与参照”部分，AACR2 积极采用有关国际协议，全面吸收了 1961 年巴黎会议的标目原则，为其他国家标目法的制定提供了范例与样板。与此同时，AACR2 的发展和完善也极大地促进了其他国际标准的更新。

（2）改革了条例的组织结构和方法

组织结构方面，AACR2 将“描述著录”列为第一部分内容，而将“标目、统一题名与参照”列为第二部分内容，颠倒了 AACR 等条例的组织结构的先后顺序，客观反映了编目程序的变化：旧编目工作程序是从标目法开始，由标目决定整个款目编制的方法；新编目过程是先描述著录，再选择检索点。

组织方法方面，AACR2 在对规则中各项条款的安排上突出了伸缩性的特点。例如，在章节的设置上有意识地留有扩展的余地：第一部分共 13 章，第二部分从第 21 章开始，将第 14 章到第 20 章作为空位，为条例内容的扩充留有充分的余地。

另外，“描述著录”部分的条款所配编号系统也有规律可循，即凡内容性质相同的条款，均采用类似的编码。这就使得各章节条款与第 1 章的相对应，方便记忆与查阅使用。

（3）沿用并更新了“主要款目”标目概念和“著者原则”

AACR2 在沿用了西方传统编目条例的“主要款目”标目概念和“著者原则”，即将款目标目分为主要款目标目和附加款目标目，并且主要以著者为主要款目标目的同时，也做了如下一些改进。

① 重新界定“著者”概念。强调只有对著作的知识或艺术内容负主要责任的个人和团体才能被称为“著者”或责任者，缩小了著者概念的范围。因此，属于编辑、编纂的著作一律被改用题名作为标目，增加了题名作为主要款目标目的机会，削弱了著者主要款目的地位。

② 对责任者统一标目的规定更具有通俗性。强调选取个人或团体最为人们所熟知的名称及其常见形式作为统一标目，改变了传统条例中对个人名称取原名、真名、全名，团体名称取官方正式名称的做法，增强了标目的实用性。

③ 扩大了统一题名的范围。强调以不同形式、不同题名出版的同一著作均可使用统一题名来加以集中，改变了传统条例中仅对宗教经典、古代佚名著作和音乐资料使用统一题名的做法，更加突出了统一题名的作用。

（4）增强了条例使用的灵活性

基于不同类型编目机构对编目的要求不同，AACR2 非常注重条例在应用方面的灵活性。例如，提供多种文献类型的著录规则，便于不同编目机构选择使用；规定三个著录级次，满足不同编目机构的要求；确定一些机动性规则，如交替性规则（Alternative Rules）、选择性规则（Optional Addition 或 optionally）等，并注明“if appropriate”（如果合适）、“if necessary”（如果必要）等选择性短语，编目员可以根据特定情况灵活把握与使用这些规则和短语。

AACR2 在提供完备规则的同时也留给编目员不少分析判断的自主权，在连续资源的著录中最为突出。

AACR2 被公认为西方编目理论和实践的集大成之作，是国际合作修订编目规则的成功代表。AACR2 在兼顾传统编目特点的同时，适应了编目工作标准化、自动化、网络化的发展趋势，既为英语世界的文献信息编目工作提供了标准化的工具，也为各国编目规则的制定树立了典范，有力地推动了世界编目事业的发展。

AACR2 已经成为真正意义上的国际编目条例，被许多国家接受、使用或者借鉴，如丹麦、芬兰、意大利、挪威、葡萄牙、西班牙、瑞典、土耳其等。AACR2 还有日文、中文、阿拉伯文等版本，可见其影响之大、应用范围之广。

但 AACR2 也存在一些问题，主要有：标目中仍然保留了“主要款目标目”和“附加款目标目”的概念，选取主要款目标目的规则复杂而烦琐，给使用者的理解和应用带来了不便；条例的篇幅过于庞大，重复的内容比较多，总则与分则之间频繁出现“参见”；某些条款有措辞含义不清的情况，使用者难以熟练地掌握和运用；地名与人名的拼写规则采用了英美的传统方法，影响了编目条例的国际通用性；等等。但总体上看瑕不掩瑜。

3. 中国文献著录国家标准——《文献著录总则》

《文献著录总则》（GB 3792.1—1983）由我国的全国文献工作标准化技术委员会提出，全国文献工作标准化技术委员会第六分委员会起草，国家标准局 1983 年 7 月 2 日发布，1984 年 4 月 1 日起实施。之后，我国又颁布了与其配套的适合普通图书、古籍、连续性出版物、非书资料等各种类型文献著录的一系列国家标准。2009 年，该标准被新的《文献著录总则》（GB/T 3792.1—2009）所替代。2021 年 10 月，《信息与文献　资源描述》（GB/T 3792—2021）正式实施，将各资源类型著录规则合并，增加了学位论文、拓片、手稿等资源，是一个面向各种类型资源的通用资源描述标准。

1）指导思想

我国确立的文献著录标准化的指导思想是：在著录项目的设置、著录项目的排列顺序与著录用标识符号三个方面实行“四个统一”，即中外文目录的统一、图书馆与文献情报部门目录的统一、各类型文献目录的统一、不同载体目录的统一。

我国国家标准的文献著录规则的编制，充分体现了我国制定文献工作标准的“既靠拢国际标准，又结合我国实际”的方针政策。

也就是说，为了实现中外文目录的统一，我国的著录规则必须向国际文献著录标准靠拢。事实上，我国国家标准的文献著录规则系列就是依据 ISBD 制定的，在著录规则编制的原则、著录项目、标识符号等方面，与 ISBD 基本保持一致，其目的是使我国与世界范围内的目录成果能够在最大程度上实现相互识别和利用，为实现真正意义上的书目信息资源共享与书目控制奠定基础。

同时，为了满足我国编目工作的需要，我国国家标准的文献著录规则的编制也充分考虑了我国的具体情况。根据我国的文献特点、读者检索习惯及文献工作部门的特定要求，适当保留了我国文献编目中的一些传统做法，并借鉴了其他国家和地区汉语言文字目录著录中一些有益的规定。

2）编制体例

我国的文献著录标准在编制体例上采用了从总则到分则的方法，即将整套规则划分为总则和分则，并将它们分别作为单项标准制定。

总则与分则是分期陆续制定的，共同形成了较为完整的一套中国文献著录标准体系。具体来说，分则包括 8 部分：《第二部分：普通图书》《第三部分：连续性资源》《第四部分：非书资料》《第五部分：档案》《第六部分：测绘制图资料》《第七部分：古籍》《第八部分：乐谱》《第九部分：电子资源》。

3）基本结构

《文献著录总则》与各著录分则在编制结构和内容上基本保持一致，正文部分一般由引言、名词术语、著录项目、著录项目标识符、著录用文字、著录信息源、著录项目细则等内容构成。各著录分则还有附录，如多层次著录、著录格式、实例等。

4）主要内容

主要内容包括著录项目及其标识符和著录格式两部分。

(1）第一部分，著录项目及其标识符，如表 4-3 所示

表 4-3 《文献著录总则》的著录项目及其标识符

基本描述项目	标识符	描述子项目
题名与责任说明项		正题名
	[ ]	一般文献类型标识
	=	并列题名
	:	其他题名信息
		责任说明
	/	第一责任说明
	;	其他责任说明
版本项	.--	版本说明
	=	并列版本说明
		与版本相关的责任说明
	/	第一责任说明
	;	其他责任说明
	,	附加版本说明
文献特殊细节项	.--	数学数据（测绘制图资源）
出版发行项	.--	出版发行地
	;	其他出版、发行地
	:	出版发行者
	[]	发行者职能说明
	,	出版发行日期
	(:,)	印制地、印制者、印制日期
载体形态项	. --	文献数量和特定文献类型标识
	:	其他形态细节
	;	尺寸
	+	附件
丛编项	. --	丛编或分丛编正题名
	=	丛编或分丛编并列题名
	:	丛编或分丛编其他题名信息
	/	第一责任说明
	;	其他责任说明
	,	丛编或分丛编的 ISSN
	;	丛编或分丛编的编号
附注项	. --	
标准编号及获得方式项	.--	国际标准文献编号
		中国标准文献编号
	( )	装帧
	:	获得方式和/或价格
	( )	限定说明

其中，描述项目标识符是指用以分隔描述项目的专用辅助符号。

描述项目标识符主要具有两个作用：

❖ 辅助符号可以克服语言障碍，方便地识别不同项目的含义，有利于促进不同国家（或地区）之间交流和互换描述记录。

❖ 有利于信息组织和检索的现代化，便利机读数据处理。

《文献著录总则》比较侧重传统文献的著录特征的限定。

（2）第二部分，著录格式

著录格式是指著录记录内各著录项目的记录次序和表述方式，分为书本式和卡片式两种。《文献著录总则》的书本式著录格式和卡片式著录格式如下：

书本式著录格式：

正题名 [一般文献类型标志]= 并列题名：其他提名信息 / 第一责任说明；其他责任说明. -- 版本说明 / 与本版有关的责任说明. -- 文献特殊细节. -- 出版发行地：出版发行者，出版发行日期（印制地 ：印制者，印制日期）. -- 文献数量及特定文献类型标识：图及其他形态细节；尺寸 + 附件. -- （从编正题名 / 责任说明，国际标准连续出版物号；从编编号. 分从编题名）. -- 附注. -- 标准编号（限定词）：获得方式和/或价格

卡片式著录格式：

正题名 [一般文献类型标志]= 并列题名：其他提名信息 / 第一责任说明；其他责任说明. -- 版本说明 / 与本版有关的责任说明. -- 文献特殊细节. -- 出版发行地：出版发行者，出版发行日期（印制地：印制者，印制日期）.

文献数量及特定文献类型标识：图及其他形态细节；尺寸 + 附件. --（从编正题名 / 责任说明，国际标准连续出版物号；从编编号.分从编题名）.

附注

标准编号（限定词）：获得方式和/或价格

按照卡片式著录格式，对《信息组织》一书进行著录，结果如下：

信息组织 / 马张华编著. -- 3 版. -- 北京 ：清华大学出版社，2008.5

334 页；23cm . --（面向 21 世纪课程教材· 信息管理与信息系统专业教材系列）

ISBN 978-7-302-17155-3 : 37.00 元

4.《中国文献编目规则》

《中国文献编目规则》由中国文献编目规则编撰小组编辑，全国情报文献工作标准化技术委员会、中国图书馆学会推荐使用。2005 年，由国家图书馆《中国文献编目规则》修订组编辑、北京图书馆出版社出版第 2 版。

1）编制与修订

《中国文献编目规则》的编制主要依据 ISBD、中国文献著录规则国家标准的原则和框架，同时参考了 AACR2 和台湾地区编辑的《中国编目规则（修订版）》。

《中国文献编目规则》（第 2 版）总的修订原则是：既遵循 ISBD 的原则、参照 AACR2 的体例，又体现中国文献编目特色；既坚持整个编目规则体系的一致性，又考虑各种文献类型的特殊性；既坚持标准规则的统一性，又保持适当的灵活性。因此，《中国文献编目规则》修订版在坚持与国际接轨的原则的同时，还根据网络环境下电子资源的特点，尽量适应计算机编目的需要；另外，保持了原版的结构体例，增加了新的内容，修改了不适应的条款。

《中国文献编目规则》的编制体例是将总则与各分则融于一个文献编目规则中，一次编制完成，以章节的形式分列各类型文献著录规则的条文，在总则与各分则之间用参照的办法互相参阅，其编制体例与 AACR2 基本一致。

2）结构与内容

《中国文献编目规则》各章既互相衔接、有机联系，又自成系统。第 2 版的内容结构如下：

前言

第一部分　著录法

第一章　总则

第二章　普通图书
第三章　学位论文、科技报告、标准文献
第四章　古籍
第五章　拓片
第六章　测绘制图资料
第七章　乐谱
第八章　录音资料
第九章　影像资料
第十章　静画资料
第十一章　连续性资源
第十二章　缩微文献
第十三章　电子资源
第十四章　手稿
第十五章　综合著录与分析著录

第二部分　标目法

第二十一章　总则
第二十二章　个人名称标目
第二十三章　团体/会议名称标目
第二十四章　题名标目
第二十五章　参照

附录 1　著录样例
附录 2　中国历史朝代规范简称
附录 3　中国各少数民族规范名称表
附录 4　世界主要国家和地区名称表
附录 5　主要名词术语

《中国文献编目规则》正文分为两大部分，共 20 章，附 5 个附录，总计 55 万字。

（1）第一部分著录法，分为 15 章

第一部分先列出各类型文献著录原则的总则，再分别列出普通图书等 13 种文献的著录规则，最后一章为综合著录与分析著录规则。第一部分较为全面系统地涵盖了各类型文献的著录规则，并在总体结构上为新型文献预留了篇章设置的位置。

另外，第一部分的每章的内容结构基本相同，都以通则与 8 个著录项目为主要内容。通则部分阐明使用范围、著录项目、著录用标识符号、著录详简级次、著录信息源、著录用文字等。在 8 个著录项目部分，详细说明各项目的具体著录规则。最后，有些章列出了一些针对特殊情况的细则。

《中国文献编目规则》的著录项目、著录标识符号与著录细则基本上都与文献著录国家标准保持一致，不同的是，其修订版仍然保留了著录详简级次的内容。

（2）第二部分标目法，分为 5 章

在文献描述著录的基础上，第二部分为书目记录确定检索点，提供责任者名称标目与题名标目著录规则，以及标目参照编制方法，以便编制完整的书目款目，并实现书目规范控制。

（3）第三部分，5 个附录

附录对于概念或实例都有明确的说明，便于编目人员提高编目质量。

3）主要特点

（1）标准性

为了便于国内外书目信息的交流，《中国文献编目规则》比较注重与国内外有关标准、规则保持协调一致。在著录法部分，全面贯彻 ISBD 与我国文献著录国家标准；在一些专业术语的使用方面，改变了以往传统的概念，采用了国际通行的用法；同时，修正了文献著录国家标准中与国际著录条例相违背的条款。

（2）特色性

由于强调了立足当代、继承传统、立足本国、借鉴国外的编制原则，因此《中国文献编目规则》在处理我国特有的问题时，保留了我国编目的优良传统，并不强求与国际条例一致，这个原则在标目法部分尤为突出。

（3）丰富性

《中国文献编目规则》在文献著录国家标准系列的基础上增加了许多新内容。例如，将国家标准《非书资料著录规则》中的“非书资料”分为录音资料、影像资料、静画资料、缩微文献、电子资源，并各自独立为一章；增加了学位论文、科技报告、标准文献、拓片、乐谱、手稿、综合著录与分析著录规则及各类型文献标目的选取与著录法等。因此，《中国文献编目规则》的内容比我国国家标准更加全面、细化，是一部完整的大型文献编目规则。

（4）实用性

为了便于编目人员的操作使用，《中国文献编目规则》采取了一系列措施。例如，吸取 AACR2 的优点，采用便于记忆的编制结构与条款编号方法；设置选择项目、弹性标目范围、交替规则等，在不违反总原则的前提下，为各类型图书馆或其他机构的编目提供较多的选择和变通的余地；增加了著录实例，并配以通俗的文字说明；设置了若干附录，提供了著录样例与规范表。

4.2 机读目录著录法

4.2.1 MARC 在全球的发展概述

1. 美国 MARC

MARC（Machine Readable Catalogue，机器可读目录）是以代码形式结构和特定结构记录在计算机存储载体上的、可用计算机识别与阅读的目录。

MARC 数据最早产生于美国。1961 年，美国国会图书馆开始图书馆自动化的设想，并于 1965 年产生了《标准机器能读目录款式的建议》（A Proposed Format for a Standardized Machine-Readable Catalog Record），1966 年 2 月开始了“MARC 试验计划”，实验结果产生了 MARC 的格式，即 MARC Ⅰ 格式；1967 年，美国国会图书馆对 MARC Ⅰ 进行改进；1968 年，推出 MARC Ⅱ。进入 20 世纪 70 年代，MARC 被接受为国际标准，因为是由美国国会图书馆研制的，故称 LCMARC 格式。随着 MARC Ⅱ 的推出，世界许多国家和地区图书馆都相继采用 MARC Ⅱ 格式建立自己的机读目录系统，为了与其他国家的 MARC 版本分开，1983 年美国改称 MARC Ⅱ为 USMARC。1994 年，美国国会图书馆、加拿大国家图书馆（National Library of Canada）、大英图书馆（British Library）开始推动 USMARC、CAN/MARC、UKMARC 的 MARC Harmonization，希望整合处理英文资料的 MARC，形成一致性的机读格式[1]。1999 年，美国与加拿大 MARC 排除相异性联合推出 MARC21。2001 年，大英图书馆也宣布采用 MARC21。此后，瑞典、芬兰、德国、日本等国家的图书馆也相继采用 MARC21 格式。

MARC21 由 5 部分组成。

① MARC21 书目数据格式（MARC21 Format for Bibliographic Data）：用于描述、检索和控制包括图书、连续出版物（或连续性资源）、地图、电子资源、乐谱、视听资料及混合型资料在内的各类型书目资料格式。

② MARC21 规范数据格式（MARC21 Format for Authority Data）：用于确认和控制那些受规范控制的书目记录中的内容和内容标识符的数据元素编码。其目的是在书目数据库中用规范文档对书目记录的检索点进行规范控制，维护书目数据库中名称和主题标目的唯一性和一致性。需要进行规范控制的检索点包括规范形式的名称、主题和主题复分[2]。

③ MARC21 馆藏数据格式（MARC21 Format for Holdings Data）：包含各种类型资料的馆藏和位置数据。

④ MARC21 分类数据格式（MARC21 Format for Classification Data）：包含相关分类号码和标题等相关数据元素。分类记录可用于维护和发展分类表。

⑤ MARC21 团体/社区信息格式（MARC21 Format for Community Information）：为包含事件、程序、服务等相关信息的记录提供格式规范，从而使这些信息可以被整合到公共存取目录中为用户使用。

2. 国际标准化组织：ISO 2709

1973 年，ISO 在审核 MARC Ⅱ格式后，将其格式结构定为国际标准，即《文献工作——文献目录信息交换用磁带记录格式》（ISO 2709）。1981 年、1996 年、2008 年分别进行修订，改名为《信息交换格式》。ISO 2709 规定了书目信息机读目录的逻辑组织原则与实施方法，制定了一个通用的格式，规定了机读目录记录必须由头标区、目次区及数据区三大部分构成，还规定了头标区中各固定位置的含义，目次区的构成方法及标识符和分隔符的选取[3]。

3. 国际图联：UNIMARC

由于各国不同的机读编目格式造成书目记录共享障碍，为了方便不同格式之间的数据交换与共享，国际图联（The International Federation of Library Associations and Institutions，IFLA）在 1977 年研制出了国际机读目录格式（Universal MARC Format，UNIMARC），对图书、印刷材料及各种包括音像在内的非书资料的格式进行了规范。1980 年推出第 2 版，补充制图资料所需的数据字段和更新期刊和专著的部分字段、编辑和修订其他制图属性和非书资料的临时字段。1983 年，印发《UNIMARC 手册》（UNIMARC Handbook）。1987 年，修订后发行

---

[1] Mccallum S H．Harmonization of USMARC, CAN/MARC, and UKMARC[J]．Library resources & technical services, 2011, 44(3) : 135-140.

[2] 高红，顾犇．MARC 21 规范数据格式使用手册[M]．北京：北京图书馆出版社，2005.

[3] 傅守灿，陈文广．图书馆自动化基础教程[M]．北京：北京大学出版社，1996.

《UNIMARC 手册》(UNIMARC Manual)，对音像视频及缩微胶卷资料的临时数据字段进行修订，并为电子资源增加临时数据字段。1994 年，推出第 2 版《UNIMARC 手册：书目格式》(UNIMARC Manual : Bibliographic Format)，目前最新版本是2008 年发表的第3 版。UNIMARC 还发布了相应的规范格式、分类格式和馆藏格式手册。

4. 联合国教科文组织：CCF

1978 年，联合国教科文组织 UNESCO 提出开发一种图书馆、书目机构和文摘、索引机构通用的格式，并于 1984 年推出公共交换格式（Common Communication Format，CCF）。

CCF 把文献分为目标文献和相关文献，把文献的相关关系分成纵向关系和横向关系两种。被描述的主要文献称为目标文献，而与目标文献具有各种关系的所有其他文献称为相关文献。同时，CCF 引入了区段的概念，用来在描述目标文献的同时描述多个相关文献，每个区段中存放一个文献，同一区段中有关系的字段也可以连接起来[1]。

5. 中国：CNMARC

CNMARC（China Machine-Readable Catalogue，中国机读目录）的研制开始于 20 世纪 70 年代。1979 年，北京图书馆等单位成立了“北京地区机读目录研制协作组”，开始研究美国国会图书馆的 MARC 格式；此后国家标准总局陆续颁布了一系列有关信息处理交换用的字符集的国家标准，并于 1982 年通过了参考 ISO 2709 制定的国家标准《文献目录信息交换用磁带格式》(GB 2901—1982)，为中文 MARC 格式奠定了基础；随着 UNIMARC 的引入和研究，结合我国实际，1991 年 2 月，《中国机读目录通讯格式》正式出版[2]；1996 年 2 月 6 日，《中国机读目录格式》（China MARC Format）正式发布，1996 年 7 月 1 日起实施。CNMARC 格式为我国机读目录书目数据的规范与统一、与国际书目信息共建共享，从数据结构方面提供了保障。2004 年，北京图书馆出版社出版了国家图书馆编的《新版中国机读目录格式使用手册》（New China MARC Format Manual）[3]。

4.2.2 MARC 记录基本格式

MARC 记录由记录结构、内容标识符和数据内容组成。记录结构遵循美国国家标准 Information Interchange Format（ANSI Z39.2）和国际标准 Format for Information Exchange（ISO 2709)；内容标识符用来识别 MARC 记录的数据元素，或提供有关数据元素附加信息的特殊符号或编码，包括字段标识符、字段指示符和子字段代码；数据元素内容通常遵循格式以外的其他标准，如《英美编目条例》(AACR)、《美国国会图书馆主题词表》(LCSH)[4]。

下面以武汉大学图书馆提取的一条 MARC 记录来说明 MARC21 书目数据格式，图 4-1

[1] 潘岩铭，金培华．从机读目录格式到通用记录格式：面向未来的信息服务[EB/OL][2020-04-20].

[2] 刘苏雅．中文文献编目[M]．北京：书目文献出版社，1994.
杨玉麟．信息描述[M]．北京：高等教育出版社，2004.

[3] 李燕，杜薇薇，郭华．MARC21 元数据与 CNMARC 元数据的分析比较[C]．全国文献编目工作研讨会．中国图书馆学会，2006.

[4] 高红，顾犇．MARC21 书目数据格式使用手册[M]．北京：北京图书馆出版社，2005.

为该记录的磁盘数据格式，图 4-2 为按阅读习惯设计的字段数据加工表。

01756cam a2200361 a 4500
001001300000003000400013005001700017008003900034010001700073020002900090020002600119035002300145035002000168 040004400188043001200232050002500244082002400269093001400293099002100307100003300328245009600361260006400457 300003300521504006400554505031500618650004300933700002800976856008201004856009101086856010601177950002701283 999008401310-022005022343-CAL-20080630155540.0-061213s2007 enka b 001 0 eng- a 2006101757- - a9780521877657 (hardback)- a0521877652 (hardback)- a(OCoLC)ocm77116897- a(OCoLC)77116897- aDLCcDLCdYDX-dBAKERdBTCTAdYDXCPdDLC- ad-------00aHJ5715.D44bB57 2007-00a336.2/714091724222- aF811.424- aCAL 022008044284-1 aBird, Richard Miller,d1938--14aThe VAT in developing and transitional countries /cRichard M. Bird, Pierre-Pascal Gendron.- aCambridge ;aNew York :-bCambridge University Press,c2007.- aix, 267 p. :bill. ;c24 cm.- aIncludes bibliographical references (p. 233-257) and index.-0 aWhy this book? -- The rise of VAT -- Is VAT always the answer? -- Trade and revenue -- Equity and the informal sector -- What should be taxed? -- Key issues in VAT design -- New issues in VAT design -- Administering VAT -- Dealing with difficulties -- The political economy of VAT -- Where do we go from here?.- 0aValue-added taxzDeveloping countries.-1 aGendron, Pierre-Pascal.-413Table of contents onlyuhttp://www.loc.gov/catdir/toc/ ecip076/ 2006101757.html-423Publisher descriptionuhttp://www.loc.gov/catdir/ enhancements/ fy0729/2006101757-d.html-423Contributor biographical information-uhttp://www. loc.gov/catdir/enhancements/fy0729/2006101757-b.html-aZTfF811.4/B618/2007/ Y- tEAwcat2a20080630 15:55:13-Gwcat2-g20080630 15:52:38Mwcat2m20080630 15:55:49-

图 4-1　一条 MARC 记录的磁盘数据格式

000　01756cam a2200361 a 4500
001　022005022343
003　CAL
008061213s2007　enka　b　001 0 eng
010　$a　2006101757
020　$a9780521877657 (hardback)
020　$a0521877652 (hardback)
035　$a(OCoLC)ocm77116897
035　$a(OCoLC)77116897
040　$aDLC$cDLC$dYDX$dBAKER$dBTCTA$dYDXCP$dDLC
043　$ad------
05000$aHJ5715.D44$bB57 2007
08200$a336.2/714091724$222
093　$aF811.4$24
099　$aCAL 022008044284
1001 $aBird, Richard Miller,$d1938-
24514$aThe VAT in developing and transitional countries /$cRichard M. Bird, Pierre-Pascal Gendron.
260　$aCambridge ;$aNew York :$bCambridge University Press,$c2007.
300　$aix, 267 p. :$bill. ;$c24 cm.
504　$aIncludes bibliographical references (p. 233-257) and index.
5050 $aWhy this book? -- The rise of VAT -- Is VAT always the answer? -- Trade and revenue -- Equity and the informal sector -- What should be taxed? -- Key issues in VAT design -- New issues in VAT design -- Administering VAT -- Dealing with difficulties -- The political economy of VAT -- Where dowe go from here?.
650 0$aValue-added tax$zDeveloping countries.
7001 $aGendron, Pierre-Pascal.
85641$3Table of contents only$uhttp://www.loc.gov/catdir/toc/ecip076/2006101757.html
85642$3Publisher description$uhttp://www.loc.gov/catdir/enhancements/fy0729/2006101757-d.html
85642$3Contributor biographical information $uhttp://www.loc.gov/catdir/enhancements/ fy0729/2006101757-b.html
950　aZTfF811.4/B618/2007/Y
999　tEAwcat2$a20080630 15:55:13$Gwcat2$g20080630 15:52:38$Mwcat2$m20080630 15:55:49

图 4-2　便于阅读的 MARC 记录字段数据加工表

MARC21 书目数据格式由记录头标区、地址目次区和可变长字段三部分组成，每个记录均以记录终止符结束，如图 4-3 所示。

记录头标区	地址目次区	可变长字段	记录终止符

图 4-3　MARC 逻辑结构

1. 记录头标区

记录头标区（Leader）位于每个记录的起始位置，是对一条记录的总体说明，由 24 个字符位组成固定长度，为计算机处理提供该记录的基本参数，概括了该记录各方面的特点，供计算机识别该记录使用。该区没有指示符和子字段代码。

图 4-1 中记录头标区的值为“01756cam a2200361 a 4500”，其含义如表 4-4 所示。

表 4-4　图 4-1 中的记录头标区说明

字符位置	字 符 数	代 码 值	说　明
00～04	5	01756	记录本逻辑记录的全部字符数。本例中长度是 1756，系统自动生成
05	1	c	反映书目记录的维护状态。值 c 表示该记录被修改过
06	1	a	区别资料的类型。值 a 表示该记录为文字资料
07	1	m	表示书目级别。值 m 为专著资料
08	1	空格	表示控制类型。空值表示该记录不包含特定的控制类型
09	1	a	表示字符编码系统。值 a 表示系统采用 UCS/Unicode 字符编码体系
10	1	2	表示指示符数，在此总填 2，由系统自动生成
11	1	2	表示子字段代码长度，在此总填 2，由系统自动生成
12～16	5	00361	表示数据基地址，本记录的值是 00361，由系统自动生成
17	1	空格	表示记录中的书目信息或内容标识大的完整程度。空值表示该记录最完整的 MARC 记录，编制记录时与编目实体核对过
18	1	a	表示著录标准。值 a 表示该记录依据 AACR2 编制
19	1	空格	反映资源从属和记录之间的相互依赖关系。空值表示未指定或不适用
20	1	4	定义字段长度部分所含的字符数，其值是 4。由系统自动生成
21	1	5	定义起始字符位置的长度，其值是 5。由系统自动生成
22	1	0	规定操作部分的长度，一般填 0。由系统自动生成
23	1	0	未定义该字符，一般填 0。由系统自动生成

2. 地址目次区

地址目次区（Directory）紧接在记录头标区后，由若干固定长度的目次区款目项和区末的字段终止符构成，如图 4-4 所示。

目次区款目项 1			目次区款目项 2				
字段标识符	字段长度	字段起始字符位置	字段标识符	字段长度	字段起始字符位置	……	字段终止符

图 4-4　地址目次区结构

由于记录的不同，其著录项目有多有少，相应的字段个数的多少就不同，因此不同的文献书目记录，其地址目次区的目次区款目项的个数也不完全相等。地址目次区的总长为：12×*N*

（款目项数）+1（字段终止符）。

地址目次区由计算机系统自动生成，每个目次区款目项共 12 个字符位，可以分为 3 个部分：字段标识符（占 3 个字符位）、字段长度（占 4 个字符位）、字段起始字符位置（占 5 个字符位）。

将图 4-1 中地址目次区内容转为表 4-5 进行说明。

表 4-5　图 4-1 中的地址目次区说明

款　目	字段标识符	字段长度	字段起始字符位置
001001300000	001	0013	00000
003000400013	003	0004	00013（=00000+0013）
005001700017	005	0017	0017（=00013+0004）
008003900034	008	0039	0034（=0017+0017）
010001700073	010	0017	00073（=0034+0039）
020002900090	020	0029	00090（=00073+00017）
020002600119	020	0026	00119（=00090+0029）
035002300145	035	0023	00145（=00119+0026）
035002000168	035	0020	000168（=00145+0023）
040004400188	040	0044	00188（=00168+0020）
043001200232	043	0012	00232（=00188+0044）
050002500244	050	0025	00244（=00232+0012）
082002400269	082	0024	00269（=00244+0025）
093001400293	093	0014	00293（=00269+0024）
099002100307	099	0021	00307（=00293+0014）
100003300328	100	0033	00328（=00307+0021）
245009600361	245	0096	00361（=00328+0033）
260006400457	260	0064	00457（=00361+0096）
300003300521	300	0033	00521（=00457+0064）
504006400554	504	0064	00554（=00521+0033）
505031500618	505	0315	00618（=00554+0064）
650004300933	650	0043	00933（=00618+0315）
700002800976	700	0028	00976（=00933+0043）
856008201004	856	0082	01004（=00976+0028）
856009101086	856	0091	01086（=01004+0082）
856010601177	856	0106	01177（=01086+0091）
950002701283	950	0027	01283（=01177+0106）
999008401310	999	0084	01310（=01283+0027）

由表 4-5 可知，该记录可变长字段所包含的字符数为 01310+0084=1393，其中 01310 为最后字段 999 的起始位置，0084 为该字段的长度。

该记录总长为：24（记录头标区长度）+(12×28+1)（地址目次区长度）+(1310+84)（可变长字段的长度）+ 1（记录终止符）= 1756。

3. 可变长字段

可变长字段（Variable Fields）由两部分构成：控制字段和数据字段。

1）控制字段（Control Fields）

控制字段的字段标识符为 00X，包含用于处理机读书目记录的控制号、其他控制信息和代码信息。该字段均无字段指示符和子字段代码。

由图 4-1 和图 4-2 可知，本例中包含 001、003、005 和 008 字段。其中，001 字段表示记录控制号，003 字段表示分配 001 字段的机构代码，005 字段表示记录最近一次处理的时间，008 字段反映书目特征信息的定长数据字段。

2）数据字段（Data Fields）

数据字段包含字段指示符、子字段代码、长度不固定的子字段数据元素和字段终止符，如图 4-5 所示。其中字段指示符提供字段内容、字段直接相互关系及数据处理中所需要操作的附件信息。每个指示符的值都有特定含义，通常用数字 0～9 或空格表示。子字段代码由两个字符组成，第一个字符为界定符，用来分隔不同的子字段，第二个字符为数据元素标识符，由字母或数字组成。

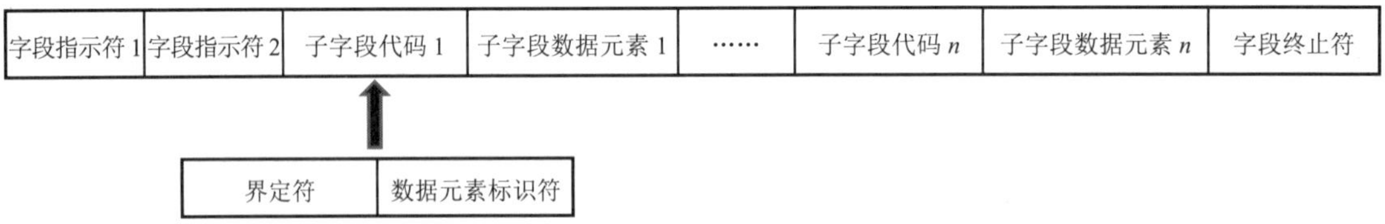

图 4-5　数据字段结构

根据可变长字段的第一个字段标识符，可以将 MARC21 书目数据格式分为以下字段块，具体如表 4-6 所示。

表 4-6　书目数据格式的字段块

字段块	含　义
01X～09X	号码和代码信息（Numbers and Codes Fields）
1XX	主要款目（Main Entry Fields）
2XX	20X～24X 字段表示题名及其相关字段（Title and Title-Related Fields），25X～28X 表示版本、出版说明（Edition, Imprint, Etc. Fields）
3XX	载体形态等（Physical Description, Etc. Fields）
4XX	从编说明（Series Statements Fields）
5XX	附注（Notes Fields）
6XX	主题检索（Subject Access Fields）
7XX	70X～75X 附加款目（Added Entries Fields），76X～78X 连接款目（Linking Entries Fields）
8XX	80X～83X 从编附加款目（Series Added Entries Fields），841～88X 馆藏、电子资源定位与检索等（Holdings, Location, Alternate Graphics, Etc. Fields）

可以看出，图 4-1 和图 4-2 包含 010、020、035、040、043、050、082、093、099、100、245、260、300、504、505、650、700、856、950 和 999 字段。下面以 100 字段为例介绍其结构，其他字段的说明可以参考相关书籍及网站内容。

1001 $aBird, Richard Miller,$d1938-

【解析】 100 字段描述主要款目标目的个人名称。

指示符：第 1 个指示符表示个人名称款目要素的类型（type of personal name entry

element)。当前值为 1，表示以姓在前，名在后，姓与名之间以逗号分隔方式著录作者名字。第 2 个指示符：未定义。

子字段：$a-个人名称（personal name）；$d-与名称相关联的日期（dates associated with a name），包括与名称相关的生卒年、事业鼎盛期或其他与名称相关的日期。

本例表示作者姓为 Bird，名为 Richard Miller，生于 1938 年。

4. 记录终止符（Record Terminator）

记录终止符紧跟最后一个数据字段，是一条 MARC 记录的最后字符，表示该 MARC 记录的结束。

4.2.3 MARC 著录的优缺点

1. MARC 的优点

MARC 格式是在传统的文献编目工作中发展起来的，规范了图书馆书目信息，推动了图书馆自动化的发展，其优点如下。

1）著录信息丰富

MARC 格式提供标题、责任声明、版次、出版信息、载体形态、主题词、标准代码等描述信息，并设置主要款目字段（1XX）、丛编说明字段（4XX）、主题检索字段（6XX）、其他附加款目字段（7XX）及丛编附加款目字段（8XX）等检索点信息。除了书目信息，MARC 格式还支持视听资料、计算机软件、图像等非图书资源及网络资源的著录，如 856 字段“电子资源定位与访问”，可以对网络资源进行著录。

2）实现规范控制

MARC 格式中，LCSH 和 DDC 等国际标准和准则被用于著录标目的规范控制，实现了提高目录编制和检索的效率、确保目录质量、完善目录功能的效果。

3）方便访问，便于计算机处理

如果一条书目记录被正确标注并储存在计算机中，那么通过编写计算机程序不仅可以灵活显示或打印信息，还可以提供对特定字段的多途径检索，各图书馆可以根据自己的需要确定自己系统的检索点。

4）便于实现资源共享

编目信息共享是一个现实问题。许多图书馆员希望获取而不是创建这些编目信息。MARC 格式已成为图书馆情报行业内的通行标准，现行的图书馆系统大多支持 MARC 格式，从而可以有效地实现数据共享、联合编目和联合目录的应用，使各个图书馆的数据在世界范围内“可见”。同时，在编目信息共享的情况下，可以改变各图书馆编目详简级次不同、水平高低不一的情况，提高各图书馆编目的质量。

5）有专门机构进行维护和修订

随着图书馆自动化技术和编目需求的变化，MARC 格式和相关文档也需要相应的改变。MARC 格式虽然是由美国国会图书馆推出并发行的，但并不是由它单独修订。从 1973 年开始，美国图书馆协会（ALA）下的跨部门委员会机读书目信息委员会（Machine-Readable

Bibliographic Information Committee，MARBIC）和 MARC 顾问委员会（MARC Advisory Committee）负责审查和修订 MARC21 文档。每次 ALA 会议都会就 MARC 格式的变化或发展所提交的讨论稿和建议进行审查。2013 年，MARBIC 解散后，MARC21 的相关活动完全由 MARC 顾问委员会负责。

6）提高图书馆工作效率

MARC 不仅有利于编目工作的规范化、标准化，还可以从多方面提高图书馆的效率。例如，对人员配置来说，统一的编目体系及共享方式可以使小型的或不具备高水平资料编目人员的图书馆直接使用他馆的共享编目资源；对图书采购来说，现有的 MARC 编目中心大多提供书刊，因而各图书馆可以采用“藏书来源控制法”实施图书采购的控制，优化藏书结构，避免书刊经费的浪费[1]。

2. MARC 的缺点

随着计算机和网络技术的持续发展，图书馆书目数据和自动化系统的质量问题凸显。前者主要集中在 MARC 数据的质量、MARC 字段的适用性等方面；后者不仅受前者的影响，还在系统本身的设计质量和功能问题上受到考验，如系统是否装载完整记录、内容标识符是否能显示、是否允许记录下载或重新写回数据文件等。

网络资源的剧增、新型媒介的出现及电子出版的迅速发展，对现有的编目规则和 MARC 格式提出了挑战。2002 年，Roy Tennant 曾在 *Library Journal* 上发文号召废止 MARC，引发了一场废除还是保留 MARC 的大讨论[2]。总结起来，MARC 格式有以下缺点。

1）编目人员的高要求性

MARC 格式的最大特点就是能充分揭示文献特征，提供多途径的检索，其标准化、规范化程度都对编目人员提出了较高要求。编目人员不仅要熟悉 MARC 机读目录著录格式，还要掌握分类法、主题词表的发展情况，同时要在掌握标引规则的基础上注重分类和主题标引的一致性等[3]。对非专业人员来说，MARC 格式过于复杂。这无疑限制了编目人员的范围[4]。

2）MARC 格式著录单元的限制

MARC 格式的各数据单元专指性强，字段众多，定义严格，造成 MARC 格式在某种程度上的烦琐与复杂，存在着字段之间内容的重复性、条目之间的关联性及对网络资源的适用性等问题。例如，100 字段$a 子字段用来设置个人名称的款目，245 字段$c 子字段同样反映了该信息，存在内容的重复；856 字段可以实现书目与网络资源的连接，但是由于网络资源的动态性，导致网络资源地址的变更，而这种变更若不能及时反映，则会导致数据的不可获得性，并增加书目数据库的维护难度。

3）MARC 的标识系统的难阅读性

MARC 格式中的字段、子字段都采用了代码进行标识。这种标识系统不够直观，一般用户难以阅读理解，也不能使用通用的搜索引擎进行有效的检索[5]。

---

[1] 黄建年．MARC 数据与图书馆[J]．津图学刊，1997(4):26-32．

[2] 吴万晔．论 MARC 元数据的缺陷及发展趋势[J]．图书馆工作与研究，2006(2):28-29．

[3] 吴翠兰．当前图书馆编目工作的发展契机[J]．情报探索，2004(03):32-34．

[4] 孙更新．文献信息编目[M]．武汉：武汉大学出版社，2006:454．

[5] 延卫平．MARC 的 XML 交换格式研究[J]．现代图书情报技术，2006(8):31-35．

4）对多媒体信息描述不够

图像、音频、视频等多媒体信息已成为互联网信息的主体，MARC 格式虽然能够对这些资源进行描述，但是深度不够，不能满足多媒体信息的存取需求，给数字图书馆数据资源的整合构成障碍[1]。

5）使用环境和范围的限制

MARC 是图书馆系统的专用格式，只有在符合 MARC 格式的应用前端（如图书馆专用的 OPAC）上和支持 MARC 格式的专用的 Z39.50 协议下才能准确获取 MARC 数据，才能创建和使用 MARC 记录。因此，无法通过网络浏览和检索目前大量存在的 MARC 格式的书目数据，从而严重制约了这些数据的利用[2]。

6）FRBR 对 MARC 的冲击

国际图联于 1998 年正式推出《书目记录的功能需求：最终报告》(Functional Requirements for Bibliographic Records : final report，FRBR)，是国际编目原则和编目思维模式上的重大突破。FRBR 认为，编目对象不能停留在传统的平面层次上，应根据用户的需求将编目对象分成若干层次，揭示了隐匿在编目对象中的深层次关系，形成了一个立体的元数据模型，已经成为人们设计、考查和评估元数据的研究框架。尽管 MARC 具有复杂的结构，但是因为它是以卡片目录为基础而发展来的，所以 MARC 受制于卡片目录的思维，拘泥于卡片目录显示的格式，具有对复杂的层级关系的适应性较弱，难以适应 FRBR 的多层次等级立体新框架的缺陷[3]。

4.3　元数据著录法

4.3.1　元数据简介

1. 元数据的定义

元数据（Metadata)，又称为“描述数据”或“诠释数据”，就是“关于数据的数据”（data about data)。元数据并不是个陌生的概念。我们在日常的工作中有意或无意地使用了元数据，如地图的图例、图书目录等。地图的图例描述了地图中符号的含义，图书目录描述了图书的主要内容、图书的作者及图书存在于图书馆中的位置等。一般意义上，因为它们就是对数据的描述，所以这些都是元数据。同时，元数据的内容是十分广泛的。元数据的内容要根据实际的需要来确定[4]。

在不同领域，对元数据的定义也是不同的。例如，在数据仓库领域，元数据被定义为“描述数据及其环境的数据”；在软件构造领域，元数据被定义为“在程序中不是被加工的对象，

[1] 韩立栋．基于 XML 的 MARC 探讨[J]．兰台世界，2005(13):60-61．

[2] 郦金花．基于 CNMARC 字典库和 XML 的 MARC 发布系统的设计[J]．情报杂志，2006(12):87-89．

[3] 吴万晔．论 MARC 元数据的缺陷及发展趋势[J]．图书馆工作与研究，2006(2):28-29．

[4] 中国 21 世纪议程管理中心．Internet 与可持续发展网络实用教程[M]．北京：科学出版社，1998．

而是通过其值的改变来改变程序的行为的数据”；在图书馆与信息领域，元数据被定义为“提供关于信息资源或数据的一种结构化的数据，是对信息资源的结构化的描述”。全国科学技术名词审定委员会公布、图书馆·情报与文献学名词审定委员会编辑出版的《图书馆·情报与文献学名词 2019》(北京：科学出版社) 认为，元数据是“描述和限定其他数据的一种结构化数据。旨在使用户能够发现、识别和评价资源，对相关的信息资源进行选择、定位和调用，追踪资源在使用过程中的变化，实现信息资源的整合、有效管理和长期保存。”

参考以上定义，本书认为：元数据是按照一定的标准，规范化描述一个具体的资源对象的各项特征元素集，通过这组特征元素集实现对这个资源对象的定位、发现与获取等功能。

2. 元数据的功能

① 描述。这是元数据的最基本职能。是指通过对信息资源的描述，揭示信息资源的形式特征和内容特征。描述的详细与深入程度则根据不同元数据格式而不同。

② 定位。主要是指通过对信息资源的位置信息的描述，帮助人们了解信息资源所在之处的信息，方便信息资源的获取。此外，一旦确定信息资源的位置元数据后，也可以确定该信息资源在整个信息资源集合中的位置，这是定位的另一层含义。

③ 检索。在著录过程中，通过描述信息资源的主要特征，并赋予检索点，建立信息资源之间的联系，有利于从多途径、多角度检索到该信息资源。

④ 选择。对信息资源的描述使用户无须浏览信息资源本身，就能对信息资源的内容有所了解、认识，结合使用环境，用户可以选择符合要求的信息资源。

⑤ 评估。利用统计工具，对信息资源的版本、使用、保存管理等信息进行统计分析，方便资源的建立与管理者更好地组织资源，也有利于了解该信息资源在同类资源中的重要性。

⑥ 管理。元数据元素除包含比较全面的著录描述信息外，还往往包括权利管理、电子签名、资源评鉴、使用管理、支付审计等管理方面的信息。

⑦ 保存。元数据中往往包括详细的格式信息、制作信息、保护条件、转换方式、保存责任等内容，从而支持对资源的保护与长期保存。

3. 元数据的类型

从资料来看，元数据的划分主要有以下方法。

1）按功能分

- 分为较宽泛的三类：描述型元数据、结构型元数据和管理型元数据[1]。
- 分为四类：描述型元数据、结构型元数据、管理型元数据和保存型元数据。
- 分为四类：内容元数据、管理元数据、负载元数据和参考元数据[2]。
- 分为五类：描述型元数据、管理型元数据、保存型元数据、技术型元数据和使用型元数据[3]。

在此采用较宽泛的三类，其他类可以归结为子类。

---

[1] Taylor A G．信息组织[M]．张素芳，李书宁，李金波，译．北京：机械工业出版社，2006．

[2] 宋炜，张铭．语义网简明教程[M]．北京：高等教育出版社，2004．

[3] 刘嘉．网络信息资源的组织：从信息组织到知识组织[M]．北京：北京图书馆出版社，2002．

① 描述型元数据。描述型元数据是指那些用来描述和识别信息资源的特征的元数据，包括题名、作者、出版日期、主题词、分类号及资源之间关系等。

② 管理型元数据。管理型元数据是指用来维护和管理信息资源的元数据，包括信息资源的版本信息、使用权限、获取条件和方式、数字签名、历史保存信息等。

③ 结构型元数据。结构型元数据是指那些文件的结构或“标记”、数据集和其他被描述的信息体，是用于确保数字化信息体正常发挥功能的技术性信息。结构型元数据有时也被称为技术型元数据、显示型元数据或使用型元数据，是指那些相关文件如何组成在一起和对象如何在各种系统间显示和发布的相关信息。结构型元数据处理的是研究对象是什么、该对象能做什么、该对象的工作原理是什么等相关的信息，包括软件/硬件文档、技术型信息等。

2）按元数据格式的结构复杂程度分

登普西和希里将元数据的格式分成以下三组[1]。

- 全文索引：来自资源本身的全文索引派生的数据，通常情况下不使用“元数据”这一术语。
- 简单结构化格式：如都柏林核心元数据集等。
- 那些结构较为复杂或专业性较强的格式，如 FGDC、GILS 等。

4.3.2 都柏林核心元数据集

1995 年 3 月，由 OCLC 与美国国家超级计算应用中心（NCSA）联合主持，52 位来自图书馆界、电脑网络界专家共同研究产生了都柏林核心元素集（Dublin Core Element Set，DC）。DC 旨在通过建立一套描述网络资源的元素集合，来支持网络检索[2]。DC 的维护和持续发展由都柏林核心元数据倡议（Dublin Core Metadata Initiative，DCMI）组织负责[3]。

1. DC 元数据的基本原则

第一届 DC 会议中提出了 DC 元数据发展和设计的基本原则，具体内容如下。

①“简单易用性原则”（Simplicity of Creation and Maintenance）。DC 要求定义一个能得到最广泛应用、被全球所理解和接受的最小元素集，并能作为特殊用户详细描述需求的一个核心集。同时 DC 要求能方便作者和信息提供者描述自己的文档，而不给他们增加太多的负担，并能方便地实现资源发现工具之间的互操作性。

②“内在性原则”（Intrinsicality），指 DC 元数据以揭示和描述对象自身的内容属性为主、外部属性为辅。揭示内在本质的数据是指描述信息资源能够发现的知识内容和物理形式。

③“可扩展性原则”（Extensibility）。希望 DC 成为一个“核心”元素集合且可以通过各种方式扩展为适应各领域资源描述需要的元数据方案。这有利于用户为特殊的目的或要求，额外增加一些著录元素，扩展元数据的著录信息，有利于 DC 元数据集随着时间的推移不断

[1] Dempsey L, Heery R．Metadata : a current view of practice and issues[J]．Journal of Documentation, 1998, 54 (2): 145-172.

[2] 刘炜，楼向英，赵亮．DC 元数据的历史、现状及未来[EB/OL]．[2021-04-20].

[3] 孙更新．文献信息编目[M]．武汉：武汉大学出版社，2006.

地得以修订和完善，同时确保与原来定义的元素集向后的兼容性。

④ “句法独立原则”（Syntax Independence），指 DC 元数据的元素可以以多种方式编码，并应用于各类技术平台中。DC 只规定了元素的基本语义。

⑤ “可选择性”（Optionality），指 DC 元素集合中的任何元素都是可选的，从而简化著录元素。

⑥ “可重复性”（Repeatability），指 DC 元素集合中的任何元素都是可重复的，解决了多题名、多著者、多主题等信息资源的著录问题。

⑦ “可修改性”（Modifiability）和“向上兼容原则”（Dumb-Down Principle），都是针对修饰词的。前者指在具体应用中可以对 DC 元素集中的任何元素进行进一步“修饰”或“限定”，但不能扩大或改变元素的基本语义。后者主要指元素的修饰词在使用中可以被忽略，而元素的值仍可作为术语被使用，即修饰词的语义包含于未修饰词中。例如，对于 Date 元素，可以忽略它的修饰词，其值仍然可以作为一个 Date 值使用，只是精确性可能会有影响。元素语义进行限定和修改后，可以满足不同行业领域的需求。

⑧ “1:1 原则”（One-to-One Principle）。一般而言，DC 元数据描述的是一个资源的一种表现形式或版本，而不是各种表现形式的相互替代。例如，一幅油画有一个数字版本是 JPEG 的图像，在著录时，对于数字图像就应该单独著录，而且除了提供油画的作者信息还要提供该数字图像的制作者信息。简而言之，该原则要求一条描述中的每个属性必须是所描述资源的一个特性，一条元数据描述仅描述一个资源。

⑨ “合适取值原则”（Appropriate Values），是指特定元素或修饰词的使用应该随使用环境而改变。但是使用者不能预言出由机器翻译解释的元数据。因此，为了确定语义，必须在元数据构建时给出约束条件。

⑩ “国际性原则”（International Scope），主要指 DC 元数据的发展要考虑到电子信息资源的多语种和多文化特征。

2. DC 的核心元素构成

都柏林核心标准包括 15 个核心元数据元素，都是可选的和可重复的，如表 4-7 所示[1]。

除了这 15 个元素，为了对元数据元素语义的进一步限定、细化及对元素修饰词值的理解，DCMI 还定义了几十个属性（Properties）、类（Classes）、数据类型（Datatypes）和词汇编码方案（Vocabulary Encoding Schemes），共同组成了 DCMI 元数据术语（DCMI metadata terms）[2]。例如，属性 abstract 和 table of contents 就是 Description 元素的子属性；DDC、LCC、UDC、LCSH 和 MESH 等就是 Subject 元素的词汇编码方案。

表 4-7　核心 DC 元素表

元 素 名	中文名称	定　义
Title	资源名	赋予资源的名称
Creator	创建者	创建资源内容的主要责任者
Subject	主题和关键词	有关资源内容的主题描述

[1]　都柏林核心元数据元素集，1.1 版本[EB/OL]．[2021-04-20].

[2]　DCMI Metadata Terms [EB/OL]．[2021-04-20].

（续）

元素名	中文名称	定　义
Description	说明	对资源内容的说明
Publisher	出版者	使资源成为可获得状态的责任者
Contributor	其他责任者	对资源内容创建做出贡献的其他责任者
Date	日期	与资源本身生命周期中的一个事件相关的日期
Type	资源类型	有关资源内容的特征或类型
Format	格式	资源的物理或数字表现形式
Identifier	资源标识符	在特定范围内给予资源的一个明确的标识
Source	来源	对一个资源的参照，当前资源源自这一参照资源
Language	语种	描述资源知识内容所使用的语种
Relation	关联	对相关资源的参照
Coverage	覆盖范围	资源内容所涉及的范围
Rights	权限	有关资源本身所有的或被赋予的权限信息

4.3.3　其他元数据

元数据标准有几十种，如描述教育资源的 IEEE LOM 元数据，档案编码描述格式 EAD，描述政府信息资源的 GILS 等。由于篇幅限制，在此仅介绍其中两种。

1. CDWA

CDWA（The Categories for the Description of Works of Art，艺术作品描述目录）是 1996 年由 AITF（the Art Information Task Force）开发的，主要为提供和使用艺术信息的团体或组织机构（如博物馆和档案馆）对艺术作品、建筑、其他物质文化作品等对象及其相关图像的描述及评价信息提供结构化概念框架。CDWA 在类目结构安排上共 31 个一级大类（如表 4-8 所示[1-3]），大类及子类大约有 540 个。每个大类结构由定义（Definition）、子类（Subcategories）和讨论（Discussion）组成。每个子类下有定义（Definition）、实例（Examples）、讨论和指南（Discussion and Guidelines）、术语/格式（Terminology/Format）、相关类及评价（Related Categories and Access）。

2. FGDC

FGDC（Federal Geographic Data Committee，美国联邦地理数据委员会）于 1992 年 6 月赞助召开空间数据的信息交换论坛（Information Exchange Forum on Spatial Data），讨论了元数据的标准化、使用和元数据系统工具，并开始起草元数据标准方案。从 1992 年 10 月到 1993 年 4 月就该草案进行公开审查和修订，并在 1994 年 6 月 8 日通过数字化地理元数据的内容标准（Content Standards for Digital Geospatial Metadata，CSDGM），仍称为 FGDC。1994 年 4

[1]　艺术品描述类目（CDWA V2.0）中文元素一览表[EB/OL]．[2021-04-20]．

[2]　Categories for the Description of Works of Art[EB/OL]．[2021-04-20]．

[3]　肖婷．应用 CDWA 标准描述数字宋画作品的探索[J]．图书情报工作，2011(9):101-146．

表 4-8　CDWA 大类表

大类名称	中文译名	含　义	子　　类
OBJECT/WORK	物件/作品	所描述作品的类型和数量	编目层次（Catalog Level）、作品类型（Object/Work Type）、该类型日期（Object/Work Type Date）、组成部分（Components/Parts）、备注（Remarks）、引用（Citations）
CLASSIFICATION	分类	在一个分类体系中，依据相似特征，将一件艺术或建筑作品归类	术语（Classification Term）、备注（Remarks）、引用（Citations）
TITLES OR NAMES	题名	艺术、建筑等作品名称，也包含作品题名的类型和时间	题名文本（Title Text）、题名类型（Title Type）、偏好（Preference）、题名语种（Title Language）、题名日期（Title Date）、备注（Remarks）、引用（Citations）
CREATION	创作	艺术作品或建筑及其组件的创作、设计、执行或生产信息，包括责任者、日期和地点	创作者（Creator Description）、创作日期（Creation Date）、创作地点（Creation Place/Original Location）、作品文化（Object/Work Culture）、委员（Commissioner）、创作号（Creation Numbers）、备注（Remarks）、引用（Citations）
STYLES/ PERIODS/ GROUPS/ MOVEMENTS	风格/时期/团体/运动	对于显现在作品中的特征描述，包括作品的风格、历史时期、团体、画派或运动的描述	描述（Styles/Periods Description）、标引词（Styles/ Periods Indexing Terms）、备注（Remarks）、引用（Citations）
MEASUREMENTS	测量	提供作品的规格、形状、比例和尺寸的信息	尺寸描述（Dimensions Description）、类型（Dimensions Type）、数值（Dimensions Value）、单位（Dimensions Unit）、程度（Dimensions Extent）、比例类型（Scale Type）、修饰（Dimensions Qualifier）、日期（Dimensions Date）、形状（Shape）、格式/大小（Format/Size）、备注（Remarks）、引用（Citations）
MATERIALS /TECHNIQUES	材料/技术	作品创作中使用的材料物质及生产制造技术、过程或方法	描述（Materials/Techniques Description）、标识（Materials/Techniques Flag）、程度（Materials/Techniques Extent）、作用（Material/Techniques Role）、名称（Materials/Technique Name）、材料颜色（Material Color）、材料原产地（Material Source Place）、水印（Watermarks）、活动（Performance Actions）、备注（Remarks）、引用（Citations）
INSCRIPTIONS/ MARKS	题刻/标记	对镶嵌、贴、写、刻或附著于作品上的记号、字符、注释、文本或标签部分的描述	题词或描述（Inscription Transcription or Description）、类型（Inscription Type）、作者（Inscription Author）、位置（Inscription Location）、语种（Inscription Language）、字体/字形（Typeface/Letterform）、标记识别（Mark Identification）、日期（Inscription Date）、备注（Remarks）、引用（Citations）
STATE	阶段	作品创作阶段描述	阶段描述（State Description）、识别（State Identification）、已知阶段（Known States）、备注（Remarks）、引用（Citations）
EDITION	版本	确定一组同时发行的作品中的某一作品，或者定义一件作品的发行的先后版次	版本描述（Edition Description）、版次或名称（Edition Number or Name）、版印序号（Impression Number）、版本印数（Edition Size）、备注（Remarks）、引用（Citations）
FACTURE	制作手法	作品制作方法的细节描述	描述（Facture Description）、备注（Remarks）、引用（Citations）
ORIENTATION/ ARRANGEMENT	方位/布置	作品展示的方式	描述（Orientation/Arrangement Description）、标引词（Orientation Indexing Terms）、备注（Remarks）、引用（Citations）
PHYSICAL DESCRIPTION	形式描述	以一般性术语描述作品的外观，而不涉及主题，包括作品装饰中的图案、纹饰等	形式外观（Physical Appearance）、描述标引词（Physical Description Indexing Terms）、备注（Remarks）、引用（Citations）
CONDITION/ EXAMINATION HISTORY	现状/鉴定历史	在特定时期对作品的物理状态、特征和完整性的评估	描述（Condition/Examination Description）、类型（Examination Type）、鉴定人（Examination Agent）、日期（Examination Date）、地点（Examination Place）、备注（Remarks）、引用（Citations）

（续）

大类名称	中文译名	含　义	子　类
CONSERVATION/ TREATMENT HISTORY	保存/处理历史	作品曾经历过的修复、保存的程序或行为	描述（Conservation/Treatment Description）、处理类型（Treatment Type）、处理人（Treatment Agent）、处理时间（Treatment Date）、地点（Treatment Place）、备注（Remarks）、引用（Citations）
SUBJECT MATTER	主题	作品所描述的主题。在物件或建筑中若无描述性内容，则可涵盖其功能	描述（Subject Display）、概要主题词（General Subject Terms）、详细主题词（Specific Subject Terms ）、其他术语（Outside Iconography Terms）、诠释史（Subject Interpretive History）、备注（Remarks）、引用（Citations）
CONTEXT	背景（脉络）	作品创作或存在过程中，与其相关的政治、社会、经济或宗教事件或运动	历史/文化事件（Historical/Cultural Events）、建筑背景（Architectural Context）、考古背景（Archaeological Context）、历史背景场所（Historical Location Context）、备注（Remarks）、引用（Citations）
DESCRIPTIVE NOTE	描述性注释	对作品的文字描述	描述性注释文本（Descriptive Note Text）、备注（Remarks）、引用（Citations）
CRITICAL RESPONSES	评论	艺术家、建筑家、艺术史家、艺术评论家、艺术从业者等人对作品的评论意见	评述（Critical Comment）、评述文档类型（Comment Document Type）、评论人（Comment Author）、评论日期（Comment Date）、评论环境（Comment Circumstances）、备注（Remarks）、引用（Citations）
RELATED WORKS	相关作品	描述与该作品相关的作品及它们之间的关系	标签/标识（Related Work Label/Identification）、更宽泛的背景（Work Broader Context）、关联号（Relationship Number）、备注（Remarks）、引用（Citations）
CURRENT LOCATION	现藏地点	现在收藏该作品的地点和地理位置	描述（Current Location Description）、典藏位置（Current Repository/Geographic Location）、标签/标识（Object/Work Label/Identification）、备注（Remarks）、引用（Citations）
COPYRIGHT/ RESTRICTIONS	版权/限制	拥有作品的使用、展览或复制作品权限的个人或团体及对这些权限的限制	版权声明（Copyright Statement）、版权所有者的姓名（Copyright Holder Name）、地点（Copyright Place）、时间（Copyright Date）、备注（Remarks）、引用（Citations）
OWNERSHIP/ COLLECTING HISTORY	所有权/收藏历史	作品从创作至今的拥有者的起源或历史	起源描述（Provenance Description）、转让模式（Transfer Mode）、成本或价值（Cost or Value）、法定地位（Legal Status）、所有者（Owner/Agent）、所有权地点（Ownership Place）、时间（Ownership Date）、所有者号码（Owner's Numbers）、来源附注（Owner's Credit Line）、备注（Remarks）、引用（Citations）
EXHIBITION/ LOAN HISTORY	展览/借出历史	作品公开展示的历史记录	描述（Exhibition/Loan Description）、展览名（Exhibition Title or Name）、展览类型（Exhibition Type）、展览管理者（Exhibition Curator）、组织者（Exhibition Organizer）、赞助人（Exhibition Sponsor）、展出场所（Exhibition Venue）、展出对象号码（Exhibition Object Number）、展出作品标签/标识（Exhibition Object/Work Label/Identification）、备注（Remarks）、引用（Citations）
CATALOGING HISTORY	编目历史	对作品的描述的产生和修改文档，包括描述者、描述时间及相关注释	编目机构（Cataloging Institution）、编目者姓名（Cataloger Name）、编目者操作行为（Cataloger Action）、编目者操作影响的记录区域（Area of Record Affected）、编目日期（Cataloging Date）、备注（Remarks）、作品记录ID（Object/Work Record ID）
RELATED VISUAL DOCUMENTATION	相关的视觉文档	描述作品的影像信息	图像参考（Image References）、图像标签/标识（Image Label/Identification）
RELATED TEXTUAL REFERENCES	相关的参考文献	指对作品被描述的文本信息源的引用文献，包括出版的书目资料、网站、档案文献、未出版的手稿及学者或主题专家的口头意见等	引文（Citations for Sources）、简略引文（Source Brief Citation）、备注（Remarks）、引文规范记录 ID（Citations Authority Record ID）

（续）

大类名称	中文译名	含　义	子　　类
PERSON/ CORPORATE BODY AUTHORITY	个人/团体规范	作品设计和制作的责任者，包括艺术家、建筑家和其他个人和团体信息	个人规范记录类型（Person Authority Record Type）、名称（Person Name）、自传（Display Biography）、出生时间（Birth Date）、死亡时间（Death Date）、出生地（Birth Place）、死亡地点（Death Place）、个人国籍（Person Nationality/Culture/Race）、性别（Gender）、职业（Life Roles）、个人/团体事件（Person/Corporate Body Event）、相关个人/团体（Related Person/Corporate Body）、隶属于个人/团体（Person/Corporate Body Broader Context）、个人/团体标签/标识（Person/Corporate Body Label/Identification）、个人/团体描述性注释（Person/Corporate Body Descriptive Note）、备注（Remarks）、引用（Citations）、个人规范记录 ID（Person Authority Record ID）
PLACE/LOCATION AUTHORITY	地区/位置规范	作品或创作者相关的地理位置信息规范	位置规范记录类型（Place Authority Record Type）、位置名（Place Name）、地理坐标（Geographic Coordinates）、位置类型（Place Types）、相关位置（Related Places）、更宽泛的位置（Place Broader Context）、位置标签/标识（Place/Location Label/Identification）、位置描述性注释（Place/Location Descriptive Note）、备注（Remarks）、引用（Citations）、位置规范记录 ID（Place Authority Record ID）
GENERIC CONCEPT AUTHORITY	一般概念规范	在编目或描述作品中需要的一般概念的信息规范	概念规范记录类型（Concept Authority Record Type）、术语（Generic Concept Term）、相关一般概念（Related Generic Concepts）、上位概念（Concept Broader Context）、一般概念标签/标识（Generic Concept Label/ Identification）、概念范围注释（Concept Scope Note ）、备注（Remarks）、引用（Citations）、概念规范记录 ID（Concept Authority Record ID）
SUBJECT AUTHORITY	主题规范	有名称的图像、文字、动物、故事或事件等信息规范	主题规范记录类型（Subject Authority Record Type）、主题名称（Subject Name）、主题日期（Subject Date）、主题作用/属性（Subject Roles/Attributes）、相关主题（Related Subject）、上位类主题（Subject Broader Context ）、相关位置（Related Place/Location）、相关人/法人团体（Related Person/Corporate Body）、相关通用概念（Related Generic Concept）、主题标签/标识（Subject Label/Identification）、主题描述性注释（Subject Descriptive Note）、备注（Remarks）、引用（Citations）、主题规范记录 ID（Subject Authority Record ID）

月 11 日，美国签发的 12906 号总统令“地理数据的获取与存储：国家地理空间数据基础设施”（Coordinating Geographic Data Acquisition and Access: The National Spatial Data Infrastructure）中第三部分（b）段要求联邦代理机构从 1995 年开始使用这个标准来为新的地理空间数据编写文档。1997 年完成第 2 版并开始审查，1998 年认可第 2 版（FGDC-STD-001-1998）。

FGDC 标准有 11 部分（从 section 0 到 section 10，如图 4-6 所示），每部分提供了复合元素及其定义、元素值类型、元素是否是必备性或可重复性说明。其中，section 0“元数据”是起始节点；section 1 到 section 7 是该标准的主要部分；section 8 到 section 10 是附加部分。这 3 部分不能单独使用。

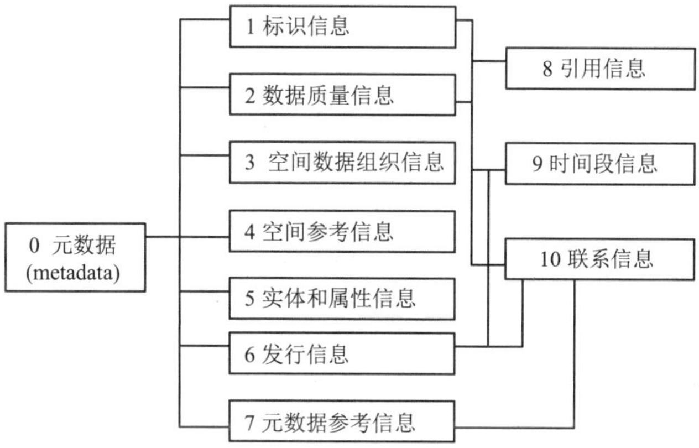

图 4-6　FGDC 标准结构

这 7 个主要部分集中描述了地理空间数据的不同方面的特征[1-4]。

① 标识信息（Identification Information）：关于数据集的基本信息，其类型是复合型（Compound），简称 Idinfo。包含元素：引用（Citation）、描述（Description）、内容时间范围（Time Period of Content）、状态（Status）、空间域（Spatial Domain）、关键词（Keywords）、存取限制（Access Constraints）、使用限制（Use Constraints）、联系点（Point of Contact）、浏览图像（Browse Graphic）、数据集贡献度认可（Data Set Credit）、安全信息（Security Information）、原始数据集环境（Native Data Set Environment）、交叉参照（Cross Reference）。

② 数据质量信息（Data Quality Information）：关于数据集质量的综合评价的信息，其类型是复合型（Compound），简称 Dataqual。包含元素：属性准确性（Attribute Accuracy）、逻辑一致性报告（Logical Consistency Report）、完整性报告（Completeness Report）、位置准确性（Positional Accuracy）、谱系（Lineage）、云层覆盖（Cloud Cover）。

③ 空间数据组织信息（Spatial Data Organization Information）：说明用于在数据集中表示空间信息的机理，其类型是复合型（Compound），简称 Spdoinfo。包含元素：间接空间参照（Indirect Spatial Reference）、直接空间参照（Direct Spatial Reference Method）、点对象和矢量对象信息（Point and Vector Object Information）、光栅对象信息（Raster Object Information）。

④ 空间参考信息（Spatial Reference Information）：关于数据集中坐标参考框架的描述，其类型是复合型（Compound），简称 Spref。包含元素：水平坐标体系定义（Horizontal Coordinate System Definition）、垂直坐标体系定义（Vertical Coordinate System Definition）。

⑤ 实体和属性信息（Entity and Attribute Information）：关于数据集内容的信息，包括实体类型及其属性及属性的域值，其类型是复合型（Compound），简称 Eainfo。包含元素：详细描述（Detailed_Description）、总体描述（Overview Description）。

⑥ 发行信息（Distribution Information）。关于数据获取方式选择、发行者的信息，其类型是复合型（Compound），简称 Distinfo。包含元素：发行者（Distributor）、资源描述（Resource Description）、发行责任（Distribution Liability）、标准订购程序（Standard Order Process）、定

[1] 总装备部．卫星应用现状与发展（上册）[M]．北京：中国科学技术出版社，2001．
[2] 史文中．空间数据与空间分析不确定性原理[M]．北京：科学出版社，2005．
[3] Content Standard for Digital Geospatial Metadata[EB/OL]．[2021-04-20]．
[4] 张晓林．元数据研究与应用[M]．北京：北京图书馆出版社，2002．

制定购程序（Custom Order Process）、技术前提（Technical Prerequisites）、可用时限（Available Time Period）。

⑦ 元数据参考信息（Metadata Reference Information）：关于元数据信息的新颖性（currentness）及责任者信息，其类型是复合型（Compound），简称 Metainfo。包含元素：元数据日期（Metadata Date）、元数据审查日期（Metadata Review Date）、元数据未来审查日期（Metadata Future Review Date）、元数据联系（Metadata Contact）、元数据标准名称（Metadata Standard Name）、元数据标准版本（Metadata Standard Version）、元数据时间转换（Metadata Time Convention）、元数据获取限制（Metadata Access Constraints）、元数据使用限制（Metadata Use Constraints）、元数据安全信息（Metadata Security Information）、元数据扩展（Metadata Extensions）。

其中，标识信息和元数据参考信息是必备的，其他 5 个则是若有则必备。

FGDC 的 3 个附加部分分别简述如下。

① 引用信息（Citation Information）：指被用于数据集的推荐参考，其类型是复合型（Compound），简称 Citeinfo。包含元素：创建者（Originator）、发表日期（Publication Date）、发表时间（Publication Time）、标题（Title）、版本（Edition）、地理空间数据表现方式（Geospatial Data Presentation Form）、序列信息（Series Information）、发表信息（Publication Information）、其他引用细节（Other Citation Details）、在线链接（Online Linkage）、上层对象引用信息（Larger Work Citation）。

② 时间段信息（Time Period Information）：关于日期或时间的信息，其类型是复合型（Compound），简称 Timeinfo。包含元素：单一日期/时间（Single Date/Time）、多日期/时间（Multiple Dates/Times）、日期/时间范围（Range of Dates/Times）。

③ 联系信息（Contact Information）：与数据集有关的个人、组织的联系方式和身份信息，其类型是复合型（Compound），简称 Cntinfo。包含元素：主要联系人（Contact Person Primary）、主要联系组织（Contact Organization Primary）、联系人地位（Contact Position）、联系地址（Contact Address）、联系电话（Contact Voice Telephone）、听力受损者联系电话（Contact TDD/TTY Telephone）、传真号（Contact Facsimile Telephone）、E-mail 地址（Contact Electronic Mail Address）、服务时间段（Hours of Service）、联系指导（Contact Instructions）。

本章小结

信息著录是指为揭示、报道与检索的目的，依据特定的规则与方法，对信息资源的形式特征与内容特征进行描述、标引并使其有序化的方法和过程，所依据的规则和方法是信息著录质量的重要保证之一。本章选取国内外应用比较广泛的、具有代表性的文献著录规则，进行了较为全面的介绍，同时介绍了 MARC21 记录格式和元数据的定义、功能，并以 DC、CDWA 等为例介绍其元素组成和具体应用。

习 题 4

1．简述《国际标准书目著录》（ISBD）和《英美编目条例》（第 2 版）（AACR2）的编制体例和主要特点。

2．试比较信息著录中“款目”与“记录”的异同。

3．《文献著录总则》包括哪些著录项目？

4．简述 MARC 记录的基本格式。

5．简述 MARC 的优缺点。

6．简述元数据的功能。

7．简述 DC 的元素及其含义。

第 5 章

信息标引法

标引是通过对文献或信息资源的分析，选用确切的检索标识，如类号、主题词、关键词、人名、地名等，用以反映该文献或信息资源内容的过程。利用何种检索标识进行标引，就形成了各种标引法。按使用检索标识或语言的类型划分，信息标引包括分类标引法、主题标引法、关键词标引法等。随着计算机信息检索系统和信息数据库的应用和发展，又出现了自动标引。

本章将对分类标引、主题标引、自动分类与自动标引进行详细论述。

通过本章学习，读者可以了解（或掌握）：

- ❖ 分类标引方法
- ❖ 分类标引规则
- ❖ 主题标引方法
- ❖ 关键词语言的原理与类型
- ❖ 自动标引技术

5.1 分类标引

5.1.1 分类标引要求

标引是通过对文献或信息资源的分析，选用确切的检索标识，如类号、主题词、关键词、人名、地名等，用以反映该文献或信息资源内容的过程。通常指选用检索语言词或自然语言词反映文献内容，标引是内容的主题分析和用词表达两个步骤的结合。“Indexing”一词意为标引（另指索引法）。标引是文献加工中的重要环节，是款目或记录编排的基础和根据，对信息检索效果有直接的、决定性的影响。通过标引，各种目录、索引等检索工具才能编成。各种标引词存储于计算机内，才能实现文献或信息的检索。利用何种检索标识进行标引，就形成了各种标引法，按使用检索标识或语言的类型划分，分为分类标引法、主题标引法、关键词标引法等。随着计算机信息检索系统和信息数据库的应用和发展，又出现了自动标引。分类标引又称为归类，是指依据一定的分类语言，对信息资源的内容特征进行分析、判断、选择，赋予分类标识的过程。

分类标引工作是对信息资源进行分类组织的基础和前提，对信息资源的开发利用具有重要的意义。通过对信息资源赋予分类标识，信息机构就可以将各种资源纳入相应的知识门类，建立起相应的分类检索系统。这样，用户可以根据一定的资源特征，按照系统提供的途径进行查找，进而从资源集合中检索出所需要的文献。同时，尽管有各种组织文献的方法，但分类标引依然是多数文献单位用来组织文献的依据，与文献单位各项工作的开展密切相关。

为了保证信息资源分类的质量，分类标引工作必须遵循以下要求。

1. 准确

准确主要具有两层含义：一是归类正确，即将信息资源归入与其内容相对应的学科和专业；二是归类确切，即将信息资源归入分类体系中最专指、最切合其内容的类目。这就需要标引者不仅对信息资源的内容有一定的分析和判断能力，还要了解类目体系。

2. 充分

充分是指标引者能根据用户使用的需要，充分揭示有检索价值的信息资源的主题。一般来说，只讨论一个主题对象的信息资源，只归入一个对应的类目；同时讨论两个或三个主题对象的信息资源，则同时对这两个或三个主题对象进行分类标引，以便用户可以从不同论题出发检索出该资源，提高查全率。当然，对信息资源内容的揭示也应有所控制，过深的标引会降低查准率。

3. 一致

一致是指对同一主题内容资源的标引结果应保证一致，提高系统的查全率和查准率，这是检索系统提高检索效率的基本要求。为此不仅应提高标引人员的素养，还要规范标引程序、建立明确的标引规则。

4. 适用

分类标引时应兼顾系统的特点和用户的检索需要，使标引结果适合使用。

5.1.2 分类标引方法

1. 类目辨析

只有掌握类目辨析的方法，准确了解类目的含义和范围，才能按照信息资源的内容和特征将其归入分类体系中的相应类目。在分类法中，类目体系既要按照类目之间的等级和并列等形式进行排列，又要使用多种手段揭示类目之间的各种横向联系。因此，要弄清类目包含的范围，除了通过类目名称和有关的说明性文字进行了解，还应善于根据类表的特点，从多个角度进行辨析。

具体来说，类目辨析包括以下几方面的内容。

1）根据上位类与下位类的关系了解类目的含义

上位类与下位类的关系是分类体系中基本的关系类型，反映了类目之间的纵向关系，彼此互为作用，联系紧密。通过对类目进行层层划分而建立起类目体系，在类目展开的过程中，上位类对下位类的含义起着限定的作用。一般来说，在分类法中，为了使类目名称尽可能简短，下位类的类名往往省略其上位类的含义，只列出子概念的名称。因此，在使用下位类分类标引时应注意结合其上位类的含义加以理解。《中图法》中部分类目的实例如下：

……
J72　　中国舞蹈、舞剧
J721　　舞蹈图谱
J721.1　　古代
J721.7　　现代
……
J722　　各种舞蹈
……
J723　　各种舞剧
……

其中，“舞蹈图谱”是“中国舞蹈、舞剧”的下位类，其实际含义是“中国舞蹈图谱”。同样，“古代”和“现代”均为“舞蹈图谱”的下位类，其实际含义分别是“中国古代舞蹈图谱”和“中国现代舞蹈图谱”。

同样，网络分类体系中，某具体类目的含义也必须结合其上位类的含义加以理解。例如，在搜狐分类目录中，“工商经济”下的“政策、法规”和“组织机构”类的实际含义分别是“工商经济政策、法规”和“工商经济组织机构”。

反过来，下位类对上位类的范围也具有揭示作用。也就是说，要了解一个类目所包括的范围，如果该类具有下位类，就可以由其下位类来间接地确定它大致的外延。例如，“J72　中国舞蹈、舞剧”的下位类“舞蹈图谱”“各种舞蹈”“各种舞剧”，也可以反过来说明它们的上位类所包括的具体的对象和范围。

2）根据同位类之间的关系了解类目的含义

在分类法中，同位类的设置通常是遵循逻辑划分规则进行的，一般采用某个分类标准对某个上位类进行划分而得到一组同位类，同位类之间的关系是相互排斥的，彼此界限比较明确。但在实际应用中，根据需要，有时会同时采用两个或多个不同的划分标准对同一个类目进行一次性划分，这样就会使部分同位类之间出现概念相互交叉的情况。对此，一般应根据同位类的特点，对相关类目的含义和范围加以限定，明确区分的界限。例如，“U448. 1/. 5　各种桥梁”均可仿 U441/U447 分；《铁路桥梁的水文勘测》入 U448. 132. 3。

如遇多主题因素的桥梁文献，入编列在前的类。例如，《铁路钢筋混凝土斜拉桥》入 U448.13。

U448. 1	桥梁：按用途分
U448. 11	人行桥
U448. 12	两用桥
U448. 13	铁路桥
……	
U448. 2	桥梁：按结构分
U448. 21	梁式桥
……	
U448. 27	斜拉桥
……	
U448. 3	桥梁：按材料分
U448. 31	木桥、竹桥
……	
U448. 34	钢筋混凝土桥
……	
U448. 4	桥梁：按形式分
U448. 41	斜桥
……	
U448. 5	桥梁：按桥面系位置分
U448. 51	上承式桥
……	

上例中，按不同标准区分出来的各类目之间在包含的范围上存在着不同程度的交叉。所以，在确定特定信息资源的归属时，必须明确相关类目之间的关系，以便正确归类。

但网络分类体系中，从不同角度设置的同位类有时是以多维方式揭示的。

3）根据类目注释了解相关类目的含义和范围

各学科知识之间具有错综复杂的关系，反映到类目体系中，类目之间也具有纵横交错的关系。在很多情况下，一个主题内容同时与多个知识门类有关联，给明确判断其归属带来了困难。为了解决这类问题，分类表通常以注释的方式规定相关类目之间的区分界限，这些注释对于保证分类标引的准确性至关重要。分类标引时应注意通过这些注释了解类目的含义和范围，确切归类。例如，《中图法》中，O655.1　重量分析，电重量分析入 O657.12，有机重量分析入 O656.33，电解分析法入 O657.13；R249.1　医案、医话汇编，诸家医案分类汇编和合刻入此。

除此以外，对一些特殊的设类方法，类表一般通过注释的方式对类目的使用方法加以规定，借以明确类目的范围。例如，前面所列举的《中图法》中“U448 各种桥梁”类在采用多个标准平行设类的同时，在类下注明“如遇多主题因素的桥梁文献，入前面编列的类。”这实质上也是对有关类目包含范围的一种限定。

4）应按照类目体系展开的规律了解类目的含义和范围

了解类目的含义和范围是分类标引的基础和保证，而分类法中类目的含义和范围与类目体系展开的方式密切联系。除了上述几方面，掌握类目展开的规律，也是正确了解类目的含义和范围的必要途径。掌握类目展开的规律，需要对分类体系进行全面的了解。

目前，使用最为广泛的传统等级列举式分类法的类目体系是一个按照从总到分、从一般到专门的方式，层层展开的线性系统。采用这种分类法标引时，就必须在掌握类目体系展开规律的基础上，了解类目的确切含义和范围，准确把握不同层次相关类目之间的关系，才能实现确切归类的目标。

以《中图法》为例，其类目体系是以学科为中心展开的，不同学科在类目体系展开时往往具有自身的特点。例如，社会科学范畴的学科，在类目体系展开时，往往十分重视地区的划分，按照“世界→中国→各国”的顺序依次排列类目。在地区概念下，基本上依然按照从总到分、从一般到专门的方式展开类目体系。因此，需要正确辨析属于不同地区范围的特定类目的含义。例如，“英美文学史”应标引为“I109”；“英法文学史”应标引为“I560. 09”。因为“英”“美”分处两个洲，属于“世界”范围；而“英”“法”同处一洲，属于“各国”范围。

网络分类法的类目体系总体上也是采用层层划分的方式展开的，但与传统文献分类法不同的是，网络分类法往往采用按照主题集中信息资源的方式来设置类目，通过超文本链接的形式对分属于不同门类的相同类目加以重复反映。所以，对相关内容的归属及类目的范围的了解，必须结合该分类体系的展开特点进行。

了解类目含义和范围还涉及许多因素，一般情况下，只要了解类目之间的各种相关联系，掌握类表展开的主要规律，就基本可以准确地辨析类目了。

2. 号码配置

号码配置是指在对信息资源进行分类标引的过程中，在按照信息资源主题内容归类的同时，根据分类法的要求获取相应分类号码的操作。分类号码即分类标记，是类目的代号，是信息资源进行分类组织的依据。正确进行号码配置是分类标引者必须掌握的基本技能。

一般情况下，号码配置的方法与所采用的分类工具及其标记特点密切联系。下面以《中图法》为例，简单介绍传统文献分类法的号码配置规律和方法。

《中图法》的号码配置主要有以下两种情况。

第一种情况：单独且一次性使用主表就可以获得表达特定信息资源的完整的分类号码。

这种分类标引的方法比较简单，通常是根据特定信息资源的内容和特点，在层层展开的类目体系中，采用层层区分的方法，正确判断该信息资源在分类体系中的确切位置，直接获得完整的分类号码。例如，对“中国教育改革评价”主题进行分类标引时，可根据其所属的学科，在基本大类“G　文化、科学、教育、体育”下的“教育”中进行查找，直接得到该主题的分类号码是G521。

第二种情况：必须将不同成分的号码进行组配标引才能获得完整的分类号码。

结合组配手段进行号码配置，通常需要根据类表的规定，将表中代表不同成分的号码组合在一起。具体来说，《中图法》的组配标引包括以下三种。

1）使用复分表

在使用主表类目的同时，按照类表的要求结合复分表的类目进一步区分，即将主表号码与复分表号码进行组配，获得完整的分类号码。例如，对主题“陕西出土文物图录”标引时，可在主表类目“K873　出土文物图录”后加上中国地区表中陕西的号码“41”，得到该主题的号码为K873.41。

2）仿分

利用仿分类目下同类性质的子目进一步细分。仿分时，一般在需要仿分的类号之后加上仿分号码即可。例如，对主题“我国城市公交经营管理问题研究”标引时，可在表示“中国城市交通运输经济”的号码“F572”后，加上从“城市交通运输经济理论”的号码“F570”后子目中表示“公共汽车”的号码“71”，得到该主题的号码为F572.71。

3）类间组配

按照分类法的要求，结合使用特定的辅助符号，将一个主类号与其他与文献内容相关的主类号加以组合，用以表达信息资源的主题内容。例如，对主题“医学书目”标引时，可通过组配符号“:”将表示专科目录的类号“Z88”与表示“医学”的类号“R”组配连接，得到该主题的号码为Z88:R。

以《中图法》作为分类标引工具进行号码组配时，需要注意以下问题。

（1）删除含义相重的号码问题

号码组配时，如果复分或仿分的号码与主表号码的成分含义相重，就应删除重号。

例如，对主题“日本文物考古”标引时，按照类表的要求，应于“K883/887　各国文物考古”类下按世界地区表分。世界地区表中日本的号码为“313”，其中“3”表示亚洲，其含义与“K883/887”中的“3/7”中的“3”相重，删去重号后，得到该主题的号码为K883.13。

（2）组配次序问题

号码的组配次序通常应按照类表注释指定的顺序进行。凡于某类下注明使用复分表配号，该复分号即应配于该主类号后；当复分超过一次时，各次复分号码均应按注释规定的次序配号。

例如，“美国诗歌研究”的配号次序依次为：各国文学“I3/7”、美国“712”诗歌（的评论和研究）“072”。其中，“I3/7”中的“3/7”表示各国的号码范围，与“712”中的“7”南北美洲的含义相重，删去重号后，得到该主题的号码为I712.072。

（3）关于复分、仿分中号码加“0”问题

《中图法》的标记符号是一个按照类目的次序和等级展开的符号系统。为了避免在复分、仿分配号时出现与类目体系中已有号码相重或与原有排列原则不一致的现象，类表规定，通过在复分、仿分时加“0”来表示新类目的插入。《中图法》规定的复分、仿分加“0”的要点如下。

① 社会科学各类中，凡具有概括性地区属性的类目，如再依据其他标准复分或仿分时，组号时均须在主类号后先加“0”再复分或仿分。例如，“西欧财政史”应标引为F815.609。

② 社会科学各类中的各级上位类，如果与其下位类之间采用层累标记制编号，该上位类

再依其他标准复分或仿分，就需要在主类号后先加“0”再复分或仿分。例如，“奥运会滑雪成绩”应标引为 G863. 108. 112。

③ 在社会科学各类，凡属于越级复分的，均应在最后复分依据的复分子目号前加“0”。例如，“中国骑兵的教育与训练”应标引为 E271. 203。

④ 历史大类下中国各代史仿通史分时，须加“0”。例如，“盛唐史料”应标引为 K242. 206。

⑤ 自然科学各类仿“一般性问题”分时，须加“0”。例如，“电子数字计算机的检修与维护”应标引为 TP330. 7。

（4）复分组配的依据问题

使用《中图法》进行分类标引时是否结合使用复分、仿分及组配进一步细分，一般应根据类表中的有关注释来决定。其中，只有总论复分表的使用比较灵活，一般可根据需要使用到主表前三级类目或只使用其一部分。对于主表已设有专类或可使用专类复分表、仿分的类目，则不得使用总论复分表。例如，“社会科学论文集”应标引为 C53，不应标引为 C-53；“现代汉语词典”应标引为 H16，不应标引为 H1-61。

（5）复分的注释方式问题

类表对仿分或专类复分表的使用，通常有两种注释方式：一种是直接在需仿分的具体类下注明，如在“J617. 5 地方戏曲音乐”类下注明“仿 I236 分，必要时再仿 J617. 1 分”；另一种是在需要进行仿分的一组类目前做总的注释，如在“G　文化、科学、教育、体育”大类中的“G82/89　各项体育运动”前注明“均可依下表分”，下表是一个专类复分表，可供“G82/89”中的所有类目在必要的情况下使用。前一种注释比较直观，后一种如果不有意识地寻找，有时容易被忽略，因此，在使用后一种注释时，需要对相关的类目体系有比较系统的了解。

5.1.3　分类标引规则

1. 基本分类规则

基本分类规则是整个分类过程中始终必须遵循的具有指导作用的规则，是从信息资源分类原则中引申出来，并结合分类标引的基本特点和要求确定的。

基本分类规则包括以下几方面的内容。

1）根据信息资源的性质、特点进行分类标引

对科学知识性质的信息资源标引时，一般主要应根据其内容属性进行，兼顾其他特征，如国别、时代、形式、类型等。

对文学、艺术形式的信息资源标引时，通常应按照其体裁、形式等进行。

对特定类型的信息资源，如工具书、目录、索引、文摘等进行标引时，需要兼顾类目体系的具体规定、用户使用需要、信息资源的内容和形式等方面。

2）分类标引时必须能够体现出分类法的逻辑性、等级性、次第性

凡是能归入某一类的文献，必然符合其上位类的属性，而不具备这一特点的资源就不能归入该类目。这是由体系分类法从属关系类目的性质决定的。

3）必须将特定的信息资源归入最切合其内容的类

要依据信息资源的内容特征，将其归入分类体系中内涵与外延相一致的、最确切的类目。

这是基于分类法准确、专指地揭示信息资源主题内容的需要。为此，分类标引时既要准确判定信息资源的学科归属，又要按照学科展开的层次，区分总论和专论、理论和应用，以便将其归入最适合的类目。标引人员必须在了解类目体系展开的引用次序及排列次序的基础上，掌握复合主题的设类规律。

4）必须将特定的信息资源归入用途最大的类

满足用户需求是分类标引的最终目的。有些信息资源包含多方面的内容，可以分别归入不同的门类。而不同文献单位由于其专业性质不同，用户的使用要求或习惯不同，对文献处理的要求也存在着差异。分类标引者既要了解文献的内容性质，又要结合文献单位的特点和用户的需求，将文献归入最适用的类目。

5）不能单凭题名、篇名的意义归类

虽然有很多文献的题名可以在一定程度上反映其内容，但也有不少例外，尤其是文艺、社会科学领域的文献，其题名常常只有象征意义，并不能确切反映文献的内容，因此，不能作为分类标引的唯一依据。

6）应适当体现分类标引的思想性

对于社会科学领域的一些具有特殊意义的信息资源，可以有选择地对其内容性质进行适当的揭示。尤其是在网络信息资源的组织中，应适当体现出检索系统的导向性。

2. 一般分类规则

一般分类规则是指从信息资源著作方式的角度提出来的，适用于各知识门类的分类规则。

信息资源分类的方法与信息资源主题类型、写作方式、出版方式等具有密切联系。不同主题类型、写作方式、编辑出版形式等的资源，往往具有不同的标引要求和规律。根据我国目前信息资源分类标引的实际情况，大致可以把一般分类规则概括为以下几方面。

1）单主题信息资源的分类标引

所谓单主题信息资源，是指论述某特定事物对象的资源，一般应从该资源对事物、对象研究的学科角度，按照论述的内容范围进行分类标引。根据其论述的特点，单主题信息资源又可以分为简单单主题和方面单主题等类型。

简单单主题信息资源是指只论述一个基本主题对象的资源，一般应按照主题对象的学科性质归类。例如，“社会利益”，标引结果是 C914。

方面单主题信息资源是指论述一个主题一个或多个方面的资源，应根据信息资源论述的方面及各个方面之间的关系归类。例如，“苹果汁加工方法”，标引结果是 TS255. 44；“苹果树移植”，标引结果是 S661. 104。

论述一个主题两个或两个以上方面的信息资源时，应根据不同方面之间的关系确定其归属。如果论述的不同方面属于分类法中同一个类列，应通常归入其共同的上位类；如果不属于同一个类列，一般应根据信息资源论述的内容重点，归入相应的主要类目；必要时，还可以适当进行附加分类。从多个方面全面论述某主题对象的资源，原则上仍应按其主题对象归类。例如，“电子手表的指示装置与传动机构”，被仿类目中的两个方面的内容属于共同的上位类，应归入其上位类，标引结果是 TH714. 52303；“小麦的生物学原理与营养价值”，两方面内容的类目不属于同一个上位类，不同专业部门可根据需要选择其中一方面作为主类号，同时为另一方面作附加分类，两个类号分别是 S512. 101、R151. 3。

2）多主题信息资源的分类标引

多主题信息资源是指同时论述两个或两个以上的事物对象的资源，一般应按照所论述的主题对象及其关系，区别情况进行分类。根据不同主题之间的关系，多主题资源包括并列关系主题、从属关系主题、联结关系主题等基本类型。

并列关系主题的信息资源是指一信息资源同时论述两个或两个以上各自独立的主题，大致可以分为论及两个主题和论及三个及以上主题两种情况。

对于两个并列关系主题的信息资源，如果同属于类目体系中的同一个类列，就具有共同的直接上位类，通常可直接归入该上位类，否则可按信息资源的重点或在前的主题归类，同时为另一个主题作附加分类。例如，“红薯土豆的初加工”，两个并列主题同属于一个类列，可将其归入共同上位类，标引结果是 S530. 92；“局部麻醉与美容术”，两个并列主题不在一个类列之内，可按在前主题归入局部麻醉类，标引结果是 R614. 3；同时，在美容术类下作附加分类，互见类号是 R622。

将同属于一个类列的并列主题信息资源归入共同的上位类，符合信息资源排架的特点，有利于开架浏览，适合将标引结果同时用于信息资源排架和检索的单位。分类结果只供检索的系统也可以统一按后一种方式标引，这样处理有利于确切检索。

对同时涉及三个或三个以上并列主题的信息资源，一般可根据其涉及的范围，将其归入共同的上位类或概括性类目。例如，“大白菜、花椰菜、芹菜的施肥技术”，可归入共同的上位类，标引结果是 S630. 6。

从属关系主题的信息资源是指一信息资源同时论述一个大主题和一个小主题，其大主题的外延可以包含小主题。从属关系主题的信息资源一般应按照大主题归类。但如果该信息资源研究的重点是小主题，并没有对大主题展开论述，则可以按照小主题归类。例如，“雕塑技法与宗教雕塑”，同时论述一个大主题及其从属的一个小主题，应按照大主题雕塑技法归类，标引结果是 J31；“植物保护与植物检疫”，同时涉及一个大主题和一个小主题，如果该信息资源的论述重点集中在小主题上，大主题只是作为介绍小主题的背景，就应按照小主题植物检疫归类，标引结果是 S41。

联结关系主题的信息资源是指一信息资源涉及两个或多个具有联结关系的主题对象，主要包括应用、比较、影响、因果等关系类型。联结关系的信息资源，一般应在分析其关系类型的基础上，按照各自的特点进行标引。

应用关系主题的信息资源一般应按照被应用到的主题归类，但综合阐述一种理论方法在各个方面应用的信息资源，则应按照该理论方法所在的学科归类。例如，“太阳能在农业中的应用”，应按其应用领域归入农业科学下的相应类目，标引结果是 S214；“概率论在经济、军事、历史等领域的应用”，属于综合阐述概率论在各领域的应用，应按照该理论所在的学科归类，标引结果是 O211. 9。

比较关系主题的信息资源一般应按照信息资源作者重点论述的内容归类。例如，“中美两国保险业的比较”，重点阐述的是中国保险业，应按重点内容归入中国保险业类目，标引结果是 F842。

影响关系主题的信息资源一般应按照被影响的主题对象归类。例如，“气候变迁对我国农业的影响”，应按被影响的主题归入我国农业类目，标引结果是 S162. 22。

因果关系主题的信息资源一般应按照表示结果的主题对象归类。例如，“染色体异常引起的疾病”，应按表示结果的主题归入染色体疾病类目，标引结果是 R596.1。

3）丛书、多卷书的分类标引

丛书是指汇集多种独立的著作为一套，并具有一个总书名的出版物类型，一般整套丛书或者围绕一个中心问题，或者针对特定的读者对象、用途等编纂。整套丛书中的各分册的外形基本一致，但内容又往往各自独立，并无多大连贯性。

对丛书进行标引，一般应与其著录方式一致，主要采用两种处理办法：一种是按集中方式处理，即先按整套丛书的内容标引，再分别按每个分册分析标引；另一种是按分散方式处理，即先按丛书中的各分册的内容归类，再根据具体情况确定是否为整套丛书编制综合分类款目。

一般情况下，集中归类适合于出版时一次性刊行或虽非一次性刊行，但有明确的出版计划，并且连续出版的丛书。在按整套丛书标引时，除了类表中已经设置相应的丛书专类，应在分类号中加上丛书复分号“-51”；如果按照单个分册进行标引，则不加丛书复分号。例如，《新人文对话录丛书》，集中标引的结果是 C51；《21 世纪经济学丛书》，分册《财政学》集中标引的结果是 F0-51，分散标引的结果是 F810。

对于在内容上没有密切联系或者没有明确的出版计划的丛书，应进行分散处理，按照各个分册的内容归类，标引时不加丛书复分号，再根据收藏情况及使用的需要确定是否作综合标引。综合标引时，可作一综合分类款目，此时应加丛书复分号。

多卷书是指将同一著作按若干卷（册）出版的一种文献类型。多卷书通常有总书名，各卷（册）自成一个单位，有的卷（册）有单独书名，有的则没有单独书名。整套多卷书内容连贯，整体性强。所以，多卷书一般应采用按整套书归类的方法。根据多卷书内容组织的情况及出版的特点，通常采用以下两种标引方法。

第一种，对按专题编辑并有分卷（册）书名、各卷（册）具有独立的研究对象的多卷书，一般应在对整套书进行综合标引的同时，以卷（册）为单位进行分析标引。综合标引时，应加多卷书复分号“-51”。例如，《中国近代启蒙思潮，上卷，启蒙运动的发端：1840—1914》，对《中国近代启蒙思潮》进行综合标引的结果是 K25-51，对《启蒙运动的发端》进行分散标引的结果是 K251。

第二种，无分卷（册）书名或有分卷（册）书名但各卷（册）并无独立研究对象的多卷书，只进行综合标引，标引时可根据具体情况斟酌使用多卷书复分号“-51”。例如，《从长安到雅典——中外美术考古游记》（上、中、下册），标引结果是 K869。

4）词典、百科全书、年鉴、手册的分类标引

词典、百科全书、年鉴、手册是汇集一定对象、范围的知识、资源，按一定方式编排，供查阅使用的工具书。按照它们所涉及的内容范围，又可以划分为综合性、专科性两种基本类型。此外，词典中还包括各种语文词典。这类文献一般应根据其内容范围、出版形式，并结合文献组织的要求进行分类标引。

综合性词典、百科全书、年鉴、手册等的分类标引通常应集中归入“综合性图书”大类，再按资源类型分入有关门类。例如，《辞海》，标引结果是 Z32；《中国大百科全书》，标引结果是 Z227；《中国百科年鉴》，标引结果是 Z52；《人民手册》，标引结果是 Z52。

专科性词典、百科全书、年鉴、手册的分类标引有两种基本处理方法：一种是分别按内容归入有关的知识门类，再使用总论复分号揭示其资源类型；另一种是将其集中于“综合性

图书”大类的相应专科类目下，再按照类表的规定以组配方式揭示其学科内容。一般情况下，在集中建立工具书典藏的文献单位，应采用集中处理的方法，否则采用分散处理的方法。例如，《中国出版年鉴》，分散标引的结果是 G239. 2-54，集中标引的结果是 Z58:G239. 2。

语文词典的分类标引一般应根据其特点归入语言类，按该类的相应规定分。

按照《中图法》规定：一种语种的词典，应归入该语文的词典、辞典类；两种语种对照的词典，归入在前一种语种的即被解释的语种，同时在后一种语种下作附加分类；汉语与少数民族语言或外语对照的词典，不管在先的是否是汉语，均归入相应的少数民族语言或外语；三种以上语言对照的语言词典，归入语言文字类的“H061　词典”类；但专科词典，不管包括多少种语言，一律应按专业内容归入有关学科门类。例如，《现代汉语词典》，标引结果是 H164；《俄日词典》，标引结果是 H356，附加分类标引结果是 H366；《汉英双解词典》，标引结果是 H316；《蒙汉词典》，标引结果是 H212. 6；《汉语成语词典》，标引结果是 H136. 3-61；《英法汉会话词典》，标引结果是 H061；《英汉对照经济学词典》，分散标引的结果是 F0-61，集中标引的结果是 Z38:F0。

5）目录、索引、文摘的分类标引

目录、索引、文摘是提供文献查找线索，指导阅读的工具书。根据其揭示特点，这类资源可以分为综合性、专科性、专书或专题等类型，通常应根据其揭示对象及范围，按照文献组织的需要分类标引。

综合性目录、文摘、索引的分类通常应归入“综合性图书”大类的相应门类。例如，《全国总书目》，标引结果是 Z812. 1；《全国中文期刊联合目录》，标引结果是 Z87。

专科性目录、文摘、索引的分类，通常采用两种做法：一种是将其集中于“综合性图书”大类的有关门类，再按组配配号法揭示其学科；另一种是根据本单位文献组织的特点，按照其内容分散归入有关各类，并在分类号后再加总论复分号“-7”。例如，《中国古代雕塑考古著作目录》，集中标引的结果是 Z88:K879. 3，分散标引的结果是 K879. 3-7；《敦煌学论文索引》，集中标引的结果是 Z89:K870. 6，分散标引的结果是 K870. 6-7；《医学文摘》，集中标引的结果是 Z89:R，分散标引的结果是 R-7。

专书索引一般应随原书归类，以方便用户将其与原书结合使用。对于马列经典作家的著作及研究的书目、索引，《中图法》已在马列大类设有专类，应归入相应专类。例如，《资治通鉴人名索引》，标引结果是 K204. 3；《鲁迅文学作品书目》，标引结果是 I210. 99；《毛泽东选集目录》，标引结果是 A843。

6）关于对著作的研究、注释文献的标引

该类文献包括对特定著作的评论、研究、注释、翻译、校勘、考证、改编等多种类型，一般应结合该类文献的形式特点及分类法中类目设置的情况处理。

科学著作的评论、研究、注释，通常按内容与原书归入一类，必要时，再使用专类复分表区分其著作方式。但为满足语言学习的需要而编制的文献，分类时应考虑其使用目的，归入语言大类中的相应类目。例如，《本草纲目注释》，标引结果是 R281. 3；《应用植物学（英汉对照）》，标引结果是 H319. 4 或 H319.4:Q949. 9。

马列经典作家著作的评论、研究，应按照《中图法》的类目设置，归入马列大类下有关评论、研究的专类，但运用马列主义的思想研究和解决各领域问题的文献，应按讨论的问题归入相应的知识门类。例如，《学习〈湖南农民运动考察报告〉的体会》，标引结果是 A841. 22；

《列宁图书馆理论的现实意义》，标引结果是 G250。

文学作品的评论、研究，应根据文学类的设类特点，按其研究对象的国别、体裁归入各体文学评论研究的相应类目。例如，《红楼梦研究综述》，标引结果是 I207. 411。

缩写、节选的文献，如果内容性质未发生变化，仍按原书归类，但如果内容性质已发生较大变化，则应重新归类；改编的文献，如果将一种体裁的文艺作品改写为另一种体裁的文艺作品，一般应按照改写后的体裁归类。例如，根据王安忆长篇小说改编的同名电视连续剧剧本，应归入新中国成立后电视剧，标引结果是 I235. 2。

7）特种文献的分类标引

技术标准是各国政府部门或国家行业组织等对工农业生产及工程建设质量规格等所作的技术规定。按照使用范围，技术标准一般可分为国际标准、专业标准、企业标准；我国现行的技术标准主要分为国家标准、部颁标准。

专利文献是指经专利机构批准的，获得专利权的新技术、新方法、新工艺、新产品的文献形式。专利文献及时报道各种科学技术发明的内容，是科技工作者和科研人员了解世界各国的科研水平的重要信息资源。

各个文献单位对于技术标准、专利文献的分类标引的方法不尽相同。专门文献单位往往使用专门类表如《国际专利分类表》等作为分类标引工具，一般文献单位则往往按照通用的分类法内的有关规定进行处理。例如，《文献著录总则》（GB 3792. 1—1983），采用《中图法》对其进行分散标引的结果是 G254. 31，集中标引的结果是 T-652. 1；《焊接技术专利》，采用《中图法》进行标引的结果是 TG4-18。

科技报告是有关某专题研究进展或科学技术成果的报告。学位论文是高等学校或科研单位学生在申请学位时提供的论文。无论是科技报告还是学位论文，对于科学研究都具有较重要的参考价值。文献单位对这两类信息资源一般采用单独设库的方式收藏管理。

科技报告和学位论文的分类与其他类型信息资源相同，一般按论述对象的学科角度归类。其中，因为学位论文的内容往往比较专指，所以若数量较多，可以直接使用《中国资料分类法》进行标引，否则直接使用《中图法》。例如，《世界各国环境综合调查研究》（科技报告），标引结果是 X508；《图书馆读者心理学综论》（硕士论文），标引结果是 G252。

8）非书资料的分类标引

非书资料，又称为非印刷型资料、非纸质资料，可以细分为缩微型、视听型、机读型、光盘型等多种类型。非书资料借助现代信息技术使得信息媒体在记录方式、记录对象、使用功能等方面产生了质的飞跃。而且，随着现代信息技术的发展，文献单位收藏管理的非书资料的数量呈迅速上升的趋势。

非书资料作为一种与印刷型文献不同的媒介形式，在文献单位中通常按其形式与传统文献分别保管，不同于印刷型文献多采用分类方式组织的特点，对非书资料基本采用固定排架方式组织。但是，为了满足用户按照内容检索的需要，同样应以非书资料的内容学科属性为主要依据，编制分类检索系统。所以，在使用分类法主表的基础上，再依据总论复分表揭示其媒介形式，是当前对非书资料进行分类标引的主要方法之一。例如，《失落的文明——古希腊古罗马历史》（激光视盘），使用《中图法》进行标引的结果是 K12-793。

9）网络信息资源的分类标引

网络资源的特点是数量大、种类多、动态性强、内容分布范围广。网络信息资源既包括正式出版物，又包括大量灰色文献、个人信息；既包括已有的传统信息资源类型，还涉及 BBS、聊天室、新闻组、多媒体资源等多种形式。网络信息资源在内容的分布上，涉及新兴科学技术、商业、娱乐等相对比较多。

目前，对于网络信息资源的分类，通常采用两种方式：一种是在采用传统分类体系的基础上，进行必要的增补，如依据 DDC、UDC、LCC 等建立的一些网络分类检索系统；二是直接使用以网络信息资源为对象编制的分类体系，如雅虎、搜狐、蓝帆等网络分类检索系统。

各种网络信息资源的分类方法与传统信息资源的处理方法基本相同，一般都是根据分类体系的特点，将特定信息资源归入与其相对应的类目之下。但是，在第一种方式中，可以将传统文献分类法的类目体系作为基础，根据网络信息资源的具体情况，对原有的类目体系进行有限的调整，以尽可能地适应网络信息资源的分类需要。例如，南京大学信息管理学院网站使用《中图法》对其进行标引的结果是 G23-40(2)、G25-40(2)、G27-40(2)、G35-40(2)。

5.2 主题标引

5.2.1 主题标引概述

1. 主题标引的概念

主题标引是依据一定的主题词表或主题标引规则，赋予信息资源语词标识的过程。具体而言，主题标引是在主题分析的基础上，以一定的主题词表或主题标引规则作为依据，将信息资源中具有检索意义的特征转化成相应的主题词，并将其组织成表达信息资源内容特征的标识的过程。按照是否使用主题词表，主题标引分为受控标引和自由标引两类。

2. 主题标引的方式

主题标引方式是根据信息资源的特点和使用需要确定的标引和揭示信息资源主题的形式。主题标引方式一般分为以下几种。

1）整体标引

整体标引（亦称浅标引）是一种概括信息资源基本主题内容的标引。整体标引的对象可以是图书、论文、标准、档案或其他信息资源类型。这种标引只揭示信息资源中具有检索价值的整体性主题，不揭示其涉及的各种从属性主题内容。例如，对《信息组织概论》一书进行整体标引时，只需对“信息组织”这一主题内容进行标引即可。如果某信息资源同时涉及两个或两个以上整体主题，就应根据情况，按照多主题的标引要求进行标引。例如，对于《分类法与主题法》文献，因其涉及两个整体主题，可标引为：分类法、主题法。

2）全面标引

全面标引（亦称深标引）是一种充分揭示信息资源所论及的所有有检索价值的主题概念的标引，不仅要求揭示信息资源论述的整体主题，还要求揭示符合检索系统要求的所有主题概念。例如，《文献自动分类因果推理技术的实现》一文，结合《中图法》和《中国分类主题词表》，分析其内容、结构，形成字段分类因果推理规则，实现文献的自动分类，从而解决了目前自动分类的瓶颈问题。在对其进行全面标引时，就必须将自动分类、因果推理、语义层次结构、中图法、中国分类主题词表等主题概念一一加以标引和揭示。

全面标引可加深对信息资源内容的揭示程度，有利于提高查全率，但需花费较大的人力物力，适用于主题标识结合机检系统处理专业领域的论文、技术报告等类型文献，以图书为对象的标引一般不采用全面标引。在实际操作中，主题词的标引数量通常保持在 5～20 个。

3）对口标引

对口标引（亦称重点标引）是一种只揭示信息资源中适合本专业需要的主题内容的标引。例如，对于“泰国的电子行业和汽车行业”主题，电子行业的研究单位可以用电子工业、泰国两个主题词进行对口标引；汽车生产研究单位可以用汽车行业、泰国两个主题词进行对口标引。对口标引具有较强的针对性，可使标引工作更好地适合用户的实际需要，提高查准率。有明确服务对象的专业文献单位常采用这一标引方式。

4）综合标引

综合标引是一种以丛书、多卷书、论文集、会议录、标准汇编、档案的案卷等为单位进行的概括性标引。除了揭示信息资源的主题内容，综合标引还应根据情况对信息资源的类型进行必要的揭示。例如，《计算机科学丛书》在以整套书为单位进行标引时，除了对整体内容“计算机科学”标引，通常还对“丛书”类型进行必要的揭示，应标引为“计算机科学—丛书”。

5）分析标引

分析标引是一种根据信息资源中部分片段或集合型信息资源的构成单位进行的标引。例如，对于《网络信息优化传播导论》一书，除了对整体主题“网络传播”进行标引，还可将其中单元的“网络媒体评价”内容析出进行分析标引。分析标引是与整体标引和综合标引相对应的标引方式，其作用在于可以在进行整体标引或综合标引的同时，揭示信息资源中有检索价值的主题内容。

采用何种方式进行主题标引，通常应结合检索系统的设备条件、信息资源的特点、收藏范围、用户需要等多种因素加以综合考虑。例如，手工检索工具采用先组式标引，对信息资源内容的揭示比较概括，宜采用整体标引，必要时还可进行分析标引。机检系统以后组式标引为主，通常对主题的揭示比较充分和完备，宜采用全面标引。

3. 主题标引的程序

1）查找利用已有的标引成果

查找利用已有的标引成果是指查明被标引的信息资源是否已被标引过，有无标引成果可以直接采用或作为参考。目前可利用的标引成果很多，主要有：本单位的标引成果（查看标引文献是否为本单位收藏并标引过的文献的复本），在版标引成果（图书在版编目数据中的主题词），外单位的标引成果（以联机方式在特定网络中查找本单位没有标引但其他单位已经标引了文献的主题标识供本单位利用）。利用已有的标引成果，可以保证信息资源标引的一致性，减少标引误差，提高标引速度。

2）主题分析

如果没有现成的标引成果可利用，就要进行标引，为此需要对信息资源进行主题分析。基于人工的主题标引要在充分了解信息资源内容及研究对象的基础上，对主题的类型、结构及其构成要素等进行深入分析，对有检索意义的主题概念进行概括、提炼和选择。基于自动标引的主题分析则表现为在信息资源中抽取表达主题的自然语词的方法的运用，如词频统计分析、语词位置加权等。

3）主题概念的转换

用标引语言（标题语言、叙词语言等）的标识（标题词、叙词等）表达主题概念的过程称为主题概念的转换。人工标引中，主题概念转换首先要辨识标引工具（标题表、叙词表）中的相应标识（标题词、叙词）的含义，然后选择恰当的标识。自动标引中的赋词标引，其主题概念转换是由计算机将文献中能表达主题的词与主题词进行相符性比较而完成的，将自然语言转换为主题语言。

4）主题标引记录

主题标引记录就是在规定的载体上，按照一定的格式，对主题标引的结果和标引中所处理的一些重要问题做出记录。在卡片或书本式索引中，主题标引的结果一般记录在卡片或书本式目录排检位置；在计算机检索系统中，则记录在文档的相应字段。

5）审核

主题标引结果的审核是主题标引的最后一道工序，也是保证主题标引质量的一个重要环节。审核包括以下内容：信息资源主题的提炼是否全面、准确，有无遗漏隐含的主题和有潜在用途的主题；标引方式是否符合检索系统和信息资源类型的要求；选用的主题词是否符合标引规则；等等。

5.2.2　主题标引方法

1. 主题分析方法

主题分析就是根据信息资源存储与检索系统的需要，对信息资源的内容进行分析和提取主题概念的过程。其目的是在了解、判断信息资源内容的基础上，确定信息资源的主题，确定各主题之间及构成主题的因素之间的关系，并从概念上加以提炼，以便据此选择一组恰当的、语义相对应的主题词作为信息资源的主题标识。主题分析是主题标引的重要基础，主题标引质量的好坏、检索效率的高低，首先取决于主题分析的优劣。要准确、恰当地进行主题分析，需要了解和掌握信息资源的主题类型、掌握主题的结构、掌握主题分析方法。

1）主题类型的分析

主题是信息资源论述的中心问题，是概括信息资源中心论题的一个概念或若干概念的组合。根据不同的标准，可以划分出多组主题类型。

（1）单主题和多主题

这是根据某一信息资源中讨论的主题数量划分的主题类型。单主题指信息资源中只研究一个中心对象或问题，可以概括论述某一特定的事物或问题，也可以论述事物对象的某一部分或某一方面问题。例如，互联网络、环境保护、信息咨询、互联网络的安全、环境保护的政策、信息咨询的方法等。单主题还应进一步根据其主题构成分析其成分。多主题指某一信息资源同时研究两个或多个事物对象或问题，它们之间可以是并列关系，如传统图书馆和数字图书馆；也可以是同时论述一个大主题和若干小主题的从属关系，如信息检索与社科信息检索、科技信息检索。

（2）单元主题、复合主题和联结主题

这是根据主题概念的数量及其关系划分的类型。单元主题指主题中只含有一个基本概念构成的主题类型，如教育学、数据挖掘等。对单元主题的分析只要用一个概念加以概括就可以了。

复合主题指主题中含有两个或两个以上的主题因素，也称为多元主题。复合主题是比较复杂的主题，根据主题因素之间的关系，又可分为并列主题概念组配构成的复合主题、事物与其方面概念构成的复合主题、事物与其部分概念构成的复合主题等不同类型，如宽银幕彩色电影、城市交通的管理、飞机发动机等。对复合主题，要在认真分析其组成的要素与要素之间关系的基础上，再对主题概念进行取舍。

联结主题亦称相关主题，是指两个或多个主题对象之间根据一定的联系所形成的一种主题类型。在这类主题中，不同主题对象之间的关系比较松散，不像一般复合主题那样已经融合成一个整体，是一种介于单主题与多主题之间的主题类型，常见的关系类型有：

❖ 应用关系，如数学方法在信息管理中的应用。
❖ 比较关系，如中美文化比较。
❖ 影响关系，如风速对运动成绩的影响。
❖ 因果关系，如环境污染会导致气候变化。
❖ 倾向关系，如供旅游用的日语读本。

（3）主要主题和次要主题

这是依据主题对信息资源内容概括的重要程度划分的类型。主要主题是信息资源论述的主题内容中作者重点论述的主题。一个信息资源一般至少有一个主要主题，有时也可以有两个或多个主要主题。例如，《系统论、信息论和控制论》一书包括系统论、信息论和控制论三个主要主题。次要主题是指不作为重点论述的主题，对于次要主题可根据检索系统的要求及其本身的情报价值确定是否将其析出。

（4）专业主题和非专业主题

这是依据主题与检索系统专业的相关程度划分的类型。专业主题是指与检索系统专业性质一致的主题，可以是主要主题，也可以是次要主题。对于这类主题，专业检索系统一般应充分揭示。非专业主题是指与检索系统专业性质不一致的主题，对于这类主题，专业检索系统往往不予揭示或只在对该专业的研究有联系、有启发、有一定使用价值时才酌情析出。

（5）显性主题与隐性主题

这是依据主题对信息资源概括的清晰程度划分的类型。显性主题指信息资源正面明确阐述的主题。隐性主题则指信息资源中没有用直接的语词明确描述，隐含在其他字面形式中的主题。例如，“信息组织的系统论基础”这一主题，其显性主题是信息组织、系统论，其隐性主题是分类法、主题法。隐性主题容易被遗漏，应在深入了解信息资源内容、了解有关领域主题内容之间的关系和影响的基础上提炼出来，这类情况在深度标引时出现较多。

2）主题结构的分析

主题结构是指构成信息资源主题的各因素及它们之间的相互关系。任何信息资源的主题（除了纯粹的单元主题外）都是由一定的主题因素构成的，主题因素之间存在着一定的结构关系。从主题标引的角度把主题的结构形式加以模式化，有助于准确并一致地进行主题标引。

主题结构在国内外有较广泛的研究，已经有了比较成熟的主题结构模式（即引用次序）。

国外比较著名的引用次序有：

① 显著性引用次序：事物—部件—材料—活动—施动者。

② 范畴职能引用次序：指将各种主题概念划分为范畴，并按范畴的性质、职能确定组配次序，其中最著名的是印度图书馆学家阮冈纳赞的范畴分面公式和英国分类法研究小组维克利提出的标准引用次序。

阮冈纳赞范畴分面公式为本体—物质—动力—空间—时间；维克利的标准引用次序为物质（产品）—种类—部分—成分—性质—过程—操作—施动者或工具。

对于中文引用次序，国内主要采用刘湘生的主题分面公式，将信息资源的主题和事物各种属性特征归纳成五个基本方面，每方面即为一种类型的主题因素，并规定了五种主题因素的代码及引用次序：A 主体因素—B 通用因素—C 位置因素—D 时间因素—E 文献类型因素。对主体因素还可细分，并规定组配次序为：A1（对象）—A2（方面）—A3（方法）—A4（结果）—A5（条件），这样把原引用次序进一步展开为：A（A1—A2—A3—A4—A5）—B—C—D—E。其中，主体因素是指能反映主题中主要特征属性的一组主题概念，这些主题概念都具有独立的检索意义，具体包括研究对象、方面、方法、结果、条件等因素。通用因素是反映主题中一般通用特征属性的概念因素，只对主体因素起修饰说明作用，无独立检索意义。位置因素是反映信息资源主题中空间地理属性的概念，包括自然区域和行政区划区域等方面的概念因素，一般不具有独立检索意义。时间因素是反映信息资源主题中所处的时间属性的概念。文献类型因素是指表现信息资源类型的概念，如手册、索引、词典等。刘湘生的主题分面公式已被写入国家标准《文献主题标引规则》(GB 3860—1983)，是我国主题标引工作中第一个比较完整的引用次序。

2. 主题概念的转换

受控主题标引通常是在主题分析的基础上，依据一定的主题词表，将分析出的主题概念转化为规范化的主题词，并根据检索系统的要求，对标识进行处理。主题概念转换的方式通常分为两种：主题概念的直接转换和主题概念的分解转换。

1）直接转换

直接转换是指分析出的主题概念可以直接用主题词表上的一个对应主题词加以表述。例如，可将“市场营销”主题概念直接转换成相应的主题词“市场营销学”。

2）分解转换

分解转换是指分析出的主题概念在主题词表中没有现成的主题词直接表达时必须采取的一种方式，即先将复杂主题概念分解成若干个基本概念，再从主题词表中选取与基本主题概念对应的主题词，并按一定的组配规则组合起来表达复杂的主题概念。

进行主题概念分解应注意以下问题。

① 应采用概念分解，避免字面分解。在用叙词语言进行主题标引时，由于叙词语言的基本原理是概念组配，而概念分解是概念组配的逆过程，因此在分解转换时应采用概念分解。例如，“无机药物化学”应分解为无机化学和药物化学，而不能分解为无机和药物化学。

② 必须采用最专指的概念分解形式。例如，“农业经济结构”最专指的分解形式是农业经济和经济结构。

③ 应采用交叉关系分解优先的原则，是指当一个复杂的主题概念既可以采用交叉关系

分解方式，又可以采用限定关系分解方式时，依据概念组配的原则，优先采用交叉关系分解方式。例如，“植物生物化学”应分解为“植物学:生物化学”，而不应分解为“植物—生物化学”。

3. 主题标识的确定

主题标识的确定指依据检索系统的使用需要，在完成标识转换的同时，对标引词进行必要的处理。目前国内的主题检索工具大致有两种类型：其一是书本式索引或卡片式目录等手检工具，其二是计算机检索系统。手检工具大多采用先组方式，一般应按照检索工具的要求，将主题词组织为标题。机检系统一般采用后组方式，通常要求使用适合后组方式的句法手段进行处理。

1）确定标题

标题是一种以先组方式表达信息资源内容的标识形式，利用叙词语言编制手工检索工具时，一般应根据手工检索工具的需要，对标引词进行处理，确定标题。

（1）确定标题的结构形式

根据主题标引时使用的主题词数量和组配符号的不同，标题一般可分为单级标题和多级标题。单级标题是由一个主题词构成的标题，包括单词标题、词组标题、带限义词的标题等，如信息学、网络安全、运动（哲学）等。多级标题又叫复合标题，是由两个或多个主题词通过一定语义逻辑关系组配形成的，在《中国分类主题词表》第二版中都用“\”作为组配符号，如土壤微生物学\土壤生态学、残疾人\社会问题、经济作物\病虫害\预测等。

（2）确定标题的级别

标题的级别决定着反映信息资源主题的专指程度，直接影响检索工具的查准性能。目前国内手工检索工具大致有三种级别，即只采用单级标题，采用二级标题和采用三级以上标题。采用多级标题形式可以对信息资源进行充分的揭示，比较符合现代信息资源的揭示要求。因此我国手工检索工具一般将标题规定为三级或三级以上，一般不超过五级。

在采用二级或多级标题时，还要注意以下几个问题：

❖ 做好主标题的选择，主标题是标题的检索入口，关系到检索系统的排检位置，因此主标题一般应具有独立的检索意义，通常为表示主体因素的叙词。
❖ 对叙词的引用次序做出规定，在我国一般依据刘湘生的主题分面公式确定。
❖ 规定轮排模式，即依次将标题中每个有独立检索意义的叙词轮流排列，标题中其他词的位置保持不变。通过轮排可以提供更多的检索入口。

2）机检词的处理

主题标引的目的，除了为手工检索系统的主题目录、主题索引拟定标题，还作为机检系统的主题标识，输入机检文档。叙词具有可组配、检索灵活的特点，而且机检系统中主题标引通常为深标引，采用后组方式，因此为了避免叙词之间可能出现的错误组配，通常对机检词进行以下处理。

（1）加联号

联号是表明同一信息资源的多个标引词中，哪些词之间有联系而可以互相组配，哪些词之间没有联系而不应进行组配的符号，一般用数字或字母表示，其作用就是排除主题标识之间虚假组配的可能。例如，“全球的气候变化和亚洲的生态环境”这一并列主题文献，如果不对标引词进行处理，就有可能出现“全球”与“生态环境”、“亚洲”与“气候变化”的错误组配，使用联号就可避免上述错误的组配。假设该主题文献的文献号为 1235，联号用数字 1、2 表示，则该文献可标引为：

主题标识	联号	文献号
气候变化	1	1235
全球	1	1235
生态环境	2	1235
亚洲	2	1235

这样，检索比号时，不仅文献号要相同，同一主题的关联符号也必须相同，就不会造成误检。

（2）加职号

职号是表示标引词在组配表达主题时的职能作用的符号，其作用是指明同一主题的标引词中，某一词的职能或角色，从而提示词与词之间的关系，明确它们所表达的概念，提高查准率。使用职能符号一般应根据需要预先确定句法范畴和相应的符号，例如：

符号	职能
A	动作对象
B	部分
C	性质
D	操作
E	施动者

例如，对“森林对气候的影响”文献标引时，如果不对标引词进行处理，就有可能出现“森林对气候的影响”和“气候对森林的影响”两种含义，而使用职能符号就可以避免这种现象。假设该文献号是 346，应标引为：

森林 E	346
影响 D	346
气候 A	346

3）标引词的著录

根据检索工具的不同特点，标引词可分别采用相应的著录格式。手检系统中标引词的著录有两种情况：一种是将标题直接著录在目录卡片上，作为排检依据；另一种是直接将文献号记录在相应标目下，主要用于主题索引。

机检系统的著录应根据系统要求的方式进行。文献单位一般根据使用需要，设计标引工作单作为著录的依据，著录时应严格按照标引工作单的格式及相应规定进行。在填写标引工作单的同时，应根据要求做好辅助符号如联号的标注。利用机读文档自动输出目录卡片或编制书本式目录的单位，还应在输入机检词的同时，为准备输出的手检标题标注相应的主、副标题符号。

国家标准《文献叙词标引规则》（GB/T 3860—1995）规定，主、副标题的符号可依据英文名称的首字母分别表示如下：

M(MAIN HEADING)	表示主标题
Q(QUALIFIRE)	表示副标题
S(SUBQUALIFIRE)	表示三级以上副标题

在三级以上副标题中，又可以根据需要进一步分出：

SA	表示三级标题
SB	表示四级标题
SC	表示五级标题

根据上述规定，机编系统就可按 M—Q—SA—SB—SC 的次序自动生成复合标题。

5.2.3 主题标引规则

为了客观、正确、全面地揭示信息资源的主题内容，保证主题标引的质量，必须制定具体的标引规则。作为主题标引的依据，国家标准《文献叙词标引规则》(GB/T 3860—1995) 详细论述了叙词标引的基本原则和要求。

1. 主题标引的基本规则（以叙词语言为例）

1）选词规则

① 选用词表中的正式叙词进行标引，其书写形式要与词表中的词形完全一致，非叙词不得直接用来标引，只起指向正式叙词的作用。例如：

逻辑代数
　　Y 布尔代数

一篇关于“逻辑代数研究”的文献，其标引词应用“布尔代数”“研究”，而不是“逻辑代数”“研究”。

② 选用与主题概念相对应、最专指的叙词标引。例如，一篇论述“超声学”的文献，既不能用其上位词“声学”标引，也不能用其下位词“低温声学”标引，而只能用专指叙词“超声学”进行标引。

③ 组配标引。当词表中没有相应专指叙词时，可选用词表中最接近、最直接关联的两个或两个以上的叙词进行组配标引。例如，“石英电子手表”，词表中没有这个专指叙词，应选用“石英手表”和“电子手表”两个最直接相关的叙词进行组配标引。

④ 上位词标引。当词表中没有最专指的叙词，也无法进行组配标引时，可选用一个最接近的上位词进行标引。例如，“柜类家具”主题概念，词表中既无专指叙词，又不适合用“柜类”和“家具”组配，可直接选用“家具”这个最接近的上位叙词进行上位词标引。

⑤ 靠词标引，即使用含义相近的叙词进行标引。当主题概念在词表中既无专指叙词，又不能进行组配标引、上位词标引时，可进行靠词标引。例如，“图书注销”主题概念，词表中既无专指叙词，又不适合组配标引、上位词标引，可采用与它含义最接近的相关叙词“图书登记”进行靠词标引。

⑥ 增词标引。当主题概念采用专指词标引、组配标引、上位词标引、靠词标引等标引方式均不合适时，可以考虑增补叙词标引。新增的叙词必须是词表中明显漏收的重要主题概念，或是表达新科学、新理论、新技术、新材料、新发展的词，或者是组配标引中可能出现二义性的词，而且新增词必须词形规范、概念明确、具有较强的组配作用。

⑦ 自由词标引。自由词一般是指不受词表控制，用于自然语言标引和检索的自然语言词汇。自由词标引是一种重要的标引技术，可以作为主题标引的补充和辅助手段，弥补主题标

引的不足。自由词标引主要用在计算机检索系统中，有自动标引和人工标引两种方式。自由词的自动标引主要是从题名和文摘中自动抽取一定频率或权值的词来揭示信息资源的主题内容。自由词的人工标引一般由标引人员抽取出现在信息资源中的、词表中遗漏的主题概念，或者是词表中未收录的专有名词和细小的专指词等。选用的自由词应当做到词形简练、概念明确；同时做好相应的记录，以保证标引用词的一致性。在手工检索系统中，为方便读者查询，自由词标引还可增做一张 Y 项参照指导片，分别排在相应的字顺位置。在计算机检索系统中，则应将标引用的自由词著录于 610 字段。

特定的主题一般只选择增词标引或自由词标引中的一种，对于特定的检索系统，可同时允许增词标引和自由词标引。无论是增词标引还是自由词标引，均应遵守相应的具体规则。

2）组配规则

组配标引是将两个或两个以上叙词按照一定的逻辑关系结合在一起，表达主题概念。为了保证在组配时尽可能一致，一般应遵循下述组配规则。

① 叙词组配必须是概念组配。即要求参加组配的叙词之间应具有概念交叉、概念限定等逻辑关系，而不能采用简单的字面拼合和随意组配。例如，“肝外科手术”应标引为“肝疾病”和“外科手术”，不能标引为“肝”和“外科手术”。

② 叙词组配应优先采用交叉组配。只有在不能用交叉组配时，才用限定组配。例如，“介质光波导”应采用“介质波导”和“光波导”进行交叉组配，不能用“介质”和“光波导”进行限定组配。

③ 不能越级组配。即在可以用相应专指叙词组配时，不得使用该词的上位叙词或下位叙词进行越级组配。例如，“道路运输经营学”可用“公路运输”和“运输经济”组配标引，不能用“交通运输”和“运输经济”或“公路运输”和“经营管理”组配。“交通运输”和“经营管理”是上位词，属于越级。

④ 叙词组配必须概念清楚、确切，具有单义性。如果组配的结果产生二义现象，就可根据需要，采用增词标引或增加词组中介叙词等方法解决。例如，“知识经济”主题不能用“知识”和“经济”组配标引，因为可能产生二义性，即知识经济或者是关于经济的知识，可通过增补“知识经济”新词的办法解决。又如，“体育学校”不能用“体育”和“学校”组配，因为可能有两种含义，即体育学校或者学校的体育。为防止歧义现象，可通过增加中介叙词的办法解决，如“体育—教育机构—学校”。

⑤ 叙词组配次序。应按主体因素—通用因素—时间因素—地区因素—文献类型因素的次序确定。例如，“我国 20 世纪 90 年代汽车工业规划研究文集”，按上述次序确定为：汽车工业—规划—1990—1999—中国—文集。

2. 主题标引实例

以下以 CALIS 联合目录中文文献书目数据中的主题标引为例，以《汉语主题词表》为标引依据，采用 CNMARC 机读格式。

【例 5-1】 《全国高等学校图书馆工作会议文集》标引为：

606 0# $a 院校图书馆 $x 图书馆工作 $y 中国 $j 文集

① 在《汉语主题词表》中，“大学图书馆 Y 院校图书馆”，因此应选用词表中的正式叙词“院校图书馆”进行标引。

② $a 表示主体因素，$x 表示通用因素（包括论题复分），$y 表示位置因素，$z 表示时间因素，$j 表示文献类型因素。

【例 5-2】 《心电图诊断技巧》标引为：

606 0# $a 心电图$x 诊断

不能标引为：

606 0# $a 电诊断

在《汉语主题词表》中，“电诊断　F　心电图”，因此选用词表中最专指的叙词进行标引。

【例 5-3】 《计算机在企业管理中的应用》标引为：

606 0# $a 企业管理 $x 计算机应用

不能标引为：

606 0# $a 企业管理$x 电子计算机$x 应用

应选用词表中的复合主题词“计算机应用”进行标引。

【例 5-4】 《中等师范教育》标引为：

606 0# $a 师范教育$x 中等专业教育

该例为组配标引，其组配成分（交叉组配、限定组配）都记录在子字段$x。

【例 5-5】 《石英电子钟表修理大全》标引为：

606 0# $a 石英钟 $x 电子钟 $x 维修 $j 手册

606 0# $a 石英表 $x 电子表 $x 维修 $j 手册

该例为两个并列主题的组配标引，其组配成分（交叉组配、限定组配）都记录在子字段$x。

【例 5-6】 《香蕉苹果的栽培》标引为：

606 0# $a 苹果 $x 栽培

610 0# $a 香蕉苹果

本例为上位词标引，并同时进行自由词标引，记录在 610 非控主题词字段。

【例 5-7】 《图书倒架问题》标引为：

606 0# $a 图书排架

610 0# $a 图书倒架

本例为靠词标引，并同时进行自由词标引，记录在 610 非控主题词字段。

【例 5-8】 《视听新潮流：家庭影院》标引为：

610 0# $a 家庭影院

本例为增词标引，新增词（待正式批准）暂记在 610 字段。

【例 5-9】 《概率论在经济、军事、地理领域的应用》标引为：

606 0# $a 概率论 $x 经济 $x 应用

606 0# $a 概率论 $x 军事 $x 应用

606 0# $a 概率论 $x 地理 $x 应用

本例为多主题文献的标引，一般将多主题分解为单主题，进行分组标引或分组组配标引。一般不选用上位词标引，但如果标引深度超过本单位的规定时，可重点选择其中几个并列的单主题进行标引，同时再标引一个它们的上位主题。

【例 5-10】《英国概况》标引为：

607 ## $a 英国 $x 概况

当位置因素已成为文献的主要研究对象时，应确定为主标题，记录在“607 地理名称”主题字段。

5.2.4 主题标引与分类标引的比较

标引是将信息资源主题的自然语言转换成规范化的检索语言的过程，也就是对信息资源进行主题分析并赋予检索标识（即分类号、主题词）的过程。主题标引和分类标引是信息资源标引的两种基本方法，都是从语义角度对信息资源进行揭示和组织的。主题标引是依据一定的主题词表或主题标引规则，赋予信息资源语词标识的过程。具体而言，主题标引是在主题分析的基础上，以一定的主题词表或标引规则为依据，将信息资源中具有检索意义的特征转化成相应的主题词，并将其组织成表达信息资源内容特征的标识的过程。按照是否使用主题词表，主题标引分为受控标引和自由标引两类。分类标引则是依据一定的分类语言如分类表，对信息资源的内容特征进行分析、判断、选择，并赋予其分类标识的过程。因此，主题标引和分类标引是两种不同体系结构的标引方法，既存在重要差异，也有一些共同之处。下面对主题标引和分类标引之间的异同进行分析比较。

1）主题标引与分类标引的标引对象相同，但揭示信息资源内容的角度不同

主题标引和分类标引的标引对象是相同的，都以信息资源的主题内容为揭示和转换对象。无论是主题标引还是分类标引，都必须首先对信息资源进行主题分析，形成主题概念，然后将主题概念转换为主题词或分类号。只不过主题标引是按主题法从特定事物方面来揭示和组织信息资源的，而不管其在科学体系中的位置。分类标引是按分类法从信息资源内容的学科属性来系统地揭示和组织信息资源的，并从知识分类的角度揭示各类信息资源在内容上的区别和联系，这是主题标引与分类标引的主要差异。

2）主题标引与分类标引在标引时所使用的标识符号不同，使得主题标引具有直观性，分类标引具有间接性

主题标引采用直接的语词标识系统，以规范化或不经规范的自然语言为信息资源内容主题的标识符号，这种标识符号比较直观，使人一目了然，使得主题标引具有直观性。分类标引采用间接的号码标识系统，即以字母、数字或两者混合的号码为标识符号，在标引过程中须经过“概念—标识符号”的转换，使得分类标引的直观性较差，具有间接性。

3）由于主题法和分类法的体系结构不同，主题标引具有专指性、灵活性，分类标引具有系统性、稳定性

主题法是直接以信息资源所研究的事物或对象为依据选择主题词，并可采用组配的方法描述主题，无论信息资源的主题如何专深，一般都可以直接选用主题词或通过主题词的组配来加以表达，所以主题标引具有较好的专指性。字顺系统是主题法体系结构的主体，即主题法系统是按照主题标识的字顺进行排列和组织的，允许自己不断发展和增补，能对不断出现的新事物、新学科等的主题随时进行增补，灵活性较好。分类法是按学科性质划分的等级层

累结构的逻辑分类系统，这种系统遵循从总到分、从一般到特殊、从低级到高级、从简单到复杂、从上位到下位，层层展开、上下隶属的逻辑序列，能充分揭示事物之间严格的从属派生及平行的相关关系，使得分类标引具有较好的系统性和严密性。同时，分类法是一种难于随时改变类目体系的相对稳定的检索语言，尤其是普遍使用的学科体系分类法，因此一部分类法编成后总是要求它保持相当时期的稳定性，这也使得分类标引具有相对的稳定性。

可见，主题标引和分类标引既存在共同之处，又有明显的差异。主题标引和分类标引的不同，主要是由两种不同组织方式的差异决定的，而且在不同系统中，主题标引和分类标引因采用的主题词表或分类表不同，其差异也是在变化的。

5.2.5 关键词标引

所谓关键词，是指那些出现在信息资源的标题摘要、正文中，对描述信息资源的主题内容具有实质意义的语词。例如，一篇题名为“网络媒体与传统媒体的融合”的文献，其中“网络媒体”“传统媒体”“融合”三个词可以有效地表达信息资源的主题，并具有检索意义，可作为关键词，而“与”“的”两个词虽然能够帮助表达信息主题，但不起关键作用，也没有实际检索意义，因而不能作为关键词。关键词法是将信息资源原来所用的、能描述信息资源主题概念的那些具有实质意义的词抽出，不加规范或只进行极少量的规范化处理，按字顺排列，以提供主题检索途径的方法。关键词标引就是选择关键词对信息资源进行标引的方法。关键词标引一般通过计算机自动进行，即计算机自动抽取文献题名、文摘或正文中有检索意义的语词，通过轮排生成各种类型的关键词索引，如题内关键词索引、题外关键词索引、双重关键词索引、单纯关键词索引、词对式关键词索引等。

目前，在网络信息资源的组织和检索中大量使用关键词语言，如各种搜索引擎和网络数据库除了提供分类检索，几乎都提供关键词检索途径，包括简单关键词检索和高级关键词检索（如布尔逻辑检索、加权检索、截词检索、字段检索、模糊检索等）。而且，由于网络信息资源大量地以超文本文件、多媒体文件等非结构化文件形式存在，信息检索的智能化要求日益迫切，关键词语言在智能多媒体系统中也有了广泛应用。多媒体信息检索要充分利用文本、关键字和其他客观属性，综合其他学科领域的成果，并结合现有的关键词检索功能，集成到基于内容的检索系统中，利用特征之间的互补能力提高检索效率。

1. 关键词索引的类型

1）题内关键词索引

题内关键词索引（KeyWord-In-Content Index，KWIC），又称为上下文关键词索引，是最早出现的机编索引，1960 年首次用于美国化学文摘社出版的《化学题录》（*Chemical Titles*）。KWIC 的编制过程是：选择文献标题中具有检索意义的词作为关键词（用禁用词表排除非关键词），并轮流排在索引款目中部的排检点位置，保留关键词的上下文。如果文献标题过长，则以轮排的形式移至款目的前部或后部，款目后跟随该信息资源的地址。例如，一篇题为《论网络时代图书馆的资源观》（文献号为 8032）的文献，可通过计算机自动生成以下题内关键词索引款目：

检索入口

论	网络时代图书馆的资源观	8032
论网络	时代图书馆的资源观	8032
论网络时代	图书馆的资源观	8032
时代图书馆的	资源观/ 论网络	8032

2）题外关键词索引

题外关键词（KeyWord-Out-of-Content，KWOC）索引是对 KWIC 索引的改进形式。由于 KWIC 将排检点设置在索引款目的中部，不符合一般用户的查找习惯，KWOC 将索引标目的位置从中部移至左端或左上方，标目下完整列出文献篇名，原篇名中的关键词用特定的符号，如“*”代替或予以保留。例如，上述 8032 号文献在 KWOC 索引中可生成以下款目：

网络

论**时代图书馆的资源观　　8032

时代

论网络**图书馆的资源观　　8032

图书馆

论网络时代***的资源观　　8032

资源观

论网络时代图书馆的***　　8032

3）双重关键词索引

双重关键词索引是一种 KWIC 索引与 KWOC 索引的结合形式，即采用双重标目：在篇名之外设置第一个主标目，再在篇名的左端按副标目（第二关键词）排列。例如，上述 8032 号文献可编成下列双重关键词索引款目：

网络

时代图书馆的资源观/论网络　　8032

图书馆的资源观/论网络时代　　8032

资源观/论网络时代图书馆的　　8032

时代

图书馆的资源观/论网络时代　　8032

网络时代图书馆的资源观/论　　8032

资源观/论网络时代图书馆的　　8032

图书馆

时代图书馆的资源观/论网络　　8032

网络时代图书馆的资源观/论　　8032

资源观/论网络时代图书馆的　　8032

资源观

时代图书馆的资源观/论网络　　8032

图书馆的资源观/论网络时代　　8032

网络时代图书馆的资源观/论　　8032

2. 关键词标引的步骤

关键词标引主要由计算机自动进行，其一般步骤如下。

① 由禁用词表控制抽词。禁用词表亦称非关键词表，是将那些没有实义或无检索意义的词，如冠词、连词、介词、感叹词、代词及部分形容词、副词、动词和名词等非关键词编制起来形成的表。计算机自动抽词时，首先通过禁用词表排除这些非关键词，其他的词即可作为关键词。有些计算机抽词系统也可能编制关键词表，即将相应学科专业领域中有检索意义的、可以作为关键词的词按字顺编排成表，存入计算机，用以与题名、文摘、正文中的词进行比较，将匹配的词作为关键词。这种关键词表一般编制比较简单，不进行严格的词汇控制。

② 由计算机进行自动分词。由于西文词汇之间有空格，计算机对西文关键词的识别处理非常方便，而汉语在书写时词与词之间不留空格，计算机在切分一串连续的汉字字符时，可能会有多种切分方案，因此计算机自动编制中文关键词索引时涉及汉语切词问题，目前国内采用的自动切词方法主要有词典匹配切分法、设立切词标志法、理解式切分法等。

③ 通过轮排编制关键词索引。关键词标引的结果一般是编制成关键词索引，可通过轮排编制关键词索引，轮排使每个关键词轮流排至检索入口，编制成多条关键词索引款目，提供多途径的主题字顺检索途径。

3. 关键词标引的评价

1）关键词标引的优点

① 关键词标引时无须主题分析和查看词表，简便易行，降低了对标引人员的要求。

② 标引和索引编制易于实现自动化，很多数据库关键词索引的编制已经实现了自动化，大大缩短了检索系统信息组织的时差，保证信息报道和传递的及时性，适应了信息检索及时性的要求。

③ 关键词是信息资源中使用的自然语言，表达主题比较直观、专指。

④ 所有的关键词都是平等的，全部按字顺排列。从每个信息资源中抽取的关键词，每个关键词都是一个检索入口，可提供多途径检索的功能。

2）关键词标引的缺点

① 关键词标引直接采用自然语言作为关键词，关键词基本上不进行规范化处理，对自然语言中大量的等同关系词不加规范统一，如对同一个词的单复数和变格等词形变化也不加统一，而保持作者用词原状，使相同主题的信息资源常常因作者用词不同而被分散，导致漏检的可能性较大。

② 关键词标引不显示关键词之间的等级关系和相关关系，全部关键词在检索系统中彼此孤立，没有任何联系，增加了检全文献的难度。

③ 为了加速和简化检索工具的编制过程，关键词多限于从文献标题中抽取，但由于一些标题对信息资源内容的表达不够充分或不准确，会使关键词检索有一定的漏检和误检。

④ 在机编索引情况下，由于机械地抽词和轮排，其中有不少关键词款目是不起检索作用而徒增篇幅的。另外，汉语由于存在分词难的问题，应用计算机进行汉语关键词抽词标引时仍须解决词汇分词问题。

5.3 自动分类与自动标引

信息的自动分类与自动标引技术始于 20 世纪 50 年代，IBM 公司的 H.P. Luhn 等发表了一系列文章，创立了信息自动处理研究领域。随着计算机及相关技术的飞速发展，该领域研究取得了令人瞩目的成果，并出现了许多实用化系统。

5.3.1 自动分类概述

所谓自动分类，就是利用计算机技术对信息（主要是记录型信息）按照一定的分类体系或标准进行自动分类标记，又可细分为自动聚类与自动分类两种。

聚类，就是根据信息内容的相关性来组织文献集合或信息集合，将整个集合聚集成若干类，并使属于同一类的文档尽量相似，属于不同类的文档差别明显。

分类，即归类，将具有相近特征的检索对象相对地集中，而具有不同特征者尽可能归于不同的类别中。一般，分类是根据一个已经被标注（分好类）的训练文档集合，找到文档特征和文档类别之间的关系模型，然后利用这种关系模式对新的文档进行类别判断。

自动分类通常有两个基本要求：一个是分类结果应该与信息输入次序无关，即次序独立性原则；另一个是类别定义明确，即重叠度最小原则。

1. 自动聚类

聚类是一种重要的数据挖掘技术，可以用于从大量数据中寻找隐含的数据分布和模式。在文献信息处理领域，聚类可以将一批文献聚集成若干类，提供一种组织信息资源的方法；可以作为一种文献信息分类的辅助技术，生成用于文本自动分类的分类体系表；可以发现与某文献内容相似的一批文档，以帮助用户获取相关知识。

聚类算法较多，常用的文本聚类方法主要有两类：等级聚类法、动态聚类法。

1）等级聚类法

为表述方便，下面用“距离”指标来度量文档样本间或类间的相似程度，等级聚类的基本算法思想可以表述为以下操作步骤。

① 计算文档的距离系数矩阵。将待聚类文档集合中的所有文档（假设为 n 个）看成 n 个类，计算所有文档两两间的距离，共 $n\times(n-1)/2$ 个，形成文档的距离系数矩阵 $\boldsymbol{M}_{n\times n}$。$\boldsymbol{M}_{n\times n}$ 是一个对称矩阵，其中第 i 行、第 j 列的元素 d_{ij} 表示第 i 篇文档与第 j 篇文档之间的距离值。当 $i=j$ 时，显然，$d_{ij}=0$。

② 合并两个最相似的文档类。从距离系数矩阵 $\boldsymbol{M}_{n\times n}$ 的上（或下）三角元素中（对角线元素除外）找出距离的最小值，如元素 $d_{i_0 j_0}$，则文档 i_0 与 j_0 是最相似的，将它合并在一起，形成一个新类。这时，系数矩阵中还有 $n-1$ 个类，记下参加合并的类的序号与距离值。

③ 更新距离系数矩阵。对这 $n-1$ 个类重新计算两两之间的距离。由于矩阵中有 $n-2$ 个类没有变化，它们之间的距离就不变，因此只需要对合并得到的新类与以前固有的 $n-2$ 个类两两间的距离值进行计算即可。类间距离的计算方法有多种，如最短距离法、最长距离法、

中间距离法、重心法、离差平方和法等。

④ 重复步骤②和③，直到所得文档类符合聚类要求。

根据上述步骤，每次合并都使文档类的个数减少一个，经过$n-1$次重复合并，原来的n个文档就聚合成一类。

实际应用中，通常用两种标准中断以上聚类过程：一是以聚类的个数作为标准，即当某一时刻文档类的个数为k（k是事先规定的一个阈值）时就停止聚类计算；二是以相似度作为标准，即当某时刻要合并的两个类的相似度低于某一给定阈值时，聚类算法就停止。

等级聚类法要对文档做全面的统计与计算，聚类比较准确，且聚类过程可视、可以追溯，但是当文档数量比较大时，算法的运行速度会比较慢。

2）动态聚类法

较之于等级聚类法，动态聚类法试图避免全面的计算和比较，尝试在局部分析的基础上，对文档集合先做出某种较为粗略的划分，再按某种最优的准则进行修正，直到聚类结果比较合理为止，其流程如图 5-1 所示。

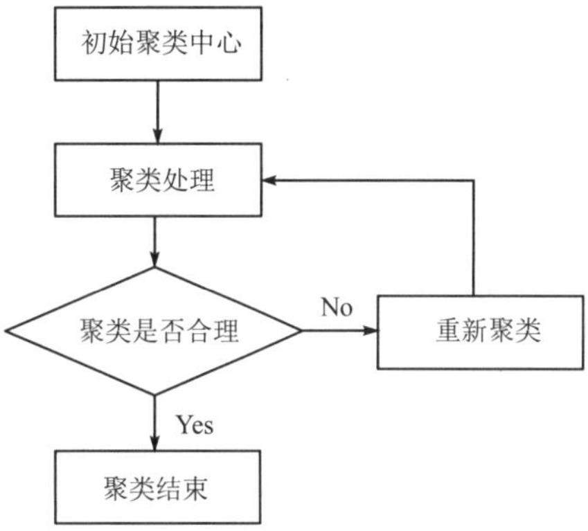

图 5-1 动态聚类法的流程

① 确定聚类个数k，从文档集合中选择k个文档作为凝聚点（初始聚类中心），每个凝聚点文档自成一类。

② 按照距离最近原则，将剩余$n-k$个文档逐个并入最近凝聚点所代表的类。每并入一篇文档，立即重新计算该类的重心，并用此重心替代原来的凝聚点。

③ 以最后形成的每个凝聚点代表一类，将全部n篇文档重新聚类，逐个并入最近的凝聚点所属的类。与步骤②相同，每并入一个文档，就重新计算重心，并以此重心代替原凝聚点。文档集合被重新聚类后，若与前一次的聚类结果不同，则重复本步骤，否则聚类处理完成。

从以上流程可以看出，聚类个数k和相应的初始凝聚点的选择不仅对聚类的最后结果有影响，也使得整个聚类过程具有很大的不确定性。

初始聚类中心的选取有重心法、密度法、调用等级聚类法等方法。

① 重心法。首先计算出所有文档的重心，将其作为第一凝聚点；再选定一个正数，作为建立新凝聚点的最小临界距离d；然后依次计算凝聚点与全部样本的距离，若样本与已有凝聚点的距离大于d，则将它作为新凝聚点；再计算其他样本与新凝聚点的距离，大于d的样本作为新凝聚点；以此类推，直到所有样本处理完毕，就可以确定第一批凝聚点。

② 密度法。先选定两个正数d_1和d_2，再以样本空间的每个样本点为中心，以d_1为半径

做超维球，落在该球内的样本数（不包括中心样本在内）就称为该样本点的密度。选择密度最大的样本为第一凝聚点，再取密度次大的样本，计算它与第一凝聚点的距离，如果小于 d_2，就取消该点，否则选它作为第二凝聚点。按密度大小为序选取样本，用上述准则可以得到两两距离都大于 d_2 的凝聚点集合。一般地，要求 $d_1 < d_2$。

③ 调用等级聚类法。先利用等级聚类思想来寻找动态聚类所需要的 k 个初始凝聚中心，再进行动态聚类。这种方法可以避免初始聚类中心选择的随意性。

聚类参数 k 的选取。对于动态聚类而言，参数 k 既是聚类处理的起点，也是聚类结果的一部分。如果能使算法开始时指定的 k 值在聚类进程中进行适当的调整，以保持聚类结果的合理性，将不失为一个有效的方法。

k-Means 方法是一种典型的动态聚类法。基本的 *k*-Means 方法聚类操作较为简单：在聚类开始时，使用随机方式选择 k 篇文档作为初始聚类中心，按照前述动态聚类法的处理流程进行聚类处理，整个算法的结束条件是类的重心（或凝聚点），不再改变。

一般情况下，基本 *k*-Means 算法的聚类效果不如等级聚类好，而且由于初始的聚类中心来自随机选择，产生的聚类结果非常不稳定。针对该算法，研究者提出了一些改进形式，如二分 *k*-Means 法。二分 *k*-Means 法的聚类思想：选择一个类进行分裂；用基本 *k*-Means 方法找出所选择类分裂出的两个子类（二分步骤）；重复二分步骤 m 次，选择其中能产生最大总体相似度类别的分裂方法；重复以上步骤，直到产生类的数目达到要求为止。

动态聚类法的优势是运算量小，能用于处理庞大的样本数据，也使实时处理有了一定的可能性。

2. 自动分类

所谓自动分类，是在给定的分类体系下，根据信息的内容自动确定其所属类别的过程。在进行自动分类前，已存在可以使用的分类表，这些分类表一般由相关领域专家事先制定，也可以通过聚类处理来获取。

文本分类是信息组织、检索与数据挖掘中的关键技术。一般地，根据一个已经被标注（分好类）的训练文档集合，找到文档特征和文档类别之间的关系模型，然后利用这种学习得到的关系模式对新的文档进行类别判断。文本分类技术涉及很多预处理技术，包括中文分词、文本特征的抽取、文本的特征表示等技术，这些过程的质量与文本分类的最终分类质量有着密切的关系。

一般地，文本分类主要有以下问题需要解决。

① 建立训练文档集合。训练文档集合应具有代表性，能反映分类系统所要处理的文档的情况。一般采用公认的、经人工分类的语料库。

② 建立文档表示模型。建立文档表示模型是将文本数据转换为结构化数据的过程。向量空间模型是最常用的文本表示方法，在向量空间模型中，训练样本被表示成由特征项构成的向量空间。

③ 文档特征抽取。文本分类的一个重要难题就是文本的维度过高，这就需要采用特征抽取的方法，在不影响特征准确度的情况下，减少表示文本的特征，去掉一些信息含量少的词，以最终建立特征子集。

④ 选择或设计分类模型。选择分类模型实际上就是要使用某种方法，建立从文档特征

（或属性）到文档类别的映射关系，是文本分类的核心问题。

⑤ 性能评测。性能评测是自动分类处理流程中的一个重要环节。完善科学的评测对改进和完善分类系统具有重要的指导意义。

现有的分类方法主要来自两方面：统计和机器学习。常用的文档分类方法有 k 最近邻（k-Nearest Neighbours，kNN）法、朴素贝叶斯（Naive Bayes，NB）法、向量空间模型（Vector Space Model，VSM）法、支持向量机（Support Vector Machine，SVM）法等，下面介绍前两种方法。

1）kNN 分类法

kNN 分类法由 Cover 和 Hart 于 1968 年提出，是一个理论上比较成熟的方法，其思路非常简单直观：给定一个经过分类的训练文档集合，在对新文档（测试文档或待分类文档）进行分类时，首先从训练文档集合中找出与测试文档最相关的 k 篇文档，然后按照这 k 篇文档所属的类别信息来对该测试文档进行分类处理。

kNN 分类法属于传统统计模式识别算法，其具体的分类过程如下。

① 对训练文档集合中的每篇训练文档形成文档的向量表示，其分类情况则用一个分量值为 0 或 1 的类别向量表示。若类别向量的第 j 个分量为 1，表示此文档属于类 j；若为 0，则表示不属于类 j。

② 对于某给定的测试文档 d，通过计算文档之间的相似度，在训练集合中找到与其最相似的 k 篇训练文档，即 k 个最近邻居（用集合 kNN 表示）。显然，k 个最近邻居可能分属于 m（$m \leqslant k$）个不同的类别。

③ 以每个最相似文档 d_j（$d_j \in k\text{NN}$）与测试文档 d 的相似度 $\text{sim}(d,d_j)$ 为权值，计算文档 d_j 属于类别 c_i 的决策规则值：

$$\text{score}(d,c_i)=\sum_{i=1}^{k}\text{sim}(d,d_j)\times y(d_j,c_i)-b_i d_j \in k\text{NN} \quad (i=1,2,\cdots,m)$$

其中，$y(d_j,c_i)$ 是文档 d_j 对类别 c_i 的分类值，其取值范围为 $\{0,1\}$，$y(d_j,c_i)=1$ 表示属于该类，否则表示不属于该类；b_i 为阈值，对于某一特定的类来说，其值是一个有待优化选择的值，可以通过一个验证文档集进行调整。

④ 根据 $\text{score}(d,c_i)(i=1,2,\cdots,m)$ 的值，最终决定测试文档 d 的类别归属。

这里可以通过两种方法来判定文档 d 的类别。一种方法是，若测试文档 d 只属于某个类，则可以取 $\text{score}(d,c_i)(i=1,2,\cdots,m)$ 中的最大值对应的类别作为 d 的类别；另一种方法是，将所有的 $\text{score}(d,c_i)(i=1,2,\cdots,m)$ 值进行排序，并指定一个阈值，测试文档 d 属于超过该指定阈值的所有类。

kNN 分类法不需要预先学习，其优点是分类精度较高，不存在漏识问题，缺点是分类速度与训练文档个数有关。因为每个测试文档必须求解它与训练文档库中所有文档的相似度，其时间复杂度为 $O(n_1 \times n_2)$，这里 n_1 和 n_2 分别为训练文档总数和测试文档总数。

另外，$\text{sim}(d,d_j)$ 值的计算如何兼顾文档特征之间的相互关联与共现，需对算法进行改进。

最后，k 值的选择对分类结果影响很大。选取的 k 值较小时，选择的相关文档（或最近邻居）不足以表现待分类文档的所有内容特征；而选取的 k 值较大时，算法会为待分类文档选择出一些不是很相关的文档，从而超出待分类文档的内容特征。在实际的文本分类试验中要通过反复的实验、测试、观察，最后才能确定 k 的一个较理想的取值范围。

2）NB 分类法

NB 分类法（朴素贝叶斯分类法）将概率模型应用于自动分类，其分类思想是：使用贝叶斯公式，通过先验概率和类别的条件概率来估计文档 d 对类别 c_i 的后验概率，以此实现对文档 d 的类别归属判断。

假设训练文档集合分为 k 类，类别集合记为

$$C = \{c_1, c_2, \cdots, c_i, \cdots, c_k\}$$

对于任意文档类别 c_i（$i = 1, 2, \cdots, m$），其先验概率为 $P(c_i)$。又对于任意测试文档 d，其归属于类别 c_i 的类条件概率为 $P(d / c_i)$。于是，根据贝叶斯公式，可得到文档 d 对类别 c_i 的后验概率为

$$P(c_i / d) = P(d / c_i) \times P(c_i) / P(d)$$

对文档 d 进行分类，就是按照上式计算所有文档类别在给定文档 d 情况下的概率，概率值最大的类就是 d 应归属的类，即当

$$P(c_i / d) = \max_{i=1}^{k} P(c_i / d)$$

时，文档 d 属于类别 c_i。对于给定的分类集合和测试文档，NB 分类法的关键是计算 $P(d / c_i)$ 和 $P(c_i)$。换言之，计算 $P(d / c_i)$ 和 $P(c_i)$ 的过程就是建立分类模型或分类器的过程。注意，由于对于所有的分类过程，$P(d)$ 具有相同的值，因此，实际分类时可以忽略分母 $P(d)$ 的值。

首先计算先验概率 $P(c_i)$。通常，$P(c_i)$ 的计算方法较简单，可以使用下式估计得到：

$$P(c_i) = \frac{c_i\text{类中的训练文档数}}{\text{训练文档数集合中的全部文档数}}$$

其次，$P(d / c_i)$ 的计算比较复杂。假设文档特征集合中的所有特征是互相独立的，则

$$P(d / c_i) = \prod P(f / c_i) \quad (f \in d)$$

其中，f 为测试文档 d 中的特征。

令 n_{i_f} 为特征 f 在类别 c_i 中出现的次数，n_i 为类别 c_i 中的全部特征出现次数的和，$P(f / c_i)$ 有两种计算方法：

$$P(f / c_i) = n_{i_f} / n_i$$

和

$$P(f / c_i) = (n_{i_f} + 1) / (n_i + |V|)$$

其中，$|V|$ 为训练文档集合中全部不同特征的数目。

与其他文本分类技术相比，NB 分类法能很快地趋于稳定，通常只需要扫描一遍文档即可完成分类处理，速度较快，因而比较适用于在联机环境下创建分类器。但是，NB 分类法假定在给定分类变量的情况下所有的特征项都是相互独立的，这在文本分类的处理环境中显然是不现实的。

为此有不少针对 NB 分类法的改进，使之能处理特征项之间存在有限相互关联（或作用）的情况，即允许在贝叶斯分类网络中，一个特征节点除了类变量，还有其他父节点，如此分类处理的复杂度将显著提高，如 TAN、KDB 分类算法。

除了上述基于统计和机器学习的自动分类技术，目前得到重视的还有基于知识库、知识

工程的规则分类技术。例如，侯汉清教授主持的“基于《中图法》的专家知识库系统构建研究”，采用以分类号（类目词）控制主题词，用主题词控制关键词，以分类体系为基础构建“分类—主题—关键词”一体化概念语义网络知识库，这种方法能在一定程度上降低分类难度，但应用有待完善。其他一些规则分类方法，如基于粗糙集理论的分类规则生成算法、基于加权模糊推理网络的分类方法、本体论方法等，为建立高效准确的分类系统提供了新的思路。

5.3.2 自动标引概述

1. 自动标引的概念

自动标引（Automatic Indexing），又称为计算机辅助标引（Machine-aided Indexing），是根据文献内容，依靠计算机系统全部或部分地自动给出标引符号的过程。换句话说，就是利用计算机系统模仿人的标引活动并自动生成情报检索所需的索引符号的过程。

相对于手工标引，自动标引存在很大优势：速度快、一致性好、稳定性好、成本低，但准确率待提高。

2. 自动标引的原理

目前自动标引采用的理论主要来自三方面：统计分析、语言分析、人工智能。

统计标引法是各种自动标引方法中历史最长的一种，是基于词汇分布特征的标引方法，也是目前较为成熟的一种方法。其理论基础是齐夫（Zipf）定律。

语言学家齐夫通过对文章中所用词汇的词频进行统计，总结得到：将一篇文章中所有词按词频从高到低的顺序排列，依次给出等级值 1、2、3、…，则每个词的词频 f 与等级值 r 的乘积接近常数，这个统计规律被称为齐夫定律。

根据齐夫定律，可以在平面坐标系中得到一条 f-r 的二次曲线（双曲线的一支），切分这条双曲线，可以把所有的词分为高频词、中频词和低频词。齐夫定律是所有基于词汇分布特征的标引方法的基础。

高频词：传递信息能力弱，多为虚词，反映到文献标引上，为专指度小的泛指词，标引能力弱。

中频词：传递信息能力强，多为常用的术语，反映到文献标引上，则为标引时选词的最佳对象，专指度适中。

低频词：传递信息能力极强，产生的原因较复杂，可能是冷僻词，也可能是新引进的概念。反映到文献标引方面，这类词专指度太大，用自由词标引时可选取，若从词表中选主题词标引，则词表无能力包括这类词，否则词表太大。

通常选取中频词和低频词作为文献标引的候选词，使用高频词建立停用词表。停用词表方法可在文献标引过程中极简便地排除高频词（泛指词），是表中的词则不作标引，故称停用词表。

语言法通过对构成文献的自然语言的分析，利用一定算法产生标引词，是基于语言规则与内容的标引。这是从语言学角度对自动标引方法的探索，主要包括两种方法：句法分析、语义分析。

人工智能法是指利用计算机从事标引工作中的脑力劳动，即让计算机模拟标引员完成标引文献的工作。基于人工智能的分词方法可分为专家系统分词法和神经网络分词法，是目前中文分词技术的一个重要研究和发展方向。

3. 自动标引的过程

自动标引的一般流程如下。

① 形成机读形式的文献。将待标引文献按标引系统要求的格式输入系统，针对印刷型文献，可以通过手工录入或光学字符识别（OCR）输入；电子文档（XML、DOC、TXT 等格式）可以直接导入，才可能进行自动标引。

② 语句分析。借助一定的技术手段对机读文献中的语句进行分析，区分词与非词、实词与虚词。

③ 语词加权。设计或确定实词的加权方案，并根据该方案计算每个词的权重。

④ 确定标引词的阈值。根据待标引文献的标引深度要求，兼顾各种文献的特性，确定候选标引词的词权阈值。

⑤ 选出标引词。根据确定的阈值选出词权不小于阈值的候选词作为标引词。

⑥ 将标引词转换为受控词。将选出的标引词转换为词表中的受控词。使用关键词–受控词对照表，根据其中关键词与规范化的主题词、副主题词、特征词之间的对照关系，进行对应转换；或者利用词汇相似度实现转换，因为大多数意义相同或相近的词的字符全部或部分相同，关键词与主题词之间存在一定程度的相似性，所以可通过某些算法计算相似性，以确定相应的主题词。

⑦ 生成索引文档，输出索引。根据前面确定的全部标引词连同它们的地址信息，按照某种要求自动组织排序，生成检索用的倒排档或词典文档，完成自动标引。

自动标引质量的改进离不开用户在检索过程中的反馈，因此要注意跟踪用户的相关性判断，进行词加权计算或改进。

4. 自动标引的类型

1）按人工介入与否，自动标引分为全自动标引与半自动标引

全自动标引：内容分析、词的识别和主题表达等各标引作业环节全部由计算机完成，完全或基本上不需要人工干预。

半自动标引：全自动标引中的某一个或几个步骤由人工完成，也称为计算机辅助生成索引系统。

一般情况下，若不加说明，自动标引仅指全自动标引。

2）按标引词来源，自动标引分为自动抽词标引与自动赋词标引

自动抽词标引：指利用计算机直接从原文（文献题名、文摘或正文）中抽取关键词作为标引词，并自动生成关键词索引或倒排档的过程。又分为主关键词索引和全关键词索引，前者是在后者的基础上再选出少量主要关键词作为标引词。

自动赋词标引：指使用预先编制的词表中的词来代替文本中的词汇进行标引的过程，就是将反映文本主题内容的关键词（欲用于标引的关键词）转换为词表中的主题词（或叙词等），并用其标引的方法。这是计算机模拟人的赋词标引方法，有基于概率的赋词标引与基于概念

的赋词标引两大类。赋词标引都是在抽词标引的基础上实现的。

5.3.3 西文信息自动标引技术

西文是指拉丁文字母的拉丁语系，包括英文、法文、德文、西班牙文、葡萄牙文等，不包括俄文、日文等。目前在国际上，无论是纸质的还是网络型的，西文文献在数量上都占有极大的比例。

1. 基本标引技术

自动标引技术在西文信息的处理方面已基本成熟和实用化。在标引过程中需要解决的主要问题是抽取关键词、分析确定标引词。

1）抽取关键词

利用计算机抽取西文关键词，需要完成的是从文本中剔除虚词（又称非用词或停用词、禁用词），获取关键词。这就需要在抽词前先建立一个以介词、冠词、连词等无实质意义的单词（如 at，for，the，and，of 等）组成的停用词表（StopList），再利用停用词表，从被标引的文本中筛去非用词，抽取关键词。

取词的一般过程如下。

① 从待标引文本中抽取一个单词，由于西文中每两个单词之间都具有空格间隔，因此可以遇空取词，较之于中文方便得多。

② 确定关键词，利用取出的词去搜索停用词表，是非用词则舍去，是关键词则记下。

③ 分析关键词，重复关键词，累计词频，若标引对象为全文，还可以根据位置赋予权重。

2）分析确定标引词

标引词的确定主要依据词频统计及其他一些途径。词频包括绝对词频与相对词频。绝对词频指的是词在一篇文献中出现的频率；相对词频是指将词在一篇文献中的出现频率与在整个文献库中出现的频率进行比较。

在进行词频统计时，从不同位置取出的词可以给予不同的权值。例如，可以对标题词给予最高权值，其余的可以从大到小依次对文摘词、首尾段词、首尾句词等赋予权重。所取出的关键词是否作为标引词，可根据计算每个被抽取词的权值之和，按从高到低的顺序确定。若取词对象是标题，只需判断所取出的词是否重复。若从文摘或全文中取词，则需根据词频统计的结果去除低频词，将高频词作为标引后备词，最后根据系统规定的标引词的数量，确定标引词。

2. 标引词加权方法

1）词频统计标引法

词频统计标引法也称为绝对频率加权法，这是一种根据词的出现频次来确定词的重要程度的标引词加权方法。其主要步骤如下。

① 给定 n 篇文献组成的一个集合，计算每篇文献中每个不同的词的出现频率 f_{ik}（词 k 在第 i 篇文献中出现的频率）。

② 计算每个不同的词在整个文献集合中出现的频率，得到各词的集合频率：

$$f_k = \sum f_{ik}$$

③ 按照 f_k 的大小将词降序排列，用试错法确定高频词和低频词的阈值。确定一个上截止阈值，去掉 f_k 大于上截止阈值的词，因为这些词往往是一些仅起语法作用的功能词或内容很泛指的词；确定一个下截止阈值，去掉 f_k 小于下截止阈值的词，因为这些往往是文献集合中的罕见词，区分不同文献的能力较差。

④ 去掉高频词和低频词后，将余下的中频词选为标引词。

这种方法的特点是简单、容易实现，有一定的实用性。但是简单地排除全部高频词和低频词，可能降低查全率与查准率，且确定上下截止阈值也存在一定的困难；更重要的是，词频并不能全面涵盖词在文本中的功能。这也正是该方法的缺点所在。

2）逆文献频率加权标引法

逆文献频率加权标引法基于如下假设：某词的重要性与它在特定文献中出现的频率成正比，而与该词在整个文献集合中出现的频率成反比。

设 f_{ik} 为词 k 在文献 D 中的出现频率，D_k 为包含词 k 的文献数，称为词 k 的文献频率，即

$$D_k = \sum_{i=1}^{k} d \times f_{ik} \qquad (f_{ik} = \begin{cases} 1, & F_{ik} \geqslant 1 \\ 0, & F_{ik} = 0 \end{cases})$$

词的出现频率只对文献集合中某确定的文献才有意义，而词的文献频率是对整个文献集合而言的。在一个文献集合中，非特征词的文献频率一般较高，如“的”“地”等反映句子语法结构的词，几乎在所有文献中都出现；而特征词的文献频率一般较低，如“超导”一词通常只在一些主题内容与超导有关的文献中才出现。

在一篇特定的文献中，特征词的出现频率越高，说明它与该文献的主题相关程度越高。所以在标引中，人们总希望所选择的标引词在某个特定文献中的出现频率较高，而在整个文献集合中的出现频率较低。一个词如果文献频率较低，说明它不是特征词，若这个词在某篇文献中的出现频率较高，则这个词可以较好地反映该文献的主题内容。因此在文献频率一定时，词的出现频率越高，越能较好地揭示文献的主题内容，即高频特征词是较好的标引词。在设计标引词权重时，其大小应与标引词的出现频率一致，与标引词的文献频率成反比。根据这一思想，标引词权重设计如下：

$$W_{ik} = \frac{F_{ik}}{D_k}$$

此式说明，对于一定的词出现频率 F_{ik}，标引词的权值随文献频率 D_k 的增大而减小，随 D_k 的减小而增大，即标引词的权重与标引词的文献频率具有互逆关系。因此，这种标引称为逆文献频率加权标引。

要说明的是，D_k 也可用于代表词 k 在整个文献集合中的词频的总和，这样该方法等同于文外频率加权法。

3）词区分值加权标引法

词区分值描述了词的区分能力，即词对文献的“分离”能力。若一个词能较好地反映出文献集合中各文献的差异，则这个词区分文献的能力就较强。因此，可以从词区分文献的能力出发来设计标引词权重。

设有 n 篇文献构成的集合 D，第 i 篇文献表示为

$$D_i=\left(d_{i1},\ d_{i2},\cdots,d_{it}\right)$$

其中，d_{ij} 为文献 D_i 的第 j 个标引词的权值。

该文献集合的矩心 C（在自动分类中，矩心也称为类目中心）为

$$C=\left(Cd_1,Cd_2,\cdots,Cd_t\right)$$

其中

$$Cd_k=\frac{1}{m}\sum_{i=1}^{m}d_{ik}\qquad(k=1,2,\cdots,t)$$

将空间密度 Q 定义为所有文献与矩心相关程度的总和，即

$$Q=\sum_{i=1}^{n}S(C,D_i)$$

其中，$S(C,D_i)$ 为文献 D_i 与矩心 C 的相关程度。

又设 Q_k 为去掉第 k 个标引词（也就是 t 维向量变成 $t-1$ 维向量）后的文献空间密度，则词 k 的区分值定义为

$$\mathrm{DV}_k=Q_k-Q$$

若一个词的区分值大于 0，则用其做标引词会使文献间的相似度减少，使文献空间密度降低，从而使标引效率提高，因而设计词权时应取较大的权值；若一个词的区分值小于 0，则用其做标引词会使文献间的相似度增加，使文献空间密度增大，从而使标引效率降低，因而设计词权时应取较小的权值。也就是说，标引词权重应与标引词的区分值成正比。根据这一思想，加权函数为

$$W_{ik}=F_{ik}\times\mathrm{DV}_k$$

4）词相关性加权标引法

概率检索理论认为：最好的标引词是那些趋向于出现在与某一提问相关的文献中的词。

在文献集合 D 上给定提问 $Q=\left(t_1,t_2,\cdots,t_m\right)$，设初始文献标引采用未加权的二值标引系统，$Q$ 中词向量元素所对的标引词 k 出现与否所得到的检索结果如表 5-1 所示。

表 5-1　词 k 与检索结果的关系

词 k 状态	相关文献	不相关文献	合　计
词 k 在文献中出现	r_k	n_k-r_k	n_k
词 k 在文献中不出现	$R-r_k$	$N-n_k-R+r_k$	$N-n_k$
合计	R	$N-R$	N

在表 5-1 中，n_k 为含有词 k 的文献总数，r_k 为含有词 k 的相关文献数，N 为文献集合中的文献总数，R 为与提问 Q 相关的文献总数。

假设词的分布在所有相关和不相关文献中均是独立的，相关性仅取决于检索词 k 在文献中出现的概率（频次）。根据表 5-1 和假设，Salton 等人利用概率推导法得到了加权函数：

$$W_{ik}=F_{ik}\times\frac{r_k(R-r_k)}{(n_k-r_k)/[N-n_k-(R-r_k)]}$$

这种方法的缺点是 R 和 r_k 的值难以准确得到，也就难以计算相关值。

标引词加权的方法还有很多，如统计学习标引法、概率标引方法等。统计学习标引法首先通过学习过程建立候选标引词与对其标引产生正反不同作用的促进词和削弱词集合之间的关系，然后由标引过程根据候选标引词在此关系中的权值及其词频来确定其是否作为标引词，这种方法由学习和标引两个过程组成。概率标引法所依据的概率主要有相关概率、决策概率和出现概率。基于相关概率的标引法是根据包含相同标引词的提问与文献的相关概率来标引划分文献的；基于决策概率的标引法主要依据某标引词赋予某文献这一决策事件正确的概率来标引文献；基于出现概率的标引法根据词在文献中的出现频次所服从的概率分布的特征来选择标引词。

5.3.4 汉语信息自动标引技术

1. 汉字的性质与特点

汉语是一种象形会意语言，字与字之间、词与词之间的组合灵活多样，且字与字之间、词与词之间没有明确的分隔标记，加上汉语词汇存在着一词多义、多词一义等现象，这些特点给汉语语词切分和词频统计带来许多困难。其中，最主要的难题是语词切分，若解决了这个问题，其他的标引过程与西文标引技术类似。本节讲的汉语文献自动标引方法，其实大部分讲的是汉语分词算法。

中文语词切分的困难主要源于以下几方面。

① 汉字组词方式复杂，如不联系上下文，很难正确分词。例如，“发展中国家兔的饲养”一句，现有的汉语就可能导致两组语词分隔结果：“发展中国家/兔/的/饲养”，或者“发展/中国/家兔/的/饲养”。

② 交集型的标引词汇难以处理。例如，“并行程序设计语言”为一文献名称，其标引词应为：并行程序设计/程序设计语言，而不应从任意一处简单分开。

③ 汉语虚词众多，而且绝大多数汉字与不同的汉字组词时，可能为关键词，也可能为非用词。例如，“非”与“是”“常”“洲”分别组成不同意义的词，“是非”“非常”（非用词）和“非洲”（关键词）。

④ 新词频繁出现，如人名、地名、外来词等，都给汉语分词增添了难度。

2. 汉语信息的切分标引

汉语词的切分虽然存在很大难度，但在中文信息处理需求快速增长的驱动下，通过众多研究者多年的努力，已取得了很大进展，下面介绍几种汉语词的切分技术。

① 切分标记法，是将能够断开句子或表示汉字之间关系的汉字集合组成切分标记机内字典。这个字典被称为切分标记字典。

汉语信息原文由若干句子组成，而句子之间由标点符号分隔，每个句子由若干词、词组或短语组成。计算机若能获得句子中短语或词组间的分隔标记，就能进行语词切分。切分标记分词法的出现正是基于这样的思路。

这种方法的优点是：无须构造词典，只需构建一个规模很小的标记字典。切分标记字典包括：词首字、词尾字、独立字或几种情况的组合字，也有以“非用字”“条件用字”等组成切分字典的。利用切分字典将待标引文本中的句子分割成汉语词、词组，再按一定的分解模式将它们分割成单词或专用词。实践表明，字典完全可以替代词典完成自动标引。当然，构造一个能用于切分的字典也需要一定的汉语语言知识和专业知识，汉语语言的丰富复杂和专业词汇的纷繁各异，给字典的构造带来了一定的难度。

② 非用词后缀表法是切分标记法的典型代表，将汉字分为非用词、条件用词、表内用词、表外用词。

- ❖ 非用词：单字本身及与其他后缀字所组的词均不能作为标引词的字，如“的”“其”“如”等。
- ❖ 条件用词：单字与一些后缀字组词时可作为标引词，与另一些字组词时则不能，如“情”“轻”“使”字。
- ❖ 表内用词：单字本身是用词，与其他词组又可以构成新的标引词的字。
- ❖ 表外用词：非表内字均视为表外用字。

前三类词置于“非用字后缀表”中，并给出区分标记，如表 5-2 所示。

表 5-2 非用词后缀表示例

键 字	标 识	后 缀 字	键 字	标 识	后 缀 字
啊	0		色	1	列盲 …
半	1	导岛 …	甚	0	
测	1	量 …	声	2	控音 …
的	0		算	1	法机 …
电	2	波流信压阻子 …	虽	0	
管	1	理 …	所	0	
光	2	电合纤 …	通	1	道信讯 …
分	1	析子 …	信	2	道息源…
计	1	算	颜	1	色 …
雷	2	达电鸣 …	以	1	色
情	1	报 …	在	0	
然	0		之	0	
如	0		至	0	

注：非用字、条件用字、表内用字分别以 0、1、2 标识。

利用非用词或条件用词进行分词时，根据“有联系则取，无联系则断”的原则，字间有无联系，主要根据条件用字和非用词来进行判断。

非用词后缀表法有一定实用性，但其算法复杂，字典构造困难，其使用的普遍性远不如词典切分标引法和单汉字标引法。

3. 词典切分标引法

词典切分标引法是借助词典抽取文献中词汇，并进行标引的过程。这种方法是目前汉语自动标引算法中占比重较大的一种。常用的有主题词表法与部件词典法。

1）主题词表法

主题词表法是以主题词表为主，辅以禁（停）用词表和逻辑判断规则的标引方法。其基本标引过程如下。

① 利用禁用词表排除输入的文献题目中的禁用词，并将剩下的短语记录在短语文件中。

② 利用机读主题词表对短语文件中的短语逐一比较，抽出匹配相同词并将其所在位置、范畴号和词族等信息记录在抽词文件中。其中常见的选词算法有正向最长匹配、正向最短匹配、逆向最长匹配、逆向最短匹配等。

③ 利用汉语的局部语法特征和一些主题判断规则对上述两种文件的信息进行加工，确定用于标引的主题词。

2）部件词典法

部件词典法是以建立一个“二字部件词典”和一个“一字部件词典”为基础的标引方法。所谓“部件词典”，就是由许多“部件词”及其“词性”组成的表。部件词可以是整词或词的词头、词中、词尾，也可以同时兼有不同部位。因此，根据不同的组合，部件词可以产生 15 种状态（词性）。为了处理上的方便，每种词性或组合词性都用一个数字编码唯一确定，如表 5-3 所示。

表 5-3　部件词典词性表

词　性	编　码														
	1	2	3	4	5	6	7	8	9	10	11	12	13	14	15
独立	☆		☆		☆		☆		☆		☆		☆		☆
词头		☆	☆			☆	☆			☆	☆			☆	☆
词中				☆	☆	☆	☆					☆	☆	☆	☆
词尾								☆	☆	☆	☆	☆	☆	☆	☆

每个部件词，必定对应表 5-3 中 15 个词性中的某一个。例如，某部件词既可以做词头，又能出现在词中，则它的词性为 6；某部件词只能出现在词尾，则它的词性为 8。

汉语的词汇相当丰富，若要建立一个涉及各领域的词典，则词典规模将十分庞大，维护管理相当困难，而构造一个二字部件词典和一个一字部件词典则相对容易得多。因此，采用部件词词典来代替关键词词典，这样不仅可减轻组织管理负担，而且可提高处理速度。

在部件词典中，每个部件词都有一个对应的词性状态值（大于等于 1，小于等于 15）。

部件词典法标引的基本过程如下。

① 采取顺向或逆向扫描方式对文献进行扫描处理。

② 找出当前的二字，查“二字部件词典”，看其是否为部件词。

③ 若是部件词，则记下，并继续查以下的二字；若不是，则退位找到当前二字的第一个字。查“一字部件词典”，看该字是否为部件词，若是，则记下，否则从第二个字开始，以二字查找。

④ 按上述方法依次对文献语句进行扫描，查出全部部件词，然后按 15 种词性进行组配，生成整词。

⑤ 可用如上组成的整词进行标引，也可对整词进一步规范化处理，得出最后的标引词。

词典法是一个传统的标引方法，因其算法较为简单和清晰，因此在汉语自动标引中使用得相当普遍。但是词典的构造较困难，词典的维护、更新代价大，词典法学习新词能力差。

实际应用中出现了基于基本分词词典的统计分词方法，也称为概率分词，通过字与字相邻共现的频率或概率来反映成词的可信度，也就是对语料中相邻共现的各字的组合频度进行统计，计算共现概率，超过一定阈值的，则认为此字组可能构成了一个词。这种方法既发挥匹配分词切分速度快、效率高的特点，又可以通过统计方法识别生词。

4. 其他汉语信息标引技术

除了前面提到的几种自动标引方法，还有一些方法，如单汉字标引法、语法分析标引法、神经网络分词法等。

1）单汉字标引法

单汉字标引法以单汉字为处理单位，利用汉字索引文件实现自动标引和逻辑检索。由于这种方法把对“词”的处理改为对“字”的处理，因此绕过了汉字分词的难题。由于每个汉字都由计算机做索引，无须人工标引，因而单汉字标引也被称为“无标引”。从计算机内部来说，对每个汉字均做标引词处理，因而也可理解为“全标引”。

单汉字标引和检索的基本过程是，对要处理文本逐一抽字，经过一些处理（如去掉无意义的虚字）后，建立索引文件。检索时将检索词拆分成单字与索引文件进行比较，并运用逻辑组配得出检索结果。

单汉字标引技术自 20 世纪 80 年代中期提出以来，其算法得到了不少改进。

① 引入西文全文检索中的“位置运算”概念，在索引文件中，以单汉字为单位，记录其在各篇文献中的位置信息。在检索时，将检索词拆成单字，查找单汉字索引，然后根据单字的记录号与位置集合进行记录号的匹配，从而得到命中集合。随后又提出“串检索”的概念，在此基础上，形成了“首字定位，全词匹配”的检索算法。

② 在单汉字检索系统中增设后控词表，帮助检索者获得有关的同义词和相关词，以辅助与加强检索功能。对后控词表进行改进：以主题词表为骨架，附加以全面的自由词，并标示出包括所有主题词、自由词的用、代、属、分、参等关系，其具体实现是为每个主题词、自由词赋予一个词号，在词表中每个词的入口项后分别标出其同义词、相关词及上、下位词的词号。可以全面矫正用户检索词，深层次提示隐含主题，增强了系统的扩检、缩检能力。

还有不少优化技术采用加注标引方法，弥补后控词表的不足；检索结果、主题词文档自动生成结果文档，加速系统响应速度；等等。

单汉字标引和检索技术是完全的后组式标引和检索技术，绕过了自动分词，具有极大的灵活性；另外，单汉字系统丢失了以词为基础的检索系统中具备的许多重要信息，给机器运行和用户智力带来了额外负担。

2）语法分析标引法

语法分析标引法通过对自然语言文法或句型文法的分析来抽取主题词加以标引。

由于汉语自然语言文法复杂，规则较多，目前还没有一个形式化系统能对汉语文法进行描述。目前的语法分析标引法并不是要分析全部汉语文法，而是专门从文献中挑选形如“本文讨论了……”这样的特征句型。因为这些句型正是表达文献主题内容的句型。因此可以用这些句型抽取主题词进行标引。所以，严格地说，目前这样的语法分析标引法只能称为“句型文法分析法”，而且只适用于科技文献。识别出这类特征句子后，由自动抽词处理器对句子进行抽词，得到候选标引词。候选标引词经过禁用词表处理后，便进行加权处理。

加权的方法包括：

❖ 对句型文法中每个句型赋予权值，当候选标引词从某句子中抽出时，该句型的权值就是候选标引词权值的一部分。

❖ 根据已存在的标引词的统计特性来确定权值，即这一标引词在以前标引过程中平均的权值。

❖ 在切分处理中，若一对候选标引词相匹配，则它们的权值有所增加。

将整个过程所得的权值相加，就是某一候选标引词的权值，然后根据设定的阈值判别其是否作为标引词。

3）神经网络分词法

神经网络是在模拟人脑结构和行为的基础上，用大量简单的处理单元广泛连接组成的复杂网络。基于神经网络的分词算法将分词知识的隐式方法存入神经网络内部，通过自学习和训练修改内部权值，达到正确的分词结果。分词关键在于知识库、权重链表的组织和网络推理机制的建立。

当前，基于神经网络的分词研究主要侧重在解决分词歧义和未登录词识别两个难点问题上。神经网络分词流程如图 5-2 所示。

图 5-2　神经网络分词流程

从分词样本中取出句子，对其进行编码压缩，变换成神经网络能够识别和存储的编码形式，然后提交到输入模块的入口，直到没有待切分的语句。

神经网络模型中的隐含神经元表示一组关联规则，输入的一组编码对应于关联规则的条件，而输出规则对应于关联规则的结果，也就是待切分语句的切分。具体而言，对于刚初始化的神经网络分词模型，可以先输入一定数量的样本进行训练。输入层每个神经元均对应固定的字或词，每个样本都有其自身的切分规则。可以把这些规则理解为网络的权重，一旦训练完成，系统就能对于这些字词做出正确切分，使神经网络实现自适应和自学习，以获取新的知识。汉语易产生歧义且语言规则非常复杂，神经元的学习过程是一个循序渐进的过程，加大训练次数，可以使切分词语的精度得到提高。神经网络是一个动态学习的过程，在已得到训练的神经网络中，若以后输入的语句与原有的切分规则近似，则可以输出与样本近似的切分结果；若以后输入的语句与原有的规则有较大差别，则神经网络把它看成新的切分规则进行学习。

神经网络的每个输出节点代表一种切分方式，可以运用已有的知识切分汉语，但对自身的工作结果不能做出明白的解释，必须用一个输出模块来解读网络生成的结果，这个模块属于系统分词输出的后处理。

5. 几种标引方法的比较

一直以来，国内语言学界、人工智能领域和情报检索界的学者对汉语自动分词这一研究领域给予了极大的关注，提出了许多解决汉语自动分词的方法，这些方法各有优劣。下面对几种标引方法做简单的对比分析。

词典切分标引法与切分标记法属于先组式标引，检索无须对字串中的字间关系进行组配，检索速度快。词典切分标引法的算法成熟、易于实现，是目前普遍使用的切分方法，其主题词表具有的扩检与缩检功能是其他方法望尘莫及的。其局限在于：词（字）典的构造较为繁重，且需要及时维护，否则很容易滞后。

单汉字标引法避开了分词的障碍，实现容易，不存在词典构造问题，新概念词能及时处理，解决了汉语交集型字符串标引的问题。但是单汉字标引法对文本中隐含概念难以处理，容易造成漏检；与先组式检索系统相比，这种处理技术运算复杂、比较耗时，降低了系统的检索速度，而且无检索意义和分辨率低的词占有很大比例，易造成严重的空间浪费。

语法分析标引法在理论上比单纯以词典和字典为基础的标引法要深入完善得多，分词效果也优于前者。但是由于汉语的语法复杂，这种方法在实践上的发展还较缓慢。目前在自动标引中出现的相对简单易行的仅有句型文法分析法，且标引对象大多限于科技文献的标题和文摘，因为在这些文本中句型数量有限，变化不大，易于归纳和描述，要将分析范围扩大到全文和其他非科技领域，还有很多工作要做。

神经网络分词法是目前理论上理想的分词方法，但是目前基于神经网络的分词研究采用的样本集大多是小范围内的文本，知识表示规则不全面，算法本身存在训练时间长、收敛速度慢、知识表示复杂等问题，因此提高该模型在分词领域中的实用性和分词效率，对于中文信息的自动化处理具有非常重要的意义。

在实际应用中，各种分词方法可以优势互补，结合使用，对于任何一个成熟的分词系统，综合不同的算法是必须的。

5.3.5 信息自动标引有待研究的问题

自动标引技术的提出最初源于解决文献缺少关键词的问题，发展至今，其应用早已超过这一范围。目前，自动标引技术已经被广泛用于信息检索、自动问答、数据挖掘等领域，并且随着网络信息量的迅速增长及信息处理技术的不断提高，这个传统的研究课题将不断地被赋予新的含义和任务，其应用领域也将不断扩展。要使自动标引技术适应发展要求，对以下问题应该进行深入研究。

1. 主题词标引

主题词标引，较之于其他标引方法，具有标引规范、扩检与缩检功能良好等优势，因而得到了普遍应用。但是传统的主题词标引，基本是先取得关键词的权重，排序后立即输出若干权重相对较高的词，限于标引词的数量，最终的标引结果可能无法概括文章的主题。另外，主题词的不连贯性也常使检索者难以直接从主题词中准确地揣摩出文章主题。因而有研究者提出了主题概念标引：通过选取直接上位词作为主题概念、聚类产生上位词作为主题概念或将两个（或以上）主题词合成生成主题概念等方式确定概念词。能正确进行主题概念标引的关键问题是设计一部好的层次概念词典，这也就成为研究的主要内容。

要真正实现概念层次的自动标引，需要借助语义网技术。在主题词自动标引的过程中，结合主题词表的分类体系构建语义网。在自动标引过程中，对于所得主题词，在语义网的框架下进行语义逻辑推理，得到具有语义意义的标引词。基于本体的自动赋词能够在概念层面上对文本进行标引，并能识别概念之间的关系。随着本体构建技术的发展，将其应用于语义检索，应该是有意义的探索。

目前，无论是科技领域还是商务领域的从业者，对信息的需求往往十分具体，有时会细化到要求得到某统计数据、工艺参数或销售地点数据。可以想象，这些信息可能只存在于文中的某段落甚至某句话中，且只出现一次，极有可能被标引系统或标引人员所忽略。再者，传统的信息标引，其标引深度有限，会造成信息遗漏。为了解决标引深度与需求之间的矛盾，出现了关键词标引，但是关键词的不规范性会影响检索效果。如果能建立基于全文的主题词标引，将是提高检索效率的一种有效途径。尽管基于全文的主题词标引技术是汉语文献主题标引的一个难点，但是如果能够加大投入，加强研究，这个技术的实用化并非没有可能。

2. 加权标引

标引过程中的一个关键步骤是给可能用于标引词的词赋予权值，然后依据权值对这些词进行筛选，确定哪些词可以用于标引词，因而词加权方法对标引质量有至关重要的影响。

以统计方法为主的权重处理方法中，普遍考虑的是词频和词的位置这两个属性。利用词频进行加权的线性加权模型是文本检索权重计算常用的模型，该模型结构简单，使用方便，在文本检索、文本分类等领域广为应用。但是主题词在文中出现的次数与其在表现文献主题内容重要性之间是简单的线性关系，难以令人信服。另外，尽管特征词在不同的位置对其相应的权重应该有所影响，但是很难将这种影响表示为明确的定量关系。

目前，文献主题概念的抽取与选择已经成为用计算机进行自动摘要、自动分类等涉及对文本信息理解进行智能处理工作的基础。目前，在进行主题概念选择时，主要考虑的因素有概念频次统计、位置加权、概念长度、概念类型等。研究者提出了文献映射主题词选择方法、非线性加权体系、基于概念层次树的主题词轮排选择算法、基于关联矩阵的主题概念选择算法等。后两种方法考虑了主题词之间在概念上的相关性，能更有效地实现主题概念的标引。这些标引算法的优势在实验过程中得到了证实，是否能够投入使用，有待进一步的研究。

随着网络的普及，Web 文档的标引引起了关注，Web 页面本身带有标记，权重设计必须考虑这些标记。一些研究者结合位置加权与标引源加权方案，对 Web 文档进行标引试验，取得了良好的效果。适应网页动态性等特点，设计出合理的权重计算方案，对网络信息的检索与挖掘具有重要的意义。

3. 检索技术的革新

标引的目的在于检索，因此标引技术的发展与检索技术的发展是密不可分的，检索技术的革新必然会对信息标引提出新的要求。

信息检索技术经历了手工检索、脱机批处理检索、联机检索至网络化检索的过程。随着信息技术的快速发展和信息用户检索需求的增长，现代信息检索技术的发展将会呈现出智能化、专业化、可视化、跨媒体的趋势，最终在语义、语用、语境层次上实现智能化的信息检索。在此过程中，需要深入研究的技术包括：智能化信息检索、可视化信息检索、专业化信息检索、跨媒体搜索等。

智能化信息检索是基于自然语言的检索形式，机器根据用户所提供的自然语言表述的检索要求进行分析，形成检索策略进行搜索。系统能够代替或辅助用户完成诸如选词、选库、构造检索式，甚至在数据库中进行自动推理查找等任务，可以使用户得到能够直接加以利用的信息。这意味着用户将从烦琐的规则中解脱出来。

可视化信息检索是指用户在检索过程中各检索对象之间的关系以可视化的形式展现在用户面前，用户顺着可视化的检索画面一步一步地发现检索结果，检索结果也以可视化形式呈现。这种技术缩短了用户理解信息的时间，提供了感觉与思考之间的有效反馈机制。尽管目前成熟的、商业化的可视化信息检索系统还未问世，但随着网络技术的发展，可视化检索的优势将越来越突出。

专业化信息检索是指面向某一特定专业或学科领域，提供高质量的专业信息的检索。专业化信息检索需求的出现主要是因为网络信息资源越来越丰富，而综合性检索系统如搜索引擎查找专业信息越来越困难，效率比较低，往往不能检索到高质量的专业信息，所以发展专业化检索将是未来的一个研究热点。

跨媒体搜索指的是通过多种媒体源之间语义关联分析和融合，允许用用多种媒体信息表达用户检索需求，并最终输出多种媒体类型的查询结果。

4. 视频信息的内容标引

随着计算机和网络技术的快速发展、信息高速公路的建设，以及多媒体的推广应用，视频资料迅速增长，并随之出现了视频数据库、数字电视、视频点播、远程教育、远程医疗等新的服务形式和信息交流手段。如何有效地组织、处理和检索视频信息，已成为计算机应用和信息管理领域的热点课题。

由于基于文本的视频信息标引有不能真正反映视频信息的内容等局限性，基于内容的视频信息分析就成为标引视频信息的选择。基于内容的视频分析从提出到现在，大致经历过三个阶段。

第一阶段的研究主要集中在视频结构的分析和浏览上，其中涉及的关键技术有：镜头边界检测、关键帧提取和场景的合并。

第二阶段的研究主要围绕相似性检索展开，核心问题是特征的提取和特征空间距离的量度。前两个阶段的研究在一定程度上解决了视频检索和浏览的问题，并对视频管理和获取技术进行了有价值的探索。

第三阶段的工作提出了面向语义的信息提取，这也是目前基于内容视频分析研究的热点，该阶段工作的根本目标是构建从底层特征到高层语义之间的桥梁，最终形成符合人类思维形式的信息索引和检索方式。

当前，部分视频检索系统已经通过利用视频图像的基本特征，以及综合各种视觉特征进行联合检索，实现了基于内容的标引与检索，但由于人对视频内容的理解是建立在人类已有知识基础之上的，而这些低级特征无法反映经验知识。如何定义及理解视频包含的语义信息；计算机如何自动提取视频的语义信息，使其尽可能与人对视频内容的理解保持一致，使计算机检索视频的能力接近人的理解水平，从而实现视频检索语义标引与检索，即基于语义的视频标引与检索技术；等等。这些应该成为视频信息标引的研究方向。

本章小结

虽然不同类型分类法的类目体系和标记系统具有各自的特点，其使用规则和方法也存在差异，即使是同一类型的分类法，在上述方面也不尽相同。但是，分类法原理的有关内容是各种分类法编制和使用的共同基础。在运用特定分类法对信息资源进行分类标引时，只有严格遵循其相关规则和方法，才能保证分类标引的质量，充分发挥分类法在信息整序中的重要作用。

主题法是信息组织的基本方法之一，直接以表达信息资源主题内容的语词作为标识，以字顺为主要检索途径，以参照系统揭示词间关系的组织和检索信息资源的方法。信息的自动分类与自动标引具有重要意义。

习 题 5

1. 传统分类法包括哪些基本类型？各自具有哪些特点？
2. 层累标记制与顺序标记制的特点是什么？
3. 分类标引的特点和作用是什么？
4. 分类标引的基本分类规则和一般标引规则的内容各是什么？
5. 主题标引的特点及类型有哪些？
6. 主题标引的原则是什么？
7. 关键词语言的类型主要有哪些？
8. 简述自动标引的过程。

第 6 章 信息排检法

信息排检法，全称为信息编排检索方法，是指将各种信息有序存储在信息系统、方便人们检索所需信息的编排方法。编排的目的是检索，检索则需要按编排的规则去进行。排与检是前后连接、密不可分的。因此，信息排检法从信息组织角度看是“编排法”，而从信息检索角度看是“检索法”，所以统称为信息排检法。

目前比较常用的方法有字序排检法（包括音序排检法和形序排检法）、分类排检法、主题排检法、时序排检法、地序排检法及其他排检法。如果说信息著录和信息标引是对信息描述生成信息的特征标识，那么信息排检就是对这些标识进行排序，组成有序的信息集合，以便获取所需的信息。

通过本章学习，读者可以了解（或掌握）：

- ❖ **音序排检法**
- ❖ **部首排检法**
- ❖ **分类排检法**
- ❖ **主题排检法**
- ❖ **其他排检法**

6.1 字序法

字序法（字序排检法），又称为字顺排检法（字顺法）或查字法，是按一定的顺序排检单字或复词的一种方法，本质上是利用事物名称字顺排检信息的方法。现代中英文字词典常用的排检法就是字序法（汉语字、词典或以音序为主，或以部首为主，或以笔画笔顺为主，或以号码为主），再采用其他方法作为辅助。在信息检索系统中，信息资源题名（书名、刊名、篇名、网站名、网页名）、著者名称等检索信息资源的检索标识一般都是按字顺排检的。社会生活中的人名录、机构名录、产品目录、货物清单等也都常用这种方法。字序法的特点是排检款目依字而序，比较直接和直观，便于将字面形式相同或相近的条目集中一处。同时也要看到，采用字序法组织信息时，排序结果只能显示表达信息概念的语词符号在音、形方面的联系和差异，很少或基本上不能反映信息内容上的联系。

字序法建立在信息资源所用文字基础上，文字有中外文字之分，汉字有字音与字形之别。

在联合国发表的《2005 年世界主要语种、分布和应用力调查报告》上，汉语被排在第二位，仅次于英语，排在德语、法语、俄语、西班牙语、日语之前。汉字是记录汉语的书写符号系统，有着几千年的历史。从甲骨文、金文到小篆，汉字都没有固定的笔画和笔顺，古文字阶段的文字可以说都是由线条构成的，直到隶书阶段才从线条变成笔画。汉字不同于拼音文字，拼音文字是由字母按线性排列的一维组合，而汉字是由笔画、偏旁等构字部件组合而成的，这些构字部件在横向和纵向两个坐标上以上下、左右、内外等方式组合成二维平面图形，本身缺乏完备的表音系统，因此建立字序比字母文字复杂得多。所以字顺排法也是多种多样的。归纳起来，中文常用的字序法包括音序法（汉语拼音排检法、注音字母排检法等）和形序法（部首法、笔画与笔顺法、四角号码法等）。

音序检字法和部首检字法是汉字检字法中最受欢迎的两种检字法。它们已经广泛地应用于现代汉语字词典等工具书的编纂，成为中国当代两大主流检字法。音序检字法是后起的先进检字法，逐渐在汉语工具书中取代了部首检字法，成为第一检字法（核心检字法）。

外文字序排检法依据其语言字母的固定次序排序。

6.1.1 汉字音序排检法

汉字音序排检法是将信息款目按照汉字的读音及表示读音的字母顺序排列款目的方法，即按汉字字音顺序编排汉字的方法。汉字音序排检法又分为以下几种：汉语拼音字母排检法、注音字母排检法、韵部排检法、威妥玛式拼音排检法及声部排检法等，其中汉语拼音字母排检法最为常用。

由于汉字是表意文字，音序排检法的局限性就比较大，查字的人必须懂得要查的字的读音，不知道或搞错了读音就无法找到要查找的对象。人们之所以查字典，通常是因为不知道某个字的读音才去查字典的，这种情况下如何用音序法去查呢？虽然现代汉字中形声字占的比重较大，但是三千多年来汉语语音发生了很大的变化，造成了形声字的老化——表音功能的退化。因此，音序排检法的优点是单字排序简单准确，查字速度快捷，缺点是不知字的读音就无法利用此检字法，不能独立完成检字任务。因此，汉字音序检字法是一种不完全的半独立的检字法，不能等同于外语词典的音序检字法[1]。

1. 汉语拼音字母排检法

汉语拼音字母排检法，又称为汉语拼音检字法，简称拼音法，是一种依照汉字的汉语拼音字母顺序来编排词目的排检方法。

汉语拼音字母排检法是目前中文信息排序使用最广泛的一种方法。此法依据我国 1958 年 2 月 11 日公布的《汉语拼音方案》，采用 26 个拉丁字母作为汉语拼音，排列次序依照国际惯例，从 A 到 Z。在 A、B、C、…、Z 的 26 个字母中，除了 I、U、V 三个字母不做音节头，其他 23 个字母都可以做字头，共 23 部。其排检规则是先按汉字拼音的第一个字母顺序排；第一个字母相同时，再按第二个字母顺序排，依此类推；字音相同时，再按声调的阴平（–）、阳平（ˊ）、上声（ˇ）、去声（ˋ）及轻声顺次排列。例如，啊（a）、爱（ai）、把（ba）、国（guo）、来（lai）、们（men）、我（wo）、祖（zu）；又如，巴（bā）、拔（bá）、把（bǎ）、爸（bà）。若字节和声调都相同，则按汉字的笔画笔形排列，如禾、合、纥、何……汉语拼音字母排检法也可以用汉字所组成词语的音序进行排列。例如，chun feng（春风）、chun guang ming mei（春光明媚）、chun ji（春季）、chun jie（春节）、chun yi ang ran（春意盎然）。当然，由软件程序驱动的计算机、手机等，其文字处理系统在使用汉语拼音输入法输出的同音字并不是完全依笔形笔画排列的，而是按照其字库的已有设定或使用频率排列的。

《汉语拼音方案》草案是在 1957 年 11 月 1 日国务院全体会议第 60 次会议上通过的，于 1958 年 2 月 11 日第一届全国人民代表大会第五次会议批准推行。该方案由字母表、声母表、韵母表、声调符号、隔音符号五部分组成。自此，按汉语拼音排检工具书成为一种主要的方法。1982 年国际标准化组织承认汉语拼音为拼写汉字的国际标准，汉语拼音开始走向世界。

我国现行的一般语文性字典、词典等工具书大多采用汉语拼音法，如《新华字典》《现代汉语词典》《汉语主题词表》和《中国分类主题词表》（第二卷）等。

汉语拼音字母排检法的主要优点如下。

- 方法简单、易于掌握。作为信息编排方法，任何具有汉语拼音和汉语语言文字基础的中、外读者可以很快熟悉和掌握。
- 查找文献快速、准确。读者只需知道读音，就可以直接找到相关信息。
- 比较科学，符合国际上工具书按字顺编排的习惯，也适用于计算机检索。

汉语拼音字母排检法的主要缺点是要求使用者必须学会普通话，发音要求准确等。如果不知字的读音，或者读音不准，就无法使用汉语拼音字母排检法查检。其次，汉语同音字很多，对同音字的编排方法，不同的信息系统也有所不同，有的按笔画排序，有的按部首排序，这是利用汉语拼音字母排检法需要注意的问题。此外，在有的方言中，声母 l、n 不分，韵母前鼻音（如 en）、后鼻音（如 eng）不辨，特别是对南方人来说，大量的声母混淆在一起，用这种音序法检字也是困难的。因此用这种方法编排的工具书，都附有其他索引以备查检。

需要指出的是，在运用汉语拼音字母排检法的字顺检索系统中，检索标识中可能不仅有

---

[1] 李学金．从外语词典视角看汉字检字法的统一问题[J]．广西广播电视大学学报，2005, 15(2) : 50-54．

汉字，还会出现阿拉伯数字、罗马数字、拉丁字母甚至标点符号等其他符号，不同的信息系统对此处理可能不同，这需要检索者关注该检索系统的相关详细排序规定与说明。

2. 注音字母排检法

注音字母排检法又称注音字母音序法。注音字母音序法中的注音字母是以北京语音为标准的一套字母。它是《汉语拼音方案》公布实施之前，为汉字注音和推广普通话而设计的一套音标。注音字母（参见《现代汉语词典》附录）是由汉字偏旁改造而成的 40 个字母，其中含声母 24 个、韵母 16 个。目前仍使用的字母有 37 个（声母 21 个，韵母 16 个）。它的特点是字母全部都是笔画简单的古汉字（楷书的篆文古体字）。音节的拼写采用声、介、韵 3 拼法，声调则另加标记。它的排列顺序是先声母，后韵母，韵母的ㄧ、ㄨ、ㄩ依 1931 年公布的国音字母表列于儿韵之后。声母从ㄅ（b）、ㄆ（p）、ㄇ（m）、ㄈ（f）、ㄉ（d）、ㄊ（t）、ㄋ（n）、ㄌ（l）、ㄍ（g）、ㄎ（k）、ㄏ（h）、ㄐ（j）、ㄑ（q）、ㄒ（x）、ㄓ（zh）、ㄔ（ch）、ㄕ（sh）、ㄖ（r）、ㄗ（z）、ㄘ（c）、ㄙ（s）。韵母从ㄚ（a）、ㄛ（o）、ㄜ（e）、ㄝ（ie）、ㄞ（ai）、ㄟ（ei）、ㄠ（ao）、ㄡ（ou）、ㄢ（an）、ㄣ（en）、ㄤ（ang）、ㄥ（eng）、ㄦ（er）、ㄧ（i）、ㄨ（u）、ㄩ（ü）。声母与韵母拼合注音时，先声母、后韵母并按音序先后排列，如“八”（ㄅㄚ）、“拨”（ㄅㄛ）、“爬”（ㄆㄚ）、“坡”（ㄆㄛ）。同声同韵的字母再按阴平、阳平、上声、去声四声排列，如ㄌī（哩）、ㄌí（离）、ㄌǐ（李）、ㄌì（立）。

注音字母是中国历史上第一套法定的拼音字母，它的公布和使用是汉字注音走向拼音化的开端。1913 年 2 月 15 日，注音字母由中国读音统一会制订，于 1918 年由当时的北洋政府教育部公布。1930 年，当时的国民党政府将其改名为“注音符号”。1958 年《汉语拼音方案》公布前，注音字母是中国 40 多年中一直通行的汉字注音符号，对于统一汉字读音、推广普通话、普及拼音知识起着重要的作用。1958 年前后出版的字（词）典大多数都以注音字母注明其读音，如《汉语词典》（1956 年）、《新华字典》（1959 年版）和《同音字典》等。目前，我国港台地区出版的某些工具书及计算机、手机信息存储交流的汉字输入、输出法仍有采用。

注音符号在当时的人文背景中采用的是传统的民族形式的字母，这从文字发展的角度看是不明智的。它的缺点是在标注汉字时，与汉字的区别不大，没有采用音素拼写法，符号本身也没有彻底音素化，其中有好几个韵母可以进一步分解为更小的语音单位，字母拼写与实际读音仍未切合，没有采用国际通行的拉丁字母方便。因此，现代只有《新华字典》《四角号码新词典》《现代汉语词典》等少数辞书在汉字词目后面有附注而已。今天的《汉语拼音方案》中的字母表、声母表和韵母表对应的符号就是注音字母。

3. 韵部排检法

韵部排检法，也称为“声韵法”，是我国古代按音韵排列汉字的一种方法。汉字字音都是单音节，每个音节都由声、韵、调组成。把韵母相同的字集中排列在一起就构成一个韵部。韵部顺序大体可分为三种。第一种，按汉字平、上、去、入四声分类（其实就是古汉语的四个音调，和现在汉语的声调不同），同一声调下再分韵部，韵部之内再按同声字分类编排，如《广韵》（宋陈彭年等修订）。现存韵书大都按这种方法编排，即“以声为纲，以韵目为经”分列韵部。第二种，先分韵部，韵内分声调，声调内再按同声字分类编排，如《中原音韵》（元周德清著）。第三种，先分韵部，韵内分同声字，同声字内再按四声分别编排，如《韵略易通》

（明兰茂著）。

按韵部编排的字典称为“韵书”。我国在不同的历史时期有不同的韵部。中国古代影响较大的韵部系统有《广韵》和《诗韵》。宋代《广韵》分206个韵部，为《集韵》所沿用。南宋的《礼部韵略》并为107部，金元又改为106部，称《平水韵》，明代《洪武正韵》为76部，一般认为106韵部《平水韵》较为通行。自宋以来流行的《平水韵》（《平水新刊礼部韵略》）将其删并为106韵，从而成为文人作诗用韵的规范。声韵法本来是为了科举考试做诗用的，但是它的产生却深深地影响了古代工具书的编排检索方法。一些主要工具书也按平水韵编排，如清代编的《佩文韵府》、《经籍纂诂》及现代编的《辞通》等都按词目的末字分韵编排。

韵部排检法先按声分部，然后在每部之下列若干韵。古代文人作诗讲究“平”“仄”两音。其实“平”是指平声，“仄”指古汉语中的上、去、入三声。现代汉语中，入声消失，平声分“阴平”和“阳平”，“平”“仄”两音对应现代汉语拼音的四种音调，即：阴平（第一声）、阳平（第二声）、上声（第三声）、去声（第四声）。一个韵部包括很多字，先用数字表明属于第几韵，是为了古体诗中换韵方便；再用一个字代表这个韵。例如，“八齐”就是指第八韵部“齐”韵，“归”和“微”都属于“五微”韵（参照下文的《平水韵》）。

《平水韵》106部韵如下。

- 上平声：1东、2冬、3江、4支、5微、6鱼、7虞、8齐、9佳、10灰、11真、12文、13元、14寒、15删。
- 下平声：1先、2萧、3肴、4豪、5歌、6麻、7阳、8庚、9青、10蒸、11尤、12侵、13覃、14盐、15咸。（注：由于平声字多，沿用《广韵》将平声字分上下两卷，上平声就是指平声上卷，下平声就是指平声下卷。）
- 上声：1董、2肿、3讲、4纸、5尾、6语、7麌、8荠、9蟹、10贿、11轸、12吻、13阮、14旱、15潸、16铣、17篠、18巧、19皓、20哿、21马、22养、23梗、24迥、25有、26寝、27感、28俭、29豏。
- 去声：1送、2宋、3绛、4寘、5未、6御、7遇、8霁、9泰、10卦、11队、12震、13问、14愿、15翰、16谏、17霰、18啸、19效、20号、21箇、22祃、23漾、24敬、25径、26宥、27沁、28勘、29艳、30陷。
- 入声：1屋、2沃、3觉、4质、5物、6月、7局、8黠、9屑、10药、11陌、12锡、13职、14缉、15合、16叶、17洽。

按韵部排列的工具书主要用于查检古代的字书、韵书、类书等。要查找古代资料，必须会用这种检索方法。用此法编的工具书有《永乐大典》《佩文韵府》《辞通》《经籍纂诂》《九史同姓名略》（按条目首字分韵编排）等。检字时，先确定要查的字属何声，再确定何韵，在韵下找出要查的字。使用者若不熟悉某一汉字的韵部，可先查《中华大字典》、旧《辞海》等工具书。还可借助新印本所附的索引先查出该字的韵部，再按韵部去查，如新印本《佩文韵府》和《辞通》都编有首字四角号码和笔画索引。《平水韵》在古代有简便合理的优势，但不便记忆，到近代已被淘汰。

4. 威妥玛式拼音排检法

英国人威妥玛（Thomas F. Wade，1818—1895）于1867年编写的汉语课本《语言自迩集》中设计了用拉丁字母拼写汉字的较完善的方法，称为威妥玛式拼音法（Wade System），后来经过改进，又被称为威妥玛－翟理斯式（Wade-Giles System），是英文中拼写汉字的主要方法，通行已久。编排工具书时，依拉丁字母的次序排列，不分声调。哈佛燕京学社编辑出版的引得所附拼音检字即采用此法。西方编纂的汉学工具书也大都用此种编排方法。过去用威妥玛式拼音法拼写中国的人名、地名，现已统一改用汉语拼音字母拼写。

要注意威妥玛式拼写方法与汉语拼音字母的区别，如 ch’un（春）、hsia（夏）、ch’iu（秋）、tung（冬）、jih（日）、yueh（月）。此外，威妥玛式不仅 zh 与 j 不分，还往往不标送气符号，所以，“朱、楚、居、瞿”可能都拼做 chu。

5. 声部排检法

声部排检法是将汉字按古声母分类排列汉字的方法。现在沿用的是唐宋时古人归纳出的 36 个字母：见、溪、群、疑、端、透、定、泥、知、彻、澄、娘、帮、谤、并、明、非、敷、奉、微、精、清、从、心、邪、照、穿、床、审、禅、影、晓、匣、喻、来、日。按古声母法编排的词典性著作有清代王引之编著的《经传释词》等。

6.1.2 汉字形序排检法

汉字的形体结构具有某些共同的特点，加以归纳分类，寻求规律，依次排列，即成为检索汉字的一种主要方法。查字时，从汉字的字形去检索其读音和字义，符合人们从形出发求音求义的查字要求。形序排检法就是根据汉字的形体结构特征及书写方式，依次编排和查检汉字的方法。常用的形序法有部首排检法、笔画笔形法和四角号码法等。形序排检法要求对字的部首查找准确，对字的笔形、写法掌握准确。

1. 部首排检法

部首排检法又称部首查字法，是根据汉字部首偏旁的结构特点排检汉字的方法，简称部首法。它是我国工具书的传统排检法，是根据汉字的形体结构特点，利用其偏旁（汉字的各个组成部分）的同一性来编排条目的方法。汉字的形体结构，除少数属独体字外，大多是合体字，即由形旁（也称义符）和声旁（也称声符）组成的形声字，彼此之间具有一部分相同的形体，把这些形体相同的部分归为一类，称为偏旁或部首。在独体字中，有的本身就是部首。部首按笔画数多少排序，笔画数相同的部首依起笔笔形排序。同属一个部首的字，先按笔画数（一般不包括部首的笔画数）排序，笔画数相同者，再依起笔笔形排序。把部首按顺序加以排列检字就是部首排检法，它是我国工具书中最普通的一种排检方法。从东汉许慎的《说文解字》到《康熙字典》《中华大字典》《辞海》等都采用了这种方法。

（1）部首法的传承

在我国历史上，最早出现的检字法就是部首检字法。它是由东汉文字学家许慎在《说文解字》里首创的。他总结出“以部相从”（亦称“据形归部”）的收字准则和检字法，把 9543 个字分“部”归入 540 个部首，具有同一偏旁的字归为一部，同部字的共同偏旁排列在一部之首，故称“部首”。部首和部内字的排列，都按照笔画的多少，由少到多，编排成书。许慎之前的字书，可以分为两大类：第一类是按照义序法排列的只解释字义的字书，可以简称为义书，如《尔雅》《方言》《小尔雅》等；第二类是只编纂文字和只解释文字的字书，也就是通常所说的童蒙识字课本，如《史籀篇》《仓颉篇》《爰历篇》《博学篇》《凡将篇》《急就篇》《元尚篇》《训纂篇》《滂喜篇》等。义书把同义词排在一起，童蒙识字课本大都是三言或七言一句（也有四言一句的），隔句押韵，每一章一韵到底。因此，这两种字书的字词排检没有规律，从严格意义上说，不能算是说解文字的字典。

许慎研创的这种部首法使纷繁杂芜的汉字变得有序可循，便于检索学习，沿用至今。需要注意的是，许慎确立的 540 个部首基本上都是义符，即形旁。初期的部首法也存在一些弊端：何者为“部”，难以认定；部首数量过多，不便翻找检查；规则较多则乱，难以形成规范。南北朝梁顾野王著《玉篇》立 542 部，辽僧行均著《龙完手鉴》立 242 部，明梅膺柞著《字汇》合并为 214 部。时至公元 1710 年（清康熙四十九年）朝廷命张玉书主编《康熙字典》，呈现诸多改进。根据楷书字形分部和建立部首，分部标准以字形为主，部首的排列和每字所属次序都突破了《说文解字》以意义为依据的原则，改为以字形笔画为序。特别是压缩了部首数量，由 540 个减少为 214 个，大大便利了检字和学习。

1953 年出版的《新华字典》更是精简为 189 个部首。近年我国颁定《汉字统一部首表》规定部首数为 201 个。现行辞书中应用较多的有 214 部、250 部、200 部、189 部四种。《辞源》用 214 部，新《辞海》用 250 部，《汉语大词典》和《汉语大字典》均用 200 部，《新华字典》和《现代汉语词典》检索用 189 部。214 部是自《字汇》《康熙字典》以来的传统部首，250 部参照了 1964 年汉字查字法整理工作组的推荐方案，200 部参照了 1983 年汉字部首排检工作组拟定的 201 部，189 部依据新华辞书社拟制的部首检字法。2004 年出版的第 10 版《新华字典》在 201 个部首的基础上另加 79 个“附形部首”，读者面临的部首总数是 280 个，自然是形势所需。

时代的演进和社会的需要迫使部首法研究有新的突破。“新部首检字法”呈现于 1988 年出版的《新部首大字典》中，定部首 57 个，附变体 101 个。据方法发明人亦字典编著者在前言中简介和序言撰写人推荐，这一方法的优点是选取最常用字、最常用笔画、偏旁作为部首并当“字母”用；按字形结构特点合理分割拼接，实现汉字“字母化”，做到了易学、易记、易用，并且做到 5 万多字基本上无重码的程度，为实现自动化检索创造了条件。

从部首法的演变可知，由于成书年代不同及其他一些原因，各类工具书采用的部首并不完全相同，读者查阅这些书时，需要了解部首设置情况。

（2）部首法的使用

部首之建立揭示了汉字形符在字形演变过程中的重要地位，发现了“据形求义”的科学方法。因此，540 部归纳了汉字构形的基本符号，抽象出汉字表意的基本部件。部首编序法从东汉许慎创制至今，将近两千年，在字典、辞书及其他中文工具书的编纂中占有极为重要的地位，功不可没[1]。

部首法编排工具书，就是按照汉字楷书字体，对工具书中所收的汉字进行分析，归并成若干部，以部首的笔画多少依次排列。同一部首中的字，再按照其余（除部首以外的）笔画多少作为编排次序。

汉字可以分为独体字和合体字。独体字是没有表音成分的纯粹表意字，数量很少。绝大多数汉字是合体字，即由形旁（也称义符）和声旁（也称声符）组成的形声字，如“搬”“拦”

[1] 燕荣晖．试论部首编序法的发展[J]．江汉大学学报，2000, 17(4) : 130-134．

“指”等字，其中“扌”是形旁，“般”“兰”“旨”分别是声旁。

按照字形结构，把含有相同偏旁的汉字归为一类，这种偏旁就是部首。例如，“赴”“赵”“起”“超”“趣”等都有相同的偏旁“走”，属“走”部首。把同一部首的字归并为一类，同类部首的字再按笔画多少顺序排列，就是部首检字法。

使用部首法必须首先分析字形结构，掌握选取部首的一般原则和特殊规定，要注意一些部首与该部所收字的偏旁写法不同，如牛部的“牡”“牦”“物”等。

现以《辞海》为例，说明部首检字法的规定：一般优先采用字的上、下、左、右、外五个部位的偏旁作为部首，再是中间和左上角。如果一个字具有几个部首，就按以下规定的次序选取。

- ❖ 上下都有部首的，取上不取下。例如，“贡”字查“工”不查“贝”。
- ❖ 左右都有部首的，取左不取右。例如，“柏”字查“木”不查“白”。
- ❖ 内外都有部首的，取外不取内。例如，“闪”字查“门”不查“人”。
- ❖ 在同一部位有多笔和少笔的，取多笔不取少笔。例如，“章”取“音”，“空”取“穴”。
- ❖ 部首位置无从选取或所在位置不符合规定的，按起笔取单笔部首或按笔画排入难检字表。起笔顺序一般为“一”（横）、“丨”（竖）、“丿”（撇）、“丶”（点）、“乛”（横钩）。

部首法一般以笔画总数从少到多进行排列，笔画数目相同的又按“一”“丨”“丿”“丶”“乛”五种笔形顺序排列。相同笔形的再按汉字笔顺结构排列，一般按上下、左右、内外、中间两边、其他的笔顺顺序。

在使用部首法查阅工具书时，应先分析字形结构，搞清部从，查出部首，数清部首以外的笔画数目，再查字。对于一些难以确定部首的字，可查“难检字表”或辅助索引。

部首法适应了汉字的表意性特点和结构特点，把字形复杂、数量庞大的汉字划归入一二百个部首里，符合人们由字形求音、解义的习惯，对不认识的字或读不准普通话语音的字，都可以利用部首法查找出来。因而，《汉语大词典》《辞源》（修订本）《辞海》（1979 年版、1989 年版、1999 年版）等仍然以部首法来编排字目，同时辅以其他排检方法。部首法的缺点是：由于汉字形体极其复杂，部首位置又不固定，规则多且不统一，因此有些字的部首很难确定，以至于查检较难。

2. 笔画笔形法

笔画是汉字的基本构件，笔画构成字形，汉字由笔画构成。笔画笔形法是按照笔画数目和起笔（首笔）笔形的先后次序排检汉字的方法。笔画有三种应用形式。第一种是先按笔画多少来归并汉字，笔画少的在前，多的在后；笔画数相同者，再依起笔笔形排序。笔画和笔形均相同的字，则依其字形结构排序。第二种形式是先按笔画多少来归并汉字，笔画数相同的，再依部首归类排列先后顺序。第三种形式是先按笔形分类，统一笔形后再按笔画顺序排列，这样的排检方法也叫笔顺法。

汉字的基本笔形是点“丶”（点）、“一”（横）、“丨”（竖）、“丿”（撇）、“乀”（捺）5 种。两种或两种以上的基本笔形连用又组成复杂的折笔（如“乛”等）。汉字书写时起笔只用“一”“丨”“丿”“丶”“乛”（包括竖折、撇折）5 种笔形。

按笔画多少排序的优点是排检原理简单，易学易检，使用方便，只要识字就会使用。掌握笔画法的前提是要能辨清一个字的笔画。由于汉字笔顺复杂，汉字的繁体字和简化字的笔画不同，印刷体和手写体、新旧字形笔画往往也不同，因此其缺点是很多字的笔画不容易数准确；同时，同笔画的字太多（如《康熙字典》中 12 画的字就有 3642 个），检索速度很难提高。采用笔画法编排的工具书较多，有《中国人名大辞典》《中国古今地名大辞典》《十三经索引》等。笔画法还作为辅助检索方法使用。

笔画相同的字，或者按部首归类，或者按笔形顺序排列。由此还要注意起笔的顺序，才能确定起笔的笔形。汉字的笔形书写习惯通常是，先上后下（如“安”），先左后右（如“好”），先外后内（如“同”），先中间后两边（如“水”），先横后竖（如“十”），先撇后捺（如“入”），点在左上先写（如“为”），点在右上后写（如“式”），中间点后写（如“梅”），竖折底后写（如“巨”）。文化部、文字改革委员会于 1964 年 12 月联合公布的《印刷通用汉字字形表》（文字改革出版社 1986 年版）规定了 6196 个字的字形和笔顺，可以作为确定笔顺的规范。

利用笔形顺序排检，有的只用第一笔的笔形（起笔笔形法），有的利用各笔的顺序排列，而且笔顺也不统一，如有 3 种顺序的 4 种笔形（丶、一、丨、丿；丶、丨、丿、一；一、丶、丿、丨），5 种笔形（一、丨、丿、丶、乛；一、丨、丶、丿、乛），还有 7 种笔形的。可见，笔顺法虽然简单，但书写习惯不同，笔顺和起笔有时很难确定，就是在现行的一些工具书中，某些字的笔顺也有分歧。因此只有少数几种工具书利用笔顺法编排，如姚德芸编的《古今人物别名索引》。现在主要用起笔笔形作为笔画法的补充。

笔画笔形法的优点是道理简单，限制条件少。由于汉字结构复杂和字数众多等条件的制约，还存在不易看、数不准的缺点。

3. 号码法

号码法是根据汉字的笔形结构进行编码排列，然后根据号码顺序检字的方法。号码法是形序排检法的一种变形，它把汉字分解为若干种笔形，每种笔形用数字作为代码，然后把每个字的笔形代码连接为号码，再按号码大小排列的一种检字方法。这种方法的优点是只要记住笔形代码、号码的位置次序，则数字简单明了，检索迅速，使用便利。其缺点是学习和掌握比较困难，只有经过反复练习，才能运用自如。常用的工具书中主要有四角号码法、中国字庋撷法；在计算机信息存储系统中有五笔字型法等。

1）四角号码法

四角号码排检法（四角号码法），又称四角号码查字法，由原上海商务印书馆王云五先生(1888—1979) 创制。四角号码法是根据汉字方块形体的特点，用数字来描述汉字四角的笔形，使每个汉字拥有一组数码，再按号码的顺序编排汉字先后次序的排检方法。它将汉字四个角上的笔形归为 10 类，并分别用 0～9 共 10 个数字代表。

笔形名称：头 横 竖 点 叉 插 方 角 八 小。

对应号码：0 1 2 3 4 5 6 7 8 9。

这 10 种笔形取号有一个帮助记忆的歌谣：横一竖二三点捺，叉四插五方框六，七角八八九是小，点下有横是零头。当然，10 种笔形名称中每种一般包括几种相近笔形，如横（1）中包括—（横）及其变形“乙”，八（8）中包括八、人、入等笔形。因此，使用时注意对照工具书中编排体例中的《四角号码笔形代码表》。

四角号码法是对每个汉字都取四角，即在字的左上、右上、左下、右下四个角取笔形，把四角的笔形用数字表示出来，按上述取角的顺序（先上后下、先左后右）连接起来，就成为四角号码了。由于汉字数量大，四角号码法为了避免重码字过多，有时需要再依据四角号码从汉字的右下角笔形再取一个附号。例如，“玉”字完整的四角号码是 10103，其中“3”是附号。四角号码按以下顺序排列汉字：按号码大小由小号到大号排列；同号码的字按附号顺序排列；四角和附号均相同的字，再按各字所含横笔的数目顺序排列；条目首字相同的，再以条目第二字的头两角的号码大小为序。例如，“物”字取号为 2752，“盛”字取号为 5310，如此翻至相应的页码，就可检得所需汉字了。

四角号码法原称“四角号码查字法”，最早发表于 1926 年 3 月出版的《东方杂志》，两年后出版了“第二次改订四角号码检索法”，两次均以王云五名义发表。该检字法经中国文字改革委员会汉字查字法整理工作组的若干修改，公布了新的“四角号码查字法”（草案）。1977 年出版的《四角号码新词典》（修订重排本）即以新法编排，使四角号码法有新法、旧法之分。

“四角号码检字法”最早用于商务印书馆 1928 年出版的《四角号码学生字典》，以后得到普遍应用。推行简化字后，对四角号码做了修改，改称“四角号码查字法”，一般称为新四角号码法。目前出版的工具书，采用新法或旧法的都有。旧法笔形依通行的手写体，而新法笔形则以《印刷通用汉字字形表》的规定为准。新法与旧法取角方法有所不同。《现代汉语词典》和《四角号码新字典》附有《新旧四角号码对照表》，列出了主要的不同点[1]。

四角号码法曾在多种文史工具书中采用，是一种独立的排检方法，不必与其他方法结合使用。在使用四角号码编排正文的工具书中，一般编有使用说明。《四角号码新词典》即是典型一例。有些工具书用四角号码法编排正文或编制辅助索引，如《中国丛书综录》《二十四史纪传人名索引》《本草纲目索引》等。

四角号码法的优点是可以见字知码，查检迅速，较为简捷，不知读音也可查到，是一种独立使用的排检法。缺点是取号规则过于繁复，变形的笔形较多，不易掌握，汉字的繁简体及印刷体与手写体还有所区别，对笔形稍有误解即难查到。

2）中国字庋撷法

中国字庋撷法中的“庋撷”（guǐ xié）二字的意思是放入、取出，是根据汉字的形体结构，把字形和笔形变成数码的一种排检法，1931 年由哈佛燕京学社引得编纂处负责人洪业所创。

具体说来，中国字庋撷法是：将所有汉字分为“中、国、字、庋、撷”等五种字体；“庋”之义为“放入”，“撷”之义为“取出”，全称即为“中国字编入检出”之意，与检字法名实相符，且有助于学习使用者记忆。中国字庋撷法属于号码排检法的检字体系，先将汉字按字体分为五类，以“中、国、字、庋、撷”五字统率，再以罗马数字Ⅰ、Ⅱ、Ⅲ、Ⅳ、Ⅴ为定体号码；庋撷二字的笔画进行分解后，可得十种部件，分别对应 0～9 号，然后依汉字四角笔画取 4 个号码；最后据该字所含方格数确定一号码，于是每一汉字的号码由 6 个数字组成。此法编排是首先按五种字体分类，然后在每种字体中再按这个字的号码从小到大排序。中国字庋撷法同四角号码法相比，重码字少，但取号规则既烦琐复杂，又不太科学，难以掌握，因而使用不广，已被淘汰。哈佛燕京学社运用它编了 64 种引得，多为古籍整理类的线索性工具书，但附上了笔画法、四角号码法和汉语拼音法。如果确实有需要了解和学习，请自行参看邓宗荣著《社科中文工具书使用》，辽海出版社 2006 年 7 月第 2 版第 20 页。

[1] 冯惠玲，王立清．信息检索教程[M]．北京：中国人民大学出版社，2004．

3）五笔字型法

五笔字型法是供计算机信息处理用的汉字编码法，由查字法发展而来，是王永民于1983年8月发明的一种汉字输入法。之所以称为五笔，是将汉字笔画分为横、竖、撇、捺、折五种。根据汉字的字形结构，五笔字型法选定了130个部首作为字根，加以分类、编码，并将其排在25个英文键位上。通过字根的组合，可以打出汉字或词组，从而达到见字知码、操作方便、快速输入的目的。五笔字型输入技术已得到广泛的推广和使用。

汉字编码的方案很多，但基本依据都是汉字的读音和字形两种属性。五笔字型完全依据笔画和字形特征对汉字进行编码，是典型的形码输入法。五笔字型输入法在使用简体中文的地区较广泛，是这些地区最常用的形码输入法。

由于五笔字型编码方案中将汉字众多笔画进行了归类，并分别与键盘上的英文字母键一一对应，这实际上是将汉字与英文字母建立了联系，使人们可以利用国际的通用字母方案将汉字系统排序。

其他号码法还有起笔笔形号码法、六位笔形号码法、三角号码法、五码查字法等，这些号码法尚未推广，只有少数几种工具书使用。随着计算机检索的推广使用，供信息处理用的汉字编码法有很大发展，各种编码方案纷纷问世，仅笔形编码方案就有300多种，目前五笔字型法最为通用，此外区位码、首尾码、声数码等也较为常用，此处不再赘述。汉字编码法的应用和普及，必将进一步促进字顺排检法的改革和完善。

6.1.3 外文字顺法

世界上有2000多种语言，多数有文字，适用范围超过5000万人的语言有13种，其中联合国正式的工作语言有中、英、俄、西班牙、法、阿拉伯语6种。不同的文字有不同的字顺排检法。例如，西文字顺排检法以拉丁字母顺序排检西方文字。字母顺序排检法最常用。外语词典里的单词都是按字母表字母顺序排列的，这在全世界都是统一的。各种语言的字母数量不尽相同，英语词典和法语词典按26个字母排序，西班牙语词典按28个字母排序，俄语词典按33个字母排序，阿拉伯语词典按28个字母排序，韩国语词典按40个字母排序，吸收了许多汉字的日语词典按“五十音图”排序。外语词典编纂经验告诉我们：一种语言词典只有一种单词固定排序的方法，而这种单词固定排序是由该语言字母的固定排序所决定的。

字母顺序排检法就是机械地按字母顺序排列，使用者不必预先掌握或记住任何既定的组织体系或排列方法，直接利用已知的或设想适用的检索词即可查到所需信息。

字母顺序排检法有两种不同的应用形式。第一种是逐词排列法，即word by word。以参与排检的各个独立的词为排检单位，逐词相比，凡第一个词相同时则比第二个词，第二个词相同时则再比第三个，以此类推。第二种是逐字母排列法，即letter by letter。所有参与排列的项目，无论是单词、词组或句子，不管其字数的多少或长短，均视为一个排列单位，按字母逐个相比。如表6-1所示[1]。

逐字母排列法将标目用词连起来作为一个单元逐个字母进行排比次序，其优点是规则简单，排列方便，但不便于集中相同的单词，破坏字面成族，因而很少被采用。逐词排列法以词为单位，单词内再按字母的先后次序编排，这种排列法有字面成族的效果，能集中所有相

[1] 王作梅，严一桥，孙更新．西文文献编目[M]．武汉：武汉大学出版社，1997．

表 6-1　英文字顺法两种排列方式的比较示例

word by word	letter by letter	word by word	letter by letter
air conditioning	air conditioning	air transport	air force
air cushion vehicles	aircraft	aircraft	air pollution
air force	air cushion vehicles	airfields	airports
air pollution	airfields	airports	air transport

同的词，比较符合人们的检索习惯，比逐字母排列法科学。因而在实际应用中，"word by word"排检法应用较广，国内外大多数图书馆的字顺目录几乎都采用此种排检法，一些历史悠久的著名工具书也多用此法，因为它能把首词相同的款目集中于一处，达到族性检索的作用。例如，在传记词典中，同姓氏的被传者将集中于一处。

西文字顺排列涉及许多具体问题，亦有排列与不排列的选择，一旦选定一种排列方式，则应一以贯之。例如，有些排列法有如下规定。

- ❖ 其字符排检顺序是空格、破折号、连字符、斜线、圆点、数字（0～9）、英文字母（A～Z）、非罗马字母。所有字母的变音符号及标点符号一律不予考虑。
- ❖ 符号&转换成所代表的相应文种的原连接词词形排列。
- ❖ 缩写词按其在标目中出现的书写形式排列。
- ❖ 首冠词不予排列。但作为地名、人名整体不可缺少的首冠词和作为数词的不定冠词要排列；非英文文种的复合冠词应予以排列。
- ❖ 地名和人名的前缀作为一个单词排列，但前缀与地名、人名相连或其间加一省略符号连接者则与其后的词作为一个整词排列。
- ❖ 年、月、日依其出现的形式（文字或数字）排列。
- ❖ 国名简称，按其全称排列。
- ❖ 会议召开的年代、届次，手册或年鉴的年代等，数词一律排在会名、书名后。
- ❖ 书名中的数词、年代、版次、卷次等，一律按数词的自然顺序排列。
- ❖ 作为书名组成部分的拉丁字母数词，均按拉丁字母排列，不按阿拉伯数字排列。

此外，按照"word by word"法来排检，对复合词、带前缀的姓氏及其他特殊语言现象可能会产生混乱的情况，必须辅之具体的排列细则加以限定才能确保排检结果的一致性。因此，在西文字顺排检时应注意一系列细节问题，例如：

- ❖ 关于在款目之首或当中的虚词（如连词、介词等）的取舍问题。
- ❖ 关于不同拼写形式词的排检问题，如 Catalog 与 Catalogue，Labor 与 Labour 等。
- ❖ 关于某些姓氏前缀的处理问题，如 M 与 Me、Mac，St 与 Sant 等。
- ❖ 关于同名异义款目的排检问题，如同为 Washington 的一组款目，如人物、地方、事物、事件等，孰前孰后，如何区分等。
- ❖ 德文中的 4 个变音字母 A、U、O、B，根据国际惯例，可按 A=AE，U=UE，O=OE，B=BE 来排[1]。

[1] 叶继元，魏瑞斌．信息检索导论[M]．3 版．北京：电子工业出版社，2023．

俄文字顺排检法主要按照 33 个俄文字母的顺序排列。也有两种排检方式，即逐字母排检和逐词排检。

日文字顺排检法有 3 种情况：① 按照五十音图的顺序采用平假名排检；② 按照五十音图的顺序采用片假名排检；③ 借用汉字排检法按照部首笔画等方式排检。

6.2 类序法

可以说任何有深度的信息存取系统都要求能够按主题内容及其相互关系进行编排和检索，6.1 节的字序法在排检庞大综合性的信息集合时，不足便是使相关信息内容分散开来，不易使人们了解它们之间的内在联系。而类序法可以解决这一问题。类序法（分类排检法），又称为类别法，是指按学科属性或事物性质及其概念逻辑关系分门别类组织编排信息的方法。这是一种从概念的系统性与相互关系的角度对信息进行揭示和检索利用的基本方式。

类序法在传统上主要分为两类：一类是按学科体系分类，另一类是按事物性质分类。前者如依据《中国图书馆分类法》对现代文献进行分类形成的分类目录等。后者是按事物属性或知识范畴排列信息，如古代的类书、政书等工具书，以天、地、人、事、物为纲。现代的年鉴、手册等工具书通常也按类序法排检。类序法将信息分门别类加以集中，充分展现信息间的逻辑关系。类序法不仅用于分类目录、分类索引、类书等，社会活动的各个领域也是比比皆是，如分类广告、展品分类陈列、分类统计报表等。在网络环境下的数字化时代，类序法不仅广泛地应用于网络信息的排检，而且在计算机技术的支撑下，传统意义上的两种信息组织方法——分类法与主题法不仅相互渗透，且日益融合，实现了结构上的一体化。同时，搜索引擎的出现使得主题词排检法更加贴近普通用户。

6.2.1 学科体系分类排检法

由于人们一般都是在某个专业领域范围内从事科研、生产、教学、管理等活动的，习惯于从学科、专业角度出发来检索获取知识和信息。学科体系分类排检法是将词目、条目按其知识内容的学科属性，根据事先确定好的学科分类体系分门别类地加以归并集中，按一定逻辑顺序进行排检的方法。学科体系排检法不仅是信息管理领域处理各类信息资源的基本手段和方式，也是检索者按学科专业浏览和使用参考工具书的基本方法，很多百科全书、手册、年鉴等多采用此法编排条目。如有“工具书之王”称谓的百科全书，尤其是中文综合性百科全书（《中国大百科全书》），一般将信息条目先按学科分类编排，再按中文字顺（字序法）编排。像这种“粗线条”的学科体系分类排检法（指涉及学科名称而没有层层细化学科内容）过于简单，此处不再赘述。而利用预先编制的分类法来分类排检信息是十分科学与复杂的。

用此种排检法排列信息时，首先采用依照人为预先编制的分类法，采用其规定的学科专业概念及对应的系列分类号作信息内容标识，通过分类号的排序来排检信息。这种类序法将信息主题归入学科知识体系并使其号码化，借助依据的分类法（分类体系）的自身结构（上下位类、同位类、交替类、相关类等）显示主题概念之间的派生、隶属和平行关系。学科体系分类排检法可以体现知识的学科属性和逻辑次序，可以实现学科信息的集中，便于按学科进行查找。

学科体系分类排检法通常选一种分类表（法）作为依据，也有不采用通行的分类体系而采用自编分类体系的，但都是按照学科体系归类的一种分类排检法。正如本书前面内容所述，古今中外，人们编制了形形色色的文献信息分类体系，包括图书分类法、档案分类法、专利分类法、标准分类法、资料分类法、公文分类法等。尤其在20世纪以后，先后出现了以现代科学分类为基础的图书文献分类法，国外著名的有《美国国会图书馆分类法》（LCCS）、《杜威十进分类法》（DDC）和《国际十进分类法》（UDC），它们是英语国家和地区使用最广的文献分类法。俄语类图书通常采用《Б Б К分类法》（《苏联图书馆—书目分类法》）进行分类。日语类图书通常按照《日本十进分类法》（にほんじっしんぶんるいほう，NDC）这一等级列举式分类法进行分类和排架。新中国成立后，陆续编制出版《中国人民大学图书馆图书分类法》（简称《人大法》）、《中国科学院图书馆图书分类法》（简称《科图法》）及影响最大和应用最广的《中国图书馆分类法》（简称《中图法》）。现当代这些学科体系分类法都是人工创制的用以表示文献内容信息及其相互关系的概念标识系统，它们主要依据概念的划分和概括的逻辑原理来建立自己的结构体系，以字母或数字或二者混合形成的代码生成分类号作为排检标识。

那么，学科体系分类排检法中的分类号（排检标识）是如何排序的呢？我们以《中图法》（第五版）为例，简单探讨图书文献被分类标引的分类号即排检标识的排序问题。例如，《汉字的世界：中国文化的原点》标引为H12-49；《中国历代家训文献叙录》标引为B823.1；《民间艺术考察与设计》标引为J06；《食品安全社会共治》标引为TS201.6；《数字影视短片创作》标引为J93-39；《健康是生产力》标引为A811.694；《接近于无限透明》标引为I247.57；《测量不确定度评定方法与实践》标引为TB9；《面向电子商务的多属性智能谈判系统研究》标引为F713.361.1；《创新生态视角下的科学普及》标引为N4；《中国典型区域城市化过程及其生态环境效应》标引为X321.2；《中华民族精神家园的生命精神研究》标引为C955.2；《学术规范通论》标引为G31；《网络文学批评理论与实践》标引为I207.999-53；《中国创意产业集群与区域经济发展研究》标引为G124。对这些标引文献的分类号排序，换言之，这些分类标识在信息检索系统中的逻辑顺序应是：A811.694；B823.1；C955.2；F713.361.1；G124；G31；H12-49；I207.999-53；I247.57；J06；J93-39；N4；TB9；TS201.6；X321.2。

从中可以看出，《中图法》分类号的顺序是按大类以英文字母的先后顺序排列，同一大类内，再按阿拉伯数字从小到大顺序排列，其中的辅助标记符号（包括用于区分同类书采用的一种著者号码表）等详细规则请见第5章内容。不同的分类法标记制度不同，但分类号的排序都是依据其编号规则规定的逻辑顺序排列的。

在文献信息机构，分类法的类目体系和分类号一般是组织文献和图书排架的依据，同时也是编制分类目录的工具和进行信息资源导航的手段，尤其是近些年研制的电子版分类法，通过层层展开的方式对类目体系进行显示，更增强了其功能的发挥。注意，分类法功能的不同及使用的信息系统不同，都对分类法的结构设计及编码制度等提出了不同要求，不再赘述。

学科体系分类排检法的突出不足在于：在检索者通过采用分类法组织的信息系统检索细小而专深的主题又不知分类号的情况下，检索时要逐层浏览，检索效率低下。检索者须熟悉该系统所运用的分类法，包括其所规定的类目体系涵盖的主题概念及概念划分标准、类目排列规则、编码规则和标识排列细则等很多技术性问题，这对于普通的检索者来说是困难的。

因此，鉴于学科体系分类排检法是按人为规定的一套号码进行排检的，其直观性较差，所以一般不会在检索系统中独立使用，都会配备其他检索途径的字顺目录或索引。

需要补充的是，我们将档案分类法放在学科体系分类排检法所依据的分类法中，这是基于图书、情报与档案都属于大文献概念。而严格说来，档案分类法与图书分类法在类目体系划分标准上是有区别的。一般认为，档案是由人类在社会实践活动中形成的各种文件材料转化而来的，是当时活动的原始记录，而图书是事后在档案基础上经过锤炼、加工而编写的更能反映系统科学的结晶，是积累和传播知识的工具。因而档案与图书、情报等文献的根本属性不同，使得档案的分类不同于图书等其他文献的分类。档案信息分类存取系统中，档案是依据《中国档案分类法》(国家档案局主持制定，1985 年 10 月，全国文献工作标准化技术委员会第五分会对其进行了审议。1987 年 12 月，档案出版社出版试行本，1997 年出版第二版。) 进行分类编排的。《中国档案分类法》是用来标引与检索档案的，有《中华人民共和国档案分类表》《新民主主义档案分类表》《民国档案分类表》及《清代档案分类表》。其设置 19 个基本大类：A 中国共产党党务，B 国家政务总类，C 政法，D 军事，E 外交，F 政协、民主党派、群众团体，G 文化、教育、卫生、体育，H 科学研究，J 计划、经济管理，K 财政、金融、保险、审计，L 商业、旅游业、服务业，M 农、林、牧、渔业，N 工业，P 交通，Q 邮电通信，R 城乡建设、建筑业，S 环境保护，T 海洋、气象、地震、测绘，U 标准、计量、专利。每一大类下，再分设若干属类，一般设 4 级类目，也有的设 3 或 5 级类目，形成等级分明、次第清楚的分类系统。从中可以看出其分类体系并不是学科体系层面的，与《中图法》不同。这是由于《中国档案分类法》以人类从事的社会实践活动为基础，以档案内容所反映的社会职能分工作为类目划分的主要标准。分类法是以反映档案内容特征的类目为基础，并用分类号进行标引和检索的一种分类检索语言工具。由于档案分类法一般与馆藏结构无关，因而综合内容的档案文件或案卷可以赋予多个分类号。因此，我们认为档案分类检索系统中的分类排检法不是严格意义上的学科体系分类排检法。

6.2.2 事物性质分类排检法

事物性质分类排检法是按同一类事物范畴的性质进行分类排检的方法，即把信息知识内容按事物属性分类，把相同范畴的事物汇聚在一起。这种方法中的各事物概念之间没有严格的系统性，一般按实际存在的事物性质划分类别。古代的类书、政书和现代的年鉴、手册及某些辞书等多采用此法编排。例如，上海辞书出版社（1983 年）出版的《同义词林》，就将词语概念按性质划分为人、物、时间与空间、抽象事物、特征、动作、心理活动等 12 大类[1]。

这种方法是我国第一部词典《尔雅》开创的。《尔雅》分为 19 篇，后面 16 篇是分类词汇。例如，“释亲”是把有关家族关系的词汇汇集在一起加以解释。后来一些解释词语的书也沿用这种排列方法。《尔雅》开创的体例也为后代编纂类书、政书所借鉴。类书按所采事、文的内容分门别类编排材料。其缺点是，由于对事物认识的局限性，某些事物的归类在今天看来并不恰当，因此查找困难。例如，有关桥梁的材料，《艺文类聚》列入水部，《古今图书集成》列入考工典；有关薪、炭的材料，《艺文类聚》列入火部，《古今图书集成》列入草木典

[1] 张帆．信息存储与检索[M]．北京：高等教育出版社，2003．

[1]。古代的类序法对于今天来说，不仅存在着思想性和科学性上的问题，查检起来也颇觉不便。为了使用它，必须仔细了解各级类目的含义，同时利用后人补编的辅助索引。

《中国古代名句辞典》等工具书同样采用此法编排。社会生活中许多信息的组织中，有很多都是按所收物品和事物性质、用途来编排的，如《机械零件手册》《中国汽车车型手册》等。

由于所收集的信息所处领域不同、收集范围的不同、功用不同及古今分类标准的不一致，因此资料的归类相差较大，使用按分类法编排的工具时，应先了解所用分类体系，以确定所查资料的具体类目，并注意相关类的查阅。

6.2.3 网络信息分类排检法

大多数网站、搜索引擎参照文献分类法的形式或类目体系，按事物性质设计分类导航体系，建立分类目录。例如，雅虎的分类目录按字母顺序，将所有普通信息分成 40 多个大类。根据用户访问频度，通常在主页上方只显示几个常用类目，其他类目以“更多”（more）加以链接。主页显示的类目通常有邮箱服务（Mail）、新闻（News）、金融（Finance）、体育（Sports）、生活（Life）、娱乐（Entertainment）、购物（Shopping）、会员服务（Premium Offers）等。每个大类下面有许多子类及其精炼的描述，每个子类又有数以千计的相关互联网的网点信息。上述主页上的每个主题分类均是超链接词，点击任一个超链接词即可进入相应的页面。从整体上看，目前的网络信息分类是一种综合性的信息分类。它不仅运用了现代文献分类的思想，还吸收了事物分类的方法[2]。其分类组织信息的做法主要是采用自动分类技术，网页由机器人程序自动采集，凡匹配预先规定类目的网页，由计算机建立索引，自动生成目录树。很多网站，从不同角度对信息资源进行多重分类导航，如一些政府网站，将信息资源从机构、主题、服务对象、生命周期、体裁及信息格式等角度，从事物性质类别上进行揭示与提供检索。显然，普通网站网络信息分类面向应用的特点比文献分类要明显得多，即其分类体系是将信息内容特征、网民需求特征及信息载体特征交叉混合构建而成的，从科学角度看，严密性不足，实用性突出。因此，不同的网站由于功能不同、信息收罗的范围和类型不同、面向的群体不同，使得网络信息分类到目前还没有一部统一的分类法。

目前，国内外很多关于将传统分类法应用于网络的研究都已进入实用阶段。有些网站采用了现有的文献分类法（有的经过一定的改造），其应用范围主要是图书馆、主题网关和各类学术性网站等。例如，《中图法》不但被图书馆用来类分图书和编制藏书目录，而且被广泛应用在网络信息的组织中。例如，CNKI 就是利用《中图法》来提供分类检索的；中国教育系统依照《中图法》对中国教育科研网上的信息资源进行分类；OCLC 根据 DDC 对 Net First 进行分类等。学术性站点应用已有的文献分类法排检信息，其分类目录多数没有分类号，一般只是利用分类法体系建立浏览结构。其自动索引结构便于用户在查找时进行浏览，提供检索主题的上下文。当用户检索目的不明确或检索词不确定时，分类浏览方式更有效率。

互联网上的更多站点信息分类组织是以事物为中心列类。其分类排检的主要特点有以下 3 点。

---

[1] 冯惠玲，王立清．信息检索教程[M]．北京：中国人民大学出版社，2004．

[2] 储节旺，郭春侠，吴昌合．信息组织学[M]．北京：清华大学出版社；北京交通大学出版社，2007．

① 直接以语词组织信息，未采用传统分类法的标记符号表达信息主题，直接以语词表达类目体系，采用链接技术链接网络文献，比使用分类标记更加方便直观、易于理解。

② 排列方式简便。对同位类的排列，主要有三种方式。

❖ 字顺方式，即同一上位类区分出来的类目按字顺方式排序，每个类目下分出的子目再按下级类目的字顺排列，形成一个层层展开的字顺分类系统。字顺方式虽然未能揭示同位类之间的内容联系，但是方便用户查找特定类目。

❖ 以检索频率确定同位类的排列次序，在同位类中首先列举高频类，突出热门主题，方便多数用户使用[1]。

❖ 按照信息资源产生或入库时间排列。

③ 类目体系不稳定，动态性强。由于网络信息的动态性，使得网络分类体系在通过链接与网络信息建立联系时，会根据网络资源的发展变化及时增设新类或重复反映相关类目。

在利用以事物为中心的网络分类排检法检索信息时，有些方面需要注意，如分类体系缺乏系统性和完整性、类目设置缺乏规律性、归类不科学、部分类名不确切、知识覆盖不全等。

6.2.4 主题词排检法

主题词排检法是以表征事物名称或概念的词语字顺为依据对信息进行编排、查检的方法。

结合第 5 章内容，以及从网络信息分类排检法中也可以看出，分类法与主题法虽然在组织信息资源时是两种不同的信息组织工具，但原理上是共通的。它们在对同一文献进行揭示时表达的主题概念基本相同。分类法的检索标识（基本构件）是分类号，主题法的检索标识（基本构件）是主题词，而分类号与主题词在实质上都是代表一组相同主题文献（信息）的类集，是文献（信息资源）所论述事物——主题概念的字面形式。可以说，现代分类法在不同程度上都采用了按事物集中，即以事物为纲，按照研究对象排列的分类方法。在分类类目的设置上，多是在前两、三级设置一些学科性的类目，余下则主要面向事物及事物属性设置各种类目。从这个角度分析，分类法与主题法类集的内容是相同的，表达的都是主题概念，处理的对象都是语义单元，两者的差异只是在于类集方式不同和采用的标识不同，基本构件的实质相同[2]。例如，《中国分类主题词表》将分类表的类目名称（分类号）与主题词表中的主题词很好地对应起来，不仅是分类标引和主题标引的工具，更是分类检索、主题检索及由分类号、主题词和自然语言三者组成的混合检索的有力工具。

主题词排检法是按表达信息内容的主题词来排检信息的，其主题词是指对信息资源进行主题标引后的规范化的自然语词。作为标识符号的“规范化自然语词”——主题词，是一种概括了信息资源的中心内容，又用来标引和检索信息资源的标准词汇。正如学科体系分类排检法要借助于一种分类表一样，主题词排检法中选词的参照体系是《主题词表》或机读库中的《主题词索引》。通常将以受控词（叙词、标题词、单元词）为存取标识所建立的信息存取系统称为规范词存取系统。规范词存取系统中的主题词排检法中，主题词是排检的标识。其排列一般先依据主题词的字顺进行编排，正如 6.1 节所述，音序法、形序法等都可以成为编

---

[1] 周宁．信息组织[M]．武汉：武汉大学出版社，2004．

[2] 周宁．信息组织[M]．武汉：武汉大学出版社，2004．

排主题词的方法；再在主标题下排列副标题和次副标题；同一主题词下的副标题的排列，既可以采用字顺排列法，也可以根据情况按标题之间特征关系排列；相同标题下的款目可按信息资源的题名、责任者等其他特征名称排列。

主题词排检法一般不受学科领域层层划分概念的限制，便于将不同学科专业、不同研究领域的相同主题信息集中一处，提供按主题词字顺检索特定主题信息的途径。主题词排检法专指度高，检索目标直观。主题词排检法在国外是比较常用的方法，几乎每种检索工具都有主题词排检途径。学术著作大都附有主题词索引。在我国，仅有部分书本式主题索引，一些工具书的辅助索引采用了主题编排方法。主题排检法的使用在社科中文工具书中并不多。这主要源于我国的文献检索长期以来是分类检索占主导地位，而近二三十年来，随着科学研究的交叉与深化、检索人员的非专业化、检索系统的计算机化，主题检索的需求越来越多，主题检索系统也就越来越普遍。尤其是随着互联网的蓬勃发展，网络信息检索越发重要，主题检索在我国有了很大发展。

主题语言在网络信息组织中的应用目前主要表现为关键词语言在网络搜索引擎中的广泛应用。国外大量标题词表和叙词表在图书馆网站的书目信息检索系统、网络联机数据库检索系统得到采用。目前还产生了一些网络化的主题词表，也称为联机词表（Online Thesaurus），可同时供网络用户使用，具有浏览和查询功能，查词比较方便。许多网络信息检索系统为建立特色服务，自行编制主题词表。例如，美国教育资源信息数据库使用的《ERIC 主题词表》、英国国家数字档案馆使用的《UNESCO 叙词表》和 UMI 数据库中的《ProQuest 受控主题词表》等。这些词表主要作为检索的辅助系统，为用户提供在线的实时帮助，不是用来信息标引的，在一些专业性强、概念复杂、主题词拼写困难的数据库中，其辅助作用更为突出。目前，《美国国会图书馆标题表》（LCSH）和《医学标题表》（MeSH）已被一些网络信息检索系统采用。

6.2.5 网络信息关键词排检法

在互联网上，任何人都可以不受限制地自由出版、发布自己的网页，分布式存储成为网络环境中信息资源存在的主要形式，它区别于传统信息资源集中存储方式，又由于其信息海量和动态性强，难以有效控制。目前，网络信息资源组织管理有两种：① 依赖人工编制的主题目录，图书馆和信息专业人员通过对互联网的信息进行筛选、组织和评论，编制超文本的主题目录，这些目录虽然质量很高，但编制速度无法适应互联网信息的增长速度；② 依赖自动技术，计算机专业人员设计开发检索软件，对网页自动搜集、加工和标引。这种方式可向用户提供关键词、词组或自然语言的检索。因此，在网络与计算机时代，主题语言的优势得到了放大，表现出强大的生命力。其中关键词法在网络信息组织与检索中应用最为广泛。众所周知，关键词语言不是一种严格意义上的标引语言，但由于它在标引和检索中所发挥的类似于主题语言的作用，因而被视为一种准主题语言。在网络中，几乎每个搜索引擎都具有关键词检索功能，这意味着搜索引擎的索引数据都采用了关键词法进行信息组织。

搜索引擎是一种由搜索软件、索引软件和查询软件共同完成搜索的网络信息资源查询系统（检索工具），一般由自动索引程序、索引数据库和检索服务三部分组成。它利用网络自动索引程序漫游网络信息空间，采集各站点信息，建立索引文档，形成索引数据库。索引数据库是其提供检索服务的基础，搜集的信息以 Web 资源为主，还包含 Gopher、FTP、USENET、Mailing List 等网上信息资源。检索服务用来接收和解释用户的查询要求，然后根据一定的匹配策略，在索引数据库中进行查找，为用户显示按照某种相关程度排序的查询结果[1]。通常看到的是其查询软件的用户界面。用户在用户界面的检索框中输入要搜索的关键词后，搜索引擎就通过自动索引程序，从网站、网页的题名、地址、摘要，甚至网页的正文中抽取关键词作为索引词，提供指向相关网络资源的超文本链接。一般地，信息的关键词有多个，它们都是平等的，都按字顺轮流排至检索位置，都能作为检索入口。

不同的搜索引擎提供的关键词检索功能有所不同，有的只能进行简单关键词查询，有的既能提供简单关键词查询，又能提供高级或复杂关键词查询。高级关键词查询包括：布尔查询、精确查询、模糊查询、截词查询、位置查询、字段查询、限制查询、管道查询、区分大小写查询和自然语言查询。

目前，由于网络的普及和获取信息的快捷与省力，搜索引擎成为人们获取网上信息的主要工具，其所提供的信息排序功能直接影响人们对信息的获取与利用。在 CNKI 初级检索说明里中有输出排序说明（①主题排序（相关度）、②发表时间、③被引、④下载），其中的相关度就是相关性排序。相关性排序是指在检索到的结果集合中能够先提供最有“价值”的网页给用户，这是体现搜索引擎优劣的一个重要指标。在实践中，人们采用多种手段提高相关性排序的能力，包括：① 分析检索词在文中出现的位置，在标题和靠前的文字中出现往往具有较高的权值；② 为 META 置标中出现的词赋予较高的权值；③ 按照词频的统计规律加权；④ 按照 Web 站点排序[2]。

搜索引擎对信息进行排序，目前主要运用 PageRankTM 技术（网页级别）、超文本匹配分析技术、内容相关度评价技术等。基于关键词的搜索引擎在决定网页的相关性排序时，一般遵循以下三大定律。

1）地点和频率法

地点和频率法最主要的算法就是看网页关键词出现的地点和频率。搜索引擎先检查标题中含有关键字的网页并认为它比其他网页的相关性更强。出现频率是搜索引擎决定相关性的另一个因素。搜索引擎会分析关键字在网页中出现的频率并与其他网页相比，关键字出现频率较高的网页被认为相关性更好。

2）人气质量定律

人气质量定律是搜索引擎的第二定律，它是受科学引文索引机制启发而提出的。科学引文索引机制认为被引用次数多的论文通常是有影响力的论文、优秀论文，那么在网上谁的网页被链接次数多，就认为该网页的质量高、人气旺。再结合相应的链接文字分析，就可以对检索结果排序了。Google、百度都采用了该定律。（实际上，有影响力、引用多与质量仅呈正相关，并非等同。）

3）自信心定律

人气质量定律解决的仅是技术层面的问题，然而搜索引擎融合了技术、文化和市场等各层面的因素。解决搜索引擎公司的生存和发展问题需要搜索引擎的第三定律——自信心定律。即向那些网站的拥有者们拍卖他们网站在检索结果中的排名，谁付的钱多，谁的网站就排在

[1] 徐天秀．信息检索[M]．北京：科学出版社，2006．

[2] 都云程，卢献华．中文搜索引擎现状与展望[J]．中文信息学报，13(30)：61-65．

前面，且付费是根据网民点击该网站的情况来计算的，仅在检索结果中出现并不需要付费。根据这一定律，检索结果的相关性排序，除了以词频统计和超链分析为依据，更注重的是竞价拍卖。谁对自己的网站有信心，愿意为排名付钱，谁就排在前面。百度目前也采用这种排序方式。

6.3 时序法

时序排检法，简称时序法，又称为年代排检法、编年排检法、纪年排检法。时序法是按照文献信息的写作、发表和出版年代或事物发生、发展的时间顺序或人物生卒年月日、生平经历的先后次序编排查检信息的方法。这种方法也是工具书编排方法中常用的一种。一些时间性较强的工具书，如年表、历表、大事记、史事纪年、记载个人生平的年谱、年鉴、个人著作目录等，都是按时序法编排的。

时序排检法按时间的顺序组合文献信息素材，即以信息的形成时间为排检标识，按时间顺序组织信息。大事记、传记资料、生平资料等多以时间为线索组织信息。这种方法能揭示信息内容的发展变化过程。按时间概念排列的工具书，便于人们查考历史时间，也便于来查考历史事物及图像资料。比较重要的检索工具书，如《中国历史年表》《中外大事年表》《中华人民共和国经济大事记（1949 年 10 月—1984 年 9 月）》及《中国财政金融年表》等，均严格以时间先后为序编排资料，检索时只需按年索事，一查便得。

个人生卒年表、年谱及其著述目录，或采用顺时序法或采用逆时序法进行编排。时序法便于理清事物发展的脉络，从中可查考某些带有规律性的知识记录。

此外，时序排检法多用来作为社会科学文献检索语言的辅助方法，常用于辅助分类表，起进一步细分的作用，如历史类按时序划分为古代史、近代史、现代史等。

要掌握时序法，尤其是在检索古代文献信息时，必须熟悉古今中外纪年、纪月、纪日、纪时的常识及其相互间的换算。

6.3.1 历法常识

世界各国各民族在不同的历史时期记载时间的方法各不相同，各种文献中时间的记载又都以当时当地所用的历法为依据，因而我们在阅读和研究古今中外的文献时，必须注意时间的查检与换算。

世界各国的历法主要有三种：阳历、阴历、阴阳历。

1. 阳历

阳历，又叫太阳历，即现行历法，它曾经由罗马教皇八世格列高利于公元 1582 年修订，所以也称为“格列历”。“格列历”颁布第二年起陆续为世界大多数国家所采用，所以又称为“公历”。由于它始于欧洲，因而也被称为“西历”。我国 1912 年改用这种历法纪年，相对我国的原有历法，阳历又称为“新历”。

根据天文历法，阳历是以回归年为基础的。地球绕太阳公转一周是 365 天 5 小时 48 分

46 秒（称回归年），即 365.2422 天，因此规定一年为 365 天，每隔三年加一个闰年（闰年 2 月 29 天）。将一年分为 12 个月，1 月、3 月、5 月、7 月、8 月、10 月、12 月为大月，每月 31 天；4 月、6 月、9 月、11 月为小月，每月 30 天；2 月是 28 天。阳历规定设置闰年，闰年为 366 天，而把含有 365 天的年份称为平年。置闰的规则可用三句话来表示：非世纪年的公元年数能被 4 整除的为闰年，世纪年（如 1900 年，2000 年）的公元年数能被 400 整除的为闰年，其余的年份为平年。于是在 400 年内计有闰年 97 年，平年 303 年，平均长度为 365.2425 天，与回归年的长度相差 26 秒，经过 3000 多年后才相差 1 天。这种历法与月亮圆缺没有关系，月数是人为规定的。

二十四节气是我国农历的一大特点。由于长期以来把农历称为阴历，因而不少人误认为节气属于阴历，实际上节气完全取决于地球的公转。地球绕太阳运转一周约 365 天 5 小时多，要在公转轨道上运转 94000 万千米。这个公转轨道人们称为太阳黄经，分为 360°，我国古人把太阳黄经划成 24 等份，每份各占 15°，为一个节气。两个节气间相隔日数为 15 天左右，全年 24 个节气。规定太阳黄经等于零度（360°）时称为春分。从春分开始，依次为清明、谷雨、立夏、小满、芒种、夏至、小暑、大暑、立秋、处暑、白露、秋分、寒露、霜降、立冬、小雪、大雪、冬至、小寒、大寒、立春、雨水、惊蛰。因而有“太阳移至黄经 315°时为立春”之说。由于太阳通过每等份所需的时间几乎相等，二十四节气的公历日期每年大致相同：上半年每月逢 6 日、21 日前后，下半年每月逢 8 日、23 日前后。并有两句口诀：上半年来六、二十一，下半年来八、二十三。但在农历中，节气的日期不大好确定。再以立春为例，它最早可在上一年的农历腊月 15 日，最晚可在正月 15 日。二十四节气反映了地球在轨道上运行时所到达的不同位置，可以说是阳历的一部分。

2. 阴历

阴历，又称为太阴历，是以月亮的圆缺、晦明的变化为基础来制定的。现在阿拉伯国家使用的回历就是阴历的一种。阴历规定 1 年为 12 个月，单月为大月，每月 30 天；双月为小月，每月 29 天，交替相间，以使历月平均长度接近于朔望月。因为月球绕地球一周需 29.5306 天，所以每 30 年置闰年 11 个，平年 354 天，包括 6 个大月和 6 个小月。闰年 355 天，在 12 月末增加一天，包含 7 个大月和 5 个小月。这种历法并未考虑历年平均长度和回归年长度的配合，久而久之，两者相差甚大。由于阴历的根本特点在于历月平均长度等于朔望月，每个日期就必然与一定的月相对应，如阴历十五大致就是满月，而阳历的月是不能反映这一自然现象的。但阴历的历年不能反映季节的变化，与农业生产及人们的日常生活脱节，因而阴历已很少为人所用。

3. 阴阳历

阳历完全依据地球的绕日公转，阴历的历法完全根据月亮的运动，阴阳历则是两者并用。它同时考虑太阳和月亮的运动，把回归年和朔望月并列为制历的基本周期。由于阳历一个回归年是 365.2422 天，阴历的一年是 354.3671 天，这两种历法年每年相差 10 余天，因此每 19 年置 7 个闰年。凡闰年定为 13 个月。这种历法始于我国夏代，故称为“夏历”，也称为“中历”，俗称“阴历”或“农历”。

因而，我国沿用已久的农历并不是完全用阴历的，也不是完全用阳历的。一方面，农历以月亮绕地球运行一周为一月，平均历月长度等于朔望月。这与太阴历原则相同，所以也叫阴历；另一方面，农历设置闰月以使历年平均长度尽可能接近回归年，同时设置二十四节气以反映季节的变化特征。所以，农历是集阴、阳两历的特点于一身，有“阴阳历”之称。

阴阳历的历月长度和回历一样，有大小月之分：大月 30 天，小月 29 天。但农历历月的安排却不同于回历，回历中大小月机械地相间排列，而农历大小月要经过推算后决定，比回历更加精密。农历规定月初必合朔，月朔之日定为初一。由于两个朔望月的长度并不正好为 59 天，因而一年中的大、小月数也不一定相等，有时可能连续出现两个大月或小月，以使历月的平均长度尽可能与朔望月相近，其剩余的差数则依靠闰月来调节。

朔望月和回归年是两个难以相合的周期，它们的余数都很零碎，而我国的农历却把作为阴、阳两历基础的这两个自然周期调和得十分成功。这也让我们领略到古人的聪明智慧。

6.3.2 中国古代的时序法

中华民族历史源远流长，随着封建政权的更替或科技的发展，纪年法就像古老的文明一样丰富多彩，主要有以下几种。

1. 王公在位纪年法

王公在位纪年法是我国最早的纪年法。这种纪年法按照一个国王或诸侯在位的年数纪年，依次称为元年、一年、二年、三年……直到离位时为止。殷商和西周时代以此纪年，如周平王四十九年、晋惠公元年。

2. 帝王年号纪年法

年号是帝王在位时用来纪年的名号。这种纪年法一般认为始于汉武帝建元（公元前 140 年）。汉武帝即位那年称为建元元年，其中“建元”就是年号。自此以后，历代皇帝都使用年号纪年。中间改换年号叫改元。明、清时代一个皇帝常常只用一个年号，所以人们用年号来称呼皇帝，如“崇祯皇帝”“康熙皇帝”等。农民起义政权也使用年号纪年。这种纪年法一直用到清朝末年。史书记载中，采用年号纪年的同时还采用庙号、谥号、尊号等纪年。

3. 干支纪年法

天干和地支合称为干支。天干是甲、乙、丙、丁、戊、己、庚、辛、壬、癸的总称，是我国古代表示次序的符号，也叫十干；地支是子、丑、寅、卯、辰、巳、午、未、申、酉、戌、亥的总称，也是古人表示次序的符号，也叫十二支。十干和十二支循环相配，互相错综组合纪年，可组成六十对干支，因而称作“六十干支”，因是错综组合，故名“六十花甲子”（通常也用来以指代六十岁，即花甲之年），如表 6-2 所示。

这个表通常称为“甲子表”。如甲子为第一年，乙丑为第二年，丙寅为第三年……六十年为一周。一周完了，再由甲子年起，周而复始，循环下去。我们在日历上看到的己巳年、庚午年，就是按干支纪年这种方法排列下来的。阳历年份除以 60 的余数减 3 便得该年农历干支序号数，再查表 6-2 的干支便是干支年纪。如果序号数小于、等于零，则在干支序号数上加 60。例如，求 1949 年干支，1949÷60=32 余 29，年干支序号数=29−3=26，查干支表知该年

表 6-2 六十花甲子

1 甲子	2 乙丑	3 丙寅	4 丁卯	5 戊辰	6 己巳	7 庚午	8 辛未	9 壬申	10 癸酉
11 甲戌	12 乙亥	13 丙子	14 丁丑	15 戊寅	16 己卯	17 庚辰	18 辛巳	19 壬午	20 癸未
21 甲申	22 乙酉	23 丙戌	24 丁亥	25 戊子	26 己丑	27 庚寅	28 辛卯	29 壬辰	30 癸巳
31 甲午	32 乙未	33 丙申	34 丁酉	35 戊戌	36 己亥	37 庚子	38 辛丑	39 壬寅	40 癸卯
41 甲辰	42 乙巳	43 丙午	44 丁未	45 戊申	46 己酉	47 庚戌	48 辛亥	49 壬子	50 癸丑
51 甲寅	52 乙卯	53 丙辰	54 丁巳	55 戊午	56 己未	57 庚申	58 辛酉	59 壬戌	60 癸亥

为己丑年。1949 至 2009 年正好 60 年，那么 2009 年也是己丑年。同样可以算出 1978 是戊午年、2008 年是戊子年。

干支纪年萌芽于西汉，始行于王莽，通行于东汉后期。汉章帝元和二年（公元 85 年），朝廷下令在全国推行干支纪年。自此以后干支纪年和年号纪年并用。

4. 岁星纪年法和太岁纪年法

岁星纪年法和太岁纪年法是战国时期的以天象为基础的纪年法。岁星就是木星，在天体中运行一周约 12 年。用木星的这种运行规律来纪年就是岁星纪年。天文学家把木星的运行轨道分为 12 等份，叫 12 次，并且按顺序起 12 个名字：星纪、玄枵、娵訾、降娄、大梁、实沈、鹑首、鹑火、鹑尾、寿星、大火、析木。木星每年行经一次，称为一年。假如某年岁星运行到玄枵范围，这一年就记为“岁在玄枵”，第二年则记为“岁在娵訾”，其余以此类推，12 年周而复始。

由于岁星由西向东运行的方向与人们所熟悉的十二辰（“辰”本意指日、月的交汇点。“十二辰”则为夏历一年 12 个月的月朔时太阳所在的位置。《左传·昭公七年》：“日月之汇是谓辰。”命名上沿用地支，即子、丑、寅、卯、辰、巳、午、未、申、酉、戌、亥。）的方向和顺序正好相反，所以岁星纪年法在实际生活中应用起来并不方便。为此，古代天文占星家便设想出一个假岁星，叫太岁（又叫岁阴、太阴），让它和真岁星“背道而驰”，这样就与十二辰的方向顺序一致，并用它来纪年。这就是太岁纪年法。后来又起了 12 个太岁年名（又称岁阴名），岁阴的排列依次为：困敦、赤奋若、摄提格、单阏、执徐、大荒落、敦爰、协洽、廙滩、作噩、阉茂、大渊献。大概在西汉年间，历学家又起了 10 个与天干相对的名称，叫岁阳，岁阳的排列依次为：阏逢、旃蒙、柔兆、疆圉、著雍、屠维、上章、重光、玄默、昭阳。然后岁阳、岁阴相配，同样可以排列出六十个“甲子”来。但因岁星运行一周只有 11.8622 年，不足 12 年，于是从东汉时起就不用岁星纪年法而改用干支纪年了。汉成帝末年，由刘歆重新编订的三统历使太岁纪年和干支纪年从太始二年表面一样。虽然后来文献中仍有用它来纪年的，那只是干支的别称罢了。例如，某书画作品印章边款上有“柔兆摄提格岁”字样，可推算出是“丙寅年”，如果作者是民国时期的，则为公元 1926 年。

5. 生肖纪年法

十二生肖也被称为十二年兽。在中国的历法上有十二只年兽依次轮流当值，所以我们的中国年就有以鼠、牛、虎、兔、龙、蛇、马、羊、猴、鸡、狗和猪应用在历法上。即常说的子鼠、丑牛、寅虎、卯兔、辰龙、巳蛇、午马、未羊、申猴、酉鸡、戌狗、亥猪。生肖纪年法就是用 12 种动物名称（叫十二生肖或十二属相）与十二地支相配来纪年的一种方法。12 年一循环，如表 6-3 所示。这种纪年法在东汉王充的《论衡》、许慎的《说文解字》中就有记载。

表 6-3　生肖纪年法

地　支	子	丑	寅	卯	辰	巳	午	未	申	酉	戌	亥
动物名	鼠	牛	虎	兔	龙	蛇	马	羊	猴	鸡	狗	猪

6. 古代纪月法

我国古代纪月法主要有三种。第一种是数序纪月法，是我国最早的纪月法，即 1～12 月的月数，岁首称正月，秦时又曾改称为端月。第二种是地支纪月法（十二地支）。古人常以十二地支配称十二个月，每个地支前要加上特定的“建”字。例如，杜甫《草堂即事》诗：“荒村建子月，独树老夫家。”“建子月”是按周朝纪月法，指农历十一月。第三种是时节纪月法。例如，《古诗十九首》：“孟冬寒气至，北风何惨栗。”“孟冬”指农历十月；陶渊明《拟古诗九首》中“仲春遘时雨”，“仲春”指农历二月。此外，还有花木纪月法（如一月杨、二月杏、三月桃、四月槐、六月荷等）。

7. 古代纪日法

我国古代纪日法主要有以下 4 种。

1）数序纪日法

《梅花岭记》：“二十五日，城陷，忠烈拔刀自裁。”归有光《项脊轩志》：“三五之夜，明月半墙。”其中的“三五”指农历十五日。

2）干支纪日法

干支纪日法就是每天用一对干支表示，逐日记录，60 日后再重复。这种纪日法是我国古代历法中很重要的组成部分，而且使用非常早，可以说是我国最古的一种纪日方法。如《诗经》《春秋》《二十四史》《清史稿》《资治通鉴》等皆用干支纪日。据初步统计，最早是从春秋鲁隐公三年（公元前 720 年）二月己巳日起连续纪日，一直到清代宣统三年（公元 1911 年）止，计有 2600 多年的历史，这是迄今所知世界上最长久的纪日资料。例如，《左传 • 僖公三十三年》：“夏四月辛巳，败秦军于殽。”其中的“四月辛巳”指农历四月十三日。苏轼《石钟山记》中“元丰七年六月丁丑”，是指农历六月九日。姚鼐《登泰山记》中“是月丁未”，是指这个月的十八日。古代还单用天干或地支来表示特定的日子。《礼记 •檀弓》中“子卯不乐”，“子卯”代指恶日或忌日。

3）月相纪日法

月相纪日法是指用“朔、朏、望、既望、晦”等表示月相的特称来纪日。每月第一天叫朔，每月初三叫朏，月中叫望（小月十五日、大月十六日），望后一天叫既望，每月最后一天叫晦。例如，苏轼《赤壁赋》：“壬戌之秋，七月既望。”

4）干支月相兼用法

干支置前，月相列后。例如，姚鼐《登泰山记》：“戊申晦，五鼓，与子颖坐日观亭。”

8. 古代纪时法

我国古代主要有如下两种计时法。

1）天色纪时法

古人最初是根据天色的变化将一昼夜划分为十二个时辰，它们的名称是：夜半、鸡鸣、平旦、日出、食时、隅（yú）中、日中、日昳（yì）、晡（bū）时、日入、黄昏、人定。

2）地支纪时法

以十二地支来表示一昼夜十二时辰的变化。近代又把每个时辰细分为初正，这就等于把一昼夜分为 24 小时。午时是现在的 11:00～13:00，所以人们就称“午时”中间的 12:00 为中午或正午，称天亮到 12:00 以前为上午，12:00 以后到黄昏以前为下午。

古代天色纪时、地支纪时与现代的钟点序数纪时对应关系表如表 6-4 所示。

表 6-4 古代天色纪时、地支纪时与现代的钟点序数纪时对应关系表

天色	夜半	鸡鸣	平旦	日出	食时	隅中	日中	日昳	晡时	日入	黄昏	人定
地支	子	丑	寅	卯	辰	巳	午	未	申	酉	戌	亥
现代钟点	23:00～1:00	1:00～3:00	3:00～5:00	5:00～7:00	7:00～9:00	9:00～11:00	11:00～13:00	13:00～15:00	15:00～17:00	17:00～19:00	19:00～21:00	21:00～23:00

我国古代把夜晚分成五个时段，古时常夜间击鼓报更（古时用滴漏计时，夜间凭漏刻传更），所以古人常以鼓代更，称为五更、五鼓，或称五夜。每更分为五点，每点约等于现代的 24 分钟。例如，《孔雀东南飞》中“仰头相向鸣，夜夜达五更”，《群英会蒋干中计》中“伏枕听时，军中鼓打二更”，《李愬雪夜入蔡州》中“四鼓，愬至城下，无一人知者”。夜间钟点与时辰对应表如表 6-5 所示。

表 6-5 夜间钟点与时辰对应表

夜间时辰	五 更	五 鼓	五 夜	现代时间
黄昏	一更	一鼓	甲夜	19:00～21:00
人定	二更	二鼓	乙夜	21:00～23:00
夜半	三更	三鼓	丙夜	23:00～1:00
鸡鸣	四更	四鼓	丁夜	1:00～3:00
平旦	五更	五鼓	戊夜	3:00～5:00

更尽天明，进入卯时（早晨 5:00～7:00）。古人上朝或去官府当差就在这个时辰。官家查点到的人数，这叫点卯。现在有些人戏称上班应付差事为点卯或应卯，就是沿用这个典故。

“三更”“五更”的“更”读 gēng。过去北方方言中有读 jīng 的，词典也曾保留过这个旧读音，现在已经废除。此外，古人把一昼夜分为 100 刻，实算 96 刻，每刻 15 分钟。漏刻指很短的时间。

6.3.3 时序法的应用

利用古代按时序法编排的文献及阅读古籍，首先要熟悉古代的计时方法。目前世界上通行的公元纪年中，把传说中的基督教创始人耶稣诞生的那一年作为公元元年，相当于我国汉

平帝元始元年。这以前的年份称“公元前”，以后的年份称“公元”。在阅读、研究，特别是注释古文献时，常常需要把上述的古代纪年改换成公元纪年。

时序法常用于一些时间概念比较强的参考工具，如年表、大事记、年谱、人物传记等。利用按时序法编排的工具书进行检索时，如利用“生卒年表”或“年谱”来查考人物资料，需要辅以人名索引才能使用。例如，利用《历代人物年里碑传综表》，即先查人名字顺索引后再查所需的人物事迹。

此外，时序法在强调时间性的信息排检中尤显重要。例如，在编制和使用地方文献索引数据库时，时间排序法就有重要作用。在输入的每条索引数据中都包含一个时间项，以便尽可能准确地标出地方文献中事件发生的时间。例如，历史人物和革命领导干部要标引其到达某地或在某地任职的时间；劳动模范、先进人物要标引出被授予荣誉的时间；优秀运动员要标引其创造纪录或夺取名次的时间；科学家要标引其研究成果被评定的时间；革命英雄要标引其在某地参加革命的时间；文章、讲话及著作要标引其出版、发表的时间；等等。在索引数据库中时间成为一个检索点，并具有排序功能。它可使数据库中的数据按时间次序排列，形成一部大事记的资料线索。例如，对于抗日斗争史料，按时间排序后对研究抗日斗争历史有很大益处。社会生活中以时序法排检信息的例子比比皆是，如手机接收信息、电子邮箱接收来信都是自动按照时间倒排顺序呈现的，一般网站新闻网页、Blog 日志等，都是以时间倒排方式来排列的，最新信息在最上。按时间倒排顺序的方法是与信息的时效性紧密联系在一起的。

总而言之，现代的时序法编排方法比较简单，用户可根据时间顺序（顺查或逆查）检索所有信息。用户在使用古代时序法时应注意各纪年/月/日法的换算。

6.4 地序法及其他排检法

任何事情都是在特定的时间与空间中产生、存在、运动着的，正如时序法一样，空间特征同样可用于排检信息的依据。地序法也是信息排检法中常见的一种。同时，社会生活是丰富多彩的，社会实践中因信息的类型、时效、功用、需求情况等不同而产生出各种各样的信息排检方法。但是无论采取怎样的排检法，目的都是科学编排，方便用户检索、获取和利用信息。而随着计算机、网络技术的发展，排检法在软件程序的支撑下也在悄然地发生变化，用户可以用自然语言轻松检索，检索结果在一定程度上可以按用户喜好排序。

6.4.1 地序法

地序法，即地序排检法，是指按照信息中涉及地理位置或行政区域名称为标识来排检信息的方法。地序法主要用于地域特征比较明显的信息系统或工具书中，可以把同一地域的有关信息素材集中在一起，全面地反映某一地区、某一国家、城市、乡镇等的历史和现状，如《中国地方志综录》。

地序法以信息的形成地区或信息内容所反映的地区为序化符号，按行政区划排列法来组织信息。利用地序法进行信息排序时，一般有序可循。如果是国际性的，或者先区分洲，而后依地理位置从北到南、从西向东排列；或者按国家名称的字母顺序排列。如果是某一国家的，通常以该国规定的行政区划为序。这种方法能反映有隶属关系和横向联系地区的信息。

地序法主要用于编制和检索地理和地方资料的工具书，可以用在研究查考自然资源及经济开发的工具书中，如编制地图集、有关地理资料、方志目录、地方资料等工具书。各类图书中凡涉及世界各国和国内各地区的，也采用地序法。例如，《中国名胜词典》《中华人民共和国分省地图集》《历代地理沿革表》《中国边疆图籍录》《合肥市地方志》《中国邮政编码图集》《欧洲金融年鉴》《中图法》等分类法中的《地区复分表》均按地序法编排有关资料。这些工具书多数附有地名索引，以便在不知地名所属地域时按地名字顺查找。在有些情况下，地序法与时序法交替使用以形成多层次的信息集合，如地方志等。

6.4.2 其他排检法

信息排检法的种类丰富而多样。本章前述的信息排检方法都是在信息组织与信息检索领域中最常见的，在此简单介绍几种其他排检法。

1. 谱序法

谱序法是按照机构建制、血缘关系依次编排文献的方法。常见的检索工具如《历代职官表》(清，纪昀等编，上海古籍出版社 1989 年影印本)，其所列的 76 个表即以清代官制为纲，从中央到地方逐级排列各政权机构的职官，附官名索引，是按官名查检的工具书。世袭表和族谱则按照血缘关系依次排列，如洪秀全家的《洪氏宗谱校补本》(1981 年版)。

2. 代码排序法

代码排序法是在某一社会领域采用有一定行业或专业含义的代码来序化信息的方法。如用邮政编码组织信件，用身份证、学号组织人群信息，用地址码（门牌号）组织住户信息等。文献编号（如专利号、报告号、标准号等）在组织各类信息方面有着重要作用。代码排序法在特定的专业领域是专业信息序化的重要方法，具有简单易用、唯一、标准等特点。

3. 引证关系排序法

引证关系排序法利用信息之间的引证与被引证关系来组织信息，如利用文献之间的引证关系所组织的各种引文索引系统。引证关系排序法不仅是组织信息的一种独特方法，还是进行各种评价研究的基础。

4. 权值排序法

权值排序法即赋予不同信息以不同的权值，以权值大小为依据组织信息的方法，实质是按照信息的重要性来组织信息的方法。例如，决策方案的选择、教学质量的评估等都涉及权值组织法；报纸在版面安排上，最重要的信息总是放在头版头条的位置；电视节目的安排，总是把重要节目放在黄金时间播出。

5. 其他标准排序法

根据某类用户、某用户或用户某方面的特殊需求组织信息的方法，如股票信息、旅游信息、证券信息等，利用信息中其他特性如颜色、重量、速度等其他特征来组织信息等。

众所周知，信息系统存储的信息要满足不同使用者的需求，因此要充分考虑不同使用者的能力和需求，尽量运用多种排检方法以有利于满足不同查阅者的需求。《新华字典》所收的字是按音序法排的，但还列有《部首检字表》（包括部首目录、检字表和难检字笔画索引），这样做是比较合适的。

6.4.3 计算机程序与动态信息排检法

计算机技术、网络技术与数字化技术的发展给信息组织技术带来了变革，信息组织技术的变革直接影响着信息的检索与获取，超文本链接技术使人们可以在网络中任意遨游。各种计算机软件让编排、检索信息变得轻而易举。

1. 超文本链接

互联网是目前最大的信息资源网，它之所以能够使这些信息资源为广大用户所利用，主要依靠下面的三项基本技术：① 确定网上信息资源标识的统一命名方法，URI（Uniform Resource Identify）包括统一资源地址（Uniform Resource Locator，URL）和相应的路径与文件名；② 存取资源的网络协议，如超文本传送协议（HyperText Transfer Protocol，HTTP）；③ 在资源之间很容易跳转、浏览的超文本链接技术（HyperLink）。这三项技术使人们可以通过输入网址直接浏览站点信息，通过搜索引擎检索网络信息。

超文本（HyperText）的基本结构由节点（Node）和链（Link）组成。节点用于存储各种信息，链用于表示各节点（各知识单元）之间的关联。通常的文本信息是用字符串来表达并以线性方式顺序排列的，这种编排方式并不完全符合人们的思维习惯，因为人类的思维很少是线性的，更多是联想式、跳跃式的，是在多角度、多层次上同时展开的过程。而超文本是以非线性方式组织的 。这里的“非线性”是指文本中遇到的一些相关内容通过链接组织在一起，用户可以方便地浏览这些相关内容。这种文本的组织方式与人们的思维方式和工作方式比较接近。

超链接（Hyperlink）是指文本中的词、短语、符号、图像、声音剪辑或影视剪辑之间的链接，或者与其他的文件、超文本文件之间的链接，也称为“热链接（Hotlink）”或者“超文本链接（Hypertextlink）”。词、短语、符号、图像、声音剪辑、影视剪辑和其他文件通常被称为对象或文档元素（Element），因此超链接是对象之间或文档元素之间的链接。建立互相链接的这些对象不受空间位置的限制，可以在同一个文件内也可以在不同的文件之间，还可以通过网络与世界上的任何一台联网计算机上的文件建立链接关系。

因此，超文本存取系统是一种网络式的“数据库”，是按照人脑的联想思维非线性存储、管理和浏览信息的网状结构。在超文本检索系统中，当信息资源数量庞大时，链接的线路会十分曲折，用户容易迷失方向。

2. Tag 技术与信息排序

Tag，直译标签，是一种由用户自定义的、用于描述信息的关键词，特点是无层次结构、自定义，利于普通搜索查找。Delicious、Flikr 等 Web 2.0 网站的发展促进了它的流行，使之成为社会化书签、相册服务、博客等网站的常见功能。但是 Tag 也不同于一般的关键词，用关键词进行搜索时，只能搜索到文中提到的关键词，但 Tag 可以将文中根本没有的关键词作为 Tag 来标记，并可以将所有带有同样标签的文章全部关联起来，便于查找。从目前网络发展形势而言——个人自生成内容（博文、图片、视频等）迅速增加，各类信息海量涌来——Tag 可谓信息管理的强大利器。

在启用了标签技术的信息系统中，信息发布者可以在附设的栏目里为其所发布的信息（文本或图片等）添加一个或多个代表其内容的词语——标签。在启用了标签技术的交互性网站中，每一个用户都可以是标签的创建者，系统会通过相应机制将标注有相同标签的信息聚合在一起，将达到一定词频的标签排列在页面上，一般按字典顺序排序，用字体大小和颜色来表示标签的热度。标签具有超链接功能，可以把信息检索者引导到标有同样标签的信息的导航页面上，这样检索者就可以快捷地找到一系列与其感兴趣主题相关的信息，而且标签建立了与信息发布者之间的关联，可以帮助有共同兴趣和关注的不同检索者建立联系和交流，形成网络社区[1-2]。

3. 应用软件与信息排序

各种应用软件的信息排序功能也关系着人们对信息的编排与使用的效率，在此略举一二。

1）中文文件名按笔画排序

在 Windows 的资源管理器中，不管文件（或文件夹）名是英文还是中文的，当使用“详细信息”方式查看时，在文件列表标题“名称”上单击，文件名默认的排序方式都是按字母的顺序排列的。如果有大量的中文文件名，那么让中文文件名按笔画排序会更符合使用习惯。具体方法如下。

在 Windows 系统中打开“控制面板”，选择“区域和语言选项→区域选项”选项卡；单击“自定义”按钮，弹出“自定义区域选项”对话框；打开“排序”选项卡，在排序方法下拉列表中选择“笔画”。重启系统后，打开资源管理器，单击文件列表标题“名称”，会发现中文文件名已经按笔画多少排序了。

注意：该设置只影响中文名称文件，不管以“发音”还是以“笔画”排序，用英文命名的文件，其排序方式总是按文件名称的字母顺序排序的。

2）Excel 让数据按需排序

如果将员工按其所在的部门进行排序，这些部门名称的有关信息既不是按拼音顺序的，也不是按笔画顺序的，怎么办？可采用自定义序列来排序。

① 在 Excel 2019 中选择“数据 → 数据工具 → 数据验证 → 数据验证”，弹出“数据验证”对话框，进入“设置”选项卡，在“允许”中选择“序列”，在“来源”中输入部门排

---

[1] 于明洁．豆瓣网 tag 模式对图书馆信息组织的启示[J]．数字图书馆论坛，2009(12) : 99-102．

[2] 邓卫华等．虚拟社区中基于 Tag 的知识协同机制——基于豆瓣网社区的案例研究[J]．管理学报，2012(8) : 1204-1210．

序的序列（如“机关、车队、一车间、二车间、三车间”等），单击“确定”按钮。

② 选中“部门”列中的任意一个单元格，可以直接选择自定义的序列中的一个；然后选择“数据 → 排序”命令，弹出“排序”对话框，单击“选项”按钮，弹出“排序选项”对话框，单击“确定”按钮，所有数据就按要求进行排序了。

本章小结

排检法应用十分广泛，如检索工具的编制和检索系统的建立，文献的排架，电话簿、各种名录的编制等。反过来，我们对这些工具书、数据库等信息系统进行检索时也需要掌握信息排检法。常用的排检法有分类排检法、字顺排检法、号码排检法、时序排检法、地序排检法等。信息排检法种类繁多，各有千秋。在信息组织时，字序法是编排字词典的常用方法，而音序法具有国际通用性，部首法、笔画笔形法、四角号码等方法是我国汉语文字编排所特有的传统方法。分类法、主题法、时序法和地序法等是从信息内容的特性方面编排信息的方法，它们在信息排检时并不是独立发挥作用的，还需要借助字序法。在计算机网络时代，主题法更有发展空间。在计算机程序的驱动下，数字化信息排序变得越来越随意、方便。

习 题 6

1. 信息排检法有哪些种类？
2. 部首法中如何确定部首？
3. 四角号码法中的笔形取码规则是怎样的？
4. 我国农历是哪种历法？二十四节气属于阴历吗？
5. 十天干、十二地支、十二生肖各是什么？
6. 主题法与分类法的区别与联系是什么？
7. 检索自己名字的部首、带附号四角号码和汉语拼音。
8. 检索自己生日的阳历、农历、干支历对照，并注明文献来源。
9. 清人袁枚在《祭妹文》的开头就写道：“乾隆丁亥冬，葬三妹素文于上元之羊山……”这里的“乾隆丁亥”是公元哪一年呢？怎样把古文献中的历史纪年改换成公元纪年？

第 7 章

信息组织成果与工具

信息经过前期的选择、揭示、描述、标引、排序等环节，即可形成信息组织成果。其中，大量的信息组织成果又成为人们进行信息检索的工具。越来越多的检索工具的出现，使其进入了信息组织领域。

本章以实例介绍那些使用相对广泛的、综合性的信息组织工具：目录、索引和文摘，还将论述作为当前信息组织最主要成果的重要组成部分的全文数据库、数据库整合与导航以及搜索引擎。

通过本章学习，读者可以了解（或掌握）：

- **目录的类型**
- **索引的概念和类型**
- **文摘**
- **全文数据库的开发步骤与技术**
- **异构数据库整合**
- **信息导航系统的建设**
- **搜索引擎的类型和工作机制**

7.1 目 录

目录，又称为书目。英文 bibliography 是由希腊文“biblion”（book，书）和“graphein”（writing，写）两个单词融合而成的，其最初含义是“the writing of books”（图书的抄写）。后来随着图书的增加，社会对图书概况记录需求的提高，其词义逐步演变成“writing about books”（关于图书的描述）。现代意义上的目录的含义就是著录一批相关的文献，按一定的次序编排而成的一种登记、报道和宣传书刊文献等实体和虚拟信息的检索工具。

目录的名称繁多。中国古代多称目录，西汉刘向编撰的《别录》一书中，著录有《列子目录》，是“目录”一词的最早出处。目录还有其他名称，如“略”“簿”“录”“书录”“书录解题”“题记”“题识”，还有“考”“经籍考”及“书目”“总目提要”“综录”“总录”等。英文中也有用 index、guide、record、catalog 等词来表示目录的，如 Cumulative Book Index、Guide to Reference Books、American Book Publishing Record、National Union Catalog 等。

目录能反映一定历史时期科学文化发展的概貌，是人们对浩如烟海的文献进行记录、整序，并加以控制与管理，便于存储与传递的有效手段，也是查阅和利用文献必不可少的工具。

7.1.1 目录的类型

目录的种类很多，不同的划分标准下有不同的目录类型。国内外的划分方法也不统一。西方国家一般把书目分为三类：一类是列举式书目（Enumerative Bibliography），对书目信息做简要的描述；一类是描述性书目（Descriptive Bibliography），对文献的特征（著者、题名、出版项、页码、书型、插图等）做详细的描述；还有一类被称为评论性书目（Critical Bibliography），也称为分析目录（Analytical Bibliography），是对著者、成书年代、版本插图、构成材料进行考证的书目。这类带有编者评述的书目，有的从内容上对文献进行分析、评论，有的从文献形式上进行考订、比较都是为了指导阅读和帮助选阅文献[1]。中国学术界根据编撰方式和时间等方面的特点，一般将书目分成古典书目和现代书目两种。古典书目包括官修书目（如《四库全书总目》）、史志目录（如《汉书•艺文志》）、私撰书目（如《郡斋读书志》）及版本目录（如《遂初堂书目》）等。现代书目，按不同的角度可划分更多的类型，其中最常用的几种分类方式如下。

1. 按编制目的和社会职能分

1）国家书目（National Bibliographies）

国家书目是全面揭示和报道一个国家出版的所有文献的系统目录。其主要特征包括：所收录的材料主要是在这个国家内出版、印刷、发行的；用这个国家通用的语言编纂的；收录文献所揭示的内容大部分是同这个国家相关的；大部分内容是不断更新的。UNESCO 就国家

---

[1] 李魁彩．情报与文献工作辞典[M]．北京：中国城市经济社会出版社，1990.
图书馆 • 情报学与文献学名称审定委员会．图书馆 • 情报学与文献学名词[M]．北京：科学出版社，2019.

书目的收录范围提出建议：国家书目应不仅收录所有出版社出版的书籍，还应收录非书商经销的书籍；从形式上看，应包括图书、连续出版物、视听资料、地图、论文、艺术印刷品、电影胶卷、缩微资料，以及如今的电子版文档等。国家书目编制工作一般由收藏丰富的国家图书馆承担。较著名的有《英国国家书目》《法国和世界法语出版物总书目》等。国家书目包括回溯性国家书目和现行国家书目。回溯性国家书目是全面反映一国在一定历史时期内的图书文献的总目，如《民国时期总书目》；现行国家书目则全面报道一国近期出版的图书文献，如《中国国家书目》。

2）营业性书目（Book Trade Bibliographies）

营业性书目是一种为满足书业贸易需要、由出版商以盈利为目的而编纂的书目，早年一般涉及一国范围的出版物，目前一些大型的网络版书目数据库则集中了多个国家的出版物。一些编纂质量好的营业书目在某种程度上可充作国家书目。营业书目主要用于商业目的，因而出版信息齐全，但不一定包含完整的图书编目信息。在形式上有征订目录、预告书目（预报数周或数月内将要出版的书刊）、在版书目等。在版书目亦称库存书目或在销书目，一般内容广泛，出版及时，反映在特定时间内市场上所供应的图书。如美国鲍克公司出版的《美国在版书目》(Books in Print，BIP)、英国惠特克公司的《英国在版书目》(British Books in Print，BBIP)。

3）推荐书目

推荐书目亦称导读书目（Best Books），是针对特定的读者，围绕某主题，选择、推荐有关文献，用以指导阅读而编制的书目，如《书目答问》。

2. 按收录内容及范围分

1）综合性书目（Comprehensive Bibliographies）

综合性书目是将各学科门类的图书汇总编成的一种图书目录。其内容广博、包罗万象，既有人文社会科学方面的书，又包括自然科学和应用技术方面的书；层次也不同，既有普及性读物，又有学术性著作。国家书目和大部分营业书目属于综合性书目。

2）专题书目（Subject Bibliographies）

专题书目是为某学科专业或某一研究课题编制的书目，集中揭示某一方面的全部图书信息，也包括那些专门收录某一作者的全部（或部分）著述并兼收研究该作者的资料的个人著述书目，以及那些专门收录有关某地区历史、自然和社会状况的图书文献的地方文献书目。

3. 按著录文献类型分

书目可分为图书目录、丛书目录、报纸目录、期刊目录、方志目录、乐谱目录等。

4. 按文献流通过程和环节分

书目又可分为出版发行目录和收藏目录。收藏目录又可分为私人藏书目录和图书馆馆藏目录。而图书馆馆藏目录则又有单馆馆藏目录和多馆联合馆藏目录之分。联合目录是反映多个图书馆文献收藏的目录，如《中国地方志联合目录》《全国中文期刊联合目录》及美国《全国联合目录》(National Union Catalog，NUC）等。这是信息资源共享的重要前提之一，网络的普及为联合目录提供了优越的条件。

5. 按载体形式分

按载体形式不同，目录可分为书本式目录、卡片式目录、计算机输出目录和联机公共检索目录（Online Public Access Catalog，OPAC）。在互联网如此普及的今天，人们对图书、期刊等文献的管理多采用计算机操作，而很少用卡片式目录了，书本式目录的用户也在减少。相反的是，联机公共检索目录却日益普及。全世界任何联网计算机都可以查询馆藏目录，从而知道哪个图书馆都收藏有什么图书或期刊，还可以进行网上借阅、查询个人借阅情况等。

7.1.2 目录举要

1. 中文目录举要

我国有着悠久的编撰与出版目录的历史，千余年来，我们有着一系列反映从古至今文献出版与收藏信息的目录。

1）检索中文古籍的目录

古代图书通常称为古籍，在国内一般指辛亥革命以前的人所撰写的著作，以及后人整理的古代的文献，如影印本、校点本、汇编本等。我国现存古籍约有 10 万多种[1]，但目前认为有 20 万种[2]。要实现对这些古籍文献信息的检索与开发，就需要利用特定的书目。

（1）查古籍流传

查找古籍的流传情况主要利用史志目录和公私藏书目录。东汉班固根据刘歆的《七略》编写《汉书·艺文志》，开创了史志目录的先河。此后史家修史，都仿效班固作艺文志或经籍志，如《隋书·经籍志》《明史·艺文志》等。但二十五史[3]并不是每部史书都有艺文志或经籍志。清代以后，一些学者相继对正史中的艺文志进行了补撰工作，包括补写、增补或注释等。由于艺文志或经籍志都是根据当时的政府藏书并参考其他官私书目编成的，因此可以描述古籍的流传情况。要了解某书在历代艺文志或经籍志中是否著录，目前常用的工具书是《艺文志二十种综合引得》（哈佛－燕京学社引得编纂处 1933 年编，中华书局 1960 年重印）。

要查考我国历代文献流传使用、评价的信息，一般可以利用《通志》《文献通考》《四库全书总目》和《书目答问》等传统目录。其中使用最多的是《四库全书总目》。由于该书篇幅浩大，不便查检，后又被删节成 20 卷的《四库全书简明目录》，仅收录了《四库全书》中所收的 3000 多种书，并浓缩提要。通过这一繁一简两套目录，可以检索到大多数在我国清代中期以前存世的古籍。另外，《四库全书总目》中也存在一些错误、疏漏，因此要注意利用后人纠谬、补正之作。

（2）查古代丛书

因为战乱、灾害、年代久远或其他原因使得一些古籍失传，但有些古籍则因其被收录于丛书中而得以存世。从这个角度看，丛书对保存古籍具有重要的作用。查找古籍丛书最常用的工具书有《中国丛书综录》《中国丛书广录》《中国丛书综录补正》《中国丛书目录及子目索

---

[1] 王咨臣．对整理古籍的一点意见[J]．赣图通讯，1983(01)：13～16．

[2] 张三夕．建立我们的数据思维——简论大数据时代古籍数字化的若干问题．光明日报，2020-06-13(11)．

[3] 传统的二十四史是古代各朝撰写的二十四部史书的总称。1921 年，当时的北洋军阀政府增加了《新元史》，故合成二十五史。但也有人不将《新元史》列入，而将《清史稿》列入。

引汇编》等。德浩书局 1974 年版的《丛书总目续编》对《中国丛书综录》第一册“总目”进行了补充，收录了台湾地区出版的丛书 600 余种，可查知台湾地区 1974 年前丛书的编纂、收藏情况。还有《四部丛刊书录》《四部备要书目提要》《丛书集成初编目录》等，都可作为查找古代丛书之用。

（3）查古籍版本

版本是一书在流传过程中形成的各种本子，如书写或印刷的形式、年代、版次、字体、装订、内容的更改等，都形成不同的版本。常用的版本目录有《增订四库简明目录标注》《中国古籍善本书目》《中国善本书提要》等，还可以利用《书目答问》《贩书偶记》《中国丛书综录》等。

2）检索近现代中文图书的目录

若要查找中华人民共和国成立前出版的图书，最重要的工具书是《民国时期总书目》。查找近现代出版的丛书主要用《中国近代现代丛书目录》。查找近现代图书还需注意利用一些大的出版机构的图书目录，这些出版机构出版的图书数量大、影响也大，如《商务印书馆图书目录》《中华书局图书目录》《生活·读书·新知三联书店图书总目：1932—1994》等。

查找中华人民共和国成立以后出版的图书，主要用《全国总书目》《中国国家书目》《全国新书目》《新华书目报》等。《全国内部发行图书总目》可与《全国总书目》配套使用。

查找已经出版的图书，除了使用上述目录工具，还可使用大型图书馆的馆藏目录，如公共图书馆、科学院图书馆及高校图书馆的馆藏目录。这些馆藏目录一般都会建立在这些机构的数字图书馆中，为用户提供网络检索的便利。例如，国家图书馆的馆藏目录提供了该馆丰富的馆藏信息，提供了网络检索的条件，其高级检索页面如图 7-1 所示。

图 7-1　国家图书馆联机公共检索目录（OPAC）高级检索页面

中国科学院国家科学图书馆在科技文献信息的收藏、管理与利用方面发挥着重要的作用。中国科学院国家科学数字图书馆的目录体系不仅可以查找国家科学图书馆的馆藏资源，还提供了该馆与中国科学院系统中所有科研院所的馆藏资源，包括一些特藏资源和自然科学领域的外文资料。人们可以通过这个数字图书馆的馆际互借和文献传递系统获取原文。

中国高等教育文献保障系统（China Academic Library & Information System，CALIS）是经国务院批准的我国高校信息资源共建、共知、共享的一个公共服务体系。其中的联合目录数据库子系统，覆盖了全国数百高校的印刷型图书、连续出版物、电子期刊和古籍等多种类型文献；覆盖了中文、西文和日文等语种；内容囊括了教育部颁布的关于高校学科建设的全部的二级学科、三级学科，也是人们查找馆藏文献的重要工具。图 7-2 是 CALIS 联合目录公共检索系统的高级检索页面。

图 7-2　CALIS 联合目录公共检索系统的高级检索页面

而其他一些图书馆，尤其是专业、专题的图书馆的馆藏目录，对于查找特定的图书、特藏的文献也有着不可或缺的作用。

2. 外文目录举要

1）检索外文书刊出版信息的目录

（1）美国在版书目（Books In Print，BIP）

美国的出版信息多通过出版商目录来收集。其中，美国鲍克公司的数据库 Bowker's Books in Print Database 是一个重要的工具，最早源自鲍克公司 1873 年始发的《美国出版商目录年报》（*Publishers Trade List Annual*，PTLA），这是美国出版商、发行商的在版书目总集，集中收录了美国出版商提供的书目，除了将各出版商送交的原始书目的书型、尺寸加以统一并加上少量的出版索引，其余一律照旧，不做更改。因此，其编制体例、著录格式和详尽程度各不相同[1]。

1948 年，鲍克公司开始印行《美国在版书目：著者、书名》（*Books in Print-Author; Books in Print-Title*）目录，提供从书名与著者角度的检索途径；1957 年起，编制发行《美国在版书目主题指南》（*Subject Guide to Books in Print*），提供了主题角度的检索途径。这两种书目专门收录美国出版的或在美国发行的英语图书，提供了多个角度检索已出版图书的入口，解决了 PTLA 不便于检索图书的问题。BIP 系列的书目是以盈利为目的的综合性书商书目，只登记和通报在市场上销售的书，不作为推荐性的目录。

Bowker's Books in Print Database 是这一系列书目的电子版，目前在网络上提供服务。网络版 BIP 除了收录印刷版的同名书目，还包括下列出版物或数据库：Books Out of Print（绝版书目）、Children's Books in Print（儿童书目）、Forthcoming Books（近期出版物书目）、Bowker's Publisher Authority Database（Bowker 出版商数据库）、Ulrich's International Periodicals Directory（乌利希国际期刊指南）等。近年来，该数据库同时发行全球版书目，在原先收录美加图书出版信息的基础上增加了其他一些英语国家的出版信息，包括英国、澳大利亚、南非和新西兰等国在内的英语和西班牙语的图书，形成了全球最大的在线图书书目检索系统，包含在版、绝版和即将出版的数千万种图书和音像制品的书目信息。全球版书目的检索界面与功能与 BIP 美加版相同，是收费的。

网络版的 BIP 增加了更多的功能，如：整合多种书商目录；提供多种检索途径；链接本地图书馆目录（Hooks to Holdings）；链接网上书店，提供检索途径以查找价格最便宜的图书；可以形成用户自己的书目记录，保存检索记录后可得到类似的新书预告；详细的出版商信息（历史沿革、母子公司、联系信息等）；详细的书评信息；作者简介与链接；书奖信息，畅销书信息；系统可根据用户的检索操作形成购书单；第 1 章试读等。

（2）英国国家书目（British National Bibliography，BNB）

这是英国图书馆书目服务部以英国图书馆缴存本图书馆所收到的图书作为编目基础，及时报道英国和爱尔兰出版和发行的图书和新版期刊的书目，这些文献资源的数据始自 1950 年。英国的缴存本图书馆除英国图书馆外还有多家，因此，从 20 世纪 90 年代后，该目录扩展到所有的缴存本图书馆的文献。随着英国缴存本范围的扩大，自 2003 年起，该目录逐渐扩展到电子出版物。除了收录已出版的图书等文献，该目录系统还收录即将出版的新书信息。英国国家书目的出版发行格式包括每周的马克格式交换文档、每周的印本目录和每月的 CD 目录。目前，该目录可以在网络上检索，用户可以免费检索其简单的书目信息，但详细内容只有注册用户才可以获得。

（3）Ulrich 国际期刊指南（Ulrich's International Periodicals Directory）

Ulrich 国际期刊指南是全球范围内的期刊名录数据库，其印刷版创刊于 1932 年，也曾是美国鲍克公司的目录产品，目前以网络数据库的形式提供服务。该数据库提供了世界范围的多于 30 万种正式出版的期刊和非正式的连续出版物，既包括学术性的期刊，又收录开放存取的出版物；既有经同行评议而选出的刊物，又有大众化普及性的杂志；既有收费刊物，又有

[1] 邵献图．西文工具书概论[M]．北京：北京大学出版社，1998．

免费刊物，还有一定数量的报纸、快报。印刷版的期刊目录按照杜威十进分类法来确定所收录刊物的学科类目，按照美国国会图书馆主题词表来确定所收录刊物的主题，包括 100 多个族首级主题词。网络版的 Ulrich 国际期刊指南除了保留原有印刷版的所有功能，还提供了期刊全文文章的链接等服务。

该数据库的检索方式包括快速检索与高级检索两种，可以按照 ISSN、关键词、学科主题、完整刊名、刊名中的关键词等快速查找，也可以按照学科主题、ISSN 或 CODEN 码、出版国别、语种、分类号、电子版提供商等多种方式浏览。

该数据库多用于查找与期刊出版有关的各类问题，如期刊刊名的变更情况、期刊被文摘索引数据库收录的情况等，还链接了 Web of Science 系统的期刊引用报告（JCR）提供的期刊影响因子的数据；反过来，JCR 也链接了 Ulrich 数据库关于某刊的具体信息（如图 7-3 所示）。尽管覆盖面很大，但该目录收录范围仍然以美国等西方国家期刊及连续出版物为主，最近几年收录中国、日本等亚洲国家出版物的范围逐渐扩大。目前，该数据库在 ProQuest 平台上提供服务。

图 7-3　JCR 中与 Ulrich 数据库的链接

2）检索外文书刊收藏信息的目录

（1）美国全国联合目录（National Union Catalog，NUC）

美国全国联合目录是以美国国会图书馆馆藏为主体的北美最大的书本式联合目录，可以追溯到 20 世纪初。1900 年，美国国会图书馆馆长 Herbert Putnam 采用卡片目录，开始编制美国全国联合目录。1942 年以前，美国国会图书馆以寄存方式，将卡片目录分赠各大图书馆。在长期的卡片目录基础上。1942 年，美国国会图书馆出版 *A Catalog of Books Represented by Library of Congress Printed Cards*，内容是 1898 年至 1942 年 7 月 31 日的卡片，共 167 册；1953 年，改名为 *National Union Catalog*；1956 年，改为以月刊、季刊、年刊的方式发行；1956 年后，扩大到北美 1500 多个图书馆的收藏，是世界上迄今卷数最多的书本式目录。

（2）美、加连续出版物联合目录（Union List of Serials in Libraries of the United States and Canada）

这是收录北美连续出版物的联合目录，最初的印本书收录美国和加拿大 956 个图书馆收藏的 1950 年以前出版的 156499 种连续出版物，1950 年后更名为 New Serial Titles（新连续出版物联合目录），后来发展成为期刊联合目录数据库 Union Lists of Periodicals，在美国计算机联机中心 OCLC 中提供服务。该数据库包括数千种期刊的馆藏情况，每条记录中都列出了 OCLC 成员馆收藏这种期刊的逐期的情况。

（3）OCLC 世界书目（WorldCat）

WorldCat 是世界范围图书馆的图书和其他资料的联合目录数据库，是美国联机图书馆中心（Online Computer Library Center，OCLC）的核心数据库之一。OCLC 始建于 1971 年，当时只联合了美国俄亥俄州的 50 多个大学和学院图书馆的联机编目中心（早期 OCLC 的含义是 Ohio College Library Center）。

随着计算机和互联网的发展，OCLC 在联机目录领域快速发展，其中的 WorldCat 目前已成为连接世界范围内 100 多个国家或地区的 7 万多家图书馆、400 多种语言或方言的最大馆藏信息提供者。OCLC 的每条记录中都带有馆藏地点，包括以下类型的目录资料：图书、手稿、计算机数据文件、地图、计算机程序、乐谱、影片和胶片、报纸、期刊、录音资料、视频资料、网络资源等。除了报道一般的常规书目数据，OCLC 还包括其他一些有价值的信息，如内容目录、封面设计艺术、内容提要、著者简介等 OCLC 提供的书目信息最早始自公元前 1000 年，从泥版书到电子书，从早期的唱片到如今的 MP3，从莎草纸手稿到网络地址，范围之大、内容品种之多，非任意一个独立的图书馆能与之匹敌的。其数据库以前只在美国 OCLC 的 First Search 系统中提供服务。自 2005 年起（一年试验后），该数据库已由 OCLC 与谷歌和雅虎这两大搜索引擎合作，通过搜索引擎也可以检索到这个书目数据库的信息。

（4）美国国会图书馆联机目录（Library of Congress Online Catalog）

美国国会图书馆联机目录是反映美国国会图书馆基本馆藏的书目工具，除了反映馆藏的著录，还包括参见、注释、流通状态，以及处于采购编目状态的文献。该数据库覆盖的文献类型包括图书、期刊及连续出版物、计算机文档、手稿、图谱、乐谱、有声文献、图像文献等。该数据库还提供 1984 年以来的中文、日文和朝鲜文的译文资料目录，以及 1988 年以来的希伯来语和依地语目录、1991 年以来的阿拉伯语和波斯语目录。该数据库提供基本检索（Basic Search）和高级检索（Advanced Search）的检索界面，并有语种、年代等限制条件。

7.2　索引与文摘

7.2.1　索引的概念

索引是将原始文献中某些重要的或有意义的信息，如书名、刊名、篇名、主题、人名、地名等分别择录出来，进行标引，再按一定方式编排（通常是异于原始文献的排序），并注明出处，以供检索的工具。索引包括四个基本要素：索引源、索引款目、编排方法和出处指引系统。索引也是一种传递文献信息、揭示与检索文献的工具，在这个意义上，索引与目录有异曲同工之处。但索引与目录也有差别，目录以文献整体为记录和检索单元，如一册书、一种期刊、一次会议、一本论文集等（换句话说，目录以单本文献为报道单元），而索引是以文献中的个别事项和内容为记录和检索单元的，如一种期刊中的一篇文章、一本论文集中的一篇论文、一本书中的一个章节、一次会议中的一篇报告等（换句话说，索引是以单篇文献为报道单元的)，并告知这篇文章所在的位置，或曰出处，起到指南、导向、示址的作用。

索引不仅为用户提供多种文献检索途径，还能通过检索词的使用，反映某文献的主题内容及关于某一学科或课题的最新观点和发展趋势。同时，索引作为一种应用范围十分广泛的检索工具，在因特网的条件下繁荣发展，更成为人们全面准确收集基础数据并进一步分析利用的最常用的检索工具之一。另外，在印本时代因其篇幅小的优点常区别于后文提及的“文摘”检索工具，在电子本时代不再有篇幅压力的情况下，索引多与文摘合为一体呈现了。

7.2.2 索引的类型

1. 按索及对象及挖掘的深度划分

1）篇目索引

篇目索引是只标引索及对象（如图书或报刊文章）的篇目信息（只标引篇名、作者、出处信息，不标注正文内容)，按一定的编排顺序将所提取的标识组织起来并提供原文所在位置的检索工具。在国内，篇目索引有时也被称为“题录”。篇目索引的主要作用是查阅报纸、期刊、会议录中的文章。

2）内容索引

内容索引是深入到文献的具体内容，提取出表征内容特征的字、词、句、主题等反映原文内容并具有检索意义的信息，按一定的编排顺序将所提取的标识组织起来，并提供出处的检索工具。内容索引一般多附在专著、学位论文、年鉴或百科全书等类型的文献后，也称为书后索引或书末索引。在数字时代，众多的单本图书书末索引结集一体即可形成新的数据资源，将十分有利于图书内容的深入挖掘和分析应用。

2. 按索及对象的文献类型划分

1）期刊索引（Periodical Index）

就涉及的文献范围，期刊索引可分为专刊索引和多刊索引两类。专刊索引是某种期刊的辅助检索途径，一般伴随该期刊连续出现，或置于每期现刊之末，或单独成册出版（前一种方式最为常见)。许多外文学术期刊都有辅助索引，并多有不同周期的累积索引，如期索引、季度累积索引、半年累积索引、全年累积索引。一些历史久远的期刊还有跨年的累积索引，可以起到回溯性期刊文献检索工具的作用。所谓多刊索引，是相对于专刊索引而言的，即收录多种期刊的索引。

期刊索引可按索引文献的时间分为现行索引和回溯性索引两类。现行期刊索引以当前期刊论文为收录对象，定期连续发行，并有年度累积本。最早出现的现行期刊索引是美国在 1879 年创刊的 *Index Medicus*（《医学索引》)。回溯性索引是指以某一时期期刊文献为收录范围所编制的索引，如西方国家著名的回溯性和综合性期刊索引 *Poole's Index to Periodical Literature* 就是查找 19 世纪期刊论文的最重要的工具。随着因特网的发展，许多数据库大力拓展回溯数据的开发，如美国的 Web of Science 数据库，原印本刊分别创刊于 1963 年《科学引文索引》和 1972 年的《社会科学引文索引》，现网络版的均已回溯到 1900 年；我国上海图书馆的《全国报刊索引》，其印刷本创刊于 1955 年，而其网络版的数据已回溯到 19 世纪中期。回溯数据库在文科领域尤其兴盛，如美国 H.W. Wilson 公司的多个数据子库都在大力推行回溯子库。

从索引内容的学科覆盖面来看，又有综合性期刊索引和专科性期刊索引之分。综合性期刊索引如《全国报刊索引》、*Readers' Guide to Periodical Literature* 等。专科性期刊索引所索引的学科范围则相对较狭，但内容集中且挖掘深入，如 *Humanities Index*、*Education Index*、*Alloy Index*、*Short Story Index*。

2）报纸索引（Newspaper Index）

报纸索引在其许多款目下有简明提要，因而具有文摘的作用，既可用于查明关于某事件或消息的来源，也可直接用于回答什么事情发生于何时何地或始末等问题。事实上，报纸索引既是报纸内容的检索工具，兼备资料性工具书的作用。例如，*New York Times Index* 就是比较著名的外文报纸索引。

3）文集索引（Index to Materials in Collections）

文集是一人或多人著述的汇编，如诗歌集、论文集、译文集、演讲集、会议录、某著者专集或选集等。文集以书的形式出版，在目录中反映的是该文集的整体情况——书名、编者、出版者、总页数等，反映不出文集中具体文章的内容。揭示文集内容的工具是文集索引。如果没有文集索引，散布在成千上万册文集中的具体文章是很难查找的。文集索引以人文科学、尤以文学类的居多，社会科学和自然科学方面的文集索引则相对较少。中文文集索引在古籍中的应用较多，常用的文集索引有《清代文集篇目分类索引》《元人文集篇目分类索引》等。外文文集索引多用在文学类的作品方面，常用的有 *Essay and General Literature Index*（《散文和一般文献索引》）、*The Columbia Granger's Index to Poetry in Anthologies*（《哥伦比亚格兰杰世界诗歌索引》）、*Short Story Index*（《短篇小说索引》）、*Play Index*（《戏剧索引》）等，原先的印本索引现在都可以在 H.W. Wilson 数据库中检索。

4）书评索引（Book Review Index）

书评是研究和了解某书或某人的学术思想、政治观点或艺术风格的不可缺少的资料，是推荐图书、指导阅读的工具，也是评价和选购图书的重要依据之一。通过书评，读者还可以了解书刊出版后的反响、社会效果、有关研究领域的发展动向及出版国当前在政治、社会、文学、艺术和科技方面的现状等。

书评往往刊载在专门的书评刊物、图书馆类杂志、各专业杂志或报纸的副刊上。收集分散在各处的书评并指引出处，即为书评索引，如美国专门出版 *Book Review Index*。也有一些索引工具书附有书评索引，如 *Readers' Guide to Periodical Literature*、*Library Literature* 将正文中的书评索引款目提取出来，汇总成书评索引附在书后，提供用户检索书评信息的便利。

5）会议录索引（Proceedings Index）

会议文献的称谓很多，如会议录、会报、议事录、会议文献汇编、学术报告集。英文常用 Transactions 表示会议上发表的论文，用 Proceedings 表示会议的记录和会后整理出版的会议文献。由于会议录汇集了会议上发表的论文、讲话和报告，成为获取科学技术信息和学术研究成果的重要来源。各种会议规模、类型、性质不同，有鉴定会、研讨会、座谈会、专题讨论会等（英文名称有 congresses、conferences、conventions、seminars、symposia、workshops 等），内容重叠交叉，有时也很难区分。会议录的形式也很复杂，有会前预印本、论文摘要、会议期间的论文汇编等，有的会议录作为图书、论文集、丛书出版，有的则以期刊特辑、声像资料的形式发行。

与其他出版物相比，会议录往往能更快地反映前沿科学的新动向和新成果，内容也较专深。有的会议录论文不再在其他出版物上刊载，难以获得，所以它普遍受到科研人员的重视。

6）引文索引（Citation Index）

利用论文后引用的参考文献去追溯另一批相关的文献，这样层层追踪，直至获得满意的结果，这就是引文法，其检索工作量非常大，但引文索引大大方便了这种查找方式。引文索引是利用文献之间的相互引证关系来检索文献的。从引文索引中查出一批所需的文献后，再利用这些文献的引文查找一批新的文献，这样不仅能获得一定数量的相关文献，还能揭示旧文献对新文献的影响、新文献对旧文献的评价，展现新旧文献在学术研究中的关系。由于引文索引索及各学科的文献，因而还能从不同角度揭示学科交叉和相互渗透的关系。另外，根据引用频率的高低，结合其他方法，能为评价某一论文、某一期刊、某一著者、某一机构、某一地区，甚至某一国家的学术水平和产生的社会影响提供相对比较客观的依据。

在深入了解、研究引文索引之前，必须先弄清以下几个概念。

① 原文（来源文献）：Citing Papers 或 Source Items，列有参考文献的原始文献，如各类论文、图书等。SCI、CSSCI 等引文索引中的原文一般以期刊文献为主。

② 引文（被引文献）：Cited Papers、Cited Reference 或 Citations，被来源文献著者引用的文献，如论文或图书后列出的参考文献就是一种典型的引文。不过，英文 citation 一词用在其他文摘、索引类的检索工具中也含有款目、条目的含义，相当于 entry 一词。在更狭义的含义上，citation 有时就表示一篇摘要。

③ 来源著者：Citing Author，引用文献的著者，即来源文献的著者。

④ 被引著者：Cited Author，被引文献的著者。

⑤ 引文耦合：若文献 A 引用或参考了文献甲，则文献甲是文献 A 的引文；而文献 A 提供了包括文献甲在内的若干引文，则将文献 A 称为来源文献。若来源文献 A 和来源文献 B 都引用了引文甲，则称文献 A 和文献 B 为引文耦合，而文献甲就是它们的引文耦合。引文耦合愈多，其相应的来源文献之间的相关性愈高。

⑥ 同被引：若有两篇引文文献甲、文献乙共同被后来的一篇或多篇文献所引用，则称文献甲、文献乙之间有同被引关系。同被引频次（或称为同被引强度）愈高，则其相应的来源文献间的关系愈密切。

⑦ 自引：来源文献的著者引用自己先前发表的作品，则被称为自引。自引一般可以反映某项或某些研究工作间的承接关系。

文献之间的引证关系反映了一种科学交流活动，显示了科学文献之间、刊载文献的期刊之间、文献著者之间及文献所属学科之间的内在联系。论文之间的互相引证和被引证的关系使许多论文联系起来，构成论文网，这些论文的著者也因此被引文联系了起来，构成著者网，并在相关的学科领域形成文献网。通过追溯文献之间被引文联系起来的这种引文关系，检索者可以找到一系列内容相关的文献，据此编制成以被引用文献的著者为标目的索引，开辟了一种检索途径。

通过参考文献（Cited Reference），人们可以发现某一作者的研究如何受到前人的影响；通过被引用次数（Time Cited），人们可以了解一篇论文（实际上也反映了一项研究）对之后的研究所产生的影响；通过相关文献（Related Records），人们可以很方便地检索到引用相同文献的论文。

3. 按索引语言划分

1）题名索引

根据索引文献中的题名而编制的索引，一般有书名索引、刊名索引、篇名索引等。

2）著者索引

根据索引文献中的责任者而编制的索引，一般有著者索引、专利发明人索引等。

3）机构、团体索引

根据索引文献中的著者单位或团体著者而编制的索引，一般有团体索引、机构索引及著者附属单位索引等。

4）分类索引

根据索引文献中的分类号而编制的索引。图书、期刊、会议文献中都会有这种分类索引，国内多为按中图法编制的中图分类号索引。也有为专利文献而编制的国际专利分类索引。国外的分类体系较多，名称也不尽相同。

5）主题索引

按索引文献中的主题词而编制的索引，一般有标题词索引、关键词索引等。

6）引文索引

引文索引是按索引文献的参考引文信息及索引文献被他人引用的信息而编制的索引，也包括索引文献本身的基本信息。在印本索引工具中一般有引文索引（按索引文献的引文而编制的索引，如引文著者索引、引文期刊索引等）及来源索引（这是根据索引文献本身的内容而编制的索引，如著者、机构、关键词等常用索引）。在机检数据库中，引文数据库还提供索引文献被他人引用的文献信息（关于引文索引的详细内容可参见 7.2.2 节的 2 中按索引及对象的文献类型分类下的引文索引介绍）。

7）号码索引

号码索引是根据索引文献的各类号码而编制的索引，如期刊文献中的国际连续出版物号索引、化学文摘中的化学物质登记号索引、专利文献中的专利号索引、科技报告中的报告号索引、合同号索引、资助号索引、标准文献中的标准号索引等。

7.2.3 索引举要

索引是信息组织的主要成果之一，也是信息收集环节的重要检索工具之一。从古到今，从国内到国外，无论是综合性领域，还是专业性学科，无论是印本书，还是电子版、网络版，索引无处不在。尤其是在网络数据库迅猛发展的今天，许多网络索引工具都相继建立索引与全文间的链接，使索引的应用更加广泛、索引的发展更加繁荣。有关索引的详细举要将会在专业的图书中介绍，这里只列举几种最常用的、综合性的索引工具。

1. 中文索引举要

1）《全国报刊索引》

上海市图书馆在 1955 年 3 月创刊了《全国主要期刊资料索引》，初期为双月刊，1956 年改名为《全国主要报刊资料索引》，同年下半年起改为月刊，1959 年起分成《哲学社会科学版》与《自然科学技术版》两刊，一直出版至 1966 年 9 月，曾经休刊。1973 年，复刊时正式改名为《全国报刊索引》(月刊)，前期哲社版与科技版合一，1980 年又分成《哲学社会科学版》与《自然科学技术版》两刊，出版至今。在印本索引的基础上，由文化部立项、上海图书馆承建开发了《全国报刊索引数据库》，其收录的内容及收录范围与《全国报刊索引》基本相同，但数量和收录报刊品种更多。该库集全文库、索引库、专题库、特色库、报纸库、会议论文库为一体，最早的数据回溯到 1833 年。

2）中国科学引文数据库

中国科学引文数据库（Chinese Science Citation Database，CSCD）由中国科学院文献情报中心创建于 20 世纪 90 年代，这是我国第一个引文数据库，曾获中国科学院科技进步二等奖。1995 年，CSCD 出版了我国的第一本印刷本《中国科学引文索引》；1998 年，出版了我国第一张中国科学引文数据库检索光盘；2003 年，CSCD 上网服务，推出了网络版；2007 年，中国科学引文数据库与美国 Thomson-Reuters Scientific 合作，与 Web of Science 实现跨库检索。

CSCD 收录我国数学、物理、化学、天文学、地学、生物学、农林科学、医药卫生、工程技术、环境科学和管理科学等领域出版的中英文科技核心期刊和优秀期刊千余种，分为核心库和扩展库，数据库的来源期刊每两年评选一次。核心库的来源期刊经过严格的评选，是各学科领域中具有权威性和代表性的核心期刊。扩展库的来源期刊经过大范围的遴选，是我国各学科领域优秀的期刊。

3）中文社会科学引文索引（Chinese Social Sciences Citation Index，CSSCI）

由南京大学成功研制的“中文社会科学引文索引”是国家、教育部重点课题攻关项目。1999 年南京大学中国社会科学研究评价中心开始研制并出版光盘版《中文社会科学引文索引》，同时提供网上查询与统计服务（包括网上服务）。该数据库主要分为“来源索引”和“引文索引”两部分。来源文献检索途径包括：篇名、作者、作者所在地区机构、刊名、关键词、文献分类号、学科类别、学位类别、基金类别及项目、期刊年代卷期等。被引文献的检索途径包括：被引文献、作者、篇名、刊名、出版年代、被引文献细节等。检索结果按不同检索途径进行发文信息或被引信息分析统计，部分数据可以链接全文。2006 年，组织研发 CSSCI 扩展版数据库。2007 年，研发 CSSCI 集刊数据库，于 2008 年投入使用。2008 年组织研发 CSSCI 检索平台（第 2 版），于 2012 年投入使用。2014 年，组织研发 CSSCI 一体化检索平台（CSSCI 第 3 版），于 2017 年投入使用。2015 年，研发《中文学术图书引文索引（CBKCI）数据库》，于 2017 年 12 月正式发布并投入使用。2021 年 4 月公布 CSSCI 来源期刊目录（2021—2022），收录大陆期刊 583 种、台湾期刊 30 种，报纸理论版 2 种，共 615 种。来源期刊扩展版目录（2021—2022）收录期刊 229 种。

2. 外文索引举要

1）Web of Science

Web of Science 是美国系列引文索引的合称，是一种以期刊论文、专利说明书、科技报告等类型的文献所附的参考文献的作者、题名、出处等项目按照引用与被引用的关系进行排列而编制的索引。引文索引思想最早在 1955 年由美国学者加菲尔德（Eugene Garfield）提出。在他的主持下，美国费城科学信息所（Institute for Scientific Information，ISI）于 1963 年推出了《科学引文索引》，1972 年出版了其姊妹篇《社会科学引文索引》，1978 年又出版了《艺术与人文科学引文索引》。随着文献信息的电子化和互联网的出现，引文索引又在印刷版的基础上相继发展出光盘版和网络版。

无论是印刷版还是光盘版、网络版，美国引文索引主要分为两部分：来源索引部分和引文索引部分，其主要作用也可定义为文献检索工具和引文分析工具。

① 文献检索工具：与普通的文献检索工具相比，Web of Science 的各子库是经过影响因子等科学工具筛选后确定的世界范围内自然科学、社会科学和人文科学方面万余种核心期刊的综合性的、多学科的、具有权威性的索引文摘类检索数据库。既可以从篇名、关键词、文摘、著者、来源期刊、机构、地址等角度检索世界范围的各主题核心期刊文献信息，又可以查阅到在专业学科文献集合中难以查检的某些交叉学科的资料，具有学科范围广、地域覆盖面宽、时间跨度大等特点，可帮助用户全面地了解和掌握特定主题的研究成果的线索。与其他普通的文摘检索工具相比，引文索引还具有参考文献和被引文献的链接和相关文献的链接。

很多人将引文索引仅定义为引文分析工具，忽略了引文索引的文献检索功能，这实在是一个误区，也是使用这一数据库的一大损失。

② 引文分析工具：科学家认为，在一定的时期内一篇文章的重要程度或者说影响力可以通过被引用的程度来衡量。Web of Science 独特地收集了每篇文章的参考文献，并且编制成索引。通过对引文的分析，可以了解某一学者的研究成果被他人关注的程度，以及对其他研究的影响。从某学科内部期刊、文献的引文所反映的主题相关性，可以了解某一学科的结构。从不同学科期刊、文献引用的网状和链状关系，可以揭示各学科之间的关系，可以展现某项目或事件的发生和发展，揭示某思想或方法的改善、扩充和修正等，了解各领域的前沿问题，从而得到完整的科学发展史，并预测未来的发展方向和热点问题。

由于 Web of Science 的市场价格较高，因此买方一般不购买其全部数据库或全部回溯年代或全部链接的使用权，而是其中某一部分或某些部分。如国内一些单位只购买其中的 SCI Expanded，回溯年代则根据各订购单位的需要自定。

Web of Science 原本是一个索引性质的、独立的数据库，但近年来开发商通过开发数据库的链接功能使这个数据库与其他一些数据库连接起来，大大增强了这一数据库的使用功能。如通过 Web of Science，研究人员可以链接到某些论文的全文，该系统目前已与多个全文期刊出版商建立了全文检索连接关系，帮助用户通过该数据库的文献线索直接看到原文。

2）Scopus

Scopus 是著名学术出版社爱思唯尔（Elsevier）继其全文期刊数据库 Science Direct 后推出的以期刊文献为主的大型文摘索引数据库，覆盖来自 150 多个国家、超过 40 种语言、5000 多家国际出版商的约 21900 种来源期刊，其中大多数为同行评议期刊，还有一定数量的图书、丛书、会议论文、专利文献等。其数据库每日更新。

Scopus 提供的机构库功能支持机构检索和分析功能（涵盖了高校、政府机构、科研机构、企业 R&D 等，每个独立机构在 Scopus 中赋予了一个机构编码 Affiliation ID）；针对每个机构，统计了各机构的文献信息（总发文量，总被引次数）、主要作者、各领域发文占比、期刊源、专利信息等。数据库的作者身份识别系统（Author Identifier，涵盖了全球 3000 多万学者信息，每位作者在 Scopus 被赋予了一个作者编码 Author ID）可以帮助用户排除容易混淆的作者和确定唯一作者。将作者身份识别与引文追踪结合运用，可以方便地对特定文献的影响、作者的影响和特定期刊的影响进行分析。

3）Wilson 索引数据库

Wilson 网络数据库是 H.W. Wilson 出版公司的产品。自从 1898 年 *Cumulative Books Index*（《累积图书索引》）出版后，索引类的工具书开始成为该公司的发展方向。1901 年，*Readers' Guide to periodical Literature*（《期刊文献读者指南》）的问世赢得了很好的国际声誉。20 世纪 80 年代早期，电子出版物开始发行，现在已有几十种大型索引和目录数据库，并建立了基于互联网的数据库——H.W. Wilson Databases，目前在 EBSCO 的平台上提供服务。

Wilson 网络数据库的范围包括应用科学技术、艺术、生物与农学、商务、教育、人文科学、社会科学等，其中许多数据库同时提供不同的文献版本，即索引数据库、文摘数据库、全文数据库，供用户根据自身的需求环境按需订购；也有在原先印刷本的索引工具书基础上形成的网络版，如读者期刊文献指南、论文与一般文献索引、商务期刊索引、图书馆学与情报科学索引等，都在印刷本的基础上，借助网络的优势，做了大量的扩充，使之获得更好的检索效果和更便捷的链接；有一些数据库的组合版本，以适用于不同的用户群；还有大量的全文传记数据库、书目数据库。

总的来说，Wilson 网络数据库偏重于社会科学、人文科学、经济商务及应用科学技术和综合科学技术，如 Readers' Guide to Periodical Literature（期刊文献读者指南）、Social Sciences Index（社会科学文献索引）、Humanities Index（人文科学索引）、Essay and General Literature Index（散文和一般论文集索引）、Art Index（艺术索引）、Biography Index（人物传记索引）、Book Review（书评摘要）等。

Wilson 还有很多专业的数据库，包括应用科学技术、商务、法律、教育、图书情报学等，这里不一一列举。

4）美国信息集团科技文摘数据库

美国剑桥科学文摘社（Cambridge Scientific Abstracts，CSA）是一个出版科学技术文摘索引类文献的私营信息公司，2007 年与美国 ProQuest Information and Learning 合并，现拥有近百个网络数据库，覆盖的学科范围包括生命科学、水科学与海洋学、环境科学、计算机科学、材料科学、航空航天及社会科学、人文科学等。这些数据库大多是从传统手工检索工具延伸而来的，所以其标引加工一般比较科学、专业、稳定，检索结果为文献的题录及文摘信息。其学科范围涉及生命科学、水科学、环境科学、计算机科学、材料科学和社会科学等。具体的数据库（其中有的数据库在一个以上的学科中重复反映）如下。

① 艺术与人文科学部分的数据库有：现代艺术书目；Avery 建筑期刊索引；不列颠人文科学索引；艺术史书目；设计与应用艺术索引；设计师与设计公司文档；法国人文社会科学索引；伊斯兰索引；语言学与语言行为摘要；现代语言协会国际书目；哲学家索引；音乐文献摘要等。

② 自然科学部分的数据库有：农业索引；水科学索引；水科学与渔业文摘；生物学系列数据库（包括生物学、水科学、海洋生物学，藻类、真菌、原生动物学、动物行为、细菌、钙和钙化组织、化学反应、神经学、生态学、昆虫学、遗传学、健康与安全、人类基因、免疫学、工业与应用微生物、核酸、致癌基因、生长因素、毒物学、滤过性微生物学和艾滋病方面的专题数据库，还有多个生物摘要方面的数据库）；生物技术与工程文摘；生物技术研究文摘；会议索引；环境影响摘要；环境科学与污染管理；地球科学参考数据库；地球科学数据库；国际制药文摘；医学文摘；气象及地球天文物理文摘，美国科技信息服务局数据库；

体育教育索引；植物索引；科技摘要；毒物学在线；水资源文摘；动物学记录；等等。

③ 社会科学部分的数据库有：老年学数据库；应用科学索引与文摘；人际交流障碍文献；人际交流文摘；犯罪审判文摘、经济学文摘、教育学文摘、社会科学国际书目；国际管理机构数据库，伊斯兰索引，图书馆与情报学文摘；国家犯罪审判参考服务文摘；以及一系列的心理学方面的数据库；一系列的社会工作数据库，社会学数据库，政治学数据库等，还有Scopus 商务与经济部分等。

④ 工程技术部分的数据库有：航空宇宙与高科技数据库；新技术与工程文摘；水科学；生物技术与生物工程；生物研究文摘；微电子学与包装材料数据库；热物理数据库；国际计算机文摘；土木工程文摘；工程技术图表图像数据库，技术研究系列数据库；地震工程数据库；信息技术个案数据库；国际信息研究关注数据库；机械与交通工程文摘；纸业文摘；聚合物文摘等。

7.2.4 文摘

国家标准《文摘编写规则》（GB 6447—1986）将文摘定义为“以提供文献内容梗概为目的，不加评价和补充解释，简明、确切地记述文献重要内容的短文”。

作为检索工具，文摘以简练的形式将文献的主要内容扼要地做成摘要，并按一定著录规则与排列方式系统地排列起来。它不仅记录文献的基本书目信息，还提供文献的内容梗概，是系统报道、积累和检索文献的重要工具。

文摘与索引一般都是以单篇文章作为报道单元的。实际上，文摘是在索引的基础上加上了文献主要内容的摘要。在印本书时代，文摘与索引还是有很大的区别的，例如，索引以报道文献的外部特征为主，而文摘以报道文献的内部内容为主；索引多为综合性的，而文摘多为专科性的；索引多数按主题或著者来编排，而文摘多数则按学科分类来编排；文摘的时差比索引的大；文摘所报道的文献的数量相对比较少。所有区别多数是因为有了文摘后，印本书的篇幅比较大，在同单元、同大小的印本中，文摘可容纳的篇幅比索引要小得多。但在电子书本的时代，计算机的大容量使得人们在文献加工时完全可以忽略篇幅的问题，加上期刊的电子化出版，也减少了数据库在文摘加工阶段的耗时，所以在网络时代，从检索工具角度看，索引与文摘的区别越来越小。许多印本时代的索引目前都逐渐发展为文摘性的工具，包括前文介绍的引文索引等。

7.3 全文数据库

7.3.1 全文数据库概述

1. 全文数据库的定义

全文数据库（Full-text Database）是收录有原始文献全文并能提供全文检索的一类文献信

息数据库。与传统书目数据库相比，全文数据库集文献检索与原文获取于一体，是近年来发展迅猛、使用频率较高的一类文献数据库。

20 世纪 80 年代中期以来，全文数据库在数据库中所占比例逐年增大。特别是进入 20 世纪 90 年代，随着互联网的普及和网络技术的发展，人们可以越来越方便和频繁地在网上访问和获取数字信息资源，从而也就越来越希望在网上直接得到一次文献。因此，全文数据库特别是基于互联网开发的全文数据库及全文服务飞速发展，已成为文献数据库的主流。

2. 全文数据库的类型

全文数据库按照不同的标准可划分为不同类型：按照文件存储形式，可划分为文本型、图像型和多媒体型；按照收录的内容和学科专业范围，可划分为综合型、专业型和专题型；按存储服务形式，可划分为光盘版和网络版等。通常，对全文数据库的分类更多是依据其处理的常用对象类型来划分的。

① 报刊全文数据库：以收录报纸或期刊上的文章为主，如美国计算机学会的 ACM Digital Library 全文数据库、Emerald 全文数据库、中国知网学术期刊全文数据库、中国人民大学书报资料中心编选的《复印报刊资料》全文数据库、重庆维普的中文科技期刊全文数据库等。

② 商业信息、统计报告全文数据库：收录各类市场新闻、公司信息、研究报告、调研报告等，如 EBSCO 的“商业资源电子文献库”。

③ 法律法规和案例数据库：主要收录法律法规、司法解释、法院案例及判决书等，如 LEXIS-NEXIS 的 LEXIS 数据库、万方中国法律法规全文数据库。

④ 政府工作报告和新闻信息全文数据库：如 LEXIS-NEXIS 中的 NEXIS 数据库。

⑤ 其他对象类型的数据库：如电子图书全文数据库、古籍全文数据库、专利全文数据库、标准全文数据库等。

3. 全文数据库的特点

与文摘数据库、索引数据库、引文数据库等文献数据库相比，全文数据库具有以下特点。

① 信息内容的原始性。全文数据库集题录、文摘、全文于一体，用户可以直接检索并获取原始文献。

② 信息检索的彻底性。除了一般检索方法，往往增加了全文检索和引文检索，可以对文中任何字、词、句进行检索。

③ 检索语言的自然性。既支持题录信息的规范语言检索，又支持题录和全文的自然语言检索。

④ 标引方式的灵活性。全文数据库一般经过标引或者采用人工标引或者全文自动标引。

⑤ 检索结果的准确性。全文数据库收录信息一般经过人工筛选，信息质量高。

⑥ 存储空间大。因为要存储各种文件格式（PDF、CAJ、VIP 等）的原文信息，甚至多媒体文件，所以全文数据库的存储空间较大，通常达到 TB 级。

4. 全文数据库的评价标准

随着全文数据库应用越来越普及，对全文数据库的评价也引起学术界和信息机构的关注，建立全文数据库的评价标准，对于信息机构选择全文数据库、建设全文数据库资源和提供服务都具有重要意义。

从目前的研究来看，全文数据库的评价主要从资源内容和检索系统两方面衡量，采用层次分析法，可细分出如表 7-1 所示的评价指标体系。

表 7-1　全文数据库评价指标体系

一级指标	二级指标	三级指标	说　明
资源内容	权威性	学科情况	提供全文的出版物学科覆盖情况
		全文收录情况	收录全文的比例
		核心出版物收录情况	核心出版物占整个收录出版物的比例
		注销出版物收录情况	注销出版物全文收录情况
		资源加工质量	原文加工情况、题录质量、是否标引等
	时效性	覆盖时间	出版物收录全文的时间范围
		更新频率	全文数据库更新周期
		滞后周期	与印刷型出版物出版相比的滞后时间
检索系统	响应性	响应时间	检索响应的速度
	科学性	检索性能	包括检索技术、检索方式、检索途径
		检索结果	包括检索结果的排序、相关度、显示方式等
	易用性	检索界面	界面的友好性，是否包括导航、检索提示等
		原文获得	是否可以直接下载、共享使用

① 学科情况。即全文数据库中提供全文的出版物学科领域覆盖范围，不同的全文数据库收录的学科范围和侧重点有所不同，数据库覆盖范围的广度、提供内容的多少是评价全文数据库资源的重要标准。

② 全文收录情况。所谓全文数据库，并非其收录的报刊、报告全部都是全文，因此全文占多大比例就很重要，通常全文占到 50%左右即可以称为全文数据库，而全文能到 65%以上就是比较好的全文数据库了。另外，全文是指整篇文献的收录，有些数据库号称收录全文，但实际上有时一篇文章由于版权等问题，只给出一部分篇幅，这样的“全文”是有水分的。

③ 核心出版物收录情况。全文数据库往往为了求“全”而不断增加来源出版物，但全文数据库中核心期刊和权威出版物所占比例是衡量数据库质量的一个重要因素。通常，数据库中包含的出版物品种的数量不足以说明问题,因为其中可能有不少是非核心刊物或通俗读物，这部分内容所占比例过大会大大降低数据库的质量和权威性。

④ 注销出版物收录情况。全文数据库的出版物收录情况往往会发生变化，有些原来提供全文的出版物，虽然现在仍然包含在数据库中，但已经不再出版或停止向数据库商提供电子版或只提供文摘不再提供全文，即这些出版物并不包含当前的全文信息，这样就无法满足用户对最新数据的使用需求。因此要分析从数据库中注销的出版物的情况，如果过多，数据库质量就会有所下降。

⑤ 资源加工质量。全文数据库中全文信息主要来自印刷出版物的数字化加工和出版社全文电子版，尤其是早期资源，多依赖于数字化加工，扫描、识别、校对质量高低直接影响全文数据库的原文质量。是否对原文进行描述、标引，生成高质量的题录也是评判全文数据库资源加工质量的一个指标，更是影响全文数据库检索性能的主要因素。

⑥ 全文收录覆盖时间。早期出版物以印刷型为主，文献数字化的浪潮出现在 20 世纪 90

年代末和 21 世纪初，许多全文数据库加工一般是从 20 世纪 90 年代开始的。因此，全文数据库中全文收录时间是否进行回溯加工也是判断全文数据库好坏的重要依据。

⑦ 更新频率与滞后周期。数据库的更新频率越高，内容的时效性越强，通常以日更新或周更新为最佳。但由于全文数据库收录的内容仍以印刷型出版物为主，也就存在着时滞，即出版物被收录进数据库的时间与印刷型出版物的出版时间之间的时间差。时滞过长，影响数据库的时效性和质量。有些全文数据库虽然收录的全文出版物很多，但出版商出于版权的考虑，限制全文上网的时间，这些全文出版物最初只能提供给读者文摘或部分全文，影响了读者查阅。如果这种出版物占比例过大或时滞过长，数据库质量也相应下降。目前网络出版和数字出版的盛行，越来越多的全文数据库甚至会优先于纸质期刊发布。

⑧ 数据库检索系统。主要从响应性、科学性和易用性方面对系统响应时间、检索方式、检索途径、检索结果、用户界面等方面进行评价。其中，能否进行全文检索，能否在检索结果中用全文限定二次检索，是否允许用户按相关性、日期或字母顺序重新排列结果，能否原汁原味地展现全文（包括图表信息），是否提供打印、存盘或 E-mail 发送功能，等等，是评价全文数据库检索系统的一些主要指标。

目前，对用户和服务的关注日盛，越来越多的人开始重视全文数据库的服务评价，把对数据库供应商的评价、用户培训与否、用户使用体验是否良好、是否提供个性化服务等也作为评价全文数据库的标准。

7.3.2 全文数据库开发

全文数据库既是一种信息资源服务方式，又是一种资源保存方式。自 1973 年美国米德公司建成了世界上第一个面向公众查询的大型全文数据库 Lexis，标志着全文数据库建设的兴起。随着计算机在信息产业的广泛应用，20 世纪 80 年代中期开始，国外全文数据库的建设呈现迅猛发展的势头，我国则由于汉字处理的复杂性，全文数据库的发展滞后一些，20 世纪 90 年代中期以前，只有一些大学和研究机构建成一些小型的全文数据库，如武汉大学的《湖北省地方志大事记》《中国人民解放军大事记》全文数据库，陕西省中医研究院的中医经典古籍全文数据库、北京大学的中国对外经济贸易法律全文数据库等。到 20 世纪 90 年代中期，全文数据库建设开始公司化运作，形成了清华同方、北京万方和重庆维普三大全文数据库供应商及超星、书生之家、方正阿帕比等电子图书供应商共同繁荣的局面。

1. 全文数据库的开发步骤

全文数据库开发包括全文数据库资源建设和全文检索系统建设，本节主要阐述全文数据库资源建设的步骤。

全文数据库的资源建设步骤主要包括数据准备、文本预处理、数据加载、数据检索和数据维护环节，如图 7-4 所示。

1）数据准备

数据准备是指对计划加载到全文数据库中的数据进行收集、整理、归类等预处理的过程。加载到全文数据库中的数据可以通过多种途径获得，常见的数据来源有 Office 文档、电子印刷产生的文稿、计算机网上传送的文件、电子出版物、图文处理产生的文件、专门组织人力

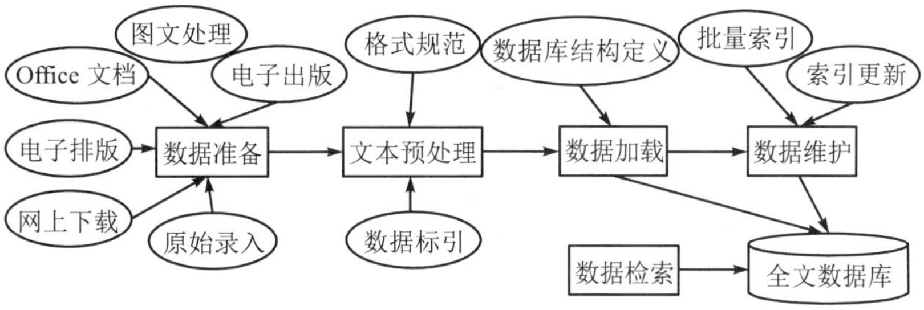

图 7-4　全文数据库的建库流程

录入等。数据收集后，要进行一些简单的分类，一般按照数据内容进行分类，同一类内容加载到同一库中，这样便于查找。如果数据总量不大，也可不进行分类。分类对于数据量大的情况效果比较明显。

2）文本预处理

① 规范格式。当格式多种多样时，应加以整理，使文献的格式规范化。

② 数据标引。在建立全文数据库之前，特别是数据加载之前，对非单字索引的正文，利用文字处理软件、专用自动标引软件或人工对数据进行标引，包括外部属性的著录和内容特征的分类、主题标引等。

3）数据加载

数据准备好以后，便可以加载到数据库文件中了。加载数据可采用单篇方式或批量方式。单篇方式一次加载一篇，适用于平时文献随时加载的情况；批量方式一次加载多篇，适用于集中大量加载的情况。

4）数据检索

数据库建立后，便可根据全文检索系统提供的检索功能对数据库中的记录进行检索，并返回题录和全文信息。

5）数据维护

全文数据库建立后，需要经常对数据库的内容进行索引、更新、追加和清理，以保证数据库的实用性、有效性和时新性。对全文数据库的维护通常包括：全文数据库的结构定义内容，全文数据库的数据内容，全文系统中所用词表、存储空间的利用统计及调整。

2. 全文数据库的开发技术

全文数据库开发涉及数据库、文字处理、存储、压缩、检索、知识链接、网络通信、信息安全等技术，这些技术的发展大大推动了全文数据库的建设。

1）数据库技术

数据库是一种有效管理和存取大量数据资源的计算机技术。全文数据库一般由一个变长的主文件和一个在索引文件控制下的倒排文件组成。索引文件和倒排文件在物理上是分开的，逻辑上可组合成倒排索引文件。检索时，由索引文件指向倒排文件，倒排文件指向主文件。数据库结构定义是全文数据库建设的数据结构规范，包括记录层次的确定、字段的确定、索引方式的确定等。

2）信息资源加工技术

全文数据库的信息资源加工技术主要包括信息资源的数字化技术、标引组织技术和知识链接技术。

信息资源数字化尤其是全文数字化技术是全文数据库资源建设的关键，主要由扫描技术、OCR 识别技术、文档生成技术、图文处理技术等组成。

全文数据库的标引技术主要指信息特征的自动抽取和信息内容的自动标引等。信息特征的自动抽取是利用信息抽取技术自动识别信息的标题、摘要、篇章结构、作者、机构、地名等信息并进行标注以提供这方面的特性检索；信息内容的自动标引是对信息内容特征的揭示，包括自动分类和关键词标引技术，对全文数据库进行适当标引是有益的、必要的。

知识链接是根据知识体之间的关联关系将它们联系起来的过程、方法和技术。ISI 的 Web of Science 引文索引数据库是利用知识链接技术的早期代表。现在，中国知网、万方数据、维普等全文数据库都将知识链接技术应用到其数据库内，包括知识元链接、引证链接、相似文献链接、机构链接、基金链接、作者链接等具体链接方式。

3）存储与压缩技术

全文数据库的海量化，要求实现数据海量、高速的存储和高效、无损的压缩。存储介质、存储设备不断更新换代，传统的存储设备，如光盘、磁盘、光盘塔、磁盘阵列容量越来越大。而网络连接存储（NAS）、存储区域网络（SAN）和存储网络（ISCSI）等海量网络化存储技术的涌现，则为基于 Web 服务的全文数据库的海量存储提供了更好的解决方案。数据压缩是对数据进行重新编码，以减少所需存储空间。对图像、音频、视频等数据的压缩是多媒体全文数据库得以大规模发展的前提。

4）计算机检索技术

海量数据的搜索速度和效率是全文数据库检索系统面临的巨大挑战。全文检索、图像搜索、语音检索、智能检索和跨库、跨平台和跨语言检索等计算机检索问题都得到逐步解决。

5）安全技术

信息安全是全文数据库建设中不容忽视的一个问题，包括信息系统的安全、信息内容的安全和用户信息安全等，目前常用的安全措施有权限管理、信息加密等。

7.3.3 全文数据库举要

1. 西文全文数据库举要

1）ProQuest 全文数据库

ProQuest 是美国 ProQuest Information and Learning 公司（原 UMI 公司）经营的全球性全文检索和传递系统，其数据库覆盖了商业、金融、新闻、科技、医学、综合参考及人文社会科学等多个学科领域，包含期刊、报纸、参考书、书目、索引、地图集、绝版图书、档案、学位论文和会议论文等各种类型的信息服务，提供数字化、缩微胶片和印刷版三个类型产品。

（1）主要资源内容

ProQuest 系统目前有 70 余个全文数据库，收录内容偏重学术性，全文所占比例较高，适合大学和研究机构使用。这些数据库涉及商业经济、人文社会、医药学、生命科学、水科学与海洋学、环境科学、土木工程、计算机科学、材料科学等广泛领域，包含学位论文、期刊、报纸等多种文献类型，尤其值得一提的是著名商业经济数据库 ABI 和全球最大的学位论文数据库 PQDT。

商业信息数据库（ABI/INFORM Collection，Abstracts of Business Information）：世界著名的商业、经济管理学科全文数据库，收录有财会、银行、商业、计算机、经济、能源、工程、环境、金融、国际贸易、保险、法律、管理、市场、税收、电信等主题的学术期刊、行业杂志、行业报告等 9000 余种，涉及这些行业的市场、企业文化、企业案例分析、公司新闻和分析、国际贸易与投资、经济状况和预测等方面，收录时间回溯至 20 世纪 70 年代。

全球博硕士论文全文数据库（ProQuest Dissertations & Theses Global，PQDT Global）：收录了 1637 年至今全球 4100 余所大学和科研机构文、理、工、农、医领域近 500 万篇博士、硕士学位论文信息。每周更新，年增论文逾 20 万篇。PQDT 是世界著名学位论文数据库，是学术研究中十分重要的参考信息源。

（2）数据库检索

ProQuest 检索系统有如下特点。

- ❖ 开发历史较早，发展成熟，检索功能完善，具备复杂检索、简单检索、浏览、索引、自然语言检索、二次检索等多种检索功能；提供十多个检索入口；可运用布尔逻辑检索、截词检索、位置算符、嵌套运算、限定检索等多项检索技术。
- ❖ 提供检索结果的多种处理方式，可以浏览并标记记录，以打印、存盘、电子邮件发送三种方式输出。
- ❖ 全文输出完整，文中的表格、图表、图像与全文一样，多数文献具备文本文件和 PDF 文件两种输出格式供选择。
- ❖ 在检索语言上，可进行自然语言检索，有主题词表（ProQuest Thesaurus）供用户浏览和检索使用。
- ❖ 界面友好，“帮助”文件完整，易学易用。

2）EBSCOhost

EBSCOhost 是一个集文摘型和全文型数据库于一体，涵盖科技、商业、教育、文学、传媒等领域的综合型检索系统，目前有近百个在线文献数据库。

（1）主要资源内容

综合学科学术文献大全（Academic Search Complete，ASC）：包括人文、社会、工程、医学等领域 16700 多种期刊的索引和摘要，其中全文刊 10600 多种，最早收录时间为 1887 年；还收录了 800 多种专著、会议论文等非刊资料，收录范围为 1986 年至今。

商业资源文献数据库（Business Source Complete，BSC）：收录经济管理类相关的 6200 种期刊的索引、文摘，其中 3800 余种全文刊，还包含近千种书籍专著、115 万份企业背景资讯、1200 多种国家经济报告、8000 多份行业报告等非刊资料；期刊收录时间最早为 1886 年，大部分自 1965 年至今，非刊资料的全文收录范围多为 1996 年后；涉及的主题范围有营销、管理、管理信息系统、生产与运作管理、金融、会计、劳动人事、银行等。

EBSCOhost 还提供有大众传媒全文数据库（Communication & Mass Media Complete，CMMC）、Wilson 精选全文库（OmniFile Full Text Select）、艺术与建筑数据库（Art & Architecture Source）、美洲回溯典藏文献数据库（AAS Historical Periodicals）等特色全文数据库。

（2）检索系统

EBSCOhost 系统提供简单检索、高级检索和浏览等检索方式，在检索功能、检索语言、检索技术、检索结果等方面基本具备与 ProQuest 系统同样的优点；界面设计友好，有许多小功能方便用户使用，例如，可以链接到用户所在的图书馆主页和一些相关数据库，可以进行不同语种之间的翻译等。

（3）其他外文全文数据库

Elsevier Science 是世界上公认的高品位学术出版公司，也是全球最大的出版商，已有 100 多年的历史。除了出版图书，还是当今世界最大的学术期刊出版商，出版的期刊大多数都是核心期刊，并且被世界上许多著名的二次文献数据库收录。1997 年，Elsevier 公司建立 Science Direct 全文数据库，通过网络提供服务，内容覆盖数学、物理、化学、医学、生命科学、商业及经济管理、计算机科学、能源科学、环境科学、材料科学、社会科学等众多学科。从 2000 年起，由 CALIS 工程中心、清华大学牵头组织集团购买该数据库。目前，国内已有 100 多所高校、科研院所等使用该数据库，自 1995 年起，中国用户可以访问期刊全文。

SpringerLink 电子期刊数据库由德国施普林格（Springer-Verlag）出版集团出版。Springer 公司以出版学术性出版物而著名，是出版图书、期刊、工具书的综合性出版公司，也是较早将纸本期刊做成电子期刊发行的出版商之一。

荷兰 Kluwer Academic Publisher 是具有国际性声誉的学术出版商，出版的期刊、图书一向品质较高，备受专家学者的信赖和赞誉。2004 年，Kluwer 并入 Springer，Springer 电子期刊与 Kluwer 电子期刊整合为一个平台，通过 SpringerLink 发布。目前，SpringerLink 中的期刊种类已达到了 2700 多种，学科覆盖行为科学、生命科学、商业和经济、化学和材料、计算机科学、地球和环境科学、工程技术、人文及社会科学、数学、医学、物理和天文。

Wiley Online Library 电子期刊。John Wiley 公司成立于 1807 年，是美国最古老的出版公司之一，也是全球最大的独立出版机构。作为一个综合性出版公司，出版有图书、期刊、各类参考工具书等，其中期刊以质量和学术性见长。目前，John Wiley 上网的电子期刊 1600 多种，涉及的学科包括自然科学、医学、生命科学、社会科学、人类学等。这样，John Wiley 出版的电子图书、期刊和参考工具书放在同一系统平台上，既可分类型检索，又可跨库检索，方便用户使用。

2. 中文全文数据库举要

1）中国知网（China National Knowledge Internet，CNKI）

CNKI 是由清华同方光盘股份有限公司、中国学术期刊（光盘版）电子杂志社和清华大学光盘国家工程研究中心共同启动和实施的一项国家信息资源建设工程。CNKI 整合了目前我国现有的期刊、博硕士学位论文、会议论文、报纸、年鉴、工具书、专利、科技成果、国内外标准、哈佛商业评论、国学宝典、外文（NSTL）、法律库等多种类型的文献资源，是国内最为成熟的数字资源数据群和全球最大的中文知识门户。

（1）主要资源内容

① 中国学术期刊网络出版总库：收录国内 8700 多种重要期刊，以学术、技术、政策指导、高等科普及教育类为主，同时收录部分基础教育、大众科普、大众文化和文艺作品类刊物，内容覆盖自然科学、工程技术、农业、哲学、医学、人文社会科学等各个领域。截至 2021

年 3 月，全文文献总量 5750 万篇。产品分为十大专辑：理工 A、理工 B、理工 C、农业、医药卫生、文史哲、政治军事与法律、教育与社会科学综合、电子技术与信息科学、经济与管理，十专辑下分 168 个专题和近 3600 个子栏目。收录全文主要始于 1994 年，部分刊物甚至回溯至创刊。

② 中国硕士、博士学位论文全文库：目前国内相关资源最完备、高质量、连续动态更新的中国硕士、博士学位论文全文数据库。截至 2021 年 3 月，累积 1984 年以来博硕士学位论文全文文献 400 万篇，覆盖基础科学、工程技术、农业、医学、哲学、人文、社会科学各个领域。

③ 中国重要报纸全文库：收录 2000 年以来国内公开发行的 500 多种重要报纸刊载的学术性、资料性文献。至 2021 年 3 月，已累积报纸全文文献 1800 多万篇。

④ 中国重要会议论文全文库：重点收录 1999 年以来由中国科协系统及国家二级以上学会、协会、高等院校、科研院所、学术机构等单位举办的重要会议及在国内召开的国际会议上发表的论文。至 2021 年 3 月，已收录会议论文集 3 万本、累积文献总量 300 万篇。

还有《中国统计年鉴数据库》《中国专利全文数据库》《中国标准数据库》《中国学术集刊全文数据库》《中国图书全文数据库》等，不再赘述。CNKI 中心网站及数据库交换服务中心每日更新数据，各镜像站点通过互联网或卫星传送数据也实现每日更新，专辑光盘每月更新，保持数据的更新和增量发展。

（2）检索系统

CNKI 数据库提供了强大的检索功能，既支持单库检索也提供跨库检索；检索入口丰富多样，不同的数据库根据资源内容特色设置了不同的检索点，如期刊论文的检索点有刊名、标题、作者、作者单位、关键词、文摘、引文、分类及基金等，而会议论文的检索点设为会议名称、会议录名称、会议地点、主办单位、标题、作者、作者单位、关键词、文摘、引文、分类等。

① 统一导航。提供了以 168 学科导航为基础的学术文献导航，通过使用文献导航，可控制检索的学科范围、提高检索准确率及检索速度。学科导航既控制检索范围，也可直接查看/浏览每个导航类目下的文献。

② 不同检索方式。根据信息检索的需求，提供了快速检索、标准检索、高级检索、专业检索、引文检索、作者发文检索、科研基金检索、句子检索、工具书及知识元搜索、文献来源检索等面向不同需要的检索方式。

③ 检索结果分组。检索结果页面将通过检索平台检索得到的检索结果以列表形式展示出来，并对检索结果进行分组分析，检索结果分组类型包括：学科类别、期刊名称、研究资助基金、研究层次、文献作者、作者单位、中文关键词。

④ 检索结果排序。除了分组筛选，还为检索结果提供了发表时间、相关度、被引频次、下载频次、浏览频次等排序方式。

⑤ 知网节。CNKI 提供单篇文献的详细信息和扩展信息浏览的页面被称为“知网节”，不仅包含了单篇文献的详细信息，还是各种扩展信息的入口汇集点。这些扩展信息通过概念相关、事实相关等方法揭示知识之间的关联关系，达到知识扩展的目的，有助于新知识的学习和发现，帮助实现知识获取和知识发现。

⑥ 在线检索词库：CNKI 提供刊名、作者、作者机构、关键词等索引词库，可在线浏览

选择所需用的检索词，极大地方便了用户的各种需求。

2）万方数据资源系统

万方数据资源系统是一个以科技信息为主，集经济、金融、社会、文化、教育、卫生等各行业信息于一体，以 Internet 为网络平台的现代化、网络化大型科技、商务信息服务系统。其内容涉及自然科学和社会科学各个专业领域，收录范围包括期刊、会议、学位论文、科技报告、专利、标准、科技成果、法规、地方志、视频等十余种知识资源类型，主要产品有：中国学位论文数据库、数字化期刊群、中国学术会议论文数据库、中国标准全文数据库、中国法律法规全文库、中国专利全文数据库、科技信息子系统和商务信息子系统等。

3）其他中文全文数据库

（1）中国科技期刊数据库

重庆维普资讯公司推出的《中文科技期刊数据库》是一个功能强大的中文科技期刊全文检索系统，是国内最大的综合性文献数据库之一，收录了中国境内历年出版的中文期刊 15000 余种，全文 7000 余万篇，分 8 个专辑（社会科学、自然科学、工程技术、农业科学、医药卫生、经济管理、教育科学、图书情报）定期出版发行，提供一般检索、传统检索、高级检索、分类检索、期刊导航等多种检索功能。

（2）超星数字图书馆

超星数字图书馆是国家“863”计划中国数字图书馆示范工程项目，由北京世纪超星信息技术发展有限责任公司投资兴建，收集了国内各公共图书馆和大学图书馆以超星 PDG 技术制作的数字图书，1998 年开始提供网上检索服务。超星数字图书馆包含图书资源百万种，涵盖《中图法》22 大类，为高校、科研机构的教学和工作提供大量重要参考资料。

7.4 数据库整合与导航

随着一个个不同类型、不同学科、不同平台的信息资源系统的建立，由于各信息资源系统之间相对独立、相互封闭，形成了一个个信息孤岛，严重阻碍了人们对信息的获取。我国已经形成了世界上最大规模的信息孤岛，迫切需要消除信息孤岛，整合数字资源，实现信息资源共享。

数字资源整合是指，依据一定的需要和要求，通过中间技术，把不同来源、不同通信协议的信息完全融合，使不同类型、不同格式的数字资源实现无缝链接；通过整合的数字资源系统，具有集成检索功能，形成一种跨平台、跨数据库、跨内容的新型数字资源体系。

异构数据库资源整合和资源导航整合是信息资源整合最主要也是最常用的两种方式。

7.4.1 数据库整合

1. 数据库现状：问题的提出

目前，许多信息机构大量购置或自建数字化资源，包括各种电子期刊数据库、电子图书数据库、自建特色数据库等，这些形式各异的数据库在给使用者提供丰富信息的同时也带来了信息检索的不便。用户若要查询或获取某信息，往往需要依次进入各电子资源的检索界面进行检索，并且对各数据库的检索规则有足够的认识，方可获得所需信息。随着数据库资源的不断增加，这些因开发语言和操作系统平台不同、数据库管理系统平台不同、数据模式和数据语义不同而导致的数据库异构问题日益显著。实现信息系统互操作、整合不同数据库资源是实现信息资源整合的一个主要方面。

异构数据库整合实际上是建立统一检索平台，并利用超文本技术，在不同的信息资源之间进行链接，将原本相互独立但互为联系的信息资源整合在一起，使之形成一个互动的有机整体，用户只需通过同一界面，即可迅速查到并获取自己所需信息。

异构数据库整合平台在图书馆网络服务平台和一些大型数字信息资源服务系统中已广泛应用。商业化的产品有 MetaLib、WebFeat、MetaSeach Solution 等异构集成检索系统，以及图书馆等研究机构开发的 FlashPoint、NLM Gateway 和 SiteSearch 等。国内的北京大学图书馆、清华大学图书馆、上海交通大学图书馆、中国科学院文献情报中心等一批技术实力雄厚的图书馆已开发出一些异构数据库统一检索平台。如北京大学图书馆 2011 年部署的学术资源发现与获取系统——未名学术搜索，将图书馆所有学术资源，包括电子资源、馆藏目录、特藏资源等进行整合，提供“一站式”检索服务（如图 7-5 所示）。

图 7-5　北京大学图书馆未名学术搜索

CNKI 也实现了对异构数据库资源的整合，其知识网络服务平台 KNS 就是一个资源整合服务系统，它提供统一的跨库检索平台，允许同时在《中国期刊全文数据库》《中国优秀博士、优秀硕士学位论文全文数据库》《中国重要会议论文全文数据库》《中国重要报纸全文数据库》《中国图书全文数据库》《中国引文数据库》等 CNKI 源数据库中同时检索（如图 7-6 所示）；同时，通过数据库间的引文链接，实现了《中国期刊全文数据库》《中国优秀博士、优秀硕士学位论文全文数据库》《中国重要会议论文全文数据库》《中国重要报纸全文数据库》等之间的互引用链接，即期刊库论文如果引用了学位论文库的文章，期刊库检索结果中会将学位论文库的该篇文章作为参考文献提供链接，并可点击链接查看文章题录，进而获取原文，反之亦然，因此构建了异构数据库间的知识网络，实现了真正意义上的异构数据库整合。

在信息资源日益丰富的信息环境下，实现异构数据库的整合具有重要意义。

① 有助于解决资源利用率与服务效率低下的问题。将数字资源按照统一的标准进行组织、整序与整合，能发挥各种资源的最佳使用效益，形成一个一体化的知识服务网络，发挥服务的整体效益。

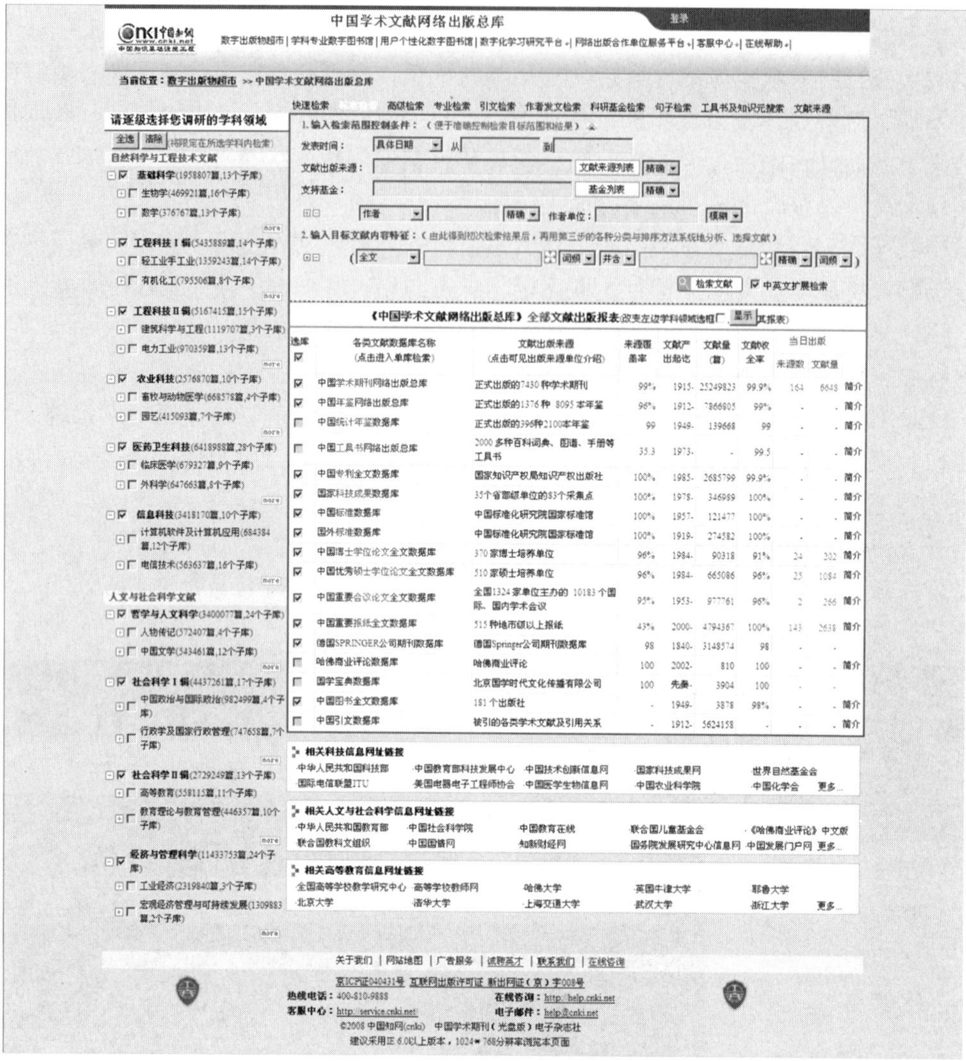

图 7-6　CNKI 异构数据库跨库检索平台

② 有助于解决用户使用与用户培训的困难。异构数字资源整合后，把各种信息资源透明无缝地连在一起，让用户感觉如同只在一个资源系统中操作，学习和使用起来较为方便。

③ 解决资源管理的困难。不同的系统、不同的平台、不同的配置、不同的存储设备、不同的标准等给系统管理人员带来了很大的麻烦，通过资源的整合，管理人员只需建立一个统一的检索平台就能把各种数据库揭示给用户。

2. 实现整合的协议和标准

要整合异构信息资源，实现“一站式”服务，需要一起遵循相应的协议或标准。当前，常用的异构数据库资源整合协议有 Z39.50、OAI、OpenURL、LDAP 等。

1）Z39.50 协议

Z39.50 协议是信息检索应用服务定义和协议规范（Information Retrieval Application Service Definition and Protocol Specification）的简称，最初由美国国会图书馆等机构为解决书目信息检索系统之间的通信问题而开发。1988 年正式推出第一版，并成为美国国家标准；国际标准化组织于 1996 年将其采纳为国际标准，定名为 ISO 23950。

Z39.50 的目的是信息系统的开放互连。由于各信息系统分别采用各自的数据库软件，数据描述格式、访问方式等都各不相同，必须为各自数据库系统建立一个抽象、通用的用户视图，将各系统的具体实现映射到抽象模型上，才能使不同的系统在一个相互理解的、标准的通信平台上进行交互。Z39.50 采用 C/S 架构，通过源端和目标端实现信息交换。Z39.50 主要的服务机制包括 11 项内容：初始化、查询、获取、删除结果集、访问控制、账户与资源管理、排序、浏览、解释、扩展服务、终止。Z39.50 的工作流程是：客户端作为查询请求的发动者发出检索请求，随后服务器端接收并分析检索式，接着从系统数据库内搜寻出满足检索条件的记录，最后将检索结果返回客户端。图 7-7 是一个典型的基于 Z39.50 协议的异构数据库统一检索平台结构。

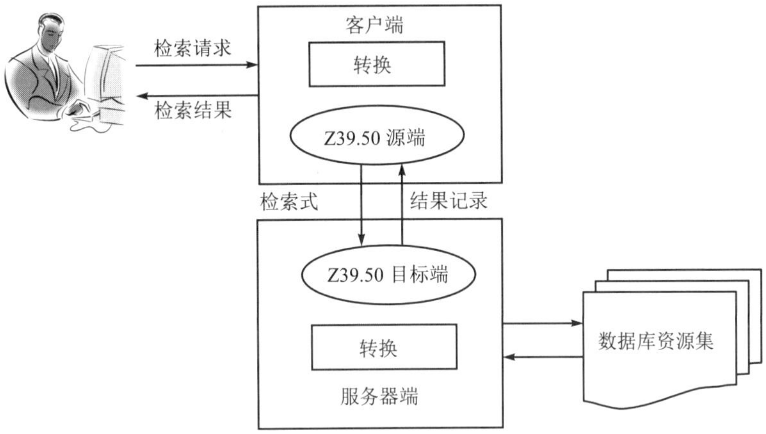

图 7-7　基于 Z39.50 协议的异构数据库统一检索平台结构

Z39.50 实现了信息查询和提取过程的标准化，通过 Z39.50 协议，用户可以通过网络对不同计算机上的信息进行检索，而不必关心这些信息是如何存储和组织的。但受当时技术环境的影响，它采用的是一种比较封闭的方式，是一个结构相对严谨而又复杂的数据库通信接口协议，具有一定的技术复杂度，且与 HTTP 不兼容。因此，业界人士开始想方设法改造 Z39.50 协议，在 2001 年推出了适用于 Web 资源的 ZING（Z39.50 International：Next Generation），称为"下一代 Z39.50 协议"，包括 SRW/SRU、CQL、ZOOM、ez3959 和 ZeeRex 五部分。ZING 可以看成 Z39.50 各种功能在新的网络协议和应用模式下的发展，也可以是一种简化，淘汰了 Z39.50 中没用和无意义的内容。

2）OAI 协议

OAI 协议（Open Archives Initiative Protocol for Metadata Harvesting，OAI-PMH）是一种独立于应用的、能够提高 Web 上资源共享范围和能力的互操作协议标准。OAI 协议最大的特色是通过相对简单的、独立于应用程序外的元数据收割协议，来实现异构、分布元数据资源之间便捷的互操作，即基于元数据收割实现异构信息资源的整合。

OAI 包含两类角色：数据提供方（DP）和服务提供方（SP）。DP 负责元数据的生成和发布，使之符合 OAI 协议；SP 负责元数据收割和提供统一检索等增值服务。OAI 的核心思想非常简单：在 OAI 协议的基础上，SP 使用 OAI 规定的 6 个命令动词——Identify、ListSets、ListMetadataFormats、ListIdentifiers、GetRecord、ListRecords，将不同 DP 的异构数据库的元数据收割（Harvest）至本地，SP 集中精力对收割来的元数据进行进一步的分析整理，开发高效统一的检索平台，在本地服务器上检索，使复杂问题简化，提高检索质量，减少用户等待时间。OAI 基本架构如图 7-8 所示。因此，在跨库检索中，OAI 协议不失为一种低成本、简便灵活的手段。

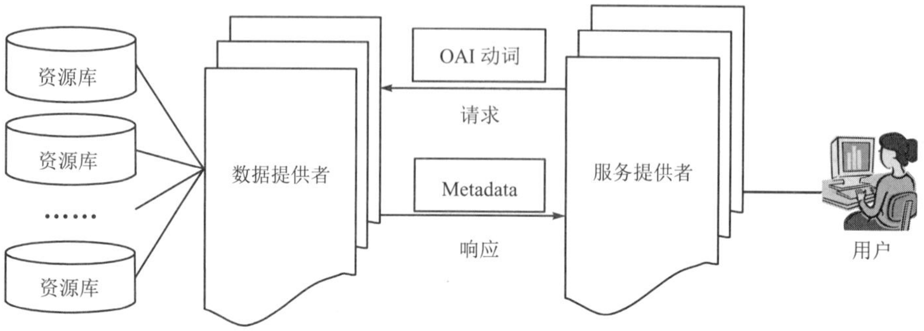

图 7-8　OAI 基本架构

目前，国内外主流跨库检索系统都已经支持 OAI 协议。例如，国外的 MetaLib、Encompass、Webfeat 等知名的跨库检索系统；国内中国科学院国家科学数字图书馆（CSDL）开发的跨库集成检索系统也提供了 OAI 连接器，中国高等教育文献保障系统（CALLS）的统一检索系统也支持 OAI 协议。由此可见，OAI 协议将在跨库检索中得到普遍应用。

3）OpenURL 协议

OpenURL（Open Uniform Resource Locators，开放的统一资源定位器）是于 1999 年由比利时 Ghent 大学的萨姆堡尔（Herbert Van de Sompel）及其同事在研制 SFX 系统时提出的，目的是把不同来源和不同通信协议的信息源及相关服务融合在一起，实现不同类型、不同格式和异地分布信息资源的无缝链接。OpenURL 是一种开放的信息资源与查询服务之间的通信协议标准，是开放的、上下文相关的链接框架，提供了一套在信息服务者之间传递对象元数据的公共语法，允许信息源公开自己的链接接口，实现链接信息源和链接服务器之间的信息传输，从而实现异构数据库之间的互操作，OpenURL 基本运作方式如图 7-9 所示。

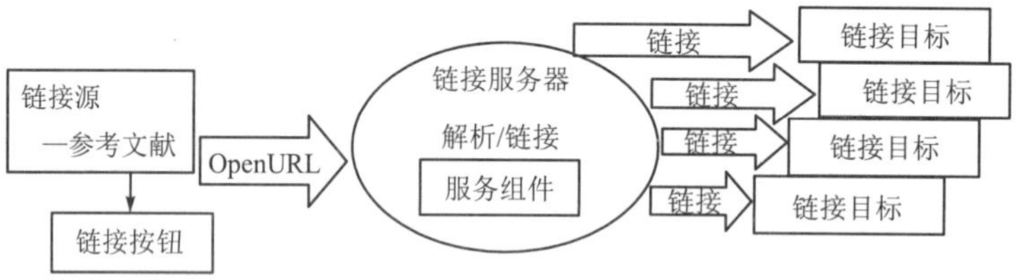

图 7-9　OpenURL 基本运作方式

OpenURL 协议通过链接将用户指引到合适的资源。链接服务器定义了用户的上下文环境，当链接服务器接收到一个输入的 OpenURL 后，就会根据该用户所在机构的馆藏向其提供服务。OpenURL 协议允许已经检索到文献线索的用户即时获取到该文献资源，如从文摘库链接到全文库，实现原文的即时获取。目前，基于 OpenURL 框架的参考链接系统产品多达几十种，其中较成熟、应用较广的系统有 SFX、WebBridge、LinkFinderPlus。

这些协议从系统互连、数据整合和信息获取三方面解决了分布、异构数据资源的检索、整合和共享问题，既可以单独使用又可以与其他协议一起协同工作，提供异构数据库的整合服务。

3. 异构数据库整合的技术

对于异构数据库的整合目前主要从两方面入手：一是从信息源上入手，要求源数据库的输入/输出遵循相应的通信协议，基于共同协议来实现跨库检索；二是承认信息源的差异，开发一种能够适应不同检索模式的检索代理程序来实现异构数据库的整合，是一种基于中间件的跨库检索。

关于异构数据整合的协议在上文已有论述，此处不再论述。构建中间件是异构数据库整合的常用技术，当用户提出检索请求后，其请求被交给服务器端的一个 Agent 程序。Agent 针对不同的数据库，将用户请求转化为符合其规定的格式，然后将请求发送到各数据库；在得到数据库的返回结果后，Agent 再将不同数据库的结果转化为统一的格式，并发送到浏览器端显示给用户，与元搜索引擎的机理颇为相似。清华同方的异构数据库统一检索平台就采用了比较成熟的基于中间件的异构数据库整合模式。

异构数据库整合涉及的技术较多，在当前技术和主流平台中，XML 是广泛应用的数据交换语言接口；数据仓库在信息的组织和信息提供方面具有强大的功能；.NET 技术在分布式应用中表现出优秀的特性；新兴的 SFX 技术将数据库的元数据定义为标准的 OpenURL 格式，提供不同数据库资源的互操作功能，使各类复杂的数据和信息之间的关联变成简单的链接，不仅能完成从二次文献到全文的链接，还能实现从文摘到文摘、全文到全文的链接，使所有的异构资源完全融合为一个整体；Web Services 是由 W3C 组织定义的一个采用 XML、通过 URL 来发布接口和应用绑定的软件体系结构，采取简单的、易于理解的标准 Web 协议作为组件界面描述和系统描述规范，完全屏蔽了不同软件平台的差异，能够统一地封装信息、行为、数据表现及商务流程，是异构平台集成的最佳手段，在异构资源整合方面具有卓越的性能。异构信息系统整合的技术框架如图 7-10 所示，分别从资源层和应用层来解决异构数据的整合。目前，异构数据库的整合主要从应用层入手，基于软件或基于协议实现整合；而基于元数据和知识组织系统的资源语义层面的整合随着关联数据的发展开始起步。

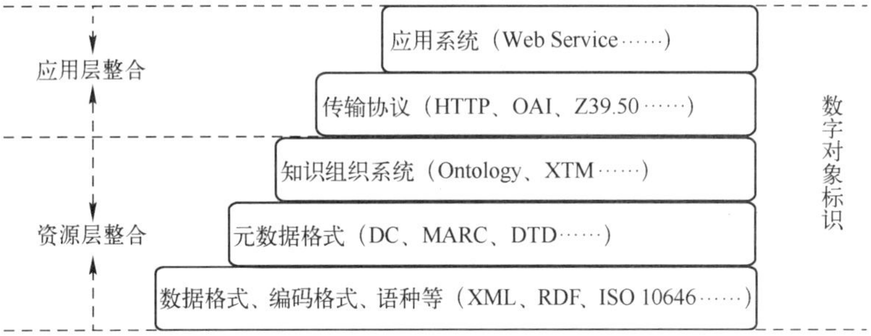

图 7-10 异构信息系统整合的技术框架

7.4.2 数据库导航

1. 数据库导航的概念及意义

随着购进和自建数据库资源的日益增多，如果仅仅把数据库按名称罗列于网页上，不能很好地揭示数据库内容，就会造成用户使用的随机性和盲目性，导致数据库利用率不高。因此，越来越多的信息机构开始重视数据库的导航工作。数据库导航是另一种信息资源整合方式，即为信息机构拥有的电子资源数据库建立导航系统，实现对众多数据库资源合理有效的排序和整合，使资源能够清晰、有序地供用户选择检索利用。

建立数据库导航系统实际上是通过对数据库的剖析和分离，根据学科或主题将其归类重组，覆盖多学科的数据库重复归入多个类目，各学科或主题类目下再按字顺排列，既有按数据库名称字顺和学科浏览功能，又有按数据库名称关键词或学科/主题检索功能，每一种数据库都有超文本链接点，指引进入目标数据库。这样，用户进入数据库导航系统，单击相关学科或主题，便可展现该学科/主题相关的所有数据库，包括二次文献和全文文献数据库，杜绝漏检的情况。建立数据库导航系统是对信息资源的一次重组和导引。

2. 数据库导航系统的建设过程

数据库导航系统的构建方法与其他信息导航系统构建方法相似，主要包括以下几步。

1）数据库资源的收集

在建立导航系统之前，先要对所拥有的数据库资源进行收集整理，包括购进数据库和自建数据库资源，以便确定范围。

2）数据库资源的描述

为了便于用户了解其所需的数据库资源，必须对数据库所包含的有用信息进行细分和揭示，如数据库名称、国别、语种、收录时间范围、收录内容范畴、数据库网址、资源类型、检索方法和步骤等。

3）数据库资源的分类

最主要的数据库导航方式是按学科导航，因此，需要根据数据库资源所涉及的学科范围和用户需求的主题来确定导航系统中的学科分类体系，并据此对数据库资源进行分类标引和主题标引。

4）数据库资源的组织序化

通过对数据库信息的揭示，生成数据库资源的元数据，然后将数据库资源按照某个或多个描述字段进行序化组织，如按照数据库名称的字顺排列，按照资源类型排列、按照分类的等级结构排列等，在导航首页上进行展示。

5）导航检索系统的建立

构建一个功能齐全的检索平台是数据库导航成功的关键，检索途径是否完备关系到站点的检索能力和检索便利性，不论采用什么系统都应着眼于提供多元化的检索功能。可以把数据库资源名称、资源类型、语种、主题、揭示层次、数据更新日期、推荐人、责任人、资源说明等作为检索点，让用户在检索时有尽可能多的选择。

6）导航系统的更新维护

随着数据库资源情况的变动，必须及时更新维护数据库导航系统。更新维护是保障数据库导航系统质量的后续工作，是保障数据库有较高利用率的重要手段。这项工作主要从两个方面展开：一是数据源的更新，及时更新新增数据库资源，删除不再提供使用的数据库链接；二是通过对用户使用导航访问数据库的情况的跟踪分析和用户评价调研，了解数据库资源的利用情况，为今后导航资源的维护与更新提供取舍依据，并根据用户使用反馈定期对导航页面进行维护。

3. 数据库导航系统举要

目前，大多数馆藏电子资源丰富的信息机构都在其服务站点上建立了本单位数据库导航系统，但由于技术水平和服务水平不一，导航系统的质量也良莠不齐。本书仅列举几个建设较好的数据库导航系统，以供参考。

1）大学图书馆数据库导航系统

近年，随着经费投入增加，各大学图书馆纷纷购进与本校学科发展相关的文献数据库，有的甚至自建特色数据库，这些数据库与图书馆的书目数据库等构成了大学图书馆丰富的数据库资源，对这些数据库的管理与导引也成为图书馆网站建设的主要工作之一。

武汉大学图书馆对其订购的200余种中外网络数据库和光盘数据库及其子数据库建立了功能完善的导航系统，如图7-11所示。通过人工对各数据库的资源类型、内容、揭示层次、学科类别、名称、出版商、链接地址等进行标引。导航平台则提供按字母、学科类别、文献类型三种方式进行浏览和检索的途径，其中学科类别涉及综合性大学的26个学科门类，文献类型包括专著、期刊论文、学位论文、报纸、标准、专利、报告、古籍等20多种信息资源类型。检索结果的显示包括数据库名、收录年限、资源类型、学科范围、简介、上层数据库、出版商等，并提供链接直接进入相应的数据库。

图7-11 武汉大学图书馆数据库导航系统

复旦大学图书馆拥有各类数据库资源300余种，在其图书馆网站上提供了一个数据库资源导航系统，可以分别通过学科、文献类型和字顺三种方式浏览，并支持这三种方式的组合查询，如图7-12所示。该导航系统主要对数据库的名称、语种、网址、简介、学科、访问方式、使用指南、是否提供全文进行了描述，便于使用者选择。

清华大学图书馆数据库导航系统提供了字顺、学科分类、文献类型、语种4种方式浏览数据库，分别从数据库名称、年限范围、文献类型、提供机构访问方式、学科分类、简介等方面来描述数据库资源。

图 7-12　复旦大学图书馆数据库导航系统

从这些大学图书馆数据库导航系统的建设来看，导航对象多为本馆所购买或自建的数据库资源；导航的方式以名称字顺、学科分类和文献类型浏览为主，提供数据库名称检索功能；对数据库信息均进行了详略不等的描述。

2）文献信息服务机构数据库导航系统

除了大学图书馆，一些公共文献信息服务机构数据库的拥有量也比较大，一般也会提供相应的电子资源数据库导航服务。如上海图书馆数据库导航系统（如图 7-13 所示），将多维度导航功能嵌入到检索中，分别从名称字顺、语种、学科主题、是否收费、访问方式、数据类型、文献类型、平台提供商等途径来导引其所能提供的数据库资源，并对数据库名称、载体类型、数据类型和收录时间范围、主题、更新周期、简介、访问次数等信息进行揭示，提供数据库名称、生产厂商名称和数据库所有描述信息的检索。

图 7-13　上海图书馆数据库导航系统

3）商业信息服务机构的数据库导航系统

一些大型的数据库服务商，如 Dialog、EBSCO、CNKI 等，在其服务网站页面上也会针对自己生产提供的数据库进行导航，有的导航比较简单，只是在页面上按字顺或文献类型简单罗列；有的则很精细，编制面向用户检索需求的分类导航系统，引导用户根据检索主题进入一个或多个数据库中，如 Dialog 系统。Dialog 是全球最大的联机数据库服务系统，包含 900 多种数据库，有全文型、书目型、数值型、指南型等不同类型，涉及综合学科、自然科学、应用科学和工艺学、社会科学和人文学、时事报道和商业经济等多个领域，其数据库导航系统按照学科或主题进行类别层层划分，到相应的类别或检索入口下会提供一个或多个数据库作为该类信息的检索源，如图 7-14 所示。当用户从“医药”大类进入“医学研究”主题后，导航系统会给出 BIOSIS、CAB、EI Compendex、EMBASE、INSPEC 等 10 个数据库作为信息源，以这种与用户检索需求相关的方式来推荐数据库。

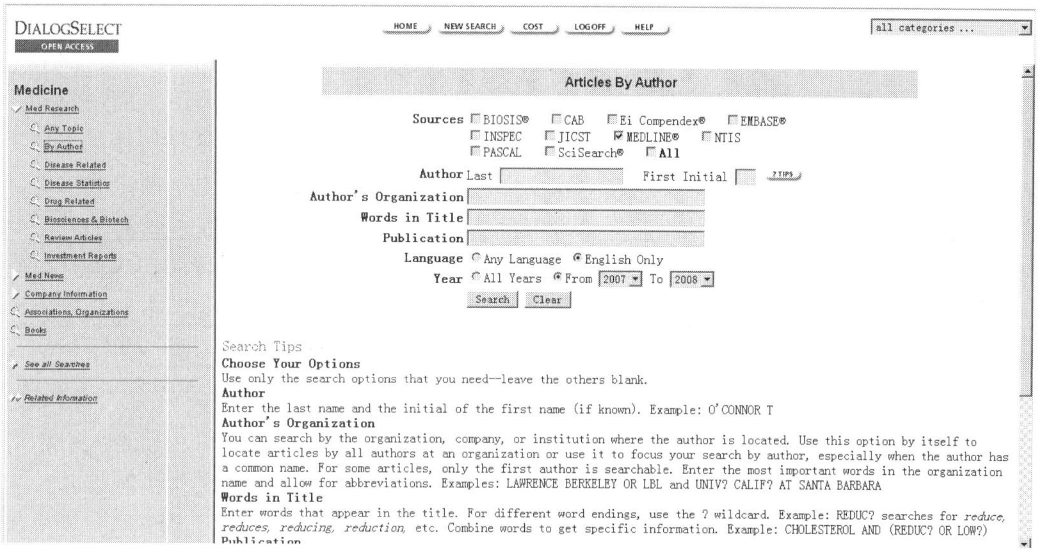

图 7-14 Dialog 的数据库导航系统

从目前的数据库导航系统来看，大多是基于数据库层面的面向学科或面向文献类型的一次归类，未能深入到数据库内部来进行内容导航。现在已经有一些机构对所收藏的多个数据库从内容层面进行解析，深化导航的层次。如图书馆订购的各种电子资源中，增幅最大、利用率最高的是电子期刊，而这些电子期刊是分散在不同的数据库系统中的，如果将不同数据库中的电子期刊集中起来，建立电子期刊导航系统，将极大地方便用户从整体上了解和利用电子期刊资源，是一种深层次的数据库资源导航方式。北京大学、清华大学、武汉大学等图书馆网页上已经提供了这样的中文、西文电子期刊导航系统，是对电子资源数据库的一次解析与重组。

7.4.3 学科信息门户

1. 学科信息门户概述

学科信息门户（Subject Information Gateway，SIG），也称为主题网关（Subject Portal，SP）、信息网关（Information Gateway，IG）、基于主题的信息网关（Subject-Based Information Gateway，SBIG），针对特定学科或主题领域，按照一定的资源选择和评价标准及规范的资源

描述和组织体系，对具有一定学术价值的网络资源（如网站、文献、工具、服务等）进行搜集、描述和组织，并提供浏览、检索、导航等基本功能。此外，学科信息门户的扩展功能还包括提供一些自创资源（如内部全文文献、专家访谈）、信息聚合 RSS、学术博客、学术论坛等增值服务及个性化服务。总而言之，学科信息门户是一个信息集成整合机制，旨在为用户提供一个方便的学术信息和各种服务的检索和交互学习入口。

国外的学科信息门户建设始于 20 世纪 90 年代，国内稍晚一些，始于 2000 年。国内外的门户系统经过一段时间的建设，已取得一些成就。国外门户系统依靠高校的信息资源和人力技术资源，产生了较大的社会影响，吸引了一些社会资金投资和众多的志愿者参与资源建设，国外著名高校图书馆如耶鲁和普林斯顿，都将 SOSIG、LII 等知名门户的资源纳入各自的馆藏数字资源体系。

国外的学科门户系统往往由两个或多个不同单位共同建设和维护，如 LII 是由图书馆服务与技术联合会、国家图书馆、华盛顿州立图书馆、加利福尼亚数字图书馆、加州大学图书馆等研究机构共同组建的；Intute 由英国曼彻斯特大学、牛津大学、曼彻斯特城市大学、诺丁汉大学、赫瑞瓦特大学、布里斯托尔大学和伯明翰大学共同建立，设有 1 个制定战略方针和统筹管理的执行委员会和 4 个为教工和学生提供学科服务的学科小组。我国学科信息门户承建单位比较单一，如 CSDL 由中国科学院各院所图书馆承建，CALIS 由高校图书馆系统承建。

学科信息门户致力于将特定学科领域的信息资源、工具与服务集成到一个整体中，为用户提供一个方便的信息检索和服务入口。本质上，学科信息门户是含有不同分类主题的网页及相关链接的网上图书馆。主要特点是：有较多的人工参与，通过质量标准规范资源的选择，并提供对资源的丰富描述；提供依据学科体系结构和资源类型分类的浏览和检索入口；有对资源的管理和长期发展的政策、元数据应用与标引规范、资源共享与互操作机制等。

与搜索引擎最大的区别在于，学科信息门户提供的信息是高质量的、系统的、受控的。学科信息门户有计划、有针对性地由专业人员搜集信息，对信息源进行质量鉴别后进行取舍，对纳入学科门户的信息使用受控语言和关键词进行必要的内容描述，最后进行系统组织，一般都从学科属性、资源类型角度多重揭示，这些都是搜索引擎无法做到的。通过学术信息门户，用户可以迅速把握一个学科领域的主要信息源，不必用搜索引擎盲目查找，也不会受无用信息的干扰，对科学研究有着重要的作用。

2. 学科信息门户构建

1）学科信息门户体系结构

从体系架构来看，学科信息门户一般由用户界面层、个性化可定制用户构件层、信息与应用集成层、信息结构层和信息资源层组成，具体层次结构如图 7-15 所示。

① 用户界面层是学科信息门户呈现给用户的表现形式，通常包括跨库检索、搜索框、分类导航、学术交流、专家咨询、个性化定制服务等功能组件。

② 个性化可定制用户构件层主要提供可根据用户信息库中用户的信息需求和权限，调用不同的门户构件，针对不同用户生成不同的页面信息内容。

③ 信息与应用集成层包括信息集成和业务集成两块，其中信息集成方面主要涉及跨库检索技术和策略、元搜索引擎和分类导航，而业务集成主要将信息机构的信息分析、专家咨询、学术交流等个性化服务应用集成于此。

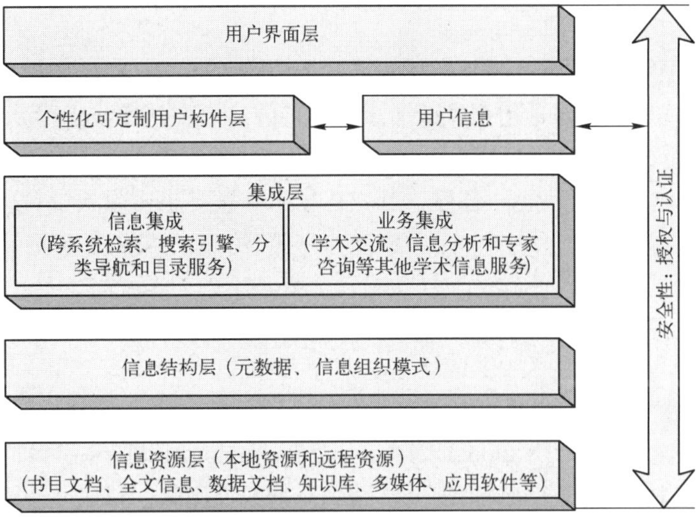

图 7-15 学科信息门户层次结构[1]

④ 信息结构层即学科信息门户资源的元数据格式和信息组织方式。

⑤ 信息资源层包含了集成于学科信息门户的各种类型的本地资源和远程资源。

2）学科信息门户资源建设

资源建设是学科信息门户构建的核心任务，门户资源建设主要包括资源采集、资源描述、资源组织、资源展示与服务四部分内容。

（1）学科信息门户资源采集

严格的资源选择是学科信息门户知识性与可靠性的保障，因此资源采集要有明确的目标和策略。在“以用户为中心”的新服务环境下，信息采集时还应充分考虑用户信息需求，通过分析用户需求和偏好来创建内容清单，明确资源的类型、来源和选择标准。目前学科信息门户的资源采集包括人工采集和自动采集两种方式。人工采集方式由人工筛选和专家推荐，能保证信息资源质量，但工作效率低、采集信息不全面，并带有随机性和随意性。自动化采集效率高，采集信息较全面但所收集的信息结果数量大、质量参差不齐。因此，学科信息门户建设中应将自动采集与人工采集相结合，将自动采集的网页进一步进行人工筛选以提高信息采集质量。

（2）学科信息门户资源描述

网络环境下资源描述多以都柏林元数据为主，这种元数据形式适用于各种网络资源的描述，能有效促进网络资源的组织与获取。在构建学科信息门户时往往需要根据收录资源类型和提供检索方式、服务方式类型来制定更详细的元数据标准体系。

（3）学科信息门户资源组织

学科信息门户对网络信息的组织，具有搜索引擎等其他网络信息组织模式不可比拟的优势，其原因在于它充分利用规范的知识组织体系来揭示和组织网络信息，弥补了现有模式对专业网络信息资源组织的不足。分类方式和主题方式是学科信息门户建设中最常用的资源组织方式，字顺、时间、地理位置、文献类型等也会作为信息序化组织的依据。

[1] 孔敬，李广建．学科信息门户：概念、结构与关键技术[J]．中国图书馆学报，2005(5) : 50-53, 90．

（4）学科信息门户资源展示与服务

学科信息门户应尽可能地提供各种导航工具和检索方式，将网络资源展示给用户，为用户提供信息服务。同时，从网站用户体验考虑，学科信息门户还要考虑网站交互系统的设计，通过即时聊天工具、在线咨询、QA 系统、个人空间、主题论坛等方式来实现网站与用户的交互沟通。随着社会化网络的发展，各种 Web 2.0 技术和服务也应融入学科信息门户建设，以博客、微博、微信等方式建立用户、网站建设者、服务人员的交互，以各种社会化分享方式来实现资源推荐和评价。

3. 学科信息门户举要

1）国家科技图书文献中心重点领域信息门户

国家科技图书文献中心（National Science and Technology Library，NSTL）重点领域信息门户是在原 CSDL 学科信息门户的基础上，面向科学研究团队、科研工作者、情报服务人员等不同人群而建设的可按领域专题定制的知识服务平台。该平台可基于不同领域国内外相关机构的网站，自动搜集、遴选、描述、组织和揭示各机构发布的重大新闻、研究报告、科研活动、研究数据等，可以聚合该专题领域重要的信息源和文献资源，从而帮助用户快速了解和掌握领域内科研发展动态，发现领域重点及热点主题。目前建有纳米科技、集成电路装备、水体污染治理、可再生资源、宽带移动通信、数控机床、食物与营养、农业立体污染防治、重大传染病防治、新药创制、转基因生物新品种培育、大气污染防治、油气开发与利用、图书情报等重点领域信息门户。

2）CALIS 重点学科网络资源导航门户

CALIS 重点学科网络资源导航门户由中国高等教育文献保障系统（China Academic Library & Information System，CALIS）的成员共同建成，现已建成 265 个学科导航系统，其学科几乎覆盖了社会科学（75 个）、自然科学（190 个）的各学科领域。其中，工程技术类重点学科导航系统由上海交通大学图书馆负责，文理类由北京大学图书馆负责，农业类由中国农业大学图书馆负责，医学类由上海医科大学图书馆负责。

3）Intute

Intute 是英国 7 所大学合作构建的网络资源发现门户，整合了 Altis、Artifact、BIOME、EEVL、GEsource、Humbul、PSIgate、SOSIG 等 8 个非常有名的学科信息资源门户，提供由学科馆员选择和评价的高质量教育和研究方面的英文网络资源。Intute 的前身是英国资源发现网络（United Kingdom Resource Discovery Network，RDN），是由英国信息系统联合委员会（Joint Information Systems Committee，JISC）资助、艺术与人文研究委员会及经济与社会研究委员会协助建设的大型项目。RDN 于 1999 年 10 月正式启动，2006 年 7 月更名为 Intute。Intute 为英国的教育和研究团体免费提供发现和获取分布式、跨学科领域的高质量网络资源服务，通过主题分类链接了 8 万多个专业网站资源，提供 10 万多个高质量教育和研究方面的网络资源链接服务。Intute 提供高效的互联网资源来支持教育与科研活动，并建立了社会科学类，工程、数学与计算科学类，健康与生命科学类，物理科学类，人文科学类，工艺美术类，休闲娱乐体育旅游类和地理环境类 8 个著名的学科信息资源门户，分为科学技术、人文艺术、社会科学、健康与生命科学 4 个学科服务模块。

4）Infomine

Infomine 是为大学教师、学生和研究人员建立的网络学术资源虚拟图书馆，为大学层次的教师、学生和研究人员提供相关的网络学术信息资源的导航服务，由加州大学图书馆于 1994 年 1 月创建，合作伙伴包括加州大学所有院校及斯坦福大学等著名学府。Infomine 收藏有极为丰富的互联网资源，包括各种重要的数据库、电子期刊、电子图书、公告板、讨论组、图书馆联机目录、教科书、会议论文集、研究人员的论文和名录及其他许多类型的信息。这些资源涉及几乎所有的学科领域，仅生物科学领域 Infomine 就提供了可交互式检索的近 300 个数据库。Infomine 对所有用户免费开放，但是它提供的资源站点并不都是免费的，能否免费使用取决于用户所在的图书馆是否拥有该资源的使用权。

随着学科服务的专业化，只提供网络信息资源导航功能的学科信息门户逐步关停服务，进而转向专题化、智能化、实时化的专业情报服务。

7.5 搜索引擎

Internet 是一个广阔的信息海洋，遨游其间而不迷失方向有时会相当困难。如何快速、准确地在网上找到需要的信息已变得越来越重要。搜索引擎（Search Engine）成为人们访问 Internet、获取信息最主要的一种工具，能帮助网络用户在海量信息中迅速找到所需的信息。

7.5.1 搜索引擎概述

1. 搜索引擎的发展

1990 年以前，没有人能够检索互联网上的信息。所有的网络信息检索工具都是从 1990 年蒙特利尔大学学生 Alan Emtage 等人发明 Archie 开始的，虽然当时只实现了简单的 FTP 文件检索，但它的工作原理与现在的搜索引擎很接近。随着 WWW 的出现和发展，基于网页的搜索引擎于 1994 年 7 月出现，Michael Mauldin 将抓取程序（Spider）接入索引程序，创建了大家熟知的 Lycos。同年 4 月，斯坦福大学的两名博士生 David Filo 和美籍华人杨致远（Gerry Yang）共同创办了超级目录索引雅虎，并成功地使搜索引擎的概念深入人心，从此搜索引擎进入高速发展时期。目前，互联网上的搜索引擎已达数百家，检索的信息量也与从前不可同日而语。

搜索引擎是一种能够通过 Internet 接收用户的查询指令，并向用户提供符合其查询要求的信息资源地址的系统。搜索引擎在 Web 中主动搜索信息并将其索引的 Web 网站、其索引内容存储在可供检索的大型数据库中，提供索引和目录服务。

2. 搜索引擎的类型

网络搜索引擎是根据用户需求和资源特点建立的，网络用户需求的多样性和网络资源特点的多样性造成了搜索引擎类型的多样性。搜索引擎按照检索机制、检索范围、包含检索工具的数量、工作语种等特征可划分为多种类型。

1）按检索机制划分

（1）目录式搜索引擎

目录式搜索引擎又称分类目录、主题指南，按照某种分类体系组织网络资源，尤其是网站资源，提供一份按类别编排的 Internet 网站目录，各类目下排列着属于这一类别的网站站名和网址链接，有些还提供网站内容提要。

目录式搜索引擎虽有搜索功能，但在严格意义上说算不上是真正的搜索引擎，仅仅是按目录分类的网站链接列表而已。这类“搜索引擎”以人工方式或半自动方式搜集信息，由编辑或志愿者查看信息之后，人工形成信息摘要，并将信息置于事先确定的分类框架中。信息大多面向网站，提供目录浏览服务和直接检索服务。该类搜索引擎因为加入了人的智能，所以信息准确、导航质量高；缺点是需要人工介入、维护量大、信息量少、信息更新不及时。雅虎是目录式搜索引擎的典型代表，其他著名的目录式搜索引擎还有 Open Directory（DMOZ）、LookSmart 等，国内的搜狐、新浪、网易等门户网站也是从分类目录发展起来的。

（2）全文搜索引擎

全文搜索引擎是名副其实的搜索引擎，通过信息抓取软件（如 Spider 或 Robot）从互联网上自动搜索网页，提取各网站的信息，建立索引数据库，提供关键词检索。用户通过检索界面输入检索词，计算机自动从索引数据库中匹配出相关记录，然后按一定的排列顺序将结果返回给用户。这种全文搜索引擎是真正意义上的搜索引擎，检索对象具体到网页。它的优点是资源覆盖率较高、数据库更新及时；缺点是基于全文索引和关键词简单匹配，检索准确性不高，噪声大，人工筛选负担重。代表性的全文搜索引擎主要有谷歌、必应、百度等。

目前，互联网信息检索工具，特别是一些综合性的检索工具多为混合型，既提供分类目录的浏览功能，又提供全文的关键词检索。例如，创立于 1998 年的搜索引擎谷歌以其简捷的关键词检索界面赢得了用户的青睐，短短几年发展成为全球最大、用户最多的综合型搜索引擎，后来引入 Open Directory 分类目录，提供网站分类目录浏览功能，成为混合型检索工具。

2）按检索范围划分

搜索引擎按检索范围可划分为三种。

（1）综合型搜索引擎

综合型搜索引擎也称为通用型搜索引擎，广泛搜集各种内容和媒体类型的资源，收录资源以广而全著称，主要面向互联网普通用户，满足一般信息搜索需求。谷歌、必应、百度都属于这种类型。

（2）专业型搜索引擎

专业型搜索引擎主要面向专业用户，只收录一定专业领域的网络资源。这类搜索引擎对专业范围内资源的收录比较充分，信息加工质量也较高，往往具有一定的学术性，在资源加工和检索技术上较多地考虑专业使用的特点，检索效果较好。例如，一些计算机、医学、生物、法律领域的专业搜索引擎。数字图书馆或专业学科门户网站也属于这一范畴。

（3）专门型搜索引擎

专门型搜索引擎是查找特定类型信息的检索工具，如查找电话、电子邮件、地图、旅游信息、商业机构、图像、音乐等。这类搜索引擎一般要根据资源类型的特点，采用合适的信息描述和组织方式，提供特定的检索途径。目前，这类搜索引擎有的是一个独立的系统，如一些专业的地图搜索引擎、图像搜索引擎等；有的会集成到综合型搜索引擎中成为它的一个单元，如 Google 的地图搜索、图像搜索、视频搜索、博客搜索等。

3）按包含检索工具的数量划分

按包含检索工具的数量不同，搜索引擎可分为独立搜索引擎和元搜索引擎。

（1）独立搜索引擎

独立搜索引擎建有自己的网络资源数据库，检索时只在自己的数据库内进行，由其反馈出相应的查询信息或链接的站点指向。每个独立的搜索引擎都会有自己的资源收录范围和查询特色，并据此提供相应的检索方式，如目录查询、全文查询、简单查询、高级查询等。独立搜索引擎是最常见的搜索引擎类型，各种常见的目录式搜索引擎和大多数全文搜索引擎都属于这一类型。

（2）元搜索引擎

元搜索引擎又称为集成搜索引擎，没有自己的网络资源数据库，而是将多个独立搜索引擎（源搜索引擎）集合在一起，提供统一的检索界面。当用户提出检索提问后，它会将其发送给多个搜索引擎，同时检索多个索引库，并根据一定规则进行相关度排序，将结果显示给用户。利用这类搜索引擎能够获得更大范围的信息源，检索的综合性、全面性也有所提高。著名的元搜索引擎有 MetaCrawler、Dogpile、Vivisimo、Mamma 等。从用户的角度看，利用元搜索引擎的优点在于可以同时获得多个独立搜索引擎的结果，但由于元搜索引擎在信息来源和技术方面都存在一定的限制，尤其是在高级检索和结果排序方面，因此搜索结果实际上并不理想。

4）按工作语种划分

搜索引擎按工作语种可以区分为以下两种。

单语种搜索引擎是指搜索时只能用一种语言查询的搜索引擎。

多语种搜索引擎是指那些可以用多种语言或跨语言查询的搜索引擎，如谷歌支持 40 余种语言的查询。

5）其他类型搜索引擎

（1）桌面搜索引擎

桌面搜索曾经是搜索引擎领域的热门方向，谷歌、雅虎、百度等纷纷推出各自的桌面搜索工具。与一般基于 Web 的搜索方式不同，桌面搜索的特点在于将搜索范围从互联网延伸到用户计算机硬盘中所存储的各种文档，如 E-mail、Word、Excel、PowerPoint、PDF 等多种格式的文本和音乐、图片和网页。换而言之，先前的网络搜索引擎满足了用户搜索外界信息资源的需求，而桌面搜索则进一步帮助用户搜索定位自身已有的信息资源。面对庞大硬盘中日益膨胀、四处散落而难以统一管理利用的信息，桌面搜索引擎无疑很好地满足了用户快速便捷地管理、利用已有信息资源的需求。

（2）垂直搜索引擎

垂直搜索引擎是针对某行业的专业搜索引擎，是搜索引擎的细分和延伸。垂直搜索引擎通过对网页库中的某类专门信息的整合，定向分字段抽取出需要的数据，进行处理后再以某种形式返回给用户。垂直搜索引擎是针对通用搜索引擎信息量大、查询不准确、深度不够等弊端提出来的一种新型搜索服务模式，针对某一特定领域、某一特定人群或某一特定需求提供的有一定价值的信息和相关服务。其特点就是“专、精、深”，且具有行业色彩，是专门型搜索引擎的具体和深化，如国内提供旅游服务垂直搜索的去哪儿、携程等旅行网、汽车行业的新浪汽车搜索等。

(3) 智能搜索引擎

智能搜索引擎是结合了人工智能技术的新一代搜索引擎，是搜索引擎的主流发展方向。除了能提供传统的快速检索、相关度排序等功能，智能搜索引擎还提供自然语言检索、用户兴趣自动识别、内容的语义理解、智能化信息过滤和信息推送等功能，能够根据用户的请求，从可以获得的网络资源中检索出对用户最有价值的信息。目前，真正实用的智能搜索引擎尚未出现，WolframAlpha、微软的必应搜索等已经具备了一些智能搜索的特征，是智能搜索引擎的初期产品。

7.5.2 搜索引擎工作机制

不管是目录式搜索引擎还是全文搜索引擎，它的工作机制一般由信息采集、信息组织、用户检索三大机制组成。

1. 目录式搜索引擎的工作机制

目录式搜索引擎将信息资源按照某种事先确定好的分类体系分门别类地逐层加以组织，用户通过浏览的方式层层遍历，逐层查找，直到找到所需要的信息线索，再通过信息线索链接到相应资源上。

目录式搜索引擎主要采用人工处理方式，以精选的网站或少量网页资源为对象，在人工描述、标引的基础上建立检索工具，以供用户浏览查找。这种网络信息检索工具比较适合那些“希望了解某一类信息但不严格限于查询关键词”的用户群。

其资源收集方式主要是人工采集和接受网站提交，也使用采集软件作为辅助手段，有针对性地采集资源，供人工处理。

网站分类专家将网络信息按照主题分成若干大类，每个大类再分为若干小类，依次细分，形成了一个可浏览的等级主题结构，即分类体系。一般的搜索引擎分类体系有五六层，有的甚至达十几层。编辑人员将收集来的网站或站点管理者提交来的网站进行分析审核，以决定是否收录；如果该站点审核通过，编辑人员还需要分析该站点的内容，并将该站点放在相应的类别和目录中。所有这些收录的站点被存放在一个“索引数据库”中。

用户在查询信息时，一般按照分类目录逐层地浏览查找，返回结果一般为网站，包括网站的名称、URL 地址、网站简介。也可以选择按关键词搜索，返回的结果跟全文搜索引擎一样，也是根据信息关联程度排列网站，但它的查询范围一般是网站的名称、网址、简介等，查询结果也只是网站首页 URL 地址，而非具体网页。

2. 全文搜索引擎的工作机制

全文搜索引擎是真正意义上的搜索引擎，采用自动处理方式对网络信息资源进行采集、索引，并根据用户检索要求查找资源，将相关结果反馈给用户。它的基本结构仍由信息采集、信息组织和用户检索三部分组成，详细地说，由采集器、分析器、索引器、检索器和用户接口五部分组成，工作机制如图 7-16 所示。

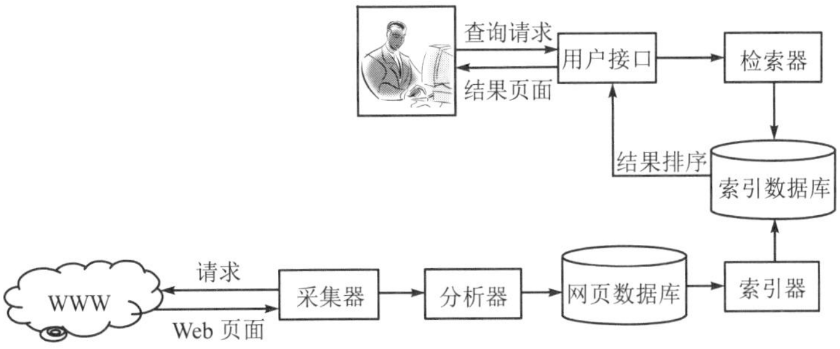

图 7-16　全文搜索引擎工作机制

1）信息采集

信息采集工作由采集器和分析器共同完成，搜索引擎利用网络爬虫（Crawler）、网络蜘蛛（Spider）或网络机器人（Robot）等自动采集程序来获取网页上的超链接，通过请求 Web 站点上的 HTML 网页来采集该网页，遍历指定范围内的整个 Web 空间，不断从一个网页转到另一个网页，从一个站点移动到另一个站点，将采集到的网页添加到网页数据库中。为保证采集的资料最新，还会定期回访已抓取过的网页，及时更新。

2）信息组织

信息组织是搜索引擎为采集来的网页建立索引的过程，搜索引擎对采集来的网页进行组织，形成索引数据库，涉及网页结构分析、分词、排序等技术，好的索引能极大地提高检索速度。

3）用户检索

用户向搜索引擎发出查询请求，搜索引擎根据用户需求到索引数据库中进行查找、匹配，并将检索到的结果以 Web 页面方式返回给用户。有的系统在返回结果之前对网页的相关度进行计算和网页等级评估，并根据相关度或网页等级进行排序，按逆序输出，因此，在不同的搜索引擎中搜索相同关键词，结果排序是不同的。

信息采集、信息组织与用户检索是搜索引擎工作最基本的三个组成部分，随着用户对搜索引擎性能要求的提高，不断有新的技术，如智能代理、用户相关反馈、搜索日志挖掘等技术应用到搜索引擎系统中，来完善搜索引擎的性能、增加搜索引擎的功能。

7.5.3　搜索引擎举要

1. 雅虎

1994 年美国斯坦福大学的博士生 David Filo 和杨致远共同创立了被称为“网络指南信息库”的雅虎，是较早开发、以分类浏览而著称的搜索引擎。雅虎目录有近 100 万个分类页面，14 个国家和地区当地语言的专门目录，包括英语、汉语、丹麦语、法语、德语、日语、韩语、西班牙语等。自问世以来，雅虎分类目录已成为最常用的在线检索工具之一。

雅虎是目录式搜索引擎的典范，将网络资源划分为艺术人文、商业经济、计算机与互联网、教育、娱乐、政府、健康、新闻与媒体、科学、社会科学、社会与文化、休闲与运动、参考资料、国家地区共 14 个大类，提供分类式浏览服务。它的网站分类体系曾经是其他搜索引擎纷纷效仿的对象。但 2014 年底，雅虎宣布关闭了目录搜索引擎服务。

雅虎也提供关键词检索服务，分为基本检索和高级检索两种方式。基本检索是它的默认方式，用户可以在雅虎任意一个页面上找到其关键词检索输入框，在其中输入关键词，会返回相应的结果，并可以在 web、image、video、local、shopping 等结果类型中自由切换，同时，雅虎会推荐与检索词相关的词语供用户选择。Yahoo! 高级检索提供检索式的精化，允许用户使用与、或、非等逻辑操作，短语精确匹配，文件格式、语种、来源区域、网站或网域等限定功能。

随着 Web 2.0 的发展，雅虎还逐步确立了社区化搜索策略，积极发动全球庞大的注册用户群来积累大批高质量网页内容和元数据，从而改善用户的搜索体验。在这一策略下，雅虎推出新的社区化搜索服务，如知识堂等，并收购了著名的照片共享网站 Flickr 和社会书签网站 Del.icio.us，进行产品上的优势互补。

2. 谷歌

谷歌（Google）由两个斯坦福大学博士生 Larry Page 与 Sergey Brin 于 1998 年 9 月创立。目前，谷歌是全球用户最多、效果最佳的综合型搜索引擎之一。

谷歌基于引文分析原理的网页重要性评级技术 PageRank，能自动将检索结果中大量低质量的网页过滤，将高质量的权威网页排在检索结果的前面，从而大大改进检索效果。

谷歌最早以简捷界面的形式提供关键词检索服务，也包括基本检索和高级检索，其检索方式与其他搜索引擎相似。专注检索是谷歌对搜索引擎网站最好的诠释。紧随网络发展和用户需求的变化，谷歌陆续推出了学术搜索、地图搜索、图片搜索、图书搜索、生活搜索、桌面搜索、财经搜索、专利搜索、博客搜索等服务；同时，集成了网页快照、翻译、RSS 阅读等功能。

3. 百度

百度于 1999 年在美国硅谷成立，2000 年落户北京中关村，是全球最大的中文搜索引擎，目前中国提供搜索引擎服务的门户网站中 80%以上由百度提供搜索引擎技术支持。百度专注中文搜索，用户通过百度搜索引擎可以搜索到世界上最新、最全的中文信息。

百度采用超链分析技术来评价网站的质量，保证了用户在用百度搜索时，越受用户欢迎的内容排名越靠前。

百度为中文用户量身定做，根据中文用户搜索习惯开发出关键词自动提示功能、拼音检索功能、中文自动纠错功能等。

百度除了支持通用的简单检索和高级检索功能外，还提供了多种特色搜索服务，如文档搜索、MP3 搜索、视频搜索、图片搜索、新闻搜索、信息快递搜索、百度百科、百度知道、博客搜索、硬盘搜索等 50 余种特定类型搜索服务。

7.5.4 搜索引擎的发展方向

搜索引擎已成为人们访问互联网必不可少的一种工具，随着“以人为本”的互联网服务理念的深入，搜索引擎将向着以下方向发展。

1. 智能化

搜索引擎向智能化方向发展是毫无疑问的。智能化检索是一种有效利用互联网信息的机制，使用自然语言处理、数据挖掘、机器翻译等人工智能技术实现信息采集智能化、信息组织智能化和用户检索智能化，实现“口语化的提问，智能化的结果”，自动地将用户感兴趣的、对用户有用的信息以用户喜欢的方式提交给用户。

2. 桌面化

将搜索延伸到桌面是搜索引擎正在实现的一个方向，不仅是搜索软件桌面化，将搜索引擎作为工具栏嵌入到浏览器中，还是搜索资源的桌面化，将网络资源与本地资源整合，允许用搜索网络的方式来搜索本地硬盘中的各种资源，这实际上也是一种个性化，是搜索对象的个性化。

3. 细分化

搜索引擎细分化，也称为垂直搜索，是针对具体行业、满足用户特定需求的专业搜索，是专业搜索引擎的细分和延伸。垂直搜索对某类专门信息进行结构化抽取和整合，以结构化检索方式提供精准的专业化检索结果。目前，一些生活服务类网站已提供了这种细分化的搜索服务，取得了良好的用户体验。细分化将是专业搜索引擎的主流发展方向。

4. 区域化

搜索区域化也称本地化，根据用户所在地区来限定搜索信息的范围，向用户优先推荐其所在地区的相关信息。据统计，向互联网搜索引擎提交的每 4 条搜索请求中，就有一条包含对本地信息的搜寻，预计这一比例还将上升。因此，谷歌、雅虎等搜索引擎公司不断推出各国、各地区的本地搜索网站或本地信息推送服务，搜索本地化已是必然趋势。

5. 个性化

个性化是“以用户为中心”的第二代互联网发展对搜索服务提出的要求。由于用户在知识背景和实际需求等方面的差异性，对于同一个检索需求，不同的用户会使用不同的描述方法，输入相同查询词的用户的实际信息需求也会大不相同。因此，搜索引擎还应根据不同用户的兴趣和具体情况，对用户查询做出不同的理解和语义的扩展，返回有针对性的检索结果以满足用户的不同需求。

6. 社交化

社会化网络的发展极大地影响了网络用户的信息行为，越来越多的用户愿意将自己对信息的感知通过转载、收藏、评论等方式分享给其他用户。搜索引擎社交化，能使用户获得来自好友、最信任信息源的信息推荐。谷歌、必应等搜索引擎开始尝试与一些 SNS 网站合作，在搜索结果中添加社交和实时元素，使搜索结果能够更符合每个用户的搜索意图。

智能化是搜索引擎技术的发展方向，而桌面化、细分化、区域化都是个性化服务的内容，个性化、社交化是搜索引擎服务的发展趋向。

本章小结

目录、索引和文摘是应用最多的、使用范围最广的、综合性的信息组织工具。搜索引擎是网络信息资源组织的工具，也是网络资源组织的成果，它的出现和发展大大改变了人们的信息检索习惯，能够快捷、便利地满足大众用户的信息需求。全文数据库建设是对一次文献的数字化，既是信息资源的一种保存方式，也能实现资源的分布式分享和利用，对于资源保存、信息传播和学术研究具有重要意义。信息组织的目的是信息检索和利用。随着分布式资源的丰富，“以用户为中心”的网络信息服务理念要求信息提供商或服务商能够提供一站式整合信息平台，因此，异构数据库整合、学科信息门户被提出。由此可知，信息技术的变革和发展都是为了提供高质量信息服务、满足用户需求，信息组织与管理的目的也在于此。

习 题 7

1．目录、索引和文摘各有什么特点？

2．索引依据不同的划分标准可以划分为哪些类型？

3．哪些信息技术的发展会影响搜索引擎的发展方向？未来的搜索引擎应是什么样的？

4．全文数据库的发展会不会取代传统的文摘数据库、题录数据库？在全文数据库日益强大的情况下，二次文献数据库该如何求生存？

第8章

语义网环境下的信息组织

语义网的目标是通过给万维网上的文档添加能够被计算机所理解的语义信息，让计算机能够“理解”分布在网上的信息和知识，并在“理解”的前提下更好地处理、利用这些信息和知识。语义网技术可以引导人们进行语义层次上的信息分类、信息标引、信息整合等方式的信息组织，实现一个有序的信息空间。资源描述框架（Resource Description Framework，RDF）是语义网信息描述与表示的基础；本体是语义网中信息组织的核心体系。

本章首先介绍语义网中的信息描述与表示格式RDF、语义网中的信息建模方式OWL本体、语义网知识组织系统表示语言SKOS，然后举例说明在语义网环境下如何采用OWL本体对领域知识进行建模，如何采用RDF语言基于本体对信息进行语义描述，如何将描述好的信息在网络上发布为可访问的关联数据，如何基于关联数据对分散、异构的信息进行关联和集成。

通过本章学习，读者可以了解（或掌握）：

- 语义网资源描述框架RDF
- 语义网本体建模语言OWL
- 语义网知识组织系统表示语言SKOS
- 基于语义网和关联数据技术的信息描述、组织与集成

8.1 语义网概述

自 1991 年诞生以来，万维网（World Wide Web，简称 Web）已经发展成为一个拥有亿级页面的巨大分布式信息空间，为用户提供海量的信息。几十年来，Web 虽然经历了一系列变化与发展，但基于超文本格式的非结构化“文档之网”（Web of Documents）的特性一直都没有改变，这使得当前 Web 远远不能满足人们对信息共享和处理的需要。一方面，人类对当前 Web 的利用无法得到软件工具的很好支持，长期以来搜索引擎都是人们搜索和使用 Web 信息几乎唯一的、不可或缺的工具，但是以关键词匹配为核心的 Web 搜索引擎（如谷歌、百度）面临着查询精度不高、查询词敏感等严重问题。另一方面，人们虽然能在 HTML 网页中建立超链接关系，却无法在生成这些网页的底层数据间建立关联关系，导致 Web 底层的海量数据孤立而分散地存在着，无法进行集成和互操作，从而形成了一个个信息孤岛。这些问题主要归因于当前 Web 非结构化、非语义化的信息表示形式，只能供人类阅读和理解，而计算机并不能“理解”Web 的内容，并在“理解”的前提下处理和利用这些信息。对于当前 Web 在信息表达、组织、检索中存在的严重缺陷与不足，语义网应运而生。

1998 年 9 月，Web 的发明者 Tim Berners-Lee（蒂姆·伯纳斯·李）在他的“Web 设计笔记”中首次提出了语义网（Semantic Web）的设想，即“一个在某种程度上类似全局数据库的数据之网（Web of Data）”[1]。2001 年 5 月，Berners-Lee 及其合作者在 *Scientific American* 杂志上发表了题为 *The Semantic Web*（语义网）的论文，系统论述了下一代万维网架构——语义网——的蓝图，这篇论文同时被认为是语义网诞生的标志。语义网的目标是通过给万维网上的文档添加能够被计算机所理解的语义信息（即元数据，Metadata），让计算机能够“理解”分布在网络上的信息和知识，并在“理解”的前提下更好地处理、利用这些信息和知识，从而使整个 Web 成为一个支持全球化知识共享的智能信息服务平台。由此看出，语义网相对于现有 Web 的最大优势是“机器可理解”，对 Web 的扩展可以使得 Web 具有知识理解及一定的推理和自动处理能力，给 Web 带来了革命性的变化，使人和机器协同工作、理解并处理 Web 上的信息成为可能。

Berners-Lee 在综合了语义网研究领域最新成果的基础上，于 2000 年在 XML 大会上首次提出了语义网体系结构（如图 8-1 所示），对语义网的主要支撑技术及其依赖关系分层进行描述，为语义网的具体实现提供了理论和技术基石[2]。

语义网的整个体系结构分为七层：底层的 URI 为语义网的资源提供了统一标识，Unicode 则解决了语义网的跨语言问题；扩展标识符语言（eXtended Markup Language，XML）为语法层，提供了语义网的句法基础和编码方式；资源描述框架（RDF）为数据层，是语义网的基石；本体层（Ontology）则为语义网的资源描述提供了语义，是语义网的核心；逻辑层（Logic）提供了公理和推理规则；证据层（Proof）用于提供认证机制；信任层（Trust）则是为了保证信息交换的安全而设计的，负责提供信任机制。

---

[1] Berners-Lee,T．Design Issues: What the Semantic Web can represent [EB/OL]．[2021-04-25].

[2] Berners-Lee T, Hendler J, Lassila O．The Semantic Web[J]．Scientific American, 2001, 284(5): 28-37.

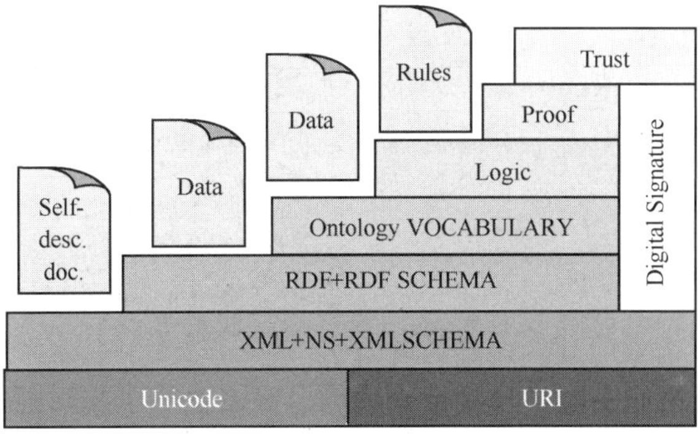

图 8-1　语义网体系架构

其中，前四层已经有了具体的实施标准与规范，RDF 和 OWL 本体是构建语义网的关键，后三层尚停留在概念层面，还没有具体的实现技术。

2006 年，Berners-Lee 进一步提出了“关联数据”的概念，即在网络上发布、共享、连接各类数据、信息和知识的一种方式，是推荐的语义网最佳实践[1]。从技术上，关联数据虽然简单，却使 Web 发生了深刻的改变，摒弃了语义网早期过度依赖本体进行知识建模和数据集成的做法，强调 RDF 数据的互联与 Web 访问，促进了数据之网（Web of Data）的创建，为语义网的大规模应用奠定了基础。

语义网与关联数据被提出以来，经过几十年的发展，得到了学术界和企业界的认可与接受，在许多领域得到了非常广泛的应用。进入 21 世纪后，图书馆学界逐渐意识到语义网技术在解决数字图书馆资源发布、集成、语义互操作、智能检索等方面的巨大潜力，大力推广包括关联数据在内的语义网技术在数字图书馆中的应用。2010 年 5 月，万维网联盟（World Wide Web Consortium，W3C）成立了“图书馆关联数据孵化小组”；同年 8 月，国际图联（IFLA）也成立了“语义网小组”，分别从外部与内部共同推动语义网和关联数据技术在图书馆学领域的应用，增强图书馆数字资源的全球互操作性。

8.2　语义网信息描述和表示

语义网信息描述与表示的基础是资源描述框架（RDF）。RDF 是一种资源描述语言，用于对 Web 上的资源进行语义化和形式化的描述，是语义网技术体系的基石。W3C 于 2004 年发布了 RDF 1.0 版作为推荐标准，2014 年对 RDF 进行了再次修订，发布了 1.1 版[2]。

8.2.1　RDF 简介

RDF 定义了一个简单的数据模型，通过主体（Subject）、谓词（Predicate）、客体（Object）的三元组结构来描述资源。RDF 是与语法无关的，可以建立在不同语法基础上，如可以通过

[1] Berners-Lee T．Design Issues: Linked Data [EB/OL]．[2021-04-25].

[2] RDF 1.1 Primer [EB/OL]．[2021-04-25].

图、三元组、自然语言文本、XML、JSON 等方法对 RDF 数据进行序列化表示，其中最重要的是建立在 XML 语法上的 RDF/XML 表示格式。图 8-2 是用 RDF 描述 Web 资源的一个实例，分别用图、三元组、XML、自然语言来描述同一 RDF 数据，这个 RDF 数据中包含两个三元组。

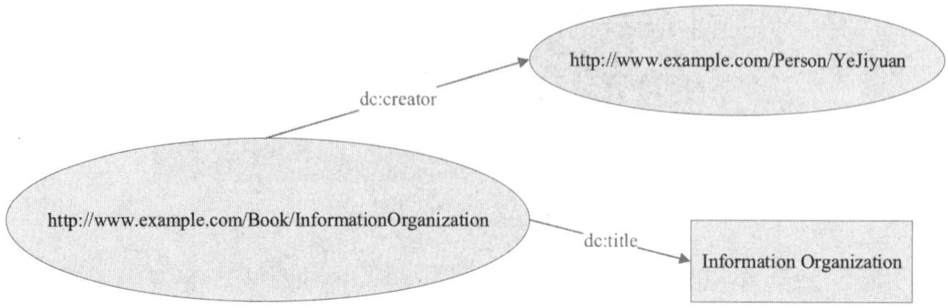

图 8-2　用 RDF 描述 Web 资源的一个实例

图 8-2 所示的 RDF 图使用三元组表示如下。

主体（Subject）	谓词（Predicate）	客体（Object）
资源（Resource） http://www.example.com/Book/InformationOrganization	属性（Property） dc:creator	资源（Resource） http://www.example.com/Person/YeJiyuan
资源（Resource） http://www.example.com/Book/InformationOrganization	属性（Property） dc:title	文本（Literal） "Information Organization"

使用 RDF/XML 语法表示为如下一段代码。

```
<? xml version = "1.0" ?>
<rdf:RDF
    xmlns:rdf="http://www.w3.org/1999/02/22-rdf-syntax-ns#"
    xmlns:dc="http://purl.org/dc/1.1/">
    <rdf:Description about="http://www.example.com/Book/InformationOrganization">
        <dc:creator rdf:resource="http://www.example.com/Person/YeJiyuan"/>
        <dc:title> Information Organization</dc:title>
    </rdf:Description>
</rdf:RDF>
```

用自然语言表达是：资源（图书）“http://www.example.com/Book/InformationOrganization”的“dc:creator”属性的值是“http://www.example.com/Person/YeJiyuan”；资源“http://www.example.com/Book/InformationOrganization”的“dc:title”属性的值是“Information Organization”。

RDF 的基本建模元语包括资源（Resource）、属性（Property）和陈述（Statement）。其中，资源可以充当 RDF 三元组的主体或客体，属性可以充当 RDF 三元组的谓词，而陈述是由一个 RDF 三元组组成。

资源泛指所有采用 URI（Uniform Resource Identifier，统一资源标识符）标识的资源，URI 具有两个子集：URL（Uniform Resource Locator，统一资源定位符）和 URN（Uniform Resource Name，统一资源名称）。资源可以是一个具有 URL 地址的真实网页，如网页<http://im.nju.edu.cn>；也可以是采用 URN 命名但无法通过网络来访问的对象，如现实中的一本书等；甚至可以是非物理存在的抽象概念，如“数学”这个概念。

属性是一种特殊的资源，用来描述资源的某特定方面——通常是资源的元数据，如作者、标题等。属性可以是自定义的，也可以是通过类似 XML 中的命名空间机制来引用在其他方案中已定义的属性，如上面的 dc:creator 属性就是引用已定义的都柏林核心元数据元素集中的元素，其中冒号前面部分被称为前缀，是都柏林核心元数据元素集这一命名空间的缩写。

陈述（Statement）是由一个特定资源、资源的一个特定属性及该属性的属性值组成的三元组，即由 RDF 三元组的主体、谓词、客体共同组成的一个语句。其中，主体是资源，谓词是属性，客体可以是另一个资源，也可以是文字值，如文本字符串、时间日期、整数等。另外，一个陈述可以通过复合形成高阶语句，如“'资源<http://im.nju.edu.cn>'的'dc:title'属性的值是'南京大学信息管理学院主页'”。如果把上述句子看作一个资源，就会有下面的复合语句：“叶继元说'资源<http://im.nju.edu.cn>'的'dc:title'属性的值是'南京大学信息管理学院主页'”。为了表示这种高阶语句，RDF 使用了具体化（Reification）机制。相应的 RDF/XML 代码如下。

```
@prefix rdf:<http://www.w3.org/1999/02/22-rdf-syntax-ns#>.
@prefix dc:<http://purl.org/dc/1.1/> .
_:x rdf:type rdf:Statement .
_:x rdf:subject <http://im.nju.edu.cn> .
_:x rdf:predicate dc:title .
_:x rdf:object "南京大学信息管理学院主页" .
_:x :said <http://www.example.com/Person/YeJiyuan>.
```

8.2.2 RDF 序列化表示格式

目前，RDF 有多种序列化格式，大致可分成 4 种。

① XML 类型：包括 RDF/XML、RDF/XML-ABBREV 和 Trix 三种格式，均采用 XML 编码，是面向机器阅读和处理的格式。RDF/XML 是 W3C 推荐的标准 RDF 序列化表示格式，RDF/XML-ABBREV 则是 RDF/XML 的简略版，两者都遵从 RDF/XML 语法，在形式上没有太大区别。Trix（即 Triples in XML）是一种用于命名图（Named Graph）和 RDF 数据集（RDF Dataset）的序列化格式，为 RDF 图提供了一种规范、一致的 XML 表示。

② N3（Notation3）类型：包括 N3、Turtle、N-Triples、N-Quads 和 TriG 格式，均采用纯文本表示，具有良好的可读性，是面向人类用户的格式。N3 格式比 RDF/XML 格式更加紧凑、易读。Turtle 是 N3 的一个简化子集，删除了 N3 中与序列化 RDF 无关的规则，采用了省略与缩写，是一种适合手写的格式。N-Triples 又是 Turtle 的一个简化子集，抛弃了 Turtle 中的速记省略，以一行表示一个三元组，更加简洁易读。N-Quads 扩展了 N-Triples 格式，增加了一个可选的 context 值，即采用“<subject> <predicate> <object> <context>”四元组表示形式。TriG 则是基于 XML 的 Trix 格式的压缩替代版，也可看作 Turtle 的轻度扩展。

③ JSON（JavaScript Object Notation）类型：包括 RDF/JSON 和 JSON-LD，均采用 JSON 兼容的格式表示。JSON 是一种轻量级的数据交换语言，是 Javascript 的一个子集，采用独立于语言的文本格式，既易于人的阅读，也易于计算机的解析。RDF/JSON 将一组 RDF 三元组表示为一系列嵌套的数据结构，JSON-LD 则是基于 JSON 的关联数据序列化格式。

④ 嵌入式类型：包括 Microformats、eRDF 和 RDFa，均采用 XML 标签的形式将结构化的 RDF 三元组数据嵌入 XHTML 网页，目的是增强当前 Web 网页对 RDF 数据的支持，其中 RDFa 是 W3C 推荐标准。

以自然语言陈述“There is a Person identified by http://www.w3.org/People/EM/contact#em, whose full name is Eric Miller, whose email address is em@w3.org, and whose title is Dr.”为例，不同的 RDF 序列化格式表示如下。

RDF/XML 的格式表示如下：

```
<?xml version="1.0"?>
<rdf:RDF
    xmlns:rdf="http://www.w3.org/1999/02/22-rdf-syntax-ns#"
    xmlns:contact="http://www.w3.org/2000/10/swap/pim/contact#">
<rdf:Description rdf:about="http://www.w3.org/People/EM/contact#em">
<rdf:type rdf:resource="http://www.w3.org/2000/10/swap/pim/contact#Person"/>
<contact:fullName>Eric Miller</contact:fullName>
<contact:mailbox rdf:resource="mailto:em@w3.org"/>
<contact:personalTitle>Dr.</contact:personalTitle>
</rdf:Description>
</rdf:RDF>
```

Turtle 格式表示如下：

```
@prefix xsd:<http://www.w3.org/2001/XMLSchema#>.
@prefix rdf:<http://www.w3.org/1999/02/22-rdf-syntax-ns#>.
@prefix contact:<http://www.w3.org/2000/10/swap/pim/contact#>.
<http://www.w3.org/People/EM/contact#em>
    rdf:type                contact:Person;
    contact:fullName        "Eric Miller"^^xsd:string;
    contact:mailbox         <mailto:em@example.com>;
    contact:personalTitle   "Dr."^^xsd:string.
```

N3 格式表示如下：

```
http://www.w3.org/People/EM/contact#em <http://www.w3.org/1999/02/22-rdf-syntax-ns#type>
    <http://www.w3.org/2000/10/swap/pim/contact#Person>.
http://www.w3.org/People/EM/contact#em http://www.w3.org/2000/10/swap/pim/contact#fullName>
   "Eric Miller"^^<http://www.w3.org/2001/XMLSchema#string>.
http://www.w3.org/People/EM/contact#em http://www.w3.org/2000/10/swap/pim/contact#mailbox>
   <mailto:em@w3.org>.
http://www.w3.org/People/EM/contact#em <http://www.w3.org/2000/10/swap/pim/contact# personalTitle>
   "Dr."^^<http://www.w3.org/2001/XMLSchema#string>.
```

8.2.3 RDF 评价

XML 只是一种语法规则，本身无法表示机器可理解的语义，为此 W3C 推荐以 RDF 标准来解决 XML 的语义局限。

首先，RDF 希望以一种标准化、互操作的方式来规范 XML 的语义。XML 文档可以通过简单的方式实现对 RDF 的引用。通过在 XML 中引用 RDF，可以将 XML 的解析过程与解释过程相结合。也就是说，RDF 可以帮助解析器在阅读 XML 的同时，获得 XML 表达的主题和对象，并可以根据它们的关系进行推理，从而做出基于语义的判断。XML 可以提高 Web 数据基于关键词检索的精度，而 RDF 与 XML 的结合可以将 Web 数据基于关键词的检索更容易地推进到基于对象的检索。

其次，RDF 是以一种建模的方式来描述数据语义的，这使得 RDF 可以不受具体语法表示的限制。但是 RDF 仍然需要一种合适的语法格式来实现 RDF 在 Web 上的应用。虽然 RDF 既可以用 N3 来表示，也可以用 XML 来表示，但是由于 XML 已经成为被广泛支持的 Web 数据表示标准，便于应用的读取，因此将 RDF 序列化为 XML 表示可以使 RDF 获得更好的应用可处理特性，并使得 RDF 数据可以像 XML 数据一样容易使用、传输和存储。

因此，RDF 和 XML 是互为补充的，而不只是对某个特定类型数据的规范表示，XML 和 RDF 的结合，不仅可以实现数据基于语义的描述，也充分发挥了 XML 与 RDF 的各自优点，便于 Web 数据的检索和相关知识的发现。当然，纵然 RDF 有如此优势，其语义表达能力依然非常有限：RDF 只提供了描述单个资源语义信息的能力，而没有提供描述特定领域的语义能力。因为 RDF 无法描述领域知识，无法抽象领域模型，所以还需要 RDF Schema 或者 OWL 等进一步定义机器可理解的语义。

8.2.4 RDF 数据的存储

随着万维网上越来越多的 RDF 数据出现，如何存储 RDF 数据变得至关重要。RDF 主要有以下 5 种存储方式。

① 基于内存的存储：直接将 RDF 数据存储在计算机内存中，处理速度快，查询效率高，但是存储具有不可持久性，而且受内存大小的限制。

② 基于文件的存储：直接以 RDF/XML 文档的形式存储 RDF 数据，方式简单，容易实现，但是查询不便，尤其当文件比较大时，查询效率低。

③ 基于关系型数据库的存储：通过不同方式将 RDF 三元组中的实体资源和文字值映射到关系型数据表中，实现 RDF 数据的持久化存储。利用成熟的关系型数据库管理系统，不需重新开发，易于实现，但是关系型数据结构与 RDF 三元组数据结构差异颇大，查询效率比较低，代表性系统有 Jena SDB 和 Virtuoso。

④ 原生 RDF 数据存储系统：专门针对 RDF 三元组结构而开发的存储器，查询效率高，安装灵活方便，可扩展性好，是当前的主流 RDF 存储方式，代表性系统有 4Store、AllegroGraph、Jena TDB 等。

⑤ 基于图数据库等各种 NoSQL 数据库的存储：近年来，随着大数据的热潮，一些新型 NoSQL 数据库技术逐渐发展，其中包括图数据库（如 Neo4j），RDF 数据本身就是一种图数据，采用 NoSQL 存储具有天然优势，未来具有良好的发展前景。

8.2.5 RDF 查询语言 SPARQL

在语义网上出现大量 RDF 数据后，需要一种机制能够从 RDF 数据中查询特定内容。2008 年，W3C 推出了 SPARQL 协议与 RDF 查询语言（SPARQL Protocol and RDF Query Language），即 SPARQL 1.0 版，用于实现对 RDF 数据的查询。

SPARQL 主要包含两部分：SPARQL 查询语言和 SPARQL 协议，前者定义了面向 RDF

数据模型的查询语言句法和语义[1]，后者采用 Web 服务描述语言（Web Services Description Language，WSDL）2.0 定义了将 SPARQL 查询传输到 SPARQL 查询处理服务并向查询实体返回查询结果的方法[2]。

SPARQL 查询是基于图模式（Graph Pattern）的匹配。一个基本图模式是一组三元组模式（Triple Pattern）的集合。三元组模式可看作主体和（或）宾体未知的 RDF 三元组，未知的主体或宾体采用变量表示（如?Person、?homePage）。一个基本图模式中的三元组模式通过共有变量连接起来，构成一个连通的有向图。在匹配时，SPARQL 查询的基本图模式匹配 RDF 图中的一个子图。图 8-3 为查询“全名为 Eric Miller 的人的主页”的图模式匹配。

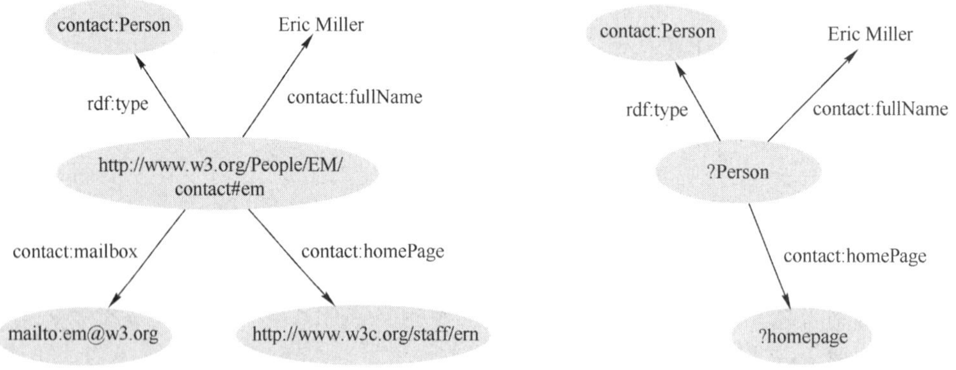

（a）待查询的 RDF 数据　　（b）SPRARQL 查询的图模式

图 8-3　SPARQL 查询的图模式匹配示例

SPARQL 查询有如下 4 种形式[1]。

① SELECT：从 RDF 数据中查询符合条件的特定信息，类似关系型数据库的 SQL 查询。

② CONSTRUCT：为每个查询结果输出一个 RDF 图，即将查询结果直接构建成 RDF 图。

③ ASK：查询 RDF 数据集中是否有与查询模式相匹配的数据，如果查询的图模式在数据集中有匹配，那么查询将返回“yes”，否则返回“no”。

④ DESCRIBE：返回一个 RDF 图，其中包含与查询模式相匹配的节点的相关信息。

在上述 4 种查询中，SELECT 查询是最常用的查询形式。SPARQL 查询在句法上与 Turtle 非常相似，唯一的区别是三元组模式中包含未知的变量。例如，查询“全名为 Eric Miller 的人的主页”的 SPARQL SELECT 查询语句如下。

```
@prefix rdf:<http://www.w3.org/1999/02/22-rdf-syntax-ns#>.
@prefix xsd:<http://www.w3.org/2001/XMLSchema>.
@prefix contact: <http://www.w3.org/2000/10/swap/pim/contact#>.
SELECT ?homepage

WHERE {
    ?Person rdf:type contact:Person.
```

---

[1] Prud'hommeaux E, Seaborne A．SPARQL Query Language for RDF : W3C Recommendation 15 January 2008[EB/OL]．[2021-04-25].

[2] Grant Clark K, Feigenbaum L, Torres E．SPARQL Protocol for RDF : W3C Recommendation 15 January 2008[EB/OL]．[2021-04-25].

```
    ?Person contact:fullName "Eric Miller"^^xsd:string.
    ?Person contact:homePage ?homepage.
}
```

SPARQL 查询允许对检索结果进行重新组织。例如，通过“ORDER BY ASC/DESC (?变量名)”对检索结果按照指定的变量升序或降序排列，通过“SELECT DISTINCT ?变量名”消除重复的查询结果，通过关键字 LIMIT 限制返回结果的数量。此外，关键字 GROUP BY 用于对查询结果的分组，HAVING 用于分组过滤，COUNT 用于计数，SUM 用于求和，均与 SQL 查询语言非常类似。

SPARQL 查询的结果可以是结果集或 RDF 图，有 4 种结果输出格式：XML、JSON、CSV（Comma Separated Value，逗号分隔值）和 TSV（Tab Separated Value，制表符分隔值）[1]。

除了 SPARQL 查询语言，SPARQL 还包含一组协议。SPARQL 协议定义了如何通过 HTTP 协议将一个 SPARQL 查询及更新请求发送给一个 SPARQL 服务，如何将这些请求映射为 HTTP GET 或 POST 操作，以及对应这些请求的 HTTP 响应。通过 SPARQL 协议，用户可以在 SPARQL 查询客户端远程执行查询，将查询推送到 SPARQL 服务器执行查询并将查询结果返回给查询客户端，如图 8-4 所示。

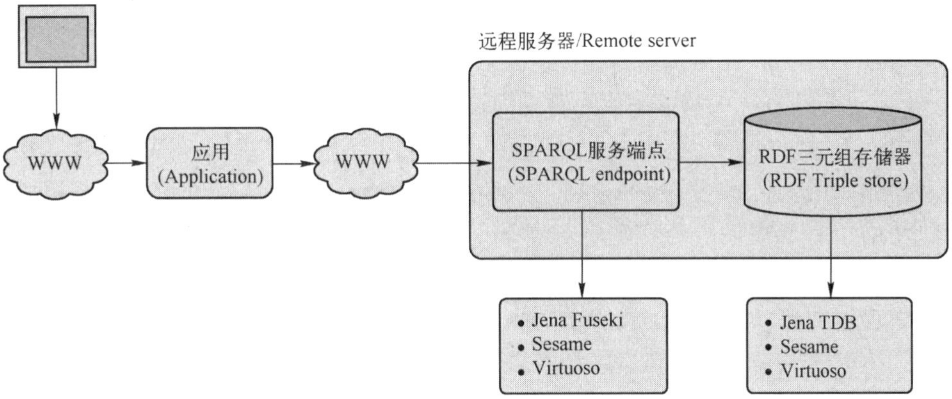

图 8-4　通过 SPARQL 协议远程执行 SPARQL 查询

许多 RDF 存储器都提供了 SPARQL 服务端点（Endpoint），如 Sesame、Virtuoso 和 Jena，其中比较有代表性的是 Jena Fuseki[2]。Fuseki 属于 Apache 旗下 Jena 语义网项目的一部分，为 RDF 数据提供 SPARQL 查询端。Fuseki 与 RDF 存储器 Jena TDB 紧密绑定，后者提供一个健壮的、事务性持久存储层，也可用于为其他 RDF 查询与存储系统提供查询服务。目前，万维网上存在大量的 SPARQL 查询端，用户可以通过这些端点来访问在线 RDF 数据。例如，通过<http://dbpedia.org/sparql>查询端可访问 DBpedia 数据集，通过<http://sparql.europeana. eu/>查询端可访问欧洲多媒体数字图书馆 Europeana[3]的数据库。

---

[1] W3C SPARQL Working Group．SPARQL 1.1 Overview: W3C Recommendation 21 March 2013 [EB/OL]. [2021-04-25]．

[2] Jena Fuseki [EB/OL]．[2017-01-20].

[3] Europeana 是由欧盟委员会和各成员国文化与教育部门提供赞助与支持，欧盟各国图书馆、档案馆和博物馆等文化机构共同参与的大型数字图书馆项目。

8.3 语义网信息组织模式

8.3.1 本体简介

本体是语义网中信息组织的核心体系，但并不像哲学意义上那样抽象和理论化，是实实在在的信息描述的语言工具。

1993 年，Tom Gruber 将本体定义为“概念模型的明确的规范说明”，随后 Borst 和 Studer 等学者分别对此定义进行了进一步的限定和阐述，将本体定义为“共享概念模型的明确的形式化规范说明”，这是当前较为普遍的关于本体概念的定义。

这个定义的具体含义由 4 个概念组成。

- ❖ 概念化（conceptualization）：指将客观世界中的一些现象抽象出来得到的模型，是客观世界的抽象和简化。
- ❖ 明确（explicit）：即明确定义所使用的概念及概念的约束。
- ❖ 形式化（formal）：即精确的逻辑表述，能够被计算机读取、理解和处理。
- ❖ 共享（shared）：指本体描述的概念应该是某个领域公认的概念。

换言之，本体是对某一领域中的术语及术语间的关系做规范说明，提供对领域知识的共同理解和描述，用于共享、交流和复用，由经过精确定义的概念及概念间的关系组成，主要供计算机使用。

本体中的对象及它们之间的关系是通过知识表达语言的词汇来描述的，因此可以通过定义一套知识表达的专门术语来定义一个本体，来描述领域世界的实体、对象、关系及过程等，并通过形式化的公理来限制和规范这些术语的解释和使用。

根据 Perez 等人对本体建模的研究，本体可由以下 5 部分构成。

① 类（Class）：也称为概念，一般用于描述领域内具有相同属性或行为的一类对象的概念，如“人”是一个类，“教师”和“工程师”是“人”的子类，也是一个类。类的这种层级关系将本体中的概念组织成一个系统结构。

② 关系（Relation）：是指领域中类与类、实例与实例之间的联系，表示领域中概念或实例之间的交互作用，如 is-Child-of、a-Kind-of、IsA 等关系。

③ 实例（Instance）：是指领域内某一特定的对象，根据本体颗粒度的不同，对实例的界定也不同。“张三”是“教师”的实例，“李四”是“工程师”的实例，他们也都是“人”的实例，所以继承了“人”的各种属性。

④ 函数（Function）：一种特殊的关系。如 mother-of 关系就是一个函数，其中，mother-of (x, y)表示 y 是 x 的母亲，显然 x 可以唯一确定其母亲 y。

⑤ 公理（Axiom）：领域内一些常识性知识的描述，是永真事实的描述。在应用本体的语义关系来进行逻辑推理时，这些规则能够发挥一定的作用。例如，“人是动物”就是公理。

此外，属性有时可以归于类，作为用来描述对象所具备性质的概念，有时可与关系划分到一起，是对概念内在特征和外在联系的揭示。函数和公理也可作为特殊的关系与关系归为一类。由上述描述可以看出，类、关系和实例是本体概念体系的基本构成，是领域对象概念化的主要元素。函数和公理的引入丰富了本体表达的内容，使得领域知识的表达变得更加严密和准确，并可通过推理发掘得出潜在的知识。

8.3.2 本体的类型

根据不同的分类标准，可以将本体分成多种。常用的本体主要有以下几种。

① 领域本体（Domain Ontology）：包含特定领域概念、术语及关系的本体，主要用于特定领域的应用，如经济类本体、建筑本体等。

② 通用本体（Generic Ontology）：覆盖了若干领域或者具有通用性，也被称为核心本体或顶级本体。它包括的是关于世界的一般性知识和概念，如时间、空间等。因此，通用本体可以跨学科领域使用，比较有代表性的通用本体当数 CYC。

③ 应用本体（Application Ontology）：为某一特定的应用而建立的本体。例如，在某个数字图书馆的建设过程中，可以建立该图书馆的数字资源的本体，应用于该图书馆的信息表示与检索中。

④ 任务本体（Task Ontology）：描述的是特定任务或行为中的概念及概念之间的关系。任务本体与解决问题的方法相关，主要研究可共享的问题求解方法。这里的推理方法与领域无关，任务本体主要涉及动态知识，而不是静态知识，定义通用任务和推理活动，如诊断等。

8.3.3 本体的功能

本体对领域知识进行了一种表述，统一了领域内的术语和概念，便于人与机器、机器与机器之间的交流，从而增加知识共享、知识重用的程度。本体在信息组织方面的功能如下。

① 信息描述方面，本体是关于领域知识的共同理解和描述，这使得基于本体的信息资源组织建立在语义层面而非语法层面，是以信息或知识的内容和本质特征为依据进行的组织。

② 信息检索方面，本体具有良好的概念层次结构和对逻辑推理的支持，因而在信息检索特别是在基于知识的语义检索中得到了广泛应用。本体通过概念之间的关系来表达概念语义，因此能实现基于本体的语义检索，避免当前信息检索因为字面检索而造成的低效率问题。

③ 语义网方面，本体面向计算机和网络的特点及形式化的描述使其能够更好地满足网络信息资源组织的需要，尤其是语义网信息组织的需要，所以它成为语义网体系框架中的一个主要层次。

本体能够准确地描述概念及概念之间的内在关联，并能通过逻辑推理获取概念之间蕴涵的关系，具有很强的表达概念语义和推理的能力，更适用于语义网环境中的信息组织和检索。

8.3.4 本体与传统受控词表的比较

本体与传统受控词表相比有许多相似之处，如继承了分类表的等级关系、叙词表的词汇控制等。两者之间的相似之处总结如下：

① 本体本质上也是一种受控词表。

② 都是概念及概念关系的集合。

③ 都是人们为便于实现人机或计算机之间的交流而制定的一致性标准，都能达到信息描述和提高信息检索效率的目的。

④ 都可以看作知识体系和结构的表现，都对词汇或概念实施了语义上的控制。

⑤ 都适用于某一专业领域范围。

但本体也有许多不同于传统受控词表的地方，具有面向计算机交流的特点，主要区别如表 8-1 所示。

表 8-1　本体与传统受控词表的比较

比较内容	本　体	传统受控词表	
		主题词表	分 类 表
概念模型	面向对象的认识世界的方法	面向概念的信息表示与检索方法	面向学科的信息表示与检索方法
组成元素	通常由类、属性、实例组成，有时包括函数和公理	语词及词间关系	类目及类目关系
标识	URI 唯一资源标识	语词	类号或类目
概念关系表达	几十种、上百种关系	等同、等级、相关三种关系	包含、并列、交替、相关等关系
形式化程度	较高	较低	较低
层级体系	存在，较为混乱，没有统一标准	有的存在，基本采用学科分类	存在，采用学科分类
适用对象	机器为主，人为辅	人为主，机器为辅	人为主，机器为辅
应用	提供语义检索和知识发现	信息内容的主题表示与检索	信息内容的分类表示与检索

8.3.5　本体描述语言

1. RDFS

RDF 通过类、属性和属性值来描述资源，但是 RDF 本身并不能定义这些描述词汇，因此需要一种定义应用程序专用的类和属性的方法。RDFS（Resource Description Framework Schema，资源描述框架模式）就是在 RDF 基础上制定的 RDF 词汇描述语言。2004 年，W3C 将 RDFS 1.0 发布为推荐标准[1]，2014 年，又发布了 RDFS 1.1 版[2]。但是这两个版本之间的差别很小。

RDFS 不提供领域或应用程序专用的类和属性，而是提供描述这些类和属性的框架。任何人都可以采用 RDFS 来创建自己的词汇集，这些词汇集涉及类别（类/子类）、属性（属性/子属性）和属性限制（领域/范围）。由于 RDFS 采用 RDF 的数据模型和表达方式，因此每个 RDFS 文档也是一个定义良好的 RDF 文档。

RDFS 定义了基本的建模原语，用户可通过建模原语定义任何领域的词汇表。RDFS 有两个最核心的建模元语<rdfs:Class>和<rdfs:Property>。前者表示所有类的类，可用于定义一个具体类；后者表示所有属性的类，可用于定义一个具体属性。

---

[1]　Brickley D, Guha R V．RDF Vocabulary Description Language 1.0: RDF Schema : W3C Recom-mendation 10 February 2004[EB/OL]．[2021-04-25].

[2]　Brickley D, Guha R V．RDF Schema 1.1 : W3C Recommendation 25 February 2014[EB/OL]．[2021-04-25].

此外，建模元语<rdfs:subClassOf>和<rdfs:subPropertyOf>表示类和属性之间的继承关系，前者用于将一个类定义为另一类的子类，后者用于将一个属性定义为另一个属性的子属性。

属性有两个核心限制属性<rdfs:domain>和<rdfs:range>。前者定义属性的定义域，声明任何拥有某一属性的资源是某个类（即定义域类）的实例；后者定义属性的值域，声明一个属性的取值只能是来自某个类（即值域类）的实例。如果一个属性没有指定定义域，那么它可以被用于任何资源；如果它只有一个定义域，那么可推断出使用该属性的主体的类型；如果它拥有多个定义域，那么该属性只能用于这些定义域（类）的交集。

2. OIL、DAML 和 DAML+OIL

OIL（Ontology Interchange Language/Ontology Inference Layer，本体互换语言/本体推理层）[1] 由美国斯坦福大学、荷兰阿姆斯特丹大学、曼彻斯特大学计算机科学系、贝尔实验室、AIFB、麻省理工学院等多家机构从 2000 年起联合开发，以项目 Ontoknowledge 为依托。OIL 的主要功能分为两类：合并和表示本体及进行系统间交互，目的是提供尽可能多的建模元语，用于基于框架系统和 DL 的本体。但目前 OIL 已经被 OWL 所取代，不再使用了。

OIL 的设计借鉴了三方面：由 DL 提供正规语义和有效推理，由框架系统提供丰富的建模元语，由 XML 和 RDF(S)提供通用形式化语法。因此，OIL 有着 XML 和 RDFS 两种不同的语法体系。在 OIL 中，本体是由一系列元素和组件组成的，并被划分为三层：对象层（Object Level）、本体定义层（Ontology Definition）和本体容器层（Ontology Container）。另外，OIL 本身是分层次的，每层在前一层基础上添加了功能性（Functionality）和复杂性（Complexity）。

DAML（DARPA Agent Markup Language，DARPA 标记语言）[2] 是由 DAML 委员会主持、从 2000 年开始开发设计的一种本体表示语言。DAML 完全是以 XML 和 RDF(S)为基础的，其目的是通过扩展 RDF(S)的语义表示能力从而形成新的本体表示语言。DAML 最初版本为 DAML 0.5，后来发展为 DAML-ONT。2000 年年末，DAML 与 OIL 相结合，形成新的语言标准——DAML+OIL。目前，DAML+OIL 也已经被 OWL 所取代，不再使用。

OIL、DAML、DAML+OIL 虽然没能成为最终的推荐标准，并最终不再使用，但需要看到它们对于网络本体表示语言的重要贡献，这主要表现在：第一，它们是第一批建立在 XML、RDF(S)标准上的网络本体表示语言，这与先前的低级网络本体表示语言（如 SHOE、XOL 等）有着本质的不同，体现了现行网络构架向语义网构架发展的努力；第二，它们第一次将描述逻辑引入本体表示，成为赋予本体语言正规语义和推理支持的一种有效手段；第三，它们的开发为后来 OWL 的开发积累了宝贵的经验（许多 OIL、DAML 的开发人员进一步参与了 OWL 的开发），提供了坚实的基础，并且为后来 OWL 得到广泛的认同和应用做出了贡献。

3. OWL 1.0

OWL（Web Ontology Language，网络本体语言）是 W3C 在 2004 年制定的一种本体表示语言标准[3]。OWL 语言比 RDFS 语言提供了更多建模语言，拥有清晰的、形式化的语义，能

[1] OIL[EB/OL]. [2021-04-25].

[2] The DARPA Agent Markup Language Homepage[EB/OL]. [2021-04-25].

[3] OWL Web Ontology Language Reference [EB/OL]. [2021-04-25].

够为客观世界的描述提供更加丰富的知识表示和推理能力。

1）OWL 1.0 子语言

OWL 包含三个子语言：OWL Full、OWL DL、OWL Lite，其关系为 OWL Full ⊇ OWL DL ⊇ OWL Lite。

OWL Full 是完整的 OWL 语言，拥有最丰富的建模元语和最强大的描述能力，支持那些需要最强的表达能力和完全自由 RDF 语法的用户。OWL Full 与 RDF(S)是完全兼容的：任何合法的 RDF 文档都是合法的 OWL 文档，任何有效的 RDFS 推论都是有效的 OWL 推论。而 OWL Full 过强的表示能力带来的问题是 OWL Full 是不可判定的，到目前为止还没有任何软件能够完全支持 OWL Full 的推理。

OWL DL 是完全基于 DL 的，为此对 OWL Full 中建模元语的使用方式施加了约束：最主要的是禁止了 OWL Full 中资源的多重身份，从而使得 OWL DL 的计算是完备而可判定的，保障了有效推理的可能性。OWL DL 用于支持那些既需要强表达能力也需要保证计算完备性（Computational Completeness，即所有结论都能够确保被计算出）和可判定性（Decidability，即所有计算都能在有限时间内完成）的用户。不利的一面是 OWL DL 放弃了与 RDF(S)的完全兼容：虽然合法的 OWL 文档仍然是合法的 RDF(S)文档，但合法的 RDF(S)文档可能需要经过一系列处理才能生成合法的 OWL 文档。

OWL Lite 是对 OWL DL 的进一步限定，取消了不常用的建模元语，虽然会导致 OWL Lite 的表示能力比 OWL DL 更低，但使得用户更容易掌握这种语言，在其基础上的开发工具也更容易设计与使用。OWL Lite 用于只需要一个分类层次和简单约束的用户。

使用 OWL 的本体开发者要考虑哪个子语言最符合其需求。选择 OWL Lite 还是 OWL DL 主要取决于用户在多大程度上需要 OWL DL 提供的更强的表达能力；选择 OWL DL 还是 OWL Full 主要取决于用户在多大程度上需要 RDF Schema 的元建模（Meta-Modeling）机制，以及是否需要高效推理。

2）OWL 1.0 主要建模元语

在最新的 OWL 语义规范标准中[1]，包括 51 个建模元语，其中 11 个来自 RDF(S)，其余为 OWL 独有的建模元语。根据其作用，可以分为 8 个大类，这里选择较为主要的建模元语在下文进行介绍。

（1）首部相关

由于 OWL 文档都是 RDF(S)文档，因而 OWL 文档的根元素同样是<rdf:RDF>元素。在 OWL 文档的首部有一些声明该文档的管理信息的代码，都包含在一个<owl:Ontology>元素下，具体包括注释（rdfs:comment）、标签（rdfs:label）、版本信息（owl:priorVersion）、对其他本体的引用（owl:imports）等。其中需要说明的是，<owl:imports>元语声明了该本体引用了哪些其他本体，是一个具有传递性的属性。

（2）类

OWL 中定义类的元语为<owl:Class>，它是<rdfs:Class>的下位类。如果声明一个类是另一个类的下位类（子类），就采用<rdfs:subClassOf>建模元语。OWL 中元语定义的类间关系不仅限于下位类，还可以通过元语“不相交类”（owl:disjointWith）来声明两个类是不相交的，

[1] OWL Web Ontology Language Semantics and Abstract Syntax [EB/OL]. (2021-04-20) [2013-06-10].

以及通过元语“等同类”（owl:equivalentClass）来声明两个类是等同的。另外，OWL 预先定义了两个类：<owl:Thing>和<owl:Nothing>。<owl:Thing>是所有实例的类，是所有 OWL 类的上位类；<owl:Nothing>则没有任何实例，是任意 OWL 类的子类。

例如，我们可以声明网站（Website）类和链接（Link）类都是网络资源（NetResource）类的子类，但它们是不相交的两个类，RDF/XML 代码如下。

```
<owl:Class rdf:ID="Website">
    <rdfs:subClassOf rdf:resource="#NetResource"/>
    <owl:disjointWith rdf:resource="#Link"/>
</owl:Class>
```

（3）属性

OWL 中有两种属性：数据类型属性（owl:DatatypeProperty）和对象属性（owl:ObjectProperty），它们都是 rdf:Property 的子类。前者的值域是文字值，如字符串、整数、时间日期等，后者的值域是一个或多个类的组合。例如，图书的题名（dc:title）和出版日期（dc:date）均是数据类型属性，其值分别为文本字符串和时间日期，图书的作者（dc:creator）和出版者（dc:publisher）均是对象属性，其值分别是个人和组织机构。对象属性实质上描述的是两个类之间的关系。

属性也可以有子属性，采用<rdfs:subPropertyOf>建模元语定义。OWL 还允许用建模元语<owl:inverseOf>来声明逆属性。属性 B 是属性 A 的逆属性，即属性 A 的定义域是属性 B 的值域，属性 B 的定义域是属性 A 的值域，且 A 与 B 在语义上是互逆的。例如，“creator”和“isCreatedBy”为一对互逆属性。属性间的等同关系则通过元语<owl:equivalentProperty>来声明，如可以认为“creator”和“writer”是等同属性。下面是 OWL 代码，声明“creator”是一种对象属性，它有一个逆属性“isCreatedBy”，并且与属性“writer”是等同的。

```
<owl:ObjectProperty rdf:ID="creator">
    <owl:inverseOf rdf:resource="#isCreatedBy"/>
    <owl:equivalentProperty rdf:resource="#writer"/>
</owl:ObjectProperty>
```

（4）属性特性

属性特性建模元语是用来声明属性及其值的相关特性，包括如下元语。

传递属性（owl:TransitiveProperty）：声明一个对象属性具有传递性。对于一个传递属性，如果个体 A 通过该属性指向个体 B，个体 B 通过该属性指向个体 C，那么可以推断出个体 A 通过该属性也指向个体 C，如“hasPart”（包含）属性。

对称属性（owl:SymmetriProperty）：声明一个对象属性是对称的。针对对称属性，若个体 A 通过该属性指向个体 B，则个体 B 也通过该属性指向个体 A，如“是朋友关系”属性。

函数属性（owl:FunctionalProperty）：声明一个属性具有函数性，即对于每个实例，该属性的属性值只有一个，如“年龄是”“身份证号码是”等。

反函数属性（owl:InverseFunctionalProperty）：声明一个属性具有反函数性，即该属性的逆属性是函数属性，或者说，给定该属性值域中的一个值，定义域中有且只有一个实例与之对应，如“个人电话号码是”“身份证号码是”等。

属性约束：OWL 非常强大的表示机制，可以用于多个方面的描述。其原理是：一个类 A

是另一个类 B 的子集，如果类 A 所有的元素都符合一定条件，而所有符合这些条件的元素构成了类 B，那么整个过程中可以不对类 B 进行声明——类 B 可以是匿名的。属性约束有三种方式，其中一种是量词约束（Quantifier Restriction），相关元语如下。

❖ 全称量词约束<owl:allValuesFrom>，表示被约束属性的所有值均需来自某个特定类，存在量词约束<owl:someValuesFrom>，表示被约束属性的某些值需来自某个特定类。

❖ 基数约束（Cardinality Restriction），相关元语包括：<owl:cardinality>表示被约束属性的值正好等于某个数值，<owl:minCardinality>表示被约束属性的值至少等于某个数值，<owl:maxCardinality>则表示最多等于某个数值。

❖ 赋值约束（hasValue Restriction），建模元语是<owl:hasValue>，表示被约束属性的某些值必须是某个特定个体。

以上约束都是在元素<owl:Restriction>中通过<owl:onProperty>声明对哪个属性进行约束的。例如，定义学术网站（AcademicWebsite）这类资源是网站类的一个子类，并且只能由学术人员（AcademicStaff）来创建（isCreatedBy），那么可以表示如下。

```
<owl:Class rdf:ID="#AcademicWebsite">
    <rdfs:subClassOf rdf:resource="#Website"/>
    <rdfs:subClassOf>
        <owl:Restriction>
            <owl:onProperty rdf:resource="#isCreatedBy"/>
            <owl:allValuesFrom rdf:resource="#AcademicStaff"/>
        </owl:Restriction>
    </rdfs:subClassOf>
</owl:Class>
```

如果认为学术网站的创建者只能由某具体人担任，那么只需要将上面代码中的<owl: allValuesFrom>替换成<owl: hasValue>，并且指向某个具体人员即可。如果认为学术网站的创建者当中必须包含学术人员而不必全都是学术人员，那么只需要将上面代码中的<owl: allValuesFrom>替换成<owl:someValuesFrom>即可。

如果认为一个学术网站的创建者最少有 1 个，最多不超过 10 个，那么可以使用基数限制，代码如下。

```
<owl:Class rdf:about="#AcdamicWebsite">
    <rdfs:subClassOf>
    <owl:Restriction>
        <owl:onProperty rdf:resource="#create"/>
        <owl:minCardinality rdf:datatype="&xsd;nonNegativeInteger">1</owl:minCardinality>
    </owl:Restriction>
    </rdfs:subClassOf>
    <rdfs:subClassOf>
        <owl:Restriction>
        <owl:onProperty rdf:resource="#create"/>
        <owl:maxCardinality rdf:datatype="&xsd;nonNegativeInteger">10</owl:maxCardinality>
        </owl:Restriction>
    </rdfs:subClassOf>
</owl:Class>
```

（5）布尔组合

此类建模元语建立了类和类之间的布尔组合操作，可以在原有定义的类的基础上通过布尔组合生成新的类，这些类通常是匿名的，包括如下元语：补集（owl:complementOf），用来声明一个类的补类；并集（owl:unionOf），用来声明一个类是由多个类的合并组成的；交集（owl:intersectionOf），用来声明一个类是由两个或多个类相交的重叠部分组成的。例如，可以通过声明网站类是链接类的补集的子类，从而声明网站和链接是不相交的类，代码如下。

```
<owl:Class rdf:about="#Website">
    <rdfs:subClassOf>
        <owl:Class>
            <owl:complementOf rdf:resource="#Link"/>
        </owl:Class>
    </rdfs:subClassOf>
</owl:Class>
```

此外，可以定义一个网站资源（WebsiteResource）类，它是网站类和链接类的并集，代码如下。

```
<owl:Class rdf:ID="WebsiteResource">
    <owl:unionOf rdf:parseType="Collection">
        <owl:Class rdf:resource="#Website"/>
        <owl:Class rdf:resource="#Link"/>
    </owl:unionOf>
</owl:Class>
```

4. OWL 2

2009 年 10 月，W3C 推出 OWL 新版本[1]。OWL 2 与原有的 OWL 兼容，即所有 OWL 1 本体依旧是有效的 OWL 2 本体。OWL 2 添加了一些新特征，具体表现在以下 5 方面。

① 增加了句法糖，也就是一些句法扩展，使得 OWL 2 在不扩展语言表达能力的情况下对用户更加友好且容易使用，例如，提供了 DisjointUnion 和 DisjointClasses 这两种更加简洁的快捷方式来声明类不相交。

② 增加了对属性的建模元语，例如，对属性的额外约束、属性的不相交性、属性链（Property Chain）和键（Key）等，以及增强的属性表达能力，如属性的自反性（Reflexive）、非自反性（Irreflexive）和非对称性（Asymmetric）等。

③ 扩展的数据类型，包括更多由 OWL 2 提供的内置数据类型，如 rational（有理数）、real（实数）、boolean（布尔值）、dateTimeStamp（日期时间戳）等，也允许用户在创建本体时自定义数据类型。

④ 简单的元建模能力，提供了双关语（Punning）功能，即相同的名称在某些限制下可用于不同类型的实体（如类、对象属性、数据类型属性、数据类型等）。

⑤ 扩展的注释能力，用户可以给公理添加注释，给注释属性添加定义域和值域信息，给注释自身添加注释。

---

[1] W3C OWL Working Group. OWL 2 Web Ontology Language Document Overview : W3C Recom-mendation 11 December 2012 [EB/OL]. [2021-04-25].

OWL 2 有两种为本体赋予语义的方式：直接语义（direct semantics）和基于 RDF 的语义（RDF-based semantics）[1]。直接语义以描述逻辑的方式直接将语义赋予本体结构；基于 RDF 的语义是 RDFS 语义的扩展，将 OWL 2 本体看作 RDF 图，直接给 RDF 图赋予语义，从而间接地通过到 RDF 图的映射给本体结构赋予语义。采用直接语义的本体被称为 OWL 2 DL 本体，采用基于 RDF 语义的本体被称为 OWL 2 Full 本体。OWL 2 DL 可看作 OWL 2 Full 的句法限制版，通过限制 OWL 2、RDF、RDFS 建模元语的使用方式，获得可计算性。出于不同用途和计算的复杂性，OWL 2 DL 包含 3 种子语言。

- ❖ OWL2 EL：具有较强的表达能力，主要用于需要超大规模本体的应用或者为了保证性能可以牺牲表达力的应用。
- ❖ OWL2 QL：主要用于需要相对轻量级本体且具有大量实例数据的应用，允许通过关系型查询直接访问数据。
- ❖ OWL2 RL：在有限地牺牲表达能力的条件下极大地改善推理能力，主要用于需要大规模推理的应用。

这些语言可以在表达性和有效性中权衡，给用户提供更多选择。OWL 2 各子语言之间的关系如图 8-5 所示。

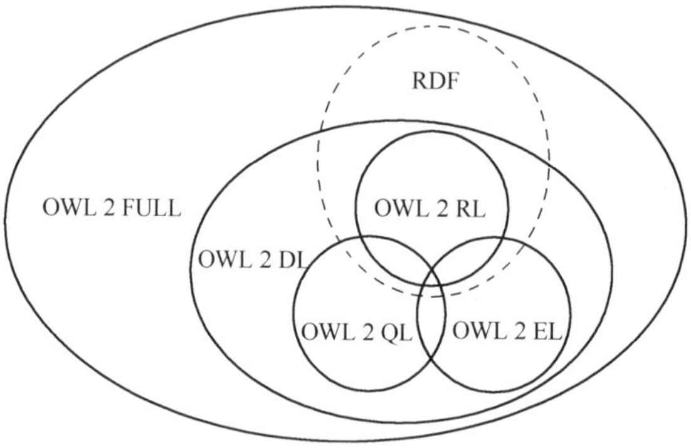

图 8-5　OWL 2 各子语言之间的关系

8.3.6　本体的构建

1. 本体构建原则

本体构建的基本原则概括起来包括 5 项。

① 清晰（Clarity）：本体必须有效地说明所定义术语的意思。定义应该是客观的、与背景独立的。当定义可以用逻辑公理表达时，它应该是形式化的。定义应该尽可能完整。所有定义应该用自然语言加以说明。

② 一致（Coherence）：本体应该是一致的，也就是说，它应该支持与其定义相一致的推理，所定义的公理及用自然语言进行说明的文档都应该具有一致性。

③ 可扩展性（Extendibility）：本体应该为可预料到的任务提供概念基础，应该支持在已

[1]　Hitzler P, Krötzsch M, Parsia B, et al.. OWL 2 Web Ontology Language Primer (Second Edition) : W3C Recommendation 11 December 2012[EB/OL]. [2021-04-25].

有的概念基础上定义新的术语，以满足特殊的需求，而不需修改已有的概念定义。

④ 编码偏好程度最小（Minimal encoding bias）：概念的描述不应该依赖于某一种特殊的符号层的表示方法，因为实际的系统可能采用不同的知识表示方法。

⑤ 本体约定最小（Minimal ontological commitment）：本体约定应该最小，只要能够满足特定的知识共享需求即可。这可以通过定义约束最弱的公理及只定义通信所需的词汇来保证。

2. 本体开发工具

目前，最流行的本体编辑工具是由美国斯坦福大学生物医学研究中心和医学院联合开发的开源软件 Protege 编辑器[1]。除了 Protege，还有其他本体编辑工具，如斯坦福大学知识系统实验室的 Ontolingua 和 Ontoprise Gmbh 公司的商业软件 OntoStudio 等。2011 年 12 月，欧盟研究项目 NeOn 发布了免费的本体工具包 NeOn Toolkit 2.5，基于商业软件 OntoStudio，但进行了扩展。

3. 本体构建方法

本体构建方法研究主要是从知识工程的角度探讨本体的构建方法，也称为本体工程。本体工程的主要特点是强调构建本体时要按照一定的规范和标准。本体工程中比较有名的包括 TOVE 法、METHONTOLOGY 法、骨架法（Skeletal Methodology）、KACTUS 法、SENSUS 法、DEF5 法和七步法等，其中以骨架法和七步法应用最为广泛。

1）骨架法

骨架法由 Mike Uschold 和 Micheal Gruninger 提出，又称为 Enterprise 法，专门用来创建企业建模过程中的本体。骨架法流程如图 8-6 所示。

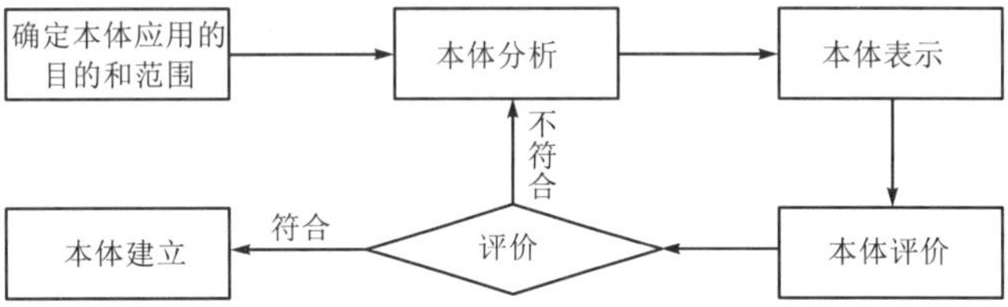

图 8-6　骨架法流程

① 确定本体应用的目的和范围：根据研究的领域或任务，建立相应的领域本体或任务本体，领域越大，所建本体越大，因此需限制研究的范围。

② 本体分析：定义本体所有术语的意义及其之间的关系，需要领域专家的参与。对该领域越了解，所建本体就越完善。

③ 本体表示：以本体表示语言对本体进行描述。

④ 本体评价：按照对本体表示的清晰性、一致性、完整性、可扩展性，对所建立的本体进行评价，如果符合要求就进入本体建立，否则返回第二步重新进行本体分析。

⑤ 本体的建立：对所有本体按以上标准进行检验，符合要求的以文件形式存放，生成 OWL、RDF 等格式的本体文件。

---

[1]　A free, open-source ontology editor and framework for building intelligent systems [EB/OL]. [2021-04-25].

2）七步法

七步法由斯坦福大学医学院开发，主要用于领域本体的构建。

① 确定本体的专业领域和范畴。领域知识往往十分庞大，本体不可能包括所有的概念，因此，在建立本体之前，必须先确定本体将覆盖的专业领域、范围和应用目标等。不同的应用领域，领域概念肯定不同；即使是同一个领域，由于应用目的不同，本体所包含的概念也会有所不同。因此，建立本体之前，一定要明确本体建立的领域、范畴和应用目标。

② 考查复用现有本体的可能性。共享和复用是本体的特点，建立本体的目的也是为了解决知识的共享和复用问题，因此，在设计和建立本体之前，应该考虑是否有已经建立好的本体供复用。

③ 列出本体中的重要术语。领域本体是描述概念及概念与概念之间关系的，首先列举出该领域中的所有概念及对该概念的详细解释。在特定领域，这些概念就是与领域相关的专业术语。列举领域中的重要术语有利于本体工程师更好地理解本体建立的目标，明确方向。

④ 定义类和类的等级体系，通常采用自顶向下法（Top-down）、自底向上法（Bottom-up）和综合法。通过等级体系将领域概念进行分类组织，用于描述领域概念间的类属关系，并将本体中的概念模块化。本体中的概念模块化应包括概念名称、语义描述、概念可能的同义词、缩略语。定义分类概念就是对这些信息进行描述，同时对所建立的概念分类层次进行检验，保证没有重复的概念，防止冗余定义。

⑤ 定义类的属性。概念的分类层次结构体现了分类概念之间的一种继承关系（Kind-of），但是在领域本体中，概念和概念之间通过关系来交互，除了继承关系，在我们构建的领域本体中还可以根据需要定义其他的关系。针对每个概念，要列出它所有可能的属性，每个属性都有对应的属性值。

⑥ 定义属性的分面。属性的分面可用来描述属性值的类型、允许的取值、取值的个数（基数），以及属性其他的一些特征。

⑦ 创建实例。确定类的实例首先需要选取一个概念类，然后添加属于该类的具体实例，最后为实例添加具体属性值。

8.3.7 基于本体的信息组织实例

本节通过一个实例来说明如何将本体应用于信息组织。首先介绍如何采用 OWL 语言构建一个书目元数据本体，然后介绍如何基于所构建的本体将两种不同格式的元数据进行语义化转换，从而实现不同类型元数据的集成。

1. 本体构建

首先，参考斯坦福大学医学院七步法本体构建原则，基于 DC 元数据标准构建一个书目元数据本体（命名空间前缀为 co）。为了充分展示本体构建的各方面，尽量给出类和属性的各种设置，其中有些并不是完全必须的。

1）确定本体的专业领域和范畴

该本体属于图书馆领域，是描述文献资源书目信息的一个基本模型，定义了文献资源的核心属性，文献资源之间以及与其他资源（如知识组织资源、个人、组织机构、地点）之间的相互关系。

2）考查复用现有本体的可能性

在图书馆领域，DC 元数据标准和 DCTERMS 元数据术语是描述书目信息的主要标准规范。书目信息中会涉及人物、组织机构、时间、地点、概念等信息，可复用相关本体中的定义。对于人物和组织机构，可复用 FOAF 本体的定义，这是在 FOAF（Friend Of A Friend）项目中开发的一个社会网络本体，用于描述人物、团体、机构及其社会关系网络。对于地点，可复用 geoNames 本体中的定义，这是地理名称 geoNames 数据库中用来语义化描述地名信息的一个本体。对于时间，可复用 TIME 本体中的定义，这是 W3C 开发的用来描述时刻和时段的一个本体。对于概念，可复用 SKOS 规范中的定义，这是 W3C 制定的描述知识组织系统的一个本体模型，具体信息见 8.4.1 节。

3）列出本体中的重要术语

在书目本体中，最重要的术语是“文档”，是图书馆中各类文献资源的统称，具体有图书、论文、学位论文、图像等，还有描述文献书目信息的术语，如题名、创建者、出版者、其他责任者、格式、类型、主题等。

4）定义类和类的等级体系

该本体的核心类是“文档（Document）”，表示承载信息的内容载体，可以是纸质印刷型，也可以是数字型。该类可包含多个子类，分别代表不同类型的文档，如图书（Book）、论文（Article）、图像（Image）、学位论文（Thesis）等。每个子类还可拥有更低层级的子类，如论文还可进一步分为期刊论文（Journal Article）和会议论文（Conference Article）。

除了文档（Document），还有与之密切相关的其他类，包括代理（Agent）、时间（Period of Time）、地点（Place）、概念（Concept）。这些类直接复用自上面所说的相关本体。

表 8-2 列出了书目元数据本体中的主要类及其子类。

5）定义类的属性

文档类（co:Document）的属性全部复用自 DC 元数据标准中的 15 个核心元数据元素。其中，范围（dc:coverage）元素被分解为两个属性：时间范围（dcterms:temporal）和空间范围（dcterms:spatial）。文档类的所有属性以及属性的类型和值域如表 8-3 所示。

代理类（foaf:Agent）的属性则直接复用 FOAF 本体中定义的部分属性，如表 8-4 所示。

属性分为数据类型属性和对象属性，后者就是类与类之间的关系。

该本体中的主要类及相互间关系如图 8-7 所示。

6）定义属性的分面

首先，该本体中的一些属性具有逆属性。例如，文档（co:Document）类中，其“关系（dc:relation）”属性具有两个子属性：包含（dcterms:hasPart）和替代（dcterms:repalces），这两个属性均具有相应的逆属性“被包含（dcterms:isPartOf）”和“被替代（dcterms:isRepalcedOf）”。

逆属性的定义如下。

```
<owl:ObjectProperty rdf:about="http://purl.org/dcterms/hasPart">
    <rdfs:subPropertyOf rdf:resource="http://purl.org/dc/elements/1.1/relation"/>
    <rdfs:domain rdf:resource="http:/im.nju.edu.cn/onto/core##Document"/>
    <rdfs:range rdf:resource="http:/im.nju.edu.cn/onto/core##Document"/>
    <owl:inverseOf rdf:resource="http://purl.org/dcterms/isPartOf"/>
</owl:ObjectProperty>
```

表 8-2　书目元数据本体中的主要类及其子类

主要类及其子类（Classes and SubClasses）	等价类（Equalivent Classes）	说　明（Description）
co:Document co:Book co:Proceedings co:Article co:JournalArticle co:ConferenceArticle co:Thesis co:Image …	foaf:Document	自定义类，表示承载信息的内容载体，有各种类型，如图书、论文、学位论文、图像等
foaf:Agent foaf:Person foaf:Organization foaf:Group	dcterms:Agent	来自 FOAF 本体，表示具有行动能力的实体，包括个人、组织机构和团体
time:TemporalEntity time:Interval time:Instant	dcterms:PeriodOfTime	表示时间日期
co:Place	dcterms:Location gn:Feature	表示命名地点
skos:Concept co:ClassificationNumber		来自 SKOS 规范，表示概念体系中的一个概念
skos:ConceptScheme co:ClassficationSystems		来自 SKOS 规范，表示一个概念体系。一个分类法（如杜威分类法）或者一个词表可被看作一个概念体系

表 8-3　书目元数据本体中 co:Document 类的属性及其值域

属性标识符	标　签	属性类型	值　域	来源出处
dc:title	名称	数据类型	xsd:string	DC
dc:description	描述	数据类型	xsd:string	DC
dc:identifier	标识符	数据类型	xsd:string	DC
dc:date	日期	数据类型	xsd:gYear	DC
dc:creator	创建者	对象	foaf:Agent	DC
dc:contributor	其他责任者	对象		DC
dc:publisher	出版者	对象		DC
dc:relation	关联	对象	co:Document	DC
dc:source	来源	对象	co:Document	DC
dc:language	语种	数据类型	xsd:string	DC
dc:subject	主题	对象	skos:Concept	DC
dc:type	类型	对象	skos:Concept	DC
dc:rights	权限	数据类型	xsd:string	DC
dcterms:temporal	时空范围	对象	dcterms:PeriodOfTime	DCTERMS
dcterms:spatial	空间范围	对象	dcterms:Location	DCTERMS
dc:format	格式	数据类型	skos:Concept	DC

表 8-4　FOAF 本体中 foaf:Agent 类的主要属性及其值域

属性标识符	属性类型	领　域	值　域	注　释
foaf:name	数据类型	foaf:Agent	xsd:string	名称
foaf:title	数据类型	foaf:Person	xsd:string	个人的头衔
foaf:gender	数据类型	foaf:Person	xsd:string	个人的性别
foaf:knows	对象	foaf:Person	foaf:Person	一个人认识的其他人
foaf:workInfoHomepage	对象	foaf:Agent	foaf:Document	工作信息主页
foaf:topic_Interest	对象	foaf:Person	skos:Concept	感兴趣的主题

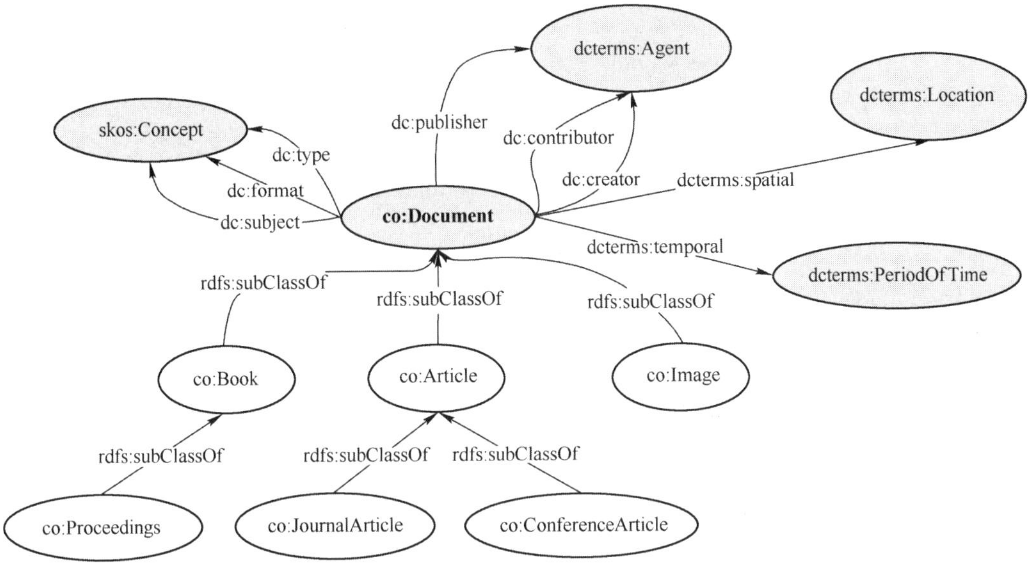

图 8-7　书目元数据本体中的主要类及相互间关系

```
<owl:ObjectProperty rdf:about="http://purl.org/dcterms/replaces">
    <rdfs:subPropertyOf rdf:resource="http://purl.org/dc/elements/1.1/relation"/>
    <rdfs:domain rdf:resource="http:/im.nju.edu.cn/onto/core##Document"/>
    <rdfs:range rdf:resource="http:/im.nju.edu.cn/onto/core##Document"/>
    <owl:inverseOf rdf:resource="http://purl.org/dcterms/isReplacedOf"/>
</owl:ObjectProperty>
```

其次，该本体中的部分属性具有属性特征，如可以将 dc:identifier 属性设置为函数属性，则一个文档只能有一个标识符；将 dc:relation 属性设置为对称属性，若文档 A 与文档 B 相关，则反之亦然；将 dcterms:hasPart 属性设置为传递属性，若文档 A 包含文档 B，文档 B 包含文档 C，则文档 A 也包含文档 C。

该本体设置了如下 4 个约束。

约束 1：对于所有文档，其主题必须至少有 3 个。此约束为基数约束，对于<co:Document>类，其<dc:subject>属性的值必须至少（owl:minQualifiedCardinality）有 3 个。其代码如下。

```
<owl:Class rdf:about="http:/im.nju.edu.cn/onto/core#Document">
    <rdfs:subClassOf>
        <owl:Restriction>
            <owl:onProperty rdf:resource="http://purl.org/dc/elements/1.1/subject"/>
             <owl:minQualifiedCardinality rdf:datatype="http://www.w3.org/2001/
```

```
            XMLSchema#nonNegativeInteger">3</owl:minQualifiedCardinality>
        </owl:Restriction>
    </rdfs:subClassOf>
</owl:Class>
```

约束 2：对于所有文档，其主题中必须至少包含一个分类号。此约束为存在量词约束，对于 co:Document 类，其 dc:subject 属性的值必须至少有一个（owl:someValuesFrom）来自 co:ClassificaitonNumber 类。其代码如下。

```
<owl:Class rdf:about="http:/im.nju.edu.cn/onto/core#Document">
    <rdfs:subClassOf>
        <owl:Restriction>
        <owl:onProperty rdf:resource="http://purl.org/dc/elements/1.1/subject"/>
        <owl:someValuesFrom rdf:resource="http:/im.nju.edu.cn/onto/core#ClassificationNumber"/>
        </owl:Restriction>
    </rdfs:subClassOf>
</owl:Class>
```

约束 3：对于会议论文，其来源文档必须全部是会议论文集。该约束为全称量词约束，对于 co:ConferenceArticle 类，其 dc:source 属性的值必须全部（owl:allValuesFrom）来自 co:Proceedings 类。其代码如下。

```
<owl:Class rdf:about="http:/im.nju.edu.cn/onto/core#ConferenceArticle">
    <rdfs:subClassOf rdf:resource="http:/im.nju.edu.cn/onto/core#Article"/>
    <rdfs:subClassOf>
        <owl:Restriction>
            <owl:onProperty rdf:resource="http://purl.org/dc/elements/1.1/source"/>
            <owl:allValuesFrom rdf:resource="http:/im.nju.edu.cn/onto/core##Proceedings"/>
        </owl:Restriction>
    </rdfs:subClassOf>
</owl:Class>
```

约束 4：中国地图的空间范围必须包含中国。该约束为赋值约束，对于 co:MapOfChina 类，其 dcterms:spatial 属性的值必须至少有一个来自 co:Place 类的实例<http://www.example.com/place/China>。其代码如下。

```
<owl:Class rdf:about="http:/im.nju.edu.cn/onto/core#MapOfChina">
    <rdfs:subClassOf rdf:resource="http:/im.nju.edu.cn/onto/core##Map"/>
    <rdfs:subClassOf>
        <owl:Restriction>
            <owl:onProperty rdf:resource="http://purl.org/dcterms/coverage"/>
            <owl:hasValue rdf:resource="http://www.example.com/place/China"/>
        </owl:Restriction>
    </rdfs:subClassOf>
</owl:Class>
```

7）为类和属性添加注释属性（Annotation Properties）

除了数据属性和对象属性，该本体中还有另一种属性，称为注释属性。注释属性的作用是对本体中的类、属性和个体（即实例）进行注释说明。OWL 本体中有 5 个预定义的注释属性可以直接使用，对本体中的类、属性、个体提供注释信息。书目元数据本体中 co:Document

类的注释属性如表 8-5 所示。

表 8-5　书目元数据本体中 co:Document 类的注释属性

注释属性	属 性 值
owl:versionInfo	1.0
rdfs:label	文档
co:definition	A document is a bounded physical representation of body of information designed with the capacity (and usually intent) to communicate
rdfs:comment	A document may manifest symbolic, diagrammatic or sensory-representational information
rdfs:seeAlso	http://purl.org/ontology/bibo/Document
rdfs:isDefinedBy	http://im.nju.edu.cn/onto/core#

2. 基于本体的信息集成

本体构建的最后一步是实例构建。基于构建的书目元数据本体可以将不同类型、不同格式的书目信息转换为统一的 RDF 数据，也就是本体的实例，由此可以实现异质书目信息的集成。下面以《信息资源管理理论》一书为例，将来自图书馆书目数据库的 MACR 元数据和来自万方数据库的 NoteFirst[1] 两种元数据转化为统一的 RDF 格式的元数据，来实现不同类型元数据的集成。该书的 MACR 元数据显示如下：

000 01045nam 2200325 450（记录头标区）

001 0000568854

005 20031225163800.0

101 0_ |a chi（作品种类为中文）

200 1_ |a 信息资源管理概论 |A Xin Xi Zi Yuan Guan Li Gai Lun |f 主编孙建军（题名与责任说明项：题名、拼音及责任者）

210 __ |a 南京 |c 东南大学出版社 |d 2003

（出版发行项：出版地、出版社、出版时间）

215 __ |a 303 页 |c 图 |d 26cm（载体形态项：页数、其他形态、尺寸）

701 _0 |a 孙建军 |A Sun Jian Jun |4 主编（责任者，责任方式）

该书的 NoteFirst 的元数据显示如下：

```
<?xml version="1.0" encoding="utf-8"?>
<Bibliographies>
   <BibliographiesCount>1</BibliographiesCount>
   <Bibliography>
      <Type>Book</Type>
      <PrimaryTitle>
         <Title>信息资源管理概论</Title>
      </PrimaryTitle>
      <Authors>
         <Author>
            <Info>
               <FullName>孙建军</FullName>
```

[1] NoteFirst 是一个专属于科研技术人员的信息获取、文献管理以及知识共享的服务平台，也是科技文献服务市场上第一个把科技文献管理和开放存取、科技资源交流共享相结合的服务系统。

```
            </Info>
        </Author>
    </Authors>
    <PrintDate>2003</PrintDate>
    <PageScope>312</PageScope>
    <Publisher>东南大学出版社</Publisher>
    <Language>zh-CHS</Language>
  </Bibliography>
</Bibliographies>
```

针对同一本书的两种不同格式的元数据，基于书目元数据本体，可将这种元数据都转换成相同的 RDF 格式表示，显示如下：

```
<?xml version="1.0" encoding="UTF-8"?>
<rdf:RDF xmlns:dc="http://purl.org/dc/elements/1.1/"
      xmlns:dcterms="http://purl.org/dc/terms/"
      xmlns:co="http://im.nju.edu.cn/onto/core#"
      xmlns:owl="http://www.w3.org/2002/07/owl#"
      xmlns:rdf="http://www.w3.org/1999/02/22-rdf-syntax-ns#"
      xmlns:rdfs="http://www.w3.org/2000/01/rdf-schema#"
      xmlns:xsd="http://www.w3.org/2001/XMLSchema#">
  <co:Book rdf:about="http://www.example.com/book/7810893211">
    <dc:title xml:lang="zh">信息资源管理概论</dc:title>
    <dc:creator rdf:resource="http://www.example.com/person/SunJianjun"/>
    <dc:publisher rdf:resource="http://www.example.com/organization/SoutheastUniversityPress"/>
    <dc:date rdf:datatype="http://www.w3.org/2001/XMLSchema#gYear">2003</dc:date>
    <dc:format xml:lang="zh">303 页</dc:format>
    <dc:type rdf:resource="http://purl.org/dc/dcmitype/Text"/>
    <dc:subject rdf:resource="http://www.example.com/concept/ct/InformationManagement"/>
    <dc:subject rdf:resource="http://www.example.com/concept/clc/G250.4"/>
  </co:Book>
</rdf:RDF>
```

8.4 基于语义网的知识组织系统

8.4.1 SKOS 语言简介

SKOS（Simple Knowledge Organization System，简单知识组织系统）是在语义网框架下对知识组织系统进行语义化描述的一个模型，是 W3C 于 2005 年制定的一个推荐标准[1]，旨在采用机器可读可理解的 RDF 语言表示知识组织系统，使之适应网络环境下信息资源组织的需要。

在图书馆及相关领域，知识组织系统（Knowledge Organization System，KOS）是指采用不同类型的语义关系进行组织和结构化的概念体系，既包括在传统纸质和普通电子环境下产

[1] SKOS Simple Knowledge Organization System-Home Page [EB/OL]. [2021-04-25].

生和应用的地名表、术语表、分类法、叙词表、主题词表等受控词表，也包括在网络环境下新出现的本体和语义网络（Semantic Network），是对信息资源进行组织和整理的重要工具。要促进知识组织系统在网络环境下的应用和互操作，需对传统的受控词表进行数字化和语义化表示。SKOS 的出现旨在解决这个问题，一方面，SKOS 结构简单易用，借鉴了许多现有知识组织系统的标准（主要是词表和分类法）；另一方面，它的表示能力比较强，可以用于从受控词表到分类法等多种知识组织系统的表示。

SKOS 可以视为 RDFS 和 OWL 在知识组织系统表示这一特定领域的一个应用，用于在网络环境下描述分类法、叙词表、主题词表、术语表等概念体系，能够以一种机器可理解的方式表达词表的结构与概念，以供共享和重用。SKOS 中的建模元语本身就被定义为 OWL 中的类或者属性，它们之间的关系也可以使用 OWL 中的关系进行描述，因而 SKOS 模型实质是一套采用 RDF 和 OWL FULL 定义的本体模型和词汇集。这样，SKOS 一方面丰富了 RDF 略有不足的表示能力，并继承了 OWL 的部分推理能力，另一方面避免了完全使用 OWL 系列语言带来的复杂性，不失为一个较好的折中方案。但是需要说明的是，SKOS 并不是一种正式的知识表示语言，而只是提供一种轻量级的、直观的语言用于开发和共享知识组织系统。SKOS 可以将不同格式的传统受控词表表示为统一的机器可读可理解的 RDF 格式，促进受控词表的共享与语义互操作以及在网络环境下的应用。

1. SKOS 建模元语

2009 版的 SKOS 参考规范中共定义了 32 个 SKOS 建模元语，按照不同作用，被划分成 8 个大类，下面简要介绍主要的建模元语。

1）概念

概念（skos:Concept）是 SKOS 最基本的建模元语，被定义为一个 OWL 类，用来声明或定义某个资源是一个概念性（Conceptual）资源，即知识组织系统中的一个“概念”。图 8-8 为定义“Love”是一个 SKOS 概念。

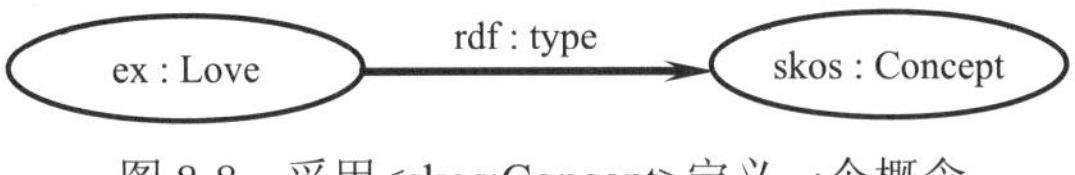

图 8-8　采用<skos:Concept>定义一个概念

相应的 RDF/XML 代码表示如下。

```
<rdf:RDF xmlns:rdf="http://www.w3.org/1999/02/22-rdf-syntax-ns#">
    <rdf:Description rdf:about="http://www.example.com/concepts#Love">
        <rdf:type rdf:resource="http://www.w3.org/2004/02/skos/core#Concept"/>
    </rdf:Description>
</rdf:RDF>
```

2）概念体系

通常情况下，知识组织系统中的概念并非孤立的，而是与其他概念相联系的，共同形成一个集合或一个体系。一个概念体系就是指具有语义关系的一系列概念的集合。概念体系的定义采用建模元语<skos:ConceptSchema>来实现，被定义为一个类。该类具有一个属性“包含顶层概念（skos:hasTopConcept）”，用来声明某个概念体系中的最顶层概念。此外，skos:Concept 也有一个属性“位于概念体系（skos:inSchema）”，说明一个概念属于哪一个概念体系。该属性其实就是 skos:Concept 和 skos:ConceptSchema 两个类之间的关系。例如，定义 ex:CS1 是一个概念体系，其具有顶层概念（skos:hasTopcConcept）“生物（ex:Biology）”，概念“爱（ex:Love）”也位于该概念体系（skos:inSchema）中，但不一定是顶层概念，如图 8-9 所示。

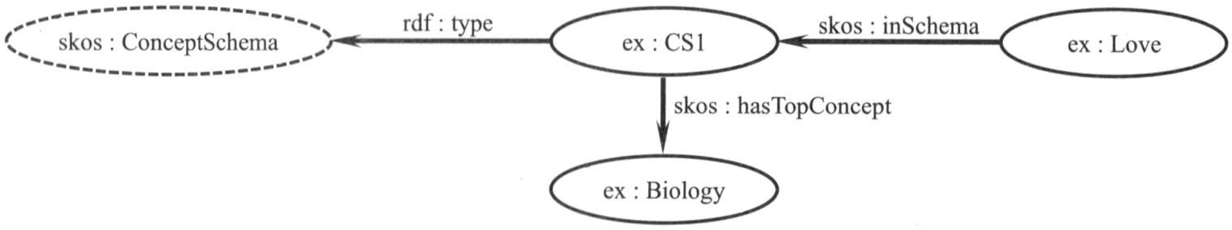

图 8-9　SKOS 概念框架相关元语的例子

相应的 RDF/XML 代码如下。

```
<rdf:RDF xmlns:rdf="http://www.w3.org/1999/02/22-rdf-syntax-ns#"
        xmlns:skos="http://www.w3.org/2004/02/skos/core#">
    <skos:ConceptSchema rdf:about="http://www.example.com/conceptschema#CS1">
        <skos:hasTopConcept rdf:resource="http://www.example.com/concept#Biology"/>
    </skos:ConceptSchema >
    <skos:Concept rdf:about="http://www.example.com/concept#Love">
        <skos:inSchema rdf:resource="http://www.example.com/conceptschema#CS1"/>
    </skos:Concept>
</rdf:RDF>
```

3）词汇标签

词汇标签是用来为概念添加某种词汇标签，包括以下属性：首选标签（skos:preLabel）、可选标签（skos:altLabel）和隐藏标签（skos:hiddenLabel）。首选标签是 SKOS 概念在给定语言下的首选词汇标签。一个概念只能有一个同一语言的首选标签，但是可以有不同语言的多个首选标签，如中文首选标签、英文首选标签。可选标签是 SKOS 概念在给定语言下可以选用的其他词汇标签，首选标签和可选标签的值通常应该是同义词。隐藏标签是 SKOS 概念不可见的一种词汇标签，但在进行自由文本检索时可以使用。这种标签最常用的是某个词汇的常见错误拼写，如“Animals”常被错误拼写为“Animels”，为了便于检索，将后者作为隐藏标签，如图 8-10 所示。

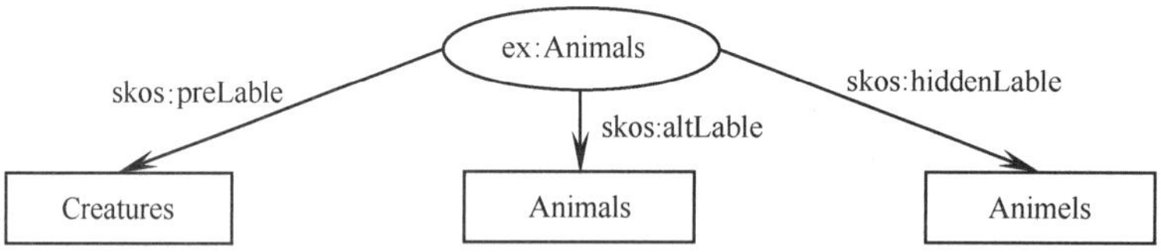

图 8-10　SKOS 标签属性的例子

相应的 RDF/XML 代码如下。

```
<rdf:RDF xmlns:rdf="http://www.w3.org/1999/02/22-rdf-syntax-ns#"
        xmlns:skos="http://www.w3.org/2004/02/skos/core#">
    <skos:Concept rdf:about="http://www.example.com/concepts#animals">
        <skos:preLabel> Creatures </skos:preLabel>
        <skos:altLabel> Animals </skos:altLabel>
        <skos:hiddenLabel> Animels </skos:hiddenLabel>
    </skos:Concept>
```

```
</rdf:RDF>
```

4）注释属性

注释属性为概念提供某些相关注释，包括如下建模元语：注释（skos:note）、定义（skos:definition）、范围注释（skos:scopeNote）、范例（skos:example）、历史注释（skos:historyNote）、编辑注释（skos:editorialNote）和变更注释（skos:changeNote）等。其中，skos:note 是其他 6 个属性的父属性。

5）语义关系

语义关系是指 SKOS 概念间的相互关系，主要包括相关关系和上下位关系，有如下建模元语：语义关系（skos:semanticRelation）、相关关系（skos:related）、上位传递关系（skos:broaderTranstive）、上位关系（skos:broader）、下位传递关系（skos:narrowerTranstive）和下位关系（skos:narrower），它们均是 OWL 对象属性。其中，<skos:broader>与<skos:narrower>是一对互逆属性，<skos:broaderTranstive>与<skos:narrowerTranstive>也是一对互逆属性。

在上述属性中，<skos:semanticRelation>是最上位的属性，泛指各种语义关系，具有三个直接子属性：<skos:related>、<skos:broaderTranstive>和<skos:narrowerTranstive>，而且它们均不相交，即两个概念间不能既存在等级关系，又存在相关关系。<skos:broader>和<skos:narrower>分别是<skos:broaderTranstive>和<skos:narrowerTranstive>的子属性，与它们的父属性非常类似，只是不具备传递性。这意味着，如果有以下声明：

```
A skos:borader B
B skos:borader C
```

不能直接推理出

```
A skos:borader C
```

图 8-11 为“Birds”“Animals”和“Ornithology”三个概念的语义关系，即“Animals”是“Birds”的下位概念，“Ornithology”是“Birds”的相关概念。

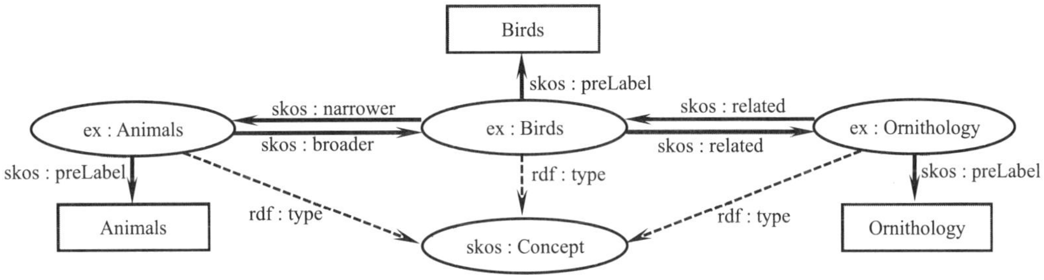

图 8-11　SKOS 语义关系属性的例子
（图中虚线部分不会出现在 RDF/XML 表示中，下同）

相应的 RDF/XML 代码如下。

```
<rdf:RDF xmlns:rdf = "http://www.w3.org/1999/02/22-rdf-syntax-ns#"
        xmlns:skos = "http://www.w3.org/2004/02/skos/core#" >
   <skos:Concept rdf:about = "http://www.example.com/concepts#Birds">
      <skos:prefLabel> birds </skos:prefLabel>
      <skos:broader rdf:resource="http://www.example.com/concepts#Animals"/>
      <skos:related rdf:resource="http://www.example.com/concepts#Ornithology"/>
   </skos:Concept >
```

```
    <skos:Concept rdf:about ="http://www.example.com/concepts#Animals">
        <skos:prefLabel>animals</skos:prefLabel >
        <skos:narrower rdf:resource="http://www.example.com/concepts#Birds"/>
    </skos:Concept>
    <skos:Concept rdf:about="http://www.example.com/concepts#Ornithology">
        <skos:prefLabel>ornithology</skos:prefLabel>
        <skos:related rdf:resource="http://www.example.com/concepts#Birds"/>
    </skos:Concept >
</rdf:RDF>
```

6）概念集合

当知识组织系统中的一组概念在某些方面有相似性或相关性时，可能需要将其集合起来使用，形成概念集合。相关建模元语包括概念集合（skos:Collection）、有序概念集合（skos:OrderedCollection）、集合成员（skos:member）、集合成员列表（skos:memberList）。其中，<skos:Collection>和<skos:OrderedCollection>是 OWL 类，前者用来声明一个一般概念集合，后者则用于声明一个有序的概念集合，因此后者是前者的子类。<skos:member>和<skos:memberList>则为 OWL 对象属性，前者用于声明概念集合中的元素，后者用于声明有序概念集合中的元素。

7）概念映射关系

不同概念框架中的概念之间可能存在着内在的关系，为了互操作性，需要在不同概念体系中的概念间建立映射，SKOS 提供了相应的建模元语，包括映射关系（skos:mappingRelation）、准确匹配（skos:exactMatch）、上位匹配（skos:broadMatch）、下位匹配（skos:narrowMatch）及相关匹配（skos:relatedMatch），其中后四者是前者的子属性。<skos:exactMatch>用于声明两个不同的概念足够相似，在信息检索等应用中彼此可以互替；<skos:broadMatch>和<skos:narrowMatch>用于声明两个概念存在着等级映射关系，即一个概念被映射为另一个概念的上位概念或者下位概念，它们之间互为逆属性；<skos:relatedMatch>用于声明两个概念之间存在着相关关系，与<skos:broadMatch>和<skos:narrowMatch>属性均不相交，即两个概念不能既存在等级映射关系又存在相关映射关系。

2. SKOS 评价

SKOS 是一套建立在 RDFS 语言基础上的知识组织系统表示语言，简练、实用且有良好的扩展性，是当前知识组织系统语义化表示的主流方式。SKOS 的重要意义在于，为当前受控词表的语义化表示和网络化应用提供了一套解决方案，这将大大促进受控词表的编制与利用，有着广阔的应用前景。SKOS 的主要问题在于，它能表示的语义关系还比较有限，远少于受控词表标准 Z39.19 中定义的数量。当然，这个问题可以通过新增词汇来解决。另一个潜在问题是 SKOS 的推理机制还比较薄弱，虽然 SKOS 以表示受控词表等轻量级知识组织系统为主要目标，但这种薄弱的推理能力可能在一定程度上影响 SKOS 的使用效果。

8.4.2 SKOS 语言应用实例

国内外采用 SKOS 语言对叙词表等知识组织系统进行语义化转换的研究与实践大约始于

21 世纪初。早期的研究有 2006 年医学主题词表 MeSH 被首次转换为 SKOS 格式[1]，2008 年欧盟多语言叙词表 EUROVOC 被转换为 SKOS 格式[2]。此外，国内研究者们也对中国分类主题词表、中国农业科学叙词表等中文词表进行了语义化转换的探索[3][4]。2006 年关联数据被提出后，许多叙词表在进行语义化表示的同时还进行了关联数据发布，现在已有大量叙词表和分类法被转换为 SKOS/RDF 格式并发布为关联数据，成为图书馆领域关联数据的最大来源。有代表性的关联数据化词表有美国国会图书馆标题表（LCSH）、联合国粮农组织多语言农业词表（AGROVOC）、法国国家图书馆主题词表（RAMEAU）、德国国家经济图书馆经济学词表（STW）等。下面简单介绍 AGROVOC、LCSH 和汉语主题词表的 SKOS 语义化表示。

1. AGROVOC 词表的 SKOS 表示

AGROVOC 是一个多语种农业叙词表，涵盖了农业、林业、渔业、食物安全及其他相关学科领域中的词汇，可以说是目前农业领域最有影响力的受控词表。该词表由联合国粮食及农业组织（Food & Agriculture Organization，FAO）和欧洲共同体在 20 世纪 80 年代初开发，主要作用是将信息标引标准化，从而使得信息检索更加简单且准确，从而为用户提供最准确的信息资源。

1996 年，FAO 就对 AGROVOC 词表进行了语义化转换的尝试，采用 OWL 语言定义了 AGROVOC 词表的语义化描述模型，力图以更精炼和更准确的方式描述叙词表中的语义和词汇关系，从而在农业领域建立一个多语种的概念库（即 Concept Scheme）。[5] AGROVOC Concept Scheme 实质上是一个具有语义的、结构化的、基于概念的体系，包含概念及其词汇表示、概念间的关系、多语种词汇间的关系。但是，采用 OWL 模型描述包括叙词表在内的概念体系并不是一个好的选择，原因在于 OWL 语言的初衷是用于描述具有复杂语义关系和推理机制的知识模型，针对主要涉及用、代、属、分、参等简单语义关系的知识组织系统并不非常适用。2010 年，W3C 正式推出 SKOS 语言后，FAO 改用 SKOS 和 SKOS-XL 语言对 AGROVOC 词表重新进行了语义化描述[6]。图 8-12 为 AGROVOC 词表的 SKOS 模型。

---

[1] Assem M, Malaisé V, Miles A, et al.. A method to convert thesauri to SKOS [C] // Sure Y, Domingue J. Volume 4011 of Lecture Notes in Computer Science : Proceedings of the 3rd European Semantic Web Conference. Berlin, Springer, 2006 : 95-109.

[2] Paredes L, Rodríguez J, Azcona E. Promoting government controlled vocabularies for the Semantic Web : the EUROVOC thesaurus and the CPV product classification system [C] // Kollias S, Cousins J. Proceedings of the 1st International Workshop on Semantic Interoperability in the European Digital Library held at 5th European Conference on the Semantic Web. 2008: 111-122.

[3] 刘丽斌，张寿华，濮德敏，等.《中国分类主题词表》的 SKOS 描述自动转换研究[J]. 中国图书馆学报，2009, 35(06) : 56-60.

[4] 鲜建国，赵瑞雪，寇远涛，等. 农业科学叙词表关联数据构建研究与实践[J]. 现代图书情报技术，2013, (11): 8-14.

[5] Lauser B, Sini M, Liang A, et al.. From AGROVOC to the Agricultural Ontology Service / Concept Server: An OWL model for creating ontologies in the agricultural domain [C/OL]. Proceedings of the 2006 International Conference on Dublin Core and Metadata Applications. Singapore: Dublin Core Metadata Initiative, 2006: 76-88. [2021-04-25].

[6] Morshed A, Keizer J, Johannsen G, et al.. From AGROVOC OWL Model towards AGROVOC SKOS Model [C/OL]. Proceedings of the 9th European NKOS Workshop at the 14th ECDL Conference. 2010. [2021-04-25].

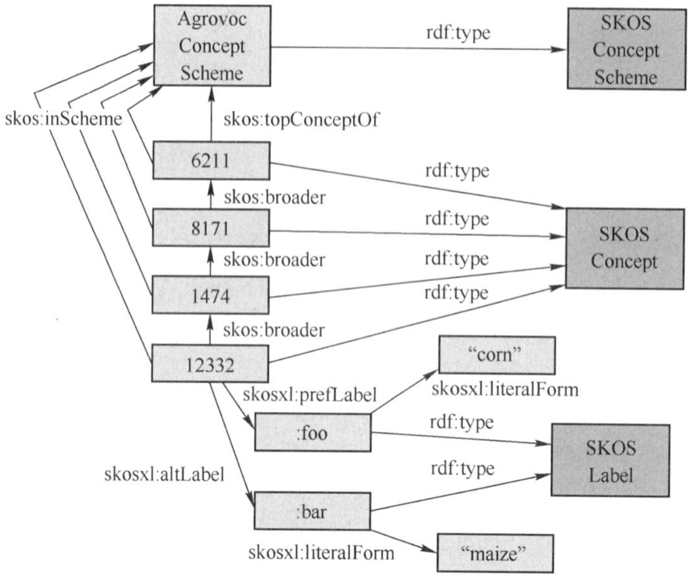

图 8-12　AGROVOC 词表的 SKOS 模型

为了实现对传统格式 AGROVOC 词表的语义化转换，FAO 采用 Java 语言开发了一个基于 Web 的多语言本体概念构建和维护工具，称为 AGROVOC Concept Server Workbench，以帮助分布在全球各地的 AGROVOC 词表的维护者们合作构建农业领域的多语言本体和词汇系统。Workbench 具有词表编辑管理、术语查找、词表验证、词表内容统计、词表输出和用户管理等功能。后来，Workbench 从单一的 AGROVOC 词表编辑工具发展成为一个管理基于 SKOS 的叙词表、规范列表、地名表等多种类型词表的多语言编辑和工作流程工具 VocBench。该工具相当于一个术语注册系统，提供词表内容层面的管理与访问。通过 VocBench 编辑和维护的 AGROVOC 词表已被 FAO 发布为关联数据，并且与美国国会主题标题表（LCSH）、杜威十进制分类法（DDC）等多个词表建立了关联，成为关联开放数据（LOD）云的一部分。

2. LCSH 词表的 SKOS 表示

LCSH（Library of Congress Subject Headings，美国国会主题标题表）是美国国会图书馆编制的一部大型综合性标题表。LCSH 是目前世界上规模最大、应用最广泛的标题表，在检索语言的发展史上和当今图书馆主题编目工作中占有重要地位。早期的 LCSH 是以机器可处理的 MARC 形式存在的，后来转为 MARCXML 编码形式。

2006 年，美国俄勒冈大学图书馆的 Harper 就对 LCSH /MARC 向 SKOS 的转换进行了探索，并提供了具体的 XSLT 转换代码，能够将 MARCXML 规范数据映射为 SKOS[1]。2008 年，美国国会图书馆的 Summers 等人对 LCSH 的语义化表示进行了更加深入、细致的研究，基于 SKOS 模型，将 MARC 格式表示的 LCSH 词表数据全部转换为 RDF 数据，并提供 RDF/XML、N-Triples、JSON 等多种序列化表示格式。表 8-6 为 LCSH 词表中 MARC 字段与 RDF 属性之间的映射关系。

下面为采用 SKOS 语言描述的 LCSH 词表中一个主题词的 RDF/XML 代码。

[1]　Harper C A．Authority Control for the Semantic Web [EB/OL]．[2021-04-20].

表 8-6　LCSH 词表中 MARC 字段与 RDF 属性之间的映射关系

MARC 字段	字段功能	RDF 属性	属性值
010	Control Number	rdf:about	the URI for the skos:Concept instance
150	Topical Term	skos:preLabel	subfields:a, b, v, x, y, z
151	Geographic Term	skos:preLabel	subfields:a, b, v, x, y, z
450	See From Tracing (Topical Term)	skos:altLabel	subfields:a, b, v, x, y, z
451	See From Tracing (Geographic Name)	skos:altLabel	subfields:a, b, v, x, y, z
550	See Also From Tracing (Topical Term)	skos:broader	only use this property when subfield w is 'g'; use value to lookup Concept URI
550	See Also From Tracing (Topical Term)	skos:related	only use this property when subfield w is not present with 'g' or 'h' in position 0; use value to lookup Concept URI
551	See Also From Tracing (Geographic Name)	skos:broader	only use this property when subfield w is 'g'; use value to lookup Concept URI
551	See Also From Tracing (Geographic Name)	skos:related	only use this property when subfield w is not present with 'g' or 'h' in position 0; use value lookup Concept URI
667	non public general note	skos:note	subfield:a
670	Source data found	dcterms:source	subfields:a, b, u
675	Source data not found	skos:editorialNote	subfield:a
678	Biographic or historical data	skos:definition	subfields:a, b, u
680	Public general note	skos:scopeNote	subfields:a,i
681	Subject example tracing note	skos:example	subfields:a, i
682	Deleted heading information	skos:changeNote	subfields:a, i
688	Application history note	skos:historyNote	subfield:a
008	Fixed Length Data Elements	dcterms:created	positions:0-5
005	Date and time of last transaction	dcterms:modified	
053	LC Classification Number	dcterms:lcc	subfield:a

```
<rdf:RDF xmlns:skos=http://www.w3.org/2004/02/skos/core#
        xmlns:rdf="http://www.w3.org/1999/02/22-rdf-syntax-ns#"
        xmlns:rdfs="http://www.w3.org/1999/02/22-rdf-schema#"
        xmlns:cs="http://purl.org/vocab/changeset/schema#"
        xmlns:skosxl="http://www.w3.org/2008/05/skos-xl#">
    <rdf:Description rdf:about="http://id.loc.gov/authorities/subjects/sh2010112128">
        <rdf:type rdf:resource="http://www.w3.org/2004/02/skos/core#Concept"/>
        <skos:prefLabel xml:lang="en">School sports--Fiction</skos:prefLabel>
        <skos:editorial>[Record generated for validation purposes.]</skos:editorial>
        <skos:inScheme rdf:resource="http://id.loc.gov/authorities/subjects"/>
        <skos:changeNote>
            <cs:ChangeSet>
                <cs:subjectOfChange rdf:resource="http://id.loc.gov/authorities/subjects/
                                sh2010112128"/>
                <cs:creatorName rdf:resource="http://id.loc.gov/vocabulary/organizations/dlc"/>
                <cs:createdDate rdf:datatype="http://www.w3.org/2001/XMLSchema#dateTime">
                            2010-07-20T00:00:00</cs:createdDate>
            </cs:ChangeSet>
        </skos:changeNote>
```

```
    </rdf:Description>
</rdf:RDF>
```

目前，美国国会图书馆已经将其旗下包含 LCSH 在内的几乎所有词表数据都发布为关联数据，并提供关联数据服务供用户在线访问。除了可以在线浏览词表数据，用户还可选用不同的序列化格式（如 RDF/XML、JSON、N-Triples）直接下载词表的 RDF 数据。

3.《汉语主题词表》的 SKOS 表示

对于简单的叙词表，采用 SKOS 语言足以进行描述。但是对于《汉语主题词表》这类比较复杂的叙词表，常包含比较复杂的成分，如组配概念、族项、组面等，则需要对 SKOS 语言进行一定程度的扩展，新增某些特定词汇（类或属性）才能够实现无损语义化转换。表 8-7 列出了《汉语主题词表》中的词汇属性与 SKOS 属性之间的映射关系，其中 SKOSEX 前缀表示定制扩展的词汇。

表 8-7 《汉语主题词表》中的词汇属性与 SKOS 属性的映射关系

属性代码	词汇属性	SKOS 属性	说　明
00	中图分类号	skos:broadMatch	在《中图法》中所属的类号
01	范畴	skos:broadMatch	在来源词表中所属的范畴号（CT_SCI）
02	汉语拼音	skos:altLabel　xml:lang="zh"	叙词的拼音表示
03	英文	skos:preLabel　xml:lang="en"	叙词的英译名称
04	用项		与非叙词同义的叙词
05	代项	skos:altLabel　xml:lang="zh"	与叙词同义的非叙词
06	属项	skos:broader	上位概念
07	分项	skos:narrower	下位概念
08	参项	skos:related	相关概念
09	族项	skosex:topBroader	族首词，即词族中最上位的概念
10	组面	skosex:facet	在分面分类法中，用某单一系列的分类标准对一个主题领域进行划分而产生的一组类目
11	注释	skos:note	注释属性
12	用和	skosex:coordinationOf	组配生成复合概念的成分概念
13	组代	skosex:coordinatedTo	单一叙词组配而成的复合概念
14	领词	skosex:leadBroader	分词族的族首词
15	代码	skos:notation	叙词对应的某种标记符号
16	和项	skosex:coordinationOf	组配生成复合概念的一个成分概念
17	历史注释	skos:historyNote	历史注释
18	同项	skos:exactMatch	两个叙词之间的等同关系
19	中文	skos:prefLabel　xml:lang="zh"	叙词的中文标签
20	缩略语	skosex:abbreviation	缩略语也是叙词可选标签的一种

其中，xmlns:skos="http://www.w3.org/2004/02/skos/core#"表示 W3C 定义的 SKOS 标准语言；xmlns:skosex="http://www.example.com/2011/06/skos/extention#"表示 SKOS 扩展语言；属性 xml:lang="xx"中的语言代码由《IETF BCP 47》标准定义。

图 8-13 为《汉语主题词表》中的一个叙词实例“固定资产”。

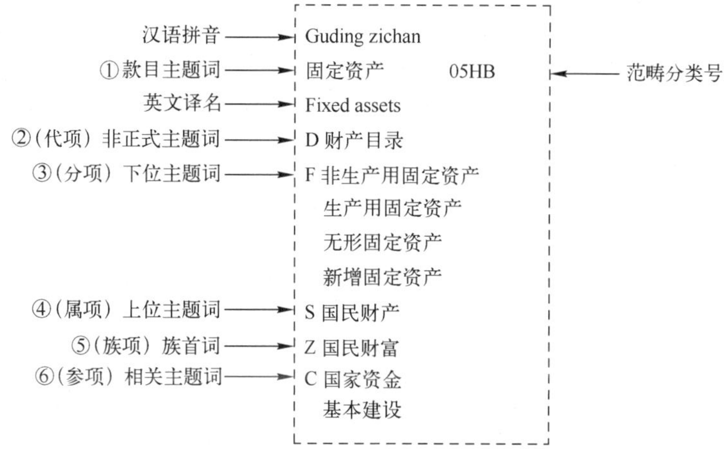

图 8-13 《汉语主题词表》中的一个叙词实例

基于表 8-7 中的映射关系,采用 SKOS 语言将该叙词信息转换为 RDF 数据,其 RDF/XML 代码如下。

```
<?xml version="1.0" encoding="UTF-8"?>
<rdf:RDF xmlns:skos="http://www.w3.org/2004/02/skos/core#"
         xmlns:dc=http://purl.org/dc/terms/
         xmlns:rdf="http://www.w3.org/1999/02/22-rdf-syntax-ns#"
         xmlns:rdfs="http://www.w3.org/2000/01/rdf-schema#"
         xmlns:xsd="http://www.w3.org/2001/XMLSchema#">
   <skos:Concept rdf:about="http://www.example.com/CT/concept/固定资产">
      <skos:prefLabel xml:lang="zh">固定资产</skos:prefLabel>
      <skos:altLabel xml:lang="zh">gùdìng zīchǎn</skos:altLabel>
      <skos:prefLabel xml:lang="en">fixed assets</skos:prefLabel>
      <skos:altLabel xml:lang="zh">财产目录</skos:altLabel>
      <skos:broadMatch rdf:resource="http://www.example.com/CT_SCI/concept/05HB"/>
      <skos:broader rdf:resource="http://www.example.com/CT/concept/国民财产"/>
      <skos:narrower rdf:resource="http://www.example.com/CT/concept/非生产用固定资产"/>
      <skos:narrower rdf:resource="http://www.example.com/CT/concept/生产用固定资产"/>
      <skos:narrower rdf:resource="http://www.example.com/CT/concept/无形固定资产"/>
      <skos:narrower rdf:resource="http://www.example.com/CT/concept/新增固定资产"/>
      <skos:related rdf:resource="http://www.example.com/CT/concept/国家资金"/>
      <skos:related rdf:resource="http://www.example.com/CT/concept/基本建设"/>
   </skos:Concept>
</rdf:RDF>
```

8.5 关联数据

8.5.1 关联数据简介

“关联数据”是由万维网的创始人 Tim Berners-Lee 于 1996 年在他的“Design Issues for the

World Wide Web”笔记中首次提出的概念，是指通过可解引用的 URI（Dereferenceable URI）地址在 Web 上展示、共享、连接数据的一种方式[1]。关联数据的两个基本宗旨是：采用 RDF 数据模型在 Web 上发布结构化数据，采用 RDF 链接连接来自不同数据源的数据。

关联数据必须遵循以下四个基本原则：

❖ 使用 URI 标识符命名任何事物。

❖ URI 标识符必须是 HTTP URI 地址，任何人都可以访问这些名称标识。

❖ 访问某个标识名称时，采用 RDF、SPARQL 等标准提供有用的信息。

❖ 包含指向其他 URI 地址的链接，使人们可以发现更多的相关事物。

在传统的文档 Web 中，对结构化数据的访问主要是通过 Web 应用程序接口（API）来实现。这种方式的缺点是，不同的数据源一般都采用不同的访问界面，而且无法在来自不同数据源的数据之间设置超链接，因此各数据源孤立存在着。虽然通过 Mashup[2] 可以合并若干数据源，然后统一提供服务，但是这种方式也只能在有限的数据源中进行，无法扩展到整个 Web。关联数据提供了在 Web 上发布和访问结构化数据的一种新方式，是一种推荐的语义网最佳实践。如同访问 Web 文档一样，这种方式能够直接通过 HTTP 访问结构化数据，并且可以沿着数据间的链接在不同数据源间穿行，将所有数据构成一张数据之网。此外，相比 Web 文档之间的超链接，数据之间的 RDF 链接更能指明数据间的语义关系，有益于人机理解语境信息。与传统的基于应用程序接口的数据访问方式相比，关联数据提供了一种统一的、标准的数据访问机制，避免了访问界面和结果格式的纷繁复杂。通过采用关联数据，数据源更容易被搜索引擎抓取，能够采用通用的数据浏览器（RDF 浏览器）访问不同的数据源，能够在来自不同数据源的数据间建立链接[3]。

关联数据自提出以来受到了计算机和信息领域的极大关注，许多个人和组织机构采用关联数据作为发布结构化数据的一种途径，从而构成了一个称为“关联开放数据（Linked Open Data，LOD）云”[4]的全球开放数据空间。截至 2021 年 5 月，构成 LOD 云的数据集已经达到 1301 个，如图 8-14 所示。整个关联数据云以 DBPedia（Wikipedia 的 RDF 版）为核心，囊括地理、政府、媒体、生命科学、图书馆、用户生成内容等领域的数据以及部分跨领域数据。

8.5.2 关联数据中资源的命名及访问机制

在关联数据中，所有实体对象或抽象概念（如文献资源、个人、组织机构、地点、事件、术语等）都必须采用唯一的 HTTP URI 标识符进行命名，但是它们的 URI 地址不能被 HTTP 直接解引用。它们在 Web 架构中被称为非信息资源，以区别于传统文档 Web 中 URI 地址能够被 HTTP 直接解引用的信息资源（如网页、图片或其他数字媒体格式等）。对于非信息资源，Web 架构提供了两种方式来解决其在 Web 上的访问问题：Hash URI 和 303 URI。

---

[1] Berners-Lee T. Design Issues : Linked data[EB/OL]. [2010-07-01].

[2] 在 Web 开发中，Mashup 是一个网页或应用，使用和合并来自两个或多个数据源中的数据、表示或功能从而生成新的服务。

[3] Bizer C, Cyganiak R, Heath T. How to Publish Linked Data on the Web [EB/OL]. [2021-04-21].

[4] Bizer C, Cyganiak R, Heath T. How to Publish Linked Data on the Web [EB/OL]. [2010-07-01].

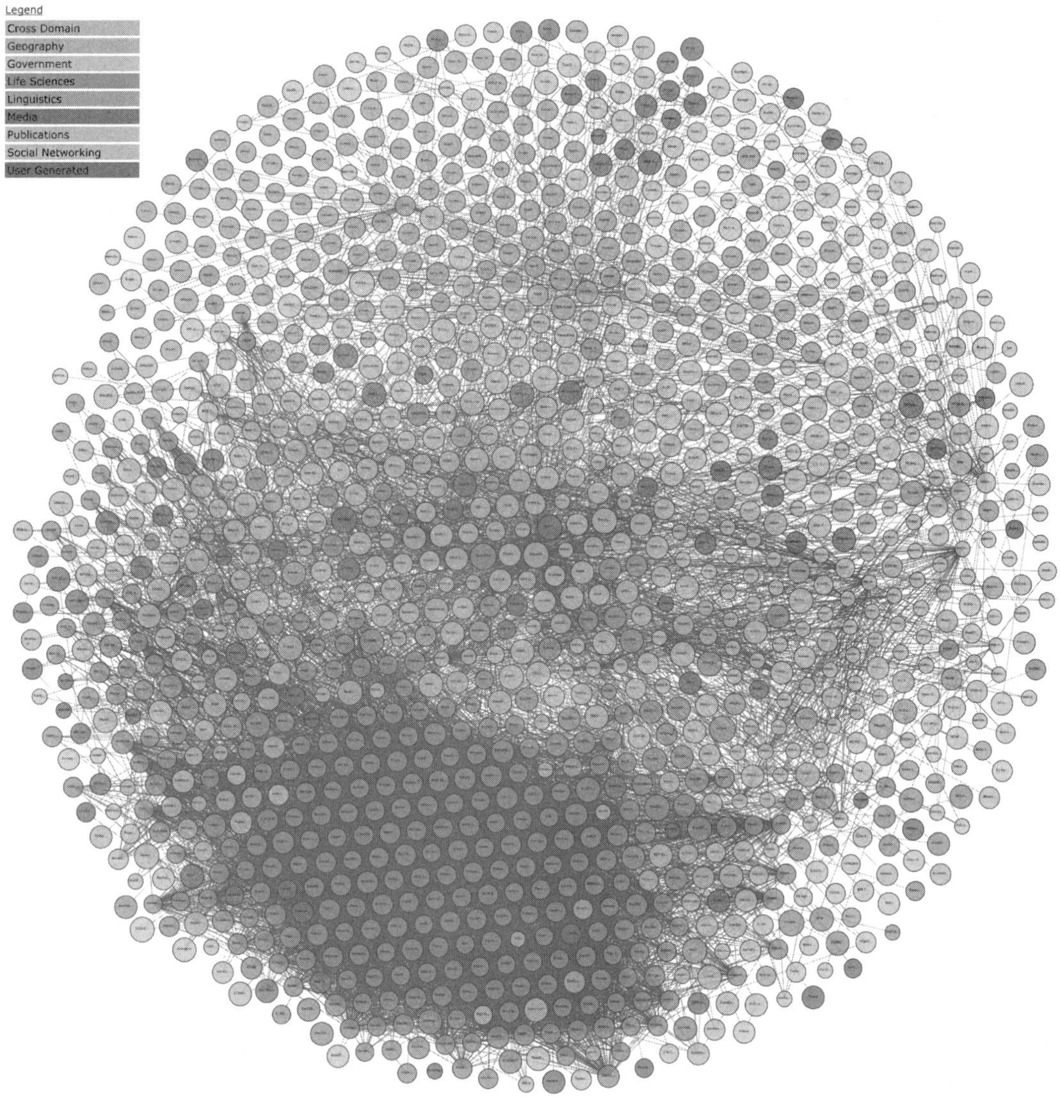

图 8-14　关联开放数据（LOD）云

Hash URI 方式采用带有“#”分隔符的 URI 地址命名非信息资源，如将元数据本体中定义的抽象概念 Book 命名为<http://hostname/ontology/core#Book>。当一个非信息资源的 Hash URI 地址被浏览器请求时，在向服务器发出请求前，HTTP 会自动将 URI 地址中“#”符号后的部分剥离，因此向服务器真正请求的是一个能够被 HTTP 解引用的信息资源的 URI 地址，即元数据本体的 OWL 文档地址<http://hostname/ontology/core#>，然后服务器将该信息资源的一个表示（如 RDF/XML 文档）返回给浏览器，这表示包含了对被请求的非信息资源（Book 概念）的描述。Hash URI 访问方式适用于小型的 RDF 词表（如本体），浏览器可以很快显示整个词表文档，而且因为文档长度较小而易于浏览，但是对于含有大量 RDF 三元组的实例文档则不适用。

303 URI 方式采用带有“/”分隔符的 Slash URI 地址命名非信息资源，如将一本图书命名为<http://hostname/document/book/isbn9787301149034>。当一个非信息资源的 URI 地址被浏览器请求时，服务器根据客户端浏览器的类型，将其重定向到描述它的一个信息资源的 URI

地址：如果是 HTML 浏览器，那么服务器倾向发送 HTML 文档，如<http://hostname/document/book/isbn9787301149034.html>；如果是 RDF 浏览器，那么服务器倾向发送 RDF/XML 文档，如<http://hostname/document/book/isbn9787301149034.rdf>。然后，浏览器向服务器请求这个新的 URI 地址，服务器返回 HTML 或 RDF/XML 文档，提供了对被请求的非信息资源的描述。

因此，对于一个非信息资源，303 URI 方式需要命名三个相关的 URI 地址：① 资源本身的 URI 地址；② 资源元数据的 RDF/XML 表示；③ 资源元数据的 HTML 表示。但是，采用 303 重定向访问的一个主要缺点是需要两次 HTTP 请求才能获取一个非信息资源的描述，因此会造成访问延迟。

8.5.3 关联数据发布方法

目前，关联数据的发布主要有以下 5 种方式[1]。

① 以静态 RDF/XML 文件发布关联数据：利用 Web 服务器（如 Apache HTTP 服务器）的 URL 重写功能和 HTTP 内容协商机制将非信息资源（实体对象或抽象概念）的 URL 地址重定向到描述它的信息资源（如 HTML 或 RDF/XML 文档）的 URI 地址，HTML 或 RDF/XML 文档采用离线的方式预先手工或自动创建。这种方式通常用于发布小型的 RDF 词表，但是对于大数据量并不适用，因为需要预先生成大量的 HTML 或 RDF/XML 文档。

② 采用服务器端脚本发布关联数据：通过服务器端脚本（如 PHP）基于后台的关系型数据动态地生成 HTML 或 RDF/XML 文档（需通过 ARC[2]类库），或者通过 SPARQL 终端直接从 RDF 存储器中获取 RDF 数据，然后利用服务器端脚本或者脚本与 Apache 服务器的 URL 重写功能相结合实现非信息资源 URL 地址到相应的信息资源表示（HTML 或 RDF/XML 文档）的重定向。

③ 以 RDFa 格式发布关联数据：采用 RDFa[3]格式将 RDF 三元组内嵌在 XHTML 网页中，然后利用 Web 服务器的重定向功能将非信息资源的 URL 地址重定向到描述它的 XHTML 网页（针对 HTML 浏览器），或者重定向到从 XHTML 网页中提取出的 RDF/XML 文档（针对 RDF 浏览器）。

④ 从 RDF 存储器发布关联数据：用 RDF 三元组存储器（如 Jena、Sesame、AllegroGraph 等）直接存储 RDF 数据，这些存储器通常带有一个 SPARQL 终端（如 Jena 的 Fuseki），能够支持基于 Web 的 SPARQL 查询和结果显示，但是无法在浏览器中访问非信息资源的 URI 地址。此时可在 RDF 存储器的 SPARQL 终端的前端放置一个关联数据界面（如 Pubby），将不可解引用的 URI 地址转换为能够被 HTTP 解引用的，实现关联数据显示。

⑤ 从关系型数据库发布关联数据：利用现成的工具将存储在关系型数据库中的关系型数据直接发布为关联数据。最广泛使用的工具是 D2R 服务器（将关系型数据库发布在语义网上的工具）[4]，能够帮助用户在关系型数据库结构和 RDF 术语间建立映射，对关系型数据生

---

[1] Bizer C, Cyganiak R, Heath T. How to Publish Linked Data on the Web [EB/OL]. [2021-04-20].

[2] ARC 是一个支持 RDF 和 SPARQL 的开源 PHP 工具包。

[3] RDFa 是 W3C 的一个推荐标准，通过扩展 XHTML 的几个属性，使 RDF 三元组能够内嵌在 XHTML 网页中。RDF 三元组可通过 RDFa Distiller & Parser 从 XHTML 网页中自动提取。

[4] D2R Server: Accessing databases with SPARQL and as Linked Data [EB/OL]. [2021-04-20].

成一个关联数据视图，支持 RDF 浏览器对关系型数据的关联数据化显示和 SPARQL 终端对关系型数据的查询。类似的工具包括小型的开源工具 Triplify 和商业软件 OpenLink Virtuoso。

⑥ 通过包装已有的应用或 Web API 发布关联数据：通过构建关联数据包装器将目前已有的多个应用或 Web API 包装到一个语义网访问界面中，使得原本需要用户通过不同的应用或 API 访问的数据能够通过这个统一的界面以关联数据的形式进行访问。包装器的作用是将用户对 URI 地址的请求转换成对各应用或 API 的查询，然后将各自返回的查询结果进行集成并转换成 RDF 格式发送给用户。

8.5.4 关联数据的访问

对关联数据的访问有两种途径：一种是浏览方式，另一种是查询方式。

浏览方式是在 Web 浏览器中直接输入某个实体或概念的 URI 标识符浏览其 RDF 元数据信息，还可沿着其中的 RDF 链接继续访问其他相关资源，如同在传统文档 Web 中沿着超链接访问其他网页，但不同的是：在关联数据中显示的是结构化的 RDF 数据而非 HTML 文档。这种访问方式适合对关联数据进行网络状发散式浏览，实现在不同数据集间的无缝跳转，但不适于查询特定的内容。下面以图书《数字图书馆的知识组织系统：从理论到实践》的 RDF 书目元数据为例，说明关联数据的浏览过程。采用 RDF/XML 格式的该书的书目数据如下。

```
<?xml version="1.0" encoding="UTF-8"?>
<rdf:RDF xmlns:dc="http://purl.org/dc/elements/1.1/"
         xmlns:dcterms="http://purl.org/dcterms/"
         xmlns:rdf=http://www.w3.org/1999/02/22-rdf-syntax-ns#
         xmlns:rdfs="http://www.w3.org/2000/01/rdf-schema#">
   <rdf:Description rdf:about="http://127.0.0.1:8080/webapp/book/004106310">
   <rdf:type rdf:resource="http://purl.org/onto/core#Book"/>
      <dc:title xml:lang="zh">数字图书馆知识组织:从理论到实践</dc:title>
      <dc:date rdf:datatype="http://www.w3.org/2001/XMLSchema#gYear">2009</dc:date>
      <dc:creator rdf:resource="http://127.0.0.1:8080/webapp/person/WangJun"/>
      <dc:publisher rdf:resource="http://127.0.0.1:8080/webapp/organization/PeikingUniversityPress"/>
      <dc:language>chi</dc:language>
      <dc:relation rdf:resource="http://127.0.0.1:8080/webapp/book/001612880"/>
      <dc:subject rdf:resource="http://127.0.0.1:8080/webapp/CT/concept/DigitalLibrary"/>
      <dc:subject rdf:resource="http://127.0.0.1:8080/webapp/CT/concept/KnowledgeOrganization"/>
      <dc:subject rdf:resource="http://127.0.0.1:8080/webapp/CT/concept/G250.76"/>
      <dc:identifier rdf:datatype="http://www.w3.org/2001/XMLSchema#string">9787301149034</dc:identifier>
      <dc:type rdf:resource="http://purl.org/dc/dcmitype/Text"/>
      <dc:format xml:lang="zh">200 页; 23cm</dc:format>
      <dcterms:temporal rdf:datatype="http://www.w3.org/2001/XMLSchema#gYear">2009</dcterms:temporal>
      <dcterms:spatial rdf:resource="http://127.0.0.1:8080/webapp/vocab/ISO3166%23CN"/>
   </rdf:Description>
</rdf:RDF>
```

① 在 Web 浏览器中输入该图书的 URI 标识符<http://hostname/webapp/book/004106310>，浏览器显示 RDF 格式表示的图书的书目元数据，如图 8-15 所示。

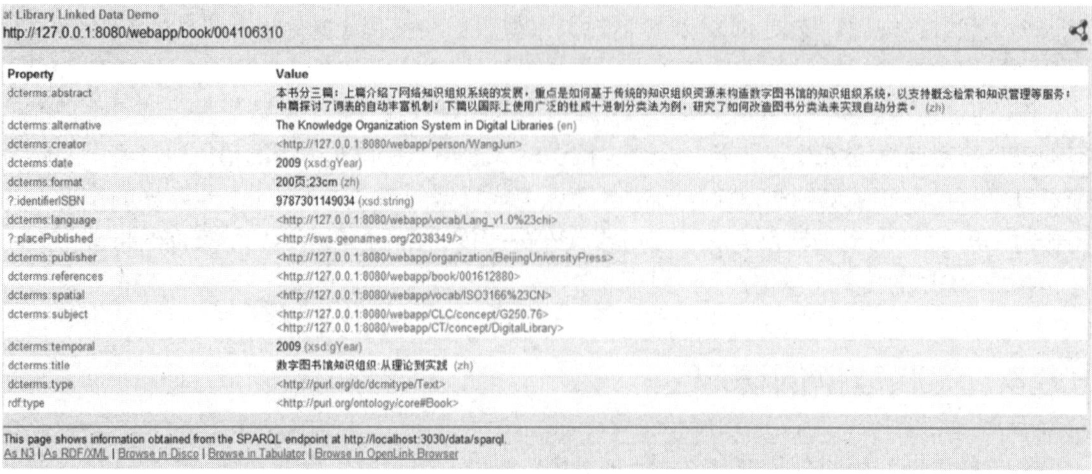

at Library Linked Data Demo
http://127.0.0.1:8080/webapp/book/004106310

Property	Value
dcterms:abstract	本书分三篇：上篇介绍了网络知识组织系统的发展，重点是如何基于传统的知识组织资源来构建数字图书馆的知识组织系统，以支持概念检索和知识管理等服务；中篇探讨了词表的自动丰富机制；下篇以国际上使用广泛的杜威十进制分类法为例，研究了如何改造图书分类法来实现自动分类。 (zh)
dcterms:alternative	The Knowledge Organization System in Digital Libraries (en)
dcterms:creator	<http://127.0.0.1:8080/webapp/person/WangJun>
dcterms:date	2009 (xsd:gYear)
dcterms:format	200页;23cm (zh)
?:identifierISBN	9787301149034 (xsd:string)
dcterms:language	<http://127.0.0.1:8080/webapp/vocab/Lang_v1.0%23chi>
?:placePublished	<http://sws.geonames.org/2038349/>
dcterms:publisher	<http://127.0.0.1:8080/webapp/organization/BeijingUniversityPress>
dcterms:references	<http://127.0.0.1:8080/webapp/book/001612880>
dcterms:spatial	<http://127.0.0.1:8080/webapp/vocab/ISO3166%23CN>
dcterms:subject	<http://127.0.0.1:8080/webapp/CLC/concept/G250.76> <http://127.0.0.1:8080/webapp/CT/concept/DigitalLibrary>
dcterms:temporal	2009 (xsd:gYear)
dcterms:title	数字图书馆知识组织:从理论到实践 (zh)
dcterms:type	<http://purl.org/dc/dcmitype/Text>
rdf:type	<http://purl.org/ontology/core#Book>

This page shows information obtained from the SPARQL endpoint at http://localhost:3030/data/sparql.
As N3 | As RDF/XML | Browse in Disco | Browse in Tabulator | Browse in OpenLink Browser

图 8-15　图书的 RDF 元数据描述

② 点击该图书的作者（dcterms:creator）标识符<http://hostname/webapp/person/WangJun>，链接到作者的 RDF 元数据，如图 8-16 所示。

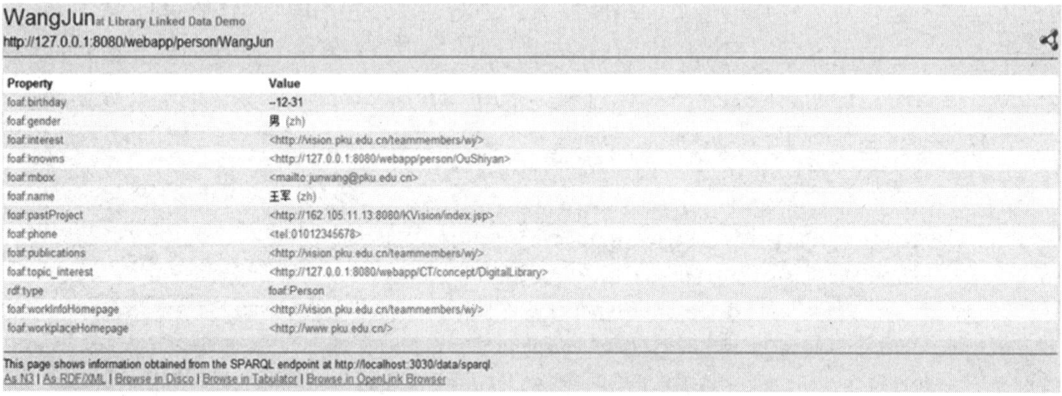

WangJun at Library Linked Data Demo
http://127.0.0.1:8080/webapp/person/WangJun

Property	Value
foaf:birthday	--12-31
foaf:gender	男 (zh)
foaf:interest	<http://vision.pku.edu.cn/teammembers/wj/>
foaf:knowns	<http://127.0.0.1:8080/webapp/person/OuShiyan>
foaf:mbox	<mailto:junwang@pku.edu.cn>
foaf:name	王军 (zh)
foaf:pastProject	<http://162.105.11.13:8080/KVision/index.jsp>
foaf:phone	<tel:01012345678>
foaf:publications	<http://vision.pku.edu.cn/teammembers/wj/>
foaf:topic_interest	<http://127.0.0.1:8080/webapp/CT/concept/DigitalLibrary>
rdf:type	foaf:Person
foaf:workInfoHomepage	<http://vision.pku.edu.cn/teammembers/wj/>
foaf:workplaceHomepage	<http://www.pku.edu.cn/>

This page shows information obtained from the SPARQL endpoint at http://localhost:3030/data/sparql.
As N3 | As RDF/XML | Browse in Disco | Browse in Tabulator | Browse in OpenLink Browser

图 8-16　作者的 RDF 元数据描述

③ 点击图书主题（dcterms:subject）“数字图书馆”的 URI 标识符<http://hostname/webapp/CT/concept/DigitalLibrary>，链接到《汉语主题词表》对“数字图书馆”概念的 RDF 描述，如图 8-17 所示。

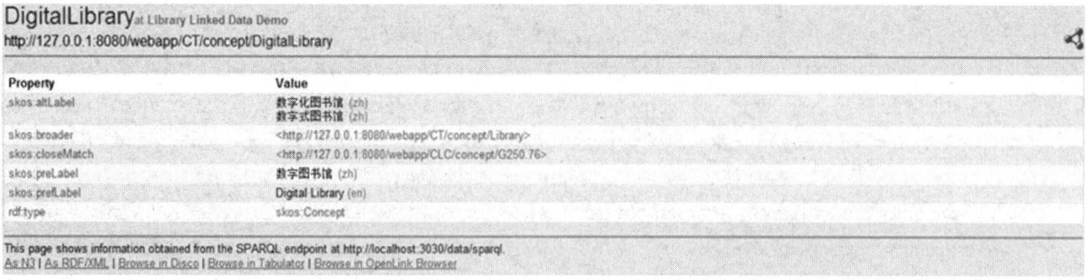

DigitalLibrary at Library Linked Data Demo
http://127.0.0.1:8080/webapp/CT/concept/DigitalLibrary

Property	Value
skos:altLabel	数字化图书馆 (zh) 数字式图书馆 (zh)
skos:broader	<http://127.0.0.1:8080/webapp/CT/concept/Library>
skos:closeMatch	<http://127.0.0.1:8080/webapp/CLC/concept/G250.76>
skos:preLabel	数字图书馆 (zh)
skos:prefLabel	Digital Library (en)
rdf:type	skos:Concept

This page shows information obtained from the SPARQL endpoint at http://localhost:3030/data/sparql.
As N3 | As RDF/XML | Browse in Disco | Browse in Tabulator | Browse in OpenLink Browser

图 8-17　《汉语主题词表》对“数字图书馆”概念的 RDF 描述

④ 点击“数字图书馆”的上位概念（skos:broader）“http://www.nlc.gov.cn/vocab/CCT_CT_v2.0/Library”，链接到《汉语主题词表》对“图书馆”概念的 RDF 描述，如图 8-18 所示。

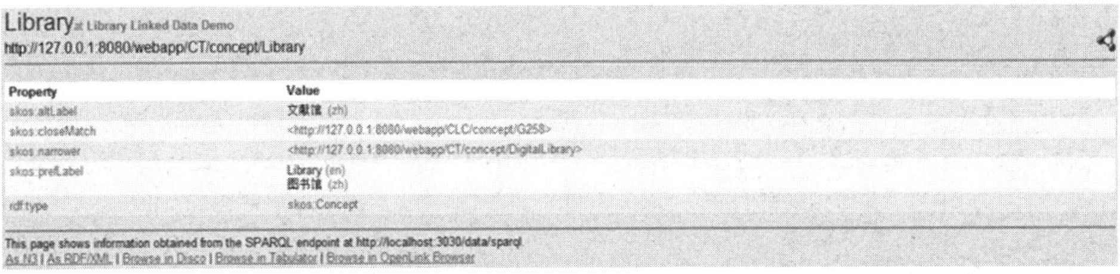

图 8-18 《汉语主题词表》对“图书馆”概念的 RDF 描述

查询方式是通过 SPARQL 查询检索关联数据中的特定内容。其检索结果界面与通常的文献书目数据库（如中国知网、OPAC 系统）类似，不同的是：返回的检索结果均是可以点击访问的，用户可以沿着 RDF 链接继续访问其他相关资源，如文献→出版地、文献→主题→相关概念。这种访问方式既适合对特定文献资源进行检索，又能够基于检索结果进行发散式浏览，是一种比较理想的图书馆关联数据访问方式。但普通用户构建 SPARQL 查询的难度比较大，系统应提供表单式查询模板供用户输入查询信息并自动生成 SPARQL 查询。

下面以从关联数据化的书目数据集中查询主题为“信息检索”的图书为例，显示关联数据的查询过程。

① 在查询界面中输入 SPARQL 查询，查询主题（dcterms:subject）为“信息检索（Information Retrieval）”的图书。

```
SELECT distinct ?D ?title
WHERE {
    ?C a skos:Concept.
    ?C skos:prefLabel "信息检索"@zh.
    ?D a core:Book.
    ?D dcterms:subject ?C.
    ?D dcterms:title ?title.
}
```

② 检索结果显示所有符合该查询条件的图书 URI 标识符和题名（如图 8-19 所示），这些标识符已经被自动映射成 HTTP 可解引用的关联数据的 URI 地址。

图 8-19 书目关联数据检索结果显示

③ 点击其中《网络信息资源检索与利用》图书的链接，则以关联数据形式显示该图书的 RDF 书目元数据，如图 8-20 所示。

④ 点击该书的出版地（core:placePublished）“南京”，跳转到 geoNames 数据库中的相应页面，该数据库已经全部发布为关联数据，点击可显示具体的 RDF 数据，如图 8-21 所示。

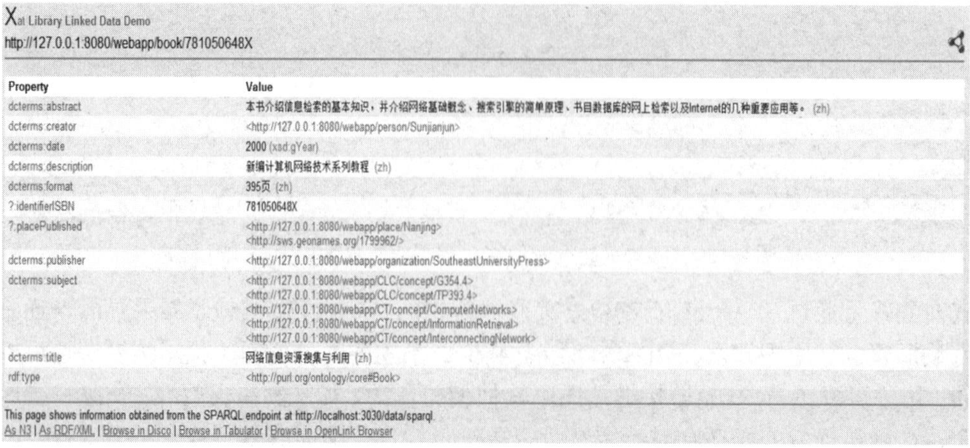

Xat Library Linked Data Demo

http://127.0.0.1:8080/webapp/book/781050648X

Property	Value
dcterms:abstract	本书介绍信息检索的基本知识，并介绍网络基础概念、搜索引擎的简单原理、书目数据库的网上检索以及Internet的几种重要应用等。 (zh)
dcterms:creator	<http://127.0.0.1:8080/webapp/person/Sunjianjun>
dcterms:date	2000 (xsd:gYear)
dcterms:description	新编计算机网络技术系列教程 (zh)
dcterms:format	395页 (zh)
?:identifierISBN	781050648X
?:placePublished	<http://127.0.0.1:8080/webapp/place/Nanjing> <http://sws.geonames.org/1799962/>
dcterms:publisher	<http://127.0.0.1:8080/webapp/organization/SoutheastUniversityPress>
dcterms:subject	<http://127.0.0.1:8080/webapp/CLC/concept/G354.4> <http://127.0.0.1:8080/webapp/CLC/concept/TP393.4> <http://127.0.0.1:8080/webapp/CT/concept/ComputerNetworks> <http://127.0.0.1:8080/webapp/CT/concept/InformationRetrieval> <http://127.0.0.1:8080/webapp/CT/concept/InterconnectingNetwork>
dcterms:title	网络信息资源搜集与利用 (zh)
rdf:type	<http://purl.org/ontology/core#Book>

This page shows information obtained from the SPARQL endpoint at http://localhost:3030/data/sparql.

As N3 | As RDF/XML | Browse in Disco | Browse in Tabulator | Browse in OpenLink Browser

图 8-20　一条检索记录的详细 RDF 书目元数据

```
<?xml version="1.0" encoding="UTF-8" standalone="no"?>
<rdf:RDF xmlns:cc="http://creativecommons.org/ns#" xmlns:dcterms="http://purl.org/dc/terms/" :
<gn:Feature rdf:about="http://sws.geonames.org/1799962/">
<rdfs:isDefinedBy rdf:resource="http://sws.geonames.org/1799962/about.rdf"/>
<gn:name>Nanjing</gn:name>
<gn:alternateName xml:lang="ko">난징 시</gn:alternateName>
<gn:alternateName xml:lang="th">หนานจิง</gn:alternateName>
<gn:alternateName xml:lang="nan">Lâm-kiaⁿ-chhī</gn:alternateName>
<gn:alternateName xml:lang="qu">Namkin</gn:alternateName>
<gn:alternateName xml:lang="vi">Nam Kinh</gn:alternateName>
<gn:alternateName xml:lang="hak">Nàm-kîn-sṳ</gn:alternateName>
<gn:alternateName>Nan-ching</gn:alternateName>
<gn:alternateName>Nan-ching-shih</gn:alternateName>
<gn:alternateName xml:lang="it">Nanchino</gn:alternateName>
<gn:alternateName xml:lang="la">Nanchinum</gn:alternateName>
<gn:alternateName xml:lang="sl">Nandžing</gn:alternateName>
<gn:alternateName xml:lang="lv">Naņdzjina</gn:alternateName>
<gn:alternateName xml:lang="cdo">Nàng-gĭng</gn:alternateName>
<gn:officialName xml:lang="de">Nanjing</gn:officialName>
<gn:officialName xml:lang="en">Nanjing</gn:officialName>
<gn:alternateName>Nanjing</gn:alternateName>
<gn:alternateName xml:lang="et">Nanjing Shi</gn:alternateName>
<gn:alternateName xml:lang="az">Nankin</gn:alternateName>
<gn:officialName xml:lang="fr">Nankin</gn:officialName>
<gn:alternateName xml:lang="kaa">Nankin</gn:alternateName>
<gn:alternateName xml:lang="pl">Nankin</gn:alternateName>
<gn:alternateName xml:lang="tr">Nankin</gn:alternateName>
<gn:alternateName xml:lang="uz">Nankin</gn:alternateName>
<gn:alternateName xml:lang="vep">Nankin</gn:alternateName>
<gn:alternateName xml:lang="es">Nankín</gn:alternateName>
<gn:alternateName xml:lang="ext">Nankin</gn:alternateName>
<gn:alternateName xml:lang="lt">Nankinas</gn:alternateName>
```

图 8-21　关联的 geoNames 数据库中有关“南京”的 RDF 描述

8.5.5　关联数据应用实例

近年，语义网技术在图书馆学领域得到了全面而广泛的应用。各种书目数据语义模型相继被提出，如 RDA 规则、BIBFRAME 模型、BIBO 本体和 Schema.org 方案。大量关联数据发布实践被开展，如瑞典、英国、法国国家图书馆及 OCLC 将馆藏书目数据发布为关联数据，自然和 O'Reilly 出版集团分别将期刊论文书目数据和图书在线目录发布为关联数据。目前，图书馆数据已经成为关联数据云的一个重要来源，大量书目数据（如 LIBRIS、WordCat.org）、词表数据（如 LCSH、AGROVOC）和学术论文数据（如 DBLP、CiteSeer）被发布为关联数据。截至 2020 年 5 月，图书出版领域有 96 个数据集在关联开放数据（LOD）云发布，占总数的 9.6%，是继政府数据之后的第二大数据源。

图书馆采用关联数据发布最多的是知识组织资源。在关联开放数据云中，有代表性的词表数据包括：美国国会图书馆发布的美国国会图书馆标题表 LCSH[1]，联合国粮农组织发布

[1] Summers E, Isaac A, Redding C, et al.. LCSH, SKOS and Linked Data [C]// Proceedings of the 2008 International Conference on Dublin Core and Metadata Applications, 2008.

的多语言农业词表 AGROVOC[1]，OCLC 发布的部分杜威十进制分类法 DDC[2]，欧盟研究项目 TELplus 发布的法国国家图书馆主题词表 RAMEAU[3]，德国国家经济图书馆发布的经济学词表 STW[4]等。这些关联数据化的词表通常采用标准 SKOS 语言和（或）SKOS 标签扩展（SKOS-XL）语言进行表示，采用 RDF 存储器进行存储，支持基于 HTML 和 RDF 浏览器的浏览和通过 SPARQL 终端进行查询。

图书馆发布的第二大类关联数据是书目数据，代表性项目是瑞典国家图书馆将瑞典联合书目 LIBRIS 发布为关联数据[5]，是首个实现图书馆书目数据关联数据化的实例。

但是该项目实施的关联数据非常简单：① 只关联了图书馆中的三种数据，即书目数据、受控词表和人名/组织机构名；② 关联的外界数据非常有限，仅有少量来自 DBPedia 的数据；③ 对书目关系的描述非常简单，只有概括的相关关系，没有详细说明书目间的具体关系。

书目关联数据的另一个典型案例是 OCLC 发布的 WorldCat 关联数据集。OCLC 采用扩展的 Schema.org 方案将其全球最大的书目数据集 WorldCat 中的书目数据全部发布为关联数据，并将它与其他关联数据集进行关联。例如，书目数据中的作品与《美国国会图书馆主题标题表（LCSH)》中的概念通过“作品主题”相关联，与维基百科知识图谱 DBpedia 中的人物数据或者《虚拟国际规范文档（VIAF)》中的人物名称通过“作者”相关联。

除了词表数据和书目数据，一些科技论文数据也被语义网实践者们以关联数据的形式发布为数据网的一部分。德国柏林自由大学和汉诺威大学的研究者们采用 D2R 服务器将著名的计算机科技文献书目数据库 DBLP 发布为关联数据[6]。英国南安普敦大学的研究者们采用 RKB Explorer 将 DBLP 发布为关联数据[7]。RKB Explorer 是欧盟 ReSIST 项目开发的一个能够将来自多种异质数据源的数据进行集成并在语义网上统一发布的工具。除了 DBLP，PKB Explorer 还能够发布来自 Citeseer、ACM、NSF 和部分 IEEE 会议的学术资源。由爱尔兰和英国的研究者们共同开发的 Semantic Web Dog Food 是一个以关联数据形式发布的语义网学术会议资料库[8]。在该项目中，开发者采用 OWL 语言构建会议本体，并依据会议本体将近 200 个语义网会议和专题讨论会的元数据采用 RDF 格式进行表示，最后采用 Jena 的 RDF 存储器和 Joseki SPARQL 服务器存储并发布 RDF/XML 格式的会议元数据。

---

[1] Caracciolo C , Morshed A , Stellato A , et al.. Thesaurus Maintenance, Alignment and Publication as Linked Data: The AGROVOC Use Case [C]// Research Conference on Metadata & Semantic Research. Springer, Berlin, Heidelberg, 2011.

[2] Mitchell J,Panzer M. Dewey linked data: Making connections with old friends and new acquaintances[J]. Italian Journal of Library, Archives, and Information Science, 2013, 4(1):e79238.

[3] Meij L, Isaac A, Zinn C. A web-based repository service for vocabularies and alignments in the cultural heritage domain [C]// Proceedings of the 7th International Conference on the Semantic Web: Research and Applications – Volume Part 1, 2010.

[4] Neubert J. Bringing the "thesaurus for economics" on to the web of linked data [C]// Proceedings of the WWW 2009 Workshop on Linked Data on the Web, 2009.

[5] Malmsten, M. Making a Library Catalogue Part of Semantic Web [C]// Proceedings of the 2008 International Conference on Dublin Core and Metadata Applications, 2008.

[6] Linking Yourself to the DBLP Database [EB/OL]. [2021-04-25].

[7] Glaser H, Millard I, Jaffri A. RKBExplorer.com : A knowledge driven infrastructure for linked data providers [C]// Proceedings of the 5th European Semantic Web Conference, 2008.

[8] Moller K, Heath T, Handschuh S, et al.. Recipes for semantic web dog food - the ESWC and ISWC metadata projects [C]// Proceedings of the 6th International Semantic Web Conference and 2nd Asian Semantic Web Conference, 2007.

8.6 基于知识图谱的信息组织方法

8.6.1 知识图谱概述

虽然关联数据在学术界得到了巨大关注，但是 LOD 云中的关联数据集并没有在工业界得到广泛应用。一个重要的原因是 LOD 云中的关联数据集多是通用数据，而工业应用往往更需要面向某一特定领域的专门数据集；另外，LOD 云中的很多数据集缺乏维护和更新。

在此背景下，谷歌于 2012 年首次推出了面向信息检索的“知识图谱（Knowledge Graph）”，旨在将基于关键词的搜索提高到基于语义的搜索，从而改善用户的搜索质量和搜索体验[1]。自此以后，工业界和学术界共同开启了知识图谱的研究与应用热潮。知识图谱目前尚无非常标准的定义，*Exploiting Linked Data and Knowledge Graphs in Large Organizations* 一书中将其定义为“由一组相互链接的类型化实体和它们的属性构成的图”[2]，其本质是一个大型语义网络，被用来泛指各种大规模的知识库。

知识图谱在逻辑上分为模式层与数据层两个层次。在模式层采用本体定义实体类型和实体之间的关系，在数据层采用与 RDF 数据模型兼容的结构化数据表示格式（如 JSON-LD）描述实体之间的关系。语义网（关联数据）与知识图谱在很大程度上具有相通之处：两者都采用图模型，都采用“实体－关系－实体”（即“主－谓－宾”）三元组结构表示知识。但是，两者的目标并不相同：语义网（关联数据）的目标是构建一个开放共享的全球知识库，知识图谱则更倾向于成为一个机构私有的封闭知识库。简单来说，语义网和关联数据是知识图谱的前身，而知识图谱是工程化的语义技术，具有更大的实际应用价值[3]。

8.6.2 图书馆学相关知识图谱

从图书馆学角度，知识图谱可以看作一种网络化的知识组织方式。它以计算机可读可理解的结构化形式描述客观世界中的实体及其关系，将网络中的各类信息表示成更符合人类认知的三元组形式，并通过它们之间的语义关系建立关联，从而为分布、异构的海量信息提供了一种更好的管理和组织方式，并以其强大的语义处理能力和开放组织能力，为互联网时代的知识化组织和智能应用奠定了基础。

知识图谱主要分为两类：通用知识图谱和领域知识图谱。通用知识图谱最普遍的应用场景就是搜索引擎，领域知识图谱的应用则比较丰富，在司法、医疗、金融、电子商务、教育、学术研究等领域都建有专门的知识图谱，为智能问答、决策分析、智能推荐等提供支持。在图书馆学领域，主要以学术文献数据为基础构建学术知识图谱。

2014 年，Wizdom.ai（由 Taylor & Francis 出版公司控股）通过挖掘论文数据并提取不同

---

[1] Singhal A. Introducing the Knowledge Graph: things, not strings [EB/OL]．[2021-04-20].

[2] Gomez-Perez J M , Pan J Z , Vetere G , et al.．Enterprise Knowledge Graph: An Introduction[M]．Springer International Publishing, 2017.

[3] 鲍捷．从语义网到知识图谱——语义技术工程化的回顾与反思 [EB/OL]．[2021-04-25].

学科和概念间的关联，构建了号称当时世界上最大的研究知识图谱。该知识图谱包含 27 亿个事实数据点、7800 万份出版物、7 亿份引文、5000 万名研究人员、7000 亿美元研究资金、6 万份期刊、5 万家机构、2.89 亿个概念，能够为科研人员、出版商、研究机构、科研资助者等提供科研热点发现、学术评价、研究趋势预测、领域专家推荐等服务[1]。

2017 年，Springer Nature（SN）发布了 SciGraph 知识图谱。这是一个学术领域的关联开放数据平台，集成了来自该集团及其合作伙伴的数据源，包含 1.55 亿个三元组，涉及学术领域的多方面信息，如资助者、研究项目、研究基金、会议、机构、出版物等，还将逐渐增加引文、专利、临床试验和使用量等数据。利用该知识图谱，研究人员可以克服研究社区的内部和外部数据筒仓，通过可视化展示的语义关系拓宽研究视野；作者、编辑、研究资助者、图书馆员和会议组织者等可以从可信和可靠的来源获得高质量的数据用于分析和推荐[2]。

2008 年，清华大学计算机系就开发了 ArnetMiner（又名 AMiner）学术社交网络图谱，聚焦于计算机科学领域，利用数据挖掘和社会网络分析与挖掘技术，提供研究者语义信息抽取、面向话题的专家搜索、权威机构搜索、话题发现和趋势分析、基于话题的社会影响力分析、研究者社会网络关系识别、即时社会关系图搜索、研究者能力图谱、审稿人推荐在内的众多功能，为研究者提供全面的领域知识和具有针对性的研究话题和合作者信息，为科研发展提供服务[3]。

2015 年，微软研究院发布了学术图谱（Microsoft Academic Graph，MAG）。该知识图谱是从 Bing 爬虫爬取的文档中提取出的学术实体及其关系构成的一个异构知识库，包含科学出版物（含出版物间的引用关系）、作者、机构、期刊、会议和研究领域等专业学术资源实体，主要用于支持微软学术（Microsoft Academic）的语义垂直搜索，帮助理解用户查询意图，检索学术图谱中最相关的知识，并推荐其他相关知识给用户[4]。2017 年，清华大学和微软研究院合作，对 MAG 和 AMiner 进行整合，构建了目前全球最大的学术图谱——开放学术图谱（Open Academic Graph，OAG）。2019 年发布的 OAG 第二版中实现了两个数据集中实体的自动匹配链接，包含 7 亿多个实体（如作者、论文、会议、话题等）和 20 亿条关系，其中来自 Aminer 的实体数据有 2.8 亿条，来自 MAG 的有 4 亿条。

2018 年，上海交通大学于 2018 年发布了 Acemap 知识图谱（AceKG），涵盖了 1.143 亿个学术实体，其中包括 6000 多万篇论文、5000 多万名作者、5 万多个研究领域、近 2 万个学术机构、2 万多种期刊、1000 多种会议，涉及 22 亿条关系信息。与 AMiner 以学者为核心的知识图谱相比，Acemap 包含多样的学术实体及其相应的关系与属性，覆盖的领域更加宽广，涉及各学科领域，而非局限于计算机学科。此外，Acemap 提供 Turtle 格式直接下载，无疑方

[1] wizdom.ai Team. Wisdom.ai-the world's largest research knowledge graph powered by artificial intelligence [EB/OL]. [2021-04-25].

[2] Robinson J. Springer Nature SciGraph: Supporting open science and the wider understanding of research [EB/OL]. [2021-04-25].

[3] Jie T, Jing Z, Limin Y, et al.. ArnetMiner: Extraction and mining of academic social networks.[C] In Proceedings of the 14th ACM SIGKDD International Conference on Knowledge Discovery and Data Mining. New York: ACM, 2008:990-998.

[4] Sinha A, Zhihong S, Song Y, et al.. An overview of Microsoft Academic Service (MAS) and Applications [C]. In Proceedings of the 24th International Conference on World Wide Web. New York: ACM, 2015: 243-246.

便了数据集的再开发和再利用。

2019 年，中国科学院王颖等人利用自然语言处理技术从各类科学文献数据库（如维普数据库、中国科学引文数据库）和百科网页（如维基百科、百度百科）中抽取出科技文献数据（如图书、期刊论文、会议论文、学位论文、科技报告、专利、标准等）和科技活动数据（如科研人员、基金项目、会议、机构、科技概念等），构建科技大数据知识图谱。该知识图谱建立了研究人员、机构、期刊、论文、项目、基金、专利等实体相互关联的复杂网络，包含科技论文 1.08 亿篇、专利 9000 万个、科研人员 8433 万名、机构 1856 万个、期刊 9.3 万种、基金项目 1019 万个，实体间关系已达到 11.33 亿个。基于该知识图谱，能够实现知识层面的数据融合与集成，加强科研数据资源的深层整合，将有效支持海量文献数据资源的精准检索、个性化推荐、学科知识网络描绘等知识发现与情报决策服务。[1]

上述学术知识图谱的基础数据均是学术文献书目数据，通过对传统的书目数据进行深化与拓展，并进行关联数据化表示，在学术文献实体（如图书、论文）和其他相关实体（如作者、会议、期刊、学术机构、出版社）间建立关联关系（如作者关系、出版者关系），从而形成了语义化和网络化的学术图谱。这些学术知识图谱的发布，不管对学界还是对业界来说，都有极大的意义：一方面能够助力当前的学术研究，另一方面能够吸引更多研究者来进行学术知识图谱的相关研究。

本章小结

本章论述了语义网环境下的信息组织。首先介绍了语义网中的信息描述与表示格式 RDF 数据模型、语义网中的信息建模方式本体及其构建方法，以及语义网中的知识组织系统描述语言 SKOS，然后举例说明在语义网环境下如何采用 OWL 本体对领域知识进行建模，如何采用 RDF 基于本体对信息进行语义化的描述，如何将描述好的信息在网络上发布为可访问的关联数据。

习 题 8

1．语义网与当前 Web 有何区别与联系？
2．构建本体的基本方法有哪些？
3．基于语义网的信息组织有何特点与优点？
4．促进语义网和关联数据技术在图书馆应用的主要原因是什么？
5．关联数据的发布方式有哪些？

[1] 王颖，钱力，谢靖，等. 科技大数据知识图谱构建模型与方法研究[J]. 数据分析与知识发现，2019, 3(01), 15-26.

第 9 章

非网络环境下的信息组织

信息经过著录形成众多款目或记录，信息组织工作实质上就是对这些款目或记录用词汇或分类号标引后形成各种检索工具或检索系统。按照载体形式，这些检索工具或检索系统可以分为非网络环境文献和网络环境文献两大类。非网络环境文献包括印刷型文献和多媒体型文献，网络环境文献包括网站、搜索引擎、学科信息门户和数字图书馆。

本章主要介绍非网络环境文献信息组织方式的评价标准，列举各类型信息组织的成果实例，并对其价值、优劣等进行评价。由于不同类型和载体的检索工具或系统有不同的特点、方式、目的等，因此其评价指标也有差异。

通过本章学习，读者可以了解（或掌握）：

- ❖ **各文献的信息组织的特点**
- ❖ **各文献的信息组织的评价标准**
- ❖ **代表性文献的信息组织评价实例**

9.1 印刷型文献的信息组织评价

印刷型文献是以纸张为存储介质，以印泥、铜印、胶印、油印、铅印、静电复印等为记录手段而产生的一种传统的文献形式，如图书、期刊、会议文献、科技报告等。其优点是便于阅读和流传，不受时间、地点、设备等条件的限制。其缺点是存储密度低，篇幅、体积庞大，容易破损，占据储藏空间过多，难以实现自动检索。

印刷型文献的信息组织主要是通过一些传统的信息组织技术（如文摘、综述、目录和索引）来进行组织的，形成一系列印刷型检索工具，主要有以下 7 类。

① 目录、索引、文摘。目录，也称为书目，是著录一批相关图书或其他类型出版物，并按一定次序编排而成的一种检索工具。索引是记录一批或一种图书、报刊等所载的文章篇名、著者、主题、人名、地名、名词术语等，并标明出处，按一定排检方法组织起来的一种检索工具。文摘是以提供文献内容梗概为目的，不加评论和补充解释，简明、确切地记述文献重要内容的短文。汇集大量文献的文摘，并配上相应的文献题录，按一定方法编排而成的检索工具被称为文摘型检索工具，简称文摘。

② 百科全书。百科全书是参考工具书之王，是概述人类一切门类或某一门类知识的完备工具书，是知识的总汇。百科全书一般按条目（词条）字顺编排，另附有相应的索引，供迅速查检。

③ 年鉴。年鉴是按年度系统汇集一定范围内的重大事件、新进展、新知识和新资料，供读者查阅的工具书。它按年度连续出版，可用来查阅特定领域在当年发生的事件、进展、成果、活动、会议、人物、机构、统计资料、重要文件或文献等方面的信息。

④ 手册、名录。手册是汇集经常需要查考的文献、资料、信息及有关专业知识的工具书。名录则提供的是有关专名、人名、地名、机构名等的简明信息。

⑤ 词典。词典是最常用的一类工具书，分为语言性词典和知识性词典两种。

⑥ 表谱。表谱是采用图表、谱系形式编写的工具书，大多按时间顺序编排，主要用于查检时间、历史事件、人物信息等。

⑦ 类书、政书。类书是我国古代通过摘录、汇集多种文献中的原文、按内容性质分门别类地编排组织，以供寻检和征引的工具书，是兼有“百科全书”和“资料汇编”性质的工具书。政书则是我国古代的一种专史著作，分门别类地汇集历代或某一朝代的政治、经济、军事、文化制度等资料，具有资料汇编性质和便于检索的特点，是查找我国古代典章制度的重要工具书。

随着信息技术及网络的发展和普及，曾在文献检索中发挥重要作用的目录、索引和文摘大多已以数字化和网络化的形式出版，不再属于传统印刷型检索工具，如《人大复印报刊资料索引》《全国报刊索引》等。在目前常用的印刷型检索工具中，词典和百科全书的编制体例丰富、检索系统完备，年鉴、手册及名录、表谱和图谱则相对简单。因此，本节以词典和百科全书为例来阐述印刷型文献信息组织的标准，但对于不同类型的印刷型检索工具而言，其具体信息组织评价标准是有区别的。

9.1.1 词典信息组织的评价和实例

词典是汇集语言里的词语，主要解释词语的概念、意义及其用法，并按一定方式编排，以便查阅的工具书。词典具有索解性、简明性和规范性的特点，是一种非常重要的工具书。

1. 词典的组织结构

由于索解性，与普通图书相比，词典的组织结构更为复杂。词典一般包括三部分：正文、辅助说明和目录、索引、相关附录。

1）正文

正文即解释词语的内容部分，是词典的主体，包括三部分：排列、注音、释义和例证。排列是指词的编排方法，词典的编排方法主要有部首法、笔画法、笔形法、四角号码法、笔形号码法、声母法、韵母法、注音字母法、汉语拼音字母法、分类法 10 种。注音即词的注音方法，主要有读若法（读相似的音，如《说文解字》的“读若某”）、直音法（用同音字注音）、反切法（用两个汉字拼切替另一个汉字注明读音）、注音字母法（用 37 个注音字母再加四声注音）、汉语拼音字母法（用 26 个汉语拼音字母再加四声注音）5 种。释义是正文最主要的内容，词典正是通过释义而提供知识的。释义主要有 4 种方法：义训（即从训诂研究词义、采用同义词对释互训）、形训（即从字形推求字义）、声训（即从字音发现字义）、定义（即用词组、语句给词下定义，确定词义的内涵）。例证是词典释义的重要辅助手段，为词的释义提供书证和举例。

2）辅助说明和目录、索引

辅助说明包括序言、凡例等，一般在正文前，用于介绍编制目的、使用对象、取材范围、编排方法等，是读者了解词典概况和使用方法的最好来源。目录一般在正文之前，用来提供整个词典的体系结构。索引一般在正文后，提供多种检索途径。二者的目的均为便于检索。

3）相关附录

词典最后常附载有价值的参考资料，或补充正文，或别有用途另供参考。例如，《现代汉语词典》的附录就有我国历代纪元表、计量单位表、汉字偏旁名称表、汉语拼音方案、元素周期表和中国地图；《辞海》的附录多达 14 种。

2. 词典信息组织的评价指标

词典作为一种供读者查阅以释疑解惑的工具书，其信息组织的评价应以是否能够提供便捷的检索功能为中心，具体有以下评价指标。

1）编排顺序

词典的编排顺序直接反映词条款目组织的顺序，该顺序一旦确定也就确定了整个词典的信息组织的基本方式。正因为它的重要性，才在编制各类词典时产生了多种编排方法。例如，随着汉语拼音方案的推出和规范，现代词典的编排顺序常用的是汉语拼音字母法，拼音文字按字母顺序排列比较易查，如《现代汉语词典》《新华词典》等。除此之外，《说文解字》这些大部头的资料型的词典采用部首法进行排序。《广韵》《集韵》《佩文诗韵》这类以“韵”为特色的词典采用的是韵母法。《尔雅》还以分类法作为词典的编排方法，包括释诂、释言、释山、释水等 19 篇，便于读者从类的角度查寻相关词条。

有人尝试按词族原则编排，优点是能显示同族词之间的结构语义联系，但终因查检不便而遭到读者的反对。

此外，有的词典词条中收录了大量的成语，但并未按打头词首字母顺序排列，因而查检不便。无论采取哪种编排顺序，不同类型的词典都必须根据自身特性和读者需求的特点来选择最适合的编排方式。

2）目录、索引

词典的目录提供给读者的是词典的整体信息组织结构，包括总目、凡例、各种索引、词典正文、辅助说明和附录等，用户可以借助目录找到相关部分。

如上所述，词典的编排顺序是唯一的，且一旦确定就不可更改，但检索需求具有多元性，单一的检索途径很难满足需求。另一方面，单一的排检次序不利于全方位地揭示词条款目间的关系。词典的索引正是解决这个问题的有效途径，不仅是增加词典检索途径的最有效手段，也使词条款目的多途径组织成为可能。因此，词典索引编制的成功与否是词典信息组织的关键之一。

一般来说，词典会采用多种索引来对编排次序进行补充。例如，《辞海》除了每卷书前有《辞海部首表》，其索引还包括《笔画索引》《汉语拼音索引》《四角号码索引》《词目外文索引》，便于从部首、笔画字形、汉语拼音和四角号码等角度进行检索，查找所需词的信息。虽然索引非常有用，但如果不切实际地编制过多的索引，不仅不会为读者提供方便，还会造成编制成本的激增。词典索引的评价标准与图书索引相比，更多地强调规范性、易检性和简洁性。因此，索引的编制设计应当以读者为中心，以提供便捷的检索途径为宗旨。

3）参见系统

参见（或称为引见）是词典中的一个重要环节。一部词典是一个统一的有机整体，其内部纵横交错，互相疏通，互相补充，互相印证，参见系统揭示的是词条款目间的相关关系，读者可以通过参见系统从一个词条方便地转入相关词条。它的严密与否也关系着词典信息组织的成败。

参见系统是否严密可从以下 5 方面来衡量。

① 参见是否有遗漏。例如，词目 A 见词目 B，但词典中无 B 词条；词目 A 见词目 B，而词目 B 又见词目 A，结果两头落空。

② 参见是否有重复。参见是词典编纂中既节省篇幅又提供相关知识的重要手段，本应采用参见办法解决问题，却重复释义和举例，不仅浪费了篇幅，未给读者带来新的信息，甚至有时前后还会出现释义不一致的情形，而释义的一致性恰恰是词典释义的一个重要原则。

③ 参见是否沟通了相关条目间的联系。语言是个完整体系，但词典按单词立目进行解说，客观上破坏了语言词汇的体系性，完善的参见系统可以在一定程度上弥补这种缺陷，给读者提供相应的语文知识和百科知识，如同义近义关系、上下义关系、派生关系及词的各种变体形式等。

④ 参见是否有必要的注释。如上所述，参见系统提供相关知识，而相关不等于相同，在使用参见词时要注意使用相关注释，以指出修辞、语体、地域等差异。

⑤ 参见的交叉条目的互见是否合理。交叉条目在汉语词典中往往分属于不同的领头字，这就产生了检索性问题。在互见过程中，应将各相关交叉条目的参见指向同一条目，以免造成混乱。

4）体例说明

体例，即著作的体裁、凡例，是词典信息组织的辅助手段。词典中使用代码的最大优点是节省篇幅，使词典信息组织变得简洁明了，便于读者使用。但代码若比较烦琐，读者若望而生畏，掌握不熟练，反而平添许多查检上的麻烦。因此，词典体例安排是否合理、是否科学关系到读者的检索使用效率。

体例反映了一部词典的面貌，体例混乱必然会降低词典的质量。同一部词典的体例必须绝对统一，既便于查检，同时免去读者在查检中可能产生的困惑。体例说明中的释文模式要恰当，根据不同的词典规模和性质，要选择恰当的释文模式，既不能一味追求详尽而显得啰嗦，也不能过于简练而不便于读者理解。

3. 词典实例《现代汉语词典》的评价

《现代汉语词典》出版以来，为推广普通话、促进汉语规范化工作做出了重要贡献，在我国文化教育和科学研究事业中发挥了巨大作用，受到读者的欢迎和社会的重视，曾荣获国家图书奖、国家辞书奖、中国社会科学院优秀科研成果奖、吴玉章人文社会科学奖，在海内外享有盛誉。《现代汉语词典》由专业权威的编写机构——中国社会科学院语言研究所编撰，是现代汉语规范的权威之作，代表了我国当今词典编撰的最高水平。

《现代汉语词典》于 1978 年正式出版后，曾于 1983 年、1996 年、2002 年、2005 年、2012 年出版过修订本和增补本，最新版本为 2016 年出版的第 7 版。此次修订全面落实 2013 年 6 月由国务院公布的《通用规范汉字表》，除了增收新词、增补新义及删除少量陈旧和见词明义的词语，还根据读者和专家意见，对 700 多条词语的释义、举例等做了修订。

在编排顺序方面，《现代汉语词典》大体上采用汉语拼音字母次序排列，形同而音、义不同的分立条目。具体来说，单字条目按拼音字母次序排列；同音字按笔画顺序排列，笔画少的在前，多的在后；笔画相同的，按起笔笔形横、竖、撇、点、折的顺序排列。单字母条目之下所列的多字条目不止一条的，依第二字的拼音字母次序排列；第二字相同的，依第三字的拼音字母次序排列；以下类推。轻声字一般紧挨在同形的轻声字后面。作为一部推广普通话的权威工具书，《现代汉语词典》采用这种编排顺序是恰当的。

在目录、索引方面，《现代汉语词典》的目录包括了凡例、各种查检表（《音节表》《新旧字形对照表》《部首检字表》）、词典正文、附录四个部分。供读者查检使用的索引包括《音节表》《部首检字表》，读者可通过字音和字形两种方式进行检索。《部首检字表》又分为《部首目录》《检字表》和《难检字笔画索引》三部分，前两者的结合使用可检索到逐字层次，为方便读者查检，有些字还分散在几个部首内，如“思”字在“田”部和“心”部都能查到。《难检字笔画索引》则供读者查找一些不易通过区分部首偏旁来查检的字，如“〇”“乐”“臧”等。《现代汉语词典》的索引虽然不如《辞海》等大部头的词典丰富，但由于其广泛的适用性和普及性，提供的这些简练但实用的检索途径也能够满足读者日常查检需求。

《现代汉语词典》的参见系统按字词音、形、义区分，可分为三种：一是字、词义相关但音、形不同，如“金牛座”参看 573 页“黄道十二宫”；二是字、词形同但音、义不同，如“闷(mēn)”另见 892 页 mèn；三是字、词义同但形不同，如“炎帝”见 1507 页“炎黄”。对于这三种词义不同的情况，《现代汉语词典》的相关参见中均标识了参见到的页码。

另外，对于同义词，《现代汉语词典》在词条中标注“也说……”“也叫……”“也作……”

“注意……”等表示同义词。这个参见系统采用了相关词页码标识和同义词互见相区分的方式，因此参见不易遗漏。对于同义词，《现代汉语词典》没有将所有的同义词逐一注明其含义，而是将同义词都指向同义词群中的某一个词条，这既避免了参见的重复和交叉条目参见的混乱，又保持了释义的一致性，如“单车”“脚踏车”都标注见“自行车”。

在参见注释方面，《现代汉语词典》使用相关注释来指出相关词在使用时的修辞、语体、地域等方面的差异，如“潺潺”注释为拟声，“藏猫儿”注释为<口>，“寿司”注释为[日]。

但《现代汉语词典》的参见系统也存在缺陷，在表示词间关系方面，没有指明具体的词间关系如近义、派生还是包含关系等，只是采用各种参见的标名如“见”“另见”“参看”“同”“也作”等进行区分，在体例说明部分也没有说明这些标名表示的是何种关系。

在体例方面，经过全面修订的《现代汉语词典》第 6 版较之以前的版本更加科学、严谨，但在一些体例上存在有待完善的地方。例如，姓氏义项的处理方式不统一；“也叫”“也说”后非常用词形的处理方式及“全称”“简称”的处理方式不一致，体例不统一等。《现代汉语词典》第 7 版较第 6 版在体例方面无较大的修订变动。

9.1.2 百科全书信息组织的实例与评价

百科全书是系统概述人类各知识门类或某一知识门类的基本知识，按辞典形式编排的大型工具书。可以说，百科全书包括了人类全部知识体系，具有概述性、完备性和权威性等特点。除了教育功能，百科全书还是一种非常重要的工具书，这也决定了百科全书必须具有检索性。由于百科全书部头大、知识覆盖领域广，与其他工具书相比，它的检索性有其特殊之处，因此编撰体例和检索系统最完备，其信息组织系统是所有印刷型文献中最复杂的。

1. 百科全书的编排体例

1）编排方式

百科全书有按知识分类和按条目字顺编排两种方式。西方现代百科全书大多按字母顺序编排，又分为逐词排序（word by word）和逐字排序（letter by letter）两种。如果条目的单词相似，那么内容按人名、地名、物名的先后顺序排列。同姓名的人物应该根据人名后的注释做出判断。按字顺排列的百科全书多通过参照系统反映条目之间的学科关系。这种方法易于检索，但打乱了整个知识领域的系统性，不利于学科总体研究。

正文条目按学科体系排序，使得知识体系清楚、明确，但分类方法不易掌握，影响对百科全书的使用，因此卷末会辅以详尽的字顺索引，并且该字顺索引必须高质量。

2）条目编撰

百科全书不同于词典等其他工具书。词典等是对词语条目进行释义，而百科全书用条目的形式介绍知识。因此，百科全书对条目的阐释比其他工具书详细，经常需要分成许多小的标题。

在条目编撰方面，注重教育功能的百科全书以大条目为主，全面系统地介绍某学科领域的知识，保持知识的系统性和完整性，但必须以完善的分析索引来弥补不便于查找某一具体材料的缺陷。注重检索功能的则采用小条目的编纂思想，把知识单元划分得很小，这对检索具体的材料比较方便，但不能使读者得到系统的知识，而必须辅之以具有一定水平的内容分类表。一般来说，百科全书条目的构成部分有条头、释文、插图、参考书目。

3）参见系统

参见系统的作用是把相互关联的条目和概念联系起来，指示与所查内容有关的条目，帮助读者获得一个主题更完整和更系统的知识。参见系统往往隐藏在内容体系中，提供与本条有关的其他条目，给排检带来巨大的方便，加强了百科全书的工具书作用。同时，它将被分离但实际有关联的条目联系起来，加强了百科全书的教育作用。百科全书的教育作用和工具书作用是相互矛盾的，而参见系统恰恰可以在一定程度上解决这个矛盾。因此，百科全书的参见系统应用是非常广泛的，按处理方式，可以分为随释文分散参见、分段集中参见、条末集中参见和几种方式结合运用这四种参见系统。

参见系统包括参见条和条目释文内的参见。参见条是同一概念的重要异称，或者它的内容已另设专条。例如，美国著名作家 Mark Twain（马克·吐温）的原名是 Samuel Langhorne Clemens（塞姆·朗赫恩·克列门斯），无论用笔名还是用原名，都能查检到。

4）索引和其他检索系统

百科全书索引是把百科全书正文中可用做标识的各种主题、专有名词、符号或其他对象的名称分析摘录出来，注明页码，按一定次序编排起来，以便进行相应途径检索的辅助性工具。百科全书索引对所述内容多层次、多角度地揭示，为不同需要、不同目的的读者提供多条检索途径。作为一种微观检索的标识，百科全书索引只是指出哪里有所需资料，而并不是提供所要获得的资料本身，是加强百科全书查询功能的最主要的措施。

百科全书的主题索引一般分为简式和复式两种，而索引一般按照字顺排列。有的把索引变成小百科词典，款目逐条注出其内容的简明解释，独立成书，加上卷次和页码，又成为其百科全书正文的索引，如第 15 版《新不列颠百科全书》(New Encyclopedia Britannica 15th ed)。

百科全书后的附录内容一般都比较丰富，如《兰登书屋百科全书》（The Random House Encyclopedia）的附录有“大事年表”“全世界的旗帜”“图片一览表”“艺术一览表”等。这些附录虽然与正文没有直接联系，但都可作为独立的参考书使用，从而提供新的检索手段。

2. 百科全书信息组织的评价标准

由于百科全书编排体例的复杂性，其信息组织评价标准与词典相比，也有综合性、交叉性的特点。百科全书信息组织的评价标准如下。

1）条目编排方式是否合理

无论是按字顺排列还是按知识分类排列，都不存在孰优孰劣的问题，重要的是：是否采用多种索引对之进行补充？正文按字顺排列的百科全书是否辅以各种内容主题索引、参见系统和表现全书知识体系和引导系统自学的条目分类目录、学习指南进行补充？正文按学科体系分类的百科全书是否辅以高质量的详尽的条目字顺式索引，以便读者排检？

2）条目的选择是否合理

条目是百科全书的基本查阅单元，其选择与撰写恰当与否直接影响着百科全书的信息组织质量。

在条目层级分工方面，作为知识具有层次结构的反映，百科全书的条目是有着层次划分的。这里所说的层级分工是指在选条中通过分别安排上、中层综述性条目和下层具体人、地、事、物条目，去满足读者不同层次的检索需求，以功能有别的不同层级条目共同完成介绍知识的任务。在百科全书的编纂中，大条目主义和小条目主义均不要求层级分工，前者提倡把下层小主题纳入上层大条目，主要用上层大条目包揽对知识的介绍；后者主张把下层小主题从上层大主题中尽量分解出来，形成大量小条目，同时把上层大主题进行类辞典式条目处理，从而使上下层条目篇幅接近，在功能上无明显差别。但在读者实际使用中，条目层级分工是非常必要的，单一的条目层级不能满足读者需求。具体来说，读者有时需要检索人、地、事、物一类有限主题，如果把这些小主题都纳入上层大条目，依靠内容索引解决它们的检索问题，实际上读者得不到完全满意的答案。这是由于必须服从大主题本身的介绍，小主题的内容往往支离破碎、残缺不全，甚至无法保证内容要素的齐备。为了满足读者的检索需求，让百科全书充分具备工具书性能，应当把检索率高的小主题设为条目，以保证其内容的完整及检索的便利。在另一些情况下，读者需要查检范围较大的主题，如果在选条时把大、中主题安排为类词典式条目，缩小它们的篇幅，规定仅做有限的内容展开，那么读者可能无法从中查到其所需要了解的某一领域的全貌及相关规律性。只有在选条中设置进行展开介绍的大、中型综述性条目，才能充分体现出百科全书的特点，使百科全书具备辞典所没有的功能。百科全书发展的历史中一直存在着“大条目主义”和“小条目主义”之争，也证实了条目层级分工的合理性。

在编撰实践上，大条目的知识系统性好但不便具体问题的寻检，小条目便于特定问题的查检却削弱了知识的系统性。基于此，条目层级分工是百科全书选条的一项重要原则，具体怎样分工，各百科全书应该本着自身特点而有不同的具体形式。

在百科全书条目的选择标名方面，条目标名与检索关系极大。条目标名应当符合准确性原则、通用性原则、名词性原则和简要性原则。准确性原则是指条名必须准确标识条目主题，不应当文不对题或似是而非，不能语义含混而让人捉摸不定。当列为条目的几个事物有相同的名称时，最好加上括注，以利于区分。通用性原则一方面是指条名应使用规范或约定俗成的名称，而不是杜撰的；另一方面是指当一事物有两个或两个以上名称时，应使用其中更加为广大读者知晓的名称。名词性原则是指标名必须为名词，理由在于条目作为注释的对象，主题是静止态的。即使有些事物原本为动态，但立作条目收入百科全书，整体上不是要做动态描述，而是说明科学内涵，它们也已经静态化。简要性原则是指作为注释对象的条目，转化为条头后是知识单元的“标识”，在形式上应当是凝练的，条名在表达上宜力求简要。上述条目化原则对于百科全书的选条十分重要。这些原则也成为衡量百科全书条目标名是否合理的标准。

3）条目是否能够通过多种途径检索

百科全书的条目检索通过各种索引和参见系统来实现。索引量和参考条目数量是否充分、编排是否合理、质量是否有保证直接影响正文的利用率及百科全书的使用价值。

传统的内容主题索引分为简式和复式两种。

简式主题分析索引是把索引条（包括条目标题和条目内容中隐含的主题）选出，并列地编排成表，用不同的字体或符号区别专门条目和隐含主题。

复式主题分析索引是在按字顺编排的一级主题之下，把与其有关的主题作为二级主题集中编在一起，而这些二级主题又在其本身的字顺位置上作为一级主题单独出现，形成同一索引条目多处交叉并见的情况，复合分析索引就是带有交叉参见系统的索引。

从普通读者检索使用上，复式主题分析索引可使同一条目在索引中出现多次，为多途径检索提供方便，又能按主题集中相关资料体系中各主题的学科条目，弥补了按字顺排列而使得条目学科分散所带来的不足。但复式索引的编制非常复杂，索引篇幅会大大增加，是否采用复式索引要根据多方面的因素来决定，如正文是否采用字顺索引、百科全书部头大小、其专科性如何等。因此，在判断百科全书索引编撰是否合理时，不能仅看它是否具有复式索引，有复式索引并不代表它的索引编撰是成功的，没有复式索引也不能片面地说其索引编撰失败，如百科全书正文若是按照知识分类来编排的，索引仍采用复式索引的形式就是一种浪费，是不恰当的。我们应根据百科全书本身的性质进行判断，根据索引本身的质量和数量进行判断。

百科全书参见系统的繁简各异，有的提供双向参见，如《兰登书屋百科全书》是最为完善的参见系统，充分揭示了内部条目间的学科关系。有的则从严精选，非必要时绝不参见，如《美国百科全书》(Encyclopedia Americana)，这样避免了阅读本条目时注意力分散，效率下降。百科全书参见系统繁简度的评价是非常困难的，因为繁和简是一对矛盾体，过繁过简都是不合适的，若能通过其他方式在当简则简的同时又能化简为繁是最理想不过的了，《新不列颠百科全书》（第 15 版）是一个很好的范例，下文会集中阐述。此外，索引中的参见与正文中的参见有重复交叉，由于索引参见的范围更加广泛全面，正文的参见也应通过索引，以便获得更加广泛的参考资料。

3.《中国大百科全书》信息组织的评价

《中国大百科全书》是中国第一部大型综合性百科全书，也是世界上规模较大的几部百科全书之一。其第 1 版于 1993 年完全出版，全书按学科或领域分成 74 卷，包含 66 个学科知识领域，共收录 7.8 万个条目，计 1.26 亿字，并附有近 5 万幅图片，内容丰富，1994 年获第一届国家图书奖荣誉奖。《中国大百科全书》第 2 版于 2009 年 8 月由中国大百科全书出版社出版。2011 年 11 月，《中国大百科全书》第 3 版由国务院正式批准立项，作为“十三五”规划重大文化出版项目，基于信息化技术和互联网，将通过建立数字化平台，编纂发布和出版网络版、纸质版。各学科在 2014 年前后就启动相应的编纂工作。2021 年 8 月，部分词条上线，进一步征求意见，以不断完善。

与第 1 版相比，《中国大百科全书》第 2 版有以下三方面的差异：

① 篇幅总体减少，卷数减为 32 卷（正文 30 卷、索引和附录 2 卷），6000 万字左右，共计 6 万个条目，插图 30 000 幅，地图约 1000 幅。

② 重在普及，读者起点设定为高中文化程度，因此语言比第一版更通俗。

③ 重检索。首先，与第 1 版的分学科卷出版不同，第 2 版采用以汉语拼音为序、A～Z 的全字顺排列法编排条目；其次，采用大、中、小条目相结合，以中、小条目为主的条目设置原则，中小条目占到了 70%；最后，6 万个条目几乎每个条目中至少有一个参见或索引，一些概述条目会涉及几十个参见或索引条目，这将极大方便读者的查检。

针对信息时代的特点，《中国大百科全书》第 2 版光盘版、多媒体数据版和网络版也已经出版发行。

随着数字出版的发展，《中国大百科全书》第 3 版有更显著的变化：

① 纸网两版的编纂出版突出新型百科全书的特点，网络版是基于数字化内容网络传播的大型综合性百科全书，并进一步划分为三个板块，专业板块按照学科分工编撰，是网络版

的基础和重点，专题板块以各种特定课题为中心，以多作者、多视角、多条目汇集的形式编撰，聚焦各行各业关注的重要问题，大众板块包括当前社会、法律、文化等热点领域的知识；纸质版是该版本的重要组成部分，拟在网络版学科分类的基础上，精选精编，从社会与市场的需求出发，以分卷和大类综合学科集成的模式编纂出版。

② 面向不同受众，网络版的专业板块、专题板块和大众板块分别以大学文化程度的非本专业读者、集中深入研究某领域知识和大学以上文化的读者、具有中等以上文化水平的大众读者为对象，纸质版则适合大学文化程度的读者使用。

③ 规模变大，该版本的体量比第 2 版有较大提升，其纸质版全书的总规模初步拟定为 80 卷，每卷字数为 150～180 万字，总计 1.2～1.44 亿字，选收条目 12 万条，配图 6 万幅，其中地图 2000 幅。

总体来说，《中国大百科全书》编排体例是比较科学的。在条目编排方式上，编者没有照搬英美等国一概采用字顺法编排条目的传统做法，而是根据中国国情降低读者购买成本，将百科全书先按知识分类分卷出版，在具体卷册中各条目统一按条目标题的汉语拼音字母顺序并辅以汉字笔画、起笔笔形顺序排列。同音时，则按汉字笔画由少到多的顺序排列，笔画相同的再按起笔笔形的顺序排列。第一字相同时，按第二字排列，以此类推。条目标题以拉丁字母开头的，排在汉语拼音相应字母部的开头部分，条目标题以希腊字母开头的，按希腊字母的习惯发音，分别排在汉语拼音字母的相应位置。另外，各学科卷在正文条目前一般有一篇介绍该学科卷内容的概括性文章，并附有反映该学科体系的条目分类目录。

在条目的选择及层级分工上，《中国大百科全书》采用的是大、中、小条目相结合的金字塔形的条目结构、以中小条目为主的条目设置原则，其第 2 版的中小条目数量更是增加了不少。这种模式立足于检索，兼顾阅读，符合现代读者的特点。对于较长条目，则在释文前列出了释文内的标题。标题层次较多的条目则在释文前列出本条释文内标题的目录。对于那些学科间相互交叉的知识主题，编者则基本上做到在各有关学科中均设置条目。例如，“马克思”在《哲学》卷和《经济学》卷及《政治学》卷均设有条目，但释文内容分别按其所在各学科的要求而有所侧重，使得同一主题的内容分散，这就要求读者在检索某专有名词的时候最好先借助索引查找，以便检索到该主题的更广泛的信息。

《中国大百科全书》第 3 版兼具纸质与网络百科全书的特点，因此对条目系统具有更为严格的要求，其体例文件中暂定了 12 种条目类型的编写提纲，与第 2 版相比，主要有三方面的变化：

① 取消了“基本”“重要”等限制词，扩大了条目收录范围。

② 剔除第 2 版的“国家条目”“法规条目”“条约协议条目”和“会议条目”。

③ 结合学科发展情况，新增了“建筑类条目”“技术类条目”和“城市类条目”等几类使用频率较高的条目类型。

由于《中国大百科全书》是按学科分卷出版的，若读者手头只有某一个学科卷目，即使使用索引也无法获得该主题分散在其他学科卷里的信息，这也是其信息组织的一个问题。

在检索系统方面，《中国大百科全书》做得完备而有特色，第 2 版更加强调了检索性。现有第 1 版的检索系统分为 9 部分，读者可通过如下 9 个途径进行检索。

① 音序检索。各卷的条目均按汉语拼音字母顺序排列，采用汉语拼音音序法，为读者提供了最直接的检索入口。

② 笔画检索。各卷均有“条目汉字笔画索引”，供不熟悉汉语拼音或不熟悉个别汉字读音的读者使用。

③ 分类检索。各卷正文前均列有“条目分类目录”，供读者从学科分类的角度检索条目之用，同时读者可以从中了解该学科的知识构架，找到自己要阅读的条目及相关条目。

④ 内容检索。各卷末均附有“内容检索”，除了列有全部条目，还列有条目释文中隐含的知识主题，所有内容索引的主题词数量相当于条目总数的 4～7 倍。一般，内容索引主题词数量在条目总数的 3～10 倍为合理范围。另外，各卷各条目释文中所出现的各种人名均附有生卒年，外国人名还全部附有原文，构成了该书最详尽的综合检索渠道。

⑤ 外文检索。除了纯中国内容的学科卷《戏曲・曲艺》，其他各卷均附有“条目外文索引”，供熟悉和需要查阅外语的读者使用。例如，《天文学》卷总字数为 154 万，共有条目 1074 条，除了纯中国内容而外文又无定译的 32 个条目未建立外文索引，其他 1042 个条目均编有外文索引，约占该卷条目总数的 97%。

⑥ 时序检索。各卷大都列有各学科的“大事年表”，年表中所提到的人、事、物，凡设有条目的均印成楷体字，读者据此可比较方便地检索各有关条目。

⑦ 图片检索。各卷均附有“彩图插页目录”，作为检索彩色插图之用。该索引虽然集中了图片，对读者全面检索有利，却减弱了彩图对正文的辅助作用。

⑧ 文中参见检索。当一个条目的内容涉及其他条目并需要由其他条目释文来补充时，采用参见的方式。各卷的参见系统由楷体字排印的“参见词”构成，在本条释文中出现的，则另用括号加“见”标出。例如，“秦二世胡亥即位后，对人民的剥削和压迫变本加厉，社会矛盾激化，终于在二世三年（前 209 年）激起陈胜、吴广领导的农民大起义（见陈胜、吴广起义）。”参见词把内容有关联的不同条目连接起来，相互贯通，从一个条目释文中可以得知本书所收的各种相关条目。

⑨ 书目检索。各卷重要的条目均在释文后列出了有关的“参考书目”，向需要进一步研究的读者提供了详细的文献线索。

4.《不列颠百科全书》信息组织的评价

《不列颠百科全书》（Encyclopedia Britannica，EB，又称《大英百科全书》）被认为是当今世界上最知名、最权威的百科全书，是世界三大百科全书（《美国百科全书》《不列颠百科全书》《科利尔百科全书》）之一。《不列颠百科全书》第 1 版于 1771 年完成，共 3 册。经过多年的努力，在 1901 年美国出版商 Encyclopedia Britannica Inc.买下 EB 版权后，出版与编辑工作逐步转移到美国，现在人们熟知的大英百科全书公司已是总部位于芝加哥的美国公司。

1929 年，随着第 14 版的问世，EB 所在公司更投入了大量人力与物力，邀集近 140 个国家和地区的 4000 位学者、专家参与撰述，大量收录欧洲以外地区的资料，完成全部 24 册的第 14 版，确立了它在百科全书界最崇高、最具权威的地位。目前，印刷版中编排体例上最新的版本为 1974 年首版的第 15 版，共 30 卷，此后在 1985 年和 2007 年的更新版都对第 15 版的具体内容进行了更新。2012 年 3 月，EB 所在公司宣布不再发行纸质印刷版《不列颠百科全书》，该书将被彻底数字化。这一消息在国际出版界引起强烈反响。

从编排方式上看，EB 第 15 版不像过去那样全篇按照字母排列，而是分为《简明百科》（简称《简编》）、《详编百科》（简称《详编》）和《类目百科》（简称《类目》）三部分。《简编》

采用中小条目编撰；《详编》采用大条目编撰，维持原来的大条目传统；《类目》取代传统知识分类的索引卷而肩负教育工具和分类索引两大职能。这种编排方式是一种全新的做法，极具特色，既兼顾百科全书的教育与工具书功能，又弥补传统按字顺分类带来的学科体系分散的不足。每一卷中采用的是字顺排列的方法，条目按照逐字母的方法排列。

在条目选择上，可以看出在 EB 第 15 版中，突出检索功能的《简编》在条目化方面要严于突出阅读功能的《详编》。在条目层级分工方面，EB 第 15 版的编者充分考虑到读者检索的三方面需求，即读者想查明的知识范围相当有限、读者查阅的知识范围较大但仍属于有限的课题（如想了解法国文学的全貌而不是某部作品的出版年月或背景）、读者想从文化素养的角度获得对世界究竟意味着什么的了解，编者认为 EB 第 15 版必须针对这三种检索要求，同时具有三种功能。

因此，编者按照严格的条目层级分工，将全书分成《简编》《详编》和《类目》三部分。其中用《类目》去满足第三种要求，与条目层级分工无关。但以小条目的《简编》和大条目的《详编》分别满足前两种检索要求，正是在实行条目的层级分工。《不列颠百科全书》曾经是大条目主义的典型，然而第 15 版改为通过《详编》和《简编》互补以实现层级分工，这意味着对大条目主义的否定。在国外的百科全书编纂中，大条目主义和小条目主义争执了近 200 年，目前出现了两者互相靠拢以寻求补充的趋向。这无疑有助于人们认识这两种主张的局限性和条目层级分工的合理性。

《不列颠百科全书》第 15 版采取的是大条目的《详编》和小条目的《简编》相结合的两极化分工形式，这种编撰方式比较费时费力，《详编》加《简编》，一部书几乎相当于两部书。而《详编》和《简编》结合使用意在使阅读功能和检索功能并重，但实际应用过程中并不适应当前读者的实际需求。因此，这种条目层级分工方法在理念上非常先进，但实际作用有限。

在索引方面，EB 第 15 版将索引变成小百科辞典，款目逐条注出其内容的简明解释，独立成书，再加上卷次和页码，使之成为其百科全书正文《详编》的索引，这就是 EB 第 15 版的《简编》部分。与传统索引形式相对照，EB 第 15 版把索引编成百科辞典的形式，在一定程度上纠正了大条目主义不便查检和小条目主义不利于系统研究的缺点。

EB 第 15 版的检索系统也比较完备，参见系统尤为有特色，检索途径有以下 6 种。

1）字母顺序检索

各卷的条目均按字母顺序采用逐字母的方式排列，为读者提供了最直接的检索入口。

2）分类检索

作为 EB 第 15 版分类检索途径，《类目》是一个由 25000 个小条目组成的详细的分类索引，每个条目都有 3 种对《详编》中不同范围材料的指引，既标出需要阅读的条目标题和所在卷页，还指出文中有关段落和其他有助于进一步了解的参考书目的卷页。

3）内容检索

每条大条目前都列有“目次”，可帮助读者寻找他们所要研究的特定题目的具体内容，但 EB 第 15 版仅有按层次排列的章节标题，却没有标题所在页码，略有不足。

4）地图检索

除了对正文条目做指引的索引，EB 第 15 版还有专门的地图索引，地图索引按字顺把所有地图上出现的地名组织起来，对于在不同比例或不同区域的地图中重复出现的地名，索引都予以反映。它们或集中或分散，随地图的排列情况而定，帮助读者迅速找到地图中的某具体地理位置。EB 第 15 版采用地图分散随附索引的方法，使地图与正文紧密配合，有效地说明及补充正文，但不便于读者从特殊角度出发寻检。

5）文中参见检索

EB 第 14 版和 EB 第 15 版的参见系统有较大差别。EB 第 14 版的参见系统除了正文与索引的参见，还有一套书目的参见系统，其参见范围最广，既有内部条目学科关系的揭示，又有对外界专著的引见和关联，构成了一个完整、丰富、开放的参见系统，便于读者对所查阅的主题获得尽量完整的知识。EB 第 15 版只采用索引参见，以参见从严精选、非必要时绝对不参见为原则，甚至不在正文中做参见，虽然读者在阅读条目时不能随时了解有何相关资料，却避免了阅读本条目时注意力的分散，当确实需要参考时，也可通过《简编》提供详尽的参考途径。《简编》中包括许多指向《详编》的参见注释，《详编》提供大条目的详细信息，它们往往分许多章节，这些章节本身就足以在其他百科全书中构成独立的文章了，这种做法旨在使知识系统化，阐明各内容之间的关系。

6）书目检索

EB 第 15 版参考书目按照条目集中的方法将参考书目附在条目最后，与正文密切相连，但其缺点在于使同一学科的书目被分散在不同主题条目之下。条目按作者字顺排序并标明著者、书名和出版年。

9.2 多媒体文献的信息组织评价

多媒体技术是利用计算机技术将文字、图形、图像、音频等多媒体综合一体化，使之建立起逻辑连接，并能对它们获取、编辑、加工处理、存储和展示。在非网络环境下，多媒体信息资源最主要的载体是光盘。本节以光盘数据库为例，对非网络环境下多媒体信息组织进行评价。

9.2.1 光盘数据库信息组织的特点

随着计算机存储技术的发展，光盘作为信息资源的载体具有存储能力强、介质成本低、数据可靠性高、便于携带、检索方便等优点，在 20 世纪 90 年代至 21 世纪初迅速普及，图书馆也将光盘数据库作为重要的馆藏予以采集、揭示和利用。按生产方式划分，光盘数据库可分为两种：一种是专业数据库商经过一次或二次加工整合形成的综合学术性光盘数据库，最初的学术数据库都是以光盘的形式存在的，如美国科技信息研究所（Institute for Scientific Information，ISI）的三大引文索引数据库、美国《化学文摘》数据库、中国科学引文数据库、人大复印资料全文数据库等；另一种是将大型图书数字化以光盘形式存储的数据库，如《四库全书》《四部丛刊》《中国大百科全书》《不列颠百科全书》光盘数据库等。

光盘数据库虽然有很多优点，也有其局限性。

首先，时效性不强。在信息检索中应用的光盘基本上都是只读式光盘（CD-ROM），数据库信息的更新依赖于出版厂商，现有的光盘数据库大多采用季度、年度等定期更新的方式，从而导致更新周期相对较长，不能满足时效性要求较高的检索的需要，如对学术信息的检索。

其次，灵活性有所欠缺。由于光盘数据库主要采用菜单驱动的方式，使指令的运用得以简单化，因此用户只要根据需要做出相应的选择即可，对于体例比较固定的工具书来说，浏览检索还比较方便，但对于经常需要更新系统和分类体系的综合性学术光盘数据库来说，这样的指令菜单使用起来不够灵活。

再次，光盘检索的成本不低。光盘信息检索价格低廉只是针对最终用户而言的，对于订购光盘的图书情报单位而言，光盘信息检索系统的价格仍然是十分高昂的。若一种光盘信息检索系统的利用率过低而更新速度快，同时需要投入较昂贵的辅助设备，其成本也是很高的。

最后，虽然与传统参考工具书相比，光盘信息量很大，但仍然是有限的，而且光盘介质不易长期保存。这对图书馆来说也是一个巨大的负担。

因此，近年来，光盘数据库特别是学术性光盘数据库渐渐被网络版数据库所取代（如 ISI 的三大引文索引数据库光盘被其基于网络的学术资源整合平台 Web of Science 取代），但大型图书的数字化光盘数据库没有退出市场，依然占据着重要的地位。这是因为这种类型的图书虽然涵盖的信息量大、知识价值高，但部头大、携带不便，而且手工检索的效率也不高，采用光盘数据库的形式存储和运用各种信息技术对这些图书数字化加工可实现多途径全文检索，提高读者的检索效率。同时，这类图书的更新周期比较长、体例设置相对稳定，也不会因为光盘数据库的时效性不强和灵活性欠佳而有所影响。另外，这类图书的纸质版购买成本往往大大高于光盘版，如《中国大百科全书》（第 2 版）的纸质版价格为 8000 元左右，而中国大百科全书出版社出版的《中国大百科全书》光盘 1.2 版 DVD 售价仅为 98 元。不仅如此，图书馆还可通过光盘联机检索提高其利用率，最大限度地节约购买成本。因此，目前经常使用的光盘数据库主要是图书数字化的全文数据库，下文讨论的光盘数据库信息组织的评价也将以此为对象。

9.2.2 光盘数据库信息组织的评价指标

光盘数据库的信息组织的优劣与否主要通过其检索功能来体现，要衡量光盘数据库的检索性能是否完备、检索手段是否快捷、检索入口是否实用，就需要有一套可广泛适用的评估指标，以此判断光盘数据库在检索方式上的优劣。光盘数据库信息组织的评价指标主要有以下 4 方面。

1. 检索途径

检索途径是指选择哪些字段或数据元素为检索点，是否能持续而方便地对各检索点进行检索，是查看光盘检索系统提供的检索入口。检索途径多是光盘版优于印刷版的一个显著特点，其根本目的是满足人们利用多种途径进行文献检索，获取原文信息，提高检索效率。

目前，一般具备的检索途径包括主题、分类、著者、题名、号码、年代等浏览检索途径，较为先进的还提供全文检索功能。总体而言，检索途径越多越利于快速而准确地进行检索目标定位。工具书光盘数据库更应利用自身优势，将原文中的各种目录、索引、参见系统等挖掘出来，运用超链接的技术进行互连，以方便读者使用。

2. 检索策略

光盘数据库的检索策略包括两方面。

一是对检索符的支持，是指光盘数据库的检索是否支持布尔逻辑检索、邻近检索、截词检索、字段限制检索、短语检索、括号检索、自然语言检索、多语种检索、模糊检索和区分大小写检索等。对用户而言，检索符多样并可以以复选框的形式进行选择是最方便的。具体来说，检索文本框下拉列表中是否有“布尔逻辑式”等选项以方便用户随时选用，“AND”（“与”检索符）是否自动添加到用户输入的检索词之间，等等。

二是检索模式的应用，是指光盘数据库是否运用了多种检索模式；是否设置简单、高级等何种检索方式为系统默认值；是否支持族性检索、能否运用组配操作进行更专业的限定检索；能否在下拉列表框中设置相应专业领域的检索入口，以将用户检索限定在特定领域中；是否支持自然语言的提问方式的检索；等等。

不同光盘系统的检索策略的应用形式是不同的，如有些系统要求用提问表达式输入；有些系统用菜单方式，显示一个工作单，工作单上的各行设计成各字段的专用输入行；有的布尔逻辑运算符用简单的命令输入，有的用隐含的方式提供。有的系统还提供保留检索策略和修改检索策略重新执行检索的功能。无论如何处理，用户对检索策略的要求通常是输入要求清楚、命令简单明了、按键次数少。

3. 操作方法与操作界面

操作方法有指令式和菜单式之别。指令式的操作方法中，用户根据检索需求及检索规则输入相应的检索式，指令式操作从简单到复杂，差异很大，它对操作者检索专业素养往往要求较高，如世界上最大的联机检索系统 Dialog 复杂的检索方法和高昂的联机查询费用使得其检索长期以来一直依赖于专职情报工作人员的操作。而菜单式检索直观性强，易操作，采用鼠标选择，减少了键盘输入的工作量，用户一般不需要记忆操作指令，光盘数据库采用该方法将大大提高用户的检索效率。现在主流的光盘数据库采用的均是菜单式的操作方法。

除了检索性能，操作界面也是衡量光盘数据库优劣的因素之一。操作界面是指通过菜单、图标、模块、功能键或命令等操作完成人机交互，是用户进入光盘检索系统后第一眼就能看到的东西，给出一些基本信息，如当前驱动器中光盘数据库收录时间、范围、版权、数据库内容说明、系统情况及命令。一套较优秀的光盘库应该设置原版全文浏览器，内含原版浏览模块和原版打印模块，具有自动编辑剪贴功能，可通过相应的检索软件检索和浏览全文信息（包括文本、图表、照片等），其版面显示既可与原刊一致，也可以按照整套系统的版式特征统一规划显示文档内容。考虑较周全的系统还在屏幕下端给出用大写字母印出的当前功能，使用户知道系统正准备做什么。总之，友好的操作界面应是直观性强、便于操作并提供人性化的帮助界面。

光盘的操作界面大多是友好的菜单式结构，有的菜单不仅可以作为其他菜单的子集出现，还可以从特定的命令集中产生。有的屏幕上可以同时显示多个窗口，而新窗口可以响应用户的命令而出现。一般在当前菜单或窗口中可以显示调用其他相关窗口或菜单的命令，以便用户可以随心所欲地使用各种功能。

4. 辅助功能

光盘数据库的辅助功能的设置应以最大化地方便用户为目标。一些常见的辅助功能包括检索记录的保存、检索结果的显示、打印和转存等。数据库是否提供了相关的便于检索和处理检索结果的功能？这些功能是否完善？如可否按用户的要求将检索结果显示在屏幕上、直接打印出来或复制到存储器上？系统是否允许用户提出输出的格式和排序的要求？用户是否能通过检索历史记录来浏览上次检索的结果，并在新一轮的检索中对以往的检索方式和策略进行相应的调整？

辅助功能中还应有良好的帮助功能，帮助内容是否容易调用、是否详尽丰富、是否有可查检的帮助内容索引，是衡量帮助功能是否完善的标准。例如，在操作过程中只要按 F1 键，就会立即看到有针对性的“帮助”屏幕，使初次使用者也会感到很方便。

9.2.3　光盘数据库信息组织的实例

百科全书的分类结构及用户对其检索性的高要求使它非常适合采用数字化的光盘形式为载体。近年来，大多数百科全书已经在不同程度上电子化，基于 CD-ROM 的百科全书拥有携带方便、成本低廉的优点。同时，电子百科全书可以包含各种传统媒体无法承载的多媒体格式，如动画、音像或视像等。更重要的是，光盘版的百科全书可以实现相关概念间的相互动态链接和用户检索的最大便利。

1.《中国大百科全书（简明版）》光盘版简介

《中国大百科全书（简明版）》是在《中国大百科全书》第 2 版出版之前，为满足更多读者的需求，由中国大百科全书出版社组织编纂出版的。《中国大百科全书（简明版）》的知识体系以《中国大百科全书》为基础，包括历史、地理等 75 个学科或知识领域。《中国大百科全书（简明版）》删除了《中国大百科全书》各卷中重复、交叉、过专、过僻的条目，增补了《中国大百科全书》欠缺的知识总论、国家、能源、材料、信息、旅游、民俗及服饰、烹饪、家政等方面的条目，更新了《中国大百科全书》的资料和数据。

《中国大百科全书（简明版）》光盘版是以《中国大百科全书（简明版）》为文本加上多重检索功能编辑而成的。光盘共 2080 万字，包括条目正文、附录和索引三部分。条目正文包含 3.1 万个条目及相应的插图或表格 1.1 万幅，内容注重深入浅出，力求简明易懂；注重介绍具有普遍性、典型性、实用性和高检索率的知识；注重引用资料和数据的时效性、准确性和权威性；随文所附的插图和表格编辑严谨、直观生动。附录为“中外大事年表”，高度概括地介绍了人类文明发祥以来全人类各时期、各地区、各领域发生的重大事件，揭示了人类文明的发展脉络，为光盘使用者提供了社会发展的基本线索。索引包括对条目标题的全文检索、音序检索、笔画检索，以及文内热字跳转查阅检索等，内容即检即现。下面以《中国大百科全书（简明版）》光盘版为例来评价光盘数据库信息组织的特点。

2.《中国大百科全书（简明版）》光盘版信息组织评价

根据上文所提出的光盘数据库信息组织评价标准，《中国大百科全书（简明版）》光盘版的信息组织可从以下 4 方面进行评价。

1）检索途径方面

《中国大百科全书（简明版）》光盘采用超文本链接技术来体现百科全书承载的知识体系

结构，采用压缩技术把庞大的数据压缩到一张光盘上，在此基础上提供方便快捷的条目检索和条目间的参见跳转。

《中国大百科全书（简明版）》光盘提供的检索途径有条头（条目标题）的全文检索、音序检索、笔画检索、文内热字跳转检索。条目标题全文检索功能可分别在音序索引界面和笔画索引界面实现，在这两个界面中均设有条目标题的检索文本框，如图 9-1 和图 9-2 所示。

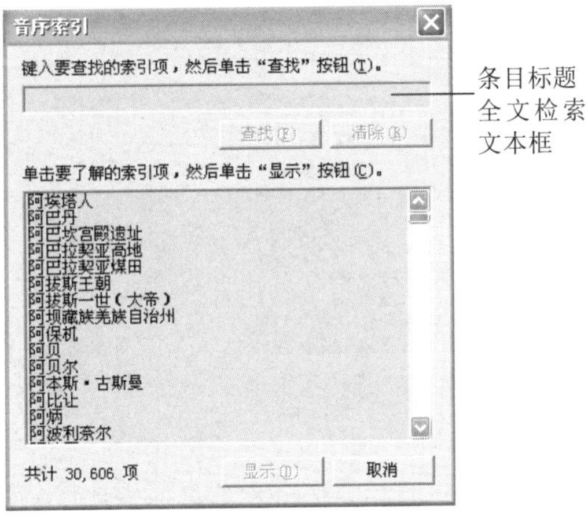

图 9-1 《中国大百科全书（简明版）》光盘版音序索引界面

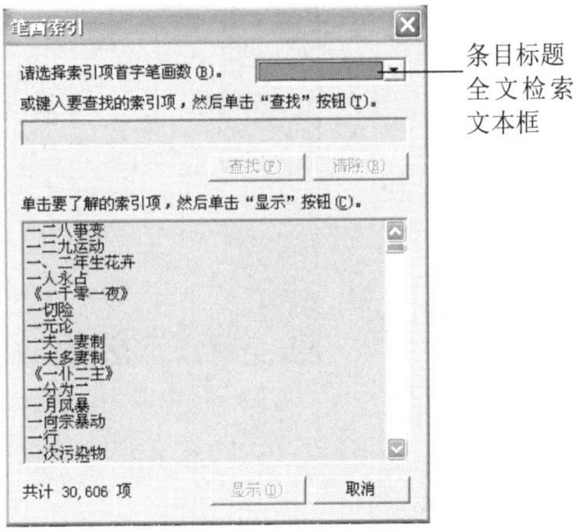

图 9-2 《中国大百科全书（简明版）》光盘版笔画索引界面

严格来说，《中国大百科全书（简明版）》光盘数据库的音序索引界面并没有实现音序检索功能，只是将条目按照音序的方式进行排列，用户从中选择。真正可按音序检索的是光盘操作界面上的 23 个字母，如图 9-3 所示，单击某字母，就会出现以该字母开头的所有条目中的首条条目，通过向后跳转可查看以该字母开头的其他条目，但不提供该字母开头的所有条目的整体索引，因此使用也有所不便。笔画检索提供按首字笔画检索浏览的功能。

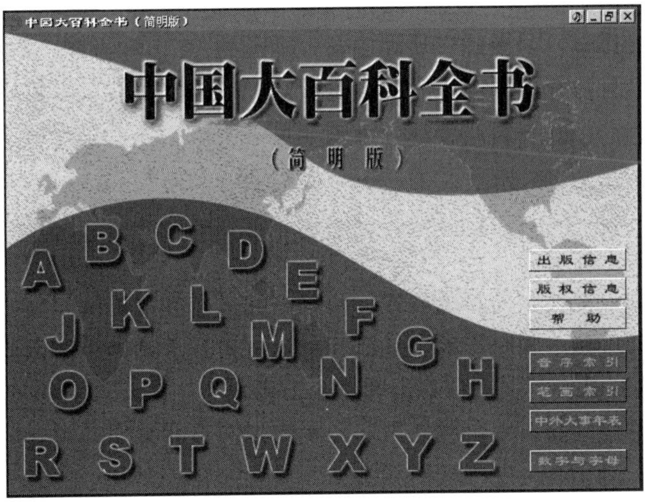

图 9-3 《中国大百科全书》（简明版）光盘版操作界面

文内热字跳转检索是指将正文条目及“中外大事年表”中涉及与条目正文相关的知识主题参见用绿色字体标识出来（如图 9-4 所示），并对之进行超链接。单击之，即可跳转到热字对应条目，可以连续跳转，也可顺序返回或直接返回。只有正文条目可用以上四种方式检索，

“大事年表”和“数字与字母”没有实现前三种检索功能，用户只能按时间顺序逐个浏览。

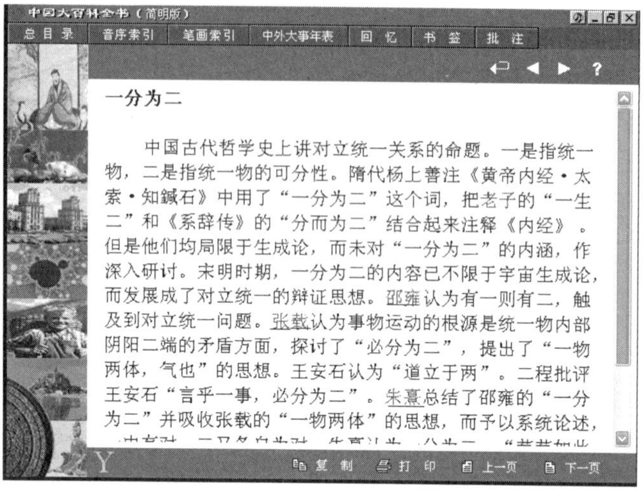

图 9-4 《中国大百科全书（简明版）》光盘版热字跳转示例

2）检索策略方面

《中国大百科全书（简明版）》光盘数据库不支持任何检索符，也没有多种检索模式可供选择，所有的检索都采用首字匹配的方式检索。由于综合性学术数据库中资源著录字段繁多、资源类型多样，考虑到用户的多样化需求，它们比较注重检索模式的多样化设计和检索符的组配支持。

《中国大百科全书（简明版）》光盘数据库的内容条目构架比较简单，由条目名称和释文两部分组成，在使用上文所述的四种检索途径时，若采用繁复的检索策略，还会增加用户使用上的困扰。但该光盘数据库的全文检索仅局限在条目标题范围内，而没有普及到整个条目全文系统，不能不说是一个很大的遗憾。若使整个光盘内容可进行全文检索，则必须设计多种检索模式和综合运用多种检索符。

3）操作方法与操作界面

《中国大百科全书（简明版）》光盘数据库的操作界面比较简单易用，分为 7 个模块，见图 9-3。进入该界面前还有一段将我国古代四大发明、古今中外著名人物事件交织起来的 Flash 宣传片，以彰显该书内容的广博精深、引人入胜。图 9-3 中的“出版信息”模块包括出版社简介、编委会介绍、《中国大百科全书》（简明版）光盘版及纸质版的前言和凡例、学科顾问和主要编创人员等基本信息。

《中国大百科全书（简明版）》光盘采用菜单式操作方法，界面友好，设计简洁明了，用户可直接通过该界面进行检索和浏览，而不需要再层层搜索。在浏览具体条目、“中外大事年表”“数字与字母”模块时，可以实现各模块功能的菜单式切换，如总目录、音序索引等，如图 9-5 所示。但美中不足的是，屏幕上只能显示一个模块窗口，新的窗口打开前必须关闭前面打开的窗口。

4）辅助功能

《中国大百科全书（简明版）》光盘数据库有打印、复制、回忆、书签、批注、返回和前后跳转 7 个功能。

单击“打印”按钮，当前条目内容即被打印出来。

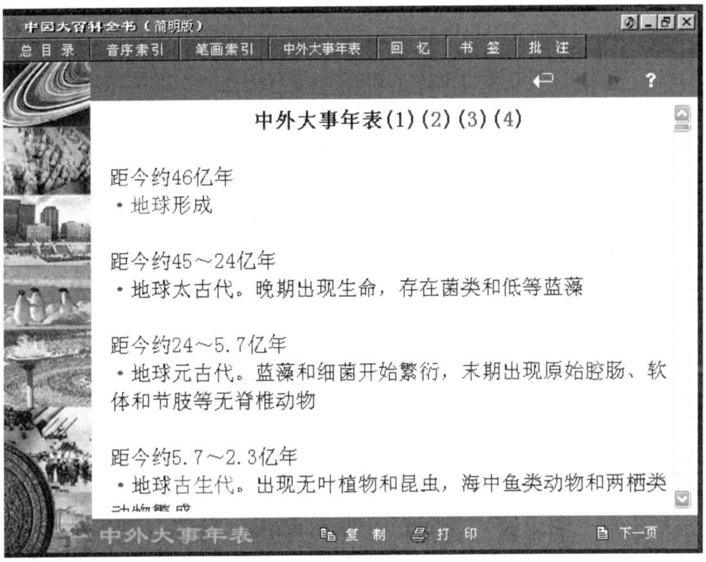

图 9-5 《中国大百科全书》（简明版）光盘版“中外大事年表”浏览界面

单击“复制”按钮，当前条目内容即被复制到剪贴板，打开任何一个文字处理软件，粘贴即可。

打印和复制功能均是对整个条目正文页面而言的，用户不能随意选择其中的某一部分进行操作，有所不便。

回忆功能保存了用户本次运行光盘后的浏览和检索记录，用户利用回忆功能可得到其阅读期间近期所查看的所有条目名称及顺序，并可在此选择其中的某个条目直接查看。

通过书签功能，用户可以将需要标记的页面或词条定义自命名书签。单击书签标签名，可以随时查看，不用再逐一查找，书签定义后被保存在用户硬盘中，直到用户删除该书签为止，使用非常方便。

批注中包括粘贴、复制和删除功能，供用户在阅读时做批注，用户可把阅读某条目后的感想及需要保存的其他信息加入批注，批注也是保存在硬盘中的。但它没有提供检索功能，用户批注过后必须通过加注标签才能标识批注所在位置，方便下次查找。

返回功能是指返回上一个浏览记录，前后跳转是指可以查看该词条的前后词条功能。

它的帮助系统分为三部分：第一部分介绍整个界面的总体情况和各模块的作用，第二部分是对具体如何使用音序索引的介绍，第三部分是对具体如何使用笔画索引的介绍。这个帮助系统做得非常简单，没有详细的帮助目录索引和文字叙述，只是用图示的方式标明各部分框架的内容和作用。用户可在使用过程中遇到问题时随时单击“?”图标，以查看帮助。

另外，该光盘数据库只包含了非常少的多媒体资源，即背景音乐和片头动画，并没有充分利用光盘介质可容纳多媒体资源的优势为用户提供形象、生动的阅读服务。

9.3 网站的信息组织评价

网站是网络信息资源的重要组成部分，是一种用标记语言（描述性语言）将信息组织好，再经过相应的解释器或浏览器翻译出的包括文字、图像、音频、动画等多种信息的组织方式。在目前网络环境下，网站建设中一般会糅合、混搭 Web 2.0 的相关应用与技术，如 RSS、Tag、SNS 等。Web 2.0 环境下的信息资源组织评价问题将在 9.6 节中专门论述。

9.3.1 网站信息资源组织的特点

随着计算机和网络的普及，网络信息数量和种类都以指数级增长，网站特别是门户网站的用户数量也在不断增加。网站信息资源组织呈现以下特点。

1. 组织对象海量化、多元化、异构化

网站信息资源以文字、图像、音频、视频、流媒体等全媒体形式呈现，其数量呈指数级增长，尤其是各种开放数据和社交网站用户贡献的内容激增，网络信息的来源与分布多渠道化，有大量结构化、半结构化数据乃至非结构化数据。因此，网站信息与其他类型的网络信息组织形式相比，所组织的对象是最广泛的，这给信息的组织和保存带来很大的困难。

2. 信息质量不易控制

网站由一个主页（home page）和若干从页（web page）组成，每个页面充斥着大量信息，这些信息还要随时更新。网站建设的人力和资本有限，因此面对大量的信息，要对信息资源质量的控制是非常有限的。互联网的开放性使得大量虚假信息、淫秽信息、色情信息、暴力信息和煽动性政治宣传充斥其中，使得网站信息质量的控制难上加难。

3. 信息资源组织体系不易规范

网站用户群体的广泛性和网站经营的商业性给网站信息资源组织标准化带来困难。正因为用户知识层次和需求的多样性，网站信息资源的分类系统不可能按照标准的学科分类法来进行组织，而网站的商业化运营也使得网站不可能为每条信息进行严格的质量控制和规范化著录。

9.3.2 网站信息资源组织的评价标准

网站的评价标准体系有多种。根据互联网网站建立、构成要素、信息传递与服务的独特性，网站在组织信息中的评价标准体系及其具体指标应该包括以下几方面。

1. 主页的设计与安排

主页是在访问某一网站时访问者所接触到的第一个网页，起着引导作用，引导访问者访问与其链接的相关网页。对任何网站而言，主页是最重要的网页，因为它是整个网站内容的“指南针”。主页的内容组织与结构安排对网站的性能和网站信息的利用至关重要。

要合理地规划与组织主页的内容，首先要确定网站设计的目标与用户定位。要考虑使用者特性，如背景、习惯与能力。互联网的发展将从“吸引眼球”向重视服务转化，信息的质

量、易用性及其广度和深度等已逐渐成为用户选择、利用网络信息的重要标准。这些都对网站的设计与管理提出了更新、更高的要求。在对网站主题进行规划时，切忌使网站的主题过于分散。因为根据搜索引擎的判断，一般情况下，网站主题越集中，网站所有者在这方面投入的精力会越多，所提供信息的质量也会越高。

主页的设计是否一目了然？主页上的链接项目是否只限于几个高级的类别（6～8 个最理想）？颜色数量是否太多？图像是否过大？画面是否过于复杂？是否充分利用多媒体技术？对网页的文字、图片、动画、音乐、程序等的处理是否妥当（如空间安排、文字大小、标题的醒目程度、重要内容的突出程度，颜色、图形与符号的使用都要避免过多或不够）？整体的网页风格是否与主页具有一致性？

网站主页是否包含几个必备事项？必须包括标题、站点介绍（about us，关于我们）、提供的产品或服务、主要栏目或内容、网站地图（site map）或网站概览、版权资料、电子邮件地址或其他联系资料等。

2. 组织结构

组织结构是网站信息组织的框架与呈现方式，反映了对网络信息进行整序、优化，并集成为一个便于有效利用的系统的方法。网站信息资源的组织构架的评价可分为 4 方面。

1）类目设置

首先是一级类目设置是否反映网站资源内容的整体分布状况？是否根据用户的对象类型而进行类目设置？

其次是类目划分方法，网站类目的设置是否采取主题和学科双重标准？是否依据用户的使用习惯采用了按学科分类和按主题结合的方式来组织网络信息内容？这就要求既有按学科角度设立的文学、艺术、政治、科学与技术、社会科学等大类，也有按主题原则设立的娱乐、休闲、计算机与互联网（电脑与因特网）、新闻、生活服务等大类。这种方法使得主题和学科立类方法进行优势互补，在一定程度上弥补了完全按主题立类无法列举所有主题的缺点，也在一定程度上克服了按学科立类适用性差、用户不易掌握复杂的分类方法的缺点。

最后是类目排列顺序。类目的排列是指同位类目的排列次序，其目的是使类目的排列能体现类目之间的联系，符合人们的思维习惯，并突出常用的重要类目资源。

常见的排序方式有三种：一是按系统排序，是根据类目之间的内在联系排列，列类次序反映客观事物本身的发展和联系；二是按频率排序，在排序时参考类目被使用的频率把常用的、频率高的类目排在最前，频率低的靠后；三是按字顺排列，字母语言可按惯有的字母序列列类，汉语按汉语拼音或笔画、笔顺等字顺排列。网站应根据自身资源特点和用户需求选择最适合的类目排列顺序。

2）类目层次

网站层次越多、越深，信息就被组织得越细致，分类体系越严谨，每个类目下信息的相关性就越高，但是也会使底层信息过于专指和隐秘，不容易被查找。因此，类目层次的设置应当适中，过多或过少都是不利的，网站类目一般控制为 3～6 层，专业栏目有适当延伸是比较恰当的。

3）类目注释

用户是通过对比类名及相邻类目来判断浏览的方向和进一步浏览类目，这就要求网站通过必要的说明和注释帮助用户了解类目的含义，尽量减少不确定性。目前较常用的内容说明方式有两种：一是通过精练的文字指明该类包含的内容范围和不包含的内容范围；二是用列举下位类的方式揭示本类的内容范围，或提示重点的内容、或提示热点的内容、或提示隐藏较深的内容。

4）类目横向关系

任何事物都具有多种属性，具有多向成族的特点，事物之间是相互关联的，构成错综复杂的联系，所以各类目之间存在着交叉关系。在横向关系揭示上，网络分类体系则采用链接的方式，通过在相关类下重复反映，使其成为类目关系的有机组成部分。目前，一些网站对这类关系的揭示最常见的是将横向关系在相关类下重复反映，并标注表示符。例如，雅虎、搜狐和新浪对于类目间横向关系的揭示都采用链接方式，通过在相关类下重复反映来表明类目间的交叉关系。

3. 链接

链接（包括文字与图形的链接）是网站内部信息之间及网站之间联系的纽带，是网站中用途最广、使用频率最高的一种技术。链接可以使存在于不同服务器上的文件互相连接，使用户能够快捷地从一个网站（或网页）跳到另一个网站（或网页），方便信息的查找和传播。从检索角度看，信息服务机构组织链接的过程其实就是检索信息的加工和存储的过程；用户通过链接在节点之间浏览的过程其实就是一个查找信息的过程，两者构成了一个完整的检索过程。而 Web 是互联网中基于超媒体的系统，提供多种链接方式，可以全面地表达文件之间的多种联系，包括来源、时间、主题等，为用户提供多条检索途径。

1）链接的有效性与合理性

链接的有效性是指链接是否有效。网站的有效链点要求满足以下条件：链点指向非本页面，可以指向其他网站的页面和本网站的其他页面；本站内的一个页面只对应一个有效链点，其他链向本页面的站内链点视为无效；本站链向站外的链点都视为有效链点；网站的默认页面为有效页面；网站的基本单元是网页，除了主页，网页通过链接访问，即一个链点对应一张网页，页内链点将被视为无效链点。是否有重复链接？如果作为链接的页面的基本 URL 和当前页面的 URL 相同，就被认为是重复链接，而不管它的其他属性（有效或者相关）。

例如，http://sim.whu.edu.cn/introduce/和 http://sim.whu.edu.cn/introduce/index.php 被视为重复链接。由于 URL 中的大小写差异忽略不计，如 http://sim.whu.edu.cn/introduce/和 http://SIM.whu.edu.cn/introduce/也算重复链接。镜像站点和原站点同时链接也被计做重复链接。是否存在死链（即不存在的链接）？死链引发的问题包括：404 错误（指定服务器连接上了，但是 URL 中指明的路径没找到，说明检索到的页面已经被移走或删除了，这通常发生在检索工具的数据库相邻的两次更新之间）和 603 错误（指定服务器没有响应）等。

链接的合理性是指是否链接到资源本身？用户希望最好链接到资源所在的页面而不是该资源所属网站的主页。是否链接到正确的地方？所链接的外部资源是否与网站的主题相关？作为超链接的字串是否过长（如整行、整句都是锚点字串）或过短（如仅用一个字作为锚点）？施链文字颜色与单纯叙述文字的颜色呈现是否有所不同（如前者用较鲜明抢眼的色彩，后者用较暗、较深的色彩）？探访过的超链接是否采用低于原超链接亮度的颜色？一个页面里是否设置过多的链接（否则会影响 Web 页面的流畅与可亲性，一篇文章里提供的文字式链接最好不要超过 10 个以上）？是否链接到只有两三行注解的页面？是否链接到尚未完成的页面？是否链接到无法链接的页面（如出现“文件找不到”（File Not Found）等错误信号）？是使用相对路径链接还是使用绝对路径链接？后者的运行效率会更高，移动一组文档时也更容易，相对路径是指相对于当前的工作路径，绝对路径是指一个完整的路径。但这样可能引发另一个问题，即链接是否侵犯了知识产权？为此需要找到合理地使用链接的方式，实现著作权人、传播者和用户之间的利益均衡，既鼓励作品的创作、合理地组织与丰富网络信息资源，又能充分开发利用现有网络信息。

2）链接的方便性

是否提供方便的链接控制功能，使用户可以方便地返回前页、进入下一页、返回首页？是否在具有前后连续顺序的文件里提供必要的链接，使读者得知自己所在的页面是属于一份较大文件的一部分？是否同时简明扼要地标明此页、上一页与下一页文件的标题或内容梗概？

3）链接提示

是否有链接提示？即当用户把鼠标指向某个链接后，在状态栏是否会出现有关这个链接页面的介绍性信息？对于文本或图像过大的链接是否有提示？链接显示出的提示信息是静态文本信息还是动态文本信息？显示的内容是仅仅局限于文本，还是包含图像、表格、动画、表单等多种页面元素？

4. 导航

对用户友好、完善的导航将引导用户自由浏览文件、信息，提高信息的可用性。但是，网页中的内容是按超文本非线性方式组织的，用户使用这种非线性方式浏览网页内容时，由于超文本的复杂性和受限于用户界面，难以建立起整体结构的概念，可能引起迷失方向和认知负载的问题。因此，导航对于有效展示信息之间的关系及方便用户对信息的利用十分必要。

1）导航工具

导航工具是否有助于用户了解“我在哪里”“我去过哪里”和“我能去哪里”三个问题？导航工具能否显示网站的内部结构图？能否记录并显示用户已走过的轨迹？通过结构图或轨迹图上的相应节点，是否可以引导用户返回到想去的地方？在浏览的过程中，是否具有多重选择的导航？

2）页面导航的方式

是否有多种多样的导航方式（线性结构与非线性结构）？一个网站范围的导航方案是否是一致的？是否是方便用户使用的？

3）导航控制

是否可以通过分级别制定多重标题，限制用户在某主题范围内巡航？是否能让用户每次点击“返回”标志时均能跳转回上一级节点，不至于在探索过程中迷失方向？是否提供类似于站点地图的引导方向的工具，以给出知识体系结构的总貌图？是否在每个页面的上端指出用户的浏览路径，每个层次都可以方便用户的进入？是否有“上一页”“下一页”“回子目录”“首页”等导航按钮？

5. 检索

建立站内搜索引擎是网站提高信息提供能力的最有效途径。网站是否设置查询文本框，便于站内信息资源甚至站外资源的搜索？检索方式单一还是多样？是否既可分类浏览查找，又可输入关键词检索？是否提供全文检索？是否提供题名、著者、关键词等多种检索选择？是否提供布尔逻辑检索、截词检索等高级检索？是否可以从文献类型、时间等方面做限定检索？检索结果是否准确？对检索的响应速度如何？是否提供改进检索的建议？

6. 用户友好性

是否有使用指南、导言等联机帮助？用户是否有不同的语言或字体选择？是否可以选择文本版本或多媒体版本？用户是否可以控制信息浏览的顺序（如上页、下页、跳转、末页）？Web 页面是否便于用户使用？人机交互功能如何？

9.3.3 Web of Science 信息资源组织评析

Web of Science（WoS）是由 Thomson Reuters 公司推出的基于互联网的新一代学术信息资源整合体系。WoS 以 SCI、SSCI 和 A&HCI 三大引文索引数据库为核心整合多种学术资源，并结合信息资源分析工具和信息管理工具为用户提供学术信息服务，是目前运用最广泛的权威网络学术数据库，其数据库内容所覆盖的学科领域也非常广泛。多种资源整合及一站式检索是该平台信息组织的两大特点。

1. 多种资源整合

WoS 是一个基于 Web 构建的整合的数字研究平台，通过强大的检索技术和基于内容的连接能力，将高质量的信息资源、独特的信息分析工具和专业的信息管理软件无缝地整合在一起，兼具知识的检索、提取、分析、评价、管理与发表等功能，从而大大扩展和加深了信息检索的广度与深度，加速科学发现与创新的进程。

在信息资源整合方面，WoS 以 Web of Science 核心合集（整合三大引文索引数据库 Science Citation Index Expanded，Social Science Citation Index，Arts & Humanities Citation Index）为核心，凭借独特的引文检索机制和强大的交叉检索功能，有效地整合了各类型的学术资源。它们分别是：学术期刊（ISI Web of Science，Current Contents Connect）、学术专著（Current Contents Connect）、会议录文献（ISI Proceedings）、发明专利（Derwent Innovations Index）、化学反应（Current Chemical Reactions，Index Chemicus）、Internet 学术资源（External Collections）及其他多个重要的学科数据库（BIOSIS Previews，INSPEC，FSTA，PsycINFO），提供了自然科学、工程技术、生物医学、社会科学、艺术与人文等领域中高质量、可信赖的学术信息。

该体系突出的特点是以 Web of Science 核心合集为核心，不仅建立起了包括期刊、专利、会议录在内的多种类型文献之间的相互引证、相关参考的关系，还实现了对拥有使用权限的全文文献及事实数据（如 GenBank、ISI Chemistry Server）的链接。这种对资源的整合构成了一个动态的学术信息门户，可以全方位地为科学研究提供文献信息保障，使科研工作者得以了解与其研究领域相关的各种类型文献，以及学科过去、现在和将来的脉络发展与交叉。

WoS 还整合了专门的学术分析评价工具“期刊引证报告”（Journal Citation Reports，JCR）和“基本科学指标”（Essential Science Indicators，ESI），用以帮助用户评价所需信息资源的质量和影响力，帮助研究人员迅速深入地发现自己所需要的信息，把握研究发展的趋势与方向。

此外，该平台设有免费检索工具 Highly Cited Researchers，供用户查找近年来在某学科领域内做出重大贡献的学科核心人物，其内容包括这些人物的传记和出版物信息。目前，入选的有神经系统科学、工程学、物理、化学、计算机科学、地球科学、分子生物学、遗传学和空间科学等 21 个学科领域。

Reference Manager、ProCite 和 EndNote 都是 WoS 平台上的信息管理软件，为用户查找、组织和格式化其检索的信息资源书目带来了极大的方便，不仅能够帮助用户管理由 ISI WoS 检索得到的文献信息，也可以管理由其他系统或平台检索到的文献资料，包括个人收集的参考文献，用户可以自建一个完全个性化的参考文献数据库。WoS 还提供了免费的 EndNote Click 插件，供用户在访问学术网页的文献页面时，一键检索和获取 PDF 全文，极大提高了资源获取便利性。

此外，WoS 提供了著作管理与科研社交工具 Publons，为全球研究者打造免费科研交流平台。WoS 推出的数据引文索引（Data Citation Index，DCI），推动对数据集和数据研究的发现、使用及归属，并把这些数据与同行评议文献连接起来。Master Journal List 帮助客户跨 WoS 平台上托管的多个索引检索满足需要的学术期刊。

2. 一站式检索

在多种资源整合的基础上，WoS 提供了强大的检索功能，包括跨平台的一站式检索及基于内容与引文的跨库交叉浏览等。

WoS 的检索功能非常强大，不仅可以进行单个数据库资源检索，还可根据需要选择参与交叉检索的数据库实现跨库检索，如图 9-6 所示，同时辅以信息资源的检索、提取、管理、分析与评价等功能，从而大大扩展和加深了信息检索的广度和深度。

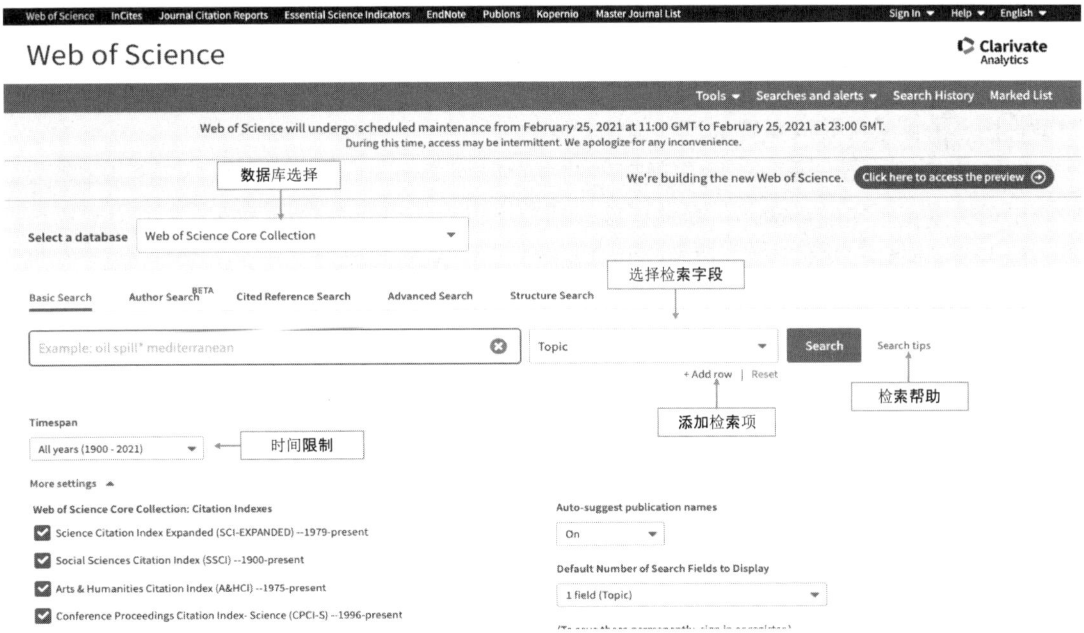

图 9-6　WoS 一站式检索界面

检索结果可按相关性、出版日期、入库时间、第一作者名、被引频次、来源出版物等多种标准排序，如图 9-7 所示。现在用“Full Text from Publisher”（出版商处的全文）图标表示该记录提供全文链接信息，体现了该平台信息资源整合的趋向也更加符合用户一站式获取信息的需求。

图 9-7　WoS 检索结果的显示界面

选定检索结果后，可以通过各种超链接方便地获取有关该记录的信息，如图 9-8 所示。

WoS 可提供的超链接主要有 10 种，分别介绍如下。

① Free Full Text from Publisher（出版商出的免费全文）。如果该记录是开放获取的文献，则可直接点击此链接获取免费的当前记录全文。

② Full Text from Publisher（出版商出的全文）。在记录中，若该文献在 WoS 中有全文，便会出现供浏览全文的链接，点击此链接，用户可以直接看到当前记录的全文，但前提是用户的图书馆同时购买了该论文所在期刊的电子版，由 WoS 替用户进行“全文”链接。

③ Times Cited（引文链接）。它显示的内容包括当前记录的被引频次，还提供“Create Citation Alert”（创建引文跟踪）功能，方便用户追踪该论文的引文信息。

④ Cited References（参考文献链接）。该链接指向的是本条记录引用的参考文献。

⑤ View Related Records（查看相关记录）。通过该链接，用户可以查看在不同年份中与当前所检索的记录共同引用同一篇或几篇参考文献的一组论文，并按共同引用参考文献的多少（相关度）排序。与当前记录引用的相同文献越多，该文献与当前记录在主题上就越靠近，在列表中的位置就越靠前。而且，WoS 对于 View Related Records 的检索结果数目未加任何限制，命中几条就显示几条。

⑥ Export（导出）模块。该模块可以将检索记录发送到 EndNote Desktop、EndNote Online、Publons 等文献管理工具，或使用 Other File Formats、Print、Email 等格式导出，有利于用户组织、管理文献资源并应用于论文写作。

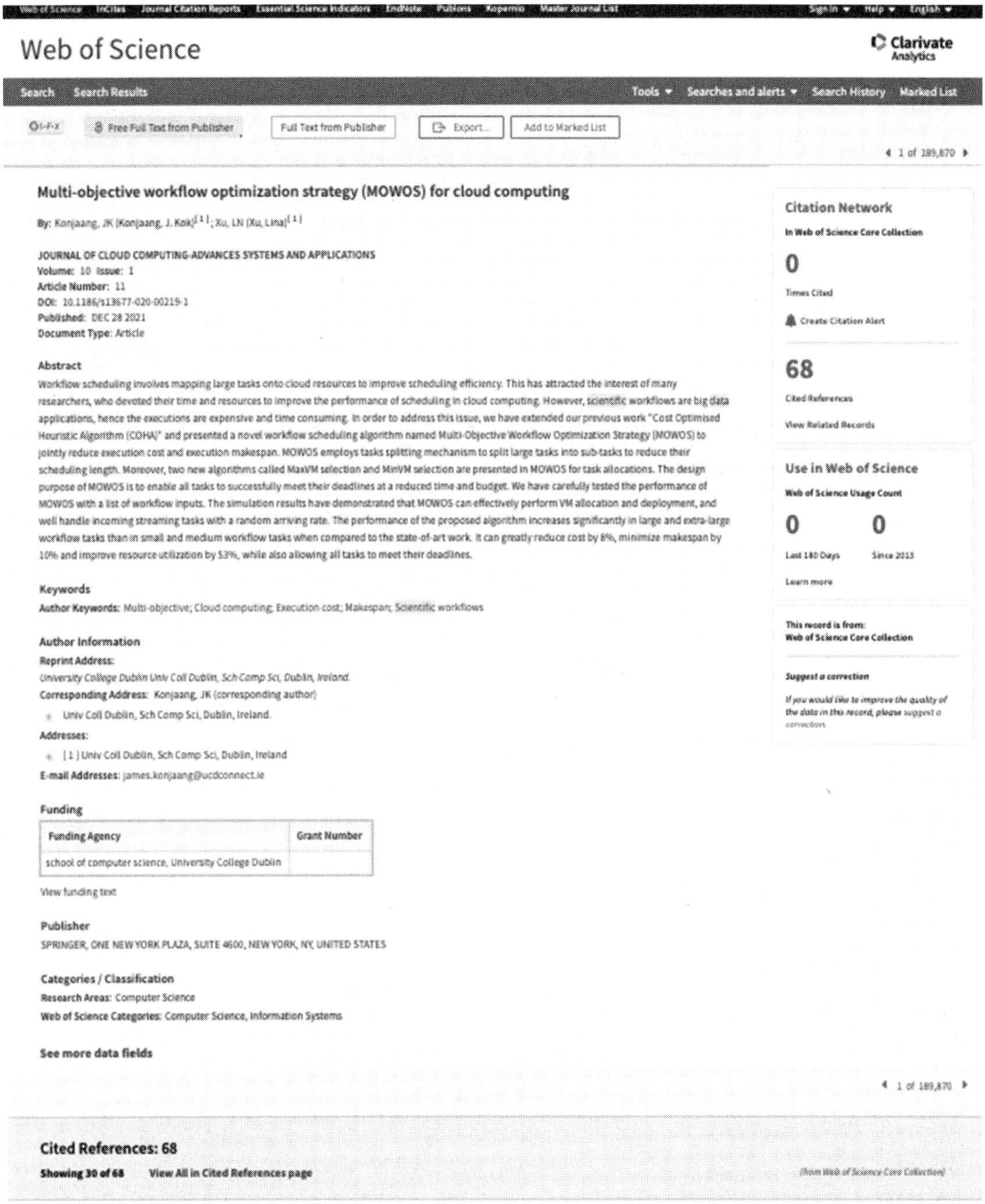

图 9-8　WoS 某条检索记录的显示界面

⑦ Add to Marked List（添加到标记结果列表）。研究人员可标记所需文献，将其汇总到标记结果列表（Marked List），进行文献导出、检索结果分析、引文报告创建等操作。

⑧ View Journal Impact（查看期刊影响力）。研究人员可查看期刊当年的影响因子、JCR 类别、类别中的排序、JCR 分区等内容，便利地了解文献及其期刊的质量。

⑨ 与多种图书馆馆藏目录系统的连接。连接到本地的 OPAC 系统，找到该文献所在期刊的馆藏记录。

⑩ 与作者信息的链接。这有助于研究人员查看本文作者的国家、机构、影响力及其他成果等信息。

过去使用的各种数据库都以一种零散的、孤立的状态存在着，即使若干库捆绑在一起，也只局限在使用同一界面层次上，体现不出文献内在的相互联系。WoS 建立了不同类型资源之间的关系，最大限度地保持知识体系的完整超链接的广泛运用，使之成为一个有机的整体，从而消除了由于数据库收录范围有限而造成的知识体系的割裂。这种对资源的整合可以全方位地为科学研究提供文献信息保障，可以了解与其研究领域相关的各种类型文献。

9.3.4 光盘数据库与网络版数据库信息组织的比较与实例

光盘作为制作数据库的一项主要技术，曾给传统的文献检索带来巨大的冲击。光盘服务器和光盘网络技术的日趋成熟，使光盘数据库实现多种检索及多用户共享。但随着网络技术及数据存储技术的发展，越来越多的出版商开始把题录、文摘、全文光盘数据库等信息产品转移到网上发布，如清华大学的中国知网、中国科技信息研究所的万方数据资源系统、EBSCO 全文数据库、ProQuest 光盘库等。网络版数据库渐渐成为学术数据库的主流。

尽管光盘数据库在多用户数据库领域的地位逐渐削弱，但并未消亡。网络版数据库由于网络媒体的特点，越来越成为目前数据库尤其是学术型数据库中的主导。光盘数据库和网络版数据库作为目前数据库的两种载体形式，各具特色。

二者在信息组织方面的相同之处如下：

① 检索实质相同。它们都采用一定的检索手段，依据特定的检索标准对入库文献和用户的检索提问进行标引，并将二者进行比较，以寻找数据库内与之相匹配的信息。

② 逻辑组织大体相同。它们在逻辑布局上的核心部分都可分为文献信息库及其索引数据库两大部分。

③ 逻辑组配手段相似。二者为用户提供构造检索表达式的逻辑方法都是一样的，支持短语检索、布尔逻辑检索等检索符。

二者的不同之处主要体现在以下几方面。

1. 检索界面

目前的光盘产品多没有统一的标准，各自的内容、结构及检索界面都不同，操作烦琐。早期的联机检索系统的检索方式、输出的结果都是特定的检索命令，检索人员一定要熟知该检索系统的命令格式，否则会浪费检索时间和金钱。随着检索实施者由专门的检索人员逐渐转为一般的信息最终用户，网络版数据库的检索系统的检索界面越来越友好，检索功能和方法相对光盘要简单些。尽管各数据库界面不尽相同，但其基本检索方法大致相同，一般是主题词或分类的单层次检索，使用起来比较容易。

操作界面大多选用简单易操作的菜单式检索方式，在菜单检索窗口列出功能键和功能词，即使从来没有接受过专门训练的信息用户，根据提示，一般能完成检索任务。而且，一般的网络版数据库都有优秀的在线检索帮助，根据在线帮助，有助于用户进一步了解数据库，学习更好的检索方法，如检索字段和正确的输入格式等。

2. 检索功能

与当时较为成熟的光盘数据库相比，尽管网络版数据库在其发展初期的检索方法过于简单，如一般只有主题词检索和分类检索的单层次检索，也很少具有逻辑检索，即“与”(and)、“或”(or)、“非”(not) 的组合检索和嵌套检索、模糊检索和智能检索等多层次的检索功能，其检索途径和检索记录所包含的字段也比较少。但随着网络版数据库的发展，特别是现在许多学术光盘数据库都被网络版数据库所取代，网络版数据库的检索功能解决了这些问题，达到了较高的水平，特别是大型的学术资源整合平台，如 ISI Web of Knowledge。

光盘数据库也有其独特的检索优势。首先，由于光盘数据制作严谨，光盘检索比网络检索有更高的准确性，光盘数据库的索引制作也较为完整，用户可通过各种索引浏览和了解整个光盘数据库的内容。其次，光盘有较高的安全性。光盘具有只读性，因而比其他信息介质更具安全性，被病毒侵袭的可能性最小。

3. 检索效率

由于不同的光盘数据库的收录对象具有特定性、侧重性，用户为了特定的研究课题往往要检索不同的数据库，既费时又费力。而像 Dialog 等国际联机检索系统具有同时检索多个数据库的功能，但是联机检索系统的费用较高，检索策略较为复杂，在国内仅限于专业人员的检索使用。而网络版数据库集多个检索系统于一体，如 ISI Web of Science 包括 ISI Web of Science Core Collection、Conference Proceedings Citation Index、INSPEC、BIOSIS Previews 等在学术界颇有影响的文摘型数据库。利用导航功能，网络版数据库能为用户提供该数据库与其他相关数据库资源的信息检索。同时，网络版的数据库可以与电子期刊全文链接，在检索的基础上直接在线浏览全文，避免了像光盘数据库那样检索到的文摘还要再到其他数据库检索原文。这些整合和超链接系统大大节约了用户的检索时间，提高了用户的检索效率。

4. 数据库的通用性及使用要求

光盘数据库的兼容性差、维护困难，需要专业技术维护人员，服务器上也要定期更换旧光盘、安装新光盘及不断更新的检索软件，还要考虑系统是否支持不同的计算机平台和操作系统。网络版数据库的通用性较好，传递信息的基本模式为：存储在中心服务器上的数据、搜索引擎、索引用支持软件，用户在 Web 界面通过网络从服务器访问数据。网络技术解决了许多在光盘检索中存在的问题，具有光盘无法比拟的优势。网络信息产品比光盘网络更容易获得支持，互联网的系统汇集性使得图书馆可以建立支持多种系统、提供多样服务的标准网络，如果该网络能支持 TCP/IP 网络传输协议，且在每台客户机上有 Web 浏览器，那么图书馆具备了支持任何网络信息产品（包括网络版数据库）的条件。

一般的光盘数据库检索到的文献信息要根据该数据库的要求，保存到一定的文件夹或指定的服务器上，在特定的 IP 地址进入指定的地点才可以浏览到自己检索的文献信息，具有极大的局限性。而网络版的文摘索引型数据库可以把检索到的文献保存在本地硬盘或软盘中，以后用户在任何一个联网的计算机上都可以看到自己以前所检索到的文献资料，快捷、方便，不受时空的限制。

5. 数据库存储容量和更新速度

在光盘数据库中，一年的文献数据一般需要两三张光盘，用户要检索多年跨度的文献需要多次更换光盘才能完成检索任务，由于参考文献、引用文献和相关文献信息往往存放在其他光盘上，用户需要多次反复，才能看到完整的引用和被引用的文献和相关的文献信息。而网络版数据库由于网络本身不像光盘那样会受到自身容量的限制，其信息量随着网络范围的不断扩大、网络技术的发展、人类知识的提高而与日俱增，拥有更加庞大的数据存储容量。光盘数据库可以将多年的数据集中于一台服务器，收录、被引用和相关的文献之间可以无障碍地互相连接，用户只需要使用鼠标点击即可。

毋庸置疑，网络版数据库还有更加高效的更新速度。作为信息传递介质，网络的时效性大大优于光盘，网络的信息是动态的，网络版数据库的数据每时每刻都可更新。而光盘数据的时滞较长，一般在半年以上甚至更长，大大滞后于用户检索需求。

9.4 搜索引擎的信息组织评价

搜索引擎开启了互联网的新时代，目前已成为人们获取信息服务最直接、最便捷的工具，仅仅需输入几个代表性的关键词，提供检索服务的信息系统就可将散落在世界各地的信息聚集起来，快速呈现在用户眼前。然而，由于信息的冗余、芜杂，虚假广告和网络谣言层出不穷，用户在选择与浏览正确、相关的信息方面备受挑战，搜索引擎常常陷入信任危机。

9.4.1 搜索引擎的评价标准

搜索引擎类型多样，不同类型的搜索引擎在信息组织方面有自己的特色，评价标准也不尽相同。例如，能否全面地收录某一主题范围的信息资源、是否采用本专业的主题词表是评价专业性搜索引擎的两个重要指标。评价元搜索引擎时应着重考虑：调用的独立搜索引擎数量的多少，是否允许用户浏览并选择要调用的独立搜索引擎？是否覆盖多种网络资源类型？是否可提供主题范畴的目录服务？是否能够提供统一的检索界面而在不同的引擎中检索？是否支持布尔逻辑检索、短语检索、自然语言检索等高级检索功能？是否能够实现检索请求的“本地化”转换？是否提供了足够多的检索选项和功能？是否可以对来自不同成员引擎的结果去重？是否可以对检索结果进行后处理或重新排序？

由于目前使用最普遍的是综合性独立搜索引擎，且它们是元搜索引擎的重要组成部分，下面仅以这类搜索引擎的评价标准为讨论对象。综合性独立搜索引擎在网络信息资源的组织方面可从以下指标进行评价。

1. 信息采集软件的性能

搜索引擎不是靠人工发现和甄别信息的，而是由一些被称为“蜘蛛”（Spider）的计算机程序在网络中爬行，依据一定的网络协议在互联网中发现、加工、整理信息，并为用户提供检索服务。其数据库由称为“Robots”（或“Spiders”“Crawler”）的自动检索程序建立，无须人工干预。因而，搜索引擎信息采集软件的性能对搜索引擎信息组织与检索质量的影响非常大，主要考察以下方面。

是否可以模拟人工浏览操作，主动进行信息采集？针对网站内容“漂移”，是否有很强的容错能力（即是否能将类似主题内容的网站汇集在一起）？所采集信息的条目是否具有最小的重复性（优秀的信息采集软件不应当出现同一信息被重复存储的现象）？是否支持任意网页编程方式，包括 ASP、JSP、PHP、CGI、JavaScript、VBScript 等？是否可以完整准确地将静态页面和动态页面的数据都采集下来（如网易和谷歌能抓取动态网页）？是否可以支持多种语言编码？是否对各国网站都可以进行信息采集？是否具有良好的负载均衡性能和多线程工作方式，可支持对超过 100 个网站的同时采集？面向行业应用的信息采集软件是否具有良好的扩展性和可配置性以适应不同行业对信息采集的不同需求？

搜索引擎的信息采集软件是在后台操作的，对于用户而言是不可见的，但是它采集的结果可以在数据库的收录范围、数据库容量和更新频率中得以体现。

2. 收录范围和数据库容量

收录范围对于搜索引擎查询结果的质量有直接影响，是评价一个搜索引擎的最基本的指标，主要考察其收录的范围是否完备充分。

1）地域范围

大型搜索引擎往往面向全球，收录全球互联网的网站或网页，还专门建立一些地域范围的网站。而一些中小型的搜索引擎专门收录某地区的信息，如亚洲地区、亚太地区等。全球性搜索引擎收录的范围虽然广泛，但对某局部而言，很可能不如区域性搜索引擎内容更为丰富和完备。

2）语言范围

大型的搜索引擎往往有各种语言版本的网站，各版本的内容不尽相同。互联网的中文网站往往使用不同的语言来编写发表，常用的有 GB（简体中文，我国大陆地区、新加坡常用）、Big5（繁体中文，我国港澳台地区常用），其他还有 HZ 码、图形方式等。因此，有些中文搜索引擎主要收录简体中文网站的信息（特别是我国大陆地区的搜索引擎），有些中文搜索引擎主要收录繁体中文网站的信息（特别是我国港台地区的搜索引擎），有些搜索引擎则兼收各种中文网站信息。

3）专业范围

综合性的搜索引擎收录各方面、各学科、各行业的信息，组织的范围包括人类知识的各领域，不论是系统知识还是零散的知识，不论是人文社会科学知识还是自然科学知识，不论是学术研究性知识还是生活服务及娱乐性知识；需要对搜索的信息进行必要的控制和过滤，防止大量无价值、质量差、死链接或错误链接的信息进入数据库，否则将大大加重用户筛选信息的负担。

4）资源类型范围

综合性的搜索引擎应该适合对各种类型信息的组织，包括不同媒体的信息及通过不同的传输协议发布的资源。在互联网资源中，最常见的是 WWW 资源，也有其他形式的资源，如 FTP、Gopher、BBS、新闻组、博客等。大型搜索引擎往往能够搜索各种类型的资源，开辟专门的选项来搜索 FTP、Gopher、BBS、新闻组、博客中的内容。但有相当多的搜索引擎只收录 WWW 资源，而无法查询其他类型资源。

数据库容量受收录范围的影响，主要是指对多少网站（或网页）做索引、收录多少新闻组文章和 FTP 文件等。

3. 数据更新频率

更新周期也能从另一方面反映数据库的收录范围，一般来讲，更新快的搜索引擎对最新资料的收录较及时。搜索引擎以多快的频率来更新其数据库是显示其服务质量的重要指标。在不考虑成本的情况下，搜索引擎的数据更新频率当然是越快越好。如果更新频率太慢，跟不上网上信息的更新速度，就会出现错误链接或死链。为了满足网上信息动态性的要求，尽量缩小搜索引擎的信息库与网上信息更新的时滞，必须有高智能的自动搜索、分析、标引和著录系统，以最短的搜索周期将变化了的 Web 页的信息加以标引，并追加到数据库中；及时剔除已成“死链”的链接；建构的知识组织体系和术语系统应具有动态性，以适应网络信息的变化；根据需要，增加新的检索手段，以满足新类型信息检索的需要。但是，大多数搜索引擎并没有提供有关数据更新频率方面的资料，只能以具体实例来获得主观的评价。

4. 检索功能

信息组织的目的是便于检索，提供强劲的检索功能。搜索引擎是否提供既能满足一般用户的简单检索，又能提供专指检索（高级检索）？高级检索是否为图形界面？是否带有选项功能的下拉菜单？查询方式是否可以按用户所需的方式进行设定？中文搜索引擎还要看其能否自动识别中英文、能否自动进行内码转换、能否自动进行中文分词？提供了表 9-1 中的哪些检索功能？

当然，不是每个搜索引擎都必须同时具备上述功能，但至少应该支持布尔逻辑等基本检索，大型搜索引擎的检索功能应该更多。

5. 检索效果

1）响应时间

从搜索引擎的实用性来看，必须保证对用户检索表达式有一定的响应速度，在此基础上才谈得上使用的方便性等其他因素。有的搜索引擎对每次检索都给出了搜索用时（如谷歌），这为用户比较响应时间提供了很好的依据，无须用户计算时间。

但在网络环境下，响应时间不仅取决于检索工具本身的响应速度，还在相当大程度上取决于用户使用的通信设备、网络的拥挤程度等外部因素。因此，在计算响应时间时，应该在相同的时间、相同的软/硬件环境下，对同一个检索课题（由于不同的工具支持的运算符号与检索式的构成规则不同，检索式不可能统一要求）的响应情况进行量化评价。

2）查全率

查准率和查全率一直是评价信息检索系统检索性能的最重要的指标。但真实查全率在网络环境下也很难获得。真实的查全率，即检索出的相关文献量和文献空间中所有相关文献量的比率。网络信息数量庞大且瞬息万变，不同搜索引擎标引的深度不同，用户不愿意也没有足够的时间在太多的结果里筛选适合自己的资源。因此，查全率对于网络信息检索工具的评价无法操作也不具有现实意义。

表 9-1 搜索引擎的常用检索功能

检索功能	备　注
布尔逻辑检索（Boolean Logic search）	有的用 AND，OR，NOT（或者小写），有的以符号+、−、*代替，有的直接把布尔逻辑算符隐含在菜单中
短语检索（Phrase search）	又称为“精确检索”，检索出与引号中形式完全相同的短语
截词检索（Truncation 或 wildcat）	允许在检索标识中保留相同的部分，用相应的截词符代替可变化部分，以扩大检索范围
词根检索（Stemming）	可将搜索关键词进行延伸，查找词根相同的记录
邻近检索（Proximity search）	又称为位置算符检索，用特定的位置算符表达检索词与检索词之间的位置关系，如(W)、(N)和 InfoSeek 的 far、before，目前具有该功能的搜索引擎很少
区分大小写的检索（Case-sensitive search）	如果用户输入时用小写字母表示，既匹配大写又匹配小写，如输入 china，将检索出 china、China 和 CHINA；如果用大写字母表示，搜索工具认为用户指定了只要大写，就只会查找那些与用户输入的形式完全相同的结果
全文检索（Full-text search）	对网页全文中的每个词进行检索。为了提高检索效率，英文搜索引擎常常将一些介词、冠词等作为禁用词。仅仅用这些词来进行检索，搜索引擎将不予作答
模糊检索（Fuzzy search）	又称为概念检索，搜索引擎不仅反馈包括了关键词的网页，也发来与关键词意义相近的内容
自然语言检索（Natural language search）	又称为智能检索，直接采用自然语言中的字、词、句作为提问式进行检索
多语种检索（Multilingual search）	提供多种语言的检索环境供用户选择，按用户选定的语种进行检索并反馈结果
按范例查询（Query-by-example search）	对与某个具体文档相类似的文档进行搜索，也称为“相近搜索结果”
限制检索（Limit search）	将检索限定在某一范围中，包括类别范围、地域范围、时间范围、语言范围、网站类型、文件类型、域名、位置等。限制实现的方法各不相同，有的通过在关键词前后加特殊的命令实现，如 title、link、url、.com、image，有些通过下拉菜单实现

3）查准率

与查全率相同，真实的查准率——检索出相关文献的数量和检索出的文献总量的比率——也是很难计算的。因为对于命中结果数太多的检索课题来说，相关性判断的工作量相当大，要对它们进行一一判断是不可能的。但对用户来说，在网络信息资源数量如此之大的今天，查准率远比查全率有意义。目前比较成功的一种计算查准率的替代方法是两位美国研究人员 H.Vernon Leighton 和 Jaideep Srivastava 提出的“相关性范畴”概念和“前 X 命中记录查准率”，但计算太复杂。谷歌认为，大多数用户均可在前 10 个结果中找到所需资料，所以其搜索预先设定为 10 项。

笔者在结合二者算法的基础上认为，应将检准率的范围限定为前 30 个结果中符合要求的比率。对每个检索结果进行相关度 3 级评分，相关则打 1 分，比较相关为 0.5 分，不相关则为 0 分。重复出现的网页只记分一次，然后将每个网页的相关得分之和除以 30 并乘以 100%。

4）链接的可靠性

链接的可靠性是网络信息检索工具性能评价特有的指标，与数据更新频率和查准率有关。例如，链接是否可靠？有无断链、死链现象（断链、死链会造成找不到原始文献的情况，那么命中记录再多也没有用）？

6. 检索结果的显示

搜索引擎总是要将检索结果返回给用户，而结果显示的好坏直接影响到搜索引擎的使用效果。

1）输出格式的灵活性

例如，不同用户有不同的需求，检索工具能否提供多种检索结果的输出格式供用户选择？

2）显示的内容

显示的结果越详细，就越有利于用户不看全文即可决定对所检信息的取舍。

例如，只是简单地显示文件标题与 URL 吗？是否更详细地显示包括检索式、搜索用时、关键词、原网页所用的内码、文件大小、文件日期、内容摘要或评价等内容？是否提供到文献全文的链接？显示的摘要是提纲挈领式的还是简单地摘录原网站中的部分内容？虽然前者的信息含量要高得多。

一般搜索引擎的网站提要都是各网站向搜索引擎注册时自己提供的。好的搜索引擎要对来注册的提要逐一检查核实，增、删、改，这往往需要很大的工作量。有些搜索引擎为减轻工作量而使用自动注册，或不进行核实，这样其内容提要就会存在不准确或注册者的自我夸张的情况。理想的内容提要应该是搜索引擎的工作人员编写的，并提供较权威的评价。可惜，这样的搜索引擎实在是凤毛麟角。

3）显示数量

例如，每页显示的记录数是否可以由用户选择或设定？

4）检索结果的排序

例如，检索结果的排序依据是什么？是否依命中相关度（relevance）排列检索结果？是否提供逆时序排列（reverse chronological）的选择？或者依概念、网址、域名、声望和链接等标准排列？是否提供多种排序方法可供用户选择？

5）对搜索结果的处理

例如，是否具有对搜索结果的去重功能（一个网站最多只能有一页出现在排名靠前的搜索结果中）？是否可进一步进行限定检索？是否能够删除重复的链接以保证在搜索结果中用户可以有更多更好的选择机会？能否保存检索式并对其修改？可否在返回的结果中进行二次检索？能否将用户的检索结果组织到不同的文件夹中（如 Northern Light 可以对用户不同的检索结果，提出各种备选的文件夹名供用户选择）？

7. 用户友好性

搜索引擎的前端界面本身就是一个网站，其页面组织与用户友好性的评价与“网站方式”基本相同。同时，搜索引擎最主要的目的是尽可能完美地服务于用户的信息检索，简单、易用应该是检索工具永恒不变的追求。检索过程是以完善和改变用户知识结构为目的的过程，提高搜索引擎的智能化程度也是提高易用性的重要方面。

例如，搜索引擎是否在学科领域知识和语言知识方面对用户予以充分的支持？是否具有扩展通向相关信息路径的支持？这样，可以使用户通过与系统的交互作用及磨合，逐步缩小信息表述的差距，将用户的认知负担降到最低。不同用户利用网络信息有相对稳定的一面，搜索引擎是否为不同用户建立自己的知识分类系统提供相关的功能？页面是否能根据用户需求进行动态定制？是否有丰富的联机帮助文件和提供动态的帮助？是否提供丰富的帮助内容是其页面组织与用户界面友好性评价中一项必不可少的指标。用户是否可以自定义检索命令？是否有菜单引导、表格引导、屏幕提示、位置提示和出错告警等辅助手段？是否提供许多热键？是否支持触摸式输入和语音输入？

8. 其他功能和服务

例如，是否提供新闻、天气预报、旅游、黄页、电话号码、航班和列车时刻表、地图等常用信息？搜索引擎，尤其是国外的搜索引擎，为了吸引用户，在提供搜索服务之外，还提供其他相关服务，从而获取更多的广告收益。

是否增加特色服务？网上检索工具已不仅仅是单纯的检索工具，正在向其他服务范畴扩展，提供免费邮箱、自动翻译、网上聊天、站点评论、新闻报道、股票点评等，以多种形式满足用户的需要。

是否针对不同地区的用户提供本地化服务？随着上网用户的不断增加，信道越来越拥挤，远程终端上网速度越来越慢，搜索引擎提供的本地化服务可以分流用户，提高上网查询速度。如 Google 和 Bing 在世界各地设立了分支机构。

是否提供多媒体信息的检索？

9.4.2 著名综合搜索引擎谷歌的评析

根据全球综合数据资料库 Statista 的数据[1-2]，截至 2021 年 1 月，谷歌搜索引擎的市场份额为 92.47%，稳居首位，市场占有率远远领先于其他竞争对手。可以说，谷歌搜索引擎是在全球范围内影响最大的搜索引擎。下面根据以上提出的搜索引擎评价指标对谷歌搜索引擎进行评析。

1. 信息采集软件的性能

谷歌搜索引擎存储网页的快照，当存有网页的服务器暂时出现故障时用户仍可浏览该网页的内容。如果找不到服务器，存储的网页快照也可救急。虽然网页快照中的信息可能不是最新的，但在网页快照中查找资料比在实际网页中快得多。

2. 收录范围和数据库容量

谷歌搜索引擎的 Googlebot 网页爬虫每天会走过约 200 亿个网页，目录中收录全球范围内的网页总量达数千亿以上。借助与 America Online 等公司和出版社、图书馆的合作，数据库容量远远大于其他搜索引擎，内容广泛，语种丰富。谷歌搜索引擎可搜索的文件类型有普通的网页（HTML）、Adobe 可移植文档格式（PDF）、Microsoft Excel（XLS）、Microsoft PowerPoint（PPT）、Microsoft Word（DOC）、Rich Text Format（RTF）、Shockwave Flash（SWF）等。

3. 数据更新频率

一个简单的测算谷歌搜索引擎更新频率的方法是查看其镜像站点的内容是否相同，因为在更新期间，谷歌总是将 www2.google.com 或者 www3.google.com 作为更新测试站点，后两

[1] Statista. Worldwide desktop market share of leading search engines from January 2010 to January 2021 [EB/OL].(2021-02-10)[2021-02-20].

[2] Statista. Share of desktop search traffic originating from Google in selected countries as of October 2020 [EB/OL].(2021-01-27)[2021-02-20].

个站点中索引的页面数量和主站点会不同。三个网站搜索同一个关键词，得到的结果的数量不相同，这就说明搜索引擎正在更新。这种大规模的更新被称为 Google Dance（狗狗跳舞），网络上已经出现很多专门协助用户检查谷歌是否正在跳舞的工具，用户只需输入一个关键词，然后点击一个按钮，就可以看到谷歌搜索引擎三个镜像站点的搜索结果，很方便对比。

数据库何时更新，谷歌搜索引擎并没有严格的规定，但根据更新周期的一般规律，平均的小更新时间为每 7 天一次，大更新时间为每月一次，前者对网站排名影响小，后者对网站排名影响大。网页排名（PageRank，PR）值更新完一次需要 3 个月，网站的 PR 值是谷歌搜索排名算法中的一个组成部分，级别为 1～10 级，10 级为满分。PR 值越高，说明该网页在搜索排名中的地位越重要，也就是说，在其他条件相同的情况下，PR 值高的网站在谷歌搜索结果的排名中有优先权。总体而言，谷歌的更新频率比较高，其中“谷歌趋势”（Google Trend）可做到每天更新，通过分析全球数以十亿计的搜索结果，告诉用户某搜索关键词在谷歌被搜索的频率和相关统计数据。

4. 检索功能

谷歌的检索功能非常强大，不仅可提供多种人性化的检索模式、支持多种检索符，还针对各种常用资源类型设置了专门的检索服务。

谷歌提供的检索模式有两种：简单检索和高级检索。用户若熟悉谷歌的检索式和检索符，可以直接在简单检索的文本框中输入相关检索式进行检索。高级检索是利用带有选项功能的下拉菜单来提供方便操作的检索服务。这些选项功能包括关键词限定、网页语言的种类、网页区域（属于哪个国家）、文件格式（可将检索结果限定在 PDF、XLS、DOC、PPT 等文档的任意一种）、日期（网页发布的时间）、字词位置（可将关键词限定在网页的标题、内文、网页内的网址或网页的链接内）、网域（在特定的域或站点中进行搜索）、使用权限（是否可随意使用、共享或修改，能否用于商业目的）、类似网页（搜索类似检索文本框中所输网页的网页）和链接（搜索与检索文本框中所输网页存在链接的网页）。

谷歌支持的检索符有布尔逻辑运算符“与”（AND）、“或”（OR，+）、“非”（NOT，-），且自动在关键词之间添加 AND，不需要用户特别输入；支持短语检索（即通过引号括起来），可进行多种限定检索，并支持特殊的命令，如 site:、all in title:、date:、difine:、movies:等。

谷歌采用主题目录和搜索引擎相结合的方式为用户提供专门检索服务。除了关键词检索，用户还可以通过分类列表浏览网站导航来进行网页浏览。用户按主题目录类别搜索的方式可以根据主题来缩小搜索范围。例如，“Google 新闻”提供检索有关“主题”“地点”和“来源”类型的新闻，如搜索“韩国”仅可以找到与韩国相关的新闻页面，而不会找到关于韩国的百科页面等其他网页。

5. 检索效果

谷歌在大容量情况下仍能保持非常快的响应速度，并且对每次检索都给出搜索用时，一目了然。谷歌链接的可靠性非常高，很少发生断链、死链现象出现。

6. 检索结果的显示

谷歌的检索结果输出格式统一，用户不能自行选择输出格式。其检索结果显示的内容包括检索式、搜索用时、命中记录总数、源网页的网站名称、网站链接和地址、内容摘要、网页大小、网页快照和类似网页。对于搜索结果中大型的网站，还在检索结果中列有该网站的热点内容关键词，用户可直接点击这些关键词进行查看。谷歌提供的检索结果显示项虽然丰富，但其网页内容摘要只是简单地摘录原网站中的部分内容，并没有原创性的评价。

谷歌检索结果每页显示的记录数量可由用户选择，分别为 10 项、20 项、30 项、50 项或 100 项，用户也可在“使用偏好”中设定每页显示检索结果数量。检索结果的排序主要依照相关度，用户不能自行选择检索结果排序方法。其搜索结果重组功能使一个网站中不可能有两页出现在同一搜索结果中，而该网站的第 2 页一般出现在搜索结果列表第 1 页下面，如果要查看这一网站中的其他网页，可以点击“More results”。

7. 用户友好性

谷歌搜索引擎的界面非常简洁易用，页面上只有醒目的检索框和简单的主题导航栏。其智能化程度也较高，在用户检索过程中，当关键词出错时，还会给出查询建议供用户参考，非常有用。根据用户的不同需求，谷歌搜索引擎开发了相应的检索工具，如学术搜索、生活搜索、地图搜索、博客搜索、视频搜索、图片搜索等，而且这些功能分别提供简单检索与高级检索选项。

不同用户还可根据自身喜好对谷歌搜索引擎进行动态设置，建立符合自身检索习惯的搜索引擎，包括界面语言设置、搜索语言设置、结果数量设置、结果视窗设置、中文简繁转换设置和查询建议设置等。在英文版谷歌搜索引擎中，用户还通过 iGoogle 将自己感兴趣的新闻、游戏等内容添加到谷歌搜索引擎的主页上，以方便浏览。

谷歌搜索引擎的帮助内容也比较丰富，将谷歌的所有产品分为搜索、购物和浏览网页等，用户可根据类别选择有关产品的帮助信息。除了网站本身提供的帮助信息，帮助页面还设有向其他用户请教的模块链接以实现在线实时咨询的功能。

8. 其他功能与服务

谷歌搜索引擎的产品非常丰富，如英文版谷歌搜索引擎为大众、企业和开放者提供的产品数量分别是 81 种、30 种和 15 种。这些服务类型多样，既有各类型资源的搜索服务，也有谷歌开发的一些常用工具软件、移动通信服务和交流工具。

谷歌搜索引擎的专项资源搜索服务非常细化，包括博客搜索、Google 财经、地图搜索、图书搜索、航班搜索、视频搜索、图片搜索、财经浏览、学术搜索、新闻搜索、购物搜索等。

谷歌搜索引擎的特色服务种类繁多，实用易用是其最大的特点。例如，根据财经信息需求量大的特点，开辟了财经板块，其中包括商业信息、财经新闻、实时股价和动态图图表，内容实时更新。用户还可通过“快讯”定制实时新闻，直接从邮箱中阅读。

谷歌开发的一些常用工具软件有 Google 工具栏（为用户的浏览器配置搜索框以便随时搜索）、Google 照片（免费存储、备份及自动整理照片和视频）、在线翻译语言工具、Google 文档（创建在线文档、电子表格和演示文稿以实现实时共享和协作）、SketchUp（3D 绘图软件）、Google 输入工具（提供输入法编辑器、音译工具、虚拟键盘和手写四种输入方法，支持 90 多种语言）、日历管理等。在用户交流方面，谷歌不仅提供免费邮箱和论坛，在英文版中还提供实时聊天工具 Google Chat 和博客创建工具 Blogger。

英文版谷歌搜索引擎提供的服务最多，一些非常有特色的服务值得一提，如 Google Shopping 专门提供商品信息比较的服务，Google Health 是供用户在线组织个人医疗记录信息的工具。

在多媒体信息检索方面，谷歌搜索引擎有专门的图片和视频搜索服务，并收购了全球最大的视频网站 Youtube。这都充分说明了 Google 在多媒体信息检索方面做出的努力。

综上所述，谷歌作为全球最具影响的搜索引擎，各方面做得都比较出色，但也存在一些问题。例如，面对各国本土搜索引擎的挑战，自身本土化问题较难解决，存在多媒体信息检索仍然无法完全突破等问题。

9.5 学科信息门户的信息组织评价

学科信息门户（Subject Information Gateway，SIG）将特定学科领域的信息资源、工具和服务集成为一个整体，为用户提供方便和统一的检索和服务入口。作为网络信息服务平台，学科信息门户通过灵活的资源整合、可靠的信息组织，无缝链接用户所需的信息资源和信息服务，将分布式的、繁杂的网络信息空间组织成一个方便的用户信息系统，提供浏览和检索双重功能，以满足用户科学研究和教育等方面的信息需求，并支持个性化定制服务。

9.5.1 学科信息门户资源组织的特点

学科信息门户按照某学科（专题）用户的信息需求对网络中相关的资源进行针对性、深入的揭示，在为用户“导航”的同时提供专门的信息检索服务，有助于专业用户在本领域的“信息超市”（information supermarket）中实现“一站式检索”（one-site search），获得高质量的资源。对图书馆来说，学科信息门户拓宽了“馆藏”，而对整个网络而言，其信息的序化程度得到了提高。

学科信息门户的资源组织呈现以下特点。

1. 信息资源内容的专业性

搜索引擎是目前互联网上使用率最高的信息组织工具，但由于其没有采用受控语言，在学术信息的检索方面，检准率较低，并且难以检索出隐性信息。相对于搜索引擎而言，学科信息门户根据特定主题收集信息资源，针对特定的专业领域满足特定用户需求，具有一定的优势。此外，门户的信息组织经过图书情报学、计算机科学和相关学科专家的共同参与，保证了信息内容的高质量和专业性。

2. 信息资源与应用的集成整合

学科信息门户致力于将特定学科领域的信息资源、工具与服务集成到一个整体中，为用户提供一个方便的信息检索和服务入口。学科信息门户提供的每种信息资源都经过图书馆员和学科专家的选择与描述，收录的资源包含电子期刊、数字化图书、报告、论文、书目、教育软件、多媒体资料电子新闻稿和重要的学术机构的网站等。学科信息门户资源需经过深层次组织加工，根据对资源知识内容及关系的分析，揭示和反映资源内在知识性内容，形成高质量、集成性的信息服务体系。并且，这些信息与服务有机地集成在统一的界面中。

3. 跨系统一站式检索

学科信息门户通过共同的表达和一致的用户界面，使其更易于使用。用户在一个搜索界面中，将搜索请求一次性输入，就可实现对学科信息门户多种资源和数据库的信息查询。学科信息门户还将各系统的检索结果汇集起来，以统一的界面展示给用户，使用户的搜索方便而高效。由于界面统一并遵循用户习惯，用户不需培训就能方便地发现和搜索到所需信息。

4. 个性化信息服务

学科信息门户从一站式的以信息资源互动为中心的网站服务，向一体化的以用户行为、需求、体验为中心的网络服务系统转变。学科信息门户可根据不同的用户角色预设不同界面内容，可基于用户所属的角色来给用户提供相应的内容；根据用户需求与偏好的描述信息，或通过用户信息访问行为的动态分析来推测用户意图，进行信息过滤和信息推荐，对不同用户提供不同的内容和用户界面。

9.5.2 学科信息门户信息组织的评价标准

为了优化现有的学科信息门户，并为新的学科信息门户建设提供参考，需要对门户的信息组织提出一套评价指标。学科信息门户在网络中是以网站的形式呈现的，因此关于网站信息资源组织评价的标准在这里同样适用。同时，根据门户资源组织的特点，在组织信息中应尽可能全面收录本学科资源、严格选择资源、对资源进行高质量的元数据描述、构建合理的分类体系和尽量运用受控词表、重视互操作性、运用相关技术、定期更新和维护、提供个性化服务等。

学科信息门户信息组织的评价指标如下。

1. 学科资源的覆盖率

判断一个学科信息门户的优劣，首要是看：其指引的有关资源是否尽可能地涵盖本学科（主题）领域重要的资源？是否汇集了某学科（专题）领域重要的相关信息资源（涉及资源的内容、时间跨度、语种与地域范围等）？门户中收录的信息资源类型是否多样？是否能方便用户对某一学科（专题）信息资源的“一站式检索”？

例如，学科信息门户 Infomine 的记录达到了 12 万余条，涵盖了数据库、电子期刊、电子图书、电子公告板、邮件列表、在线图书馆馆藏目录、论文、研究人员目录等类型的信息资源，并在主页上提供了一站式检索接口和高级检索。

理想的学科信息门户不仅应收录因特网资源而且还要囊括图书馆馆藏实体资源（包括二次文献数据库、全文数据库、馆藏目录、联合目录等），还应成为集成化的信息资源系统，两种资源在同一界面实现无缝存取（seamless access），整合成便于检索和使用的有机整体，即复合图书馆（hybrid libraries）形式。

2. 资源的质量

学科信息门户资源是为用户提供信息服务的根本，因此资源质量高低是判断学科信息门户价值最主要的标准。门户的资源选择必须有一套符合该学科特点、既定用户需求、服务宗旨、规模及经费支持等方面要求的资源选择标准。

门户信息资源在内容上既要注意信息的准确性、权威性、客观性，还要尽量保证信息的唯一性、新颖性、完整性与针对性，所指引的网址要尽量接近主题内容，尽量减少用户点击的次数。

例如，指引的资源是否适合目标对象？对资源的描述是否准确？指向的资源地址是否正确？是否链接资源的原始网址以便用户访问到最及时和最权威的信息？在形式上要考察信息的格式，是否是标准通用的或常见的格式？用户使用的便利性如何（考虑用户访问本网站采集的资源时所需的硬件、软件和连接方式等要求）？导航是否明确、清晰？排版结构的美观程度以及资源的可存取性与可用性如何（注意被链接资源的注册要求、收费规则、知识产权声明与特殊服务规则等；优先选择网上免费资源，当网络用户与镜像站点的“电子距离”比原始站点更近时，要链接镜像站点以便于用户进行更有效的存取）？

3. 资源的元数据描述

对选取的信息资源进行高质量的元数据描述是为用户提供优质信息服务的前提。元数据是关于数据的数据，对信息资源或数据对象进行描述，目的是使用户发现、识别、评价资源，并对相关信息资源进行选择、定位和利用，追踪信息资源在使用过程中的变化，实现信息资源的整合、有效管理和长期保存。

例如，对资源的描述是否采用国际通用的元数据、标记语言、分类法与词表？学科信息门户对资源的描述应该优先采用国际通用的元数据与标记语言，元数据元素中的“主题”描述要利用国内外著名的分类法与主题词表。

例如，澳大利亚要求学科信息门户全部采用已有的元数据标准，包括都柏林核心元数据（DC）、MARC 和澳大利亚政府查找服务（Australian Government Locator Service，AGLS）等元数据和自己独有的元数据元素进行标引，并支持因特网内容选择平台（Platform for Internet Content Selection，PICS）。Infomine 的记录以 HTML 格式表示，主题标引使用《美国国会图书馆主题词表》（LCSH），记录还可以转换成 MARC 格式。

4. 分类体系和受控词表

分类体系是对学科信息门户收集的资源实施分类组织，以及用户进行信息资源浏览与检索的依据与桥梁，其科学性十分重要。学科信息门户可以采用已有的文献分类法（包括综合性的分类法与专业或专题分类法），也可以结合自身特点与目的对已有的分类法进行适当改进，或者采用自编的分类法。在分类体系的构建中，分类表的展现应力求简单、明了，尽可能将所有的一级类目展现在一个页面；应充分利用网络方便的超链接功能，对具有多重隶属关系与相关关系的类目设置合理的参照系统。学科信息门户词表的设置与否对于本专业的深入检索影响很大。学科信息门户应建立符合相关专业特点的主题词表和分类体系，如 The WWW Virtual Library 为综合学科信息门户，采用自编分类法；中国科学院国家科学图书馆学科信息门户系列包含数理化、生物、资源环境、图书情报等学科信息，采用中国图书馆分类法和中国分类主题词表。

5. 互操作性

学科信息门户中各信息源数据库与信息平台差异可能很大，为了在统一的界面使用来源各异的网络资源，学科信息门户必须具有异构计算机软硬件平台间良好的互操作性，具有跨门户检索的能力。

为了提高互操作性，Isaac Network 项目采用 DC 作为元数据，以 Linux 为平台，以 Lightweight Directory Access Protocol（LDAP）为信息查询与交换软件，以代号为 RFC2651 的通用索引构建协议（Architecture of the Common Indexing Protocol，CIP）为索引编制与互换协议。通过该门户，用户可以对 SOSIG、BUBL LINK、EEVL、EdNA、MathGuide、GeoGuide、OMNI 等近 20 个学科信息门户进行跨门户的检索。SMETE（美国全国科学、数学、工程和技术教育数字图书馆）项目则将多个分布式学科信息门户作为整个数字信息资源的整合机制和服务渠道，允许用户通过该门户体系检索和调用不同的信息资源和服务。

6. 相关技术的应用

学科信息门户的运行仅靠图书馆的理念是不够的，还要涉及大量的信息技术，如虚拟现实（Virtual Reality，VR）、虚拟专用网（Virtual Private Networks，VPN）、虚拟局域网（Virtual Local Area Network，VLAN）、虚拟数据库（Virtual DataBase，VDB）、通用对象请求代理体系结构（Common Object Request Broker Architecture，CORBA）等。例如，VPN 可以解决学科信息门户信息共享的安全问题。

信息推送（Push）技术通过信息代理机制，在用户初次使用时设定所需的信息后，能通过推送（Push）或网播（Netcasting）的方式把网络上相关信息送到用户面前。这种基于 Push 技术的网络信息检索技术既为用户搜索、浏览网上的相关信息提供了快捷入口，又为学科信息门户在广域网内的信息共享提供了技术支持。

新技术的应用也是评价学科信息门户的标准之一。随着 Web 2.0 相关技术和应用在互联网中的兴起，很多学科信息门户也应用了相关技术，如在学科信息门户中开设博客、提供 RSS 推送订阅、设置社会网络分享工具等。

7. 个性化与人性化服务

在网络环境下，用户需求的变化除了需求量上的增长，还表现为信息需求复杂程度的提高，包括：用户构成逐渐多样化、复杂化，不同年龄、性别、文化程度、国别、信仰的人士有着不同的信息需求。同一个用户在学习、娱乐、工作等活动中也有着不同的信息需求，他们希望有一个系统能直接、深入、有效地支持其检索、处理信息和利用信息来解决问题，帮助其建立个人的信息空间。用户信息需求的个性化要求学科信息门户在提供信息浏览与检索等基本服务的同时，还要利用网络新技术，跟踪用户需求，主动地为用户提供新资源通报、信息推送与定制服务。学科信息门户还必须利用可视化等技术增强用户界面的友好性，注重帮助功能的提供，体现对用户的人文关怀，注意尊重与保护用户的合法权利与个人隐私。

8. 更新与维护

学科信息门户的更新与维护包括如下三方面。

一是信息资源的更新与添加。由于网络资源站点的增加与频繁更改，学科信息门户要真正成为因特网信息的深层次组织工具，必须及时更新其收录的资源，保证信息资源的高质量。学科信息门户要改变因追求高质量而过于依靠人工参与的状况，提高智能化水平，充分利用网上自动漫游、自动跟踪、自动分类和自动标引技术，采用人机结合的工作方式，为用户提供更优质、高效的服务，还可以鼓励用户推荐资源或参与门户的维护。

二是学科信息门户中信息资源的安全。数字化方式存储的信息，极易受到计算机病毒、黑客入侵等的干扰和破坏，资源的安全受到了许多的挑战。学科信息门户的安全性问题应该受到重视，在门户的日常管理中要注意对资源进行备份与保存。

三是学科信息门户服务器持续服务的保障。用户在使用学科新门户过程中，如经常遇到服务器不能连接或有的功能失效等情况，就会失去对该学科信息门户的信心。因此，需要学科信息门户的管理人员提供 7×24 小时维护，确保服务不间断。

判断学科信息门户更新与维护的标准包括：更新是否及时？是否有专门的工作人员不断追加新的网络资源？是否及时剔除错链、死链？整个系统在结构上是否为一个活的系统？是否可根据用户需求和网络信息资源的变化及时对词表和分类体系进行调整？维护是否比较容易？软件是否可靠？是否对资源进行日常性的备份与保存？

Intute 整合了 Altis、Artifact、BIOME、EEVL、GEsource、Humbul、PSIgate、SOSIG 等非常有名的学科信息资源门户，向用户提供网络资源发现服务。但 Intute 已于 2011 年 7 月停止了信息资源的更新，随着时间的推移，它的信息提供功能和学术价值将逐渐消失。

9.5.3 学科信息门户实例 IPL2 评价

IPL2 项目由原著名的 LII（Librarians' Index to the Internet，图书馆员因特网索引）和 IPL（Internet Public Library，因特网公共图书馆）于 2010 年 1 月合并升级而来，依靠图书情报从业人员和图书情报学院（系）的师生参与优质网络信息的采集、选择、评价和重组，提供用户浏览和检索可信赖的网络资源的通道，成为图书情报人员参与网络信息组织的典范。IPL2 项目曾于 2015 年停止运营，又于 2020 年更名为 IPL，并重新开放。下面根据以上提出的学科信息门户评价指标对 IPL2 进行评析。

1. 学科资源的覆盖率

LII 始于加州大学伯克利分校参考馆员 Carole. Lelta 1990 年制作的 Gopher 书签文档，经过几十年的发展，成为一个可供检索的、提要性的学科信息资源目录。IPL 由美国密歇根大学信息管理学院的教师及该校的图书馆员们于 1995 年开发，后来发展成为一个“主要以虚拟服务为特征”的数字化图书馆。新建立的 IPL2 综合了 LII 和 IPL 的资源和服务，仍然是一个提供“一站式检索”的学科信息门户。

2. 资源的质量

IPL2 对收录信息资源的选择有着严格的控制标准，确定了按照用户需求选择资源一般原则，所选资源以英语为主，但不排除其他语种。

IPL2 还制定了具体的资源选择标准，包括：所选信息资源的可用性、权威性、合法性；

对信息资源网站的设计及功能也提出了标准，如网站设计要清晰、井井有条，网站的主要提供功能（如检索）应该是可用的，网站不提示错误信息等；对信息资源本身也提出了相关标准，如网站内容应该很少出现拼写的错误，网站应该有实际的内容，网站应该在相关学科领域进行及时的更新等；列举了 IPL2 不收录的资源，如资源违反美国版权法、没有实质内容的商业网站、存在极端主义观点的网站、不提供免费内容的付费网站等；为儿童和青少年提供的信息资源，必须支持他们的教育目标，不能含有淫秽、色情或暴力的材料等。

此外，IPL2 对收录报纸杂志、Web 目录、搜索引擎、网络应用、博客提出了标准，并在以上标准的严格要求下，每种信息资源的价值都经过图书馆员的评价。

3. 资源的元数据描述

IPL2 资源的每条记录都给出了详细的介绍，包括资源名称、URL、摘要、主题词、记录创始人与时间，以及记录修改人与时间等。摘要由 ILP2 工作人员撰写，使读者在进入一个网站前便可了解其主要内容。IPL2 链接的基本是资源的原始地址。对工作流程、著录项目与规则以及注意事项均做了非常具体的规定，因而能够保证资源描述的质量与一致性。

4. 分类体系、受控词表与互操作性

IPL2 向用户提供了一个简洁、易于使用的界面，用户可通过浏览和检索获取所需信息资源，网站主页上提供了“聚焦资源”（Spotlight）和“特色精选资源”（Featured）的推荐。资源浏览部分为按主题资源（Resources by Subject）、报纸与杂志（Newspaper & Magazines）、IPL2 特藏（Special Collections Created by ipl2）、儿童栏目（For Kids）、青少年栏目（For Teens）。

用户可以通过关键词进行检索，检索范围可以进行设置，选项包括 All of ipl2、For Kids、For Teens、Newspapers & Magazines。IPL2 支持“*”“?”等通配符的检索应用，支持 AND、OR、NOT 等布尔运算符，提供范围检索（Range Search）、邻近检索（Proximity Search）和模糊检索（Fuzzy Search）。

IPL2 收录的信息资源按照主题被分为艺术与人文、商业与经济、计算机与因特网、教育、娱乐与休闲、法律政府与政治学、科学技术、区域与国家信息、参考资料等 12 个大类，大类下再分小类。

IPL2 延续 LII 采用国际通用的《国会图书馆主题词表》（LCSH）进行标引，但将 LCSH 中的部分主题改为更符合用户习惯的主题名称，如在 LCSH 中用 electronic mail system，在 LII 中用 e-mail。IPL2 遵守 Z39.50 和 MARC 标准，与其他学科信息门户之间可以实现互操作。这从 LII 和 ILP 能够比较完美地合并就可以看出。

5. 相关技术的应用

IPL2 注意新技术的应用，采用快速、灵活、功能强大的网页索引系统（Simple Web Indexing System for Humans-Enhanced，SWISH-E）。IPL2 已能把用户需要的信息资源和服务有机地集成在一个统一系统中，并开通了分布式参考咨询系统“Ask an ILP2 librarian”，为用户向专家交流咨询提供了平台。这些都是新型的学科信息门户应该具备的。IPL2 提供了社会化网络的分享工具按钮，用户可以将网站分享到 Facebook、Myspace、Twitter、YouTube、Delicious、Dijgo、Wordpress 等社会网络空间中。

6. 个性化与人性化服务

ILP2 的用户信息服务只能提供信息的浏览与检索，忽略了用户定制和个性化的服务。此外，在 Web 2.0 环境下，IPL2 网站没有很好地应用相关技术和应用，没有给用户提供动态的、开放式的数字化空间，也没有提供用户发表评论以及与同行交流的渠道。这都是新型的学科信息门户应该具备的。

7. 更新与维护

IPL2 的信息资源每周更新，工作人员负责新资源的追加和资源链接有效性的维护。自 20 世纪 90 年代以来，IPL2 与其前身 LII 和 IPL 一直持续向网络用户提供信息服务，几乎没有间断过。可见，其信息的稳定性与安全问题得到了重视。

9.6 Web 2.0 环境下的信息组织评价

在 Web 2.0 环境下，网络信息资源的生产、组织、发布与传播更加依赖于用户的作用。大量的用户为网络提供信息内容，成为信息的生产者，并且信息生产具有去中心化特点。用户产生的微内容是网络信息资源的重要组成部分，这些来自用户的微内容通过一定的方式（如人与人之间的社会关系等）进行汇聚，从而形成 Web 2.0 网络信息环境，并产生了网络信息组织方式的变革。

9.6.1 Web 2.0 环境下的信息组织的特点

在 Web 2.0 环境下，传统的网络信息组织方式——如文件组织方式、数据库组织方式、主题目录组织方式和超媒体组织方式等——同样适用；同时，Web 2.0 信息资源的特性呼唤新的组织方式，现有的大众分类（社会化标注）、信息自组织等从不同角度展示了信息结构，较好地满足了用户需求，为 Web 2.0 信息资源的组织提供了较有力的技术支持。

在 Web 2.0 环境下，基于 RSS、ATOM、RDF、FOAF 等的 XML 数据不再与网站、网页混在一起，它们被独立了出来，并能够实现同步、聚合和迁移。通过对 XML 数据的处理，这些内容能自由组合，能被各种应用程序（不论是 Web 程序还是桌面程序）呈现和处理。

在 Web 2.0 环境下，网络资源的信息组织呈现以下特点。

1. 信息组织以用户为中心

在 Web 2.0 环境下，用户在网络信息资源组织中参与性大大增强，深度参与信息的生产、发布、传播、修改和使用，既是信息的生产者，也是信息的获取者。网络信息的组织也是从用户的角度出发，如用户可以应用社会标签对信息资源进行自由标注。

2. 信息组织方式的多元化

在 Web 2.0 环境下，网络信息资源的分散性更加突出，信息组织方式也更趋多元化。出现有以用户体系组织信息的博客（Blog）组织方式，以知识点体系组织信息的维基（Wiki）组织方式，以消除信息孤岛、促进用户之间信息共享的社会标签（tag）组织方式，以“人际关系”体系组织信息的社会网络（SNS）组织方式等。这些新的信息组织方式并不是孤立的应用，往往呈现出互相融合、互相交叉的复杂、多元化发展趋势，如博客中也存在的类似社会网络的“博客圈”和社会标签标注等。这些多元的信息组织方式更好地适应和满足了 Web 2.0 环境下用户的信息需求，也更好地促进了网络信息资源的有序化、有效获取和利用。

3. 以“微内容”为基础的信息组织

微内容是指信息内容分解成很小的单元（类似数据元、知识元、信息元等），一篇文章、一条评论、图片、标签、认识的人都是微内容。在 Web 2.0 环境下，网络信息资源以“微内容”为基础，信息组织以用户为中心，网络信息资源围绕用户进行组织和呈现；用户使用信息定制工具，依据自身的价值观来判断信息是否纳入组织体系，以及在组织体系中所处的位置；用户通过相互之间的交流、约束保证信息组织的有效进行，形成有序的网络信息环境。这种以“微内容”为基础的网络信息组织方式，有效地促进了信息的获取和利用。

4. 强调“人的关系”在信息组织中的作用

在 Web 2.0 环境下，因特网更加重视“人”及“人与人”之间的关系，将“人际关系”作为网络信息组织的一部分。这种“人际关系”不仅包括个人的行为和社会关系，还包括一个人的行为和社会关系与其他人的行为和社会关系之间的相互影响、制约。在 Web 2.0 环境下，“信息”与“人”巧妙结合，将“人际关系”作为信息组织的一种纽带。Web 2.0 以单个用户为中心，利用人与人之间的关系，通过一定的信用确保机制，将用户组成一张社会性的可信任的信息网络，并将这种人与人之间的社会关系融入人们获取信息的过程，使信息更好地围绕用户进行组织。例如，朋友网中给用户提供了“圈子”“好友”等页面，这已经成为 Web 2.0 网站的基本特征以及最重要的内容组织方式之一，也是社会关系在信息组织中作用的重要体现。

5. 网络信息的自组织性

网络信息自组织是指网络中的信息资源由于用户与用户之间、用户与网络其他要素之间的交互性、相关性、协同性或默契性而形成特定结构和功能的过程，也就是说，信息网络不需外界指令而能自行组织信息，自行走向有序化的过程。在 Web 2.0 环境下，互联网就是一个复杂的自组织的信息系统。Web 2.0 通过主题把用户联系起来，用户之间通过开放式的信息沟通方式分享、互动，建立一定的人际关系，依据某些共享的规则协作推动互联网从无序变为有序。在 Web 2.0 环境下，以自组织为中心，个人与个人之间，个人创造的内容与内容之间以及个人汇聚的群体与群体之间，都是以不同的自组织方式架构起来的。信息的自组织方式让人、群体、网络信息内容与应用等充分“动”起来，力量得到了最大程度的爆发。

9.6.2 Web 2.0 环境下的信息组织的评价标准

以上综合论述了 Web 2.0 环境下网络信息资源组织的特点。但 Web 2.0 并不是一项具体的技术或者应用，而是一种网络发展模式，是一系列相关技术和网络应用的集合，主要包括博客（Blog）、RSS、维基（Wiki）、社会标签（Tag）、社交网站（SNS）、P2P、即时信息（IM）、基于位置信息服务（LBS）等，它们都为用户提供了生产、组织、发布、更新和共享信息的开放式的技术平台，同时在管理信息方面呈现不同的特色。本节选取博客、社会标签、维基等作为 Web 2.0 的典型形式，对它们的信息组织进行评价。

1. 博客（Blog）信息组织评价

博客是目前因特网上信息资源的主流表达方式之一，主要以发表时间顺序对博文进行排列，通过博客管理者自创的分类体系和社会标签（Tag）聚类等进行信息组织。同时，博客从用户个体的角度出发对信息资源进行自组织。网络用户可以通过 RSS 聚合工具订制自己感兴趣的博客内容，并追踪更新。博客的作用是快速发布观点、体会、新闻或日常记录等，并通过与网络用户的互动、交流丰富信息资源的内容。从效果上看，微内容、交流和围绕相关主题形成资源结构，提高了博客信息组织的质量和针对性。

1）评价标准

博客在网络中是以网站的形式呈现的，因此关于网站信息资源组织评价的标准在这里同样适用。同时，根据博客信息资源组织的特点，也有相应的评价指标。

（1）内容质量

例如，博客内容的权威性如何？博客作者的真实身份及其在相关领域内的知名度或权威性如何？博客首页是否提供博客作者的个人介绍（包括研究方向、联系方式等)？博客信息是否为其他博客或权威网站摘引、链接与推荐过？

博客内容客观准确性如何？博客内容是否含有政治、意识形态、宗教、商业或其他倾向？网站在引用其他信息来源时是否注明出处？信息内容是否符合客观事实？语义表述是否清晰？涉及理论、概念、原则、规律等是否准确无误？博文中是否存在错别字等？

原创性是指由博客作者写作的原创性博文在该博客所有博文中所占的比例，能够反映该博客信息内容的独特性。

（2）分类与检索

例如，博客框架结构是否清晰？提供的信息组织方式如何，是否按主题、学科等对博文进行分类？博文分类是否科学、合理、能够被网络用户接受？是否向网络用户提供方便的检索博客内容的途径？

（3）技术应用

例如，博客应用 Web 2.0 相关技术情况如何？博客是否使用社会标签（Tag）对信息资源进行标引，是否制作了标签云？博客页面是否添加醒目的 RSS 订阅按钮，是否提供多种的 RSS 订阅方式，每篇日志最后是否提供 RSS feed 链接？是否是通过社会网络工具进行网络用户信息、博客内容信息的聚合？

（4）互动交流

例如，博客是否提供了多种与网络用户进行信息交流的渠道？网络用户是否可以把使用过程中的问题和疑惑告知信息资源的管理者，信息资源的管理者是否可以及时解决这些问题，回答使用者的疑惑？博客是否能够提供社会网络空间？是否提供社会网络分享工具？

（5）更新频率

更新频率直接体现网络信息资源的时效性，是评价博客的重要指标，一个博客更新信息的频率越快，所提供的信息的时效性就越强，利用价值就越大。例如，博客内容是否得到持续、及时的更新？更新周期有多长？一般来说，运行状态稳定的博客应符合至少每周更新一次的要求。

（6）稳定性

由于博客运行商或博客作者自身的诸多原因，博客经常会出现“搬家”、关闭等现象。“搬家”是指博客作者将博客内容从一家博客平台迁移到另一个博客平台，在迁移的过程中，能否完整地保留博文和评论是评价一个博客稳定性的重要标准。例如，博客的运行状态是否稳定？博客站点是否稳定？博文是否进行了归类和存档？当出现博客站点更换、博客内容搬家等情况时，在原博客首页是否有明显的告知信息，并提供新站点的链接？

2）IFLA 官方博客评析

IFLA Blogs 是国际图联（International Federation of Library Associations and Institutions，IFLA）开设的官方博客，采用了开源的 WordPress 系统。WordPress 是一种使用 PHP 语言开发的博客平台，用户可以在支持 PHP 和 MySQL 数据库的服务器上架设自己的博客。

IFLA 的诸多分部和小组都开设了博客，并集成在 IFLA Blogs 中。目前，IFLA Blogs 拥有 27 个分部和小组的子博客，如采访与馆藏发展分部博客（ACD Blog, by IFLA Acquisition & Collection Development Section）、学术与研究图书馆分部博客（Academic and Research Libraries Section Blog）、公共图书馆分部博客（IFLA Public Libraries Section Blog）、参考咨询与信息服务博客（IFLA Reference and Information Services Blog）等。IFLA Blogs 首页上列出了 27 个子博客的链接、最新的 15 条博文（信息描述包括博文的题目，发布时间，来源子博客名称）、信息搜索（可以对 27 个子博客的内容进行关键词检索）和最近博文的 RSS feed 等。

下面根据以上提出的博客评价指标对“IFLA 采访与馆藏发展分部博客”进行评析。

（1）内容质量

IFLA 官方博客采用统一页面设计，整体风格、Logo 使用和颜色选择等 VI（Visual Identity）视觉设计都与 IFLA 官方网站保持一致，博客网站页面结构简单明了、字体大小适中；博客页面上没有放置广告，符合作为专业性学术博客的特点。

IFLA 是世界图书馆界最具权威、最有影响力的非政府专业性国际组织，作为其官方博客，所发布的信息在权威性和准确性方面是毋庸置疑的，可以成为用户获取相关领域最新信息的重要渠道。IFLA 采访与馆藏发展分部博客主要发布该分部工作与项目开展最新的动态以及一些观点和态度，成为与图书馆员和信息专家交流思想的平台，该博客主要发布与馆藏建设相关的信息，包括通告、会议信息、课程信息、出版物、论文等。

根据自 2012 年 5 月 6 日至 2018 年 1 月 17 日发布的 570 篇博文，论文、会议信息与课程信息等收集转发的信息资源占了将近 80%，可见该博客信息资源的原创性不高。但是，这些收集自网络的博文都经过博客管理者精选和分类，并围绕图书馆采访与馆藏建设的主题进行了类聚，对于用户了解和掌握该领域的最新动态具有很高的价值。

（2）分类与检索

IFLA 采访与馆藏发展分部博客的分类体系的目录包括：ACD 通告（ACD Announcements）、ACD 出版物（ACD Publications）、ACD 评论（ACD Reviews）、征文信息（Calls for

Papers)、会议论文（Conferences Proceedings）、课程信息（Courses & Online Courses）、综合（General）、一般论文（General Articles）、即将举行的会议（Upcoming Conferences）。分类体系主要是按照信息资源的类型设计的，没有进行学科主题的分类，这对网络用户通过分类体系浏览博文信息存在一定的障碍。

除了对博文进行分类，该博客还标注了社会标签，每条博客所拥有的标签数量不一。虽然博客中注明的是“主题词”（Topics），实则是社会标签，原因在于博客发布者所标注的词一般都来源于自然语言，较为随意，并不严格限于某个受控词表。如点击标签“big data”，可以显示所有被标注了“big data”的博文。

该博客提供了“按月归档”，实际是一种通过时间顺序、以月为单位对博文进行组织的途径。用户也可以以此按时间浏览博客。

该博客的搜索功能支持关键词模糊检索，检索结果显示命中条数、博文标题、发表者、发布日期、类别、主题和部分博文内容等，可以通过点击“Read full post...”进行全文阅读，每页显示 7 条记录，用户不能选择检索结果显示条数；也没有提供高级检索。

提供了“条目 RSS”“评论 RSS”，博客已将博文和评论发布成 XML 格式，方便用户订阅，也方便数据被其他信息系统使用，具有较好的互操作性。

（3）技术应用

IFLA 采访与馆藏发展分部博客应用了社会标签技术，博客作者对每条博文进行了标注，并在网站上形成了标签云，常用标签按照首字母排列顺序，通过标签字体大小可以判断其出现频率的高低，网络用户可以通过标签云检索博文；提供博文、评论的 RSS 聚合，方便网络用户的订阅；应用了为搜索引擎优化而提供的永久链接（PermaLink）系统；提供对博文进行嵌套分类的功能，同一博文可属于多个分类，如“CILIP's Umbrella Conference 2022”既被归于“综合类”（General），又被划分在“即将举行的会议类”（Upcoming Conferences）。

（4）互动交流

IFLA 采访与馆藏发展分部博客提供了用户评论接口，用户可以围绕相关博文在线发表评论，与博客作者进行交流。自从博客发布信息以来，用户在博文后留言只有两条，并且很多博文页面的评论窗口已经被关闭。由此可见，该博客的交流功能还有待加强。

该博客没有利用社会网络应用和工具加强其与用户之间以及用户与用户之间的交流互动，也没有提供博客信息资源的分享机制和途径，用户不方便对博客信息资源进行转发、分享等操作，不利于信息资源的共享。

（5）更新频率

截至 2021 年 2 月 20 日，IFLA 采访与馆藏发展分部博客共发表博文 570 篇，创建以来平均两天发表一篇博文，更新频率较高。用户可以经常从该博客中获取新的专业性信息资源。

（6）稳定性

IFLA Blogs 是 IFLA 官方网站的二级网站，其运行的稳定性能够得到充分保障。

2. 标签信息组织评价

标签（Tag）是 Web2.0 网站广泛使用的信息资源组织方式。标签标引是一种自由而有序的信息资源分类技术，是网络用户运用自由定义标签的方式进行协作分类的活动。基于标签的信息组织方式允许网络用户根据自己的兴趣和需要，用个性化的语言自由创建标签、自由标引各类信息资源（如文档、图片、视频等文件），对信息资源进行分类管理，实现有效的信息检索和社会化传播。不同用户使用相同的标签描述、组织相关内容的信息资源，则可以将这些信息资源聚合起来，促进了信息资源的共享，避免“信息孤岛”的出现。

1）基于标签的信息组织特点

（1）存在个性化与有效共享的矛盾

在网络信息资源的组织实践中，基于标签的信息组织方式存在个性化与有效共享之间的矛盾。

一方面，个性化是标签的主要优势之一，网络用户完全可以从自身的角度出发，利用标签实现对信息资源的揭示、标引和组织，充分满足用户个性化揭示与组织信息资源的需求，有利于用户对信息资源的利用。

另一方面，因用户在创建与使用标签过程中过于随意和个性化，不同的用户或同一用户在不同阶段对于同一信息资源具有完全不同的理解和完全不同的表达，造成阶段标注同一资源使用的标签差异性较大，难以形成信息资源的有效共享。

因此，标签信息组织机制及其相关处理技术需要着重解决标签使用过程中个性化与有效共享之间的矛盾，既能保证用户使用标签标引的个性化，同时不失共享性，实现两者之间的平衡。

（2）信息结构的平面化

基于标签的信息资源组织，词间没有相关关系和等级层次，从结构上说是平面的。这种平面结构关系简单明晰，便于网络用户的平面浏览。标签之间缺乏聚类成族能力，同义和近义标签无法组织或联系在一起。因此，标签不能作为大型网站信息资源集成组织的主要途径，也不适合小型网站长期积累大量信息资源的组织，只适应小型网站的临时性资源组织或者网站辅助性的信息资源组织途径。

标签云（Tag Cloud）是一个结构松散的平面化的信息资源组织工具，本质上是一个平面化的资源浏览窗口，可容纳的标签数量有限，难以适应信息资源结构复杂的大型网站的信息组织。目前，大多数网站采用栏目分类或主题树加局部标签云的方式弥补标签组织的平面化缺点，大多数博客也是主要以栏目分类组织信息资源，这说明了标签云简单平面化结构特征限制它的广泛使用。从信息资源集成和标签聚类看，长期积聚的信息资源通过个性化松散标签来表达是不可能的，因此对大量标签实行集成聚类，形成等级式的主题树是主要解决办法。

2）评价标准

在 Web 2.0 环境下，标签不是以独立的形态在网络中呈现，而是依附于门户网站、博客等网络载体，作为信息组织的工具。因此，我们对标签信息组织进行评价，主要是针对内容状况和实现功能展开。

（1）标签的内容状况

例如，用户标注的标签是否存在错误？由于标签标注是网络用户自主行为，受用户文化程度、认知状况等的影响，信息资源的标签中会出现错别字的情况。

标签的重复度如何？所谓标签的重复并非指两个标签完全一样，可能是中文简体字与繁体字的重复，也可能是不同语种的语义重复。

标签的专指度如何？标签的准确性如何？标签是否能够反映被标注对象的主题特征，能否帮助其他用户获取与其需求相匹配的信息资源？

（2）标签系统的功能

例如，标签系统是否提供对词汇的控制？标签主要来自自然语言，存在着同义和异义等状况，使得信息资源按照标签的聚合会出现偏差，导致检全率和检准率不高。标签系统可以在后台构建一个对标签进行后控的词汇库，其内容包括基本的同义词词表和多义词词表。

标签系统是否构建了标签的层次体系结构？结构的平面化导致标签缺乏上下级之间的类别管理，标签之间的关联性弱。标签系统可以对标签进行分类，标签与标签之间就不再是一个平面结构，而是有了比较明晰的等级层次关系。

标签系统是否提供标签的质量控制？由于用户对信息资源标签标注行为自由度较大，这样会导致标签的良莠不齐，需要标签系统提供质量控制的机制。

是否构建标签标注用户的社群，实现用户之间的交流与共享？标签系统的社区聚合功能能够很好地将用户与用户、用户与资源用标签联系起来，构成了一定规模的社会网络，并且利用标注系统的运作原理不断强化和扩展已经形成的社会网络。

标签系统是否提供与其他标注系统的互操作？是否提供标注系统的 API 接口？

3）豆瓣网标签评析

豆瓣网是一个集博客、交友、小组、收藏于一体的新型社区网络，已被公认为中国 Web 2.0 时代的先锋网站。作为大众标注网站的一个典型代表，豆瓣网的标注范围主要包括图书、音乐、影视和博客等领域。

（1）标签的内容状况

在豆瓣小组中，小组的标签完全由管理员自行决定，而管理员因受其文化程度、知识水平和其他方面情况的限制，容易出现漏标、误标、滥标或赋予的标签过于个性化而通用性较差等问题，从而导致其他网络用户通过标签进行检索时不一定能获取准确的信息资源。

在豆瓣读书、豆瓣电影和豆瓣音乐中，存在标签冗余、语义重复、专指度不高、缺乏准确性等问题。例如，《张爱玲文集》同时具有“文学”和“literature”两个标签，而这两个不同语种的标签在语义上就有重复。又如，《不能承受的生命之轻》的常用标签中出现了“米兰·昆德拉”“米兰昆德拉”和“昆德拉”。从含义上，这三个标签是重复的；从书写规范，后两个标签明显不符合外国人名的书写规范。再如，武侠小说《射雕英雄传》用户常用的标签中同时含有“武侠”“小说”和“武侠小说”3 个标签，这 3 个标签在语义上有交集，存在包含关系，导致标签的专指度不高；电影《致我们终将逝去的青春》用户常用标签中有一个是“2013”，这个标签缺乏准确性，并且专指度不高，不能反映该电影的主题特征。不规范的标签会占用大量的资源，一方面给标签的管理带来了诸多不便，另一方面会造成网络用户迷失在标签海洋中。

在 Web 2.0 环境下，豆瓣网中标签的规范化既是当前的热点问题，也是难点问题，急需加以研究解决。

（2）标签系统的功能

豆瓣网标签系统没有建立后控词汇库，不能对标注标签词汇进行控制，用户可以自由选择标签。

豆瓣网对用户标注频率较高的标签进行了分类，包括文学、流行、文化、生活、经管、科技 6 大类，大类下涵盖 145 个热门标签。虽然这种分类较为简单，但在一定程度上改变了标签结构平面化的缺陷，有利于用户通过标签查找信息资源。

在豆瓣网中，当用户对一资源对象进行标签标注时，系统会提供该资源对象的10个“常用标签”供用户参考；此外，具体的资源页面按照被用户标注的次数从多到少列举了8个“常用标签”。一般，如果一个标签被用户广泛地标注，说明是“群体智慧”的反映，具有代表性。这种“常用标签”的推荐可以看作对标签质量进行自组织控制的一种方式。

豆瓣网本身就是一个社会网络，用户之间可以进行充分信息资源交流与共享。用户完成对一资源对象的标签标注后，系统可以将相关信息分享到“豆瓣广播”，也可以通过绑定新浪、腾讯等微博，将信息分享到其他的社会网络空间。

豆瓣网现已经开通了应用程序接口（Application Programming Interface，API）服务，为第三方开发人员提供的编程接口。网络用户可以利用豆瓣的数据和功能，不过目前还没有提供专门针对标签的API功能。

3. 维基信息组织的评价

维基（Wiki）是基于网络用户集体智慧形成的人类知识网络系统。用户之间通过开放式的互动协作共同生产、组织维基信息资源，以知识点体系组织信息，针对同一主题作外延式和内涵式的扩展，实现知识的有效组织、管理和利用，进而实现知识的共享与创新，并能通过主题将用户联系起来。维基信息组织方式充分体现了用户个体之间的协作在因特网信息资源组织中的重要作用。

1）维基信息组织特点

（1）开放协作

维基具有开放性，提供了“共同创作”（Collaborative）的环境，赋予用户相当大的编辑修改权，可以在Web的基础上对维基文本进行浏览、创建、修改。维基可以帮助用户分享和利用社群内某个领域的知识，用户对维基内容有很大的权限，可以进行阅读、下载、创建和修改，自由开放度很高。

维基一般坚持开放多元的中立观点，编辑方针采用中性观点NPOV（Neutral Point Of View），要求必须能包容所有人的观点，以实现其包容性。在实际操作中，维基把不同的观点和事实以及它们的变化都记录下来，而不判断“正确”和“错误”，或根据这种判断隐藏“错误”的观点和事实。开放多元的定位为其实现自组织管理和自组织发展演进奠定了基础。

（2）信息自组织

信息自组织是维基重要的特征。与传统模式下通过他组织实现信息有序化不同，维基是通过用户的协作共享，以自组织方式实现信息有序化的，这种信息的共享协作是维基能够不断演进的动力。因此，维基的有组织状态是一种动态平衡状态，向着有序化程度更高的水平和层级演化。维基页面的内容不断改进，水平不断提高，整个超文本的组织结构也是可以修改、演化的。同时，其内容也会逐渐形成汇聚，系统内多个内容重复的页面可以被汇聚于其中的某页面，相应的链接结构也随之改变。

2）评价标准

维基本身是一个网站，因此关于网站信息资源组织评价的标准在这里同样适用。同时，维基作为Web 2.0的典型代表形式，根据其自身的特点也有相应的信息资源组织评价指标。

（1）资源规模与内容

例如，维基的信息资源规模如何？容纳了多少条目，创建了多少内容页面？涵盖的学科领域如何？维基条目内容描述是否详细？维基是一种网络百科全书，丰富和全面的信息资源内容是满足网络用户信息需求的基本前提，也是进行信息资源组织的基础。

（2）资源组织与检索

例如，维基网站是否提供多元化的信息组织方式？是否具有完善的检索途径？维基信息组织层级是否合理？信息组织层级是指网站组织具体信息的结构层次，简单地说就是用户进入一个网站的主页或者网页后，需要点击几次鼠标才能找到具体的信息。信息组织层级越多，信息资源被细分化的程度就越高，但用户检索起来比较麻烦。一般来说，2～3 层的信息组织层级比较适合用户的使用。

（3）用户参与

例如，维基网站是否通过多种途径为用户参与信息资源建设提供便利？维基网站有多少用户注册？活跃用户占多少？维基被用户编辑了多少次？平均每页被编辑次数是多少？Web 2.0 环境下信息组织的显著特点就是用户的广泛参与。维基是 Web 2.0 的典型代表，用户的参与度如何是评价维基网站的重要指标。

（4）质量控制

维基作为一种网络百科全书，需为用户提供内容正确、准确与完整的信息资源。

例如，维基网站是否提供信息资源质量控制机制？通过何种途径和方法确保信息资源的内容质量？对于用户参与维基条目的创建、编辑等是否进行权限的分级管理？维基网站是否有相关的技术和规范保证信息资源的有序化和用户行为的规范化？对于出现一词多义的情况，如何进行歧义的消除？

（5）共享技术应用

例如，维基网站是否应用相关技术为信息资源的共享提供便利？是否提供 RSS 的订阅？是否开放信息资源的 API 接口？是否开设了维基网站的移动版本？是否开发了维基的相关网络应用和手机客户端？

3）中文维基百科评析

中文维基百科是中文领域具有代表性的集体创造知识的协作平台之一，是维基百科协作计划的中文版本。下面根据以上提出的维基评价指标对中文维基百科进行评析。

（1）资源规模与内容

中文维基百科是不断发展、不断增长的有机体。用户可以不断创建新的页面，从而使系统得到增长。2002 年 10 月 24 日，中文维基百科第一个条目发布，20 余年来得到迅速扩展。根据中文维基百科首页的统计数据，截至 2021 年 2 月 20 日，共有 1178670 篇条目，页面数量达到 6508101 个，内容主题也覆盖了广泛的学科领域。但是，相对于百度百科的 2000 万余个条目而言，中文维基百科条目数量的增长较慢。

中文维基百科条目内容描述较为详尽，包含概述、详述、目录、参考资料、扩展条目集、分类、统计、编辑等内容，另外还罗列了注释、用户评分栏目，但不同页面之间设置差异较大。中文维基百科还包含“阅读”“编辑”“查看历史”“讨论”页面，其中“阅读”页面包含条目的概述、详述、目录、参考资料（脚注、参考文献、参见、外部链接、多媒体资源）、扩展条目集、分类、注释和条目评分；“编辑”页面供所有用户编辑（包括匿名用户），“查看历史”页面主要包括历史统计（如浏览次数、编辑次数等）、历史版本、贡献者，还可以进行历史版本的比较；“讨论”页面，主要记录用户对该条目的讨论话题，这个页面也有自己的子页面“阅读”“编辑”“添加新话题”“查看历史”。同时，中文维基百科提供简体等 6 个版本供选择，以扩大其在全球范围的影响力。

（2）资源组织与检索

中文维基百科提供了多种条目组织方式，以帮助用户从不同入口找到所需条目，包括页面分类、分类索引、常用列表和主题索引四类。

页面分类对条目进行多角度归类，当用户通过分类索引浏览某一条目时，系统会指示该条目页面分类的位置，用户可以随意链接到该条目对应的各级上位类。

分类索引是在页面分类的基础上形成的便于用户分类浏览的分类体系。分类索引有 8 个大类，二级类目 146 个、三级类目 3793 个。其中，“自然与自然科学”类目最大，其次是“生活、艺术与文化”“社会”类目。中文维基百科从四级类目开始，类目名称中用自然语言的比例大大增加，规范程度较低。

常用列表将各大类目中可以用年表、列表方式组织的类目集中排列，包括历史年表、化学品列表、世界体育竞赛列表、国际组织列表、遗产列表、世界地理索引、语言列表等常用列表，列表参考杜威十进制图书分类法进行了分类，用户通过浏览可获取自己感兴趣的词条。

主题索引是按照用户感兴趣的某一类主题组织页面，并围绕该主题将所有相关的条目罗列，供用户阅读及做进一步深入链接，目前中文维基百科提供了 322 个主题导航，通过与分类索引的类目进行比较，发现主题索引的 13 个大类中有 7 个大类与分类索引基本相同，如“艺术与文化”“科学”“技术与工程”“国家与地区”“社会科学”“人文”“宗教”。另外，6 个大类选择人们日常生活中感兴趣的主题突出显示，如“娱乐与体育”“气象”“交通”“军事及战争”“历史”“地理”单列出来作为大类。其中很多是分类索引的二级类。这种以事物为核心的组织方法，弥补了分类索引学科分类法的不足。

用户可以选择以上四种途径，通过浏览的方式找到所需的条目，也可以通过输入关键词进行检索获取相关条目。关键字检索与等级目录查找是中文维基百科相互补充的两种条目检索形式。但是，这两种检索形式均存在一定的不足，如：分类目录层次太多，不利于用户查找相关条目；检索系统的智能化程度不高，关键词检索不支持较长的提问式查询，增加了用户在检索过程中的复杂度。

（3）用户参与

中文维基百科为了实现信息的开放共享，吸引更多用户的参与，采用简单的“格式化语法（Formating Rule）”取代 HTML 的复杂格式标记，类似所见即所得的风格，用户可以快速创建、存取、更改超文本页面，而且链接方便，通过简单标记，可直接以关键字名来建立各种链接（包括页面、外部连接、图像等）；同时，支持面向社群的协作式写作，并为写作提供帮助。

截至 2021 年 2 月 21 日，中文维基百科的注册用户数为 3052750，自维基百科建立以来页面编辑次数达到 64102471，每页平均编辑数 9.85，活跃用户 8386 个（在前 30 天中操作过的用户）。相比而言，百度百科仅词条的编写人数就高达 7303996 人。

（4）质量控制

中文维基百科的用户拥有对条目进行编辑、分类、评价等权利，但是对于信息资源影响力度较大的操作（如创建、删除条目）需要由系统管理员进行审核。此外，系统管理员对用户拟定了层次放权的方式，不同级别的用户对条目的处理有不同权限；系统管理员通过设置简单的格式化语法让用户对其上传的信息进行规范化；在对信息的整合上，中文维基百科持中立观点对不同用户上传的不同信息采用保留的措施，保存页面每次更新的版本并进行展示。

中文维基百科注册用户可以任意创建、修改、删除页面。在修正错误方面，中文维基百科采取了一种与权威校正不同的新的质量保障方式，即力图做到让“更多的眼睛发现更多的错误”，一篇文章往往由上百人审查，而且是在不断讨论的基础上接受检阅，只要有足够多的读者关注，所有的条目问题最终都会被发现并得到纠正，大家最终会将一个文档修改得更好，而不是更差。中文维基百科拥有“修订版控制系统”（Revision Control System，RCS）管理条目内容，用户可以随时找回以前的数据并对比。维基没有最终的正确条目，永远都是在不断丰富和完善中，参与的人越多就会越完善。

中文维基百科通过用户互动形成自组织系统规范，自组织的过程也是对信息资源质量进行控制的过程。通过用户的参与，并经过用户协同的检验，维基百科形成了成熟的技术和规范，包括：保留页面每次更新的版本；可以进行版本对比，每个页面都有更新纪录；用户更新页面时可以在描述栏中说明，使管理员知道更新页面的情况；初次参与的用户可先使用沙盒（Sand Box）页面做测试；具有记录和封存 IP 的功能，使破坏者、恶作剧者无法胡作非为；极端情形下可以用锁定技术将内容锁定，其他用户无法再编辑；通过用户的互动，维基百科形成了相对稳定的编辑规则，这些规则一旦形成就对使用者具有约束力。

中文维基百科通过建立消歧义页来实现消除由于一词多义所引起的歧义。例如，大学既是教育机构又是一本古书，博士既是官名，又是博学多才的人，又是师傅，还是一种学位的名称，在这种情况下就有必要进行消歧义。消歧义页中罗列了有相同或相近的标题，但内容不同的条目，如“奥巴马”的消歧义页列举了“老巴拉克·奥巴马”“巴拉克·奥巴马”和“米歇尔·奥巴马”三个条目，并进行了区分。

由于用户可以自由地对中文维基百科条目进行修改，并且内容不一定会受到严格审核，或者受到系统管理员认知程度的限制，因此中文维基百科不能保证每条条目都符合某些社会规范、内容精确无误。

（5）共享技术应用

维基百科提供了 RSS 推送订阅服务，用户可通过在维基百科订阅 RSS 或者 Atom 的方式，不需在网页中打开中文维基百科就可以及时跟踪页面的修改以及内容的更新。中文维基百科开设官方 WAP（无线应用协议）版网站，以供用户在手机及个人数码助理上阅读和使用维基百科。另外，维基百科还开发了基于 Android、iOS、Windows 和 Firefox OS 的维基百科应用程序（Wikipedia App），方便用户在不同的移动设备操作系统上，都能随时浏览维基百科。相比而言，百度百科进行了更多的技术应用，促进信息资源的共享，如：百度百科的 API 输出，合作用户可在网站或程序中使用百度百科的数据资源，为合作方用户提供更全面、客观、及时的信息服务；基于 Android 和 iOS 开发了百度百科手机客户端；建立了百度百科的 WAP 版；应用了二维码技术，方便移动设备获取百度百科的信息资源；可以通过“百度分享”将词条信息分享到 QQ 空间、新浪微博、豆瓣网、Facebook、Twitter、LinkdeIn 等用户常用的社会网络空间中。

9.7 数字图书馆的信息组织评价

随着计算机技术和网络技术的发展,网络的互联使访问分散在各处的信息资源成为可能，为了提高网络资源的序化程度，便于人们的利用，文件、超媒体、数据库、网站、网络资源指南、搜索引擎、编目和学科信息门户信息组织方式已运用于 Internet 的组织。从局部来看，某个文件、利用超文本技术相链接的相关资源、某网站、某数据库、某编目记录集合或某学科信息门户，是有控制的、相对集中的、有序和规范的。但从总体上看，由于互联网上的信息没有统一的控制，信息的质量参差不齐，网上的信息是分散、无序、不规范的；由网络互连在一起的分布信息仓储是异构的，这些各自独立的信息仓储具有各自不同的组织、描述和检索方式，难以实现跨仓储的统一利用；对知识的运用还远远不够，尤其是面向用户需求的知识和领域知识。人们需要一种跨仓储的、统一的、高效的访问和利用工具，以及高质量信息的生成、组织和提取途径，数字图书馆恰恰迎合了这种需要。

9.7.1 数字图书馆及其信息组织的特点

目前，国内外还没有形成公认的数字图书馆的定义。笔者认为，数字图书馆是以数字化资源为馆藏，以先进的信息处理技术与计算机设备为手段，以国际互联网为服务平台，以信息收集、开发、管理、存储并提供利用为己任的分布式、面向对象的巨型数字信息空间。作为最复杂和系统的网络信息资源组织方式，数字图书馆信息组织的特点如下。

1. 复杂的结构

信息组织结构在这里是指在数字图书馆中组织信息的结构，其设计直接影响着数字图书馆中数字资源的存储、管理和检索方式，是数字图书馆体系结构中的一个核心部分。在构建数字图书馆信息结构时须考虑三个简单概念。

① 数据类型：描述数据的技术属性，如格式和处理方法。

② 结构元数据：描述数字资料的类型、版本、关系等特性的元数据。

③ 元对象：提供对数字对象集的引用。最简单的元对象是一个指向其他数字对象的句柄的列表。如列出某物理项的所有数字化版本的数字对象即是一个元对象，被用来聚集数字对象，如用元对象来区分两个不同版本的扫描图片。

数字图书馆信息结构的构建包含两个含义。

一是数字对象的组织结构。数字对象是数字仓储中表示信息的基本逻辑单位，如一篇文章、一张图片、一部音乐作品或一段影像，数字对象的信息结构决定着进一步的信息组织、处理和利用方式。

二是分布式信息仓储的组织结构。数字图书馆的收藏可以特指本地的信息仓储，也可以是互连的信息仓储的集合。如何建立一个统一的、互操作的、可伸缩的组织框架，将分布互连的信息仓储集成为一个整体，在此基础上提供高质量的信息服务，如屏蔽各仓储的差异，提供统一的服务接口、语义化检索、智能代理等，是确定分布式信息仓储的组织结构时要解决的问题。

构建数字图书馆信息结构的要求是：提供有效组织信息的途径，其组织方式为计算机所理解并完成用户所希望的交互，具有提供用户及其应用以相当的灵活性，使收藏的数字资源易于管理，及时反映信息基础结构在经济、社会和法律等方面的发展。

2. 海量的信息

时至今日，信息存储的度量单位已经由 KB、MB 发展到 GB、TB 甚至 PB。数字图书馆面临的数据是多类型和海量的，它存储的信息是以 TB（Terabyte，1TB=1024 GB）为最低限度的，如“美国的记忆”已超过 104TB 的存储量。中国数字图书馆工程使用并行数据库技术和分布式计算机系统来支撑海量的元数据系统。

数字图书馆的信息种类繁多，数量庞大，必须采用自动化的信息组织手段，借助海量信息存储技术。按照加拿大北电网络公司已经开发出的互联网用高速激光器计算，借助光纤每秒传送 400 亿位数据，将全球最大的图书馆即美国国会图书馆馆藏文献传到北美各地只需要 3 秒。根据信息存储与传输能力的技术预测，数字图书馆存储海量信息的能力将不断增强。

3. 分布的资源

数字图书馆资源分布化体现在：它们存放在不同结构的不同空间中，由于数字图书馆是一个开放式的系统，构成数字图书馆数据层的各“存储小间”（Storage Cells）有着不同的目标和存储对象，每个仓储在本地对各自的信息进行组织，并施以相应的筛选、索引、联合等控制，由不同的单位（机构）建设或管理，在此基础上，再在各信息仓储间进行互连，在总体上构成一个分布式的系统。该系统涵盖多个分布式的、超大规模的、具有可互操作的异构多媒体资源库群，通过互联网为国内外用户提供高效、跨库、无缝链接的信息服务。

从管理角度，分布式管理是数字图书馆发展的高级阶段，意味着全球数字图书馆遵循统一的访问协议后，数字图书馆可以实现“联邦检索”（Federated Search），全球数字图书馆将像现在的因特网一样，把全球的数字化资源连为一体，连接成为一个巨大的图书馆。数字图书馆将成为未来社会的公共信息中心和枢纽，实现多媒体存取、远程网络传输、智能化检索、跨库无缝链接、创造出超时空信息服务的新境界，数字图书馆的服务将延伸到每个人的桌面。

9.7.2 数字图书馆信息组织的评价指标

根据数字图书馆的特征，数字图书馆的信息组织必然有别于前文所讨论的各种组织方法，其评价标准和要求也更高。

1. 信息组织对象的采集

相对于其他的组织方式，数字图书馆的信息采集渠道更多。从国际实例看，数字图书馆的对象来源已远不只将现有的已出版的资料数字化，而是扩大到包括数据集、网页、教学材料、试验数据、博物馆物品、出版社的原始材料、对专家用户追踪所得的信息等。

例如，是否收集现有的数字化信息，包括图书馆已建立的电子化、网络化的书目数据库与全文数据库系统，出版商出版的电子出版物等。

是否将网上的信息下载到本地数据库？网上的数字化信息越来越多，如网上电子图书、电子期刊、电子报纸、网站等，数字化图书馆信息组织的主要内容就是收集互联网上或其他来源的数字化信息。这种采集方法经济、省时省力。是否鼓励用户推荐和补充资源？下载的资源是否侵犯了知识产权？这些信息是否来自固定的信息源？（固定信息源是指那些能长期提供信息、信息的内容范围较为稳定并能经常进行维护、且不时增加新信息的网站，如政府机构、学术团体、图书馆、出版社、网络公司、数据公司等。）数字图书馆应该选择固定信息源，优先选择图书馆、出版社、政府机构及有一定历史和信誉的机构（如 OCLC）与网络公司（如谷歌和雅虎），同时时刻关注和研究网站的变化情况，随时增加新的固定信息源。

是否对馆藏特色文献进行数字化处理？即借助专用设备（扫描仪、数码相机等）与软件将非数字化信息转换成数字化信息，用标记语言编辑上网，如上海图书馆将大量古籍文献转换为数字化信息。转换过程需要投入巨大的人力物力，但对于“激活”馆藏珍贵文献的保存与开发利用是功德无量的工作。这种采集方法获得的资源具有可供全文检索、节省空间、便于网络传送等优点，但制作成本高，速度慢，需要花费大量的时间和精力进行校对。

2. 信息的揭示与描述

例如，数字图书馆是否将采集到的、原先存在于不同类型信息载体的信息对象组织在同一个界面？在数字图书馆中，信息的类型是多种多样的，同时这些信息的来源也很广，有的在数据库里，有的则存放在光盘上，有的存放在磁带机上，数字图书馆要撇开信息的类型差异，统一将它们作为数字对象进行组织。

能否对不同媒体、不同格式的信息对象进行揭示？除了文字信息，音频、图像、视频等类型的信息，只要能够数字化，都可以是数字图书馆的收藏和组织对象。例如，上海数字图书馆项目组织丰富的馆藏文献，包括古籍、民国图书、地方文献、科技报告、中外期刊、音像资料、历史照片等数以万计的各种资料，按照读者需求和文献特征形成 9 大系列，即上海图典、上海文典、点曲台、古籍善本、科技会议录、中国报刊、民国图书、西文期刊目次、科技百花园。

是否能够对各种来源渠道的资源进行整合？数字化图书馆不仅是数字化信息的组织者，也要将数字化信息与非数字化信息进行有机的集成，组成一个广泛的、有序的和完整的信息组织体系。传统书目信息和数字化图书馆的信息组织在技术和标准等方面有较大的差别，能否建立起这两种信息组织之间的对应关系是数字化图书馆信息组织中值得注意的问题。

对信息的揭示是否是多维的？多角度地揭示数字化信息是数字图书馆提高信息检索与利用效率的基础，多维的信息揭示便于从多种角度来描述信息的特征，如文字信息可以从作者、题目、出版商等多种角度来反映该信息的特征，而声音信息可以从音色、音质、音量等方面揭示。过去，人们习惯于利用分类语言和主题描述语言对各类信息对象的内部特征和外部特征进行描述，但只局限于题名、关键词、分类号等有限的几方面，而都柏林核心元数据（Dublin Core）15 个基本元素的利用使得对数字信息的揭示可以从 15 方面进行，而且这些元素可以重复。

是否对信息进行非线性组织？信息的非线性组织将信息组织成一个网状结构，该信息网中的任何一个信息单元都由一组与其相关联的信息点连接着。对任何一个信息单元的检索都可带动其他若干信息单元的搜寻，读者可以在各信息单元中自由切换。

是否遵循标准化原则？包括数据格式的标准化、描述语言的标准化和标引语言的标准化。

如果没有一个统一的分类标准和索引方法，将来开发数字图书馆信息的检索工具就会非常困难，势必出现针对不同的揭示方法制作不同的检索工具的混乱局面。另外，数字图书馆的数据类型也不同，如文本信息、地图信息、图像信息及视频、音频等信息，对不同的内容，需要不同的分类体系和索引机制。而能否制定一个比较好的分类方法、建立一个比较好的索引机制，将直接影响到后续工序。

在数据著录格式方面，其数据库是否不仅支持已有的国际标准（如 ISO 2709、MARC）和国内标准（CNMARC），而且支持最新的 RDF 和 XML 格式？

是否利用各种自动化处理技术？包括自动标引、自动文摘生成、自动篇名生成、自动分类等。由于数字图书馆信息规模庞大，完全依赖手工分类与标引是不切实际的，所以尤其需要在自动化标引与组织方面进行更多的研究。目前，国际上对自动分类的研究主要着重于对互联网资源的自动分类和标引。

每个数字信息对象是否被分配了唯一的识别符或名称？数字对象由两部分构成：内容和元数据。一个数字对象可含有多种类型的内容，如文字、图像、音频。复杂的数据类型可由简单类型构造。元数据包括句柄、权限、访问方法、数字签名、交易日志等。数字化信息对象只有被赋予唯一的标识符或名称，才可能被识别和检索。名称和标识符是数字图书馆的基础建构块。名称用于标识数字对象，注册数字对象中的知识产权、记录所有权的变化，在引用、检索和对象链接中不可缺少。名称必须是唯一的，必须长期保持。数字对象的唯一标识符——句柄（计算机系统可以通过句柄来唯一指示文件，句柄就是一种指针）是用于标识数字对象的唯一的一个字串，独立于其存储位置且长期有效。例如，William Y. Arms 于 1997 年 2 月在 Corporation for National Research Initiatives（CNRI）出版的 D-lib Magazine 上发表的 *An Architecture for Information in Digital Libraries* 一文的句柄可表示为：hdl:cnri.dlib/feburary97-arms。

3. 知识组织体系的建立

从网络信息资源组织的角度看，现有各种知识组织体系分为三个层次，它们在结构、复杂性、功能等方面存在明显的差异。

第一个层次是词汇表，强调概念的定义，一般不涉及复杂语义关系和分类结构，如规范档（Authority Files）、术语表和字典等。

第二个层次是分类体系，强调概念间的层次、聚类和类别体系，如主题词表和分类表。

第三个层次是关系列表，强调对概念之间关系的表现，如叙词表（Thesauri）、语义网络（Semantic Networks）和本体（Ontology）。

数字图书馆是否提供这三个层次的知识组织体系？是否利用知识地图（Knowledge Map）等手段实现这三个层次的可视化知识组织？

4. 海量信息的集成

是否能够较好地实现海量信息的存储？如何保存和管理海量数据是数字图书馆系统设计的核心任务之一。海量信息的存储需要大容量和高密度的电子存储设备，包括大容量、高密度的硬盘和光盘及光盘塔和光盘库，对那些馆藏达几百万册，以至上千万册的大型图书馆来说，对存储设备的容量要求更高。

海量信息的集成系统主要由信息服务器、信息检索部件、查询处理单元、数据仓库、知识库、集成平台与工具、异构信息源七部分构成。好的数字图书馆系统应能将各种数据库进行整合和提供应用并具备文件管理、文件编辑、版权管理、内容管理、多媒体管理、信息输出和发布等功能。

5. 海量数据的搜索

信息组织的目的是提供检索，海量数据的搜索效率（包括多语种搜索、图像搜索、语音搜索、智能搜索）与速度是衡量数字图书馆信息组织效果的重要指标。

能否开发出一个比较好的检索工具来实现对海量信息仓储的检索？一个比较好的检索工具能够使得提供给用户的信息恰恰是用户最需要的（不需要的全部剔除），要达到这样的要求，就要采用异构信息的专用搜索引擎组，而目前的一些搜索引擎还达不到这样的要求。

能否支持大量并发用户的同时访问？

是否采用了可视化的信息资源描述与组织方法，使得用户的检索操作可以实现可视化？现有的搜索引擎的信息检索过程是“黑箱”的，用户无法控制，也无法实现对检索结果总体情况的了解。数字图书馆必须考虑用户的特点与信息行为，可视化信息检索是数字图书馆信息检索的发展方向之一。

是否提供智能化的信息访问？数字图书馆信息组织的基本目标是创造一个良好的信息环境，提供对分布式存储的信息的知识化组织、智能化访问和服务。智能化访问是指对信息的访问不是简单地对原始数据查找（如当前 Web 搜索引擎的关键词查找），而是根据用户的信息需求进行知识查找和内容提取。

6. 信息的呈现

数字图书馆的信息是否利用信息可视化技术、虚拟现实等技术，通过图像、图形、语音等直觉化手段表现出来？（直觉化的表现手段有助于研究人员从中汲取许多新的思想，也有利于计算机从这些数据中得到更重要的知识。）

对用户检索出的信息是否以图、文、声方式进行综合显现？一个可视化的环境可以为用户展示更丰富、更直观的信息。

对系统环境、解读软件系统的依赖程度如何？硬件、软件的更新换代是否会影响数字信息的长期读取？现有的多媒体图形的表现是否可以进一步细化？

对多媒体信息能否实现分层传输？在分层传输中，如果用户提交了一个多媒体信息对象的请求，并能一次找到很多照片或图像，系统将可以找到的照片分成若干层，将最粗的那层传给用户，用户确认选择后，再逐渐细化，而当用户认为这张照片并非所要的内容时，可随时结束，再换另一张。能否克服多语言问题（包括机器翻译问题、多语言浏览器问题）？能否仔细区分生成的原始数字对象、存储在仓储中的数字对象和提交给用户的数字对象？数字对象使用时和存储时的形态可能完全不同。图像可以以一组小波存储在图书馆中，利用时再根据要求用小波生成图像。例如，可将音乐作品的曲谱直接传给用户，也可在仓储中用合成器演奏后将音频信号传给用户。

7. 信息安全

信息数字化后，给用户利用提供了极大的方便，也使非法盗取、复制、修改他人作品变得轻而易举；硬件与操作系统的更新给数字信息的长期存取带来了困难；数据的意外丢失、计算机病毒和“黑客”也时刻危及数字图书馆的信息安全。因此，信息的安全保护问题是数字图书馆信息组织过程中要考虑的另一个重要问题。

数字图书馆的信息安全是否有保障?

是否采用各种技术来保护数字图书馆信息安全？例如，可以利用数字水印技术（在图像中明显地或隐藏地标记数字知识产权信息）控制网上数字信息的完整性，预防黑客对数字信息的涂改，而利用“电子声音技术”实施电子追踪，版权人可以通过它来搜索作品被利用的信息，控制作品的访问利用。

仓储能否保管好所持有的信息？数字对象包含有价值的知识产权，因此，仓储中的数字对象是否含有允许其在特定的经济和社会框架中被操作的信息（保存在元数据中）？仓储必须妥善管理，提供参考引用、安全控制等措施，以确保对数字对象的操作是合法的。用户通过仓储访问协议与仓储交互，以屏蔽仓储的内部结构和数字对象的存储形式。协议中的命令包括访问数字对象及其元数据、添加和删除、传递请求等。

8. 用户界面

用户界面是数字图书馆的重要组成部分，是系统展现在用户面前的窗口。数字图书馆的信息要被广大用户利用，信息组织中的接口设计就要充分利用图形、语音等手段，让用户使用时得心应手，能够根据自己的要求进行个性化的定制（Personalized Customization），并具有人性化、智能化的特性。

是否设计了一个用户满意、易用、高效的界面?

是否提供了用户自我服务系统和请求帮助系统？这是数字化图书馆的重要组成部分，前者能在客户端上显示读者指南，能自动指引读者使用数字化图书馆。目前大多数电子信息中心均有自我服务系统。请求帮助系统能在用户不中断检索的情况下，一步一步地帮助用户解决问题；系统专家还能监控这些活动，知道信息专家解决问题的情况。数字化图书馆应有各种信息专家，以随时接受读者的联机访问并提供咨询。

9.7.3 “美国记忆”数字图书馆项目评价

“美国记忆”（American Memory）即美国国会图书馆正式启动的美国国家数字图书馆项目（National Digital Library Program，NDLP），是一个大规模的数字图书馆项目，将美国国会图书馆的历史馆藏电子化，并通过 Internet 提供访问。该项目旨在让所有的学校、图书馆、家庭同那些公共阅览室的长期读者一样，能够在所在地便捷地接触到这些对他们来说崭新而重要的资料，并按个人要求理解、重新整理和使用这些资料。

由于该数字图书馆项目建设的内容是美国国会图书馆的有关美国历史的馆藏，因此采集的信息组织对象在内容上相对单一。迄今，“美国记忆”存储了超过 900 万条有关美国历史和文化信息的数字化资源记录，大部分来源于美国国会图书馆丰富的馆藏，包括文本、手稿、照片、地图、乐谱、音频及视频文件等形式，并以图、文、声的方式进行综合显现。同时，美国国会图书馆充分利用现有的数字化资源，在 1996 年至 1999 年期间联合美国科技公司开展“全国数字图书馆竞赛”，吸引其他图书馆、科研机构、博物馆等单位提供它们自身的数字化资源，进一步丰富了“美国记忆”的资源总量。这些机构提供的信息资源不仅翔实、权威，也是比较固定的信息源。“美国记忆”信息采集的范围在形式上包括网上资源的下载和对馆藏文献的数字化。前者通过资源下载，组织和整合后提供给用户使用。后者使用扫描仪、数码相机等将视听资料数字化或人工输入，将大量文献资料、珍贵手稿、档案、实物转换成数字化信息。

“美国记忆”的信息加工对象是不同媒体、不同格式的信息资源，除了文字信息，还包括声音、图像、视频等类型的信息。因此在信息加工中，该项目采用国家标准或成熟的行业标准，如图像先保存为未压缩的 TIFF 文件，使用 JPEG 算法压缩，再转换成适于网络使用的 GIF 格式；如果没有成熟的标准，就利用当时刚出现的格式，如地图用 MrSid 格式、活动图像采用 Quick time 格式、视频采用 Real Audio 格式。

“美国记忆”在建设初期并没有统一的数字化资源描述标准，且多种资源描述格式的转换存在一定障碍，限制了资源共享。鉴于此，1996 年，美国国会图书馆要求参与“全国数字图书馆竞赛”的机构在数字化资源描述时统一采用由它规定的标准。2001 年年初，美国国会图书馆开始对“美国记忆”资源格式进行全面转换，以实现两种主要的资源描述格式：XML schema 中的 MARC 格式和都柏林元数据核心元素集，从而开始利用元数据的多个元素对信息资源进行多维揭示。随着开放存取运动的兴起，“美国记忆”采用 OAI-PMH 协议实现多种资源的整合。

“美国记忆”在一定程度上对信息资源做了非线性组织，但相关联的信息点只局限在主题词和作者名称上，用户通过点击一条记录的主题词和作者名称链接到与之相关的记录上。“美国记忆”采用句柄来为数字对象提供一个唯一的、永久的、独立于位置的名字供用户识别。

“美国记忆”还注意将人工与自动处理相结合。例如，一幅扫描图片的保存入库过程如下：选择待转换为数字对象的资料（人工）；在相应的字段中给定元数据值（人工）；建立元对象及其指向其他数字对象的链接（自动）；将数字对象置入仓储中（自动）；在句柄系统中注册句柄（自动）。

原“美国记忆”网站采用主题词表和分类表的形式建立其知识组织体系。用户可据此进行主题浏览（Browse by Topic），它的一级类目（按类目英文名称字顺排列）分为广告、非洲裔美国人史、建筑与风景、城市和城镇、民间文化、环境与环境保护、政府和法律、移民和美国扩张、文学、地图、本土美国人史、表演艺术与音乐、总统、宗教、运动休闲、工业技术、军事战争、妇女史 18 大类。每个一级类目下，再根据该类目下的信息资源特点，按照不同划分标准，分成各二级类目。

为了方便用户从不同角度浏览资源，“美国记忆”还提供了其他浏览途径，如按时间浏览（Browse Collections by Time Period）、按文献类型浏览（Browse Collections Containing）和按地点浏览（Browse Collections by Place）。

“美国记忆”采用分类索引和搜索引擎两种检索方式。与美国国会图书馆的其他一些项目一样，“美国记忆”使用了智能信息检索中心（Center for Intelligent Information Retrieval，CIIR）研制的一种索引和检索引擎 InQuery 来实现这两种功能。在分类索引方面，“美国记忆”提供主题、时间、地点及格式等检索入口，方便用户从不同角度查找信息。其分类目录较为详尽，在首页各大类下提供二级甚至三级类目，方便用户迅速了解资源库的范围和内容。“美国记忆”还对每个记录均进行简要描述，使用户在浏览之前对其能有更全面的认识。

InQuery 的检索功能非常强大，提供了 15 种以上的查询操作，包括严格的逻辑操作、邻近操作，还提供了基于概率模型的一些操作。其检索的灵活性也较强，允许用户选择不同的检索途径，既可在全部资源或某一特定主题数据库中进行搜索，也可通过主题和题名分类查找，同时，可以在搜索结果中进行二次检索，并且允许用户给查询表达式中的检索词赋予不同的权重，进一步确保了检准率。

InQuery 提供了三种检索策略供用户选择，即检索结果可包含检索式中任何一个字符，或包含全部字符，或包含完整字句。在后台，InQurey 会分别检索书目记录索引和全文索引，如果查询表达式中有多个检索词，这种搜索动作会进行很多次，并将几次搜索的结果合并到一起。最后返回的命中文献有以下几种情况：当查询表达式中检索词构成的短语与文献中的一个短语完全一致时，该文献将排在命中文献列表的前面；当查询表达式中所有检索词均在文献中出现时，这几个检索词在文献中的距离将决定该文献在命中列表中的位置，距离较近的排在前面；如果上面两种情况都不存在，那些仅包含查询表达式中部分检索词的文献也将作为命中文献返回。此外，用户也可以按照相关度来排列检索结果。

在知识产权与隐私权的保护上，“美国记忆”设立了专门的“法律声明”网页，就网站安全、知识产权、隐私权等内容加以详细说明。在网站安全方面，美国国会图书馆采用 Cookie 追踪软件来监视“美国记忆”网站的访问情况，以识别那些未经授权就上载或修改网站资源信息、破坏网站服务的行为。在知识产权保护方面，美国国会图书馆通过各种途径与著作权人联系，争取到著作权人或与著作权人有关的权利人的授权，并且请尚未联系上的著作权人主动与其联系。在每个主题数据库的页面上，都特别注明该资源是否有知识产权方面的限制及限制程度。在隐私权保护方面，美国国会图书馆明确说明了用户在访问“美国记忆”网站过程中，图书馆将收集存储的信息，包括用户访问互联网的域名、访问时间、访问过的网页和文档等。但图书馆将尊重用户的隐私，如果用户将其个人信息提供给美国国会图书馆，在得到用户允许前，该馆不会将这些信息透露给其他组织或个人，并向用户说明该网站使用了 Cookie 追踪软件跟踪分析用户的网上行为。

此外，“美国记忆”在其每个网页上都提供了“法律声明”的链接，随时提醒用户注意相关的法律条文。

“美国记忆”的界面简洁易用，考虑到核心用户是中小学教师和学生，搜索界面上只有一个输入窗口，这样用户无须知道系统的这些细节，无须培训就能使用。主页上列出了一级大类，便于用户浏览检索。

“美国记忆”的帮助系统也较为完善，包括如何浏览音频/视频文件、检索帮助、FAQ 和在线帮助。用户可通过“Ask a Librarian”提交表单或通过“Chat with a Librarian”实时在线参考咨询的形式向美国国会图书馆的图书馆员和“美国记忆”信息专家提问以寻求帮助。

不难看出，“美国记忆”在信息采集、组织加工、检索功能设置、安全保护及帮助系统方面都做出了有益的探索，但是在交互性、智能性、信息推送和个性化服务定制等方面显得明显不足。

目前，“美国记忆”网站的馆藏内容已一并与美国国会图书馆的数字资源相整合，因此获取其馆藏资源的方式也发生了改变，有如下三种途径。

① 从“美国记忆”网站主页获取单篇资源列表，可选择其中一项资源内容浏览，也能通

过该资源页面获取其类目，从而进行简单的查看与检索，然而这种方式不能为用户提供完整的类目选择及全面的检索，因而网站的用户体验降低。

② 通过访问美国国会图书馆网站的“数字馆藏”栏目获取项目建设资源，并提供从“主题”和“资源格式”对资源进行筛选，支持按照列表、网格、画廊和幻灯片放映等 4 种资源展示方式，按照标题字母、日期及排架的升降序等 6 种方式进行资源排序。

③ 从美国国会图书馆网站的“搜索”页面中选择“Part of”为“American Memory”，即可访问项目资源，支持根据“地图”“乐谱”“三维实体”等资源的原始格式，“图像”“PDF 格式”“视频”等资源的数字格式，从 1100 年至 2099 年等十个时间段，“美国”“纽约”“华盛顿特区”等地点，“美国历史性建筑调查项目”“底特律出版公司”等贡献者，“人种学”“华尔兹”等主题，“英语”“法语”“汉语”等语种，“可在线访问”和“通过国会图书馆访问”的访问条件，对检索结果进行优化。

截至 2021 年 2 月 21 日，美国国会图书馆网站显示，“美国记忆”项目资源共计 535222 条，可在线访问的数字资源 517047 条。

总之，虽然数字图书馆尚处于探索阶段，但在现有的各种网络信息组织模式中，它最有发展前景，将成为下一代互联网网上信息资源的组织与管理模式。

本章小结

本章主要论述了非网络环境下和网络环境下检索工具或系统信息组织的实例与评价，列举了印刷型文献、多媒体信息、网站、搜索引擎、学科信息门户、Web 2.0 网络应用和数字图书馆信息组织的成果实例，提出了各种信息组织方式的评价标准，并对其价值、优劣等进行评价。

习 题 9

1. 印刷型文献信息组织、光盘数据库信息组织和网络信息资源组织各有什么特点？
2. 印刷型文献信息组织、光盘数据库信息组织和网络信息资源组织的评价标准有何异同？
3. 光盘数据库与网络版数据库的信息组织有何异同？
4. 搜索引擎信息组织的评价指标有哪些？
5. 学科信息门户信息资源组织的评价指标有哪些？
6. 在 Web 2.0 环境下，信息组织的主要方式有哪些？各自的评价指标是什么？
7. 数字图书馆信息组织的评价指标有哪些？

附录A

内容索引

本索引包括主题索引、人名索引和文献索引三种索引。

主题索引以原文中重点论述或具有检索价值的关键词或短语为标目，为符合检索惯例，个别短语有修改；为了提高同一主题的检索效率，有些主题款目设立了二级标目，二级标目按照所属主题排在该一级标目之下并缩进两格。

文献索引以书名、刊名、篇名等文献名称为标目，文献名尽量全面标引，但个别出处过多的简称如《中图法》，则只保留前几个出处。

索引以字母序排序；出处以标目所在原文中的页码表示；标目与出处之间以半角分号隔开，同一标目多个出处之间以半角逗号隔开。数字、外文字母标目分别按数字顺序和字母顺序排列；汉字标目按汉语拼音音序排列。

A.1 主题索引

B

C

D

E

F

G

H

J

K

L

M

N

P

Q

R

S

T

W

X

Y

Z

A.2 人名索引

D

E

G

H

J

K

L

M

N

P

Q

R

S

T

W

X

Y

Z

A.3 文献索引

A

B

C

D

E

F

G

H

J

N

O

P

Q

R

S

T

W

X

Y

Z

参考文献

[1] [西德]克劳斯・赖本齐．实用情报文献工作原理[M]．来新枚，等译．北京：科学技术文献出版社，1983．

[2] A free, open-source ontology editor and framework for building intelligent systems [EB/OL]．[2021-04-25].

[3] About Scopus[EB/OL]．[2021-02-20].

[4] ACL Home．Association for Computational Linguistics[EB/OL]．[2021-04-20].

[5] Agrovoc Web Services Version 2.0 Documentation[EB/OL]．[2021-02-20].

[6] American Memory [EB/OL]．[2021-02-20].

[7] Assem M, Malaisé V, Miles A, Schreiber G, et al．A method to convert thesauri to SKOS [C]// Sure Y, Domingue J．Volume 4011 of Lecture Notes in Computer Science: Proceedings of

[8] Berners-Lee T, Hendler J, Lassila O．The Semantic Web[J]．Scientific American, 2001, 284(5): 28-37.

[9] Berners-Lee T．CoolUR Is don't Change[EB/OL]．[2021-02-20].

[10] Berners-Lee T．Design Issues: Linked Data [EB/OL]．[2021-04-25].

[11] Berners-Lee T．Design Issues: What the Semantic Web can represent [EB/OL]．[2021-04-25].

[12] Bizer C, Cyganiak R, Heath T．How to Publish Linked Data on the Web [EB/OL]．[2021-04-20].

[13] Brickley D, Guha R.V．RDF Schema 1.1 : W3C Recommendation 25 February 2014 [EB/OL]．[2021-04-25].

[14] Brickley D, Guha R.V．RDF Vocabulary Description Language 1.0 : RDF Schema: W3C Recommendation 10 February 2004 [EB/OL]．[2021-04-25].

[15] CALIS 西文期刊目次数据库介绍 [EB/OL]．[2021-02-20].

[16] Caracciolo C, Morshed A, Stellato A, et al．Thesaurus Maintenance, Alignment and Publication as Linked Data: The AGROVOC Use Case [C]// Research Conference on Metadata & Semantic Research．Springer, Berlin, Heidelberg, 2011.

[17] Categories for the Description of Works of Art [EB/OL]．[2021-04-20].

[18] Content Standard for Digital Geospatial Metadata Workbook [EB/OL]．[2021-04-20].

[19] Content Standard for Digital Geospatial Metadata [EB/OL]．[2021-04-20].

[20] Current IFLA Standards [EB/OL]. [2021-02-20].
[21] D2R Server: Accessing databases with SPARQL and as Linked Data [EB/OL]. [2021-02-20].
[22] D'Arcus B, Giasson F. Bibliographic Ontology Specification [EB/OL]. [2021-02-20].
[23] DCMI Metadata Terms[EB/OL]. (2021-01-20)[2021-04-20].
[24] DCMI 元数据术语[EB/OL]. [2021-02-20].
[25] Dempsey L, Heery R. Metadata: a current view of practice and issues[J]. Journal of Documentation, 1998, 54(2):145-172
[26] EUROBroker S. Thesaurus guide: Analytical directory of selected vocabularies for infor-mation retrieval, 1992[R]. 2nd ed. Luxembourg: European Communities, 1993.
[27] Lancaster F W. 情报检索词汇控制[M]. 2 版. 侯汉清，戴维民，陆宝树，等译. 上海：同济大学出版社，1992.
[28] Lancaster F W. 自然语言检索和后控词表[J]. 桑仁义，译. 图书情报通讯，1991(2):45-48, 37.
[29] [32] FLA UNIMARC Core Activity PUBLICATIONS [EB/OL]. [2021-02-20].
[30] [33] Frequently-asked questions on FGDC metadata [EB/OL]. [2021-02-20].
[31] Glaser H, Millard I, Jaffri A. RKBExplorer. com: A knowledge driven infrastructure for linked data providers [C]// Proceedings of the 5th European Semantic Web Conference, 2008.
[32] Golub K, Tudhope D. Terminology registry scopingstudy(TRSS):Final report[R/OL]. UK: Joint Information Systems Committee(JISC), 2009. [2021-02-10].
[33] Gomez-Perez J M, Pan J Z, Vetere G, et al. Enterprise Knowledge Graph : An Introduction[M]. Springer International Publishing, 2017.
[34] Google [EB/OL]. [2021-02-20].
[35] Grant Clark K, Feigenbaum L, Torres E. SPARQL Protocol for RDF: W3C Recommendation 15 January 2008[EB/OL]. [2021-04-25].
[36] H. W. Wilson Databases [EB/OL]. [2021-02-20].
[37] Harper C A. Authority Control for the Semantic Web[EB/OL]. [2021-02-20].
[38] Hillmann D I, Sutton S A, Phipps J, et al. A metadata registry from vocabularies up:The NSDL registry project [C/OL]// Baker, T. & Solorio, J. Proceedings of 2006 International Conference on Dublin Coreand Metadata Applications: metadata for knowledge and learning. Colima, Mexico: Dublin Core Metadata Initiative, 2006:65-75. [2021-02-20].
[39] HILT vocabulary resources [EB/OL]. [2021-02-20].
[40] Hitzler P, Krötzsch M, Parsia B, et al. OWL 2 Web Ontology Language Primer (Second Edition): W3C Recommendation 11 December 2012[EB/OL]. [2021-04-25].
[41] IFLA Blogs[EB/OL]. [2021-02-20].

[42] Index of /documents/2003/04/02/dc-xml-guidelines [EB/OL]. [2021-02-20].

[43] Isaac A, Summers E. SKOS Simple Knowledge Organization System Primer (W3C Working Group Note 18 August 2009) [EB/OL]. [2021-02-20].

[44] JACS 1.7: Detailed (four-digit) subject codes (JACS 1.7 was used from 2002/03 to 2006/07) [EB/OL]. [2021-04-20].

[45] Jena Fuseki[EB/OL]. [2017-01-20].

[46] Jie T, Jing Z, Limin Y, et al.. ArnetMiner: Extraction and mining of academic social networks[C]. Proceedings of the 14th ACM SIGKDD International Conference on Knowledge Discovery and Data Mining, Augest 24, 2008. New York: ACM, 2008:990-998.

[47] Lauser B, Sini M, Liang A, et al. From AGROVOC to the Agricultural Ontology Service / Concept Server: An OWL model for creating ontologies in the agricultural domain [C/OL]. Proceedings of the 2006 International Conference on Dublin Core and Metadata Applications. Singa-pore : Dublin Core Metadata Initiative, 2006: 76-88. [2021-04-25].

[48] Leo S, Cyganiak R. Cool UR Is for the Semantic Web[EB/OL]. [2021-02-20].

[49] Linking Yourself to the DBLP Database [EB/OL]. [2021-04-25].

[50] Malmsten, M. Making a Library Catalogue Part of Semantic Web [C]// Proceedings of the 2008 International Conference on Dublin Core and Metadata Applications, 2008.

[51] MARC 21 Format for bibliographic data [EB/OL]. [2021-04-20].

[52] 耿海英，肖仙桃. Web of Science 和 Google Scholar 引文检索功能比较[J]. 图书与情报，2007(3) : 100-102.

[53] MARC Advisory Committee [EB/OL]. [2021-04-20].

[54] MARC in XML [EB/OL]. [2021-02-20].

[55] MARC XML Architecture [EB/OL]. [2021-02-20].

[56] Mccallum S H. Harmonization of USMARC, CAN/MARC, and UKMARC[J]. Library Resources & Technical Services, 2000, 44(3):135-140.

[57] Meij L, Isaac A, Zinn C. A web-based repository service for vocabularies and alignments in the cultural heritage domain [C]// Proceedings of the 7th International Conference on the Semantic Web: Research and Applications – Volume Part 1, 2010.

[58] Metadata[EB/OL]. [2021-02-20].

[59] Mitchell J, Panzer M. Dewey linked data: Making connections with old friends and new acquaintances[J]. Italian Journal of Library, Archives, and Information Science, 2013, 4(1): e79238.

[60] MODS User Guidelines Version 3 [EB/OL]. [2021-02-20].

[61] Moller K, Heath T, Handschuh S, et al. Recipes for semantic web dog food - the ESWC and

ISWC metadata projects [C]// Proceedings of the 6th International Semantic Web Conference and 2nd Asian Semantic Web Conference, 2007.
[62] Morshed A, Keizer J, Johannsen G, et al. From AGROVOC OWL Model towards AGROVOC SKOS Model [C/OL]. Proceedings of the 9th European NKOS Workshop at the 14th ECDL Conference, 2010. [2021-04-25].
[63] Neubert J. Bringing the "thesaurus for economics" on to the web of linked data [C]// Proceedings of the WWW 2009 Workshop on Linked Data on the Web, 2009.
[64] OIL [EB/OL]. [2021-04-25].
[65] Outline of Elements and Attributes in MODS Version 3.7[EB/OL]. [2021-02-20].
[66] OWL Web Ontology Language Reference [EB/OL]. [2021-04-25].
[67] OWL Web Ontology Language Semantics and Abstract Syntax [EB/OL]. (2009-11-12) [2021-02-20].
[68] OWL [EB/OL]. [2021-02-20].
[69] Paredes L P, Rodríguez J M, Azcona E R. Promoting government controlled vocabularies for the Semantic Web: the EUROVOC thesaurus and the CPV product classi?cation system [C/OL]// Kollias S, Cousins J. Proceedings of the 1st International Workshop on Semantic Interoperability in the European Digital Library held at 5th European Conference on the Semantic Web.2008: 111-122.
[70] Platform for Internet Content Selection (PICS) [EB/OL]. [2021-02-20].
[71] Powell A, Johnston P D. Guidelines for implementing Dublin Core in XML[EB/OL]. [2021-02-20].
[72] Prud'hommeaux E, Seaborne A. SPARQL Query Language for RDF: W3C Recommendation 15 January 2008 [EB/OL]. [2021-04-25].
[73] Pubby [EB/OL]. [2021-02-20].
[74] Pullin M. Welcome to a Z39.50 Instructional Site[EB/OL]. [2021-02-20].
[75] RDF 1.0 Primer [EB/OL]. [2021-04-25].
[76] RDF 1.1 Primer EB/OL]. [2021-04-25].
[77] RDF Schema 1.1[EB/OL]. [2021-02-20].
[78] RDF [EB/OL]. [2021-02-20].
[79] RDF 和 XML 的区别 [EB/OL]. [2021-04-25].
[80] Resource Description Framework (RDF) Model and Syntax Specification[EB/OL]. [2021-02-20].
[81] Robinson J. Springer Nature SciGraph: Supporting open science and the wider understanding of research [EB/OL]. [2021-04-25].

[82] Singhal A. Introducing the Knowledge Graph: things, not strings [EB/OL]. [2021-04-20].
[83] Sinha A, Zhihong S, Song Y, et al. An overview of Microsoft Academic Service (MAS) and Applications[C]. In Proceedings of the 24th International Conference on World Wide Web. New York : ACM, 2015: 243-246.
[84] SKOS Simple Knowledge Organization System Reference [EB/OL]. [2021-02-20].
[85] Statista. Share of desktop search traffic originating from Google in selected countries as of October 2021 [EB/OL]. (2021-01-27)[2021-02-20].
[86] Statista. Worldwide desktop market share of leading search engines from January 2010 to January 2021[EB/OL]. (2021-02-10)[2021-02-20].
[87] Summers E, Isaac A, Redding C, et al.. LCSH, SKOS and Linked Data [C]// Proceedings of the 2008 International Conference on Dublin Core and Metadata Applications, 2008.
[88] Taxonomy warehouse[EB/OL]. [2021-02-20].
[89] Taylor A G. 信息组织[M]. 张素芳，李书宁，李金波，译. 北京：机械工业出版社，2006.
[90] The DARPA Agent Markup Language Homepage[EB/OL]. [2021-04-25].
[91] Tudhope D, Koch T, Heery R. Terminology services and technology:JISC state of the art review [R/OL]. UK: Joint Information Systems Committee(JISC), 2006. [2021-02-20].
[92] Using Dublin Core [EB/OL]. (2005-11-07)[2021-04-20].
[93] Vizine-Goetz D. Terminology services [EB/OL]. [2021-02-20].
[94] W3C OWL Working Group. OWL 2 Web Ontology Language Document Overview: W3C Recommendation 11 December 2012 [EB/OL]. [2021-04-25].
[95] W3C SPARQL Working Group. SPARQL 1.1 Overview: W3C Recommendation 21 March 2013 [EB/OL]. [2021-04-25].
[96] Web of Science[EB/OL]. [2021-02-20].
[97] wizdom. ai Team. Wisdom. ai-the world's largest research knowledge graph powered by artificial intelligence [EB/OL]. [2021-04-25].
[98] XML schemas to support the Guidelines for implementing Dublin Core? in XML [EB/OL]. [2021-02-20].
[99] XML 认证教程，第 6 部分：XML Schema [EB/OL]. [2021-02-20].
[100] 白献阳，田立忠. 学科信息门户评价指标体系研究[J]. 情报理论与实践，2006(1) : 37-39, 43.
[101] 百度百科. 富媒体[EB/OL]. [2021-02-20].
[102] 百度百科. 学科信息门户[EB/OL]. [2021-02-20].
[103] 百度百科[EB/OL]. [2021-02-20].
[104] 鲍捷. 从语义网到知识图谱——语义技术工程化的回顾与反思[EB/OL]. [2021-04-25].

[105] 北京蚁巢科技有限责任公司．中国大百科全书简明版光盘版[M]．北京：中国大百科全书出版社，2004．
[106] 编目精灵III．台湾地区采用 MARC21 格式之理由[EB/OL]．(2011-01-25)[2021-04-20]．
[107] 曹建．Internet 与 E-mail 安全防范实用技术[M]．成都：电子科技大学出版社，1999．
[108] 曹伟．信息环境论的产生[J]．东岳论丛，2000, 21(5):84-86．
[109] 曾蕾．网络环境下的知识组织系统——编者的话[J]．现代图书情报技术，2004(1):2-3．
[110] 曾新红，蔡庆河．OWL2 Web 本体语言快速参考指南 [EB/OL]．[2021-02-20]．
[111] 陈楚祥．词典评价标准十题[J]．辞书研究，1994(1):10-21．
[112] 陈嘉明．当代知识论：概念、背景与现状[J]．哲学研究，2003(05):89-95．
[113] 陈金莉．数字图书馆标准与规范建设：Z39.50 协议应用指南[R]．2004．
[114] 陈朋．ISI Web of Knowledge 集成检索平台探析[J]．图书馆杂志，2004(9) : 55-59．
[115] 陈桃，明均仁．现代信息检索技术发展趋势初探[J]．农业图书情报学刊，2007, 19(6) : 96-99．
[116] 陈雅芝．信息检索[M]．北京：清华大学出版社，2006．
[117] 陈耀盛．网络信息组织[M]．北京：科学技术文献出版社，2004．
[118] 程小澜，泮杏梅．光盘数据库的情报价值与评价选择[J]．现代图书情报技术，1998 (4) : 3437．
[119] 储节旺，郭春侠，吴昌合．信息组织学[M]．北京：清华大学出版社；北京交通大学出版社，2007．
[120] 储节旺，郭春侠．信息组织：原理、方法和技术[M]．合肥：安徽大学出版社，2002．
[121] 戴维民，葛敏，韩建新，等．文献信息数据库建库技术[M]．北京：北京图书馆出版社，2001．
[122] 戴维民，田春光．从情报检索语言到本体——信息组织的新变革[J]．图书情报工作，2005(07) :6-10．
[123] 戴维民．信息组织[M]．北京：高等教育出版社，2004．
[124] 邓卫华，易明，王伟年．虚拟社区中基于 Tag 的知识协同机制——基于豆瓣网社区的案例研究[J]．管理学报，2012(8) : 1204-1210．
[125] 丁璇，侯汉清，章成志．中文网页标引源主题表达能力的调查统计[J]．大学图书馆学报，2002(6) : 70-72．
[126] 董慧，丁波涛．OAI-MHP 协议初探[J]．图书情报知识，2004(6) : 70-73．
[127] 都柏林核心元数据元素集 1.1 版本 [EB/OL]．[2021-02-20]．
[128] 都柏林核心元数据元素集 1.1 版本 [EB/OL]．(1999-07-02)[2021-04-20]．
[129] 都云程，卢献华．中文搜索引擎现状与展望[J]．中文信息学报，13(3) :61-65．
[130] 豆瓣网[EB/OL]．[2021-02-20]．
[131] 段明莲，沈正华．数字时代的图书馆信息资源组织[M]．北京：北京图书馆出版社，2006．
[132] 费玉梅．语法现象分析在汉语文献主题标引中的作用[J]．无锡教育学院学报，2003,

23(9) : 48-50.
[133] 冯惠玲，王立清．信息检索教程[M]．北京：中国人民大学出版社，2004.
[134] 傅守灿，陈文广．图书馆自动化基础教程[M]．北京：北京大学出版社，1996.
[135] 高红，顾犇．MARC 21 规范数据格式使用手册[M]．北京：京图书馆出版社，2005.
[136] 龚蛟腾．传统文献组织与网络信息组织之比较[J]．四川图书馆学报，2004(1) : 21-24.
[137] 龚立群，孙洁丽．OAI、SRW/U 及 OpenURL 的比较及协同使用研究[J]．情报科学，2007, 25(7) : 1073-1079.
[138] 国际标准化组织(ISO). 文献与情报工作国际标准汇编[M]. 北京：科学技术文献出版社，1983.
[139] 国家图书馆《中国图书馆分类法》编辑委员会．中国图书馆分类法[M]．北京：国家图书馆出版社，2012.
[140] 韩客松，王永成．一种用于主题提取的非线性加权方法[J]．情报学报，2000(6):650-653.
[141] 韩客松，王永成．中文全文标引的主题词标引和主题概念标引方法[J]．情报学报，2001(02) : 212-216.
[142] 韩立栋．基于 XML 的 MARC 探讨[J]．兰台世界，2005(13) : 60-61.
[143] 何嘉，陈琳．基于神经网络汉语分词模型的优化[J]．成都信息工程学院学报，2006, 21(006) : 812-815.
[144] 侯汉清，章成志，郑红．Web 概念挖掘中标引源加权方案初探[J]．情报学报，2005(1) : 812-815.
[145] 侯汉清．索引技术和索引标准[M]．北京：北京图书馆出版社，1997.
[146] 胡昌平．面向用户的信息资源整合与服务[M]．武汉：武汉大学出版社，2007.
[147] 胡昌平．信息资源管理研究进展[M]．武汉：武汉大学出版社，2008.
[148] 胡双演，李俊山，李建军．基于潜在语义分析的视频检索[J]．计算机工程，2007(13) : 216-217.
[149] 华薇娜．网络学术信息资源检索与利用[M]．北京：国防工业出版社，2002.
[150] 黄建年．MARC 数据与图书馆[J]．津图学刊，1997(4) : 26-32.
[151] 黄如花，刘鎏．WorldCat 标注系统的优化方案[J]．图书与情报，2012(5) : 16-20.
[152] 黄如花．数字图书馆信息资源的建设与处理[M]．武汉：武汉大学出版社，2005.
[153] 黄如花．数字图书馆信息组织的评价[J]．情报杂志，2005(7) : 7-9.
[154] 黄如花．网络信息的检索与利用[M]．武汉：武汉大学出版社，2002.
[155] 黄如花．网络信息组织：模式与评价[M]．北京：北京图书馆出版社，2003.
[156] 黄如花．网络信息组织的发展趋势[J]．中国图书馆学报，2003(4) : 15-19.
[157] 黄如花．学科信息门户信息组织的评价[J]．武汉大学学报（社会科学版），2003(9) : 653-657.
[158] 黄如花．学科信息门户信息组织的优化[J]．图书情报工作，2005(7) : 11-15,10.

[159] 黄水清，程冲，李志燕．开放式非相关文献知识发现方法在中文文献中的验证[J]．情报理论与实践，2008, 31(2) : 246-250．
[160] 冀颖．论自然语言检索系统中的控制问题[J]．晋图学刊，2006(1) : 14-17．
[161] 贾晓斌，魏杰．《中国大百科全书》特征述评[J]．图书馆论坛，1996(6) : 10-12．
[162] 蒋永福．图书馆与知识组织——从知识组织的角度理解图书馆[J]．中国图书馆学报，1999(05) : 19-23．
[163] 焦玉英．信息检索进展[M]．北京：科学出版社，2003．
[164] 金常政．论百科全书的评价标准[J]．辞书研究，1990(1) : 5-13．
[165] 靳从，唐振民，杨静宇．自动标引中自然主题词的切分．情报科学，2004, 22, (3) : 337-339．
[166] 阚华，高路克，周红雁．信息组织[M]．合肥：安徽科学技术出版社，2007．
[167] 柯平，高洁．信息管理概论[M]．上海：科学出版社，2007．
[168] 赖茂生，王延飞，赵丹群．计算机情报检索[M]．北京：北京大学出版社，2001．
[169] 冷伏海．信息组织概论[M]．北京：科学出版社，2003．
[170] 李宏伟．网络地理信息系统与空间元数据[M]．郑州：黄河水利出版社，2004．
[171] 李后卿，柳晓春．图书情报学理论基础中的知识论研究[J]．中国图书馆学报，2003(01) : 82-84．
[172] 李魁彩．情报与文献工作辞典[M]．北京：中国城市经济社会出版社，1990．
[173] 李伟，黄颖．文本聚类算法的比较[J]．科技情报开发与经济，2006(22) : 234-236．
[174] 李希明，土丽艳，金科．从信息孤岛的形成谈数字资源整合的作用[J]．图书馆论坛，2003, 23(6) : 121-122, 66．
[175] 李晓明，闫宏飞，王继民．搜索引擎——原理、技术与系统[M]．北京：科学出版社，2005．
[176] 李新华．各种后控词表实现模式的分析[J]．图书馆杂志，2003, 22(4) : 12-15．
[177] 李醒民．论科学的分类[J]．武汉理工大学学报（社会科学版），2008(2) : 149-157．
[178] 李学金．从外语词典视角看汉字检字法的统一问题[J]．广西广播电视大学学报，2005, 15(2) : 50-54．
[179] 李燕，杜薇薇，郭华．MARC21 元数据与 CNMARC 元数据的分析比较 [C]// 全国文献编目工作研讨会．中国图书馆学会，2006．
[180] 郦金花．基于 CNMARC 字典库和 XML 的 MARC 发布系统的设计[J]．情报杂志，2006(12) : 87-89．
[181] 刘刚．单汉字标引检索研究述评[J]．图书馆建设，1999(06) : 43-45．
[182] 刘海峰，王倩，王元元．基于 Web 的文本检索位置加权模型研究[J]．情报学报，2007(03) : 451-455．
[183] 刘嘉．网络信息资源的组织：从信息组织到知识[M]．北京：北京图书馆出版社，2002．
[184] 刘建平．医学网络实用技术教程[M]．北京：中国铁道出版社，2007．
[185] 刘丽斌，张寿华，濮德敏，等．《中国分类主题词表》的 SKOS 描述自动转换研究[J]．中

国图书馆学报，2009, 35(060) : 56-60.
[186] 刘荣．图书情报管理自动化基础[M]．武汉：武汉大学出版社，1998.
[187] 刘苏雅．中文文献编目[M]．北京：目文献出版社，1994.
[188] 刘炜，楼向英，赵亮．DC 元数据的历史、现状及未来[EB/OL]．[2021-04-20].
[189] 刘炜．DC 元数据年度进展[J]．数字图书馆论坛，2006(11) : 24-28.
[190] 刘炜．关于元数据的十万个为什么[EB/OL]．[2021-02-20].
[191] 刘务华，罗铁坚，王文杰．文本聚类算法的质量评价[J]．中国科学院研究生院学报，2006, 23(5) : 640-646.
[192] 马费成．导言：情报学中的序[J]．图书·情报·知识，2008(3).
[193] 马费成．信息管理学基础[M]．武汉：武汉大学出版社，2002.
[194] 马然，侯汉清．基于引文的自动标引法初探[J]．江苏图书馆学报，2002(01) : 13-15.
[195] 马张华，黄智生．网络信息资源组织[M]．北京：北京大学出版社，2007.
[196] 马张华．信息组织[M]．3 版．北京：清华大学出版社，2008.
[197] 茆意宏，张俊，黄水清．异构数据库互操作协议：Z39.50 和 OpenURL 的比较研究[J]．图书馆理论与实践，2006(4) : 101-104.
[198] 毛泽东．毛泽东选集（第 3 卷：整顿党的作风）[M]．北京：人民出版社，2003.
[199] 美国不列颠百科全书公司．不列颠百科全书国际中文版[K]．北京：中国大百科全书出版社，2007.
[200] 聂玮．谈《现代汉语词典》第 5 版相关体例问题[J]．湖北社会科学，2008(3) : 139-141.
[201] 潘岩铭，金培华．从机读目录格式到通用记录格式：面向未来的信息服务[EB/OL]．[2021-02-20].
[202] 潘有能．一个自动分词分类系统的实现[J]．情报学报，2002(01) : 38-41.
[203] 彭冬莲．单汉字标引及其检索技术的优化[J]．农业图书情报学刊，2005(04) : 9-11.
[204] 彭斐章．目录学教程[M]．北京：高等教育出版社，2004.
[205] 邵献图．西文工具书[M]．3 版．北京：北京大学出版社，1998.
[206] 沈固朝．网络信息检索：工具、方法、实践[M]．北京：高等教育出版社，2004.
[207] 沈固朝．信息检索（多媒体）教程[M]．北京：高等教育出版社，2002.
[208] 沈芸芸，裴微微．国家图书馆核心元数据标准著录规则（初稿）[R]．国家图书馆，2009.
[209] 沈正华．光盘数据库质量的评估[J]．现代图书情报技术，1996(4) : 38-44.
[210] 施术才．自动标引的研究现状与和发展方向[J]．中国计算机用户，1990(012) : 23-26.
[211] 史继红，赖茂生．汉语自动标引加权方法试验研究[J]．现代图书情报技术，1994(03) : 18-21, 17.
[212] 史田华．信息组织与存储[M]．南京：东南大学出版社，2003.
[213] 史文中．空间数据与空间分析不确定性原理[M]．北京：科学出版社，2005.
[214] 石玉玲，陈万明．我国知识管理研究现状、热点与趋势[J]．新世纪图书馆，2020(04):85-91.

[215] 宋炜，张铭．语义网简明教程[M]．北京：高等教育出版社，2004．
[216] 苏新宁，邵波．信息传播技术[M]．南京：南京大学出版社，1998．
[217] 苏新宁，邹晓明．文献信息自动标引研究[J]．数字图书馆技术，2000, 16(1) : 23-26．
[218] 苏新宁．视频信息索引技术研究进展[J]．情报学报，2004, 23(004) : 410-416．
[219] 孙更新．文献信息编目[M]．武汉：武汉大学出版社，2006
[220] 孙一中．XML 理论和应用基础[M]．北京：北京邮电大学出版社，2000．
[221] 唐琼，张玫．"美国记忆"与"共享工程"比较研究[J]．图书馆理论与实践，2006(1) :7-9．
[222] 唐炜．大型综合性中文门户网站信息组织体系分析[J]．图书情报工作，2005(2) :27-31．
[223] 田苗苗，许建潮，汪津，等．基于遗传算法的 Web 信息自动标引研究[J]．吉林大学学报：信息科学版，2006, 24(5) :542-547．
[224] 图书馆·情报与文献学名词审定委员会．图书馆·情报与文献学名词 2019[M]．北京：科学出版社，2019．
[225] 涂子沛．大数据：正在到来的数据革命，以及它如何改变政府、商业与我们的生活[J]．桂林：广西师范大学出版社，2012．
[226] 汪媛，赖茂生．我国高校图书馆引进网络版全文数据库的综合评价模型[J]．情报科学，2004, 22(9) :1061-1065．
[227] 王剑波．论 MARC 编目网络信息资源——必要性、可行性及实践[J]．图书与情报，2006(02) : 97-100．
[228] 王军，张丽．网络知识组织系统的研究现状和发展趋势[J]．中国图书馆学报，2008(1) : 65-69．
[229] 王兰成，蒋丹，刘庆辉．全文数据库建库原理与应用技术[J]．情报学报，1999,18(4) : 321-328．
[230] 王美琴．学科信息门户可持续性发展研究[D]．南京：南京农业大学，2007．
[231] 王荣江．奎因的整体知识论及其后果[J]．自然辩证法研究，2007(02) : 40-43．
[232] 王身立．耗散结构理论向何处去——广义进化与负熵[M]．北京：人民出版社，1989．
[233] 王卫军．Web 2.0 环境下网络信息的组织[J]．中国科技资源导刊，2009(4) : 47-51．
[234] 王颖，钱力，谢靖，等．科技大数据知识图谱构建模型与方法研究[J]．数据分析与知识发现，2019, 3(01) : 15-26．
[235] 王子舟．知识集合初论——对图书馆学研究对象的探索[J]．中国图书馆学报，2000(04) : 7-12．
[236] 王作梅，严一桥，孙更新．西文文献编目[M]．武汉：武汉大学出版社，1997．
[237] 维基百科[EB/OL]．[2021-02-20]．
[238] 文庭孝．汉语自动分词研究进展[J]．图书与情报，2005(005) : 54-63．
[239] 文庭孝．情报检索中汉语语词自动切分研究[J]．图书与情报，2001(2) : 57-58．
[240] 吴翠兰．当前图书馆编目工作的发展契机[J]．情报探索，2004(03) : 32-34．
[241] 吴桂英．MODS 的构成、特点及其应用前景探索[J]．中小学图书情报世界，2008(1) :17-19．
[242] 吴建中，侯汉清．从人工语言到自然语言——关于图书馆未来的对话之十[J]．图书馆

杂志，1996(4) : 32-34.
[243] 吴建中. DC 元数据[M]. 上海：上海科学技术文献出版社，2000.
[244] 吴启明，易云飞. 文本聚类综述[J]. 河池学院学报，2008(02) : 86-91.
[245] 吴万晔. 论 MARC 元数据的缺陷及发展趋势[J]. 图书馆工作与研究，2006(2) : 28-29.
[246] 伍玉伟. 信息构建(IA)与信息组织的比较研究[J]. 图书馆论坛，2006(04) : 49-51.
[247] 现代科学技术体系总体框架探索——香山科学会议第 324 次学术讨论会综述 [EB/OL]. [2021-04-20].
[248] 鲜建国，赵瑞雪，寇远涛，等. 农业科学叙词表关联数据构建研究与实践[J]. 现代图书情报技术，2013,(11) : 8-14.
[249] 肖炳珠. 基于视频内容的检索方法[J]. 现代电视技术，2001(12) :22-26.
[250] 肖珑. 互联网上的全文数据库与全文服务[J]. 大学图书馆学报，2000(3) :3-8.
[251] 肖珑. 美国国家数字图书馆项目的进展[J]. 情报学报，1998(3) :190-196.
[252] 肖婷. 应用 CDWA 标准描述数字宋画作品的探索[J]. 图书情报工作，2011(9) :101-146.
[253] 肖希明. 数字信息资源建设与服务研究[M]. 武汉：武汉大学出版社，2008.
[254] 谢琴芳. CALIS 联机合作编目手册[M]. 北京：北京大学出版社，2000.
[255] 新浪网[EB/OL]. [2021-02-20].
[256] 熊回香，金晓耕. Web 2.0 环境下信息组织的优化研究——以豆瓣网为例[J]. 现代情报，2012(4) : 19-24.
[257] 熊回香，夏立新. 汉语分词技术综述[J]. 图书情报工作，2008(04) : 81-84.
[258] 熊回香. Web 2.0 环境下的网络信息组织[J]. 情报资料工作，2007(5) : 29-32,50.
[259] 徐秉铮，詹剑，贺前华. 基于神经网络的分词方法[J]. 中文信息学报，1993(02) : 36-44.
[260] 徐天秀. 信息检索[M]. 北京：科学出版社，2006.
[261] 延卫平. MARC 的 XML 交换格式研究[J]. 现代图书情报技术，2006(8) : 31-35.
[262] 严红. 百科全书编排方式比较研究[J]. 武汉大学学报，1996(3) : 116-122.
[263] 燕荣晖. 试论部首编序法的发展[J]. 江汉大学学报，2000,17(4) : 130-134.
[264] 杨芳，杨振山. 基于语义网技术的主题词自动标引[J]. 计算机工程与设计，2005(10) : 2837-2839.
[265] 杨嫚. 网络信息资源组织与开发研究[M]. 武汉：华中科技大学出版社，2006.
[266] 杨玉麟. 信息描述[M]. 北京：高等教育出版社，2004.
[267] 叶继元. 信息检索导论[M]. 2 版. 北京：电子工业出版社，2009.
[268] 叶继元. 信息资源建设[M]. 北京：科学出版社，2021.
[269] 叶继元，陈铭，谢欢，等. 数据与信息之间逻辑关系的探讨——兼及 DIKW 概念链模式[J]. 中国图书馆学报，2017, 43(03):34-43.
[270] 叶志清，刘瑞红，袁庆，等. 文献信息计算机全文全自动标引方法[J]. 情报学报，2003, 22(2) : 169-172.

[271] 艺术品描述类目（CDWA V2.0）中文元素一览表[EB/OL]．[2021-04-20]．
[272] 逸馥．钱学森的科学思想与科学成就[N]．科学时报，2006-12-11(-A2)．
[273] 应峻，徐一新．网络全文数据库资源评价[J]．现代图书情报技术，2005(3) :57-59,15．
[274] 于明洁．豆瓣网 tag 模式对图书馆信息组织的启示[J]．数字图书馆论坛，2009(12):99-102．
[275] 余翠莉，徐军英．Yahoo 和 Google 搜索功能之比较[J]．农业图书情报学刊，2007(6)：109-111．
[276] 俞宣孟．本体论研究[M]．上海：上海人民出版社，2005．
[277] 元数据[EB/OL]．[2021-02-20]．
[278] 岳剑波．我国信息环境管理的政策调控与信息立法问题[J]．情报资料工作，2000(3) :6-9．
[279] 岳丽欣，周晓英，陈旖旎．基于 ARIMA 模型的信息构建研究主题趋势预测研究[J]．图书情报知识，2019(05) : 54-63,72．
[280] 岳珍．四大中文搜索引擎检索性能测评[J]．情报科学，2005(6) : 921-927．
[281] 在 HTML 中使用 DC 元数据[EB/OL]．[2021-02-20]．
[282] 臧国全．浅析信息资源数字化的存储技术[J]．情报科学，2000,18(12) : 1113-1115．
[283] 詹德优．中文工具书导论[M]．武汉：湖北教育出版社，1994．
[284] 湛垦华．普利高津与耗散结构理论[M]．西安：陕西科学技术出版社，1998．
[285] 张冬慧，孙波，徐照财，程显毅．文本自动分类关键技术研究[J]．微计算机信息，2008(06)：197-199．
[286] 张帆．信息存储与检索[M]．北京：高等教育出版社，2003．
[287] 张帆．信息组织学[M]．北京：科学出版社，2005．
[288] 张会平，周宁，陈勇跃．概念图在知识组织中的应用研究[J]．情报科学，2007(10) : 1570-1574．
[289] 张家耕，谢晓竹．XML 网络编程技术[M]．北京：国防工业出版社，2002．
[290] 张靖．XML/RDF 在图书馆元数据 MARC 中的应用描述[J]．微计算机信息，2008(15)：193-195．
[291] 张琪玉，侯汉清．情报检索语言实用教程[M]．武汉：武汉大学出版社，2004．
[292] 张琪玉．论后控制词表[J]．图书情报工作，1994(1) :1-4．
[293] 张琪玉．情报检索语言[M]．武汉：武汉大学出版社，2004．
[294] 张琪玉．情报语言学基础[M]．武汉：武汉大学出版社，1997．
[295] 张晓林．元数据研究与应用[M]．北京：北京图书馆出版社，2002．
[296] 张艳梅，胡文淑，曾锡．基于神经网络的中文分词技术研究[J]．软件导刊，2007(23) :16-18．
[297] 张燕飞．信息组织的主题语言[M]．武汉：武汉大学出版社，2005．
[298] 章成志．自动标引研究的回顾与展望[J]．现代图书情报技术，2007(11) :33-39．
[299] 赵玲．网上信息资源与光盘数据库之比较[J]．情报资料工作，2002(3) :37-38．
[300] 赵妍，侯汉清，耿金玉，等．中文期刊论文自动标引加权设计研究[J]．新世纪图书馆，

2004, 01(1) :40-40.
[301] 赵岩碧. 信息检索原理与方法教程[M]. 北京：化学工业出版社，2005.
[302] 赵正文，康耀红. Web 信息检索结构化排序函数与标引词加权技术[J]. 计算机工程与应用，2007, 43(011) :181-184.
[303] 真溱. 美国记忆特点、技术方案要点及质量标准（上）[J]. 情报理论与实践，2001(4) :313-315.
[304] 真溱. 美国记忆特点、技术方案要点及质量标准（下）[J]. 情报理论与实践，2001(5) :393-395.
[305] 中国 21 世纪议程管理中心. Internet 与可持续发展网络实用教程[M]. 北京：科学出版社，1998.
[306] 中国大百科全书出版社编辑部. 中国大百科全书（简明版）[K]. 北京：中国大百科全书出版社，2004.
[307] 中国科学引文数据库介绍 [EB/OL]. [2021-02-20].
[308] 中国社会科学院语言研究所词典编辑室. 现代汉语词典[K]. 5 版. 北京：商务印书馆，2005.
[309] 《中国图书馆分类法》（第五版）修订重点[EB/OL]. [2021-02-20].
[310] 中华人民共和国教育部. 国务院学位委员会　教育部关于设置“交叉学科”门类、“集成电路科学与工程”和“国家安全学”一级学科的通知[EB/OL]. [2022-03-16].
[311] 中华人民共和国教育部. 国务院学位委员会关于印发《交叉学科设置与管理办法（试行)》的通知[EB/OL].
[312] 中华人民共和国学科分类与代码简表（国家标准 GB/T 13745—2009）[EB/OL]. [2021-02-20].
[313] 中文社会科学引文索引数据库介绍 [EB/OL]. [2021-02-20].
[314] 钟义信. “知识论”基础研究[J]. 电子学报，2001(01) :96-102.
[315] 钟义信. 知识论：核心问题——信息—知识—智能的统一理论[J]. 2001(04) :526-530.
[316] 周黎明，张洋. 基于信息环境论的信息环境管理[J]. 图书馆论坛，2005, 25(2) :24-28.
[317] 周宁. 信息组织[M]. 武汉：武汉大学出版社，2004.
[318] 周宁. 信息组织学教程[M]. 北京：科学出版社，2007.
[319] 周晓英. 基于信息理解的信息构建[M]. 北京：中国人民大学出版社，2005.
[320] 周晓英，陈燕方. 从 IA 峰会看信息构建的发展[J]. 图书情报知识，2019(05) :33-41.
[321] 朱礼军，赵新力，乔晓东，等. 跨领域多来源主题词表集成与服务研究[J]. 现代图书情报技术，2007(01):20-24.
[322] 朱丽. 自然语言的应用研究[J]. 图书与情报，1996(3) :34-37.
[323] 总装备部. 卫星应用现状与发展（上册）[M]. 北京：中国科学技术出版社，2001.